山东商事审判

(2015)

孙　英　　主编

山 东 大 学 出 版 社

《山东商事审判(2015)》
编委会

2015 年 9 月 29 日，在最高人民法院和中国保监会联合召开的全国保险纠纷诉讼与调解对接机制建设工作推进视频会议上，山东法院的工作获最高人民法院肯定。其中，青岛市中级人民法院被授予“全国保险纠纷诉调对接机制建设示范法院”称号，并在会议上进行书面经验交流，是全国九家获此殊荣的中级人民法院之一。省法院副院长张爱云、省保监局局长孙建宁在省法院分会场参加了会议。省法院副厅级审判员刘元成和青岛市中级人民法院副院长牟乃桂在最高院主会场参加了会议。

2015 年 8 月 17～20 日，省法院副厅级审判员刘元成带领民一庭庭长孟祥刚、民二庭庭长孙英赴济宁中院等地对民商事审判工作进行调研。

2015 年 4 月 18～19 日，“第一届山东破产法论坛”在济南燕子山庄隆重召开。论坛由山东省法学会主办，山东省高级人民法院民二庭、山东省法学会企业破产与重组研究会承办，本次论坛主题为“新常态下的企业重组与破产保护”。最高人民法院民二庭副庭长付金联发表重要讲话。省法学会专职副会长王彤宇、省法院副厅级审判员刘元成先后致辞。

2015 年 6 月 24 日，东营中院院长廖伟忠担任审判长公开开庭审理了一起买卖合同纠纷案件。开庭情况在东营中院门户网站进行了视频直播。今年以来，东营中院大力推行院长庭长办案制度，制定并公布实施了《关于推进院长、庭长等法官办案的规定》，对院领导、庭室长的办案数量和质量都作了明确的要求。

2015 年 8 月 9～10 日，最高人民法院民二庭副庭长刘竹梅带领调研组到青岛调研仓储合同纠纷案件审理情况及仓储合同纠纷司法解释草案修改意见。省法院民二庭庭长孙英等陪同调研，部分中级法院商事审判庭庭长参加会议。

2015 年 11 月 3 日下午，淄博中院党组书记、代院长王玮在党组成员、副院长王新强的陪同下到民二庭参加案例研讨会。

目　录

第一部分　商事审判工作概况

第二部分　商事审判政策与精神

第三部分　商事法律法规及指导性意见

第四部分 商事审判指导案例

第五部分　商事审判优秀调研成果

第六部分　全省各地商事审判

第七部分　2015 商事审判大事记

第八部分　商事审判队伍建设情况

第一部分

商事审判工作概况

山东省高级人民法院民二庭2015年工作总结

在院党组和分管院领导的正确领导下，在各部门的大力支持下，民二庭认真开展“三严三实”活动，深入实践“四心工作法”，创新管理，狠抓队伍，聚力审判，在原有基础上，推动各项工作实现了新的发展。

一、工作落实情况

(一)抓好案件审判第一要务

1. 民二庭审判工作

(1)案件总数、结案数、人均结案数达历史巅峰，未结案件显著下降

2015年新收案件570件(折算数[①] 610.5件)，比去年同期552件增加3.26%。去年旧存138件[②]，总计708件，比去年同期605件增加17.02%。5～12月，一审收案49件，比去年同期68件下降27.94%。

结案663件(折算数为711.5件)，比去年同期478件增加38.70%。结案标的额207.24亿元，比去年同期141.49亿元增加46.47%。结收案比116.31%，结案率93.64%。人均结案37.89件(折算数40.66件)，比去年同期26.56件增加42.66%。法官人均结案49.11件，比去年同期34.14件增加43.85%。正常审限内结案率达99.55%，同比上升2.48%。归档案件675件，扫描电子卷宗707册。

孙英、肖彬、刘成安承办案件分别结案10件、44件、42件，庭长、副庭长参加合议庭审结案件121件，占全庭结案近1/5。王庆林结案65件(一审结案14件，折算数72件)，王爱华结案63件(一审结案14件，折算数70件)。8名综合部门同志收案25件，结案24件。其中，维持13件，改判4件，调解2件，撤诉3件，发回2件，1件因公告送达问题尚未开庭。

未结案件45件，比去年同期138件下降67.39%，超审限案件4件。

---

① 一审案件1件折算为1.5件。

② 其中立案庭转来2014年一审案件12件。

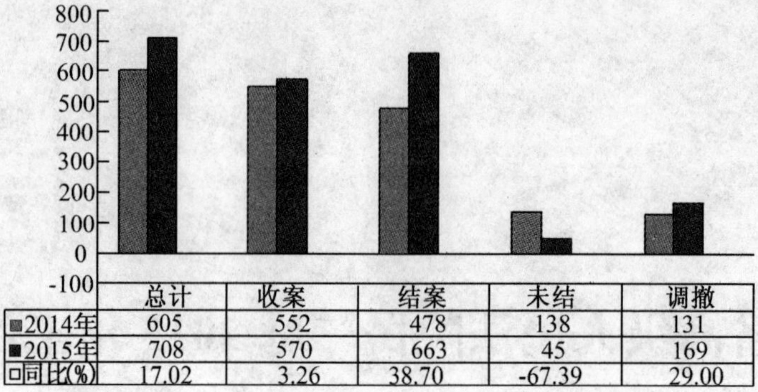

图 1 民二庭 2015 年案件情况(单位:件)

表 1　　民二庭 2015 年、2014 年一、二审收结案情况

	旧存		收案		结案		未结	
	一审	二审	一审	二审	一审	二审	一审	二审
2015 年	60	78	72	498	97	566	35	10
2014 年	21	32	91	461	63	415	60	78
同比(%)	185.71	143.75	−20.88	8.03	53.97	36.38	−41.67	−87.18

二审结案 566 件,维持 284 件,维持率 50.18%,同比上升 2.47%;发回 34 件,发回率 6.0%,同比下降 4.6%;改判 109 件,改判率 19.26%,同比上升 2.87%;发改案件共计 143 件,发改率 25.27%,同比下降 1.72%(见表 1、图 1)。

45 件未结均系客观原因不能审结,其中 27 件未开庭,占 60%;已开庭 18 件,因中止诉讼、调解、再次开庭、12 月 30 日开庭等原因无法审结(见图 2)。

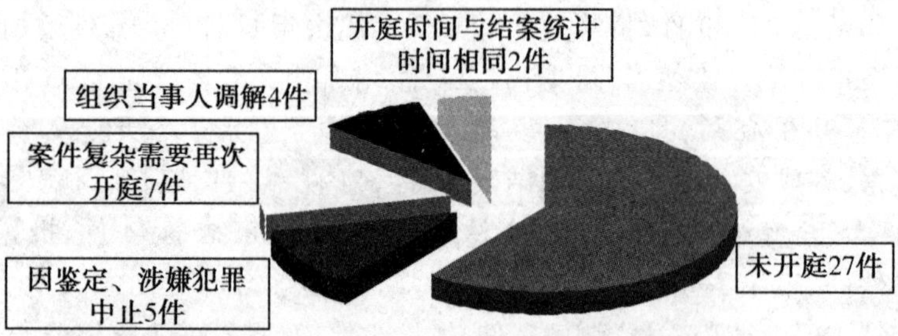

图 2 民二庭 2015 年未结案件情况

(2)第三、四季度环比

第四季度新收 130 件,比第三季度 184 件减少 29.35%。结案 246 件,比第三季度 148 件增加 66.22%。未结案件 45 件,比第三季度 162 件减少 72.22%。

(3)扩大司法公开,提升审判效果

上网公布裁判文书 769 篇,是去年同期 293 篇的 2.62 倍。直播庭审 134 件,占全院直播 264 件的 50.76%,是去年同期 25 件的 5.36 倍。人民陪审员参审一审案件 40 件,占全院一审民商事参审案件 57 件的 70.18%。

调撤案件 169 件，占结案数的 25.49%，比去年同期 131 件多 38 件。认真落实白院长关于提高调解案件自动履行率的批示精神，督促 4 起案件过付执结。

2. 全省商事审判工作

(1)收结案持续上升，未结案件增多

2015 年全省收案 390339 件，比去年同期 332712 件增加 17.32%。结案 383029 件，比去年同期 308815 件增加 24.03%。结案标的额 2334.96 亿元，比去年同期 1392.21 亿元增加 67.72%。结收案比 98.13%，结案率 84.26%。未结 71696 件，比去年同期 64249 件增加 11.59%(见图 3、表 2)。

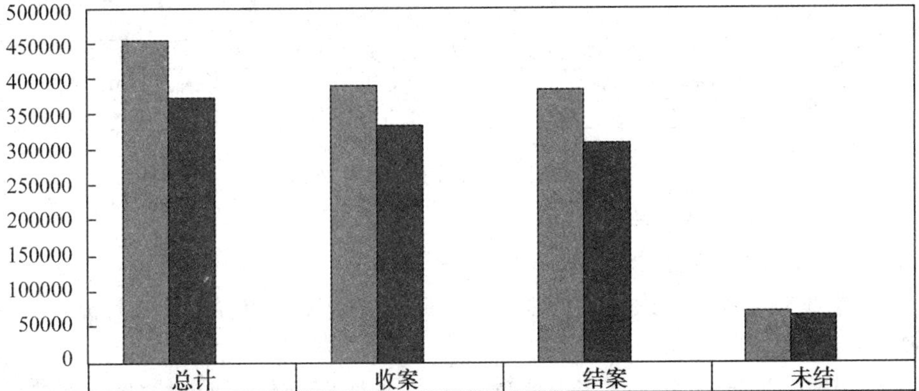

	总计	收案	结案	未结
■2015年	454588	390339	383029	71696
■2014年	373020	332712	308815	64249
□ 同比(%)	21.87	17.32	24.03	11.59

图 3　2015 年全省商事案件情况(单位:件)

表 2　　**全省法院 2015 年、2014 年一、二审商事案件收结情况**

	旧存		收案		结案		未结	
	一审	二审	一审	二审	一审	二审	一审	二审
2015 年	61121	3128	363793	26546	356314	26715	68767	2929
2014 年	37515	2793	310431	22281	286862	21953	61121	3128
同比(%)	62.9	12.0	17.2	19.1	24.2	21.7	12.5	−6.4

(2)破产收案显著增加，结案数量有所上升

2015 年收案 235 件，是 2014 年收案的 2.5 倍；结案 115 件，比去年同期 89 件增加 29.21%(见图 4)。

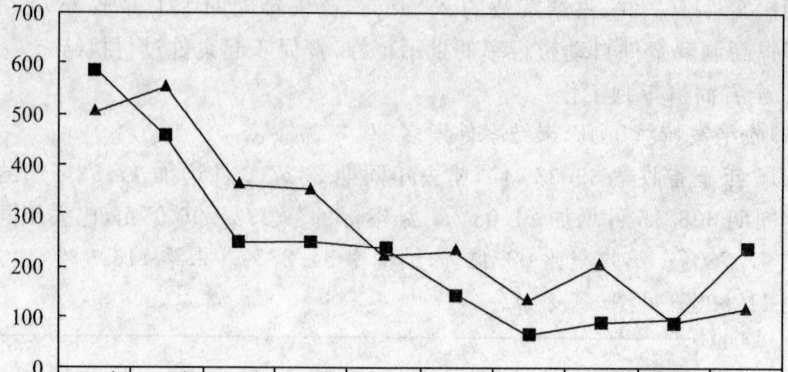

	2006年	2007年	2008年	2009年	2010年	2011年	2012年	2013年	2014年	2015年
收案数量	589	455	245	246	236	145	63	88	94	235
结案数量	502	552	358	350	218	228	129	200	89	115

图 4　全省法院 2006～2015 年破产案件收结情况(单位:件)

(二)强化对下监督指导力度

1. 完善案件改发反馈指导

(1)对 2014 年全省中级法院商事二审案件改发情况及相应案例进行分析,通报下发全省中院。

(2)陪同院领导到济南、济宁中院和槐荫区、嘉祥县法院调研,对改发案件进行了逐案分析和面对面交流,形成《关于进一步提高民商事审判质效的调研报告》。根据白院长的批示,以"领导参阅"形式将调研报告印发院领导和全省法院。

(3)2015 年对重大、复杂、敏感案件,加强上下级法院间的沟通反馈,妥善化解纠纷。

2. 召开庭长会议开展专题研讨

召开部分法院商事审判庭长会议,研讨论证最高法院仓储纠纷司法解释,并对借款担保、公司、保险、票据、仓储等疑难问题统一了认识。

3. 加强业务培训

(1)举办全省法院商事审判培训班,邀请最高法院、深圳中院法官及民二庭肖彬、康靖讲授买卖、保险、民诉法解释、公司、票据、破产审判的经验和具体做法,培训商事法官 300 余人次。

(2)孙英、肖彬对济南、枣庄两级法院进行公司诉讼、保险培训,邀请深圳中院法官为济南两级法院进行破产培训。

4. 采取灵活方式统一裁判尺度

(1)制定《法律适用问题规范(一)》《判决书制作规范》《调解书制作规范》,上传到庭室园地和山东商事审判网。

(2)在庭室园地、山东商事审判网开辟典型案例栏目,发布具有裁判指导意义的案例 7 篇。

(3)成立金融、买卖、保险、公司诉讼和破产等 4 个专业课题研究小组,加强专题咨询指导。

(4)建立山东商事审判微信群、山东商事审判庭长微信群,及时收集研讨疑难问题。

5. 编纂《山东商事审判(2014)》

全面记录和展示我省商事审判的重要事件、工作部署、成熟经验、典型案例等成果,向全省商事法官提供审判工具书。

(三)积极服务经济发展大局

1. 维护全省金融财税安全

(1)参加孙伟、夏耕等省领导主持召开的金融、税收保障、仲裁、企业法治等会议 7 次,参与会签《山东省人民政府关于金融支持实体经济发展的若干意见》,就金融业、实体经济健康发展提出法律意见和措施建议。

(2)积极服务全省农信社银行化改制,在全省法院开展不良贷款专项清收活动。

(3)建立金融风险防控常态沟通机制,每季度向省维护金融稳定工作领导小组报送金融案件审理情况,防范化解金融风险。

2. 有效推进破产审判工作

(1)召开第一届山东破产法论坛,专题研究"新常态下的企业重组与破产保护"。

(2)推进破产审判改革试点,总结淄博中院、滨城区法院两个试点法院的经验做法,在"全国破产审判试点法院经验交流会"上作经验交流。

(3)及时研究省国资委、山东重工集团反映的山东明水汽车配件有限公司破产中需要法院协调解决的问题,指导济南中院、章丘法院依法审理明水汽配破产案件。

(4)对全省法院近十年破产案件审判情况、发展态势和存在问题进行分析,联合破产法研究会举办"企业破产与重组智库专家大讲堂",为落实好中央清理处置"僵尸企业"决策部署打下基础。

3. 加强非公经济平等保护

在审判工作中坚持公有制经济和民营经济平等保护原则,筑牢经济建设和民生保障基础。完成《依法平等保护非公有制经济相关法律问题的调研报告》,向最高法院提出完善司法保障措施和立法建议。

4. 完善多元化纠纷解决机制

(1)指导青岛、济南中院开展"保险纠纷诉讼与调解对接机制"试点工作,认真总结经验。在全国保险诉调对接机制建设会上,青岛中院受到最高法院表彰,与其他 8 个法院一起,被授予"示范法院"称号。

(2)参加省多元化纠纷解决机制促进条例调研小组,完成《山东省多元化纠纷解决机制促进条例》相关章节的起草工作。

(四)强化队伍建设不放松

1. 强化政治素质建设

认真学习国家大政方针和司法改革精神,坚持正确的政治方向,增强践行"三严三实"的思想自觉和行动自觉,树立将审判工作置于经济社会发展大局谋划推进的理念,确保审判工作良好的政治、法律、社会效果。

2. 强化业务能力建设

完善人员、审判运行机制和审判辅助工作"三大管理",着力提升争点把握、庭审驾驭、证据采信、事实认定、法律适用、裁判文书制作和矛盾化解"七项能力"。通过举办培训班、外出培训同志讲解传授等方式,强化民诉法、民间借贷、保险法等新施行的司法解释的学习理解。组织赵延华、邝斌法官介绍调解、做当事人工作的经验,提高全庭法官矛盾化解能力。规范庭审操作规程和庭审秩序,扩大庭审直播范围,提高全庭法官庭审驾驭能力。强化书记员工作管理,出台了《书记员工作业务规范》,对案件管理节点、阅卷、庭前准备、笔录文书样式、文书印制送达、结案归档、上诉移卷、退费等规程进行了细化规范。

3. 强化廉政建设

邀请时耀华组长在商事审判培训班上讲授"当前反腐败形势和商事审判中的廉政问题"第一课,邀请秦宏副组长为全庭法官上廉政教育专题党课,建立与纪检组监察室的常态沟通机制和廉政谈话、登记制度,提升拒腐防变能力。

4. 强化作风建设

践行"四心工作法",改进司法作风;严格请销假制度,强化工作纪律;严守审判秘密,强化审判纪律;规范司法行为,提升司法形象。

(五)2015 年,全庭调研成果丰硕

《全省法院破产案件态势分析及对策建议》《破产试点法院工作情况调研报告》在《山东审判》发表。孙英撰写的《法官员额制改革的当务之急和长远之计》在"我与司法改革同行"征文活动中被评为一等奖;《法治路上砥砺前行》在"法官当做邹碧华"征文活动中被通报表彰。肖彬撰写的《你所站立的地方就是中国》在《审判周刊》发表。王庆林撰写的裁判文书获"首届全国商事审判优秀裁判文书优秀奖"。康靖撰写的《保驾护航扬帆远,法槌起落为民生》获省法院机关"弘扬革命传统·践行三严三实"主题征文三等奖。邝斌、尹哲璇撰写的《安守本分》《立身中正 敦厚传家》获省法院机关"好家风好家训"活动优秀奖。

二、存在的主要问题

(一)人案矛盾

2015 年审判任务较往年更重,但审判力量没有相应增加,2014 年 18 人,2015 年 17 人,全庭人员满负荷甚至超负荷运转。

(二)审判指导矛盾

工作重点主要放在快办、办好案件上,在全面系统加强对下指导方面力不从心,不利于商事审判工作健康良性发展。

(三)工学矛盾

忙于审理案件导致法官难以抽出专门时间参加培训和系统学习。

三、对整体工作的意见建议

(一)稳定全省法院商事审判力量

商事审判人员流动更新较快,有些人员难以承担日趋繁重复杂的审判任务,建议充实和稳定商事审判力量。

(二)加强审判辅助工作

司法辅助人员不足,部分法院商事审判法官承担着送达、保全工作。

(三)完善裁判文书签发权下放规定和综合部门同志参与办案制度

充分运用司法人力资源,更好完成审判任务,并为司法改革顺利推进奠定基础。

(四)实行法院专递送达信息共享

安排专人录入法院专递送达信息,并向执行法院、当事人公开,既便于案件及时执行,也避免了重复劳动。

四、下一步工作打算

在强化工作调度、确保均衡结案、优质高效完成好审判任务的同时,抓好以下六项重点工作:

第一,结合最高法院和省法院的工作部署,制定下发《2016 年全省商事审判工作要点》。

第二,调研筹备全省民事商事工作会议、保险纠纷诉调对接机制建设工作推进会议,落实好最高法院会议精神,整体提升全省法院商事审判水平和矛盾纠纷化解能力。

第三,分析通报 2015 年二审改发案件情况,增强监督指导的针对性和有效性。

第四,规范市场主体的运营和退出。适应大众创业、万众创新的新形势,指引规范公司的运营管理;强化"僵尸企业"清理工作,出台推进"僵尸企业"破产清算重组意见,为供给侧结构性改革提供司法保障。

第五,促进多层次金融市场健康发展。规范金融创新行为,密切关注金融案件中反映出的金融市场变化趋势,维护金融安全。联合金融行业主管部门,展开对银行业、证券业、保险业运营问题的调研与规范,促进金融业健康发展,维护金融消费者的合法权益。

第六,强化调研培训和对下指导。紧密结合审判实务问题,加大调研、培训的广度和深度。强化商事案件简易程序调研,提升商事简易程序适用率。宏观指导、类案指导和个案指导相结合,提升全省商事审判质效。

2015 年 1 月 12 日

山东省高级人民法院办公室
关于 2015 年度商事二审案件改判发回情况的通报

各市中级人民法院、济南铁路运输中级法院：

为更好地把握商事二审案件的运行态势，解决商事二审案件审理中存在的问题，加强监督指导的针对性、有效性，进一步提高全省商事审判质量和水平。省法院民二庭对 2015 年商事二审案件进行了全面的梳理，重点对改判发回情况进行了统计、分析，并从发改案件中选取了部分具有借鉴意义的问题加以剖析，现将有关情况通报如下：

一、2015 年商事二审案件的总体情况

2015 年，省法院民二庭新收商事二审案件 498 件，旧存 78 件，审结 566 件。与去年同期相比，收结案数分别上升 8%和 36%。2015 年审结的商事二审案件中，维持 284 件，维持率 50.18%；调解 29 件，撤诉 109 件，调撤率 24.38%；发回 34 件，改判 109 件，发改率 25.27%(见表 1)。

表 1　　2015 年商事二审审结案件基本情况

指　标	数　量(件)	占结案数比(%)	与 2014 年相比(%)
维持	284	50.18	2.47
改判	109	19.26	2.87
发回	34	6.00	−4.60
调解	29	5.12	−0.90
撤诉	109	19.26	0.22
移送	1	0.18	

通过与 2014 年的商事二审情况进行对比分析，2015 年商事二审案件主要呈现以下特点：

第一，案件数量增长迅猛，创历史新高。2014 年省法院民二庭新收商事二审案件 461 件，与往年相比呈井喷式增长，2015 年在 2014 年迅猛增长的基础上又有所增加，新收商事二审案件 498 件，再创历史新高。

第二，发改率同比下降，审判质量总体有所提高。2015 年，省法院商事二审发改率为 26.99%，同比下降 1.72%，发回率下降了 4.6%。这充分说明 2015 年各中院一审商事案件的审判质量较往年有所提高。2016 年各中院在审判质量方面应常抓不懈，争取更上一个新台阶。

第三，发改案件总量居高不下，约 1/4 案件存在质量问题。2015 年，发改案件共计 143 件，占省法院商事二审结案总数的 25.27%，发改率虽比上年有所下降，但所占比重仍然较大，占全部案件的 1/4。各中院仍应高度重视，查找原因，找出对策，切实提高审判质量。

第四，各中院发改情况差别较大，审判质量不均衡。各中院受理的一审案件数量、案件上诉数量、案件类型及案件疑难程度等方面均存在不均衡情形，除受这些客观因素影响外，全省各地商事审判质量也存在较大差别，部分法院商事审判水平亟须进一步提高。通过以下统计数据可以看出，2015 年聊城中院、东营中院、莱芜中院、青岛中院发改率较低，审判质量相对较好，发改率分别为 6.7%、8.8%、12.5%、18.5%(见表 2)。

表 2　　2015 年各中院商事上诉案件结案情况

中院 指标	济南	青岛	淄博	德州	烟台	潍坊	济宁	泰安	临沂	菏泽	滨州	东营	威海	枣庄	日照	莱芜	聊城	铁路
维持(件)	46	32	20	9	24	17	12	9	14	10	12	28	9	10	18	5	9	
维持率(%)	46.5	49.2	55.6	45.0	61.5	47.2	42.9	42.9	41.2	38.5	50.0	82.4	34.6	50.0	52.9	62.5	60.0	
改判(件)	21	10	9	4	7	6	7	3	8	6	4	3	5	4	10	1	1	
发回(件)	5	2	3	2	2	5	4	2	1	3	2			1	1			1
发改率(%)	26.3	18.5	33.3	30.0	23.1	30.6	39.3	23.8	26.5	34.6	25.0	8.8	19.2	25.0	32.4	12.5	6.7	
调解(件)	6	1			1	3		1	6	3	2	1	2	1	1		1	
撤诉(件)	21	20	4	5	5	5	4	6	5	4	4	2	10	4	4	2	4	
调撤率(%)	27.3	32.3	11.1	25.0	15.4	22.2	14.3	33.3	32.4	26.9	25.0	8.8	46.2	25.0	14.7	25.0	33.3	
其他(件)							1											
合计(件)	99	65	36	20	39	36	28	21	34	26	24	34	26	20	34	8	15	1

第五，因常识性错误而发改的案件常有发生。有部分二审案件的发改是因为一审法官的疏忽或责任心不强造成，而非法律认识水平所致，如超诉讼请求判决、变更合议庭成员未告知当事人、判决主文表述不严谨等，并且上述问题在往年的发改分析通报中已提及。各中院商事法官应加强责任心，避免常识性错误的发生。

二、发改案件中存在的具体问题

(一)程序方面

1. 变更合议庭成员未告知当事人,并另行开庭不当

案件审理过程中变更合议庭成员的,应当将合议庭变更情况告知当事人,并重新开庭,询问当事人是否提出回避申请,以保证变更后的合议庭成员共同参审,充分发挥合议庭职能作用。

鲁商终字[2015]第122号财产保险合同纠纷案件中,一审法院在庭审后更换合议庭成员,但未告知当事人,亦未重新开庭,违反了法定程序。上诉人针对该程序问题提出上诉。本院二审以一审违反法定程序为由发回重审。

2. 债权受让人另行起诉债务人的改制企业,法院不予受理不当

重复起诉是指后诉与前诉的当事人相同、诉讼标的相同、诉讼请求相同或者后诉的诉讼请求实质上否定前诉裁判结果。如果当事人提起诉讼的事实与理由不同,主张承担责任的主体亦不同,法院应予受理。

鲁商终字[2015]第120号借款合同纠纷案件中,2004年6月,对工行与债务人烟台国际经贸公司、保证人金属材料公司之间债权债务,公证处出具了具有强制执行效力的债权文书公证书。2004年12月,工行申请强制执行。2005年4月,因债务人、保证人无财产可供执行,法院根据工行的申请裁定终结执行。赵青春受让上述债权后,起诉要求改制后企业中联物业公司承担烟台国际经贸公司的还款义务,烟台中联公司、中联经贸公司在接收资产范围内承担清偿责任。一审法院认为,公证债权文书的债权人或者债权受让人不应再向法院提起诉讼,并且据以执行的法律文书被法院裁定终结执行后,原申请执行人或者其权利受让人通过诉讼寻求司法强制力的保护,没有法律依据,所以应驳回赵青春的起诉。本院二审撤销一审裁定,指令一审法院进行审理。

3. 仅以涉嫌犯罪为由,裁定驳回起诉不当

在审理民事纠纷案件中,发现与本案有牵连,但与本案不是同一法律关系的犯罪嫌疑线索、材料的,只应将犯罪嫌疑线索、材料移送有关公安机关或检察机关查处,民事纠纷案件应继续审理,而不应裁定驳回起诉。在民事案件的审理过程中,如果确需以刑事案件的审理结果为依据的,可中止民事案件审理。

鲁商终字[2015]第386号储蓄存款合同纠纷案件中,耿东岭在农行存款两笔150万元和100万元。第一笔150万元于存款当日,陈庆云携带耿东岭银行卡以代理人身份将卡中的150万元取走。第二笔存款中的999950元于存款当日被取走,取款凭条上显示客户签名为“耿东岭”。耿东岭称第一笔存款没有委托任何人办理过取款业务,第二笔存款的取款凭条并非本人所签。一审法院认为两笔存款如何被取走,双方仅提供部分证据,法院无法查清事实真相,本案存有犯罪嫌疑,遂裁定驳回耿东岭的起诉。本院二审撤销一审裁定,指令一审法院进行审理。

4. 对是否属于平等民事主体间的纠纷认定不当

企业内部承包是企业转换经营机制的一种较普遍的经营方式,企业内部承包合同纠纷是否属于民事案件的受理范围,决定于企业内部承包合同是否属于民事合同。对承包

人虽系企业职工，但在承包过程中，承包人享有完全的自主经营权，盈亏与企业无关，风险由承包人自负的，应认定为平等主体之间的民事关系，属于民事案件的受理范围。

鲁商终字[2015]第 479 号企业经营承包合同纠纷案件中，红阳公司为履行与案外人签订的工程施工承包合同，成立了山东分公司，并与乔宝业等签订合同，并约定：山东分公司由乔宝业等承包经营，自负盈亏；承包人自主经营山东分公司建筑施工业务，自行决定内部机构设置及人员聘用；承包人在经济上实行内部独立核算，自负盈亏；所有因承包人经营工程项目而引起的纠纷，由承包人承担一切责任。后在承包经营山东分公司过程中，因拖欠材料费、人工费、借款等引发大量纠纷，致使红阳公司被法院强制执行了大量款项。红阳公司诉至法院，要求承包人赔偿红阳公司垫付的款项，并赔偿损失。一审法院认为，乔宝业等系红阳公司的职工，本案合同性质为企业内部承包经营合同，合同的签订主体是管理与被管理、支配与被支配的关系，不是平等的民事主体间的关系，遂裁定驳回红阳公司的起诉。本院二审指令一审法院进行审理。

5. 对是否属于重复起诉认定不当

后诉与前诉的当事人相同、诉讼标的相同、诉讼请求相同或者诉讼请求实质上否定前诉裁判结果的，构成重复起诉，法院应不予受理。但裁判发生法律效力后，发生新的事实，当事人再次提起诉讼的，法院应当依法受理。

鲁商终字[2015]第 246 号买卖合同纠纷案件中，东义公司向张钢公司供货，张钢公司向东义公司支付 500 万元承兑汇票一张。该承兑汇票因涉嫌诈骗被公安机关冻结，为此东义公司诉至法院，要求张钢公司偿还货款 500 万元，法院判决驳回了东义公司的诉讼请求。后案外人团亿公司提起诉讼，法院判决涉案票据权利归团亿公司所有，东义公司返还团亿公司涉案票据。现东义公司再次提起诉讼，要求张钢公司偿还货款 500 万元。一审法院认为，东义公司即使取得了新的证据，也应以申诉处理，其再次以买卖合同纠纷起诉，违反了“一事不再理原则”。本院二审指令一审法院审理。

(二)法律适用及实体处理方面

6. 判决债务人按转让价款与受让债权的比例偿还债务不当

金融不良债权系国有商业银行剥离或转让给资产公司的逾期、呆账类不良贷款，最终打折对外出售。在市场交易中风险与收益共存，受让人可能获得较高的收益，也可能完全不能回收，不良债权转让案件不能以支付对价多少来衡量是否公平。

鲁商终字[2014]第 443 号借款合同纠纷案件中，李根全以 364 万元的对价从长城资产公司受让债权 1 亿余元，后李根全诉至一审法院，要求博兴工艺美术公司偿还该案借款合同项下的利息 600 余万元。一审法院认为，李根全依据债权转让协议受让的全部债权本息合计约 1 亿余元，而仅支付转让款 364 万元，其主张博兴工艺美术公司偿还借款利息 600 余万元有违公平原则，故按李根全支付转让价款与受让债权数额的比例，对李根全的部分诉讼请求予以支持。本院二审改判博兴工艺美术公司向李根全支付利息 600 余万元。

7. 认定抵押人在催收函上盖章是对抵押担保的重新确认不当

债权人未在法律规定的期间内行使担保物权的，担保物权消灭。参照《关于人民法院应当如何认定保证人在保证期间届满后又在催款通知书签字问题的批复》精神，抵押人在催收函上盖章,并不产生对抵押担保重新确认的效力,除非催收函内容有担保人愿意继续担保的意思表示,符合担保合同成立要件。

鲁商终字[2014]第 375 号借款担保合同纠纷案件中,济南人造毛皮厂向光大银行借款,并以土地提供抵押,所借款项于 2000 年 6 月 29 日到期。2004 年 7 月 5 日,光大银行向济南人造毛皮厂发出逾期贷款催收函,要求其尽快偿还所欠贷款本息,济南人造毛皮厂在催收函上加盖印章。就光大银行是否享有抵押权问题,一审法院认为,光大银行向济南人造毛皮厂发出的逾期贷款催收函中,载明了催收债权的依据系主合同、从合同,应认定光大银行对抵押权一并主张了权利,济南人造毛皮厂盖章视为对抵押权的重新确认,光大银行仍享有优先受偿权。本院二审予以改判。

8. 转让划拨土地等资产未经相关部门审批,判决办理变更过户不当

依法成立的合同,自成立时生效,但法律、行政法规规定应当办理批准、登记手续生效的,依照其规定。在一审法庭辩论终结前当事人仍未办理批准手续的,或者仍未办理批准、登记手续的,法院应当认定合同未生效。

鲁商终字[2015]第 50 号资产转让合同纠纷案件中,该案所转让资产包括了珍珠大酒店的国有划拨土地、房产及相关配套设备设施,资产转让协议中也明确约定"报经省国有资产管理部门批准后,采用无偿划转形式将酒店全部实物资产移交给煤矿培训中心";一审法庭辩论终结前,该资产转让未经省国资委批准,其中涉及的划拨土地转让也未经有批准权的人民政府审批。一审法院认为,珍珠大酒店不能证明省国资委系因政策或政府部门原因对无偿划转申请未予批复的情况下,煤矿培训中心要求继续履行合同,符合协议约定和法律规定,判决珍珠大酒店为煤矿培训中心办理房产及土地的变更过户手续。二审予以改判。

9. 判决恶意抵偿其出具虚假资金证明责任的银行不承担责任不当

出资人未出资或者未足额出资,但银行为企业提供虚假的资金证明,相关当事人使用该证明,与该企业进行经济往来而受到损失的,银行应在虚假资金证明金额范围内对企业、出资人不能清偿的债务承担责任。如果承担的责任已经达到其应当承担责任部分限额的,对于公司其他债权人则不再承担赔偿责任。但如果银行通过恶意抵偿的方式承担其赔偿责任,则不能对抗先行提起诉讼的债权人,不能免除银行对该债权人的赔偿责任。

鲁商终字[2015]第 36 号承包经营纠纷案件中,振华公司因承包经营四海公司的山东分公司而对四海公司负有债务 474 余万元,而威海农商行在出资人未将 298.3 万元汇入振华公司账户的情况下出具了虚假的银行询证函等单证,四海公司起诉要求振华公司赔偿损失,威海农商行在虚假资金证明金额范围内承担补充赔偿责任。四海公司提起本案诉讼后,威海农商行通过先转让债权又签订抵债协议的方式,向振华公司的其他债权人主动履行了其出具虚假资金证明的赔偿责任。一审法院认为,威海农商行已通过抵顶债务的方式向振华公司的债权人履行了赔偿责任,其无须在本案中承担补充赔偿责任。本院二审予以改判。

10. 对合同性质认定不当

只有正确认定合同性质,才能准确地适用法律以及判断当事人所应承担的法律责任。对表现各异的合同性质的认定,应当结合合同所约定的当事人的权利、义务内容进行全面

认定，而不应根据合同所冠用的名称进行简单认定。

鲁商终字[2014]第 436 号土地租赁合同纠纷案件中，盛能公司与盛庄居委会签订合同一份，并约定：盛庄居委会已投土地与盛能公司合办企业，合营后盛庄居委会不参与企业经营管理；占用一年后无论企业经营如何，盛能公司每年付给盛庄居委会 100 万元；如合营企业改为股份制，土地可入股，如企业出现拍卖、倒闭、转让等，可按财产清算的实际价格，盛庄居委会三成、盛能公司七成的比例进行分配。一审法院将本案法律关系认定为联营合同。本院二审认为根据合同内容本案应为土地租赁合同纠纷。

鲁商终字[2015]第 69 号借款合同纠纷案件中，兴利公司与日照港物流公司签订《镍矿石合作协议》，并约定：兴利公司进口镍矿由日照港物流公司垫付资金，双方合作销售；日照港物流公司作为进口货物的唯一货代与港口签订作业合同，控制货权；日照港物流公司根据兴利公司的付款金额按等值数量进行放货，如果兴利公司不能在 40 天内自行销售货物，保证日照港物流公司每吨 20 元的利润，日照港物流公司有权处理货物。后在协议履行过程中，日照港物流公司同意兴利公司用镍矿抵偿了兴利公司的债务，但要求兴利公司提供抵押物。但日照港物流公司在交付镍矿后，兴利公司未能提供抵押物。日照港物流公司遂诉至法院，要求兴利公司偿还垫付资金、利润及利息。一审法院认为，双方存在共同出资行为，也存在共同经营行为，双方系联营关系，应进行债权、债务清算，遂驳回了日照港物流公司的诉讼请求。本院二审认为联营合同最显著的特征是共同投资、共同经营、共享利润、共担风险，其与借贷的根本区别在于合作方是否参与共同经营，是否承担联营的风险责任；联营一方向联营体投资，但不参与共同经营，也不承担联营的风险责任，不论盈亏均按期收回本息，或者按期收回固定利润的，是名为联营，实为借贷。据此二审予以改判。

11. 对“借新还旧”免除保证人保证责任的情形认定不当

《担保法解释》第 39 条第 1 款关于保证人免责的规定，目的在于避免保证人对旧贷不知情的情况下，作出不真实的意思表示以及不合理的预期判断，从而加重保证人责任。而如果新贷与旧贷的债务人不是同一主体，保证人为新贷提供保证并非基于对旧贷债务人偿债能力的判断。在此情形下，不应认定为“借新还旧”，不应免除保证人的保证责任。

鲁商终字[2015]第 59 号借款合同纠纷案件中，其中一笔借款的借款人为巨峰建材公司，借款用途为债务重组，保证人为优优动漫公司、岳翔羽和尹德庆。巨峰建材公司将该笔借款用于代偿鑫地塑料公司在银行的贷款。一审法院认为，债务重组不能等同于借新还旧，保证合同中没有明确告知保证人主合同借款用途是借新还旧，所以对该笔借款，保证人优优动漫公司、岳翔羽和尹德庆不应承担担保责任。本院二审予以改判。

12. 裁判主文表述不严谨

裁判主文是法院裁判的具体内容，是整个裁判的落脚点和最重要的核心内容，裁判主文应当严谨、具体、明确，应当能够准确反映当事人的责任性质和范围，便于当事人、利害关系人和其他相关组织和机构理解和执行。

鲁商终字[2015]第 5 号抵押监管合同纠纷案件中，债务人以其煤炭提供质押，质物由蓬达公司负担监管。借款临近期满前，蓬达公司出具监管报告，认可质物 13014 吨，价值 1433 万元。工行向蓬达公司送达通知，要求质物只入库不出库，每日存量不低于 13014

吨。案件审理过程中各方均认可质物现已实际不存在。一审法院判决蓬达公司对质物煤炭不足13014吨的部分承担赔偿责任。本院二审改判蓬达公司在质物价值范围内对债务人所欠借款本息承担赔偿责任。

13. 在当事人未举证损失的情况下,简单地按贷款利率4倍调整违约金不当

当事人主张约定的违约金过高请求予以适当减少的,人民法院应当以实际损失为基础,兼顾合同的履行情况、当事人的过错程度以及预期利益等综合因素,根据公平原则和诚实信用原则予以衡量,并作出裁决。当事人约定的违约金超过造成损失的30%的,一般可以认定为"过分高于造成的损失"。

鲁商终字[2015]第48号担保责任追偿权纠纷案件中,担保公司与债务人海泉公司签订的《委托担保服务合同》约定,海泉公司在担保公司履行责任后2日内必须进行偿还,每延期偿还1天,海泉公司应按照担保金额的同期银行贷款利率的四倍赔偿担保公司的损失,同时按担保金额的日3‰支付违约金。新华公司为担保公司提供了反担保。担保公司承担担保责任后,向反担保人新华公司主张损失及违约金。新华公司认为过高,请求调整。一审法院在担保公司未提供损失相关证据的情况下,未兼顾本案的综合因素,按同期银行贷款利率的4倍进行了调整。本院二审予以改判。

14. 未区分股权转让协议的对内对外效力不当

股权转让合同关于股权转让方继续负责目标公司债务的约定,对目标公司的债权人没有约束力,股权转让方也没有直接向股权受让方支付目标公司债务的义务,在目标公司偿还债务的情况下,股权受让方仅享有要求赔偿损失的权利。

鲁商终字[2015]第275号股权转让纠纷案件中,2010年7月,汤华威、赵艳玲与梁永江等三人签订协议书,约定梁永江等三人将其持有的天安公司的股权转让给汤华威、赵艳玲,天安公司欠威建集团的工程款由梁永江负责清偿。后汤华威、赵艳玲又将股权转让给案外人张晓丹、江本海,汤华威承诺天安公司没有债务。2013年11月,张晓丹、江本海以汤华威为被告诉至法院,要求汤华威承担天安公司已向威海集团偿付的工程款。2014年6月,汤华威将对梁永江等三人享有的债权转让给于海龙。于海龙提起本案诉讼,要求梁永江等三人支付欠款(欠款额为天安公司欠威建集团工程款的本息)。一审法院认为,根据2007年协议约定汤华威对梁永江等三人享有债权,且汤华威已将该债权转让给于海龙,所以梁永江等三人应偿付于海龙该债务。本院二审改判驳回于海龙的诉讼请求。

15. 对权利外观原则的适用不当

记名股票及工商登记作为一种权利外观,仅具有权利推定效力,并不一定与实际权利相符。在外观权利与实际权利不一致的情况下,善意第三人基于对权利外观的信赖而与名义权利人进行民事法律行为的,应优先保护善意第三人的权利。而对并非基于信赖权利外观而与名义权利人形成普通债权的债权人,则不属于优先保护的善意第三人范围。

鲁商终字[2015]第307号案外人执行异议之诉纠纷案件中,中商财富为海航集团代持目标公司的股权,目标公司的股权登记在中商财富名下。后因中商财富欠中信济南分行借款,法院查封冻结了中商财富名下的股权。在执行过程中,海航集团提出异议,执行法院驳回海航集团的异议。海航集团遂提起本案诉讼。一审法院认为,代持股协议是海航集团与中商财富之间的内部约定,确定的是双方之间委托代理关系、出资关系,海航集

团并未因此取得目标公司的股东地位，不是涉案股权的持有人，该协议约定不能对抗第三人，也不能对抗司法机关所采取的强制措施，遂判决驳回海航集团的诉讼请求。本院二审予以改判。

16. 对合同效力认定不当

《物权法》规定了物权变动与其原因行为的区分原则，对查封房产的买卖合同是物权变动的原因行为，其只有存在《合同法》第 52 条规定的情形时，才能被认定为无效。至于房产存在被查封的障碍，房产不能办理过户，属于物权变动问题，其不影响作为物权变动原因行为即买卖合同的效力。

鲁商终字[2015]第 361 号确认合同效力纠纷案件中，金龙公司以其房产为案外人向银行的借款提供担保，因案外人逾期未偿还，法院判决银行对房产享有优先受偿权，并查封了金龙公司的房产。高士通公司取得该银行债权后，又与魅力四射公司签订了债权转让协议。债权转让协议签订后，魅力四射公司与金龙公司就查封房产的恢复建设、手续完善和对外销售等内容签订协议。后高士通公司与魅力四射公司就债权转让款的支付产生争议，经仲裁裁决债权转让协议有效，魅力四射公司支付转让款。现金龙公司诉请确认与魅力四射公司所签协议无效。一审法院认为，协议中关于魅力四射公司以金龙公司名义对房产进行销售的条款，违反了法院查封裁定，在未征得法院的许可并解除对房产查封的情况下，该处分行为无效。本院二审认为，首先协议性质不同于处分法院查封房产的买卖合同，其次根据区分原则，也不应认定无效。本院二审予以改判。

17. 对是否属于预先扣息认定不当

借款的利息不得预先在本金中扣除，利息预先在本金中扣除的，应当按照实际借款数额返还借款并计算利息。对借款人于借款支付的当天向出借人支付利息的，性质与预先扣除利息相同，应当按照实际借款数额返还借款并计算利息。

鲁商终字[2015]第 448 号企业借贷纠纷案件中，新达公司与奥特公司签订借款协议，约定奥特公司向新达公司借款 1200 万元。借款协议签订当天，新达公司通过公司及会计姜晓红账户转入奥特公司指定账户 1200 万元，但同时奥达公司又向新达公司会计姜晓红账户转账 3 万元。奥特公司主张其已于借款当日返还 3 万元本金，本案实际借款金额为 1197 万元；新达公司主张该 3 万元系奥特公司支付的利息。一审法院认为，借款协议对借款利息的支付时间并没有约定，并且奥特公司事后也出具承诺书，认可借款本金 1200 万元，所以该 3 万元系支付借款利息，涉案借款本金数额应认定为 1200 万元。本院二审予以改判。

18. 对否认法人人格的认定不当

公司的独立人格、股东有限责任是法人制度的基石，在否认法人人格的认定上应严格把握。对公司股东无视公司的独立人格，滥用控制权，挪用公司资产归个人使用，致使公司与股东个人之间的财务、财产均发生混同的，背离了公司法人制度的分离原则，可以在个案中否认公司法人人格。

鲁商终字[2015]第 459 号买卖合同纠纷案件中，国新能源公司与淄流经贸公司存在买卖合同关系，淄流经贸公司要求国新能源公司返还多预付的货款，郭引明承担连带责任。一审法院认为，2013 年 3 月 5～27 日，国新能源公司四次向郭引明账户转款 589 余万元,郭引明作为国新能源公司的股东,与国新能源公司存在财产混同,应对淄流经贸公司的债务承担连带责任。本院二审认为,一审法院对于郭引明何时成为国新能源公司股东、四次转款的事由以及转款事实本身与本案当事人之间纠纷形成有无因果关系等,没有进一步审查判断和释明,事实是国新能源公司向郭引明转款时郭引明并非国新能源公司的股东,一审单凭四次转款否定国新能源公司的法人资格不当。本院二审予以改判,

19. 对合同责任主体认定不当

受托人以自己的名义,在委托人的授权范围内与第三人订立合同,第三人在订立合同时知道受托人与委托人之间的代理关系的,该合同直接约束委托人和第三人,第三人可以直接要求委托人承担合同责任。但有确切证据证明该合同只约束受托人与第三人的除外。

鲁商终字[2015]第389号买卖合同纠纷案件中,华油公司与昆仑公司签订买卖合同,约定由华油公司供应钢管,最终用户为河北中石油昆仑天然气利用有限公司;由昆仑公司付款给华油公司,华油公司向最终用户开具发票;昆仑公司与最终用户根据双方签订的委托代理协议中条款的规定,以昆仑公司规定的结算程序进行结算。后签订变更协议,约定最终用户为昆鹏公司,昆鹏公司未在协议预留的签章栏内盖章。后华油公司向昆鹏公司送货,并向昆鹏公司开具了发票,昆鹏公司也向华油公司支付了部分款项。现华油公司诉请昆鹏公司承担货款支付责任。一审法院认为,根据买卖合同约定,昆仑公司是涉案货物的付款主体,而变更协议未对付款主体作出明确约定,且昆鹏公司对变更协议未予确认,付款主体仍应按合同的相对性确定,昆仑公司与华油公司之间的合同无权为昆鹏公司设定付款义务,据此驳回了华油公司的诉讼请求。本院二审予以改判。

20. 对监管人是否存在过错认定不当

动产质押监管是出质人以其合法占有的动产出质,作为债权的担保,为确保质物的安全,监管人接受质权人的委托,在质押期间按质权人指令对质物进行监管。质权人与监管人之间定性为委托合同法律关系更为妥当,前者委托后者占有质物,并由后者承担以监管义务为核心的受托义务。因监管人的过错给质权人造成损失的,质权人可以要求监管人赔偿损失。

鲁商终字[2015]第389号买卖合同纠纷案件中,中远物流公司是监管人,中信青岛分行系质权人,中远物流公司在质物出现风险后,按照监管协议约定及时向中信青岛分行提示了风险,并向110报案。一审法院认为,中远物流公司未完全履行质押监管协议所约定的对质物的监管责任,保证质物完全完好;虽然其在质物缺失后向公安机关报案,却未能清楚地表明监管人的身份,亦未说明质物的权属关系,因此中远物流公司有过错。同时,中信青岛分行对于质物的缺失亦负有一定过错,其允许中远物流公司租用出质人的仓库存放质物,使其享有的质权不具备明显的权利外观;中远物流公司曾多次发函,提示质物的风险问题,但中信青岛分行未及时采取措施,未与中远物流公司协商另行选择存放地点,致使损失继续扩大。一审判决中远物流公司承担1/2的赔偿责任。本院二审认为,中远物流公司在监管质物过程中,已经尽到了通知和阻止义务,不存在过错,不应承担责任。本院二审予以改判。

三、提高审判质量的对策和建议

当前各中院均面临着新收案件不断增多、未结案件数量大幅上升，而审判力量又相对有限的严峻审判形势，如何提高审判质量显得尤为重要。对此，提出以下几点对策和建议：

(一)分析原因，找出对策

各中院对审判质量应高度重视，对其上诉案件，特别是发改案件应逐案分析，找出原因，提出切实可行的改进方法，并明确下一步工作的着力点，以期降低发改率、提高商事审判质量和水平。

(二)增强法官责任意识

2015 年商事二审案件梳理中发现的一些问题，有些是以往发改分析通报中已经指出的问题，也有一些是案件审理中出现的低级错误，只要采取严肃认真的工作态度，完全可以避免。因此，要切实加强商事审判工作责任心，严格司法，有效杜绝程序瑕疵、文书差错等低级错误，提高商事审判水平，树立商事审判的良好形象。

(三)提高裁判文书质量

裁判文书是审判活动的最终载体，是法官办案质量和审判水平的综合反映，是法院公正司法形象的直接展示，所以应不断提高裁判文书制作质量。裁判文书制作要避免简易地罗列证据，应围绕当事人争议的问题，对认定事实和适用法律的依据进行充分的论证分析，引用法律要具体，裁判结果要明确。

(四)努力化解矛盾纠纷，力争案结事了

尽管商事审判有其特殊性，相对于民事审判而言不宜过多强调调解工作，但由于调解工作是化解矛盾纠纷的最好方式，因此应重视调解工作，加大调解力度。特别是社会敏感度高、当事人情绪激动、矛盾突出的案件，更不应简单判决，将矛盾上交，而应严把案件质量、效率和效果“三个关口”，切实有效地化解当事人间的矛盾纠纷。

特此通报。

山东省高级人民法院办公室

2016 年 5 月 25 日

全省法院破产审判态势分析及对策建议

山东省高级人民法院民二庭

《企业破产法》自2007年6月实施至今已有八年多的时间，审理企业破产案件是人民法院商事审判工作的重要任务。当前国际金融危机影响仍在持续，在国内金融案件爆发、金融形势严峻，大量企业出现经营困难、陷入债务危机的情况下，更需要重视破产法的作用，通过加强破产制度的适用，使困境企业有序退出市场或者通过重整获得挽救，促进经济转型升级，化解经济下行的系统风险。为此，省法院民二庭对2007年至2015年10月全省法院破产案件发展态势和存在问题进行了梳理和分析，并就如何妥善应对新形势、完善破产审判机制与其他配套措施方面提出对策建议。

一、全省法院破产审判工作发展态势及主要特点

2007年至2015年10月，山东法院共受理破产案件1683件，审结2174件，涉及企业资产503.6亿元，依法化解破产企业债务806.8亿元，妥善安置破产企业职工490.5万人。我们依法审理了全国第一例民营学校(南洋学校)财务清算案、天同证券公司破产清算案、重汽集团破产清算案、齐鲁宾馆破产和解案以及山东九发食用菌股份有限公司和山东海龙股份有限公司两个上市公司破产重整案等一大批在全国具有重大影响的案件，为促进产业结构调整、维护社会和谐稳定发挥了重要的作用。

(一)全省法院破产收案数量先降后升，近三年收案数量明显上升

2007年《企业破产法》实施以来，全省法院破产收案整体呈现先降后升的趋势，2012年达到收案最低值63件，但近三年收案数量明显上升。2013年比2012年增幅近40%，2014年和2015年1～10月收案数量继续保持稳步回升的态势，2015年全年收案数量较之2012年有望翻番。近三年收案总数居前三位的法院依次为威海、淄博、临沂，分别为62件、43件和34件，占全省破产案件收案总数的47%(见图1)。

随着经济下行压力的增加和经济结构深度调整的影响，全省部分企业出现经营困难，符合破产条件的企业不在少数，而且由于企业之间"抱团取暖"的互保模式严重，一旦资金链上的某一企业进入破产程序，就会引发"多米诺骨牌效应"，牵连多家企业临界破产，甚至对地区经济生态环境造成一定冲击。如2014年滨州市长星集团及其关联企业在内的五家企业先后进入破产重整程序。借鉴南方一些地市如温州在金融案件高发期过后，出现企业破产潮的现象，预计今后几年我省将有大量企业进入破产程序，需要未雨绸缪、提前应对。

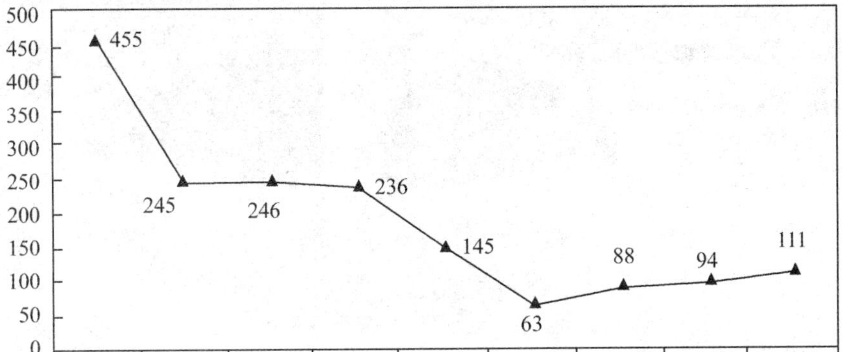

	2007年	2008年	2009年	2010年	2011年	2012年	2013年	2014年	2015年(1～10月)
▲收案数量	455	245	246	236	145	63	88	94	111

图 1　2007 年至 2015 年 10 月全省法院受理破产案件走势情况

(二)破产案件主体逐步呈现多元化,破产企业类型主要为有限责任公司

2007～2010 年,国有、集体企业破产案件数量虽然每年均占到收案总数的一半以上,但在绝对数量上和所占比例上已呈现逐年下降趋势。近三年来,民营企业、外资企业、上市公司等作为破产主体的案件日益增多(见图 2、图 3)。以有限责任公司为主的破产案件已经大幅超过国有集体企业破产案件数量。比如 2014 年,国有、集体企业破产案件数量仅 12 件,有限责任公司破产案件达 55 件,是前者数量的 4.6 倍。有的地区(如菏泽)还出现了一人有限责任公司破产的案件。鉴于政策性破产的热潮在我省已经基本接近尾声,除个别地区(如青岛)仍有少量国有企业退出仍在继续外,可以预见,今后以有限责任公司为主的民营企业破产将成为破产案件企业的主流。但值得注意的是,申请破产的有限责任公司中有很大一部分是由原国有、集体企业改制而来,这些公司破产仍然具有国有集体企业破产的问题,即职工人数众多,欠缴各项社会保险情况严重,历史遗留问题复杂,使案件的审理难度增加,需要依靠当地党委政府的支持配合。

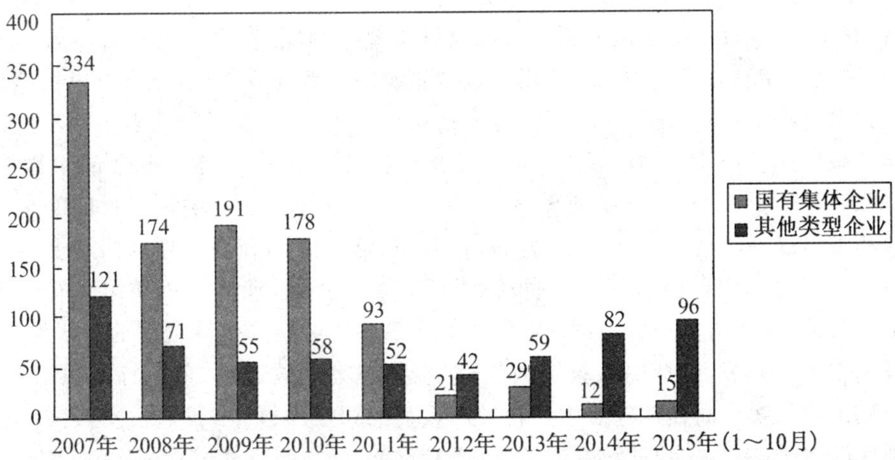

图 2　2007 年至 2015 年 10 月破产企业构成情况

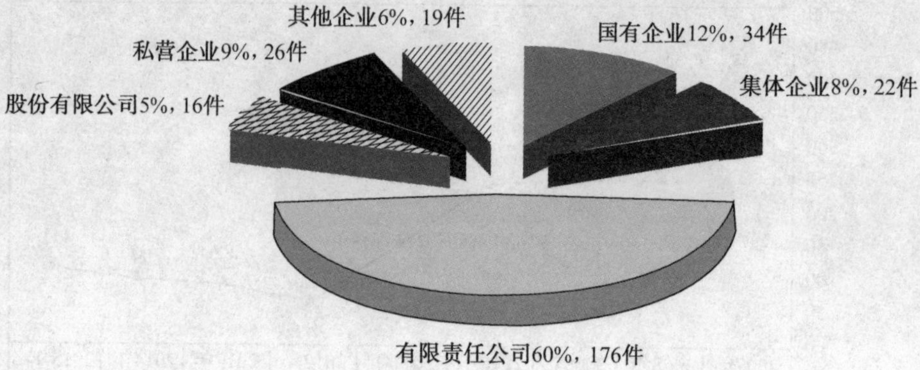

图3　2013年至2015年10月(近三年)破产企业构成情况

(三)破产案件涉及的新问题新情况不断涌现

1. 关联企业实体合并破产“无法可依”

关联企业的发展给社会带来经济利益的同时，也引发了一系列问题，主要表现在关联企业机构、财产、人员等方面高度混同，特别是关联企业之间利用关联关系转移资产，利用破产手段逃避债务损害债权人利益。近年来，全省关联企业破产的案件日益增多。截至目前，全省涉及关联企业破产案件共有87件，分布在大部分地市法院，其中济宁中院受理的山东拖拉机厂及其关联企业在内的七家企业同时破产，是目前关联企业最多的一宗。对关联企业实体合并破产，可以打击债务人转移财产、逃避债务的不诚信行为，又可以实现资产变现最大化，对全体债权人和职工利益以最大公平的保护，也是法律在维护社会主义市场经济秩序方面积极作用的重要体现。2010年泰安市泰山区法院受理并审结的华泰铝轮毂公司与华泰铝制品公司合并破产清算案件就实现了法律效果和社会效果等方面的多赢。但由于实质合并规则的适用是对公司人格独立的全面否认，目前法律对此没有规定，法院“依法”破产无所适从，亟须司法解释弥合立法与实践之间的裂缝。

2. 破产重整成功率有待进一步提升

我国《企业破产法》借鉴国外立法经验设置了重整制度，重整目前被各国公认为是防范破产、挽救企业最为有效的法律制度。破产重整与破产清算相比，不仅可以使债权人得到更高比例的清偿，而且还可以缓解债务人清偿债务的压力，使破产企业再获新生。截至目前全省破产重整案件共有57件，其中2011年之后受理47件，占全部重整案件的82%;2014年收案17件，占全部重整案件的30%，上升态势十分明显。目前的审理状态是:第一，重整成功已结案的共有18件，包括潍坊、烟台中院分别审理的两起上市公司重整案件。2014年，淄博两级法院又积极探索新的重整模式，淄博钜创纺织品有限公司重整案成为目前全国“出售式重整第一案”。第二，重整失败转为清算程序的有8件，失败原因涉及重整多个环节，包括引入投资人失败、重整草案未被通过、重整计划执行失败等。第三，仍有36件案件尚在审理之中。在破产重整的司法实践中，我们发现，有的法院(如德州地区的多个基层法院)连续受理了10余起重整案件，但重整成功的案件仅有一两起。因此，探索确立预重整制度，注重在重整之前做好各方面的协调准备工作，避免进入盲目重整程序等一些新的理论与实务问题迫切需要研究解决。

3. 民营企业治理结构不规范，刑民交织问题突出

民营企业破产，由于多为家族式经营，公司治理结构不规范，经常出现企业财产与股东财产混同、企业债务与个人债务不分的情况。而且因为企业财产账目不清，难以确定债权，可能引发债权人之间就是否受理破产申请、如何进行破产财产分配等方面的矛盾。同时，民营企业中一些不规范的民间借贷行为与集资类犯罪活动相互交织。相当部分发生资金链、担保链危机的民营企业，存在"企业构成破产原因"和"企业或企业主涉嫌集资类犯罪"的"两个并存"情形，这类企业破产，刑民交织问题如何合理处理，刑事追回的赃款、赃物是否纳入破产财产一并分配等问题，法律适用不明确，协调处理的难度大，也成为破产案件审理的新问题。

4. 房地产公司破产成为企业破产案件的难点

虽然房地产企业也有个别破产重整成功的案例，如临沂市罗湖房地产开发有限公司重整案中，罗庄区法院通过拍卖股权的方式使新投资人入股该企业。但鉴于房地产企业的特殊性，法院一旦受理这类企业破产，将面对企业职工、债权人、拆迁户和购房者的多重社会压力，困难重重。如乳山市法院受理的涉及"台湾城"项目的两家房地产企业破产重整案，性质上为涉台企业，社会关注度高，同时涉及大量购房业主、企业职工和债权人尤其是农民工的利益，极易引发群体性事件。目前，两起案件均因为引入战略投资人失败而转入破产清算程序，我们将予以密切关注。

(四)随着立案登记制、执行转破产等新制度的实施，破产案件数量将会继续上升，破产审判面临新挑战

1. 破产案件是否适用立案登记制没有明确规定

2015 年 4 月 1 日，中央全面深化改革领导小组第十一次会议审议通过了《关于人民法院推行立案登记制改革的意见》。2015 年 4 月 13 日，最高人民法院通过并公布了《关于人民法院登记立案若干问题的规定》。上述两个文件均自 2015 年 5 月 1 日起施行，但都没有明确规定破产案件是否也实行立案登记制。立案登记制与破产法确立的立案审查制是否存在冲突，实践中有不同的观点，各地法院做法也不一致，如深圳中院明确表示破产案件不适用立案登记制。即使如此，立案登记制实行后，我省部分法院破产案件明显上升，如济宁两级法院新收案件 12 件，占全年收案数量的 75%。截至目前，虽然全省法院破产案件数量没有出现大幅上升的态势，但大部分中院均反映，大量债权人或债务人欲以立案登记制为由启动破产程序。如果法院不进行实质审查一概立案登记，则可能有的案件并不符合破产条件；如果法院不予受理，当事人则会连续上访给法院施加压力，法院将陷入两难境地。2015 年 8 月以来，省法院就连续接待了山东华鑫机械设备股份有限公司债权人关于该企业重整立案的数次上访。破产案件受理难一直是司法实践中亟待解决的问题，破产案件是否适用或者如何适用立案登记制更需要及时解决。

2."执转破"案件未来将成为破产案件新的增长点

2015 年 2 月 4 日，最高人民法院通过并公布了《关于适用〈中华人民共和国民事诉讼法〉的解释》。该解释第 513 条至 516 条建立了执行程序与破产程序之间的链接，规定被执行企业符合破产条件的，经申请执行人或被执行人的同意，执行法院应当将案件材料移交被执行人住所地法院，由被执行人住所地法院裁定是否受理破产申请，简称"执转破"。

目前,全省法院通过执转破程序共受理了12件破产案件。其中,东营5件,临沂3件,青岛2件,日照1件,枣庄1件。“执转破”制度出台的初衷是为了逐步破解执行难题,规范企业退出市场机制,但由于最高人民法院关于执转破的具体实施细则尚未出台,部分法院对此有畏难情绪,尚未受理执转破案件。与之相反的是,大量执行案件中受偿顺序在后的债权人根据执转破司法解释的规定,希望通过破产程序使债权得到部分清偿,执行部门亦想通过案件移送破产解决“执行难”问题,破产程序成为解决“执行难”问题的一个重要“出口”。由于目前法院执行不能的案件很多,如果全部转入破产程序,破产审判庭将面临巨大压力,破产审判庭会成为执行庭的“救火队”。破产审判也会成为解决执行不能的程序延续,变成后执行程序,执行不能的难题会继续转为破产难题。

二、破产程序中面临的困境和存在的问题

(一)破产制度的功能作用没有充分发挥

2007年《企业破产法》实施之后,立法预期是与《公司法》中的清算制度一起,共同组成市场主体退出的正常机制,提供保障债务关系公平实现的法律途径,从根本上改变被市场竞争淘汰的企业人去楼空、债权人索债无门、债权清偿秩序混乱的现象。实践中也存在大量符合破产条件的债务人企业,破产需求具有很大潜力,主要表现在:部分执行不能的债权人申请债务人企业破产;银行债权不良率不断走高,使得银行寻求破产保护的实践增加;部分省属国有企业已经停产多年,需要清理退出市场;特别是在经济下行压力增加、企业融资困难等环境下,很多因无力清偿到期债务而陷入经营困境的企业面临退出市场的局面。据山东省工商局统计,我省每年均有几万户“僵尸企业”被吊销营业执照。但与之相比,进入破产程序的企业数量较少,每年仅有百余件,《企业破产法》的实际执行状况与立法者的预期尚有较大差距,多数企业没有清理债权债务就直接退出市场,并未遵循企业破产、清算之路,而是仍处于自生自灭的无序状态(见表1)。这些“僵尸企业”占用了大量资金、土地等宝贵市场资源,却不产生任何经济效益。长此以往,将导致“劣者不汰,优者难胜”的局面。

表1　　2007～2011年破产案件受理数量与企业吊销数量对比

年　份	2007	2008	2009	2010	2011
破产案件受理数量(件)	455	245	246	236	145
企业吊销数量(户)	52506	50069	31971	35991	41788

(二)法院受理破产案件积极性不高

1. 破产审判力量不足

法院案多人少的矛盾对破产案件的受理形成严重制约。破产审判的特征之一就是“工作很多,时间很长,效果不显”。目前全省大部分法院的破产案件仍由商事审判庭负责审理,专门的破产审判庭和专业的法官队伍相对缺乏,个别法院甚至无法组成完整的合议庭。审判人员在审理破产案件同时,还肩负着繁重的商事审判任务。特别是随着立案登记制、执行转破产等新制度的实施,破产案件数量将会继续上升,为数不多的破产法官更

显得捉襟见肘。

2. 缺乏科学的考核机制

对破产审判工作及审判人员的业绩评定和考核机制不科学，缺乏有效激励机制，主要表现在两个方面：第一，办案数量折抵计算不合理。破产案件比一般民商事案件复杂难办，要花费更多时间、精力，相当于多件民商事案件的工作量。但在绩效考核时，目前全省部分法院仍是与一般民商事案件同样计算，破产法官工作业绩得不到合理评价，只有少数法院提出按照破产标的折算工作量的做法。第二，审限和结案率的考核规定不合理。全省仅有少数法院对破产案件单独管理，大多数法院仍将破产案件的审限和结案纳入一般民商事案件中一并进行审判管理，那些到了年底仍不能结案的破产案件也计入未结案的范围，必然影响破产法官甚至整个审判庭的工作业绩，从而损害受理破产案件的积极性。

3. 外部协调问题多

企业破产是一个系统工程，牵涉的利益关系复杂，企业体制的深层次矛盾和企业内部的利益冲突都在案件审理过程凸显出来，化解矛盾需要政府各部门协调配合。在一些政府部门尤其是企业主管部门、劳动人事、审计、税务等职能部门不予配合的情况下，单靠法院自身予以协调存在困难，增加了法院不愿受理破产案件的客观因素。

（三）法院审理破产案件中存在的困难

1. 管理人的执业能力尚不能完全满足破产工作的需要

《企业破产法》创设了管理人制度，但实践中管理人履职仍存在一些问题。一是管理人实践经验少。目前管理人名册中的机构和个人尚有很多尚未担任过破产管理人，对如何履行管理人的职责缺乏经验。二是管理人能力不全面。不论是会计师事务所还是律师事务所担任管理人，都存在专业能力不全面、统筹协调能力不高的问题。有时管理人还需要法院“手把手”地指导以开展工作。对于管理人应当从事的一些日常工作，也往往需要法官“代劳”，造成法官工作量增多。三是管理人指定方式不科学。目前法院技术部门多采用随机的方式指定管理人，而随机选任的管理人在部分专业性较强的复杂破产案件中难以发挥应有作用。四是社会公众对管理人的认识不到位，包括政府部门在内的社会各界对管理人履职的配合、协作不够，阻碍了管理人履职。此外，一些案件中管理人报酬无法得到保障也导致管理人参与破产工作积极性不高。

2. 政府对破产关注程度与配合力度降低，民营企业破产过程中难以获得政府支持

企业破产过程中除了法律层面的问题外，还有很多诸如职工安置、社会稳定等社会层面的问题。在原有破产法架构下的清算组模式里，由人民法院商同人民政府，从政府相关职能部门中指定清算组成员。这些成员按照他们所在政府部门的职责分工去解决破产程序中遇到的社会层面的问题，是其职责所在，也在很大程度上保障了破产程序法律层面问题的解决。2007 年新的《企业破产法》在破产管理人架构之外，并没有确定解决社会层面问题的机构，政府由于没有参与破产程序的法定形式，所以也就淡化了处理破产程序中社会层面问题的主动性和积极性。特别是民营企业破产，法院在破产案件审理中往往处于孤立无援的境地，难以进行协调工作。

3. 企业自身对破产存在一定的消极抵触情绪

企业破产本应是市场经济优胜劣汰作用下极为正常的现象，但很多企业对破产程序

存在认识误区,普遍把破产等同于死亡,诸多国有、集体企业,特别是民营企业对破产制度的功能认识不足,对破产清算、重整、和解程序了解甚少。破产保护的理念尚未植入商业文化中,整个社会也没有形成宽容失败的共识。由此导致很多不能清偿到期债务或明显缺乏清偿能力的企业宁可被工商机关吊销执照而“自生自灭”,或被法院强制执行所有资产而“事实消亡”,也不愿寻求破产保护。也有很多民营企业由于经营不规范,股东债务和企业债务不分,一旦发生企业资金链担保链风险时,企业主宁愿选择跳楼、跑路,也不申请进入破产程序。

4. 破产企业职工安置等问题维稳压力大

妥善安置破产企业职工,确保社会稳定,是破产案件审理过程中不可回避的现实问题。由于我国目前社会保障制度尚不完善,法院在破产案件审理中面临较大维稳压力,职工安置问题一旦处理不当,极易引发群体性事件,影响社会稳定。

5. 破产费用不足,破产启动难

实践中大部分破产企业缺乏破产专项资金,破产费用完全依靠处置自身资产。一些破产企业往往已经经营十几年甚至几十年,厂房、设备陈旧老化,有效资产少,导致破产费用严重不足,财产的清理、评估、债权债务的调查确认等工作难以开展。大量没有经营活动的“植物人”公司也因缺乏清算资金的保障不能有序退出市场,闲置了可观的经营资源,扭曲了市场信号。

6. 法律适用问题繁多,案件审理难度较大

一是职工权益计算标准不明确。职工、管理人与债权人,对于职工债权认识上的矛盾冲突较大,很多劳动关系不规范的职工往往趁企业破产之际要求与企业确认劳动关系。不同地区关于安置费用的标准不同,导致不同企业职工进行比较而提出异议,造成职工安置困难。二是“房地分离”现象导致破产财产无法变现。“房地分离”是指破产企业地上建筑物所有权与土地使用权分离。受政策影响,很多企业没有办理土地使用手续即开始投资建厂,导致地上建筑物也无法办理房产登记。该类企业破产后,由于没有合法的土地使用权和房产登记手续,导致了破产程序中对土地使用权和房产处置的障碍。根据法律规定,政府可以无偿收回的土地使用权,而法院对土地使用权无权处置,如果仅对房产进行拍卖,将有违物权法房地一致的原则,而且购买人买后也会面临无法办理产权过户的尴尬。三是破产案件中应保护的优先权范围及顺序规定不明。我国相关法律规定了10余种优先权,而《企业破产法》仅规定了担保权人的优先权。破产案件中应否保护依其他法律规定享有的优先权问题,实践中做法不一。四是破产企业缴纳税金的处理难度较大。一些有挽救希望的中小企业进入破产程序后仍然要承担高额税费负担,制度层面上缺乏对于危困企业的差异化措施,导致破产进程举步维艰。

三、对策建议

党的十八届三中全会通过的《中共中央关于全面深化改革若干重大问题的决定》明确提出,要健全优胜劣汰市场化退出机制,完善企业破产制度。其中,一个重要方面就是要建立健全市场化、简易化、法治化的企业破产审判制度,以促进混合制经济发展,推动经济转型升级。李克强总理也在日前的国务院常务会议指出“加快推进‘僵尸企业’重组整合

或退出市场”。因此,在经济发展进入新常态的情况下,破产审判不仅可以有所作为,而且大有可为。针对目前全省破产案件明显上升且呈现继续大幅上升的态势和在破产审判中发现的问题,我们提出如下对策建议:

(一)从法院内部看

1. 明确破产审判的指导思想和基本原则

(1)破产审判的指导思想:贯彻落实党的十八届三中全会精神,增强政治意识、大局意识、责任意识,正确适用法律,将国家宏观政策精神和要求切实贯彻落实到企业破产案件审理中,依法妥善处理,提高审判效率,维护债权人、债务人企业职工及其他利害关系人的合法权益,规范企业合法有序退出市场,保护有效生产力,维护经济健康有序发展和社会和谐稳定。

(2)破产审判的基本原则:一是“市场化导向,差异化处置”原则。充分利用破产重整、和解制度,积极帮扶有市场有前景的企业维持生产,让企业起死回生、焕发生机;有序引导高污染、高能耗的可淘汰企业,走破产清算的道路,倒逼经济转型升级、消除泡沫,尽可能实现有效资产的再分配。二是民生为先原则。保障生存权和生命健康权,依法实行工资债权优于普通债权受偿。三是注重维稳原则。在党委领导下,强化与政府部门协作,努力做好维稳工作,充分发挥风险预警等协调机制的作用,做到早预防、早沟通、早化解。四是债权受偿最大化原则。采取灵活多样的方式处置企业资产,着力追求最佳处置收益和最高处置效率,努力降低企业资产的处置成本和非必要支出,实现债权受偿最大化。

2. 建立健全破产专业化审判机制

一是推动建立专业破产审判机构。目前我省一些法院注重加强破产案件审判机构建设,如枣庄中院、沂水县法院、滨城区法院等 12 个中基层法院设立了专门的破产案件审判庭。有些短期内难以设立专门审判庭的法院也设立了专门的合议庭审理破产案件。如济南中院的破产合议庭按照最高人民法院《关于全面深化人民法院改革的意见》进行组建,设立主审法官 1 人、法官 6 人、法官助理 2 人、书记员 2 人,为即将面临的司法改革奠定基础。这些做法在保障破产案件审判质量、提高审理效率等方面取得了良好效果,应当在此基础上对专业破产审判机构的建立进行推广和完善。二是培育破产案件专业化人才。妥善审理好破产案件,客观上需要审判人员有扎实的专业理论功底、较高的事务协调水平以及相应的纠纷化解能力,因此在一定程度上需要法院将优质商事审判资源配置到破产案件审判岗位,减少破产法官的轮岗和交流,维持审判队伍的稳定性和专业性。同时采取各种形式加强对审理破产案件法官的培训,解决中基层法官不敢办或不会办破产案件的畏难情绪。淄博中院注重优化破产合议庭人员结构,破产合议庭 7 名成员中 5 人为法学硕士;1 人曾在研究室工作,利于加强破产审判的综合调研能力;1 人具有注册会计师资格,利于加强对账目、资产的审核。三是完善破产案件绩效考核机制。破产案件的绩效考评和审判管理应不同于普通民商事案件,有必要尽快建立合理的破产审判绩效考评机制,制定独立的评价标准和体系,使其能够全面客观反映审理破产案件工作量的科学考评标准,准确体现破产审判部门和法官的工作绩效,从而充分调动法官审理破产案件的积极性。

3. 依法规范破产申请审查机制

人民法院作为企业退市过程中的“清道夫”,应当切实肩负起规范企业退出机制的历史使命。最高人民法院虽然接连推出破产法司法解释(一)[1]、立案登记制和“执转破”的相关规定,但目前全省多数法院对企业破产案件仍然保持谨慎态度,不愿受理破产案件,这既有过去“审慎受理”司法传统的影响,也与企业破产案件工作量大、风险大、压力大有很大关系。有的法院连续几年没有新收案件,许多符合破产条件没有进入司法程序。受案渠道不畅,已经成为制约全省破产审判发展的重要因素。各级法院应当及时更新司法理念,实现从“审慎受理”向“依法受理”的转变。一是要认真执行破产法及其司法解释的规定。准确把握企业破产案件受理标准,对达到破产条件的及时适用破产程序,不得在法律之外另设门槛,不得无故拒绝、推诿或拖延审判。特别是要纠正“不裁不立”的消极做法,依法接收当事人的申请,及时作出是否受理的裁定,切实保障当事人的程序性权利。二是要理顺审判庭与立案庭在破产案件受理上的分工。在最高法院尚未明确破产案件是否适用立案登记制的情况下,可首先由立案部门接收材料,经破产案件审判庭初步审查后认为符合形式要件的,由立案部门向当事人送达“破(预)字”立案登记通知书。破产审判庭按照破产法的规定进行实质审查后,符合立案条件的,及时裁定受理;发现不符合立案条件的,应当书面告知当事人补充提交材料或裁定不予受理。

4. 切实加强破产管理人队伍建设

管理人作用能否得到充分发挥,直接影响着破产程序能否顺利运行,培养高素质、充分市场化、成熟中立的管理人队伍是实现破产制度功能目标的重要保障。一是明确管理人与法院关系。厘清人民法院与管理人各自的职责,法院既要保障管理人依法履行职责,又要不断丰富和改进对管理人的指导和监督手段,避免法院从程序的督导推动者变为破产事务的具体操作者。二是推动建立管理人分级管理、动态管理制度。依据管理人的业绩划分资质等级,按照破产案件实际情况在不同等级的管理人中进行选择。同时设立管理人资格准入、考评和淘汰体系,建立起有进有出、有升有降、各级管理人之间健康流动的动态管理体系,以调动管理人的工作积极性,提高审判质量和效率。三是进一步完善管理人指定机制。根据案件的具体情况,确定适用管理人的类型和管理人的产生方式。在管理人的指定上应以中介机构担任为原则,以清算组担任为例外,将清算组担任管理人的情形限定在法定范围内。对于重大疑难案件,不宜直接以随机方式产生管理人,可以采取竞争与随机相结合的方式指定管理人,并增加债权人对管理人选任的话语权。还可以考虑在一定范围内允许跨区域指定管理人,促进管理人区域之间的流动,带动管理人执业水平的整体提升。

5. 不断完善创新破产审判模式

一是探索破产案件简易审理程序。破产程序的特殊性决定了破产案件工作繁复、周期较长。破产案件的平均审理周期为二至三年,有的长达十几年,而破产程序每延长一天,破产财产的有形损耗、无形损耗甚至流失的风险就会增加一分。为提升破产案件审理效率,可以试行破产案件的简易审机制,即从多个环节入手,对事实清楚、债权债务关系明确、争议不大的破产案件,简化审理程序,一般在受理后6个月内审结,既缩短办案周期,

---

① 《最高人民法院关于适用〈中华人民共和国企业破产法〉若干问题的规定(一)》第9条:“申请人向人民法院提出破产申请,人民法院未接收其申请,或者未按本规定第七条执行的,申请人可以向上一级人民法院提出破产申请。”

又减轻当事人的经济负担、降低司法成本。二是探索制定执行转破产的具体实施细则。根据《〈民事诉讼法〉司法解释》关于“执转破”的规定，在此基础上积极探索制定执行转破产的具体实施细则（如审查释明程序、案件预审程序等），为“执转破”扫清程序障碍，强化执破衔接。济南中院已经制定了《关于执行程序移送破产程序的实施细则（送审稿）》，优先探索在本地区实现执行程序与破产程序的有效衔接。三是搭建破产信息发布平台。联合政府相关职能部门，搭建企业破产信息发布平台，及时向社会公布破产企业相关信息和法院破产案件审理情况，帮助破产重整企业引进战略投资者、选择新的经营模式等，有效保障困难企业优质资产重组和经济转型升级。

（二）从外部环境看

1. 加大对破产制度功能的宣传，树立破产保护的理念

虽然《企业破产法》在我国早已制定实施，但社会公众包括政府官员和企业家等对破产制度的功能仍认识不足，没有真正理解破产法在市场经济中的重要社会调整作用，尤其是对破产保护理念的认识不够，不了解现代破产法是由破产清算制度与企业挽救制度两部分组成，不懂得积极利用破产挽救机制解决债务危机。这种认知障碍既影响了债务人主动申请破产的动力，也给法院受理、审理破产案件造成了外部环境的困扰。因此，我们建议：一是加大宣传力度。通过重点案例的定期发布，与宣传部门和媒体组织开展有关破产专题的宣讲，联合地方工商部门和行业组织向企业宣讲破产保护理念等手段，消除社会各界对破产制度功能的认知障碍，培育企业家的诚信意识和担当精神，在全社会形成宽容失败的社会共识，推动建立真正的企业市场化退出机制，逐步普及并建立破产文化。二是搭建互动平台。除各级法院外，邀请政府部门、银行业协会机构、工商联企业、中小企业协会企业等参加“山东破产法论坛”“智库专家大讲堂”等交流平台活动，并组成问诊队伍，采取实地走访、召开座谈会、开设私董会“问诊”等方式建立联合引导机制，引导企业树立正确破产理念，搭建帮扶渠道。

2. 运用好司法权、行政权“双拳组合”的力量，破除破产审理的掣肘

破产是在法院主导之下进行的法律程序。但实践中，仍然存在行政机关不当介入的现象，认为企业破产是政绩不好的表现，进而阻碍法院受理破产案件，或是习惯于以行政手段解决问题，给法院审理破产案件施加压力。同时企业破产需要协调的事情较多，一些地方政府尽管成立了临时性的领导小组，负责本地区企业风险的处置工作，但由于法定职责不明晰、信息沟通不畅、协调事项不连贯等，也影响了其职能的发挥。合理界定司法权和行政权在破产审理上的分工，是解决企业破产过程中社会层面问题的治本之策。为此，我们建议：一是明确司法权与行政权在破产程序中的界限。地方政府的配合与支持是保障破产案件顺利进行的重要因素。目前在我国的很多破产案件中，由于需要政府解决相关社会问题，完全回避行政干预几无可能，顺势引导和合理规范是更适宜的选择，应将行政权力的介入控制在合理的范围之内，发挥地方政府对《企业破产法》实施的促进作用，打好组合拳。二是建立企业风险处置的常态化工作机制。由政府有关部门建立破产行政管理机构或联系人机制，专门负责协调化解破产企业风险，承担企业破产过程中的行政管理职责，协调解决破产企业税务减免及核销、工商注销登记等问题，建立与企业破产司法程序协调和对接的常态性企业风险监测、预警和处置机制。

3. 倡导银企合作,做好金融风险应对

破产案件中最主要的债权人大多是银行,破产审判工作中能处理好金融机构的正当权益等于成功了一半。但破产法又是在司法框架下的利益博弈,没有妥协与让步,破产工作很难取得效率与效果。因此,应当加强银企合作,少“杀鸡取卵”,多“放水养鱼”,以和为贵,以和促赢,共同化解企业资金链担保链风险、银行不良资产的风险。为此,我们建议:一是尝试信任共赢。银行与债务企业虽是债权债务关系,但不完全是零和游戏。尤其在重整救治程序里,与其“杀马分肉不如治马干活”,通过让企业“生”来保障银行权益应形成共识。二是尝试转机管理。一方面银行加强贷后管理,及时发现风险信号,做好早期预防;另一方面建立企业突发信贷风险的会商帮扶工作机制。在企业出现突发信贷风险苗头时,银行间能充分沟通信息,客观判断企业真实情况,统一意见,统一行动,从银企合作、共渡难关角度,加强对困难企业的帮扶工作,共同维护金融债权。三是尝试庭外和解。在第三方见证下,共同就企业清盘、债务清偿迅速达成一些合意,相互妥协固化谈判成果,在司法程序外建立银企新型合作关系。

4. 设立破产费用援助基金

解决无产可破案件中破产程序启动经管理人报酬的来源问题,包括垫付企业维稳资金和破产费用,以提高债务人和债权人申请破产以及管理人工作的积极性,并加快破产案件审理进程。对此问题,有的法院已经在积极探索中建立起有效的解决方式,如滨州市滨城区法院为解决管理人报酬不足的管理人建立报酬基金制度等,为建立无财产可破案件的财政援助制度积累了经验。对此,我们建议:政府财政部门应当建立政府援助《企业破产法》实施的常规机制,对于“无产可破”案件中企业职工基本安置费用和破产费用予以援助,建立危困特殊企业挽救的财政援助机制。通过确立政府在企业破产过程中的社会责任,建立起规范、科学的破产程序援助制度,为破产制度社会功能的发挥、《企业破产法》的顺利实施提供有力支持。

2014年度全省法院商事审判态势分析

山东省高级人民法院民二庭

2014年，全省法院商事审判工作紧紧围绕“努力让人民群众在每一个司法案件中感受到公平正义”的工作目标，牢牢把握“司法为民，公正司法”工作主线，在案件数量剧增、审判形势严峻的情况下，团结一心，攻坚克难，圆满完成审判任务，为全面深化改革、促进经济持续健康发展提供了有力的司法服务和保障。但同时我们也发现，商事审判呈现出收案、结案和存案“三上升”态势，审判形势日益严峻。为全面总结2014年全省商事审判工作，认真发现存在问题，及时提出应对措施，科学调度，统筹安排，实现2015年均衡结案、优质高效审理案件的目标，现对全省法院商事审判态势分析如下：

一、一、二审案件收案数量持续攀升，审判任务不断加重

商事审判工作与市场经济联系最为密切，商事案件收案持续攀升是我省经济形势变化的直接反映。2014年，全省法院共受理一审案件310431件，同比上升4.0%；二审案件22281件，同比上升5.9%；各审级商事案件总量达334305件，同比上升4.1%，比2013年增长了13016件(见表1)。商事案件保持了近十年来的持续增长趋势。

表1　　2014年各审级商事案件收案情况　　单位：件

	一审	二审	再审
2013年	298620	21039	1630
2014年	310431	22281	1593
同比(%)	4.0	5.9	−2.3

从一审商事案件的类型构成上看，借款、保险等案件数量增长明显，买卖合同纠纷案件与去年基本持平，担保、承揽、运输等案件有所下降(见表2)。

表 2　　**2014 年全省商事一审案件(传统案件)情况**　　单位:件

指　标	收　案		
	2013 年	2014 年	同比(%)
借款合同	161236	179031	11.04
买卖合同	57626	57711	0.15
保险合同	9189	10191	10.90
租赁合同	9054	9727	7.43
承揽合同	5205	4734	－9.05
运输合同	3157	1801	－42.95
担保合同	3482	3329	－4.39
服务合同	9102	7337	－19.39
劳务合同	6668	8091	21.34

主要特点如下:

(一)金融案件高居各类商事案件之首,且呈现持续上升势头

当前,我国经济发展已经进入新常态,增速变缓,国内需求下滑,经济下行压力仍然存在。在实体经济领域,我省的钢铁、煤炭等传统产业产能过剩问题突出,加之未来对资源环境的要求提高,部分企业出现经营困难、资金链断裂等现象。在金融领域,银行不良贷款率出现新的上升趋势,地方政府债务和影子银行规模扩大,金融风险有所累积,由此引发我省金融案件数量持续增加。比如,借款合同纠纷作为最主要的金融案件类型,一直呈上升趋势,已经连续三年增幅均在 10%左右。2014 年一审借款合同纠纷收案 179031 件,同比增加 11.04%,占全部商事案件的 57.7%,已经超过全部商事纠纷的一半。可以预计,随着我国民间融资所积累问题的逐渐呈现以及国家整治民间融资活动的逐渐开展,该类案件数量将继续上升。

值得注意的是,针对少数企业的借款纠纷案件集中爆发,给地方金融生态造成巨大影响。比如,2014 年,我省法院受理涉及“德正系”公司及青岛港集团的系列金融案件,我们及时提出处置意见和建议并予以汇报,积极有效地参与了我省金融风险的化解处置工作。

(二)买卖合同纠纷案件数量稳定,但比重略有下降

买卖合同纠纷是商事审判的主要内容,是除借款合同纠纷外数量最大的商事案件。2014 年,全省一审买卖合同纠纷收案 57711 件,比 2013 年增长了 85 件,且近年来数量一直较为稳定。但从案件总量上看,2014 年买卖合同纠纷所占比重较 2013 年下降了 0.7 个百分点,且近年来呈现持续下降趋势。

(三)保险合同纠纷案件急速增长

伴随着保险业务的广泛开展,投保人维权意识的增强,加上保险业及现行保险条款所存在的诸多不完善,围绕着理赔难、保险欺诈而引发的纠纷大量涌现。特别是随着家庭用车的日益普及以及交通事故频发而产生的机动车损失保险、责任保险纠纷案件占有较大比重。2014 年全省法院受理一审保险合同纠纷案件 10191 件,比 2013 年增长了 1002

件，同比上升 10.9%，成为仅次于借款合同、买卖合同的第三位商事案件类型。公正高效审理好该类案件，依法维护各方利益主体的合法权益，促进保险业健康有序发展，也是商事审判近期应把握的重点工作。

（四）公司、证券及金融创新案件不断涌现，且上升幅度较为明显

虽然借款合同和买卖合同等传统商事案件占据着数量上的绝对优势，但股东权益纠纷、证券侵权纠纷、涉小额贷款公司、典当公司、融资性担保公司纠纷、非典型担保纠纷、公司强制清算、票据纠纷等新类型案件不断涌现，且增幅亦较为明显（见表 3）。

表 3　2014 年全省商事一审案件（新型案件）情况　单位：件

指　标	收　案		
	2013 年	2014 年	同比（%）
融资租赁合同	253	348	37.55
典当合同	169	241	42.60
信用卡纠纷	1656	1909	15.28
信用证纠纷	22	136	518.2
股权纠纷	630	604	－4.13
票据纠纷	475	406	－14.50
证券纠纷	13	46	253.8

这些案件具有以下特点：一是虽然总体数量不多，但往往牵涉利益巨大。以股东权益纠纷为例，2014 年，全省法院共受理一审股东权益类案件 604 件，不到全部商事案件收案的 0.2%，但涉案标的额 15.3 亿元，平均每起案件标的额在 300 万元以上，与之相比，借款纠纷平均每起案件标的额仅在 50 万元左右。此外，这些案件背后往往隐藏着更大的利益。例如，股东资格确认案件有时虽仅涉及几十万的股权数额，但往往影响到的是当事人对整个公司的控制权。又如一些公司股权转让纠纷实质上涉及转让房地产项目或采矿权项目，争议利益巨大，具有当事人矛盾深、不宜调解的特点。二是许多案件专业性较强，缺乏明确法律规定。比如，2014 年济南中院受理了一系列证券虚假陈述责任纠纷案件，涉及诱空型虚假陈述行为的认定。目前最高人民法院相关规定的调整对象仅定位于诱多型虚假陈述行为，如何认定诱空型虚假陈述行为，以及诱空型虚假陈述行为与投资人的投资决定之间是否存在交易因果关系，是该类案件的难点。

（五）破产案件呈现回升势头，需要未雨绸缪、提前应对

在所有商事案件中，破产案件的审理对于落实转方式、调结构总体部署、推动实现产业升级具有更加直接的作用。2007～2012 年，我省破产案件持续下降，年均降幅为 17%。许多符合受理条件的企业由于各种原因被阻挡在了破产程序之外，已经受理的案件也因诸多原因进展不畅。近两年来，破产案件受理呈现逐步回升态势。2014 年，全省受理破产案件 94 件，同比上升了 7%（见图 1）。借鉴其他省市在金融案件高发期过后，出现企业破产潮的现象，破产案件的上升与金融案件的大幅增加是否具有一定联系，需要我们未雨

绸缪、提前应对。如何完善破产审判机制,促进各级法院依法受理审理破产案件,充分发挥企业破产法的制度功能,规范企业退市秩序,是下一步商事审判工作必须重点研究和解决的问题。

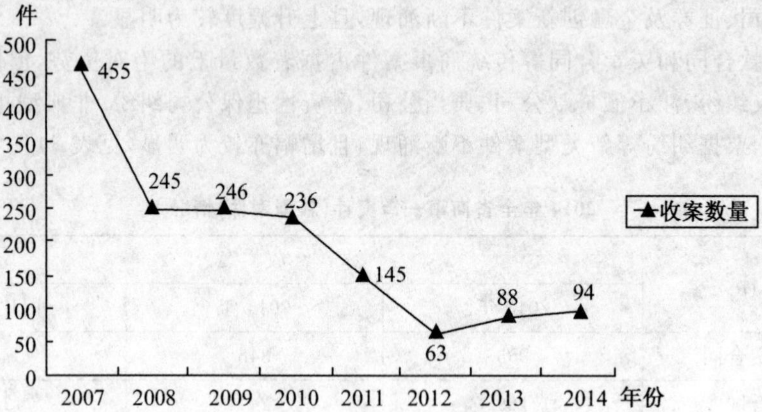

图 1　2007~2014 年全省法院受理破产案件走势情况

(六)省法院和部分中级法院一审收案呈翻番性增长

随着经济发展,近年来大标的案件不断增多,2014 年除滨州、莱芜中院的一审商事收案下降之外,其他中院的一审案件基本呈现持续增长态势,省法院和部分中院的一审收案甚至呈翻番性增长。其中,省法院 2014 年受理一审商事案件 91 件,是 2013 年的 2.6 倍(2013 年一审收案 35 件);收案翻番的还有青岛、日照、泰安 3 个中院;增幅在 50%以上的有青岛、日照、泰安、枣庄、济宁和德州 6 个中院;增幅在 20%以上的有青岛、日照、泰安、枣庄、济宁、德州、烟台、潍坊、菏泽、聊城和济南共 11 个中院,均远远高于全省民商事案件 4.5%的增幅和全省法院各类案件 6.2%的增幅(见表 4)。

表 4　　2014 年各中院一审收案数量与同期比较　　单位:件

	2014 年	2013 年	同比(%)
济南中院	479	393	22
青岛中院	1547	747	107
淄博中院	492	532	−7
枣庄中院	316	180	75
东营中院	330	376	−12
烟台中院	356	243	46
潍坊中院	639	484	32
济宁中院	903	484	86
泰安中院	360	187	92
威海中院	206	209	−1
日照中院	225	107	110

续表

	2014 年	2013 年	同比(%)
滨州中院	256	401	−36
德州中院	227	132	71
聊城中院	405	322	25
临沂中院	216	188	14
菏泽中院	229	175	30
莱芜中院	187	300	−37

二、一、二审案件结案数量大幅增加,审判质量不断提高

(一)结案数量和结案标的再创新高

2014 年,在收案数量上升的情况下,结案数量也明显上升。全省法院共审结一审案件 286862 件,同比上升 1.2%;审结二审案件 21953 件,同比上升 9.0%;各审级商事案件结案总量达 310421 件,同比上升 1.7%。尤其是结案标的额激增,2014 年一审案件结案标的额达到 1306 亿元,同比上升了 71%;二审案件结案标的额达到 85.7 亿元,同比上升了 65.4%;各审级商事案件结案标的额达 1399 亿元,同比上升 70.6%。标的额的上升,说明:社会影响力大,关注度高,当事人利益争端激烈的案件不断增多,商事审判工作面临的压力也越来越大(见表 5)。

表 5　　2014 年全省商事一、二审案件结案情况

	结案数(件)			结案标的额(万元)		
	2013 年	2014 年	同比(%)	2013 年	2014 年	同比(%)
一审	283491	286862	1.2	7638195.7	13064854.3	71.0
二审	20132	21953	9.0	518279.0	857222.7	65.4

(二)案件审判质量不断提高,但仍需继续加强

2014 年,在商事案件收结案均大幅上升的形势下,审判任务不断加重,审判压力不断加大,审判质量面临进一步考验。一方面,全省法院二审维持案件 10753 件,占二审结案比率的 49%,同比上升了 2.0%;再审维持案件 626 件,占再审结案比率为 38%,同比上升了 1.0%(见表 6)。另一方面,全省法院二审改判发回的案件 3293 件,发改率为 15.0%,同比上升了 1.7%;再审改判发回案件 613 件,发改率为 38.2%,同比上升了 4.7%(见表 7)。维持率上升说明商事审判质量正在不断提高,但同时发改率的上升也说明审判质量作为人民法院工作的生命线,需要不断加强。

表 6　　2014 年全省商事二审案件维持、改发情况

	数量(件)			占二审结案比率(%)			占一审结案比率(%)		
	2014 年	2013 年	同比(%)	2014 年	2013 年	同比(%)	2014 年	2013 年	同比(%)
维持	10753	9472	13.5	49.0	47.0	2	3.7	3.3	0.4
改判	1757	1475	19.1	8.0	7.3	0.7	0.6	0.5	0.1
发回	1536	1196	28.4	7.0	5.9	1.1	0.5	0.4	0.1

表 7　　2014 年全省商事再审案件维持、改发情况

	数量(件)			占再审结案比率(%)			占二审结案比率(%)			占一审结案比率(%)		
	2014 年	2013 年	同比(%)	2014 年	2013 年	同比(%)	2014 年	2013 年	同比(%)	2014 年	2013 年	同比(%)
维持	626	585	7.0	38.0	37.0	1	3.0	3.0	0.0	0.2	0.2	0
改判	500	394	27.0	31.0	25.0	6	2.0	2.0	0	0.1	0.1	0
发回	113	127	−11.0	7.0	8.0	−1	0.5	0.6	−0.1	0.03	0.04	−0.01

三、一、二审案件存案压力不断加大,审判效率亟待提升

2014 年,全省法院商事一、二审及再审未结案件达到 64851 件,同比上升 58.5%。自 2004 年至 2011 年商事未结案件一直维持在 1 万余件,2012 年首次突破 2 万件,随之近三年来商事未结案件不断增多,增幅均在 30%以上(见图 2)。而 2014 年全省法院的未结案件共计 16 万余件,其中商事未结案件占近 40%,商事审判形势日益严峻。

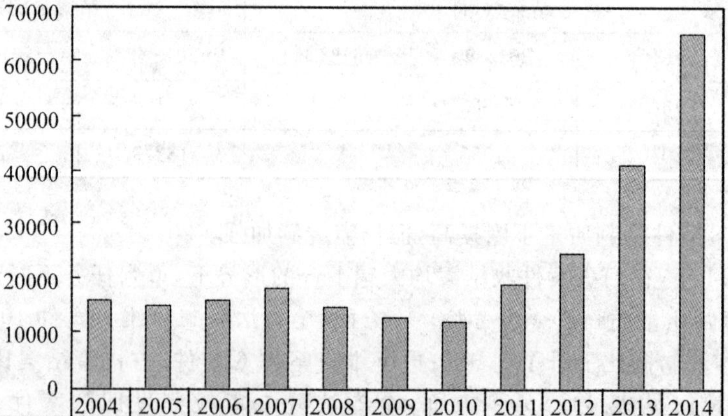

	2004	2005	2006	2007	2008	2009	2010	2011	2012	2013	2014
存案数量(单位:件)	16022	15078	15994	18224	14794	12929	12051	18995	24730	40923	64851

图 2　2004～2014 年全省法院商事案件存案情况

(一)商事存案绝大部分是一审案件

2014 年未结的 6 万余件商事案件中,一审案件 61121 件,占全部未结案件的 94.2%,同比上升 62.9%;二审案件 3128 件,再审案件 602 件(见图 3)。商事一审未结案件在各审级案件中比例最大且上升幅度最快。

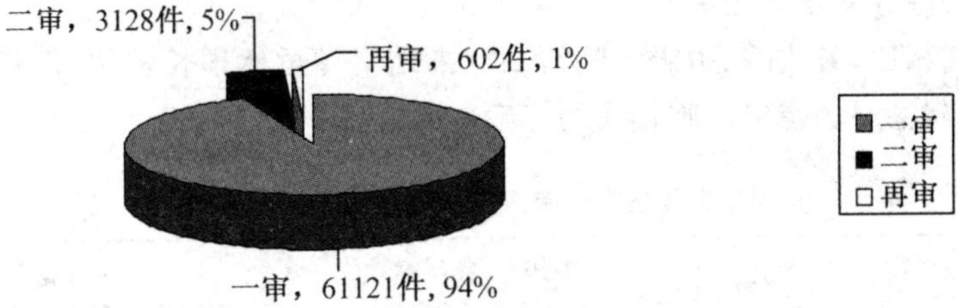

图 3 商事一二审及再审案件比例

(二)各地区一审未结案件并不均衡

从全省法院一审存案情况来看，各地区商事存案并不均衡且差别较大(见表 8)。一审存案较多(5000 件以上)的地市为潍坊、青岛、临沂和烟台，存案较少(2000 件以下)的地市为日照、东营、威海和莱芜，潍坊达到莱芜的 11.8 倍。除滨州之外，全省法院 2014 年存案均呈大幅增长，其中存案增幅超过 1 倍的地市为济宁、泰安、日照、菏泽和临沂。需要说明的是，存案较多的法院和增幅较大的法院同时也是收案较多和收案大幅增多的法院。

表 8　　2014 年各地一审存案数及同期比较　　单位:件

地市	2014 年	2013 年	同比(%)
济南	4642	2856	63
青岛	6392	5379	19
淄博	2031	1676	21
枣庄	2709	1934	40
东营	1593	1199	33
烟台	5692	4144	37
潍坊	7071	4795	47
济宁	4064	1138	257
泰安	2629	806	226
威海	1220	926	32
日照	1647	585	182
滨州	2831	3137	−10
德州	2986	1941	54
聊城	4110	2167	90
临沂	5998	2401	150
菏泽	4281	1676	155
莱芜	600	316	90

(三)基层法院存案压力较大

与基层法院相比,省法院、中级法院的一审未结案件虽然增长较快,但一审存案数量更多的是在基层,基层法院仍面临较大的存案压力(见表9)。

表9　　2014年三级法院一审未结案件情况与同期比较

省法院存案			中级法院存案			基层法院存案		
2014年	2013年	同比	2014年	2013年	同比	2014年	2013年	同比
127件	54件	135%	3377件	2260件	50%	57744件	35255件	64%

(四)破产案件长期未结的情况仍然较为突出

破产案件的审理,既是认定事实和适用法律的过程,也是多方协调、整体推进的过程。不仅涉及企业与债权人、债务人之间的各类合同关系,而且还涉及与工商、税务、劳动、建设、土地、卫生等行政管理部门之间的相互交错的管理关系,法律关系十分复杂。在全省法院已审结的破产案件中,审理时间超过1年的有1222件,占全部案件数量的60.62%。截至目前,全省范围内受理时间超过3年但尚未审结的破产案件仍有300余件。

存案不断增多,说明全省商事审判在审判效率方面,尤其是一审案件审判效率方面尚存在一些问题。2014年全省法院一审商事案件结案率92.4%,同比下降了2.5%。我们经过调研发现,目前制约审判效率、导致存案不断增多的因素主要有四个方面:

1. 级别管辖标准和审判资源配置不尽合理

在级别管辖上,一方面2008年商事案件级别管辖标准调整后,大部分一审案件放到了基层法院审理,案件数量的持续上升导致部分基层法院案多人少、司法能力不足的矛盾更加突出;另一方面,部分中院(例如青岛中院)由于级别管辖标准确定的案件标的额过低而受理了大量一审案件,导致案件无法分流,一定程度上影响了审判效率。2015年5月1日,新管辖标准一定程度上缓解了这一问题。在审判资源配置上,许多法院的商事审判业务骨干、资深法官因为交流、提拔等原因离开原有工作岗位或调整至其他部门(例如东营中院商事审判力量不足两个合议庭),而新生力量却无法得到有效补充,商事审判人才存在断层和流失的情况。

2. 新型疑难案件和新情况新问题不断增多

近几年,随着我国经济体制改革的深入,股东权益纠纷、证券侵权纠纷、票据纠纷、典当纠纷、融资租赁纠纷等新类型案件层出不穷,涉犯罪的金融案件不断涌现,虚假诉讼现象时有发生,一些传统领域也出现了一些新问题。由于缺乏法律法规的明确规定或者有关规定存在冲突,需要经审委会研究或等待上级法院答复的案件增多,结案周期相应延长。同时,商事案件标的额大幅增长,商事审判处理的利益纷争不断加大,案件社会关注度更高,客观上也增加了案件审理的难度。

3. 部分商事法官没有及时适应司法改革带来的变化和要求,工作积极性还需进一步提升

审判权规范运行和司法公开等改革举措的推进,对商事审判法官提出了新要求。改革举措提高了司法透明度,宣扬了法治精神,展示了法官风采,增强了法院的公信力,提高

了案件调撤率和服判息诉率，收到较好的社会效果和法律效果。但是，因为改革的一些举措还在起步阶段，程序还没有完全理顺，也有一些法官思想认识还不到位，没有及时提高能力、尽快适应新要求，一定程度上也影响了办案效率。同时，从我国整体司法状况来看，法官队伍还缺乏相应的职业保障。一线法官办案任务重、工作强度大、责任重大，绩效考核、错案终身追究制等机制的实施，给一线法官带来较大的心理压力。而目前法官办案的激励机制还不够完善，干多干少一个样，甚至案件办得越多，承担的责任也越大，工作积极性受到一定影响。

4. 因当事人原因致使审理周期延长

在有些案件中，当事人为达到拖延诉讼的目的，用足诉权，随意提起管辖权异议申请和评估鉴定申请，导致许多案件审理周期延长。据了解，有的案件仅管辖权异议期间已经超过一年半而成为长期未结案件，但此时该案尚未进入实体审理。商事案件中当事人“跑路”现象突出，需要公告送达的案件增多，在部分法院甚至超过 1/3，公告送达延长了办案周期。

5. 金融案件起诉时间较为集中，案件短时间集中爆发

受金融机构年终考核因素的影响，为达到“履职免责”的效果，金融机构往往集中在 10 月份后突击起诉，使得金融案件在年底短时间内集中爆发，全省多地都出现这种现象，据省两会代表反映，有的地方甚至出现了金融机构连夜排队到法院争先立案的罕见现象。这些案件因起诉时间晚且大量爆发，以致当年无法审结，也成为去年年底存案增多的一个原因。金融案件借款人“跑路”现象较为普遍，公告送达已成为严重影响金融案件审理质效的瓶颈。

比如，省法院民二庭 2014 年第四季度新收案件达到 153 件，是 2013 年同期近两倍。而且，大多数案件的开庭时间安排在 2014 年 12 月份和 2015 年 1 月份，有的案件甚至排至 2015 年 3 月份，客观上难以在 2014 年度内结案。据了解，全省一些中院和基层法院也存在着同样的问题。

四、服判息诉指标良好，审判效果稳步提升

(一)再审案件收案数量下降，服判息诉率同比提高

在全省法院一、二审收案大幅增加的形势下，再审收案数量连续三年下降。2014 年，商事案件再审收案 1593 件，同比下降 2.3%；再审收案占一审结案的 0.56%，同比下降 0.01%；占二审结案的 7.3%，同比下降 0.8%，说明全省法院一、二审商事案件的服判息诉率正在稳步提高(见表 10)。

表 10　　2014 年全省商事案件上诉、再审情况

	二审收案数(件)	占一审结案比率(%)	再审收案数(件)	占一审结案比率(%)	占二审结案比率(%)
2013 年	21039	7.4	1630	0.57	8.1
2014 年	22281	7.7	1593	0.56	7.3
同比(%)	5.9	0.3	−2.3	−0.01	0.8

(二)案件调解撤诉数量持续保持较高水平,但仍有上升空间

2014 年,全省法院一审商事案件调解 77969 件,撤诉 68722 件,调解撤诉案件占全部结案的 51.14%;二审商事案件调解 2335 件,撤诉 2371 件,调解撤诉案件占全部结案的 21.44%;再审案件调撤率 15.01%,继续保持了较高的案件调撤水平(见表 11)。全省法院认真贯彻"四心工作法",依法积极调解处理了一大批有重大影响的纠纷案件。比如,省法院民二庭先后调解结案标的超过亿元的融资租赁合同纠纷案、省托管公司股权转让合同纠纷案等多起标的大、争议时间长、关注度高的案件。2014 年全庭共调撤案件 131 件,占结案总数的 27.4%,同比增加了 11.05%。

表 11　　2014 年全省商事案件调撤率

	调解数量(件)			调解率(%)			撤诉数量(件)			撤诉率(%)		
	一审	二审	再审	一审	二审	再审	一审	二审	再审	一审	二审	再审
2014 年	77969	2335	112	27.2	10.6	7.0	68722	2371	129	24.0	10.8	8.0
2013 年	89256	2569	163	31.5	12.8	10.5	76161	2585	122	26.9	12.8	7.9
同比(%)	−13.0	−9.0	−31.0	−4.3	−2.2	−3.5	−9.0	−8.0	6.0	−2.9	−2.0	0.1

但是,我们也看到,商事案件一、二审调撤率及再审调解率同比均有所下降,商事案件调解工作仍有一定上升空间和幅度。商事案件调撤率下降的主要原因有:一是商事审判的指导思想发生了变化。基于商事审判担负着依法调节经济关系、保障和促进市场经济发展的基本职能。许多情况下,以判决方式解决纠纷,更有利于回应当事人对市场规则和诚信秩序的合理期待。为此,最高法院在全国商事审判工作座谈会上明确提出要"准确把握调解和判决的适用,不为过分追求调解率而破坏交易秩序、损害交易效率"。我们在全省商事审判工作座谈会上也传达贯彻了这一点。二是当事人主观上不愿意调解。商事案件因为标的额巨大,法律关系复杂,涉案当事人利益争夺激烈、对立性强,客观上加大了做调解工作的难度。比如,金融机构作为当事人的借款合同纠纷,保险公司作为当事人的保险合同纠纷,当事人主观上不愿意调解,放弃既得利益。三是客观上不能调解。商事案件审理中存在大量缺席审理的情况,比如在金融机构起诉债务人还款时,债务人往往已经人去楼空、不知去向,客观上也导致调解工作无法进行。

五、改进工作的对策和建议

当前,全省法院商事审判面临收案持续增多、存案大幅上升的审判形势,2015 年 1～6 月,全省法院又新收一、二审商事案件 175906 件和 12020 件,同比分别上升 16.8%和 9.2%。省法院 1～6 月新收商事案件 278 件(一审 43 件、二审 235 件),同比上升 7.8%。可以预计,2015 年全省法院商事案件收案仍将继续保持高位运行,而且很有可能再创新高。我们将及时对全省法院商事案件发展态势进行分析研究,做到科学调度、统筹安排,以实现全年均衡结案、优质高效审理案件的目标。现就下一步全省商事审判工作的开展提出如下具体对策和建议:

(一)合理配置审判资源

一是保存商事审判的骨干力量,保持商事审判队伍的相对稳定性,避免不必要的人员交流和轮岗,防止人才流失,并及时补充司法辅助人员,应对案多人少和因司法公开等改革措施而增加的工作量。二是进一步提高人民陪审员在一审商事案件中的参审率,既可以解决案多人少的矛盾、提高办案效率,也可以实现扩大司法民主、促进司法公正、深化司法公开和提升司法公信的效果,一举多得。三是合理配置法院内部业务庭的审判资源。在一、二审商事案件大幅上升的态势下,建议及时增加和补充商事审判力量。

(二)建立健全审判机制

一是适当提高级别管辖标准。根据各地的经济发展情况,适当提高省法院和部分中级法院的级别管辖标准,避免大量一审案件涌入部分法院而无法分流,影响到审判效率。2015 年 5 月 1 日,最高法院调高了管辖标准,这一问题得以较大缓解。二是推动建立金融案件审判专业审判机构。针对金融借款纠纷案件大幅上升的态势,青岛中院率先于 2013 年 12 月成立金融审判庭,专司金融案件审判。经过一年来的运行,收到很好的效果。我们将总结青岛中院金融审判庭的现有经验,尝试在全省推广专业金融审判法庭或合议庭的设立。

(三)抓好调研、指导工作

一是着力抓好商事审判调研工作。在宏观方面,紧紧围绕“使市场在资源配置中起决定性作用”的经济改革目标及我省“两区一圈一带”的发展战略,找准商事审判服务大局的切入点,积极参与创新社会治理,通过提出服务措施或司法建议,切实提高服务经济社会发展的针对性和有效性。在微观方面,加强商事审判新情况新问题研究。密切关注全省法院商事案件类型、数量、质量等发展变化,对相关法律适用问题及时进行归纳整理和研究论证,通过出台规范性意见或会议纪要等形式,统一全省裁判标准。二是大力开展业务培训指导工作。今年我们将克服案件多、任务重的困难,采取灵活多样的业务培训方式。2015 年 3 月 30 日～4 月 3 日,我们已在省法官学院举办了 200 余人参加的全省法院商事审判业务培训班,下一步还将采取以会代训等多种形式,进一步统一法律适用,不断提升全省商事审判法官的业务素质。

(四)努力提高审判效率

效益至上的商法价值,对效率提出了更高的要求,商事审判应当更加注重办案效率。一是进一步推进案件繁简分流。商事存案大部分在基层,提高基层法院办案效率至关重要。为此,要进一步加大简易程序适用力度,并严格简易程序转普通程序的审批。下一步省法院将对简易程序适用问题开展专项调度。二是进一步规范送达、庭审。合理选择和确定法律文书送达方式,提倡直接送达。切实做好庭前准备工作,提高庭审的针对性和有效性,避免不必要的多次开庭或传唤当事人。三是慎用中止诉讼和委托鉴定。严格把握中止案件的适用条件和鉴定程序的启动程序,减少适用上的随意性,杜绝滥用中止、鉴定的情况。四是进一步加强内部挖潜。通过制定、修改效率指标考核等各种方式,加大办案激励机制,强化审限意识,不断提高审判效率。

(五)做好案结事了、矛盾化解工作

尽管商事审判有其特殊性,相对于民事审判而言不宜过多强调调解工作,而且调解率下降也符合审判方式改革的“理性回归”,但由于调解工作是化解矛盾纠纷的最好方式,也是提高办案效率、讲究办案效果的好方法,必须高度重视调解工作,加大调解力度。一是要坚持调解优先、及时判决。要准确理解和把握“调解优先、调判结合”的原则,处理好调解与判决的关系,根据不同类型案件的特点和具体情况,当调则调,该判则判,无论是调解还是判决,都要从有利于化解矛盾、服判息诉的角度来考虑。二是要着重辨法析理,讲究办案方法。商事案件无论是调解还是判决,都要依法进行,把辨法析理贯彻于调解和审判的全过程,通过辨法析理,分清责任,促使当事人认识到自己应当承担的责任,自觉履行义务或接受法院判决,真正做到案结事了,既解决了纠纷,又维护了市场规则。三是推动商事案件多元纠纷解决机制的建立,做好诉调对接。要主动与国资委、金融办、人民银行等企业主管部门,以及各大行业协会和商会联系,利用他们的商事经验和协调职能对有关案件进行调处,建立纠纷调处互动机制。要落实最高法院“保险纠纷诉讼与调解对接机制试点”要求,加强与省保监局、省保险协会协作,总结青岛法院试点经验,以保险纠纷多元解决为突破口,推动商事案件多元纠纷解决机制有效运行。

(六)全面推进破产审判

针对当前破产案件受理审理中存在的诸多问题和困难,一是要提高认识,转变观念,深刻认识建立合理有序的企业退出机制对完善社会主义市场经济的重要意义,克服破产案件受理审理中的畏难情绪,迎难而上,依法受理符合破产条件的案件。二是建立健全破产专业化审判机制。推动建立专业破产审判机构,培育破产案件专业化人才。完善破产案件绩效考核机制,调动法官审理破产案件的积极性。目前枣庄中院已经设立了专门的破产审判庭。三是要大力开展破产审判调研活动,尤其要做好破产程序与执行程序衔接、关联企业破产、破产重整、房地产企业破产等方面的调研,及时总结推广审判经验,筑牢破产审判的理论基础。四是监督指导破产改革试点法院相关工作。2014 年淄博中院、滨城区法院被最高法院确定为破产案件审理方式改革试点法院。两法院分别就企业破产重要法律制度实施及完善问题、企业破产案件审判管理问题和企业破产程序的启动问题展开探索和研究。对此,我们确定专门人员,负责此项工作的督促、指导和总结,并及时向最高法院报告有关情况。五是做好破产审判的前瞻性研究。借鉴其他省市在金融案件高发期过后,出现企业破产潮的现象,我们未雨绸缪,提前应对,预先对全省破产案件审理情况进行研究,形成《2007 年至 2014 年全省法院破产案件审判态势分析及对策建议》,认真谋划下一步的破产工作。

商事审判解决的是市场经济运行中产生的各种利益纷争,地位重要,责任重大。党的十八大及十八届三中、四中全会对全面深化改革、依法治国提出了新要求和新目标,商事审判应该勇于担当,更应大有作为。在院党组的领导下,我们有信心也有决心推动全省商事审判工作更好地发展,使我省商事审判工作成为人民法院服务经济社会发展大局的亮点,成为山东法院的品牌。

第二部分

商事审判政策与精神

深入贯彻五大发展理念，加强民事商事审判工作，为实施“十三五”规划提供有力司法服务和保障

周　强

2015 年 12 月 23 日

同志们：

这次会议的主要任务是：深入学习贯彻党的十八大，十八届三中、四中、五中全会和中央经济工作会议精神，以习近平总书记系列重要讲话精神为指导，认真总结 2008 年以来全国法院民事商事审判工作取得的成绩和经验，分析形势任务，统一思想认识，深入贯彻五大发展理念，大力加强民事商事审判工作，为“十三五”规划实施提供有力的司法服务和保障。

对这次会议，党中央和中央政法委高度重视。中央政治局委员、中央政法委书记孟建柱同志专门作出重要批示，对人民法院民事商事审判工作取得的成绩给予充分肯定，对下一步工作提出明确要求。各级人民法院要认真学习、深刻领会孟建柱书记重要批示精神，切实抓好贯彻落实。

党的十八届五中全会是在我国全面建成小康社会决胜阶段召开的一次十分重要的会议，对于实现“两个一百年”奋斗目标，实现中华民族伟大复兴的中国梦，具有十分重大的现实意义和深远的历史意义。全会审议通过的“十三五”规划建议，描绘了未来五年的发展蓝图，是中国特色社会主义理论与实践的集中概括，是动员全党全国各族人民夺取全面建成小康社会伟大胜利的纲领性文件。各级法院要以党的十八届五中全会和习近平总书记系列重要讲话精神为指导，全面加强民事商事审判工作，为“十三五”时期经济社会持续健康发展营造良好法治环境。

下面，我讲六个问题。

一、2008 年以来的民事商事审判工作

人民法院民事商事审判工作与人民群众生产生活、经济社会发展息息相关，涉及面最广，案件量最大，在化解社会矛盾、规范社会秩序、维护社会稳定方面担负着重要职责。2008 年以来，特别是党的十八大以来，各级法院坚持围绕中心、服务大局，充分发挥民事商事审判职能，取得显著成绩。

民事商事审判体系不断完善。在2000年人民法院建立大民事审判格局的基础上，最高人民法院于2014年设立了环境资源审判庭，并在全国逐步推进环境资源审判庭、合议庭建设。至此，由民事、商事、知识产权、涉外商事海事、环境资源审判以及与之配套的民事立案、审判监督和执行工作等共同组成的人民法院民事商事审判体系更加健全完善。今年5月1日全面实施立案登记制改革，对依法应当由人民法院受理的案件，做到有案必立、有诉必理，从根本上解决"立案难"问题。两次调整一审民事商事案件受案标准，合理配置四级法院审判资源，持续推动矛盾纠纷化解重心下移。设立北京、上海、广州知识产权法院，实现我国知识产权司法保护体制机制的重大突破。部分法院积极探索知识产权审判"三合一"改革试点，司法保护知识产权的综合效能初步显现。建立技术调查官制度，完善技术事实查明机制。探索完善知识产权、涉外商事案件、环境资源案件集中管辖和海事案件专门管辖制度，形成更加合理的管辖格局。

民事商事审判理念有了新发展。以社会主义核心价值观为指引，深刻把握《物权法》《侵权责任法》《商标法》、修改后的民事诉讼法等重大民事法律的立法精神和法律原则，坚持遵循司法规律，适应经济社会形势的发展变化和司法需求，创新民事商事审判理念，进一步强化平等保护、契约自由、意思自治、产权保护、环境权益保护、程序公正与实体公正并重、依法纠错与维护裁判权威并举等司法理念，大力弘扬法治精神，推动司法文明建设，有力指导了审判实践，促进了社会进步。

服务大局成效明显。针对国际金融危机、欧债危机和经济结构调整给我国经济发展带来的下行压力，最高人民法院及时出台关于审理房地产、劳动争议、企业破产等案件，维护金融安全，促进经济全面协调可持续发展等系列指导意见。积极服务保障创新驱动、自由贸易区、"一带一路""海洋强国""美丽中国"等国家战略实施，推动建立相关裁判规则，充分发挥司法功能。出台针对未成年人、妇女、老年人、农民工、消费者、残疾人合法权益的司法政策，切实加强对弱势群体的司法保护。建立健全执行指挥系统，形成覆盖全国的执行网络查控体系，完善失信被执行人黑名单制度，依法促进社会诚信建设。

审判质量效率效果不断提升。2008年以来，各级法院受理民事商事案件持续高速增长。2008年至2015年11月，全国法院共审结民事商事案件5763万件，执结1675万件，占人民法院结案总数的80%，年均增长率达6.4%。各级法院紧紧围绕"努力让人民群众在每一个司法案件中感受到公平正义"的目标，通过公正高效审理执行案件，化解大量社会矛盾纠纷，切实维护人民群众合法权益。从万件申诉信访案件交叉评查结果看，民事商事案件错案率不到3‰。无锡冷冻胚胎案、南方证券公司破产案、"IPAD"商标权属纠纷案、"中威"执行案、康菲溢油案、泰州环境公益诉讼案、辽宁特莱维公司与上海欧宝公司虚假诉讼案等新型、重大、疑难、复杂案件的依法公正审理，受到国内外广泛关注，彰显了司法的公信和权威。

裁判标准更加明确规范。积极回应社会关切，围绕群众关心关注的问题，制定出台涉及婚姻家庭、民间借贷、网络侵权、买卖合同、公司、保险、专利侵权、信息网络传播、驰名商标保护、反垄断、涉外商事、海事海商、环境民事公益诉讼、执行异议以及民事诉讼法司法解释等72部重要司法解释，明确相关案件裁判执行标准。通过发布指导性案例、统一执行管理标准以及再审纠错等方式，加强对下指导，统一裁判尺度，规范司法行为。建立知识产权、环境资源、“一带一路”三个司法研究中心，加强对疑难复杂法律问题的研究应对，确保法律统一正确实施。

民事商事审判理论研究取得重大进展。七年来，我国民法、商法、民事诉讼法等学科理论研究取得巨大成就，形成了一大批理论联系实际、在国内外有重大影响的研究成果，推动了立法和司法的发展。同时，在中国法学会、高校科研机构及专家学者的大力支持下，在全国法院的共同努力下，民事商事审判理论研究工作也取得长足发展，有力地促进了我国民事司法制度的完善和民事商事审判和执行工作的开展。政法各单位、律师和法律工作者，都为民事商事审判理论的发展进步做出了重要贡献。

民事商事审判自身建设不断加强。最高人民法院出台加强新形势下人民法院基层基础建设、人民法庭工作的指导性文件，各级法院坚持以审判工作为中心、以队伍建设为根本、以物质装备为保障的总体原则，切实加强基层基础工作，在调整人民法庭布局、加强法官职业保障、推进基层法院经费保障体制改革等方面取得重要进展。加强队伍建设，深入学习贯彻习近平总书记系列重要讲话精神，扎实开展党的群众路线教育实践活动、“三严三实”专题教育，完善政治学习、业务培训、庭审观摩、调研指导制度机制，不断提升干警政治素质和业务能力，有力地促进了队伍正规化、专业化、职业化建设。

七年多来，全国法院民事商事审判工作积累了许多宝贵经验：一是必须坚持党的领导，围绕中心、服务大局，确保审判执行工作的正确政治方向。二是必须坚持司法为民、公正司法，依法促进保障和改善民生。三是必须坚持国际视野和世界眼光，更好地服务国内国际两个大局。四是必须坚持重心下移，强化基层基础工作，夯实化解矛盾、维护稳定的根基。五是必须坚持改革创新，坚定不移地推进人民法院司法体制机制改革。六是必须坚持完善多元化纠纷解决机制，形成化解矛盾的整体合力，推动创新社会治理。七是必须坚持深化司法公开，加快信息化建设，促进审判体系和审判能力现代化。八是必须坚持狠抓队伍建设，强化组织保障。

这些成绩和经验的取得，离不开各级各方面的关心支持。在此，我代表最高人民法院，向长期关心支持人民法院工作的各级党委、人大、政府、政协及有关部门，向各级人大代表、政协委员和社会各界表示衷心的感谢！向长期奋斗在民事商事审判和执行岗位的广大干警致以崇高的敬意！

在看到成绩的同时，我们也要清醒地认识到，民事商事审判工作还存在不少问题和困难：一是民事商事审判队伍的能力仍需进一步提高。对一些新类型案件的调研、应对还不够及时，少数法官的群众观念不强、做群众工作的水平不高，司法作风与人民群众的要求仍有差距。二是裁判标准不统一的问题仍然较为突出。类案不同判的问题还没有很好地解决，一定程度上影响了司法权威和司法公信力。三是立审执协调配合机制有待健全，人民法院内部分工协作与监督制约仍需进一步加强。四是惩戒失信、维护诚信的举措需要进一步加强。对虚假诉讼、恶意诉讼、无理缠诉等不诚信行为制裁不力；违约失信成本低、守约救济成本高的问题依然存在。五是司法不廉时有发生。有的民事商事法官以案谋私，办“关系案、人情案、金钱案”，有的甚至内外勾结，参与制造虚假诉讼，给司法公信力带来严重损害，等等。对这些问题，我们必须高度重视，切实采取措施，努力加以解决。

二、民事商事审判工作面临的新形势新任务

当前,世界经济在深度调整中曲折复苏,我国发展仍处于可以大有作为的重要战略机遇期。党的十八大以来,以习近平同志为总书记的党中央高度重视法治建设,将全面依法治国作为"四个全面"战略布局的重要方面。从世界发展进程看,民事商事案件是一个国家经济社会发展的"晴雨表",世界大国、经济强国都高度重视民事商事审判工作,充分发挥其在促进国家治理体系和治理能力现代化中的重要作用。民事商事审判公信力如何,很大程度上反映出一个国家的法治和文明程度。各级法院要充分认识民事商事审判面临的新形势新任务,进一步增强做好工作的责任感、使命感和紧迫感,不断提高民事商事审判能力和水平。

经济发展新常态为人民法院提出了新的课题,民事商事审判工作的职能作用更加凸显。适应新常态、把握新常态、引领新常态,要求民事商事审判工作必须紧紧围绕经济社会发展趋势和要求,妥善化解经济领域各类纠纷,更加注重对各类创新的司法保护,实行严格的知识产权保护制度,依法促进科技进步。必须应对新常态对环境保护提出的更高要求,处理好环境保护与经济发展、当前利益与长远利益、人与自然的关系,充分有效地发挥民事商事审判工作推进生态文明建设的职能作用。必须依法促进经济结构调整、城镇化建设和区域经济协调发展,切实保障民生。

全面深化改革的战略部署为人民法院提出了新的目标,民事商事审判工作的功能使命更加突出。随着全面深化改革的不断推进,越来越多的利益调整将由行政机关的事前管制,转移到市场主体的自主调节、司法审判的事后救济轨道上来,许多改革过程中产生的利益冲突将以诉讼方式进入司法领域,并通过强制执行程序来实现。民事商事审判工作承担着居中裁判不同利益之间冲突与博弈的重任,承担着依法保护各类主体合法权益的重任,承担着妥善处理改革发展稳定关系的重任。人民法院必须通过加强民事商事审判工作,为全面深化改革提供有力保障。

全面推进依法治国为人民法院提出了新的要求,民事商事审判工作的能力建设更加紧迫。党的十八届三中、四中、五中全会对深化司法体制改革作出重要部署,民事商事审判工作必须适应推进司法体制改革的新要求。同时,中国特色社会主义法律体系形成后,法律日益完备,规则日益明确,对法官准确理解、正确适用法律的要求越来越高;社会利益关系日益复杂,人民群众法治意识日益增强,对法官严格依法办案、确保法制统一的要求越来越高。人民法院只有不断提高民事商事审判工作能力,才能更好地适应新要求,完成新任务。

实现"十三五"规划的目标任务对人民法院提出了新的更高要求,民事商事审判工作的责任更加重大。"十三五"时期,我国发展的环境、条件、任务、要求都会发生新的变化,民事商事审判工作服务大局的着力点必然也要随之调整。人民法院必须科学分析"十三五"时期我国发展环境的基本特征,准确把握重要战略机遇期内涵的深刻变化、加快转变经济发展方式的新要求,不断拓展依法服务发展、促进发展的新思路;必须深入研究司法服务"十三五"规划的着力点,准确把握经济增速换挡的新变化、结构调整优化的新趋势;必须切实增强使命意识和问题意识,准确把握增长动力转换的新机遇、科学发展面临的新挑战,推动形成依法破解发展难题、增强发展动力、厚植发展优势的新局面。

根据形势任务的要求，当前和今后一个时期，人民法院民事商事审判工作的总体思路是：深入贯彻落实党的十八大和十八届三中、四中、五中全会和中央经济工作会议精神，深入学习贯彻习近平总书记系列重要讲话，按照“五位一体”总体布局和“四个全面”战略布局，围绕“努力让人民群众在每一个司法案件中感受到公平正义”的目标，坚持司法为民、公正司法，充分发挥民事商事审判职能作用，服务五大发展，坚持“六个原则”，依法保护各类民事商事主体合法权益，保障经济社会持续健康发展，不断提升司法公信力，为如期实现全面建成小康社会目标提供有力司法服务和保障。

三、全面做好新形势下民事商事审判工作，依法服务和保障五大发展

党的十八届五中全会提出创新、协调、绿色、开放、共享发展的理念，创造性地回答了新形势下我国要实现什么样的发展、怎样实现发展的重大问题。民事商事审判工作与党和国家工作大局、经济社会健康发展、人民群众切身利益密切相关，必须牢固树立五大发展理念，充分发挥审判职能，为推动“十三五”时期经济社会持续健康发展做出积极贡献。

（一）依法服务和保障创新发展

切实维护公平有序的市场竞争秩序。尊重和保护市场主体意思自治，防止对市场不当干预，使市场在资源配置中起决定性作用。做好与商事登记制度改革衔接，推动形成有利于大众创业、万众创新的市场氛围。善用反不正当竞争法的原则条款和具体规定，规制各种不正当竞争行为。依法制止垄断行为，打破地区封锁和行业垄断，为中小企业创新发展拓展空间。包容和鼓励交易模式和交易结构创新，不轻易以法律未作规定为由否定交易行为的法律效力。依法制裁违约行为，鼓励诚信交易，降低维权成本，提高违约成本。发挥司法裁判对市场交易的评价、规范、引导功能，推动形成有序规范、激励创新、公平透明、充满活力的法治化市场竞争环境。

依法审理企业清算案件。认真贯彻落实党的十八届五中全会和中央经济工作会议精神，积极为实施市场化破产程序创造条件，加强企业清算案件审理工作。要严格按照《公司法》《企业破产法》等法律法规的相关规定，依法清理“僵尸企业”，强化优胜劣汰的市场机制，促进资源优化配置，助力经济转型升级。要充分发挥企业清算程序和破产程序在淘汰落后企业或产能方面的法律功能，依法受理、审理涉公司强制清算、破产清算案件，引导和督促市场主体有序退出。

实行严格的知识产权司法保护。加大知识产权司法保护力度，充分发挥知识产权司法保护对激发全社会创新动力、创造潜力和创业活力的独特作用，更加重视对商业模式创新的保护，更加重视对创新环境的维护，更加重视创新保护的及时性。高度关注“互联网＋”背景下创新的新需求和新特点，善于用创新的思维和方法来解决互联网领域司法中遇到的新问题，实现保护知识产权与促进技术创新、推动产业发展和谐统一。建立与知识产权市场价值相协调的损害赔偿机制，提高损害赔偿计算的科学性和合理性。建立程序规范、保护有力的司法临时保护机制，提高知识产权司法救济的及时性、便利性和有效性。

依法保障生产要素的优化配置。依法保障劳动力、资本、土地、知识、技术、管理等要素的优化配置，促进释放新需求，迸发新活力，创造新供给。坚持保护劳动者权益和企业利益有机统一，努力找准利益平衡点。依法鼓励和保障融资方式创新，发挥投资对经济增长的关键性作用。切实保护科研人员在成果转化中应当获得的收益权、分配权,推动实施创新驱动发展战略。依法保护企业家的财产权和创新收益,增进社会财富创造。依法推动生产要素自由流动和优化组合,促进形成创新发展的新动力。

依法维护金融创新与安全。加强对金融债权的司法保护,切实维护金融安全。密切关注借款纠纷反映出的商业银行不良贷款、影子银行规模的变化趋势,为防止发生系统性、区域性金融风险提出司法建议、出台司法政策。规范金融创新行为,依法认定金融创新产品的法律效力。妥善审理民间借贷案件,促进缓解中小微企业融资难、融资贵的难题。依法追究内幕交易、虚假陈述等违法行为的民事责任,维护投资者合法权益,促进资本市场健康发展。依法保障保险、信托、融资租赁等行业的合法经营,促进多层次金融市场的建立健全。加强对互联网金融案件的研判和审理,促进规范互联网金融。

(二)依法服务和保障协调发展

推动和服务区域协调发展。党的十八大以来,中央提出"一带一路"建设、京津冀协同发展和长江经济带建设三大战略。民事商事审判工作要积极研究与三大战略密切相关的司法需求,关注国际国内商事规则的最新发展,注重典型案件的审判和宣传,及时为市场主体提供司法指引,为形成沿海、沿江、沿线经济带提供有力司法服务,促进形成区域协调发展新格局。

推动和服务城乡协调发展。民事商事审判工作要积极参与构建完善的城乡发展一体化法律制度体系建设,推进城乡要素平等交换、合理配置和基本公共服务均等化。深刻理解、准确把握中央有关农村土地"三权分置"改革的政策内涵和措施安排,推进土地经营权有序流转,切实保护农村集体经济组织和成员的权利。依法维护进城落户农民土地承包权、宅基地使用权、集体收益分配权,支持引导其依法自愿有偿转让上述权益,促进形成城乡区域协调发展新格局。依法支持以农村承包土地经营权和农民住房财产权办理抵押试点,加快农村金融制度创新。继续坚持最严格的耕地保护制度,依法保护土地资源有序流转,促进农业规模化、集约化生产。探索完善农民权利的实现和保障方式,为实施精准扶贫、精准脱贫,完成脱贫目标提供有力司法服务。依法推进以人为核心的新型城镇化,保障在城镇稳定就业和生活的农业转移人口与城镇居民有同等权利和义务。认真贯彻中央城市工作会议精神,依法推进城市化,及时妥善处理好城市化进程中出现的各种矛盾纠纷,为城市规划、建设、管理提供司法保障。

推动和服务物质文明与精神文明协调发展。通过审理和执行案件,大力弘扬社会主义核心价值观,倡导"和为贵""宽容互让""与人为善""助人为乐"等良好风尚,维护和谐美满的家庭关系、孝老爱幼的亲情关系、和谐相处的邻里关系、相互尊重的社会关系。要通过公正司法,依法保护公民、法人和其他组织的合法权益,在促进经济发展、推动物质文明建设的同时,大力宣传正确的价值取向,使民事商事审判工作成为弘扬社会主义核心价值观的重要途径,更好地弘扬法治理念、传播法治声音、培育法治精神、汇聚法治力量,促进物质文明和精神文明协调发展。

(三)依法服务和保障绿色发展

促进人与自然和谐共生。充分认识生态文明建设对于实现"两个一百年"奋斗目标和中华民族伟大复兴中国梦的重要意义,用绿色发展的现代环境司法理念引领审判工作,切实维护人民群众在健康、舒适、优美的环境中生存和发展的权利。充分发挥司法的价值引领功能，培育公民的生态环境保护意识，促进在全社会推行绿色消费。

保障主体功能区建设。依据国家和省级国土空间主体功能区规划，立足各类功能区的不同定位，确定相应案件的处理思路。在优化开发区域尤其是重点开发区域，审理案件时可以更多考虑合理利用环境容量发展经济的需要，推动提高产业和人口集聚度；在限制开发和禁止开发区域，尤其是重点生态功能区和划定生态保护红线地区，必须着眼于最严格的生态环境保护措施的落实，注重保护生态环境公共利益。

推动低碳循环发展和资源的节约高效利用。节能环保产业已被国家确定为战略性新兴产业，环境污染第三方治理模式、排污权有偿使用和交易等市场机制的作用日益凸显。要深入研究用能权、用水权、排污权、碳排放权交易的法律属性、初始分配规则、交易规则和监管机制，加强对涉及新能源开发利用、绿色金融机制以及其他生态金融产品的法律风险和规制研究。兼顾资源流转中的特殊监管要求，推动资源的民事流转规则和行政监管规则逐步分离，维护资源开发利用秩序。

加大环境治理力度。在准确把握司法权边界的前提下，积极推动建立与公安、检察、环境资源行政执法部门之间的执法协调机制，统筹解决跨区域、跨流域环境纠纷。围绕审判执行中发现的问题，及时提出司法建议推动生态环境综合治理。注意发挥环境公益诉讼的评价指引功能和政策形成功能，引导公众有序参与环境治理，构建全民共建共享的社会治理格局。

筑牢生态安全屏障。围绕京津冀、三江源等重点区域的生态环境保护需要，充分运用指定管辖、提级管辖等方式，有效解决环境资源审判执行领域的“主客场”问题。探索实行环境保护禁止令制度，及时制止污染排放行为，探索生态恢复型司法。把握林权纠纷案件的特点，在充分发挥矿产资源、森林、林木的市场经济价值的同时，依法保护生态功能。加强对生物多样性保护和生物科技法律问题的研究，推动完善生物多样性保护法律体系。

（四）依法服务和保障开放发展

依法服务保障互利共赢开放战略实施。深入研究开放型经济发展进程中各类涉外案件的新特点，加强对涉及“一带一路”、自由贸易区、自贸试验区、国际知识产权案件的研判，认真分析各类案件新情况，总结类案审判规律，统一裁判标准，维护法治化、国际化、便利化的营商环境。加强对 TPP、TIPP 等条约导致的新类型国际经济法律关系的研究，及时提出司法应对策略。重视涉外仲裁在开放发展中的重要意义，依法支持和监督国际商事仲裁。要准确理解和适用国际条约与惯例，加强外国法的查明和适用，严格适用纽约公约承认与执行国际商事海事仲裁裁决，为更高层次的开放发展提供国际化的法治保障。

依法服务保障海洋强国战略实施。依法审理各类海事海商纠纷，平等保护中外当事人合法权益。围绕调整海事诉讼管辖、海事法院受案范围等问题加强研究论证，完善司法解释、司法政策，更好发挥海事法院专业优势，维护国家海洋权益和“蓝色国土”安全。加快推进海事审判制度改革，大力加强海事司法能力建设，努力将我国建设成为具有较高国际影响力的国际海事司法中心。

加强涉港澳台案件审判执行工作。认真总结涉港澳台案件的特点和规律，在参照涉外商事审判规则审理执行案件的同时，注重加强区际司法协助，防范区际法律冲突。积极落实内地与香港、澳门关于建立更紧密经贸关系的安排,以及海峡两岸经济合作框架协议中与司法相关的内容,保障和推动"两岸四地"经济互动互信、共同繁荣。

切实维护国家主权、安全和发展利益。在涉及国家主权安全问题上,要提前做好司法应对准备,通过法治方式,维护国家长远利益、战略利益、核心利益。要正确解释和适用国际条约、国际惯例,创造和提供中国智慧、中国经验和中国标准。积极参与区域性法律交流融合工作,参与国际知识产权治理体系、国际规则的制定,做世界经济治理规则的参与者、引导者甚至主导者,促进建立平等公正、合作共赢的国际经济新秩序。

(五)依法服务和保障共享发展

推进家事审判方式改革。针对婚姻家庭亲属关系所具有的社会道德属性及其个性特点,以维护婚姻家庭稳定,依法保护未成年人、妇女和老年人合法权益为目标,推动和深化家事审判方式和工作机制改革。要及时总结改革经验,着力完善相关制度,不断提升家事审判工作能力和水平,为维护和谐稳定的家庭关系、促进和谐社会建设作出积极努力。

保障人民群众健康和财产安全。依法审理道路交通损害赔偿、人身损害赔偿、环境损害赔偿、食品药品等侵权案件,制裁侵权行为,保护受害人合法权益。妥善审理医疗损害赔偿案件,充分保护患者和医护人员的合法权益,切实保障医疗和健康服务机构正常运转,引导建立和谐医患关系,推进健康中国建设。

促进就业创业和教育公平。依法审理涉及就业服务、职业培训等案件,破除用人单位的身份、性别歧视,维护劳动者平等就业权利。依法保护劳动者创业权利,注重引导劳动者转变就业观念,促进形成以创业带就业的新机制。依法审理涉及教育领域的案件,及时提出司法建议,促进教育公平。

促进社会保障体系建设。依法受理因养老、医疗、工伤、失业、生育引发的社会保险纠纷,维护职工和退休人员的合法权益。加大对弱势群体的司法保护力度,依法保障困难群众的基本生活。积极参与、配合有关部门强化社会救助政策衔接,推进制度整合,不断促进社会保障惠及全体人民。

四、坚持"六个原则",推进公正司法,不断提升司法公信力

人民法院服务五大发展,实现公正司法,不断提升司法公信力,必须尊重民事商事审判工作规律,坚持"六个原则":

一是依法保护产权。完善产权保护制度是坚持和完善我国基本经济制度、完善社会主义市场经济体制的内在要求和迫切需要。从历史上看,世界上任何一个大国的崛起,都以保护产权为重要任务。产权保护越完善,就越能促进经济社会发展。当前,新的科技革命为我们带来难得的发展机遇,如果产权保护出现障碍,产权人的创业、创新积极性将受到遏制,科技也难以顺利转化为现实生产力。我国《物权法》《合同法》《公司法》《证券法》《侵权责任法》等法律已经从制度层面对各类产权进行了确认和保护,关键在于严格落实,确保法律统一正确实施,依法对产权人的所有权、知识产权、法人财产权、股权以及具有产权性质的权利实行全面保护,服务和保障大众创业、万众创新。

二是尊重契约自由。改革开放以来,特别是1999年新《合同法》生效后,我国已建立起以"严格合同主义"为特征的合同法律体系。只要当事人在平等自愿基础上订立合同,不损害国家利益、公共利益和第三人合法权益，就应当受到充分的尊重和保护。党的十八届四中全会明确提出倡导契约精神，很重要的一个方面就是要切实尊重契约自由。同时，还应当正确处理契约自由与契约正义的关系。契约自由是基础，通过尊重契约自由，充分发挥市场主体的能动性，促进提升市场经济活力、增加社会财富。契约正义是克服契约自由弊端的矫正器，应当通过法律和司法解释来实现其目的。人民法院应当严格按照法律和司法解释规定认定合同性质、合同无效、可撤销、可解除等情形，努力实现契约正义。

三是坚持平等保护。随着经济社会发展，民事商事权利类型多样化、权利主体多元化、权利诉求多样化的趋势日益明显。坚持对各类权利主体平等保护，既是落实"法律面前人人平等"宪法原则的具体体现，也是构建经济社会发展新体制、树立司法权威、维护法治秩序、确保人民群众在共享发展中有更多获得感的必然要求。坚持公有制为主体、多种所有制经济共同发展，是社会主义市场经济的基本特征。但是还应当看到，在平等保护不同所有制主体、不同地区市场主体、不同行业利益主体方面还有许多问题需要解决，地方保护主义和部门本位主义仍然不同程度存在。人民法院必须坚持不同市场主体法律地位平等、权利保护平等、发展机会平等的原则，依法化解各类矛盾纠纷，平衡各类利益关系，促进社会主义市场经济健康发展。

四是坚持权利义务责任相统一。改革开放以来，我国公民权利意识明显提升，这是法治进步的体现。但同时，也存在一些当事人只讲权利、不讲义务、逃避责任等现象。我国民事立法已经初步建立了民事权利、民事义务、民事责任三位一体模式。这一立法模式对于有效维护当事人民事权利，构建和谐有序的社会秩序奠定了坚实基础。各级法院要准确把握民事权利、义务、责任三者协调统一的关系，综合运用保护权利、明确义务、落实责任等手段，依法保护民事权利，明确判定民事义务，着重培育责任意识，引导民事商事主体自觉规范民事商事行为，共同营造良好的市场环境和社会秩序。

五是倡导诚实守信。诚实信用是民事商事法律规范中的核心条款，也是社会主义核心价值观的重要组成部分。要全面贯彻诚实信用原则，充分发挥司法裁判的评价、规范、引导功能，通过过错分析、责任认定等形式，弘扬诚信理念。要通过缔约过失、违约责任等制度运用，保护诚实守信者的合法权益，凸显对违背诚信行为的否定性评价，促进社会诚信建设。大力推进诉讼诚信建设，探索建立激励当事人积极提供证据的诉讼机制，对故意逾期举证、毁损隐匿证据、阻碍和抗拒证据保全、妨碍证人作证等不诚信诉讼行为，依法予以制裁。加大对虚假诉讼行为的惩处力度，严格依照法律规定追究虚假诉讼、恶意诉讼、提供虚假证据等行为人的法律责任。加快推进失信被执行人信用监督、威慑和惩戒制度建设，推动健全社会征信体系。充分尊重和弘扬社会主义道德伦理，全面评估个案裁判对整个社会公共道德体系和文化建设的影响，坚守法律底线，确保司法裁判符合社会主义道德价值追求，确保民事商事审判工作经得起法律和历史的检验。

六是坚持程序公正与实体公正相统一。让人民群众在每一个司法案件中感受到公平正义，必须既确保实体公正，又确保程序公正。当前，"重实体，轻程序"的错误观念仍然不同程度地存在，必须坚决予以纠正。要准确把握民事商事法律的立法目的和内涵，正确适用实体法律。同时，严格按照《民诉法》及其司法解释的规定，坚持当事人诉讼地位和诉讼权利义务平等，在每一个诉讼环节都要充分体现诉讼权利行使和诉讼义务履行的公平性，实现民事诉讼程序追求实体公正和程序公正的双重职能。要充分认识民事诉讼程序的独立价值，牢固树立程序意识，摒弃和纠正不尊重当事人诉权、辩论权、陈述权、知情权以及怠于督促当事人履行诉讼义务等错误观念和做法。要明确民事诉讼中不同阶段、不同程序各自的职能，坚决克服同质化现象，促进民事诉讼程序整体效益的发挥。要大力推进繁简分流，完善相关制度机制，引导法官积极适用小额诉讼等程序规定，解决案多人少突出矛盾，及时有效实现当事人合法权益，实现公正与效率的有机统一。

五、勇于改革创新，不断提升民事商事审判工作水平

面对繁重的民商事审判执行任务，适应新常态、新形势、新情况，各级人民法院民事商事审判法官要勇于改革创新，不断提高民事商事审判工作水平。

(一)完善立案、审判、执行工作机制

要进一步优化司法职权配置，健全立案、审判、执行、监督之间的分工和衔接机制，充分发挥各个阶段的不同职能，既确保程序独立，又保障衔接顺畅，形成定位科学、职能明确、运行有效的民事商事立案、审判、执行工作新机制。

全面落实立案登记制。对依法应当受理的案件必须做到有案必立、有诉必理。严格按照法定条件和程序处理当事人起诉材料，不得将材料直接转审判环节而“一推了事”，不得设置法外条件限制当事人诉讼权。加强对民事商事案件受理形势的分析研判，明确新类型案件立案标准。大力推进诉讼服务中心建设，实现对外方便群众、对内服务法官的目标。坚持用改革思维破解“案多人少”难题，在立案环节高度重视做好案件繁简分流，推动可调解案件和小额诉讼案件分别进入调解、审判“快车道”，挖掘新的诉讼制度潜力，防止程序空转。

着力提升审判质量。审判权是一种判断权、裁量权，要切实保障合议庭等审判组织公正、独立行使权力，破除审判权运行行政化。准确定位和发挥一、二审功能，一审程序着重解决事实认定和法律适用，及时定纷止争；二审程序着重解决事实与法律争议，积极提供规则指引，实现二审终审。强化民事诉讼证明中当事人主导地位，切实发挥庭审举证、质证、认证在认定案件事实中的核心作用，依法确定法院调查搜集证据的条件、范围和程序。大力推进裁判文书改革，简单民事商事一审案件要简化裁判文书制作，其他案件要加强裁判文书说理。按照“让审理者裁判，由裁判者负责”的要求，规范合议庭、审判委员会讨论案件程序和权力，改革裁判文书签发制度，实现权责统一。不断提高裁判文书质量，避免因瑕疵裁判文书引发执行难问题。

发挥审判监督职能。准确把握党的十八届四中全会关于再审重在依法纠错、维护裁判权威的科学定位，坚决依法纠错，同时严格区分审判瑕疵与司法错误，依法维护正确裁判的既判力。不断完善审判监督工作机制，严格把握指令再审和发回重审标准；依法接受检察机关诉讼监督，审理好抗诉再审案件，完善再审案件改判标准。发挥审判监督的反向审视功能，加强错案分析，发现和弥补审判机制漏洞，切实以纠促防、以纠促廉，从源头上减少和预防错案的发生。

创新执行模式。突出执行工作的强制性，全力推进执行工作信息化、规范化，下决心解决“执行乱”问题。推进执行信息化建设转型升级，进一步完善执行指挥系统，健全远程

指挥和网络查控体系，完善失信被执行人信用惩戒机制，推广应用执行案件流程节点和全程管理系统，提高执行工作数字化、智能化、透明化水平。着力完善执行规范化建设，加大执行监督力度，切实将执行权运行纳入法制化轨道。依法突出执行工作强制性，通过与审判协调，依法加大以保全促执行的力度，强化被执行人财产报告义务，建立健全跨部门协助执行、跨区域协同执行工作机制。巩固近年来开展的执行积案清理、反干预执行等专项活动成果，深入总结经验，努力解决执行难问题，切实维护当事人胜诉权益。

（二）完善多元化纠纷解决机制

认真落实中央办公厅、国务院办公厅印发的《关于完善矛盾纠纷多元化解机制的意见》，注重统筹社会力量，健全完善调解机制，推动形成防范化解社会矛盾的整体合力，充分发挥司法在矛盾纠纷多元化解机制中的引领、推动和保障作用。

拓展司法调解范围。深刻领会民事诉讼法确立的先行调解原则，积极探索先行调解的案件类型。指导有条件的基层法院对家事、相邻关系、小额债务、劳动争议、消费者权益、交通事故等适宜调解的案件进行调解程序前置探索。对有可能调解解决的民商事纠纷，可根据纠纷性质、类型及特点，在登记立案前引导当事人选择诉外调解，或者由法院委派有关调解组织进行调解；登记立案后，法院对适宜调解的案件，可以由法官进行调解，也可以委托有关社会组织或者个人进行调解；对不适宜调解的案件，具备条件的要依法适用小额程序、督促程序等方式快速解决。

加强诉调对接平台建设。将诉调对接平台建设与诉讼服务中心建设结合起来，建立集诉讼服务、立案登记、诉调对接、涉诉信访等功能于一体的综合诉讼服务平台和诉讼服务中心，引导当事人依法理性表达诉求，实现诉调对接规范化、系统化、常态化。要为当事人提供非诉讼方式解决纠纷的建议，引导当事人自愿选择适当方式化解纠纷，鼓励当事人协商和解。健全特邀调解组织和特邀调解员制度，建立法院专职调解员制度。探索调解与裁判适当分离，让擅长调解法官和审判辅助人员从事调解指导和登记立案后的调解工作，促进缓解审判压力。发挥律师、技术专家的专业技能优势，推动建立专家调解员制度。支持相关调解组织在诉讼服务中心设立调解工作室，办理法院委派或委托调解案件。

加强专业性矛盾纠纷化解平台建设。注重利用人民调解程序便捷、形式灵活的特点，支持在消费、物业、交通事故等领域开展专业调解，减少诉讼。在矛盾纠纷易发多发领域，支持专业性调解组织建设，建立健全覆盖城乡的调解组织网络。针对工程承包、投资、知识产权、电子商务等领域纠纷，积极支持和推动商会等设立商事调解组织提供调解服务。针对劳动争议、医疗卫生、物业管理、消费者权益保护、环境资源保护以及其他矛盾纠纷多发领域，在党委统一领导下，探索建立“一站式”纠纷解决服务平台，减轻群众负担，维护群众合法权益。

加强诉讼与非诉讼解纷方式的衔接配合。要加强与行政机关、仲裁机构、人民调解组织、商事调解组织、行政调解组织以及其他调解组织的协调配合，推动在程序安排、效力确认、法律指导等方面有机衔接。进一步完善司法确认制度，依法办理司法确认案件。加大对农村土地承包经营纠纷调解仲裁的支持和保障，实现涉农纠纷仲裁与诉讼合理衔接。支持公证机关在家事、商事等领域开展公证活动，依法执行公证债权文书。加快研究并协调建立集调解协议司法确认、债权文书公证程序、电子督促程序等于一体的信息平台，满足群众多元司法需求。人民法院诉讼服务中心可以利用网络开展在线调解。及时办理仲裁机构的保全申请,审慎处理撤销和不予执行仲裁裁决案件,规范涉外和外国商事仲裁裁决司法审查程序,为非诉解纷方式提供司法保障。

(三)深化司法权运行机制改革

司法权运行机制改革是人民法院"四五"改革的重点,要通过深化这一改革,优化法院机构设置,优化司法资源配置。

积极稳妥地推进法院内设机构和工作机制改革。积极开展设立专门家事审判庭试点工作。继续深化、扩大少年综合审判庭试点工作,不断完善少年审判制度。推动建立金融、破产、环境资源等专门审判庭。以国际视野和世界眼光推进国际一流的知识产权法院建设。认真总结一些法院统一审理知识产权、环境资源民事、行政和刑事案件经验,继续探索推进"三合一"改革。进一步深化审执分离改革,促进提升执行效率,着力解决执行难问题。

深入推进人民陪审员制度改革试点。按照中央要求和全国人大常委会授权,稳妥有序地推进人民陪审员制度改革试点,为全面推进人民陪审员制度改革积累经验。坚持人民陪审员随机抽取,切实避免出现"驻庭陪审""编外法官"现象,防止人民陪审员职业化、法官化倾向。改革选任条件,完善选任方式,强化人民陪审员的广泛性和代表性,更集中地反映民意、凝聚民智,提高人民陪审员制度公信力。扩大参审范围,完善履职保障,提升人民陪审员参审效果,充分发挥人民陪审员了解社情民意的优势,杜绝"陪而不审""审而不议"现象。对医疗、金融、证券、互联网、环境损害等专业性较强的民事商事案件,积极探索专业人民陪审员制度和专家陪审员制度,提高案件审理质量。

建立符合民事商事案件特点的司法辅助工作机制。随着新经济、新技术的发展,民事商事审判工作面临的新情况、新问题日益增多。要针对案件不同特点,强化司法辅助功能,积极探索完善法律事实查明机制。在推进审判人员分类管理改革中同步优化审判组织架构,充分发挥法官助理作用。在家事审判中探索建立家事调查官制度,协助调查家事纠纷,协助调节家事关系、解决家事纠纷。在知识产权审判中进一步探索技术调查官辅助审判制度,明确技术调查官管理模式、职权行使方式和法律责任,确保技术事实查明的科学性、中立性。

依托信息化全面深化司法公开。充分利用司法公开三大平台,及时公开案件的立案、庭审、宣判、执行等诉讼过程,方便当事人及时查询了解诉讼进程。坚持依法全面公开,除法律规定不公开审理的案件外,其余案件均应依法公开开庭审理。在互联网公布裁判文书应当以公开为原则,不公开为例外,不得在法律和司法解释规定之外设置任何障碍。对有重大影响的典型案件,要充分借助各种新媒体,通过庭审直播或网络图文直播等方式,最大程度向社会公开,发挥庭审的法制宣传教育功能。准确把握保障公众知情权与维护公民隐私权和信息安全之间的关系,对不宜公开的信息进行技术处理。继续深化司法公开三大平台建设,确保实现全国法院全覆盖、各项工作全覆盖、人员岗位全覆盖。

六、夯实基层基础,为民事商事审判工作现代化提供有力保障

做好民事商事审判工作,确保司法公正,必须大力加强基层基础建设,进一步强化工作保障，努力建设高素质审判队伍。

(一)加强基层基础建设

基层法院和人民法庭承担着90%以上案件的审理执行任务，在人民法院工作中举足轻重。加强基层基础建设，必须针对工作中的薄弱环节，尽快补足短板，努力夯实人民法院工作基础。

加强人民法庭建设。认真贯彻落实第三次全国人民法庭工作会议精神，切实加强人民法庭工作，解决司法服务群众"最后一公里"问题。优化人民法庭布局，完善人民法庭设置。经济发达、案件较多的地区，可以结合实际探索专业化审判庭和合议庭的设置，采取切实有效措施提高司法便民利民水平。边境贸易地区人民法庭建设和调整要注意兼顾方便群众交易和维护边境秩序稳定，充分发挥保一方平安、促一方发展的作用。

进一步加强巡回审判。真正把人民群众的司法需求放在首位，让法官多跑路，让群众少跑腿。坚持因地制宜，根据案件的实际情况和群众的实际需求确定采取何种审判方式。在地域辽阔、人口稀疏、交通不便、不宜设置固定法庭的地区，大力推广车载法庭等巡回审判模式，让"流动的人民法庭"最大限度地满足人民群众的司法需求。在经济发达、交通便利地区，要从解决影响社会和谐稳定的突出问题出发，通过对带有普遍性的典型案件巡回审判和执行，达到"处理一案，教育一片"的目的。

积极参与基层治理。注重发挥人民法庭在基层社会治理体系中的纽带、示范和保障作用，促进乡镇、县域治理法治化。加强与其他国家机关、基层组织和群众自治组织的沟通联系，共同预防和化解矛盾纠纷。采取公众开放日、庭审观摩、以案释法、送法下乡等形式，积极开展法制宣传。通过向地方政府及相关部门提出司法建议等方式，积极参与地方社会治理。

(二)不断加强队伍建设

民事商事审判和执行工作任务重、要求高、压力大。各级法院要坚持从严治党、从严治院，结合民事商事审判实际，坚持不懈加强民事商事审判队伍建设，努力建设一支政治过硬、业务精通、忠诚干净担当的队伍。

坚持不懈加强思想政治工作。深入学习贯彻习近平总书记系列重要讲话精神，坚定理想信念，加强党性、社会主义核心价值观和中国特色社会主义法治教育，确保正确政治方向。严守政治纪律和政治规矩，扎实开展"三严三实"专题教育，引导广大干警始终坚持党的领导，始终坚持守纪律、讲规矩，始终在思想上政治上行动上同以习近平同志为总书记的党中央保持高度一致，坚定不移地走中国特色社会主义法治道路。深入开展向邹碧华同志学习活动，引导广大干警坚定法治信仰，增强对事业的认同感、荣誉感、责任感。围绕司法改革加强思想引导和舆论宣传，引导广大干警坚决支持改革，争当改革促进派，为推进改革营造良好的舆论氛围。

着力提高民事商事审判能力。强化教育培训，引导广大法官正确把握和适用法律、政策和司法解释。按照正规化、专业化、职业化要求，鼓励广大法官钻研审判业务、优化知识结构、强化实践锻炼，不断提高驾驭庭审、认定事实、适用法律、裁判说理、做群众工作的能力，鼓励审判辅助人员提升业务技能。树立互联网思维，加强对信息化、新媒体等知识的学习，更好地适应信息化社会审判执行工作发展形势。

确保廉洁司法。民事商事审判和执行案件数量多、涉及面广,很多案件标的额大,自由裁量空间大,民事商事案件的审判执行人员面临的廉政风险随之加大,极易成为不法人员、诉讼掮客的"围猎"对象。各级法院党组要高度重视民事商事审判队伍建设,狠抓党风廉政建设主体责任和监督责任的落实。认真落实"一岗双责",加大司法公开和审判管理、监督力度。认真贯彻防止领导干部和司法机关内部人员违规过问案件的"两个规定"及实施意见,对干预过问案件的严格按照规定记录在案、定期通报,确保全程留痕、追责有据。加强廉政风险防控机制建设,明确权力行使清单,规范法官自由裁量权。要从奚晓明等案件中吸取深刻教训,举一反三,坚持对干警从严教育、从严管理、从严监督。继续严格落实中央八项规定精神,严格执行《中国共产党廉洁自律准则》《中国共产党纪律处分条例》和最高人民法院"五个严禁"等铁规禁令,从严惩处违纪违法行为特别是法院干警充当诉讼掮客、以案谋私等行为,破除任何形式的"潜规则",斩断司法腐败的"利益链",坚决清除害群之马,以廉洁司法确保公正司法。

(三)切实加强基层司法职业保障

完善司法人员管理。以进一步深化司法体制改革为契机,建立有别于其他公务员的法官单独序列管理制度,改革法官工资结构,较大幅度提高法官工资水平。同步推进审判辅助人员管理制度改革,建立法官助理、书记员职务序列。切实加强力量配备,充分发挥"法官+法官助理+书记员"人员配备模式的团队效能,提高审判工作质效。坚持干部在基层培养、在基层成长、从基层选拔方针,加大从基层逐级遴选法官力度,让扎根基层的法官有舞台、有干劲、有奔头。

坚决支持法官依法办案。民事商事审判执行涉及多方当事人,而诉讼必有胜败,法官易成为一些当事人的攻击对象。各级法院党组和领导干部要旗帜鲜明地支持法官依法办案,切实保护干警合法权益。要协调有关部门依法惩治诬陷、诽谤法院干警的违法犯罪行为,引导群众依法理性表达诉求。要依法适用《刑法修正案(九)》有关规定,会同有关部门加大对恶意抹黑司法、藐视法庭、侮辱法官的违法犯罪行为的惩治力度,坚决维护法制尊严和司法权威。要加强舆情应对和引导工作,及时妥善处置负面信息,为法官依法办案营造良好舆论环境。

热情关怀基层干警。要坚持严格要求与热情关怀相结合,结合法院实际,适应干警精神文化需求,组织开展丰富多彩的文化活动,开展文化建设办实事活动,增强队伍生机活力和凝聚力。认真落实体检、休假、疗养制度,建立干警健康档案,引导干警强化健康管理,加强人文关怀和心理疏导,提高干警健康意识和保健能力。坚持从优待警,用事业、感情和适当的待遇提升民事商事审判工作吸引力,努力营造拴心留人的良好环境。加强基层安保工作,进一步提高基层法院和人民法庭安全保障水平,切实维护正常审判秩序,维护广大干警和涉诉群众人身安全。

同志们,民事商事审判工作责任重大,使命光荣。让我们紧密团结在以习近平同志为总书记的党中央周围,紧紧围绕"努力让人民群众在每一个司法案件中感受到公平正义"的目标,开拓创新,奋发进取,扎实工作,进一步加强和改进新形势下的民事商事审判工作,为实现"十三五"规划目标、全面建成小康社会、实现中华民族伟大复兴的中国梦做出新的更大贡献!

当前民事商事审判工作的九个重点问题[①]

杜万华

2015年12月，第八次全国法院民事商事审判工作会议胜利召开。这次会议是在人民法院深入贯彻落实党的十八大和十八届三中、四中、五中全会精神和中央经济工作会议精神，全面深化改革，全面落实依法治国基本方略，全面建成小康社会的历史新时期召开的一次重要会议。孟建柱书记作重要批示，周强院长作重要讲话。深入贯彻第八次全国法院民事商事审判工作会议精神是当前人民法院民事商事审判工作的重中之重。结合会议精神和民事商事审判工作新形势、经济发展新常态下人民群众司法需求新变化，我认为当前人民法院民事商事审判工作应着力解决好以下九个重点问题。

一、关于贯彻“产权、契约、平等、诚信”原则的问题

根据第八次全国法院民事商事审判工作会议精神，民事商事审判工作应当坚持加强产权保护、尊重契约自由、强化平等保护、维护诚实守信和权利义务责任统一、实体公正与程序公正统一“六个原则”。这是我国民事商事活动法治化的必然要求，也是民事商事审判工作提高自身服务和保障能力水平的必然要求。如何正确贯彻这“六个原则”，是今后民事商事审判工作的一项重要任务。其中，在贯彻落实“产权保护，契约自由，平等保护，诚实信用”四个原则时，应注意以下问题。

一是深入贯彻产权保护原则。产权得到有效保护，是全面建成小康社会目标的重要内容。建立健全归属清晰、权责明确、保护严格、流转顺畅的现代产权制度，实现产权保护法治化，离不开民事商事审判工作的有力支撑。落实产权保护是贯彻社会主义基本经济制度的需要，也是司法促进社会主义市场经济发展，服务和保障“大众创业，万众创新”的需要。在市场运行机制中，如果权利主体占有、使用、收益、处分财产的权利得不到保护，侵权人受不到制裁，市场主体创业、创新的积极性必将受到遏制，提供有效供给的可能性将大大降低。因此，人民法院应当按照第八次全国法院民事商事审判工作会议要求，高度重视产权保护法律制度的落实。产权保护的落实，不仅需要关注物权、知识产权的完整保护，而且还要关注他物权，新型物权性质的使用权、承包权、经营权以及法人财产权和股权

---

① 本文节选自最高人民法院审判委员会副部级专职委员杜万华在第八次全国法院民事商事审判工作会议上的专题讲话。

等权利的保护。产权保护原则涉及如何保护这些权利的问题。例如农村土地就涉及农村集体土地所有权、农户土地承包权和经营权三种权利。这三种权利性质如何认识、界限如何界定都非常重要。承包权和经营权差别在哪里,是理论工作者和法官都要关注的问题。中国农村土地制度非常值得研究,如果不研究透,下一步现代化会遇到障碍。众所周知,农村土地以前属于集体所有,20 世纪 80 年代初进行第一次土地改革,实现了农村集体土地所有权和土地承包经营权的分离。这一制度变革致使农村生产力的巨大革命,为改革开放创造了雄厚的基础。党的十八大召开以来,我国对农村土地权利进行了第二次分离,即承包权和经营权的分离。这里就涉及产权性质和产权界限与相关权利的流转如何规范的问题。现在有一些法律法规对相关问题作了规定,但还不够,仍需要立法工作者、法官、学者密切关注。涉及"三农"的重要法律问题还包括农村集体经济组织成员资格问题等。此外,国有土地的权属问题也应引起重视。国有土地归国家所有。国有土地所有权和使用权分离,使得大量国有土地得到商业化开发,但随着社会经济发展,这些产权制度有很多还需要进一步明晰。国有土地使用权分为划拨土地使用权和出让土地使用权,权利边界在哪里?出让土地使用权又可分为商业用地、综合用地、工业用地使用权等,这些权利该如何明晰?明晰后如何流转?划拨地使用权可不可以流转?什么情况下可以流转?这些都是亟待解决的问题。再如,法人财产权和股权的关系需要分清。某人将自有财产投入公司后,该财产就变成公司的财产,投资人获得股权,二者的权利边界在哪里?这两种权利如何保护?这些问题都需要明确。这与我国开展"大众创业,万众创新"具有密切关系。这些问题如果不界定清楚,那么在经济新常态下,实现全面建成小康社会决胜阶段的胜利就将面临现实困难。坚持产权保护原则十分重要。产权是经济学概念。法律上还有物权概念。我认为更多的是要结合社会的发展来认识产权概念,这对市场主体非常重要。随着社会的发展,诸如环境生态权、信息资源权等新型权利类型还会不断涌现。环境生态权不能完全用物权来取代。生态多样性会形成一种组合,根据规律形成独立的一般物的生态环境。环境权应不应该作为一种权利,在现代社会中是值得研究的。最高人民法院环资庭已经成立,正在研究这方面的问题。除环境生态权外,信息资源权也值得研究。我国编纂民法典的时间比较晚,要向法国、德国、日本等国家学习,但是我们现在所处的时代与西方国家编纂民法典的时代不一样。我国既有农业社会的属性,又有工业社会和信息化社会的属性,是一个复合体。我国完全照抄任何一个国家的民法典都不现实。我国应立足于本国现实来编纂民法典。最高人民法院民法典编纂工作研究小组在研究编纂民法总则的建议时,认为应该将环境生态和信息资源作为民事权利客体予以保护,相应就要规定环境生态权和信息资源权。信息资源保护是不可回避的问题,法院和法官都要研究这个问题。在民事商事审判实践中,要对市场经济运行中的各类产权进行研究,并合理框定产权保护边界,妥善调处权利冲突,依法维护各类民事商事主体的财产权益。

二是深入贯彻契约自由原则。尊重契约自由是贯穿民事商事领域法律的基础性原则,是实现经济社会创新协调发展的重要法律制度保障。民事商事案件中,半数以上是合同纠纷。正确理解和切实贯彻契约自由原则,不仅关系司法的公平公正,而且还关乎司法对完善社会主义市场体系建设、维护国民经济发展运行秩序、弘扬社会主义法治文化作用的有效发挥。在处理各类合同纠纷案件时,要按照第八次全国法院民事商事审判工作会议要求，充分尊重当事人的意思自治，鼓励和包容交易模式和交易结构创新，维护依法成立合同的法律效力。这一点非常重要，交易模式和交易结构创新，必须得到司法尊重。按照《合同法》的规定，有名合同种类仍然有限，随着市场经济的发展，现在交易中出现了大量无名合同。如果不鼓励交易模式和交易结构的创新，中国的社会主义市场经济就没有活力。只有鼓励创新，市场才有活力，才能发挥出市场经济创造社会财富的生命力。我们要鼓励、包容交易模式和交易结构创新，维护依法成立合同的法律效力。合同只要是依法成立的，内容不违反法律行政法规的禁止性规定，其效力就应该得到保护，这一点非常重要。要充分认识到，依法成立的合同一旦生效，就成为当事人之间的法律，当事人必须认真履行，非经法定程序、没有法律依据，不得随意变更、解除合同，更不可随意否定合同的效力。要以契约严守规则的司法实现保障契约自由。法官所应承担的一个非常重要的责任，就是维护好契约自由。当事人订立的合同，只要依法成立，不损害国家利益、社会公共利益和他人合法权利，不违反法律行政法规的禁止性规定，当事人就必须信守。法官审理案件时也要坚持这个观点，不能随意修改、变更合同内容，要尊重当事人意思。需要注意的是，1999 年生效的合同法奉行严格合同制，司法要坚持这个原则。《民间借贷司法解释》第 24 条规定的是审判实务中的新类型案件。这条司法解释涉及买卖合同，如果双方约定买卖合同作为借款合同担保的，该买卖合同就只能作为担保性质的合同来看；如果没有明确约定买卖合同作为借款合同担保的，就不能作为担保性质的合同来看。人民法院要尊重当事人意思自治。要正确认识和把握契约自由与契约正义之间的辩证关系。契约自由既是契约形式正义的表现，也是契约实质正义的重要保障，要坚持依法维护契约正义。契约正义属于立法的分配正义，审判实践中要严格按照法律和司法解释的规定，认定合同无效、可撤销、可变更、可解除等，不能脱离法律和司法解释的规定，根据个人的理解和推论，以维护契约正义的名义，对当事人之间合同的性质、效力、撤销、解除等作出自由裁量和认定。契约正义是契约自由的补充。契约正义的实现必须依法进行。国有土地使用权合同纠纷司法解释就规定了名为合作开发房地产实为借贷、名为合作开发房地产实为土地使用权转让、名为合作开发房地产实为房屋租赁等情形。这是司法解释所确认的，人民法院应当遵守，但不能在法律和司法解释规定之外以维护契约正义为名，直接否定当事人订立的合同，损害契约自由原则。契约正义应该是立法的分配正义，不能滥用契约正义原则。各级法院在审理此类案件时应十分慎重，要尊重当事人的自由判断。司法不能过度干预当事人的意思自治。

三是深入贯彻平等保护原则。坚持公有制为主体、多种所有制经济共同发展，切实维护各种所有制经济权益，才能筑牢经济建设和民生保障的基石。在民事商事审判中，要按照第八次全国法院民事商事审判工作会议要求，坚持对不同所有制主体、不同地区市场主体、不同行业利益主体依法予以平等保护，重点解决一些地方存在的地方保护主义和部门本位主义问题，依法保护投资安全，保障各类市场主体平等法律地位和公平发展权利。要努力为消除条块分割，建立统一开放的社会主义市场体系，维护公平有序的市场竞争秩序服务；加快形成企业自主经营、公平竞争，消费者自由选择、自主消费，商品和生产要素自由流动、平等交换的现代市场体系；着力清除市场壁垒，提高资源配置效率和公平性，使市场在资源配置中真正起到决定性作用。要全面深刻认识相关法律规定的制度背景、价值导向,避免片面强调形式平等而忽略对不同社会群体权利实质平等的法律保护。一定要站在平等保护的高度,维护社会主义市场的统一。唯有如此,社会主义市场经济才能得到良好发展。

四是深入贯彻诚实信用原则。诚实信用是社会主义核心价值观的重要组成部分,也是民事商事法律的核心原则。要按照第八次全国法院民事商事审判工作会议要求,深刻认识法律是重要道德价值理念的规范化、制度化,审判权的依法行使,既要体现法治的要求,也要体现法律规范背后蕴含的道德文化内涵。要充分发挥民事商事审判在弘扬法治精神、倡导良好道德、引导广大民众遵守法律方面的独特作用,努力将民事商事审判打造成弘扬社会主义良好道德风尚的重要阵地。要通过对当事人民事责任的追究,体现法律对诚实守信行为的肯定和对违背诚信行为的否定,引导建立诚实守信的市场交易秩序。要高度重视不诚信的诉讼行为对社会主义精神文明建设的负面影响,大力推进诉讼诚信建设,依法严厉惩处虚假诉讼行为,制裁不诚信诉讼行为。法律在道德建设中的作用不容忽视。法律规范的核心就是价值理念。法律本身就是价值的载体,是弘扬社会主义核心价值观的工具。如果离开价值理念,法律就没有生命力。所以从法理上讲,法律规范的核心是价值理念,外在表现为法律的技术性规范。实施法律的过程,就是通过规则实施形成法律秩序。秩序本身也是一种对价值理念和道德的弘扬。因此,绝对不能脱离道德来开展法治建设。在社会主义市场经济条件下,诚信原则是社会主义核心价值观的重要内容。如果从问题导向的角度来看,当前中国市场经济最缺失的就是诚信。如果不通过法治手段把诚信树立起来,中国市场经济就没有希望。因此,人民法院应当把树立诚信原则作为未来工作的基本要求。

二、关于贯彻民事权利义务责任一致原则的问题

随着社会主义法治化进程的发展,社会大众权利意识的觉醒,民事权利的类型、内容不断丰富发展,司法保护的力度也在不断加强。当然,目前人民法院对于民事权利的保护程度与社会经济发展和人民群众的司法需求相比,还存在一定差距,需要继续加以改进和完善。但同时也应当清醒地看到,社会中不同程度地存在着片面强调权利而不讲义务和责任,片面强调自己的权利而忽视他人合法权利,以及追求权利最大化、义务最小化、责任虚无化等错误意识和做法。需要注意的是,我国从 1978 年改革开放以来,经过了 37 个年头。在改革开放以前,人民群众缺少权利意识。经过改革开放,人民群众的权利意识高涨,维权意识非常强烈,这是社会巨大的进步,值得肯定。就目前的情况看,人民法院对群众权利的保护仍需加强。在下一步的工作中,依法保护群众合法权利仍然是人民法院面临的非常重要的任务。但同时必须面对的另一个现实是,当前还存在着强调权利、忽视义务、不讲责任,把权利、义务、责任相割裂开来的情况。如法律责任不履行的现象在社会中就广泛存在。最高人民法院公布了关于失信被执行人名单的司法解释。人民法院惩治的失信被执行人数超过 300 万人次,相当于一个小国的人口数。这些人大都从事商业活动。这说明很多人虽然权利意识很强,但还没有树立责任意识和义务意识。如果一个国家和民族不能正确认识和处理权利、义务、责任的关系,将不利其于长远发展。民事权利、义务、责任虽然各自有其独立的概念和价值,但又彼此密切相关。民事主体只有切实履行自

身义务，才能真正实现自身权利，否则还可能承担相应的民事责任。法律对民事权利义务责任有机统一的规定，是中国特色社会主义法治体系的特点，是依法治国和全面、系统、完整建立民事法律体系的内在要求。权利、义务、责任的有机统一，是构建社会主义法治秩序的基础性要求。“没有无义务的权利，也没有无权利的义务。”权利、义务之间是对立统一关系，责任则是保障权利、落实义务的措施，是民事主体违反民事义务应承担的民事法律后果，作为一种救济手段，旨在使受到侵害的权益得以恢复。如果我们将三者割裂开来，忽视对义务和责任的落实，就会使权利成为无本之木、无源之水，最终不能真正实现。权利、义务、责任的关系问题，对法律工作者来说是常识，不应该有太多的异议。但这些常识性的观念在社会上却常常被忽视。人民法院应该利用各种方式、在各种场合强调权利、义务、责任的关系问题。最高人民法院民法典编纂工作研究小组也建议把权利、义务、责任相统一原则在民法典总则中作出规定，建议在民法总则中不能只规定民事权利，而应把民事权利、义务、责任的关系规定清楚。民法典总则规定一般规则，分则规定具体规则，具体规则是一般规则的具体化。民事权利、义务、责任相统一原则在分则和单行的民事法律中也要有具体体现。要注意用权利、义务、责任相统一原则来提高全民族的法律意识。这是我国法治建设进程中必须下大力气抓好的一项基础性工程。没有这样的基础性工程，我国的法治建设就缺乏牢固的社会基础。如果每个人都只愿意维护自己的权利，不愿意履行自己的义务，不承担其本应承担的责任，社会就不会有活力和秩序。在民事商事审判工作中，必须正确认识民事权利义务责任三者关系，坚持权利义务责任一致原则。要严格依法维护权利，严格依法督促履行义务，严格依法追究民事责任。要正确运用侵权责任、违约责任等法律规定，厘清各主体间权利义务责任边界，宣示正当的权利行使规则和违反义务的法律后果。要以民事商事审判活动和裁判结果，强化民事商事主体的责任意识。要通过严格司法，树立互助意识、规则意识、秩序意识，引领社会风尚，传播正能量，构建和维护社会主义法治秩序，为建立社会主义法治社会奠定坚实基础。

三、关于贯彻程序和实体并重原则的问题

习近平总书记提出，要“努力让人民群众在每一个司法案件中感受到公平正义”。这就要求人民法院在民事商事审判工作中，不仅要维护当事人的实体权利，实现实体公正，而且还要在民事诉讼程序中维护当事人的程序权利，实现程序公正。周强院长在第八次全国法院民事商事审判工作会议上提出的坚持程序公正与实体公正相统一的原则，就是为贯彻落实习近平总书记的指示给民事商事审判工作提出的具体要求。要贯彻落实周强院长提出的这一原则，人民法院必须严格按照民事诉讼法和民事诉讼法司法解释的规定，认真抓好以下工作。

一是要严格依法查清案件事实、正确适用法律，维护实体公正。《民事诉讼法》和《〈民事诉讼法〉司法解释》是人民法院查清案件事实的法律依据，其能否真正得到贯彻落实，是实体法律能否正确适用、实体公正能否得到维护的前提。要根据当事人的诉讼请求和法律规定，正确确定案件的性质；要围绕案件事实和法律规定正确分配当事人的举证证明责任。承担举证证明责任的当事人，其提供的证据要达到证明的程度，若达不到证明的程度，举证证明责任就不能发生转移，《〈民事诉讼法〉司法解释》强调了这一点；要根据法律

规定的程序，在当事人和诉讼参加人的参与下，依法审核证据、认定事实，要开庭质证，体现公开性；要在认真听取当事人及其诉讼代理人意见的基础上，正确适用法律；要按照公开原则，在法庭上和裁判文书中，依法将法官对证据的采信和事实的认定，以及法律适用的理由予以公开。只有严格按照《民事诉讼法》和《〈民事诉讼法〉司法解释》的规定审理案件，法律的实体公正才有保证。这里有必要说一说自由心证问题。《〈民事诉讼法〉司法解释》第105条对自由心证作了明确规定。该条规定虽然抽象，但对自由心证是比较准确的描述。首先要由当事人举证，然后按法定程序质证，质证以后法官审核认定证据。法官审核认定证据时必须坚持依法原则，不能违反法律规定的证据规则和程序。法官要坚持全面原则，审核认定证据要符合逻辑推理和日常生活法则。法官应当在这样的情况下产生内心确信。法官产生内心确信以后，要把确信的过程和理由在裁判文书中或在法庭庭审中公开，即公开心证的过程。这种公开就是裁判文书说理和法庭说理。自由心证的关键是要把道理讲清、讲透。简单的案件要在法庭上把心证过程说清楚。如果不是简单的案件，就必须把对证据的采信和事实的认定，特别是有争议的部分，在裁判文书中说出来。这是自由心证的操作方法。

二是严格依法维护诉讼权利和诉讼义务的平等。《民事诉讼法》规定的程序，不仅是人民法院查清案件事实、正确适用法律的平台，也是当事人明辨是非、感受公平正义的过程。近年来，有些民事商事案件处理在实体公正上并无大碍，但当事人依然申诉不息、上访不止。人民法院未能在诉讼程序中让当事人感受到公平正义可能是造成这一情况的重要原因。需要注意的是，绝大多数法官都有为维护公正献身的精神。有的法官十分重视实体公正，认为只要案件在实体判决上不犯错，就不用担心，但这从另一个侧面说明还有法官对程序公正重要性的认识不够。在实践中，当事人投诉的案件中有很多在实体上都没有问题，但当事人就是不服，其中一个重要原因是：一些案件在诉讼程序上有微小瑕疵，当事人在诉讼过程中没有感受到公平和正义，认为法官是在为对方当事人说话。全体法官必须充分认识到，《民事诉讼法》不仅是为法官制定的，是让法官查清案件事实、正确适用法律的工具，而且是为人民群众制定的，民事诉讼是人民群众通过诉讼程序，追寻案件事实、辨明是非、感受公正的过程。民事诉讼有两个职能：一是追求实体公正的职能；二是追求程序公正的职能，要让人民群众通过诉讼程序明辨是非、感受正义。如果实现了民事诉讼的第二个职能，司法文明和水平就会有更大提高。现在许多人的意识还停留在重实体轻程序阶段。各级法院应当在如何落实《民事诉讼法》和《〈民事诉讼法〉司法解释》上花精力，真正做到程序公正，把实体公正和程序公正有机统一起来。因此，人民法院在民事商事审判活动中，要坚持当事人诉讼地位平等、诉讼权利和诉讼义务平等，摒弃和纠正不尊重当事人诉权、辩论权、陈述权、知情权的做法，依法保护当事人诉讼权利的行使、督促当事人诉讼义务的履行；要尊重当事人的程序选择权、诉讼与非诉方式选择权、调解与裁判纠纷解决方法选择权、实体权利选择权，正确处理好法官释明权与当事人选择权的关系；要依法坚持庭审公开、裁判文书公开，用公开保公正。总之，要通过对程序公正的维护，真正让人民群众切实感受到司法的公平正义，只有这样才能凸显程序正义的独立价值。

三是严格按照法律规定履行程序职能。《民事诉讼法》根据审判和执行规律，赋予民事诉讼不同阶段、不同程序以不同的职能。人民法院各个职能部门在民事审判工作中，要按照《民事诉讼法》和《〈民事诉讼法〉司法解释》的规定，按照立案、审判、执行各自的职能分工履行职责，并做好相互协调和衔接工作，推动民事诉讼程序整体的有机运行。要正确认识诉讼程序中一审、二审和审判监督程序各自的职能。一审程序的职能是查清案件事实，正确适用法律；二审程序的职能是着重解决案件的事实争议和法律争议，实现两审终审；审判监督程序的职能是依法纠错，维护裁判权威。要正确认识诉讼调解与司法裁判的功能和作用，按照"能调则调，当判则判，调判结合，案结事了"原则，实事求是地处理好调判关系，再也不能走过去片面强调裁判或片面强调调解的老路。要注意区分不同案件类型，采用不同的处理方法处理案件，如婚姻家庭案件、邻里纠纷案件等应坚持调解优先的原则，而涉及商事规则的案件，如果当事人不愿调解则应当依法及时作出裁判，以彰显规则、维护秩序。要正确认识和处理诉讼程序内诉讼案件与非诉讼案件的关系，做好两类不同案件的相互衔接和转化。《民事诉讼法》有很多关于特殊程序的规定，如公示催告程序等，要注意两者的衔接。督促程序中，支付令作废后要转入诉讼程序，也要注意两者的衔接和转化。要继续做好民事诉讼程序外的民间调解、仲裁等纠纷解决机制与民事诉讼程序的协调工作，创新和完善多元矛盾纠纷解决机制，形成职责定位明确、程序衔接畅通的社会秩序维护机制。

需要注意的是，周强院长在第八次全国法院民事商事审判工作会议上讲到了民事诉讼中的同质化问题。对此，我们要引起高度重视。全国法院民一庭、民二庭系统不仅审理一审和二审案件，而且还要审理许多审判监督案件。要注意在审判监督程序中，法官行使的是依法纠错权而不是自由裁量权，法官不能根据自己对法律的理解，在不能指出原审裁判错误的情况下，用自己的自由裁量权去代替原审的自由裁量权。如果用自由裁量权来取代依法纠错权，就混淆了原审和审判监督的职能，使两种不同的程序同质化。程序同质化现象不克服，立案和审判、审判和执行的职能不分清，就有可能导致整个民事诉讼程序体系效益不能发挥。立案和审判、审判和执行、审判中的一审和二审之间都有不同分工。周强院长在第八次全国法院民事商事审判工作会议上也曾专门提出要遵循审判规律和执行规律，明确各自职能。例如，立案就是要搞好立案登记，对外服务好群众，对内服务好法官。立案前的调解要遵循当事人自愿原则。执行的职能是忠实执行生效裁判文书等执行依据，不能做审判的事情。社会上曾对于《〈婚姻法〉司法解释（二）》第 24 条规定的实施情况提出意见。2003 年之所以作出本条规定，是因为当时存在夫妻双方相互串通、转移财产损害债权人利益的情形，对债权人的利益造成了很大损害。该司法解释出台后，夫妻双方相互串通损害债权人利益的现象得到了遏制。但近几年又出现了新情况，即夫妻离婚时或离婚后，夫妻一方与债权人串通，将合同签订日期倒签到夫妻关系存续期间，试图将夫妻一方个人债务认定为夫妻共同债务。这条司法解释规定，夫妻关系存续期间，夫妻一方所欠债务为夫妻共同债务。这条规定是审判规则，而非执行规则。夫妻共同债务的认定应当通过审判权的行使来认定，不应通过执行权的行使来认定。如果审判阶段未对夫妻与第三人之间的共同债务关系作出认定，认定的只是一般债务关系，到执行阶段夫妻一方提出执行异议被人民法院执行部门驳回后，当事人不服提起案外人申请再审之诉的，人民法院应当按照《民事诉讼法》第 227 条的规定立案审查。如果夫妻一方没有参加原审诉讼，人民法院可以在再审后撤销原一、二审判决，发回重审，将其追加为当事人，作为共同被告。如果夫妻一方在原审中参加了诉讼,也对当事人争议的债权债务提出了抗辩,法院最后认定为夫妻共同债务的,就可以进入执行程序。夫妻一方没有参与原审诉讼就不应当作为被执行人。未经审判而直接追加夫妻一方为被执行人,用执行权取代审判权,就属于民事诉讼程序同质化的一种表现,在司法实践中要注意克服。总之,在民事诉讼程序中,立案、审判、审判监督、执行等程序应当按照《民事诉讼法》规定的各自的职能履行职责,但也要相互配合、做好衔接,保证民事诉讼程序在整体上发挥最大效能。同时,审判部门的法官也要注意把裁判文书写得清楚明白,不要因为裁判文书含糊其辞而给执行工作造成困难。裁判中有执行内容的要写清楚,以便于执行的开展。

四、关于依法规范金融秩序、保障国家金融安全的问题

金融是国民经济的血脉。以司法手段防控金融风险,是民事商事审判的重要内容,也是服务经济社会发展大局的具体体现。

审理好民间借贷案件。2015 年,《最高人民法院关于审理民间借贷案件适用法律若干问题的规定》正式发布,对指导各级人民法院正确适用法律,统一裁判标准,规范民间借贷,在统一规范的金融体制改革范围内支持和保护民间金融创新、促进民间资本的市场化有序流动、缓解公民和企业特别是中小微企业融资困难,具有重要意义。要正确理解和适用司法解释规定,回应人民群众对借贷安全的需求,满足中小微企业对正当金融投资的渴求和适应金融体制市场化改革的要求。要妥善处理刑民交叉问题,划清合法借贷与非法借贷的界限,区分正常的借贷行为与利用借贷资金从事违法犯罪的行为。既要依法打击和处理非法集资犯罪,又要依法维护合同当事人的合法权益。要准确认定合同的法律效力,对企业间为生产、经营需要签订的民间借贷合同,依法维护其合同效力,保障企业自主经营;对生产经营型企业从事经常性放贷业务、严重扰乱金融秩序、造成金融监管紊乱等情形,坚决按照法律和司法解释规定,否定其合同效力,维护市场经营秩序,保护社会公共利益。根据《民间借贷司法解释》的规定,企业借贷放开了,但是放开是有限制的,仅限于企业之间因生产和经营需要而进行的借贷。如果企业把自己的本业放在一边,充当专门的放贷人的角色,就会出问题。人民法院不应认可这种行为的效力。要严格执行利率管制规定,按照司法解释确定的利息保护原则,依法对民间借贷利率上限予以司法管制,在充分考虑市场主体需求的基础上,维护利率市场秩序,促进金融市场化改革。《民间借贷司法解释》关于民间借贷利率最重要的规定是划定了“两线三区”。“两线”是指年利率24%的线和36%的线。这两条线将利息保护分为三个区:24%以下的利息是第一个区域,这是民事商事法律保护区;24%~36%之间的利息是第二个区域,这是自然债务区,债权人起诉要求保护的,法院不予以支持,但是债务人履行付息义务后又向法院起诉要求债权人返还的,法院也不予支持;36%以上的利息是第三个区域,是无效区,债权人不能向法院主张债权,债务人即使履行了付息义务,如果反悔起诉要求返还,法院应当支持债务人的主张。最高人民法院在充分研究中国古代以及世界各国和其他地区的做法,包括香港、澳门的做法后,制定了“两线三区”规则。这一规则充分尊重我国民间借贷发展实际情况,符合我国经济发展需要,得到了经济界、法律界的普遍认可。

高度重视互联网金融案件。互联网金融是传统金融机构与互联网企业利用互联网技

术和信息通信技术实现资金融通、支付、投资和信息中介服务的新型金融业务模式。近几年，我国互联网金融高速发展。同时，互联网支付、网络借贷、互联网理财等案件增长速度较快，股权众筹融资、网贷评级等新类型案件已经出现。不同于传统金融案件，互联网金融案件呈现出参与人数众多、涉及面广、地域分散、标的额小的特点。这对民事诉讼确定案件管辖、电子证据认定等提出了许多新的问题。从纠纷的实体处理看，互联网金融将增加更多的案件类型，多种法律关系混杂，增加了审判的难度。仅 P2P 方面就出现多种结合形式，比如 P2P 与上市公司合作所产生的对赌类案件，保理公司对接 P2P 平台将应收账款债权进行转让所产生的案件，P2P 与股票的结合所产生的股票配资案件，等等。我们用传统的审判思维理念很难跟上互联网时代发展的节奏，需要结合互联网金融案件的新特点，有针对地进行前瞻性研究。审理这类案件时，要保护合法经营，让违法者付出代价，营造公正的互联网金融法制环境，建立诚实守信的互联网金融法律秩序。另需注意的是，审判工作应当与互联网紧密联系，不能把互联网看成和司法审判无关的东西。《〈民事诉讼法〉司法解释》的相关规定已经体现了司法与互联网的连接。人民法院对案件的实体审理要和民事诉讼法的相关规定联系起来。例如，网络购物中发生了大量纠纷，网络购物的管辖问题在《〈民事诉讼法〉司法解释》中得到解决了。人民法院一定要研究新情况、新问题。互联网发展十分迅速。“互联网＋”涉及融资、众筹等问题。法官一定要跟上时代步伐，让司法审判工作能够服务于各行各业。

五、关于防范和制裁虚假诉讼行为的问题

近年来，一些地方民事商事审判领域中恶意虚假诉讼情况较为突出，不仅扰乱了正常的诉讼秩序，而且还使得法院裁判成为某些居心不良的人加以利用的工具，损害了司法权威。如何有效遏制虚假诉讼，是摆在民事商事审判面前的一个突出难题，也是亟待解决的一个重要课题。

一是要高度重视虚假诉讼的防范。要全面加强虚假诉讼的发现、甄别、制裁工作，切实防止通过民事商事审判将非法利益合法化。要及时敏锐捕捉有关行政管理政策措施在司法上的反映，对政策实施过程中出现的问题保持清醒认识，认真分析成因，研究其中涉及的法律问题。要充分运用司法建议手段，规范诉讼行为，制裁虚假诉讼。充分发挥信息系统防范虚假诉讼的作用，建立法院之间案件信息沟通机制和防范虚假诉讼信息共享平台。

二是要严格依法依纪惩处虚假诉讼行为。要按照《民事诉讼法》和《〈民事诉讼法〉司法解释》的规定，严厉打击虚假诉讼行为，构成犯罪的，要坚决依法追究刑事责任。在案件审理过程中，一经发现虚假诉讼，除依法驳回当事人的请求，根据情节轻重予以罚款、拘留外，还应分别根据虚假诉讼的具体情节作出处理。对当事人、证人等，通过建立失信人名单并探索与社会征信系统接轨方式予以惩戒；对参与虚假诉讼的律师和法律工作者，探索建立“黑名单”制度，在一定期限或者一定区域内禁止代理诉讼案件；对鉴定机构、鉴定人员故意出具虚假鉴定意见的，可以视情节给予警告、责令退还鉴定费用直至从委托专业机构备选名单中除名；对法官与当事人串通通过虚假案件谋取不当利益的，严格依纪依法处理。

三是要做好重点案件的虚假诉讼防范工作。当前,虚假诉讼分布的案件类型呈现扩大趋势,但民间借贷、离婚、破产等案件,仍然是虚假诉讼的“高发区”。在民间借贷纠纷中,很多借条是不真实的,背后隐藏了很多高利贷,有的反映的是子虚乌有的借款关系。在民间借贷案件审理中,要严格按照《民间借贷司法解释》关于可能属于虚假诉讼十种行为的规定,加强案件的筛查识别,结合借贷发生的原因、时间、地点、款项来源、交付方式、款项流向以及借贷双方关系、经济状况等,综合判断是否属于虚假诉讼。审理民间借贷案件时,若要防止虚假诉讼,就一定要坚持当事人亲自出庭制度。在司法实践中,很多民间借贷案件的当事人不出庭,只委托代理律师参加诉讼,相关借款事实代理律师说不清,法官很难处理。《〈民事诉讼法〉司法解释》要求当事人出庭,是因为当事人是案件事实的亲历者,其有向法庭做陈述的诉讼义务。当事人陈述是民事诉讼证据之一。按照《〈民事诉讼法〉司法解释》要求,当事人在法庭作陈述时要签保证书,承诺如果虚假陈述就要承担法律责任。从调研的情况看,这一制度在司法实践中起到了立竿见影的效果。目前部分地方法院已经对虚假陈述行为作了处罚,但以后还要充分利用好对妨害民事诉讼的强制措施,维护诉讼诚信。

在离婚案件中,要加强对债权债务事实认定和财产债务分配的总体把控,警惕转移共同财产以逃避债务承担,以及虚构债权债务损害妇女儿童权益等虚假诉讼行为。在破产案件中,对企业投资者或者管理者在进入破产程序前以诉讼方式集中、突击转移企业财产,发放大额管理层报酬等行为,要加强审查鉴别,避免虚假诉讼行为对债权人合法利益的侵害。

六、关于依法保护“三农”的问题

依法维护农民合法权益,促进农业发展,保障农村和谐稳定,是党和国家工作的重中之重,必须始终坚持做好相关工作。

一是要依法维护农民合法权益。要继续按照法律和国家政策的规定,妥善处理涉及农民切身利益的各类民事商事纠纷,对于违背农民意愿、侵害农民权益的行为,要坚持依法裁判,切实保障农民和农村集体经济组织的财产权益。要注重把保护农民的基本生活和长远生计结合起来,保护农民眼前利益与长远利益结合起来,努力实现对农民合法权益的依法保护与农村土地集约化利用的协调统一。要深入探索和完善司法保障农民权利实现的方式,为国家实施精准脱贫、精准扶贫,实现7000万农村贫困人口脱贫攻坚目标提供有力司法服务。

二是要依法促进农业现代化。要在坚持确保土地集体所有制不改变、耕地红线不突破、农民利益不受损的前提下,按照稳定农户承包权、放活土地经营权的要求,依法鼓励创新土地流转形式,为稳步推进土地经营权抵押、担保试点提供有力司法保障。要密切关注立法动向和国家政策的发展变化,注意法律之间的衔接,着力研究探索农村土地集体所有权、农户承包权、土地经营权在土地流转中的相互关系以及相应的法律适用问题,依法推进土地经营权等农村产权规范有序流转,完善农村集体产权权能。要依法支持以农村承包土地经营权和农民住房财产权办理抵押的试点,加快农村金融制度创新,促进农业规模化、集约化经营。

三是要保障农村和谐稳定。当前,我国正处于经济转型升级和加快推进现代化的重要时期,也是城镇化深入发展的关键时期。要持续关注农村城镇化进程中,农民合法权益保护问题,妥善处理农村征地拆迁相关纠纷,切实保障留守儿童、留守老人的合法权益,依法维护进城落户农民土地承包权、宅基地使用权、集体收益分配权,助力农民公平共享现代化建设成果。要为产业转型升级、增强新型城镇化产业支撑力提供司法服务,依法保障平等就业、同工同酬,促进形成城乡统一的建设用地市场,维护农业基础设施工程建设市场秩序,保障农产品流通体系的完善。要按照"不缺位、不越位、不错位"的原则,促进提高农村社会治理法治化水平,加强与其他国家机关、基层组织和群众自治组织的沟通与协作,依法支持其调处社会矛盾纠纷,依法指导人民调解委员会调解民间纠纷,依法做好司法确认工作。要高度重视并认真研判涉及农村和谐稳定的新情况、新问题,做好新经济样态下新类型案件的审理工作。

七、关于家事审判方式和工作机制改革的问题

当前,司法改革正在向纵深推进。如果在本轮改革中能够抓住机遇,锐意推进家事审判方式和工作机制改革,促进婚姻家庭关系稳定,将会对我国社会建设和全面建成小康社会产生极大的助推作用。

一是要充分认识家事审判改革的必要性。家庭是社会的细胞,家事审判是民事审判的基础,对维护婚姻家庭稳定,依法保护未成年人、妇女及老年人合法权益,弘扬社会主义核心价值观和中华民族传统美德,具有重要作用。随着我国经济社会发展进入新常态,家庭伦理关系中的新情况、新问题不断显现,家事案件的类型日益多样化,矛盾化解难度日益加大,人民群众对家事审判发挥权益保障、情感治愈等职能的期待越来越高。人民法院家事审判理念、体制机制和司法效果与新常态下家事案件的特点、规律和人民群众的司法需求之间,存在许多不适应的地方。探索家事审判规律,开展家事审判方式和工作机制改革,提升家事审判的质量与水平势在必行。近十年来,因婚姻家庭纠纷案件引发的伤人、杀人和自残、自杀等恶性事件时有发生。究其原因,是家事审判工作没有发挥好修复婚姻家庭关系的职能。相反,商事案件中当事人一般没有这样激烈的对抗冲突。当前家事审判工作已经不能适应形势发展需要。多数法院仍是按照财产类案件的审理模式去审理婚姻家庭案件。近年来,通过对外交往,我们发现世界各地,包括新加坡、日本和台湾等国家和地区在商事审判方面从审判方式到审判理念都有长足发展,走在了我们前面。德国在2013年也通过了家事审判方面的法律。但我们还是沿用老观念,甚至把家事审判看成处理家长里短的工作,不够"高大上"。其实家事审判法官专业性要求很高,不仅要熟悉法律,关键还要懂社会心理学和相应的人生阅历。各级人民法院应当深刻认识家事审判改革的必要性和紧迫性。

二是要及时转变家事审判理念。家事纠纷因涉及家庭成员之间的身份关系以及当事人的情感、伦理、道德问题,具有高度的人身性、敏感性和社会性特点。要明确家事审判工作的根本目标是维护婚姻家庭关系稳定,依法保障未成年人、妇女和老年人的合法权益;要实现变机械遵循辩论主义和处分原则为强化法官职权探知、自由裁量和对当事人处分权适当干预;要变偏重财产分割、财产利益保护和身份确认为全面关注当事人身份利益、

财产利益、人格利益、安全利益和情感利益;要在离婚案件中注意区分婚姻危机和婚姻死亡,对出现危机的婚姻要履行婚姻关系修复的职能,对已经死亡的婚姻,要注意依法维护当事人离婚自由的权利;要改变单纯强调审限内结案而忽视矛盾纠纷化解的现象,努力修复家庭成员心理创伤,重视结案后的延伸服务。社会建设中如果婚姻家庭不稳定,社会就不稳定,未成年人的成长就没有一个良好的环境。未成年人是国家和民族的未来,他们不能良好地成长,国家和民族的未来就令人担忧。我国已经进入老年社会,只有家庭稳定了,老年人的赡养才能有保障。因此,婚姻家庭关系到社会稳定问题,是社会建设的大问题,是基础性工程问题,必须要花大力气来抓。人民法院家事审判职能要转变。以前人民法院婚姻家庭审判的职能偏重于财产分割。离婚案件立案后,法官先问双方当事人愿不愿意离婚,如果当事人说愿意离婚,审判的方向马上转变为财产分割和子女抚养,至于当事人感情修复的问题,则鲜有涉及。目前很多地方法院的法官在自行探索家事审判改革,探索发挥家事审判对家庭成员感情修复的职能。家事审判工作一定要重视发挥修复家庭成员心理创伤的职能。对于离婚案件,人民法院首先要判断婚姻关系到底是死亡还是危机。如果确定为婚姻死亡,可以判决离婚;如果认定婚姻只是出现危机,就要强化治愈。这也是家事审判的重要职能之一。只有在婚姻确定死亡了,确实需要解除婚姻关系的时候,才能谈财产分割等问题。这是家事审判与商事审判及其他民事审判不同之处。人民法院审理的婚姻家事案件数量非常大,2014 年全国共审理 160 多万件,2015 年估计会达到 170 多万件。这样数量庞大的案件,如果不妥善处理好,对社会稳定的影响非常大。

三是要探索推进家事审判体制机制创新。探索建立符合审判规律的家事审判体制机制,是推进家事审判专业化发展的必然要求。要探索家事审判多元化纠纷解决机制,综合利用多种调解方式化解婚姻家庭矛盾纠纷,积极动员社会力量参与家事纠纷处理,构建新型家事纠纷综合协调解决机制。要探索设立专业咨询和辅导机构,及时为当事人提供心理疏导,提高家事案件的和解、调解、裁判质效。要依托涉诉信访制度改革,探索建立家事案件案后跟踪、回访及帮扶制度,延伸家事审判的社会辐射功能。要探索建立反家庭暴力的整体防治网络,形成确保人身安全保护裁定有效执行的合力。要探索家事审判专业机构建设和家事审判司法人员分类管理体制,适当提高家事调查员、心理辅导员等家事审判辅助人员比例,探索通过引入社工、社会团体工作人员和向社会购买服务等方式充实审判辅助人员。

四是要研究构建家事诉讼程序制度。要强化法官职权干预,加大法官依职权调查取证力度。以不公开审理为原则,以公开审理为例外,保障参加庭审的未成年人身心健康。严格实行当事人亲自到庭原则,促成当事人和解、调解及纠纷的顺利解决。切实贯彻调解优先原则,弥补家事裁判刚性过强、柔性不足的缺点,促进当事人恢复情感、消除对立。除涉及家庭暴力等受害人身处困境急需解决的案件,应适当放宽审限,经当事人同意还可以设置一定的冷静期,防止冲动离婚。需要注意的是,离婚应当是当事人理性的选择,而不是感性的冲动。研究探索审前家庭财产申报、离婚证明书和家事案件立案受理制度等,积极构建符合家事审判规律、适应我国社会发展需要的家事诉讼程序。这里有必要对离婚证明书制度加以说明。目前人民法院判决离婚的,只向当事人送达离婚判决书。当事人若要证明自己的婚姻关系,只能出示离婚判决书复印件。但是离婚判决书里涉及大量当事人隐私，不便向外公示。为了方便当事人，在离婚判决生效后，人民法院可以根据当事人申请出具离婚证明书。当事人可以凭该证明书证明自己的婚姻关系已经解除。这有利于保护当事人的隐私权。

2015 年 12 月，最高人民法院民一庭在广州召开了部分法院家事审判改革工作座谈会，总结交流了近年来家事审判工作经验，研究论证了家事审判改革方案和配套规则意见。最高人民法院将尽快修改完善相关意见并报中央有关部门批准后适时启动家事审判改革试点工作，促进社会建设的健康发展。

八、关于做好重大疑难案件审理和对下指导工作的问题

重大疑难案件审理和对下指导是人民法院尤其是最高人民法院和各高级人民法院的重要职能。在处理在全国范围内具有重大影响的重大疑难案件方面，我们摸索出了一套基本经验，即最高人民法院牵头协调，相关法院共同研究、集中智慧、稳步推进，以确定社会行为规则为核心，以弘扬社会主义核心价值观为重点，准确理解和适用法律规定，取得了较好的法律效果和社会效果。2016 年，随着全面改革措施的深入推进，经济发展进入新常态，重大疑难敏感案件可能会时有发生。各地方法院应当站在党和国家工作大局的高度，支持最高人民法院和上级人民法院做好相关案件的指导工作。目前，各地法院要密切关注那些可能影响社会稳定、区域金融安全甚至金融系统安全的重大事件，并在最高人民法院的协调下妥善处理案件的受理和审判工作。很多重大疑难案件涉案标的达数百亿元之巨，必须要做好统筹协调工作。较为典型的成功案例是“三鹿奶粉案”。如果涉“三鹿奶粉事件”的所有案件都起诉到法院，案件数量会高达近 30 万件。如果一开始就受理患儿家长的起诉，法院很难处理这些案件。因为当时患儿家长买奶粉一般都不会留发票，原告难以提交购买凭证。如果判决患儿家长胜诉，就缺乏证据支持；如果判患儿家长败诉，“三鹿奶粉事件”造成的损害显而易见，且涉众面如此之大，社会效果肯定不好，甚至可能会影响社会稳定。最终，人民法院在中央的统一领导下，采取行政先行赔付、司法最后保障的办法，较好地化解了这场社会危机。同时，对于商业银行“钢贸融资”、信托业“刚性兑付”、证券市场场外配资等类型案件，要将情况及时上报，需要统一协调处理的，由上级法院协调处理。对其他新类型、涉众型、舆论聚焦型等重大疑难案件，要形成稳定、长效的沟通协调机制，重大法律问题要报请最高人民法院统一研究协调，以确保裁判尺度一致。

九、关于“僵尸企业”清理的问题

刚刚闭幕的中央经济工作会议进一步明确提出要依法为实施市场化破产程序创造条件，加快破产清算案件审理，落实财税、不良资产处置、失业人员再就业和生活保障等政策支持。今后一个时期，各级法院要将企业破产案件审理工作置于贯彻落实十八届五中全会和中央经济工作会议精神、服务经济发展新常态的大局中谋划和开展，要通过依法审理企业破产案件为供给侧结构性改革提供司法保护，并抓住机遇建立完善破产审判工作机制和相关配套机制，切实保障经济社会持续健康发展。

要充分发挥破产清算程序在淘汰落后企业方面的积极作用。一是对资不抵债、丧失自我修复和自我发展能力的企业，应及时启动破产清算程序，督促市场主体依法有序退

出。公司强制清算中发现符合破产清算条件的,要及时转入破产清算程序。二是要充分利用破产重整程序的作用。对已陷入停产或半停产、债务负担沉重但符合产业政策调整目标的企业,要依法及时进行破产重整,通过设计可行的兼并重组方案压缩和合并过剩产能、优化要素配置。三是要依法打通民事执行程序向破产程序转化的渠道,实现程序间的良好衔接。准确把握《〈民事诉讼法〉司法解释》中执行程序转入破产程序的原则精神,在执行程序中发现债务人符合破产条件时,执行法院应当按照《〈民事诉讼法〉司法解释》规定,及时将相关材料移送破产法院,通过破产程序来清理债务、化解纠纷。要充分利用执行信息平台和信息资源,及时发现、整合同一债务人的执行案件信息,并依法通过集中管辖、集中执行等方式,促进执行程序及时转入破产程序。要严格落实《企业破产法》第19条规定,避免破产程序启动后强行执行、抢先执行等情形出现。法院受理破产案件后,所有针对债务人企业的执行程序或保全措施均应依照《企业破产法》第19条规定中止或解除。对违反规定继续执行、保全的,要采取严厉措施予以追究责任。

要建立完善破产案件审判组织。近年来,因为法院总体面临“案多人少”难题,不少法院将有限的司法资源投入其他案件的审判,破产案件没有专门审判组织的现象普遍存在。为适应2016年清理“僵尸企业”的需要,各地法院可以根据本地的具体情况,适时建立专门的破产案件审判庭。没有条件的法院也应当根据具体情况适时建立专门的破产案件审判合议庭,以适应破产案件的审理需要。这次中央经济工作会议很重要的内容之一,就是要清理“僵尸企业”。这是人民法院今后一段时间内要承担的一项十分繁重的工作,如果没有专门的审判机构和人员,这项任务将很难完成。不进行清算,很多企业难以轻装上阵。在清理“僵尸企业”过程中涉及重整的条件等问题,应当在审判组织体系上有所保证。要建立合理的破产审理绩效考核标准,调动法官审理破产案件积极性。目前一些高级法院已设立了专门的破产案件绩效考核标准,可以参考借鉴。要充分运用中央清理“僵尸企业”有利契机,积极贯彻各项政策措施,推动建立破产费用保障、破产企业税收优惠等配套机制。要及时学习总结破产审理工作经验。深圳、温州等试点法院尤其要在依法、快速、公平推进破产程序方面积极探索,为其他地方法院提供可复制、可推广的经验。

最高人民法院
关于当前商事审判工作中的若干具体问题

杨临萍

2015 年 12 月 24 日

各位领导,同志们:

按照会议议程安排,下面,我就当前商事审判工作中需要重点注意的具体问题谈几点意见。

一、关于《公司法》修改后公司诉讼案件的审理问题

2013 年 12 月底,全国人大常委会修改了《公司法》。新法在最低注册资本额、出资缴纳时间、出资形态三方面原则上取消了法定限制,改由股东自行决定。新法确立的出资制度非常灵活,赋予了投资者很大的选择空间,其主要目的是降低公司的准入门槛,激发市场主体创业创新活力;另一方面,也要避免新法规则被恶意滥用从而导致损害公司或债权人利益。在此,需要指出,公司诉讼案件中要准确把握新资本制度理念,要通过公正裁判强化规则意识、引领诚信风尚、维护法制统一。

第一,要按照既有法律规则正确审理公司资本纠纷。新《公司法》虽然对股东出资作出灵活规定,但其本身并未免除股东对公司的出资义务。法律只是将股东的出资义务由法律强行规定调整为由股东通过公司章程自行决定。公司章程对股东出资数额、时间和方式作出规定后,股东就必须按照章程的规定缴纳出资。股东未依照公司章程缴纳出资时,法院仍应当按照新《公司法》和《〈公司法〉司法解释(三)》中出资义务、责任的规定判令股东履行出资义务。需要注意,《公司法》2013 年修改前公司章程就股东出资义务作出的规定,如果新法施行后章程未被修改,仍应当按照原先章程的规定确定股东出资义务和责任。在公司资本纠纷中,尤其不能因为新《公司法》将出资事宜交由股东灵活决定,就无视注册资本法律规则,放纵投资者背信行为。还要注意,公司设立时在章程中规定出资数额及出资方式后,公司运营中有的股东尤其是公司大股东通过股东会决议修改章程,要么延长自己的出资期限,要么减少自己的出资数额。对此,应当按照《公司法》第 22 条的规定审查修改公司章程的决议是否有效,或者按照《公司法》规定的减资规则审查股东减少出资的程序是否合法。股东作出减资决议减少出资数额,但未进行变更登记的,不得对抗善意第三人。

第二,要适应《公司法》新变化积极完善相应裁判规则。《公司法》修改后,如果公司选

择过于微小的数额作为注册资本,比如将注册资本设定为 1 元钱,那么在公司未来不能清偿债务而破产时,要考虑股东能否凭其对公司享有的债权而与其他普通债权人一起参与公司财产分配的问题。对此,我们倾向于认为,股东以过于微小的资本从事经营,很有可能会将股权投资转化为债权投资,相应地也将有限责任的风险完全外部化。因目前法律上尚未确立专门应对措施,所以法院在司法实践中必须及时确立合理的规则。这方面,国外司法实践中通常将股东债权的受偿顺序安排在其他普通债权人受偿之后,以保障优先清偿其他债权人债权。这一做法值得借鉴。

第三,要遵循《公司法》新精神处理好新类型案件。新《公司法》施行后,会出现一批新类型案件。比如,《〈公司法〉司法解释(三)》第 18 条对虚假出资时补缴出资民事责任作出了规定。但目前尚无法律、司法解释对股东因出资期限未届满而未缴纳出资就转让股权时由谁承担出资责任进行明确规定。因为此时的未缴纳出资为合法而不是非法,所以不能当然适用上述司法解释的规定。目前还要特别注意债权人请求股东提前履行出资义务以偿债的问题。对此,有不同的认识:一种意见认为,债务人公司无法清偿到期债务,而股东又有出资款未到期,此时通过出资义务加速到期的方式即可以解决债务清偿问题,所以应当许可此时出资义务加速到期,债权人可以直接向股东主张清偿债务。另一种意见认为,如果公司不能清偿单个债权人到期债权,那么其往往也资不抵债,或者明显缺乏清偿能力,或者有丧失清偿能力可能。此时按照《企业破产法》第 2 条,公司已经符合破产条件,所以更应当保障全体债权人的利益。单个的债权追及诉讼不尽符合《企业破产法》第 31、32 条的精神。债权人应当申请债务人破产,进入破产程序后再按照《企业破产法》第 35 条使股东出资义务加速到期,最终在真正意义上保护全体债权人利益。以上两种意见中,我们倾向于按照后一种意见处理。因此,在类似诉讼中,法院应当注意向当事人释明,如债务人公司不能通过融资或其股东自行提前缴纳出资以清偿债务,债权人有权启动破产程序。

二、关于证券投资类金融纠纷案件的审理问题

随着我国金融市场改革发展不断深化,日趋丰富的金融产品与服务在为金融消费者带来便利的同时,因投资性金融产品的误导性销售、金融中介提供服务的行为失范,以及行为人在证券交易市场上实施虚假陈述、内幕交易和市场操纵等行为所引发的纠纷案件也有所增加。对此应予高度重视。在相关案件的审理中,必须将金融消费者权益保护作为重要内容,推动形成公开、公平、公正的市场环境和市场秩序,进一步提升金融消费者信心,维护国家的金融安全与稳定。下午杜万华专委要将此作为重要问题专门讲,我只谈三个具体问题。

第一,正确处理契约自由与契约正义的关系。金融市场上的信息不对称加上投资者自身的知识和能力局限,使得投资者在购买投资性金融产品或接受相关服务时往往无法真正理解其中的风险和收益,其主要依赖产品销售者和服务提供者的推介和说明。一般情况下交易双方缔约能力处于不对等地位。因此,必须依法确定卖方机构"适当性"义务,确保金融消费者在充分了解投资标的及其风险的基础上作出自主决定,实现契约正义。法院在审理卖方机构与投资者之间因销售各类集合理财计划、结构化产品等高风险金融

产品和提供经纪、代理等服务而引发的商事案件中，应当注意如下问题：(1)明确法律适用规则。在卖方机构“适当性”义务方面，应明确法律、行政法规等法律规范以及相关监管部门规范性文件的适用规则。《合同法》《证券法》《信托法》等法律、行政法规作出明确规定的，应当按照法律、行政法规的规定处理。相关监管部门在部门规范性文件中对银行理财产品、保险投资产品、信托理财产品、券商集合理财计划、杠杆基金份额等高风险金融产品的销售作出的规定，与法律、行政法规等法律规范的规定不相抵触的，如果部门规范性文件是限制卖方机构权利或增加卖方机构义务，可以适用部门规范性文件。相关监管部门的规范性文件与法律、行政法规等法律规范相抵触的，不能适用部门规范性文件。(2)依法分配举证责任。在案件审理中，金融消费者对其主张的购买产品或接受服务的相关事实，应承担举证责任。卖方机构对其是否履行了了解客户、适合性原则、告知说明和文件交付等“适当性”义务等案件事实，应承担举证责任。(3)告知说明义务的衡量标准。告知说明义务是“适当性”义务的核心，是金融消费者能够真正了解产品和服务的投资风险和收益的关键。应当根据产品的风险和投资者的实际状况，综合一般人能够理解的客观标准和投资者能够理解的主观标准来确定告知说明义务。(4)损失赔偿数额和免责抗辩事由。对违反“适当性”义务的损失赔偿，立法例上普遍采用损失填补原则赔偿金融消费者因此所受的实际损失。在卖方机构未尽“适当性”义务的情况下，除了金融消费者故意提供虚假信息这一抗辩事由外，如果根据投资者的既往投资经验、受教育程度等事实，卖方机构能够证明违反“适当性”义务并未影响投资者的自主决定的，也应当认定免责抗辩事由成立，由金融消费者自负投资风险。

第二，依法受理和审理虚假陈述、内幕交易和市场操纵行为引发的民事赔偿案件，维护证券交易市场上投资者的合法权益。根据立案登记司法解释规定，因虚假陈述、内幕交易和市场操纵行为引发的民事赔偿案件，立案受理时不再以监管部门的行政处罚和生效的刑事判决认定为前置条件。面对这一变化，在证券案件的审理中应当注意两方面问题：(1)在审理程序方面要注意：在诉讼方式上，根据案件具体情况，有的可以单独立案、分别审理，有的可以依据《民事诉讼法》第 54 条实践代表人诉讼制度。在调查取证上，除了法官到现场调查取证外，还可以积极探索利用调查令、书面通知持有证据的单位提供证据等多种手段，补强查明案件事实所需要的证据。另要充分发挥专家辅助人作用，以利于形成司法判断。(2)在实体方面要正确理解证券侵权民事责任的构成要件。要在传统民事侵权责任的侵权行为、过错、损失、因果关系四个构成要件中研究证券侵权行为重大性、交易因果关系特殊的质的规定性。重大性，是指违法行为对投资者决定的可能影响，其主要衡量指标可以通过违法行为对证券交易价格和交易量的影响来判断。交易因果关系是指违法行为影响了投资者的交易决定。重大性、交易因果关系是为了限制或减轻行为人责任的制度安排。侵权行为不具有重大性或者侵权行为与投资者的交易决定没有因果关系时，行为人不负赔偿责任。

第三，积极探索建立证券纠纷诉调对接机制，实现纠纷多元化解决。为及时妥善化解证券纠纷、切实保护证券投资者合法权益、促进证券市场健康有序发展，最高人民法院在已经积累与中国保监会建立诉讼与调解对接机制的成功经验基础上，正与中国证监会会商，探索在已经存在行业性调解组织、具备客观条件并且有纠纷分流需求的地区，建立专门的证券纠纷诉讼与调解对接机制，以通过立案前后委托调解以及邀请协助调解的方式，充分发挥行业调解的优势，整合人民法院、监管部门、行业组织以及社会各方面力量，及时有效地解决争议，丰富多元化纠纷解决机制。

三、关于票据纠纷案件的审理问题

票据在经济交往中广泛发挥着流通、支付、结算和融资功能。近年来人民法院受理的票据纠纷案件逐年增长。审理这类案件时应注意以下问题：

第一，关于正确理解票据无因性和认定票据权利人问题。无因性是《票据法》的基本原则。票据行为具有独立性，不受原因关系的影响。持票人行使票据权利时不负证明给付原因的责任。持票人只要能够证明票据的真实和背书的连续，即可以对票据债务人行使票据权利。但应予注意的是，票据无因性的宗旨在于促进票据流通，保护善意第三人而非非法持票人。因此，《票据法》规定了无因性的例外情形，其中之一为持票人取得票据的手段不合法，不得取得票据权利。在司法实务中，尤其是在票据贴现时，如何认定贴现人是否因恶意或者重大过失取得票据，往往存在着争议。《票据法》及其司法解释均未对《票据法》第 12 条规定的恶意和重大过失进行明确界定。案件审理中应结合法理和相关业务规则，区分票据的种类和功能进行认定。既要避免绝对无因性倾向和以票据无因性为由一概不审查持票人是否以合法手段取得票据，也要防止无视票据无因性倾向而混淆票据法律关系和票据基础法律关系。

第二，关于票据追索权问题。(1)行使票据追索权需具备实质要件和形式要件。其中，实质要件是持票人的付款请求权得不到实现。《票据法》第 61 条规定的“拒绝付款”，不仅包括付款人明确表示“拒绝付款”的情形，而且还包括付款人客观上无力履行付款义务而无法付款的情形。票据追索权行使的形式要件是指持票人应提供被拒绝承兑或被拒绝付款的证明。所谓证明，可以是退票理由书、拒绝证明，也可以是法院的有关司法文书、行政管理机关的处罚决定等。(2)票据追索权纠纷的被告可以是一个或者多个法定被追索人，多个被告之间应承担连带责任。

第三，关于票据公示催告程序适用问题。近年来，伪报票据丧失事实而申请公示催告的案件明显增多，法院在适用该程序时应审慎判断。(1)公示催告程序的适格申请人应是票据丧失前的最后合法持票人。尽管《票据法》及其司法解释、《民事诉讼法》及其司法解释界定公示催告申请人的文义表述不尽一致，但两者内涵和外延相同，公示催告申请人应为“最后合法持票人”。法院应结合票据存根、丧失票据的复印件、出票人关于签发票据的证明、申请人合法取得票据的证明、银行挂失止付通知书、报案证明等证据，综合判定申请人是否为适格申请人。(2)要准确把握公示催告期间。关于国内票据公示催告的期间，《〈民事诉讼法〉司法解释》第 449 条已对《〈票据法〉司法解释》进行了修改。因此，法院确定的公示催告期间不得少于 60 日，且期间届满日不得早于票据付款日后 15 日。(3)要正确理解和适用除权判决撤销之诉。法院在公示催告程序中作出的除权判决并未对权利争议作实质审查。因此，除权判决在客观效果上只是恢复了申请人作为持票人的形式资格，而并未将申请人确定为实质票据权利人。如果利害关系人对除权判决认定的事实提出异议，其有权向法院起诉请求确认其为票据权利人并撤销除权判决。需要注意的是，利害关系人只诉请确认其为票据权利人而未请求撤销除权判决的，法院应当在判决书写明：确认利害关系人为票据权利人的判决作出后除权判决即被撤销。

四、关于保险合同纠纷案件的审理问题

近年来，我国保险业发展迅速，保险合同纠纷案件数量逐年增加，各种新类型案件不断出现，审理难度大、争议多，裁判标准亟须统一。今年我们已公布了《〈保险法〉司法解释（三）》，明年还将研究制定《〈保险法〉司法解释（四）》。关于保险合同纠纷案件的审理，应注意以下问题。

第一，新的《〈保险法〉司法解释》规定，正确审理人身保险合同纠纷案件。各级法院应按照《保险法》和《〈保险法〉司法解释（三）》的精神和相关规定正确审理人身保险合同纠纷案件。(1)防范道德风险，维护最大诚信。人身保险合同涉及被保险人生命安全，故审理中应注重防范道德风险，防止不法分子故意制造保险事故骗取保险金。同时，要注意依法维持合同效力，防止不诚信的保险人与投保人通过主张保险合同无效来逃避责任。(2)理顺法律关系，处理好投保人、被保险人、受益人的关系。人身保险合同中，投保人是保险合同的当事人，被保险人、受益人一般不是保险合同当事人。解除保险合同、返回保险单现金价值等权利属于投保人，而不属于被保险人或者受益人。

第二，遵循合同法原理，正确审理机动车辆保险合同纠纷案件。机动车辆保险合同纠纷案件数量大，难点多，在审理中应注意以下问题：(1)区分第三者责任强制保险与第三者责任商业保险中的赔偿责任。第三者责任强制保险中，保险人是否承担责任应依据《道路交通安全法》以及相关法规、司法解释来判断。第三者责任商业保险中，保险人承担的是合同义务，保险人是否承担赔偿责任以及赔偿数额应根据保险合同的约定来认定。不能将第三者责任强制保险的相关规定直接适用于第三者责任商业保险。(2)区分第三者责任保险与意外伤害保险。第三者责任保险属于财产保险，适用损害填补原则。意外伤害保险属于人身保险，不适用损害填补原则。道路交通事故中受到伤害的第三人根据第三者责任保险获得赔偿后，仍可根据其自身的意外伤害保险向保险人申请理赔。(3)正确认定第三者责任保险中的"第三者"。应当按照《合同法》第 125 条第 1 款规定的合同解释方法来确定保险格式条款中"第三者"的范围。如仍存在两种以上解释的，应当按照《保险法》第 30 条规定作出有利于被保险人的解释。

第三，区分不同法律关系，正确审理保险代位求偿权纠纷案件。审理保险人向第三者主张权利的保险代位求偿权纠纷案件时，应正确区分保险合同法律关系与被保险人对第三者损害赔偿法律关系。(1)有证据证明保险人已向被保险人赔偿保险金的，法院应仅就被保险人与造成保险人事故的第三者之间的法律关系进行审理。保险人是否应当赔偿保险金以及赔偿金额是否有误，属于被保险人与保险人之间的保险合同纠纷，无需审理。(2)在保险人向第三者行使保险代位求偿权的损害赔偿纠纷案件中，保险人在理赔中委托保险公估机构作出的公估报告属于认定第三者应承担的赔偿数额的证据。保险人未经第三者同意单方委托作出的公估报告，属于保险人自行委托作出的鉴定结论。第三者有证据足以反驳并申请重新鉴定的，应予准许。(3)注意审查被保险人在保险代位求偿权纠纷案件中所作陈述的真实性，防止被保险人取得保险金后又与第三者串通来对抗保险人，防

止骗保发生。

五、关于企业破产案件的受理审理问题

企业破产制度既可以公平保护债权人、债务人利益，又可以实现优胜劣汰、促进资源优化配置，是法治化市场退出的有效途径。党的十八届五中全会提出要“更加注重运用市场机制、经济手段、法治办法化解产能过剩，加大政策引导力度，完善企业退出机制”，中央经济工作会议进一步明确，要加强供给侧结构性改革，着力提高供给体系质量和效益，尤其强调要对产能过剩行业实行关停并转，对“僵尸企业”采取资产重组、兼并破产等方式予以处置。因此，可以预判，企业破产案件在 2016 年会呈增幅态势。要按照《企业破产法》规定依法受理审理企业破产案件。下午杜专委要将破产案件审理作为一个非常重要的问题专门讲，我只谈三个具体问题。

第一，要准确把握立案登记制与破产受理法定标准的关系。企业破产案件的受理程序与立案登记制实质上是一致的。只要申请人提交的材料符合《企业破产法》第 8 条的要求，法院即应当编立“破(预)”字号案件进行审查，并按照有关司法解释的规定向申请人出具相应凭证，然后按照《企业破产法》第 10 条规定的期间作出受理与否的裁定。这种程序从根本上讲也是为了克服破产案件“受理难”问题。但是，在最终决定是否受理破产案件时，法院必须依照《企业破产法》第 2 条进行判断。只有符合该条规定情形之一的，法院才能受理。明年 1 月 1 日《最高人民法院关于人民法院案件案号的若干规定》实施后，破产立案编号方式上还应注意与该司法解释的规定相统一。在对待立案登记问题上，既要避免简单认为立案登记制不适用破产案件，进而对应依法启动的破产程序拒之门外；也要防止无视《企业破产法》明确规定的法定受理标准，而对破产申请“来者不拒”，进而对不符合破产条件的企业启动破产。

第二，要严格运用破产法律规则防范借企业破产逃避债务。我们在倡导依法受理企业破产案件时也注意到：部分企业投资人、经营者不认真经营企业，采取非法侵占企业财产、混同企业财产与投资人财产、虚假交易、个别清偿等手段转移企业财产，而待企业进入破产程序时只剩下“空壳”，债权人利益严重受损。因此，在强调破产案件受理审理时也要切实防止企业恶意逃避债务损害相关主体利益。为此，(1)要依法审查关联人申请企业破产时债权的真实性和合法性。防止关联人利用破产程序帮助债务人企业逃避债务。对暂时无法否定关联债权真实性而裁定受理的破产案件，在受理后发现关联债权虚假的，应当依法裁定驳回破产申请。(2)要督促破产管理人依法履职。法院应督促破产管理人认真审查债务人在破产前进行的交易、检索债务人企业的行为。破产管理人发现债务人企业实施了不公平交易行为的，法院要告知破产管理人及时按照《企业破产法》第 31、32、33 条的规定予以否定并追收企业财产。法院要为破产管理人依法履职创造条件、提供便利。对破产管理人单独无法完成而需要其他有关机关配合的工作，法院要采取恰当方式进行协调。(3)要落实和强化破产终结后的法律责任。尤其是对无法清算或者无法全面清算的破产企业，受理破产案件的法院应当明确其原因，并在终结破产程序时向债权人释明其可以依法追究负有责任的公司股东、董事等的民事责任。受理破产案件法院发现的涉及企业破产犯罪线索，应当及时提供给有关机关。(4)要强化上级法院的监督和指导。在破

产程序中，当事人很难向上级法院直接寻求诉讼渠道的救济。因此，针对当事人反映的破产案件受理审理中的问题，上级法院应高度重视、审慎处理，依法认真指导下级法院处理好破产案件。

第三，要正确把握破产重整制度精神，发挥重整积极作用。有的地方当事人申请破产重整的积极性很高，法院受理的破产重整案件也较多。对此，我们认为：(1)法院在受理重整申请时应当严格按照《企业破产法》第 2 条进行判断，明确重整所属的法定情形。从破产重整成功的案例看，重整程序一般适合于较大规模且明显具有运营价值的企业。在适用重整程序时，应当结合企业所属产业前景、陷入困境的原因、企业财务目标或指标等因素综合判断，严格控制增量，防止新的产能过剩。(2)要审慎使用《企业破产法》第 87 条第 2 款中的强制批准权。《企业破产法》中的重整应包括债务重组和营业整合两方面的内容。如果企业重整计划只规定债务重组的有关内容，而营业整合或资产重组未予涉及或明显不合理，不具备可操作性，那么法院在批准这类重整计划时应当谨慎。因为这类重整的目的和作用可能就是纯粹地削减债务。这种情况下企业的重整计划应当由债权人等利害关系人按照《企业破产法》第 87 条第 2 款的规定自由表决决定。在利害关系人表决未通过时，为防范债权人利益受损，法院不宜行使强制批准权。

六、关于银行卡纠纷案件的审理问题

近年来，银行卡在商事交易中广泛使用，因信用卡透支、伪卡交易、网上支付引发的银行卡纠纷案件也呈增加趋势。为平衡保护各方当事人权利，我们正在研究制定银行卡纠纷法律适用问题的指导意见。这里我先谈以下三个问题。

第一，关于银行卡合同中格式条款的效力认定问题。银行卡合同系格式合同，其格式条款的效力应依据《合同法》第 39、40 条以及《〈合同法〉司法解释(二)》第 9、10 条的规定来认定。发卡行应对其是否履行了《合同法》第 39 条规定的合理的提示和说明义务承担举证责任。银行卡合同中约定的“凡密码相符的交易均视为本人合法交易”“信用卡持卡人选择最低还款额方式时，应当支付全部透支款项自银行记账日起，按规定利率计算的透支利息”等格式条款，应按照前述法律规定认定其效力。

第二，关于伪卡交易情形下的责任认定问题。伪卡交易引发的银行卡纠纷是目前银行卡纠纷中的主要类型。在审理时，应注意：(1)关于举证责任问题。持卡人应当对因伪卡交易导致其银行卡账户内资金减少或者透支款数额增加的事实承担举证责任。发卡行、收单机构、特约商户应提交由其持有的案涉刷卡行为发生时的对账单、签购单、监控录像等证据材料。无正当理由拒不提供的，应承担不利法律后果。(2)关于各方当事人权利义务问题。应注意正确界定各主体之间的法律关系，明确各主体义务，正确确定法律责任。伪卡交易引发的银行卡纠纷案件，涉及发卡行、收单机构、持卡人、特约商户、制作伪卡进行交易的犯罪分子等多方主体，法律关系复杂。各方主体应依法依约履行相应义务：发卡行负有按约给付存款本息、保障持卡人用卡安全等义务；收单行负有保障持卡人用卡安全的义务；持卡人负有妥善保管银行卡及密码的义务；特约商户负有审核持卡人真实身份和银行卡真伪的义务。任何一方违反义务，均应承担相应责任。(3)关于责任承担问题。持卡人基于银行卡合同法律关系起诉发卡行，发卡行因第三人制作伪卡构成违约的，

应当向持卡人承担违约责任。发卡行承担责任后，有权向第三人主张权利。

第三，关于互联网支付中的法律问题。近年来，随着网上交易的增多，互联网支付引发的纠纷呈不断增长趋势，成为银行卡纠纷中亟须解决的新问题。互联网支付具有不以银行卡卡片作为交易介质的特性，其在带来交易便利的同时，也加大了交易风险。发卡行与持卡人签订银行卡合同时，负有告知银行卡是否具备网上支付功能、交易规则、交易风险以及法律责任的义务。发卡行未履行上述义务，或者虽履行上述义务，但在持卡人未同意的情形下单方开通网上支付功能导致银行卡被盗刷的，应承担赔偿持卡人损失的责任。网上支付还涉及第三方支付机构法律责任等问题，尚需进一步研究。

七、关于保理合同纠纷案件的审理问题

保理业务是以债权人转让其应收账款债权为前提，集应收账款催收、管理、坏账担保及融资于一体的综合性金融服务，在国际贸易中运用广泛。近年来，保理业务在国内贸易领域的运用显著增多。从保理商的分类来看，主要包括银监会审批监管的银行类保理机构和商务部、地方商务主管机关审批监管的商业保理公司。二者虽然在设立主体、行业准入和监管要求上有差异，但在交易结构上并无不同。从各地法院受理的案件数量来看，各地并不均衡。北京、天津以及东南沿海地区法院受理的保理合同案件较多。由于现行法律尚未就保理合同作出专门规定，所以，对相关法律问题仍存有争议。对此，我们高度关注，并已着手进行调研。就几个主要问题，我先提一些意见。

第一，关于保理合同的案由问题。相对于传统合同类案件而言，保理合同案件属于新的案件类型。由于《合同法》未就保理合同作出专门规定，其属于无名合同，加之现行的案由规定中尚无“保理合同”的专门案由，所以有的法院直接将保理合同的案由确定为借款合同。需要指出的是，保理法律关系的实质是应收账款债权转让，涉及三方主体和两个合同，这与单纯的借款合同有显著区别，故不应将保理合同简单视为借款合同。在保理合同纠纷对应的案由方面，最高人民法院已将此纳入到新修订的案由规定中予以考虑，在新的案由规定尚未出台之前，可将其归入“其他合同纠纷”中。应注意的是，实务中确实有部分保理商与交易相对人虚构基础合同，以保理之名行借贷之实。对此，应查明事实，从是否存在基础合同、保理商是否明知虚构基础合同、双方当事人之间实际的权利义务关系等方面审查和确定合同性质。如果确实是名为保理、实为借贷的，仍应当按照借款合同确定案由并据此确定当事人之间的权利义务。

第二，要正确认识保理的交易结构和当事人之间的权利义务关系。保理合同涉及保理商与债权人、保理商与债务人之间不同的法律关系。债权人与债务人之间的基础合同是成立保理的前提，而债权人与保理商之间的应收账款债权转让则是保理关系的核心。在合同效力上，只要不具有《合同法》第 52 条规定的合同无效情形，均应当认定有效。对于未来债权能否作为保理合同的基础债权的问题，在保理合同订立时，只要存在基础合同所对应的应收账款债权，则即使保理合同所转让的债权尚未到期，也不应当据此否定保理合同的性质及效力。在确定当事人的权利义务方面，法院应当以当事人约定及《合同法》中有关债权转让的规定作为法律依据。债务人收到债权转让通知后，应当按照通知支付应收账款。当然，债务人依据基础合同享有的抵销权及抗辩权，可以对抗保理商，但保理

商与债务人另有约定的除外。

第三，要正确认识保理合同与基础合同的关系。基础合同的存在是保理合同缔约的前提。但是，二者并非主从合同关系，而是相对独立的两个合同。应当看到，二者有关权利和义务关系的约定存有牵连。实践中，如果保理商明知基础合同约定应收账款债权不得转让，但仍然受让债权的，应当注意：一方面，前述约定并不当然影响保理合同的效力；另一方面，保理商以保理合同为依据向基础合同债务人主张债权的，并不能以此约束债务人，债务人仍可以此抗辩。债权人、债务人及保理商就基础合同的变更作出约定的，依其约定处理。如果无三方约定，保理商受让债权后，债务人又与原债权人变更基础合同，导致保理商不能实现保理合同目的，保理商请求原债权人承担违约责任或者解除保理合同并赔偿损失的，应当支持。

八、关于保兑仓纠纷案件的审理问题

保兑仓交易作为一种新类型融资担保交易，应用于大宗商品流通的各个环节，形式多样。其基本交易模式为：卖方、买方和银行三方签订保兑仓合作协议；买方向银行申请开具银行承兑汇票；银行根据买方保证金缴存情况，向卖方发出发货指令；卖方按照银行发货指令向买方发货；卖方对银行承兑汇票敞口部分以货物回购作为担保。除此之外，有的保兑仓合作协议还约定银行对货物有抵押权或质押权，或者卖方向银行承担连带保证责任；有的保兑仓交易模式还引入仓储方或物流企业来加强银行对货物的控制，或者引入担保方对银行承兑汇票垫款独立进行担保。目前，保兑仓合同纠纷主要涉及相关合同的效力、担保的性质及物权效果、权利义务的认定及审理程序等方面的问题。对此，我们已着手进行调研。就几个主要问题，我先提一些意见。

第一，要依法认定保兑仓交易模式下相关合同的效力。保兑仓交易模式中当事人间可能形成买卖、融资、担保、仓储、票据、资金监管类金融服务等多种法律关系。对这些交易关系，法院要严格依据《合同法》第 52 条的规定，从鼓励金融创新、促进商事交易、保障交易安全的角度，确认相关合同效力，不轻易认定合同无效。交易模式中某一环节合同无效，不宜当然否定其他环节交易的法律效力。另一方面，保兑仓模式参与主体广、交易环节多、资金渠道长，很容易被作为虚假交易的一种手段规避金融监管，除非引发诉讼，日常监管很难发现。法院在具体案件审理中则比较容易发现这类情况。如果有充分的证据证明保兑仓交易并不真实，应视情形分别按照《合同法》第 52 条第 3 项或第 5 项的规定对相关合同效力予以否定。

第二，要正确适用《合同法》和《物权法》，确定各方当事人权利、义务和责任。保兑仓虽然存在一般的交易模式，但在不同保兑仓交易中，当事人通过交易安排设计的各方权利义务可能不尽一致，此时应当遵循合同相对性，按照不同的法律关系和约定分别确定各方当事人的权利义务。当然，现实中各种约定的表述不尽相同，在审判中对理解有分歧的问题要按照《合同法》第 125 条第 1 款规定的解释方法来明确。保兑仓交易模式的核心是融资担保，各方为保障银行贷款安全会作出退款承诺、回购担保、抵押质押等有担保功能的交易安排，在审理中要正确适用《合同法》《物权法》等相关法律规定，依法认定相关担保约定的效力，区分合同效力与物权效力，确定各方当事人的权利、义务和责任。

第三,要理顺审理程序,为认定保兑仓交易中当事人权利义务提供程序保障。保兑仓交易下,不同法律关系中当事人发生的纠纷一般可以分别审理。但是,如果债权人同时向债务人、担保人、仓储方主张承担相应责任的,应一并进行审理,以便正确区分各自的权利和义务,依法认定各自的责任顺位,避免出现重复受偿;如果当事人分别向同一法院起诉的,按照《〈民事诉讼法〉司法解释》第 221 条的规定可以合并审理;如果案件的处理结果同保兑仓交易中的其他当事人有法律上利害关系,应根据《民事诉讼法》第 56 条的规定通知其作为第三人参加诉讼;如果保兑仓交易中的其他当事人参加诉讼有利于案件事实的查明,可依据《民事诉讼法》第 72 条及《〈民事诉讼法〉司法解释》第 117 条的规定通知其出庭作证。

九、关于以物抵债合同纠纷案件的审理问题

债权人与债务人之间存在金钱债务,有时双方约定以特定物替代原金钱债务的清偿。实务上将该种替代履行债务的方式称为以物抵债。一般情形下,当事人设定以物抵债的目的是为了及时还清债务。但有的以物抵债则是为了达到其他非法目的,恶意逃避债务,损害第三人的合法权益。我们认为,在以物抵债案件审理中,既要注重以物抵债在了结债务、化解矛盾纠纷、节约交易成本等方面的积极作用,不能对以物抵债约定轻易否定;同时,也要严格审查当事人缔结以物抵债的真实目的,对借以物抵债损害相对人、第三人利益的行为应予以否定。对这些问题我们将在《〈物权法〉担保物权编司法解释》中进一步研究。

第一,关于债务履行期届满前约定的以物抵债。债权人与债务人在债务履行期届满前就作出以物抵债的约定,由于债权尚未到期,债权数额与抵债物的价值可能存在较大差距。如果此时直接认定该约定有效,可能会导致双方利益显失公平,所以在处理上一般认为应参照《物权法》关于禁止流押、流质的相关规定,不确认该种情形下签订的以物抵债协议的效力。在后果处理上:(1)如果此时抵债物尚未交付给债权人,而债权人请求确认享有抵债物所有权并要求债务人交付的,不予支持。今年最高人民法院颁布的《民间借贷司法解释》第 24 条规定:当事人以签订买卖合同作为民间借贷合同的担保,应当按照民间借贷法律关系审理。债务人不履行生效判决确定的金钱债务,债权人可以申请拍卖买卖合同标的物以偿还债务。上述处理思路与该司法解释规定是一致的。(2)如果此时抵债物已交付给债权人,参照《物权法》中质押的有关规定,债务人请求债权人履行清算义务或主张回赎的,法院应予支持。

第二,关于债务履行期届满后约定的以物抵债。债务履行期届满后,债权的数额就得以确定,在此基础上达成的以物抵债协议,一般不会存在显失公平的问题。在以物抵债行为不存在违反法律、行政法规禁止性规定的情形下,应当尊重当事人的意思自治。在后果的处理上:(1)如果此时抵债物尚未交付给债权人,债务人反悔但未能提供证据证明有能力继续履行原债务,债权人请求债务人履行以物抵债约定的,应予支持。此时,对法院是否还应就该物履行清算程序的问题,一种意见认为应当履行,债权人不能就超过债权部分受偿;另一种意见则认为,此时因以物抵债约定系事后达成,所以不会对债务人造成不公平,故无需履行上述程序,债权人可以就抵债物直接受偿。当然,如果该抵债行为损害第

三人利益，第三人可以参照《物权法》第 195 条第 1 款的规定主张撤销。这两种意见中，我们倾向于后一种意见。(2)如果抵债物已交付给债权人，债务人反悔的，不予支持。但为防止一方当事人利用以物抵债协议损害对方的合法权益，当存在《合同法》第 54 条规定的情形时，债权人、债务人均可请求变更或撤销以物抵债行为。对当事人利用以物抵债恶意逃债，第三人既可依据《合同法》第 52 条的规定主张抵债行为无效，也可依据《合同法》第 74 条的规定行使撤销权。

十、关于商事审判与刑事、行政诉讼等交叉的正当法律程序问题

商事案件中的有关事实有时会涉及刑事犯罪问题，或者涉及行政管理或行政诉讼问题。同时，刑事诉讼、行政诉讼或行政管理中有时也会牵连商事案件的审判。处理这类案件就涉及民刑交叉、民行交叉的正当法律程序问题。在处理时应当注意以下问题。

第一，要注意区分商事案件法律事实与刑事诉讼所涉法律事实是否相同。如果商事案件法律事实与刑事案件法律事实不同，那么原则上商事案件应当与刑事案件分别审理。在这方面，1998 年最高人民法院《关于在审理经济纠纷案件中涉及经济犯罪嫌疑若干问题的规定》第 1 条即作了明确规定。审理商事案件的法院不能以涉嫌刑事犯罪为由当然中止对案件的审理。但是，如果法院在商事审判中发现犯罪线索的，应将掌握的犯罪线索材料移送给公安、检察等机关。此时的移送是犯罪线索材料的移送，而不是全案移送。移送后商事案件也不能中止审理。对此，《民间借贷司法解释》第 6 条进一步强调了民事、商事案件继续审理的原则。

第二，要注意区分商事案件与刑事诉讼涉及相同法律事实下的不同处理。(1)商事案件与刑事诉讼涉及的法律事实完全相同时的处理。如果商事案件与刑事诉讼所涉事实完全相同，而且案件事实在根本上也属于刑事案件，那么在立案阶段就应不予受理商事案件。受理后在商事审判中发现的，应当裁定驳回起诉。在这方面，2014 年最高人民法院、最高人民检察院、公安部颁布的《关于办理非法集资刑事案件适用法律若干问题的意见》规定，法院审理民事案件中发现有非法集资犯罪嫌疑的，应当裁定驳回起诉，并将有关材料移送公安、检察等机关。这就说明，法院发现非法集资犯罪时，已经启动的普通借款纠纷诉讼不能继续进行。另一方面，如果商事案件与刑事诉讼所涉事实完全相同，并且同时存在民事责任和刑事责任的，商事审判应当尊重已经启动的刑事附带民事诉讼程序。未启动附带民事诉讼程序的，商事案件可以与刑事案件分别审理。(2)商事案件与刑事诉讼涉及的法律事实存在部分关联时的处理。商事案件与刑事诉讼涉及的法律事实部分相关时，判断商事案件是否继续审理的标准应当是《民事诉讼法》第 150 条第 1 款第 5 项“本案必须以另一案的审理结果为依据”的规定。据此，如果审理商事案件必须以另一刑事案件审理结果为依据，那么在刑事案件尚未审结时，应当中止商事案件审理。反之，如果商事案件审理无需以刑事案件审理结果为依据，则商事案件不得中止审理。实践中要切实防止以涉及刑事案件为由对商事案件一律中止或拖延审理的做法。

第三，要妥善处理商事案件和行政诉讼等交叉的问题。(1)要遵循基础法律关系先行处理的思路。商事审判在调查案件事实、认定合同效力等方面与行政管理、行政诉讼相互牵连的，应当先解决基础法律关系问题。如果商事审判必须以具体行政行为内容或者行

政诉讼查明的事实来认定法律行为要件事实，在具体行政行为做出前或行政诉讼裁判作出前，商事案件应中止审理。具体行政行为做出后或行政诉讼裁判作出后，商事案件应及时恢复审理。尤其要注意，法律、行政法规明确规定应由行政机关专门处理或先行处理的纠纷，在行政机关处理前，对当事人提起的民事诉讼应裁定不予受理。如果行政行为、行政诉讼必须以商事审判结果为依据，商事审判应及时作出裁判。在一些复杂案件的审判中，必要时可以研究探索商事审判或行政审判等对部分问题依法先行裁判或处理。(2)要正确理解行政机关批准、登记行为与合同效力的关系。法律、行政法规明确规定行政机关批准或登记后合同才生效的，在行政机关批准或登记前，应认定合同未生效。(3)要准确识别行政行为合法性与民事证据合法性问题。行政机关实施行政行为中作出的批准文件、权利凭证等行政文书，商事审判中可将其作为证据并按照民事诉讼证据的规定进行审查，但商事审判无权对作出行政文书的行政行为进行合法性审查。商事审判中法院发现行政机关明显超越职权作出行政文书或者有相反证据足以推翻行政文书记载内容的，应否定其作为证据的合法性，不予采信。

总之，以上内容是我们对审判实践中的问题提供的一个初步意见，提出来供大家讨论和参考。很多意见都还有待实践进一步检验。经济发展进入新常态后，商事纠纷更具有复杂性、主体广泛性和利益重大性。商事审判不仅要依法化解当事人间的矛盾，实现定纷止争，而且还要积极发挥职能作用，能动调节经济关系，引导建设法治经济和法治社会，提升我国商法规则在国际市场竞争中的制度性话语权，以更好地服务经济社会持续健康发展。

最高人民法院关于当前民事审判工作中的若干具体问题

程新文

2015 年 12 月 24 日

各位领导，同志们：

按照会议议程安排，下面，我就当前民事审判工作中需要重点注意的具体问题谈几点意见。

一、关于房地产纠纷案件的审理问题

房地产纠纷案件的审判是民事审判的重要组成部分，审理好房地产纠纷案件对于贯彻落实国家宏观经济政策、保障人民安居乐业具有重要意义。随着我国经济发展进入新常态、产业结构优化升级以及国家房地产政策的调整，去年以来，全国法院受理的房地产案件类型也随之发生变化。从我们调研了解的情况看，近三年来房地产案件呈逐年上升态势，但区域分布不均衡，一、二线城市缓慢增长，三、四线城市，尤其是前期房价涨幅较大的三、四线城市，案件数量增长较快，个别城市呈爆发式增长。要按照中央关于调整产业结构、继续稳控房地产市场的目标开展好房地产案件审判工作。

第一，要通过案件的审理引导建立健康有序的房地产市场秩序。最高法院民一庭一直坚持以依法维护各方当事人权益、促进房地产业健康发展作为审理此类案件的基本理念和思路。这个理念和思路没有变。在此，我要特别强调的是，房地产市场行情变化与法院的受案数量、案件类型、裁判尺度、司法政策等有着直接关系，要根据房地产市场变化的不同，找准贯彻这个理念和思路的侧重点和着力点。随着部分二、三线城市房地产市场由卖方市场向买方市场逐步转变，开发商诉请解除国有土地使用权出让合同、返还土地出让金的案件以及买受人主张合同无效或解除合同的案件增长较快，一房多卖、重复抵押、虚假按揭等违背诚实信用的现象大量存在。要注重发挥合同效力的多层次性，慎用合同无效。要注意区分房屋质量不合格和一般性瑕疵，准确判断当事人是否享有合同解除权，引导树立市场经济条件下契约意识和契约精神，防止通过法院判决的形式，助长有违诚信原则的恶意毁约行为。对于开发商确因资金链断裂无力交房或无法办理房产证的，也要及时通过合同解除等方式依法保护购房者的利益，同时依据法律规定适度分担损失，更好平衡各方利益。要密切关注因房地产价格下跌产生的群体性事件，加强与当地党委、政府的沟通协调,及时做好处置预案,防止产生连锁反应。

第二,要注意房地产买卖与民间借贷相交织类型案件的特点。房地产不仅是具有居住功能的消费品,而且还是融资投资的工具,甚至具有资本市场上金融产品的某些特征。要尊重该类案件特殊的规律,对于既签订民间借贷合同又签订房屋买卖合同的,要具体分析,要准确理解《民间借贷司法解释》(即《最高人民法院关于审理民间借贷案件适用法律若干问题的规定》)。

第三,关于处分权受限制的房地产转让合同效力。合同效力问题的实质是公权力对私法自治的评价。大家都知道,在房地产领域,存在土地出让、合作开发和房屋买卖的一、二、三级市场,从公权力的干预程度上看,是依次减弱的,所以,在对合同效力的把握上,也要依次放宽。要特别注意这三个市场在经济制度、法律制度和法理等方面存在的不同安排和规则。实践中,出卖人在签订房产转让合同时未取得房屋所有权证书、未经其他共有权人同意或者房产已经设定抵押或被依法查封的,房产转让合同的效力问题争议较大。我们认为,总体上看,房地产转让已经属于房地产三级市场,应该更多地发挥私法自治的功能。具体法律上,适用《买卖合同司法解释》(即《最高人民法院关于审理买卖合同纠纷案件适用法律问题的解释》)。

二、关于物权纠纷案件的审理问题

《物权法》是中国特色社会主义法律体系中的重要支柱性法律。《物权法》理论性强,与国家的基本政治经济制度联系紧密;同时,又因对物权的保护分散在各类民事纠纷案件中,审理难度大。最高法院民一庭经过几年的酝酿和反复研究论证,就《物权法》中涉及登记、共有、善意取得等问题起草的司法解释即将出台。这里也先和大家通个气,司法解释出台后,各地民事审判部门要认真组织学习,充分运用到具体审判实践中。我重点谈一下不动产统一登记问题。今年 3 月 1 日《不动产登记暂行条例》施行,大家要充分认识到这个条例对维护交易安全和交易秩序、保障权利人合法权益的重要意义。

第一,坚决维护登记的严肃性和权威性。要严格适用《物权法》第 9 条规定,除法律有特别规定情形外,对未予登记的不动产物权设立、变更、转让和消灭行为,依法确认其不具有物权变动效力。在对外关系上,要维护不动产登记的权利推定效力,依法保护相对人的合法权益,维护交易安全。

第二,注意区分不动产登记的内部和外部效力。不动产物权变动是法律行为及其他法律事实的产物,不是登记机关登记行为的产物,不动产物权登记是不动产物权变动的“要件”而非“原因”。不能因为法律将登记作为物权变动的生效要件,而错误地认为财产权是登记机关赋予的。对发生争议的不动产物权归属的最终判断,不能唯登记论,应当依赖于对物权变动原因的法律事实的审查。

第三,正确处理程序问题。要澄清和纠正实践中涉及不动产物权因登记取得和变动的诉讼只能通过行政诉讼解决的错误观念,应将不动产物权归属及民事基础法律关系等争议,依法作为民事案件审理。同时,要注意新修改的《行政诉讼法》有关行政和民事交叉诉讼制度的安排,对已经在行政诉讼中受理了相关民事争议,当事人又另行提起民事诉讼,依法不予受理。

三、关于婚姻家庭、继承纠纷等家事案件的审理问题

对未成年人、妇女和老年人等弱势群体的倾斜保护，不仅是社会共同体自身发展的内在需求，而且还是弘扬中华传统道德文化和社会主义核心价值观，推动家风、家德、家教建设的重要内容。对家事审判的整体裁判思路和理念，下午杜万华专委要作为一个重要问题专门讲，我只谈几个具体问题：

第一，关于夫妻共同债务的认定问题。这个问题已经引起社会的广泛关注，每年全国两会后，也总有一定数量全国人大代表、全国政协委员的建议、提案是针对此问题提出的，今年尤其多。夫妻一方举债的情形在现实生活中非常复杂，不仅存在夫妻一方以个人名义在婚姻关系存续期间举债给其配偶造成损害的情况；也存在夫妻合谋以离婚为手段，将共同财产分配给一方，而将债务分配给另一方，借以达到逃避债务、损害债权人利益目的的情形。从我们了解的情况看，各地法院对这个问题争议也非常大，包括共同债务除借款外是否还包括侵权等其他债务；在夫妻共同债务的认定上，除“用于夫妻共同生活”的标准外，是否要考虑增加“为了家庭共同利益”的标准；在举债人配偶一方举证证明举债人所借债务明显超出日常生活及生产经营所需，或者举债人具有赌博、吸毒等不良嗜好的，举证证明责任能否转移等问题。这些问题目前争议都非常大，我们也正在研究中。总体意见是，处理这类纠纷一定要兼顾债权人信赖利益的保护和妇女儿童权益的维护两个方面。就婚姻关系存续期间夫妻一方以个人名义所负债务性质的考量，应区分规制不同的法律关系，分别适用《婚姻法》第 41 条和《〈婚姻法〉司法解释(二)》[即《最高人民法院关于适用〈中华人民共和国婚姻法〉若干问题的解释(二)》]。

第二，要通过裁判弘扬良好的社会道德风尚。比如，前不久有媒体报道一个广东法院的判决，我觉得有非常好的指引作用。一个老人苏老太好心送了几根香蕉给女孩小覃，小覃又将其中一根香蕉转送给了她的小伙伴婷婷，婷婷吃香蕉时不慎吸入气管导致窒息死亡，婷婷家人将苏老太和小覃爷爷告上法院，索赔 73.8 万元。一审法院作出了驳回诉讼请求的判决，二审法院维持了一审判决。法院在判决说理部分阐述了这样一段话：法律应当鼓励民事主体积极地展开社会交往，未成年人间无明显安全隐患的食物分享行为不能认定有过错。这个判决很好地宣传和弘扬了互帮互助、团结友善的良好道德风尚，值得肯定。在处理类似案件时，不能“和稀泥”，在查清案件事实的基础上，要理直气壮地弘扬积极的道德观。要通过判决说理，清晰地传达我们这个社会支持什么，反对什么，赞扬什么，唾弃什么，不仅要让民众明是非，而且还要让民众知善恶、辨美丑。

第三，关于继承纠纷是否适用诉讼时效的问题。这个问题在实践中争议也比较大，涉及对继承法第八条如何理解的问题。我们认为，要考虑继承法出台的背景和社会经济条件因素，不能机械适用。如果对继承人资格不存在异议，只是涉及遗产分割的，可以根据《民通意见》[即《最高人民法院关于贯彻执行〈中华人民共和国民法通则〉若干问题的意见(试行)》。

第四，关于祖父母、外祖父母是否享有探望权的问题。这个问题涉及当事人的情感、隐私、风俗习惯等很多伦理因素，要尽量避免法律的刚性对婚姻家庭和未成年人生活的伤害。我们倾向认为，原则上应根据《婚姻法》第 38 条规定，将探望权的主体限定为父或者

母,但是可以探索在特定情况下的突破,比如祖父母或外祖父母代替已经死亡或者无抚养能力的子女尽抚养义务时,根据《婚姻法》第 28 条规定,可以赋予其探望权。

四、关于侵权责任纠纷案件的审理问题

侵权案件的审理涉及对广大人民群众生命财产安全的保护,是最基本的民生,尤其要予以关注。从目前司法实践看,有五个问题需要特别注意:

第一,关于社会保险制度与侵权责任的关系。社会保险作为一种社会性风险分担机制,是社会保障制度的核心,而侵权责任是行为人因自己侵害他人权益所应承担的责任,两者在立法目的、价值取向、保护范围、适用条件等方面均有明显不同,原则上不存在冲突。我特别强调两点:(1)社会保险制度是对受害人的一种基本社会保障,没有分散侵权人侵权责任的功能,第三人的侵权责任不能因为受害人获得社会保险的给付而减轻或免除;(2)要注意保护社会保险管理机构的追偿权。如果社会保险制度规定社会保险管理机构向受害人支付保险待遇后有权就其中的部分或者全部向侵权人追偿,在相应的侵权纠纷案件中,可以通知其参加诉讼。

第二,关于医疗损害责任纠纷案件的审理。近几年来,医患关系日趋紧张,时有恶性事件见诸报端,对此,一定要加以重视。审理此类案件的总体思路和理念是,要通过司法审判引导构建和谐医患关系,维护社会稳定。既要通过举证证明责任、证明标准等法律技术手段充分保护患者的合法权益,也要注意医学面对的领域永远是未知大于已知、医护人员的职业特殊性和病患复杂性等特点,为医学发展和医疗水平的提高提供司法保障。医疗损害责任纠纷案件中,最关键的是举证证明责任分配和鉴定问题。2011 年的会议纪要对举证证明责任分配问题作出了比较详细的规定,我们也放到了本次会议纪要中,大家要把它作为审理相关案件的基本指引。此外,由于医疗纠纷问题专业性强,可以考虑引导当事人通过申请专家辅助人的方式查明事实,分清责任。鉴定乱、鉴定滥依然是审理此类案件的瓶颈。目前,国务院正在修订《医疗事故处理条例》,其中对鉴定问题也有较大改变,要密切关注条例的修订情况。去年以来,最高法院还参加了中央主导、国务院卫计委牵头的“平安医院”建设活动,取得了丰富成果,我们将适时对成果进行转化,以指导全国医疗纠纷的审判实践。

第三,关于利用信息网络侵权案件的审理。随着互联网尤其是移动互联网的发展,利用互联网侵害他人权益的案件大量增加,新的案件类型也不断涌现。各级法院在审理此类案件时,要注意几个方面的因素:一是在判断互联网行业的责任时,要注意结合有关部门关于互联网行业管制规范确定互联网企业的注意义务;二是要注意及时充分了解互联网新技术的发展。要看到,新一轮的产业革命与互联网技术是紧密结合的,要注意在鼓励新技术发展与个人权益保护之间保持适当平衡;三是要合理区分商业判断与人民法院司法判断之间的界限。在侵害于互联网平台设立的商家商业信誉的案件中,对于互联网平台的责任,要尊重互联网平台事先设定的商业信誉评价规则;对于其他网络用户的责任,要依据一般侵权责任构成要件加以判断。

第四,关于机动车交通事故责任纠纷案件的审理。目前审判实践中需要注意三个方面:一是要加强诉调对接机制建设。要积极探索与公安交警部门、保险行业、人民调解委

员会的调解机制相互结合，利用信息化手段探索纠纷解决的多元机制，实现裁判规则的透明化和统一化，减少案件的成诉数量；二是要贯彻纠纷一次性解决的民事诉讼理念。由于绝大多数交通事故都涉及机动车保险问题，在审理此类案件时，应根据《道交司法解释》（即《最高人民法院关于审理道路交通事故损害赔偿案件适用法律若干问题的解释》）。

第五，关于人身损害赔偿标准问题。由于侵权责任法没有对人身损害赔偿标准作出明确规定，目前仍要根据《人身损害赔偿司法解释》（即《最高人民法院关于审理人身损害赔偿案件适用法律若干问题的解释》）。

五、关于劳动争议案件的审理问题

随着经济发展进入新常态，供给侧结构性改革的推进，产能过剩领域的企业尤其是中小微企业的生存和发展将面临困难，相应的劳动争议案件数量有可能大幅上扬，对此要做好充分预判。妥善审理好此类案件，对于培育发展新动力，优化劳动力要素配置，激发创新创业活力，推动大众创业、万众创新，具有重要意义，必须高度重视。

第一，要继续坚持依法保障劳动者合法权益与企业生存发展并重理念。近年来，最高法院多次提出，审理劳动争议案件要坚持这个理念。对此，今天我再强调一下。劳动者和企业是一个利益共同体，不能将劳动者权益保护与企业生存发展对立起来。要努力寻求两者之间的最佳平衡点和结合点，把保护劳动者眼前利益、现实利益同保护劳动者长远利益、根本利益结合起来，最大限度地化解双方具体利益上的相对差异。

第二，要区别案件不同情况，采用不同处理方法。对暂时存在资金困难但有发展潜力的企业特别是中小微企业，尽量通过和解、调解等方式，鼓励劳动者与企业共渡难关，避免杀鸡取卵、竭泽而渔。对那些因产能过剩被倒逼退出市场的企业，要防止用人单位对劳动者权益的恶意侵害，加大审判和财产保全、先予执行力度，最大限度地保护劳动者权益。对地区、行业影响较大的产业结构调整，要提前制定劳动争议处置预案，形成多层次、全方位的协同联动机制和纠纷化解合力。

第三，要整体理解和把握法律、司法解释规定。避免因对法条的孤立、片面理解而产生法律适用错误。要依法维护劳动用工制度改革成果，准确界定劳动关系和劳务关系的界限，切忌脱离法律规定和客观实际将劳动关系泛化。

六、关于建设工程合同纠纷案件的审理问题

据统计，全国每年建设工程合同纠纷案件有 10 万件左右，虽然数量不大，但因其专业性、复杂性特点，向来是民事审判工作的难点。目前，建设工程案件服判息诉率较低，说明我们的案件审理水平仍有待提高。去年以来，随着产业结构和国家金融政策调整，投资放缓，建设工程领域问题凸显，建设工程合同纠纷案件增多。要充分认识到审理好建设工程合同纠纷案件，对于维护建筑市场秩序、保证建筑工程质量、保障人民生命财产安全的重要意义。

第一，关于审理专业化问题。建设工程案件审理的专业化是目前国际上的通行做法，也应该是我们今后发展的方向。要充分借鉴域外有益经验，思路要开阔一些，有条件的地方可以先设立专门的合议庭，注重积累经验，探索建立相关配套制度。

第二，关于合同效力问题。要严格适用《建设工程司法解释》(即《最高人民法院关于审理建设工程施工合同纠纷案件适用法律问题的解释》)。

第三，关于工程价款结算问题。要尊重合同中有关工程价款结算方法、标准的约定内容，严格执行工程造价、工程质量等鉴定程序的启动条件。虽然建设工程施工合同无效，但建设工程经竣工验收合格的，一般应参照合同约定结算工程价款；实际施工人违反合同约定另行申请造价鉴定结算的，一般不予支持。

第四，关于违约金数额问题。违约金过高或过低的判断标准应结合行业利润率确定。建设工程行业的利润率一般在3%左右。实践中，在计算或调整违约金数额时，要考虑建筑业是微利行业的特点，尽量避免承包人因承担过高违约金导致“倒贴钱”现象发生。此外，对于《建设工程司法解释》第26条规定，目前实践中执行得比较混乱，我特别强调一下，要根据该条第1款规定严守合同相对性原则，不能随意扩大该条第2款规定的适用范围，只有在欠付劳务分包工程款导致无法支付劳务分包关系中农民工工资时，才可以要求发包人在欠付工程价款范围内对实际施工人承担责任，不能随意扩大发包人责任范围。

七、关于涉农案件的审理问题

“三农”问题的核心是农民问题，农民问题的核心是土地问题。农村土地制度的改革是全面深化改革的重要内容，对于培育发展新动力、优化土地要素配置、促进创新发展具有重要意义。涉农民事审判就是要依法保护好农民的土地承包经营权和宅基地使用权。今天下午，杜万华专委将对新形势下如何做好涉农民事审判作重要阐述，我只谈几个具体问题：

第一，要注意涉农案件的特殊性。涉农案件与其他民事纠纷最大的不同在于其政策性强，与国家相关政策联系紧密。要特别注重对党的十八届三中全会以来相关农业改革措施尤其是中央1号文件精神的理解和把握。2015年11月3日，中央办公厅和国务院办公厅联合下发了《深化农村改革综合性实施方案》，大家要重点关注。审理涉农案件，必须坚持公有制性质不能改变、耕地红线不能突破、农民权益不能受损“三条底线”。要注意通过落实农民的集体成员权落实集体所有权；要注意集体成员权与农户承包权的关系，通过司法手段保障集体土地的承包经营权落实到本集体组织的每个农户；对放活土地经营权要慎重稳妥。有人认为国家鼓励经营权流转，就是放开了对农民土地权利的保护性控制。这个观点值得商榷。要看到，土地承包经营权作为农民基本生存保障的主要功能没有改变，农户是农业生产经营的基本单元，家庭是双层经营体制的基础层次，农业生产经营体制不管如何创新，都不能脱离这个基本点，都要坚守一条底线，就是农民土地承包经营权的保护。对于土地经营权和农民住房财产权的抵押担保问题，在已经暂停相关法律实施的试点地区，可以依法认定该类合同有效，但对合同具体履行问题，也要注意不能突破“三条红线”，尤其是耕地红线不突破，要积极运用司法手段防止流转农田“非粮化”“非农化”，切实保护当事人权益，保障农业基础地位。对于非试点地区，还要严格适用现行法律规定，不得任意突破。此外，对于入股、合作等新的流转形式，也要加强研究。

第二，关于农村房屋买卖问题。这是社会主义新农村建设中的重大问题，这个问题比较复杂，我们的总体意见是，要密切关注国家相关政策规定，在非试点地区，对于农民将其宅基地上的房屋出售给非本集体经济组织成员的，应该依法认定合同无效。但是可以探索合同无效后的损失范围和过错比例的研究。比如，出卖人因房屋涨价、拆迁补偿等原因主张合同无效，要求返还房屋或拆迁补偿款的，可以考虑根据案件实际情况，扩大信赖利益范围，合理确定过错大小，避免出现利益严重失衡的情况。

第三，要密切关注立案登记制带来的影响。对于因土地补偿费分配、“外嫁女”等问题产生的集体经济组织成员资格认定问题，应依法进行审理。要尤其注意涉农纠纷的群体性特点，对于可能产生的大规模群体事件，要加强与当地党委政府的沟通协调，及时做好处置预案，防止产生连锁反应。

八、关于消费者权益保护问题

消费对推动经济发展具有基础性作用，依法保护消费者权益，不仅涉及老百姓切身利益，而且还是落实“十三五”规划的重要保障。我想强调两点：

第一，要加大民事赔偿力度，净化消费环境。对消费者权益的保护是一个全社会的系统性工程，相对于刑事威慑和行政监管，民事审判在保护消费者方面有其特殊作用。2013年以来，修订的《消费者权益保护法》和《食品安全法》，均加大了保护消费者、惩罚违法生产经营者的力度，尤其是食品安全法新增加了3倍损失的惩罚性赔偿金，即所谓“1＋3”赔偿，要注意此处是按照侵权责任赔偿消费者所受到的全部损失，而不仅仅是商品的价款。在审理相关案件中一定要用足、用好这个规定，加大行为人的违法成本，使他们无利可图。目前最高法院民一庭正在起草《食品安全法司法解释》，在司法解释出台前，各地法院要依据现有法律、司法解释的规定，合理分配当事人的举证责任，准确认定侵权责任的主体、过错、因果关系和赔偿责任，依法适用法律规定的惩罚性赔偿制度，切实保护消费者的合法权益。要在法律规定的范围内，加快对此类案件的受理审查和审理执行进程，确保权益维护的时效性。

第二，要注意消费公益诉讼与私益诉讼的衔接和协调。《民事诉讼法》和新的《消费者权益保护法》先后对公益诉讼作了规定，但目前尚未全面建立可操作性的程序规则。对经营者侵害众多不特定消费者合法权益或者具有危及消费者人身财产安全危险等损害社会公共利益的行为，中国消费者协会以及省级消费者协会，代表消费者向人民法院提起诉讼的，有管辖权的人民法院应当积极审慎受理。消费者协会提起公益诉讼，与《民事诉讼法》规定的原告“与本案有直接利害关系”的一般案件起诉条件有所不同。启动公益诉讼程序，还涉及案件管辖、调取证据、请求权类型、生效裁判既判力、裁判执行等问题，都亟待从制度上加以解决。各级人民法院要边办案边研究，积极探索公益诉讼不同于私益诉讼的程序和实体规则，为科学规范此类诉讼提供实践支持。要牢牢把握公益诉讼的公共性特点和公益性目的，坚持公益诉讼裁判的公益性原则，准确界定社会公共利益的界限范围。要加强与消费者协会的沟通与协调，逐步在消费者权益保护领域建立一套具有中国特色的公益诉讼制度。最高法院民一庭正在加紧起草《消费公益诉讼司法解释》，力争尽快出台。

九、关于执行异议之诉问题

执行异议之诉是2007年《民事诉讼法》修改后新设立的制度，涉及案外人与申请执行人、被执行人之间的利益平衡，也涉及与第三人撤销之诉、案外人申请再审之诉的体系协调，非常复杂，有很强的理论性，实践操作难度也比较大。近年来执行异议之诉案件数量大幅上升，已经成为民事审判的热点和难点。最高法院民一庭目前正对这个问题进行调研，相关司法解释制定工作也已经提上日程。应该说我们的研究还不成熟，我谈点个人意见：

第一，要明确执行异议之诉的目的。案外人执行异议之诉的主要目的在于通过诉讼排除对特定执行标的的强制执行。审查的关键点有两个：一是案外人对执行标的享有合法真实的实体权利，主要是物权，当然也包括部分法定优先权。要注意的是，在审理执行异议之诉中，无论当事人是否提出确权的诉讼请求，都要查清实体权利的性质和归属。二是对于能否允许当事人不提执行异议之诉，另行起诉确权的问题，最高法院在《关于执行权合理配置和科学运行的若干意见》中明确规定，人民法院的查封排除了其他法院关于该查封物的另案确权。具体法律上，适用《执行异议复议司法解释》(即《最高人民法院关于人民法院办理执行异议和复议案件若干问题的规定》)。

第二，要注意执行异议之诉的范围。案外人执行异议之诉与案外人申请再审之诉的诉讼标的具有复合性，要注意区分。要认识到，案外人执行异议之诉针对的是对特定执行标的的执行行为，案外人对作为执行依据的生效裁判并无异议；而案外人申请再审之诉和第三人撤销之诉针对的是生效裁判，认为生效裁判本身存在错误。实践中，应当根据案外人的权利主张与原裁判之间的关系，准确认定是属于审判监督程序还是执行异议之诉。

十、关于《民间借贷司法解释》实施中需要注意的问题

经过一段时间的实践检验和情况反馈，就《民间借贷司法解释》在理解和适用中比较集中的问题，我谈几点意见：

第一，关于举证证明责任问题。要正确理解《〈民事诉讼法〉司法解释》第90条的规定。负有举证责任的当事人要完成的是举证证明责任。在没有达到证明责任标准的情况下，不能认定其完成了举证证明责任。民间借贷纠纷中，尤其是出借人主张大额现金交付的，对于借贷事实是否发生，是出借人需要举证证明的重要内容，欠缺这个事实，只提供借据、欠条等债权凭证的，不能视为其完成了举证证明责任，需要当事人进一步提供证据来证明。对于这一点，自2011年以来，应该说我们的司法政策是一贯的，包括2011年《最高人民法院关于依法妥善审理民间借贷纠纷案件促进经济发展维护社会稳定的通知》、2011年《杭州会议纪要》和2015年的《民间借贷司法解释》。总体要求就是对借贷事实是否发生要结合借贷金额、款项交付、当事人的经济能力、当地或者当事人之间的交易方式、交易习惯、当事人财产变动情况以及当事人陈述、证人证言等事实进行综合判断。只有在贷款人提供的证据能够证明待证事实的发生具有高度可能性、足以使法官对现金交付的存在形成内心确信的标准时，才能被视为完成证明责任。实践中，要注意不宜以借款数额大小为标准来划分举证责任轻重。

第二，关于刑民交叉问题。司法解释用多个条文对民间借贷中涉及的刑民交叉问题进行规定，对指导司法实践起到了重要作用。当然，我们也了解到，这个问题非常复杂，从各地审理的案件情况看，合法的民间借贷与集资诈骗、非法吸收公众存款等经济犯罪之间的界限多有交织。如何划定合法与非法之间的合理界限，需要进一步探索。要准确适用该解释第5条的规定，不能机械地将所有涉嫌非法集资犯罪的民间借贷案件，一律以驳回起诉处理，对先刑后民原则要严格审慎适用。举个例子，只有在借贷行为本身可能认定为非法吸收公众存款或集资诈骗犯罪的，才能适用该解释第5条的规定，但是如果吸收非法公众存款或集资诈骗后又转贷的，对这种转贷产生的纠纷虽然与犯罪行为有牵连，也要按照民间借贷纠纷案件进行审理。

第三，关于合同履行地确定问题。《民间借贷司法解释》第3条规定，合同履行地约定不明无法确定的，以"接受货币一方所在地"作为合同履行地。对此实践中有模糊认识，我专门强调一下，这里的"接受货币一方"有两个含义：一是只能是双方当事人中的一方，不包括当事人之外的第三人；二是起诉要求对方向自己给付货币。一般来讲，原告方是接受货币的一方，而不是实践中已经接受支付的一方。举个例子，对于诺成性的借款合同，签订合同后，出借人并没有实际出借该款项，借款人诉至法院要求出借人履行合同义务出借款项的，接受货币的一方就是借款人；反过来，如果借款人收到款项后，到期未还款，出借人起诉借款人要求还款的，该出借人就是接受货币一方。

总的来看，民事审判工作点多面广量大，不仅包括房地产、建设工程、民间借贷等影响国家经济社会生态发展大局的案件，也有房屋拆迁、农村土地承包、追索劳动报酬、消费者权益保护等涉及最广大群众基本民生的案件，还有侵权、婚姻家庭等涉及社会道德、家庭伦理的案件，每个类型案件又有各自的特点和规律，各地要根据本地区案件类型特点和审判力量配置情况，积极开展对家事纠纷、劳动争议、建设工程等类型案件试行专业化审判探索，有条件的地方可以设立专业审判庭或专业合议庭，提升民事审判的专业化程度。要注意总结不同类型案件自身的规律和发展特点，比如对于土地出让、转让，建设工程等纠纷，要注重维护市场经济秩序，维护社会公共利益，强调国家对市场的规制作用；对于房屋买卖、民间借贷等纠纷，要以引领规则为出发点，注意商事审判思维的运用；对于涉农、劳动争议等纠纷，要注意国家相关政策规定，理解社会法的立法目的和价值取向，加大对弱势群体保护力度；对于婚姻家庭、继承等家事纠纷，要注意以和为贵，发挥情感、道德等因素对案结事了的正能量作用；对于侵权纠纷，要明事实、辨是非，发挥司法裁判对社会行为的指引作用，弘扬社会主义核心价值观。

最后，我再特别说明一下，会前，最高法院民一庭专门起草了民事部分的会议纪要，并通过片会的形式三次征求部分法院的意见。会议纪要对近年来民事审判领域中的疑难问题进行了梳理，同时吸收了2011年《杭州会议纪要》的基本内容，共形成63个具体问题，也提出了我们的处理意见。为了不与会议纪要内容重复，我在这次专题报告中只对各类型案件的审判理念和集中反映的重大疑难问题谈了一些初步意见。由于这次会议时间紧张，会议纪要的具体内容就不在会上进行讨论了。会后，请各高院民一庭在一定范围内组织讨论提出修改意见，于明年1月底前将意见书面反馈我庭。我们将根据大家所提意见认真研究修改，及时形成司法政策下发，以指导推动民事审判工作更好地发展。

第三部分

商事法律法规及指导性意见

中华人民共和国保险法(2015年修正)

1995年6月30日第八届全国人民代表大会常务委员会第十四次会议通过。

根据2002年10月28日第九届全国人民代表大会常务委员会第三十次会议《关于修改〈中华人民共和国保险法〉的决定》第一次修正。

2009年2月28日第十一届全国人民代表大会常务委员会第七次会议修订。

根据2014年8月31日第十二届全国人民代表大会常务委员会第十次会议《关于修改〈中华人民共和国保险法〉等五部法律的决定》第二次修正。

根据2015年4月24日第十二届全国人民代表大会常务委员会第十四次会议《关于修改〈中华人民共和国计量法〉等五部法律的决定》第三次修正。

第一章　总　则

第一条　为了规范保险活动,保护保险活动当事人的合法权益,加强对保险业的监督管理,维护社会经济秩序和社会公共利益,促进保险事业的健康发展,制定本法。

第二条　本法所称保险,是指投保人根据合同约定,向保险人支付保险费,保险人对于合同约定的可能发生的事故因其发生所造成的财产损失承担赔偿保险金责任,或者当被保险人死亡、伤残、疾病或者达到合同约定的年龄、期限等条件时承担给付保险金责任的商业保险行为。

第三条　在中华人民共和国境内从事保险活动,适用本法。

第四条　从事保险活动必须遵守法律、行政法规,尊重社会公德,不得损害社会公共利益。

第五条　保险活动当事人行使权利、履行义务应当遵循诚实信用原则。

第六条　保险业务由依照本法设立的保险公司以及法律、行政法规规定的其他保险组织经营,其他单位和个人不得经营保险业务。

第七条　在中华人民共和国境内的法人和其他组织需要办理境内保险的,应当向中华人民共和国境内的保险公司投保。

第八条　保险业和银行业、证券业、信托业实行分业经营、分业管理,保险公司与银行、证券、信托业务机构分别设立。国家另有规定的除外。

第九条　国务院保险监督管理机构依法对保险业实施监督管理。

国务院保险监督管理机构根据履行职责的需要设立派出机构。派出机构按照国务院保险监督管理机构的授权履行监督管理职责。

第二章　保险合同

第一节　一般规定

第十条　保险合同是投保人与保险人约定保险权利义务关系的协议。

投保人是指与保险人订立保险合同,并按照合同约定负有支付保险费义务的人。

保险人是指与投保人订立保险合同;并按照合同约定承担赔偿或者给付保险金责任的保险公司。

第十一条　订立保险合同,应当协商一致,遵循公平原则确定各方的权利和义务。

除法律、行政法规规定必须保险的外,保险合同自愿订立。

第十二条　人身保险的投保人在保险合同订立时,对被保险人应当具有保险利益。

财产保险的被保险人在保险事故发生时,对保险标的应当具有保险利益。

人身保险是以人的寿命和身体为保险标的的保险。

财产保险是以财产及其有关利益为保险标的的保险。

被保险人是指其财产或者人身受保险合同保障,享有保险金请求权的人。投保人可以为被保险人。

保险利益是指投保人或者被保险人对保险标的具有的法律上承认的利益。

第十三条　投保人提出保险要求,经保险人同意承保,保险合同成立。保险人应当及时向投保人签发保险单或者其他保险凭证。

保险单或者其他保险凭证应当载明当事人双方约定的合同内容。当事人也可以约定采用其他书面形式载明合同内容。

依法成立的保险合同,自成立时生效。投保人和保险人可以对合同的效力约定附条件或者附期限。

第十四条　保险合同成立后,投保人按照约定交付保险费,保险人按照约定的时间开始承担保险责任。

第十五条　除本法另有规定或者保险合同另有约定外,保险合同成立后,投保人可以解除合同,保险人不得解除合同。

第十六条　订立保险合同,保险人就保险标的或者被保险人的有关情况提出询问的,投保人应当如实告知。

投保人故意或者因重大过失未履行前款规定的如实告知义务,足以影响保险人决定是否同意承保或者提高保险费率的,保险人有权解除合同。

前款规定的合同解除权,自保险人知道有解除事由之日起,超过三十日不行使而消灭。自合同成立之日起超过两年的,保险人不得解除合同;发生保险事故的,保险人应当承担赔偿或者给付保险金的责任。

投保人故意不履行如实告知义务的,保险人对于合同解除前发生的保险事故,不承担赔偿或者给付保险金的责任，并不退还保险费。

投保人因重大过失未履行如实告知义务，对保险事故的发生有严重影响的，保险人对于合同解除前发生的保险事故，不承担赔偿或者给付保险金的责任，但应当退还保险费。

保险人在合同订立时已经知道投保人未如实告知的情况的，保险人不得解除合同；发生保险事故的，保险人应当承担赔偿或者给付保险金的责任。

保险事故是指保险合同约定的保险责任范围内的事故。

第十七条　订立保险合同，采用保险人提供的格式条款的，保险人向投保人提供的投保单应当附格式条款，保险人应当向投保人说明合同的内容。

对保险合同中免除保险人责任的条款，保险人在订立合同时应当在投保单、保险单或者其他保险凭证上作出足以引起投保人注意的提示，并对该条款的内容以书面或者口头形式向投保人作出明确说明；未作提示或者明确说明的，该条款不产生效力。

第十八条　保险合同应当包括下列事项：

(一)保险人的名称和住所；

(二)投保人、被保险人的姓名或者名称、住所，以及人身保险的受益人的姓名或者名称、住所；

(二)保险标的；

(四)保险责任和责任免除；

(五)保险期间和保险责任开始时间；

(六)保险金额；

(七)保险费以及支付办法；

(八)保险金赔偿或者给付办法；

(九)违约责任和争议处理；

(十)订立合同的年、月、日。

投保人和保险人可以约定与保险有关的其他事项。

受益人是指人身保险合同中由被保险人或者投保人指定的享有保险金请求权的人。投保人、被保险人可以为受益人。

保险金额是指保险人承担赔偿或者给付保险金责任的最高限额。

第十九条　采用保险人提供的格式条款订立的保险合同中的下列条款无效：

(一)免除保险人依法应承担的义务或者加重投保人、被保险人责任的；

(二)排除投保人、被保险人或者受益人依法享有的权利的。

第二十条　投保人和保险人可以协商变更合同内容。

变更保险合同的，应当由保险人在保险单或者其他保险凭证上批注或者附贴批单，或者由投保人和保险人订立变更的书面协议。

第二十一条　投保人、被保险人或者受益人知道保险事故发生后，应当及时通知保险人。故意或者因重大过失未及时通知，致使保险事故的性质、原因、损失程度等难以确定的，保险人对无法确定的部分，不承担赔偿或者给付保险金的责任，但保险人通过其他途径已经及时知道或者应当及时知道保险事故发生的除外。

第二十二条　保险事故发生后，按照保险合同请求保险人赔偿或者给付保险金时，投保人、被保险人或者受益人应当向保险人提供其所能提供的与确认保险事故的性质、原因、损失程度等有关的证明和资料。

保险人按照合同的约定，认为有关的证明和资料不完整的，应当及时一次性通知投保人、被保险人或者受益人补充提供。

第二十三条 保险人收到被保险人或者受益人的赔偿或者给付保险金的请求后，应当及时作出核定；情形复杂的，应当在三十日内作出核定，但合同另有约定的除外。保险人应当将核定结果通知被保险人或者受益人；对属于保险责任的，在与被保险人或者受益人达成赔偿或者给付保险金的协议后十日内，履行赔偿或者给付保险金义务。保险合同对赔偿或者给付保险金的期限有约定的，保险人应当按照约定履行赔偿或者给付保险金义务。

保险人未及时履行前款规定义务的，除支付保险金外，应当赔偿被保险人或者受益人因此受到的损失。

任何单位和个人不得非法干预保险人履行赔偿或者给付保险金的义务，也不得限制被保险人或者受益人取得保险金的权利。

第二十四条 保险人依照本法第二十三条的规定作出核定后，对不属于保险责任的，应当自作出核定之日起三日内向被保险人或者受益人发出拒绝赔偿或者拒绝给付保险金通知书，并说明理由。

第二十五条 保险人自收到赔偿或者给付保险金的请求和有关证明、资料之日起六十日内，对其赔偿或者给付保险金的数额不能确定的，应当根据已有证明和资料可以确定的数额先予支付；保险人最终确定赔偿或者给付保险金的数额后，应当支付相应的差额。

第二十六条 人寿保险以外的其他保险的被保险人或者受益人，向保险人请求赔偿或者给付保险金的诉讼时效期间为二年，自其知道或者应当知道保险事故发生之日起计算。

人寿保险的被保险人或者受益人向保险人请求给付保险金的诉讼时效期间为五年，自其知道或者应当知道保险事故发生之日起计算。

第二十七条 未发生保险事故，被保险人或者受益人谎称发生了保险事故，向保险人提出赔偿或者给付保险金请求的，保险人有权解除合同，并不退还保险费。

投保人、被保险人故意制造保险事故的，保险人有权解除合同，不承担赔偿或者给付保险金的责任；除本法第四十三条规定外，不退还保险费。

保险事故发生后，投保人、被保险人或者受益人以伪造、变造的有关证明、资料或者其他证据，编造虚假的事故原因或者夸大损失程度的，保险人对其虚报的部分不承担赔偿或者给付保险金的责任。

投保人、被保险人或者受益人有前三款规定行为之一，致使保险人支付保险金或者支出费用的，应当退回或者赔偿。

第二十八条 保险人将其承担的保险业务，以分保形式部分转移给其他保险人的，为再保险。

应再保险接受人的要求，再保险分出人应当将其自负责任及原保险的有关情况书面告知再保险接受人。

第二十九条　再保险接受人不得向原保险的投保人要求支付保险费。

原保险的被保险人或者受益人不得向再保险接受人提出赔偿或者给付保险金的请求。

再保险分出人不得以再保险接受人未履行再保险责任为由，拒绝履行或者迟延履行其原保险责任。

第三十条　采用保险人提供的格式条款订立的保险合同，保险人与投保人、被保险人或者受益人对合同条款有争议的，应当按照通常理解予以解释。对合同条款有两种以上解释的，人民法院或者仲裁机构应当作出有利于被保险人和受益人的解释。

第二节　人身保险合同

第三十一条　投保人对下列人员具有保险利益：

（一）本人；

（二）配偶、子女、父母；

（三）前项以外与投保人有抚养、赡养或者扶养关系的家庭其他成员、近亲属；

（四）与投保人有劳动关系的劳动者。

除前款规定外，被保险人同意投保人为其订立合同的，视为投保人对被保险人具有保险利益。

订立合同时，投保人对被保险人不具有保险利益的，合同无效。

第三十二条　投保人申报的被保险人年龄不真实，并且其真实年龄不符合合同约定的年龄限制的，保险人可以解除合同，并按照合同约定退还保险单的现金价值。保险人行使合同解除权，适用本法第十六条第三款、第六款的规定。

投保人申报的被保险人年龄不真实，致使投保人支付的保险费少于应付保险费的，保险人有权更正并要求投保人补交保险费，或者在给付保险金时按照实付保险费与应付保险费的比例支付。

投保人申报的被保险人年龄不真实，致使投保人支付的保险费多于应付保险费的，保险人应当将多收的保险费退还投保人。

第三十三条　投保人不得为无民事行为能力人投保以死亡为给付保险金条件的人身保险，保险人也不得承保。

父母为其未成年子女投保的人身保险，不受前款规定限制。但是，因被保险人死亡给付的保险金总和不得超过国务院保险监督管理机构规定的限额。

第三十四条　以死亡为给付保险金条件的合同，未经被保险人同意并认可保险金额的，合同无效。

按照以死亡为给付保险金条件的合同所签发的保险单，未经被保险人书面同意，不得转让或者质押。

父母为其未成年子女投保的人身保险，不受本条第一款规定限制。

第三十五条　投保人可以按照合同约定向保险人一次支付全部保险费或者分期支付保险费。

第三十六条　合同约定分期支付保险费，投保人支付首期保险费后，除合同另有约定外，投保人自保险人催告之日起超过三十日未支付当期保险费，或者超过约定的期限六十日未支付当期保险费的，合同效力中止，或者由保险人按照合同约定的条件减少保险金额。

被保险人在前款规定期限内发生保险事故的，保险人应当按照合同约定给付保险金，但可以扣减欠交的保险费。

第三十七条 合同效力依照本法第三十六条规定中止的，经保险人与投保人协商并达成协议，在投保人补交保险费后，合同效力恢复。但是，自合同效力中止之日起满二年双方未达成协议的，保险人有权解除合同。

保险人依照前款规定解除合同的，应当按照合同约定退还保险单的现金价值。

第三十八条 保险人对人寿保险的保险费，不得用诉讼方式要求投保人支付。

第三十九条 人身保险的受益人由被保险人或者投保人指定。

投保人指定受益人时须经被保险人同意。投保人为与其有劳动关系的劳动者投保人身保险，不得指定被保险人及其近亲属以外的人为受益人。

被保险人为无民事行为能力人或者限制民事行为能力人的，可以由其监护人指定受益人。

第四十条 被保险人或者投保人可以指定一人或者数人为受益人。

受益人为数人的，被保险人或者投保人可以确定受益顺序和受益份额；未确定受益份额的，受益人按照相等份额享有受益权。

第四十一条 被保险人或者投保人可以变更受益人并书面通知保险人。保险人收到变更受益人的书面通知后，应当在保险单或者其他保险凭证上批注或者附贴批单。

投保人变更受益人时须经被保险人同意。

第四十二条 被保险人死亡后，有下列情形之一的，保险金作为被保险人的遗产，由保险人依照《中华人民共和国继承法》的规定履行给付保险金的义务：

（一）没有指定受益人，或者受益人指定不明无法确定的；

（二）受益人先于被保险人死亡，没有其他受益人的；

（三）受益人依法丧失受益权或者放弃受益权，没有其他受益人的。

受益人与被保险人在同一事件中死亡，且不能确定死亡先后顺序的，推定受益人死亡在先。

第四十三条 投保人故意造成被保险人死亡、伤残或者疾病的，保险人不承担给付保险金的责任。投保人已交足二年以上保险费的，保险人应当按照合同约定向其他权利人退还保险单的现金价值。

受益人故意造成被保险人死亡、伤残、疾病的，或者故意杀害被保险人未遂的，该受益人丧失受益权。

第四十四条 以被保险人死亡为给付保险金条件的合同，自合同成立或者合同效力恢复之日起二年内，被保险人自杀的，保险人不承担给付保险金的责任，但被保险人自杀时为无民事行为能力人的除外。

保险人依照前款规定不承担给付保险金责任的，应当按照合同约定退还保险单的现金价值。

第四十五条　因被保险人故意犯罪或者抗拒依法采取的刑事强制措施导致其伤残或者死亡的，保险人不承担给付保险金的责任。投保人已交足二年以上保险费的，保险人应当按照合同约定退还保险单的现金价值。

第四十六条　被保险人因第三者的行为而发生死亡、伤残或者疾病等保险事故的，保险人向被保险人或者受益人给付保险金后，不享有向第三者追偿的权利，但被保险人或者受益人仍有权向第三者请求赔偿。

第四十七条　投保人解除合同的，保险人应当自收到解除合同通知之日起三十日内，按照合同约定退还保险单的现金价值。

第三节　财产保险合同

第四十八条　保险事故发生时，被保险人对保险标的不具有保险利益的，不得向保险人请求赔偿保险金。

第四十九条　保险标的转让的，保险标的的受让人承继被保险人的权利和义务。

保险标的转让的，被保险人或者受让人应当及时通知保险人，但货物运输保险合同和另有约定的合同除外。

因保险标的转让导致危险程度显著增加的，保险人自收到前款规定的通知之日起三十日内，可以按照合同约定增加保险费或者解除合同。保险人解除合同的，应当将已收取的保险费，按照合同约定扣除自保险责任开始之日起至合同解除之日止应收的部分后，退还投保人。

被保险人、受让人未履行本条第二款规定的通知义务的，因转让导致保险标的危险程度显著增加而发生的保险事故，保险人不承担赔偿保险金的责任。

第五十条　货物运输保险合同和运输工具航程保险合同，保险责任开始后，合同当事人不得解除合同。

第五十一条　被保险人应当遵守国家有关消防、安全、生产操作、劳动保护等方面的规定，维护保险标的的安全。

保险人可以按照合同约定对保险标的的安全状况进行检查，及时向投保人、被保险人提出消除不安全因素和隐患的书面建议。

投保人、被保险人未按照约定履行其对保险标的的安全应尽责任的，保险人有权要求增加保险费或者解除合同。

保险人为维护保险标的的安全，经被保险人同意，可以采取安全预防措施。

第五十二条　在合同有效期内，保险标的的危险程度显著增加的，被保险人应当按照合同约定及时通知保险人，保险人可以按照合同约定增加保险费或者解除合同。保险人解除合同的，应当将已收取的保险费，按照合同约定扣除自保险责任开始之日起至合同解除之日止应收的部分后，退还投保人。

被保险人未履行前款规定的通知义务的，因保险标的的危险程度显著增加而发生的保险事故，保险人不承担赔偿保险金的责任。

第五十三条　有下列情形之一的，除合同另有约定外，保险人应当降低保险费，并按日计算退还相应的保险费：

(一)据以确定保险费率的有关情况发生变化,保险标的的危险程度明显减少的;

(二)保险标的的保险价值明显减少的。

第五十四条 保险责任开始前,投保人要求解除合同的,应当按照合同约定向保险人支付手续费,保险人应当退还保险费。保险责任开始后,投保人要求解除合同的,保险人应当将已收取的保险费,按照合同约定扣除自保险责任开始之日起至合同解除之日止应收的部分后,退还投保人。

第五十五条 投保人和保险人约定保险标的的保险价值并在合同中载明的,保险标的发生损失时,以约定的保险价值为赔偿计算标准。

投保人和保险人未约定保险标的的保险价值的,保险标的发生损失时,以保险事故发生时保险标的的实际价值为赔偿计算标准。

保险金额不得超过保险价值。超过保险价值的,超过部分无效,保险人应当退还相应的保险费。

保险金额低于保险价值的,除合同另有约定外,保险人按照保险金额与保险价值的比例承担赔偿保险金的责任。

第五十六条 重复保险的投保人应当将重复保险的有关情况通知各保险人。

重复保险的各保险人赔偿保险金的总和不得超过保险价值。除合同另有约定外,各保险人按照其保险金额与保险金额总和的比例承担赔偿保险金的责任。

重复保险的投保人可以就保险金额总和超过保险价值的部分,请求各保险人按比例返还保险费。

重复保险是指投保人对同一保险标的、同一保险利益、同一保险事故分别与两个以上保险人订立保险合同,且保险金额总和超过保险价值的保险。

第五十七条 保险事故发生时,被保险人应当尽力采取必要的措施,防止或者减少损失。

保险事故发生后,被保险人为防止或者减少保险标的的损失所支付的必要的、合理的费用,由保险人承担;保险人所承担的费用数额在保险标的损失赔偿金额以外另行计算,最高不超过保险金额的数额。

第五十八条 保险标的发生部分损失的,自保险人赔偿之日起三十日内,投保人可以解除合同;除合同另有约定外,保险人也可以解除合同,但应当提前十五日通知投保人。

合同解除的,保险人应当将保险标的未受损失部分的保险费,按照合同约定扣除自保险责任开始之日起至合同解除之日止应收的部分后,退还投保人。

第五十九条 保险事故发生后,保险人已支付了全部保险金额,并且保险金额等于保险价值的,受损保险标的的全部权利归于保险人;保险金额低于保险价值的,保险人按照保险金额与保险价值的比例取得受损保险标的的部分权利。

第六十条 因第三者对保险标的的损害而造成保险事故的,保险人自向被保险人赔偿保险金之日起,在赔偿金额范围内代位行使被保险人对第三者请求赔偿的权利。

前款规定的保险事故发生后,被保险人已经从第三者取得损害赔偿的,保险人赔偿保险金时,可以相应扣减被保险人从第三者已取得的赔偿金额。

保险人依照本条第一款规定行使代位请求赔偿的权利,不影响被保险人就未取得赔偿的部分向第三者请求赔偿的权利。

第六十一条　保险事故发生后，保险人未赔偿保险金之前，被保险人放弃对第三者请求赔偿的权利的，保险人不承担赔偿保险金的责任。

保险人向被保险人赔偿保险金后，被保险人未经保险人同意放弃对第三者请求赔偿的权利的，该行为无效。

被保险人故意或者因重大过失致使保险人不能行使代位请求赔偿的权利的，保险人可以扣减或者要求返还相应的保险金。

第六十二条　除被保险人的家庭成员或者其组成人员故意造成本法第六十条第一款规定的保险事故外，保险人不得对被保险人的家庭成员或者其组成人员行使代位请求赔偿的权利。

第六十三条　保险人向第三者行使代位请求赔偿的权利时，被保险人应当向保险人提供必要的文件和所知道的有关情况。

第六十四条　保险人、被保险人为查明和确定保险事故的性质、原因和保险标的的损失程度所支付的必要的、合理的费用，由保险人承担。

第六十五条　保险人对责任保险的被保险人给第三者造成的损害，可以依照法律的规定或者合同的约定，直接向该第三者赔偿保险金。

责任保险的被保险人给第三者造成损害，被保险人对第三者应负的赔偿责任确定的，根据被保险人的请求，保险人应当直接向该第三者赔偿保险金。被保险人怠于请求的，第三者有权就其应获赔偿部分直接向保险人请求赔偿保险金。

责任保险的被保险人给第三者造成损害，被保险人未向该第三者赔偿的，保险人不得向被保险人赔偿保险金。

责任保险是指以被保险人对第三者依法应负的赔偿责任为保险标的的保险。

第六十六条　责任保险的被保险人因给第三者造成损害的保险事故而被提起仲裁或者诉讼的，被保险人支付的仲裁或者诉讼费用以及其他必要的、合理的费用，除合同另有约定外，由保险人承担。

第三章　保险公司

第六十七条　设立保险公司应当经国务院保险监督管理机构批准。

国务院保险监督管理机构审查保险公司的设立申请时，应当考虑保险业的发展和公平竞争的需要。

第六十八条　设立保险公司应当具备下列条件：

（一）主要股东具有持续盈利能力，信誉良好，最近三年内无重大违法违规记录，净资产不低于人民币二亿元；

（二）有符合本法和《中华人民共和国公司法》规定的章程；

（三）有符合本法规定的注册资本；

（四）有具备任职专业知识和业务工作经验的董事、监事和高级管理人员；

（五）有健全的组织机构和管理制度；

(六)有符合要求的营业场所和与经营业务有关的其他设施；

(七)法律、行政法规和国务院保险监督管理机构规定的其他条件。

第六十九条　设立保险公司,其注册资本的最低限额为人民币二亿元。

国务院保险监督管理机构根据保险公司的业务范围、经营规模,可以调整其注册资本的最低限额,但不得低于本条第一款规定的限额。

保险公司的注册资本必须为实缴货币资本。

第七十条　申请设立保险公司,应当向国务院保险监督管理机构提出书面申请,并提交下列材料：

(一)设立申请书,申请书应当载明拟设立的保险公司的名称、注册资本、业务范围等；

(二)可行性研究报告；

(三)筹建方案；

(四)投资人的营业执照或者其他背景资料,经会计师事务所审计的上一年度财务会计报告；

(五)投资人认可的筹备组负责人和拟任董事长、经理名单及本人认可证明；

(六)国务院保险监督管理机构规定的其他材料。

第七十一条　国务院保险监督管理机构应当对设立保险公司的申请进行审查,自受理之日起六个月内作出批准或者不批准筹建的决定,并书面通知申请人。决定不批准的,应当书面说明理由。

第七十二条　申请人应当自收到批准筹建通知之日起一年内完成筹建工作;筹建期间不得从事保险经营活动。

第七十三条　筹建工作完成后,申请人具备本法第六十八条规定的设立条件的,可以向国务院保险监督管理机构提出开业申请。

国务院保险监督管理机构应当自受理开业申请之日起六十日内,作出批准或者不批准开业的决定。决定批准的,颁发经营保险业务许可证;决定不批准的,应当书面通知申请人并说明理由。

第七十四条　保险公司在中华人民共和国境内设立分支机构,应当经保险监督管理机构批准。

保险公司分支机构不具有法人资格,其民事责任由保险公司承担。

第七十五条　保险公司申请设立分支机构,应当向保险监督管理机构提出书面申请,并提交下列材料：

(一)设立申请书；

(二)拟设机构三年业务发展规划和市场分析材料；

(三)拟任高级管理人员的简历及相关证明材料；

(四)国务院保险监督管理机构规定的其他材料。

第七十六条　保险监督管理机构应当对保险公司设立分支机构的申请进行审查,自受理之日起六十日内作出批准或者不批准的决定。决定批准的,颁发分支机构经营保险业务许可证;决定不批准的,应当书面通知申请人并说明理由。

第七十七条　经批准设立的保险公司及其分支机构,凭经营保险业务许可证向工商行政管理机关办理登记，领取营业执照。

第七十八条 保险公司及其分支机构自取得经营保险业务许可证之日起六个月内，无正当理由未向工商行政管理机关办理登记的，其经营保险业务许可证失效。

第七十九条 保险公司在中华人民共和国境外设立子公司、分支机构，应当经国务院保险监督管理机构批准。

第八十条 外国保险机构在中华人民共和国境内设立代表机构，应当经国务院保险监督管理机构批准。代表机构不得从事保险经营活动。

第八十一条 保险公司的董事、监事和高级管理人员，应当品行良好，熟悉与保险相关的法律、行政法规，具有履行职责所需的经营管理能力，并在任职前取得保险监督管理机构核准的任职资格。

保险公司高级管理人员的范围由国务院保险监督管理机构规定。

第八十二条 有《中华人民共和国公司法》第一百四十六条规定的情形或者下列情形之一的，不得担任保险公司的董事、监事、高级管理人员：

（一）因违法行为或者违纪行为被金融监督管理机构取消任职资格的金融机构的董事、监事、高级管理人员，自被取消任职资格之日起未逾五年的；

（二）因违法行为或者违纪行为被吊销执业资格的律师、注册会计师或者资产评估机构、验证机构等机构的专业人员，自被吊销执业资格之日起未逾五年的。

第八十三条 保险公司的董事、监事、高级管理人员执行公司职务时违反法律、行政法规或者公司章程的规定，给公司造成损失的，应当承担赔偿责任。

第八十四条 保险公司有下列情形之一的，应当经保险监督管理机构批准：

（一）变更名称；

（二）变更注册资本；

（三）变更公司或者分支机构的营业场所；

（四）撤销分支机构；

（五）公司分立或者合并；

（六）修改公司章程；

（七）变更出资额占有限责任公司资本总额百分之五以上的股东，或者变更持有股份有限公司股份百分之五以上的股东；

（八）国务院保险监督管理机构规定的其他情形。

第八十五条 保险公司应当聘用专业人员，建立精算报告制度和合规报告制度。

第八十六条 保险公司应当按照保险监督管理机构的规定，报送有关报告、报表、文件和资料。

保险公司的偿付能力报告、财务会计报告、精算报告、合规报告及其他有关报告、报表、文件和资料必须如实记录保险业务事项，不得有虚假记载、误导性陈述和重大遗漏。

第八十七条 保险公司应当按照国务院保险监督管理机构的规定妥善保管业务经营活动的完整账簿、原始凭证和有关资料。

前款规定的账簿、原始凭证和有关资料的保管期限，自保险合同终止之日起计算，保险期间在一年以下的不得少于五年，保险期间超过一年的不得少于十年。

第八十八条 保险公司聘请或者解聘会计师事务所、资产评估机构、资信评级机构等中介服务机构,应当向保险监督管理机构报告;解聘会计师事务所、资产评估机构、资信评级机构等中介服务机构,应当说明理由。

第八十九条 保险公司因分立、合并需要解散,或者股东会、股东大会决议解散,或者公司章程规定的解散事由出现,经国务院保险监督管理机构批准后解散。

经营有人寿保险业务的保险公司,除因分立、合并或者被依法撤销外,不得解散。

保险公司解散,应当依法成立清算组进行清算。

第九十条 保险公司有《中华人民共和国企业破产法》第二条规定情形的,经国务院保险监督管理机构同意,保险公司或者其债权人可以依法向人民法院申请重整、和解或者破产清算;国务院保险监督管理机构也可以依法向人民法院申请对该保险公司进行重整或者破产清算。

第九十一条 破产财产在优先清偿破产费用和共益债务后,按照下列顺序清偿:

(一)所欠职工工资和医疗、伤残补助、抚恤费用,所欠应当划入职工个人账户的基本养老保险、基本医疗保险费用,以及法律、行政法规规定应当支付给职工的补偿金;

(二)赔偿或者给付保险金;

(三)保险公司欠缴的除第(一)项规定以外的社会保险费用和所欠税款;

(四)普通破产债权。

破产财产不足以清偿同一顺序的清偿要求的,按照比例分配。

破产保险公司的董事、监事和高级管理人员的工资,按照该公司职工的平均工资计算。

第九十二条 经营有人寿保险业务的保险公司被依法撤销或者被依法宣告破产的,其持有的人寿保险合同及责任准备金,必须转让给其他经营有人寿保险业务的保险公司;不能同其他保险公司达成转让协议的,由国务院保险监督管理机构指定经营有人寿保险业务的保险公司接受转让。

转让或者由国务院保险监督管理机构指定接受转让前款规定的人寿保险合同及责任准备金的,应当维护被保险人、受益人的合法权益。

第九十三条 保险公司依法终止其业务活动,应当注销其经营保险业务许可证。

第九十四条 保险公司,除本法另有规定外,适用《中华人民共和国公司法》的规定。

第四章 保险经营规则

第九十五条 保险公司的业务范围:

(一)人身保险业务,包括人寿保险、健康保险、意外伤害保险等保险业务;

(二)财产保险业务,包括财产损失保险、责任保险、信用保险、保证保险等保险业务;

(三)国务院保险监督管理机构批准的与保险有关的其他业务。

保险人不得兼营人身保险业务和财产保险业务。但是,经营财产保险业务的保险公司经国务院保险监督管理机构批准,可以经营短期健康保险业务和意外伤害保险业务。

保险公司应当在国务院保险监督管理机构依法批准的业务范围内从事保险经营

活动。

第九十六条　经国务院保险监督管理机构批准，保险公司可以经营本法第九十五条规定的保险业务的下列再保险业务：

（一）分出保险；

（二）分入保险。

第九十七条　保险公司应当按照其注册资本总额的百分之二十提取保证金，存入国务院保险监督管理机构指定的银行，除公司清算时用于清偿债务外，不得动用。

第九十八条　保险公司应当根据保障被保险人利益、保证偿付能力的原则，提取各项责任准备金。

保险公司提取和结转责任准备金的具体办法，由国务院保险监督管理机构制定。

第九十九条　保险公司应当依法提取公积金。

第一百条　保险公司应当缴纳保险保障基金。

保险保障基金应当集中管理，并在下列情形下统筹使用：

（一）在保险公司被撤销或者被宣告破产时，向投保人、被保险人或者受益人提供救济；

（二）在保险公司被撤销或者被宣告破产时，向依法接受其人寿保险合同的保险公司提供救济；

（三）国务院规定的其他情形。

保险保障基金筹集、管理和使用的具体办法，由国务院制定。

第一百零一条　保险公司应当具有与其业务规模和风险程度相适应的最低偿付能力。保险公司的认可资产减去认可负债的差额不得低于国务院保险监督管理机构规定的数额；低于规定数额的，应当按照国务院保险监督管理机构的要求采取相应措施达到规定的数额。

第一百零二条　经营财产保险业务的保险公司当年自留保险费，不得超过其实有资本金加公积金总和的四倍。

第一百零三条　保险公司对每一危险单位，即对一次保险事故可能造成的最大损失范围所承担的责任，不得超过其实有资本金加公积金总和的百分之十；超过的部分应当办理再保险。

保险公司对危险单位的划分应当符合国务院保险监督管理机构的规定。

第一百零四条　保险公司对危险单位的划分方法和巨灾风险安排方案，应当报国务院保险监督管理机构备案。

第一百零五条　保险公司应当按照国务院保险监督管理机构的规定办理再保险，并审慎选择再保险接受人。

第一百零六条　保险公司的资金运用必须稳健，遵循安全性原则。

保险公司的资金运用限于下列形式：

（一）银行存款；

（二）买卖债券、股票、证券投资基金份额等有价证券；

（三）投资不动产；

(四)国务院规定的其他资金运用形式。

保险公司资金运用的具体管理办法,由国务院保险监督管理机构依照前两款的规定制定。

第一百零七条 经国务院保险监督管理机构会同国务院证券监督管理机构批准,保险公司可以设立保险资产管理公司。

保险资产管理公司从事证券投资活动,应当遵守《中华人民共和国证券法》等法律、行政法规的规定。

保险资产管理公司的管理办法,由国务院保险监督管理机构会同国务院有关部门制定。

第一百零八条 保险公司应当按照国务院保险监督管理机构的规定,建立对关联交易的管理和信息披露制度。

第一百零九条 保险公司的控股股东、实际控制人、董事、监事、高级管理人员不得利用关联交易损害公司的利益。

第一百一十条 保险公司应当按照国务院保险监督管理机构的规定,真实、准确、完整地披露财务会计报告、风险管理状况、保险产品经营情况等重大事项。

第一百一十一条 保险公司从事保险销售的人员应当品行良好,具有保险销售所需的专业能力。保险销售人员的行为规范和管理办法,由国务院保险监督管理机构规定。

第一百一十二条 保险公司应当建立保险代理人登记管理制度,加强对保险代理人的培训和管理,不得唆使、诱导保险代理人进行违背诚信义务的活动。

第一百一十三条 保险公司及其分支机构应当依法使用经营保险业务许可证,不得转让、出租、出借经营保险业务许可证。

第一百一十四条 保险公司应当按照国务院保险监督管理机构的规定,公平、合理拟订保险条款和保险费率,不得损害投保人、被保险人和受益人的合法权益。

保险公司应当按照合同约定和本法规定,及时履行赔偿或者给付保险金义务。

第一百一十五条 保险公司开展业务,应当遵循公平竞争的原则,不得从事不正当竞争。

第一百一十六条 保险公司及其工作人员在保险业务活动中不得有下列行为:

(一)欺骗投保人、被保险人或者受益人;

(二)对投保人隐瞒与保险合同有关的重要情况;

(三)阻碍投保人履行本法规定的如实告知义务,或者诱导其不履行本法规定的如实告知义务;

(四)给予或者承诺给予投保人、被保险人、受益人保险合同约定以外的保险费回扣或者其他利益;

(五)拒不依法履行保险合同约定的赔偿或者给付保险金义务;

(六)故意编造未曾发生的保险事故、虚构保险合同或者故意夸大已经发生的保险事故的损失程度进行虚假理赔,骗取保险金或者牟取其他不正当利益;

(七)挪用、截留、侵占保险费;

(八)委托未取得合法资格的机构从事保险销售活动;

(九)利用开展保险业务为其他机构或者个人牟取不正当利益；

(十)利用保险代理人、保险经纪人或者保险评估机构，从事以虚构保险中介业务或者编造退保等方式套取费用等违法活动；

(十一)以捏造、散布虚假事实等方式损害竞争对手的商业信誉，或者以其他不正当竞争行为扰乱保险市场秩序；

(十二)泄露在业务活动中知悉的投保人、被保险人的商业秘密；

(十三)违反法律、行政法规和国务院保险监督管理机构规定的其他行为。

第五章　保险代理人和保险经纪人

第一百一十七条　保险代理人是根据保险人的委托，向保险人收取佣金，并在保险人授权的范围内代为办理保险业务的机构或者个人。

保险代理机构包括专门从事保险代理业务的保险专业代理机构和兼营保险代理业务的保险兼业代理机构。

第一百一十八条　保险经纪人是基于投保人的利益，为投保人与保险人订立保险合同提供中介服务，并依法收取佣金的机构。

第一百一十九条　保险代理机构、保险经纪人应当具备国务院保险监督管理机构规定的条件，取得保险监督管理机构颁发的经营保险代理业务许可证、保险经纪业务许可证。

第一百二十条　以公司形式设立保险专业代理机构、保险经纪人，其注册资本最低限额适用《中华人民共和国公司法》的规定。

国务院保险监督管理机构根据保险专业代理机构、保险经纪人的业务范围和经营规模，可以调整其注册资本的最低限额，但不得低于《中华人民共和国公司法》规定的限额。

保险专业代理机构、保险经纪人的注册资本或者出资额必须为实缴货币资本。

第一百二十一条　保险专业代理机构、保险经纪人的高级管理人员，应当品行良好，熟悉保险法律、行政法规，具有履行职责所需的经营管理能力，并在任职前取得保险监督管理机构核准的任职资格。

第一百二十二条　个人保险代理人、保险代理机构的代理从业人员、保险经纪人的经纪从业人员，应当品行良好，具有从事保险代理业务或者保险经纪业务所需的专业能力。

第一百二十三条　保险代理机构、保险经纪人应当有自己的经营场所，设立专门账簿记载保险代理业务、经纪业务的收支情况。

第一百二十四条　保险代理机构、保险经纪人应当按照国务院保险监督管理机构的规定缴存保证金或者投保职业责任保险。

第一百二十五条　个人保险代理人在代为办理人寿保险业务时，不得同时接受两个以上保险人的委托。

第一百二十六条　保险人委托保险代理人代为办理保险业务，应当与保险代理人签订委托代理协议，依法约定双方的权利和义务。

第一百二十七条　保险代理人根据保险人的授权代为办理保险业务的行为，由保险人承担责任。

保险代理人没有代理权、超越代理权或者代理权终止后以保险人名义订立合同,使投保人有理由相信其有代理权的,该代理行为有效。保险人可以依法追究越权的保险代理人的责任。

第一百二十八条 保险经纪人因过错给投保人、被保险人造成损失的,依法承担赔偿责任。

第一百二十九条 保险活动当事人可以委托保险公估机构等依法设立的独立评估机构或者具有相关专业知识的人员,对保险事故进行评估和鉴定。

接受委托对保险事故进行评估和鉴定的机构和人员,应当依法、独立、客观、公正地进行评估和鉴定,任何单位和个人不得干涉。

前款规定的机构和人员,因故意或者过失给保险人或者被保险人造成损失的,依法承担赔偿责任。

第一百三十条 保险佣金只限于向保险代理人、保险经纪人支付,不得向其他人支付。

第一百三十一条 保险代理人、保险经纪人及其从业人员在办理保险业务活动中不得有下列行为:

(一)欺骗保险人、投保人、被保险人或者受益人;

(二)隐瞒与保险合同有关的重要情况;

(三)阻碍投保人履行本法规定的如实告知义务,或者诱导其不履行本法规定的如实告知义务;

(四)给予或者承诺给予投保人、被保险人或者受益人保险合同约定以外的利益;

(五)利用行政权力、职务或者职业便利以及其他不正当手段强迫、引诱或者限制投保人订立保险合同;

(六)伪造、擅自变更保险合同,或者为保险合同当事人提供虚假证明材料;

(七)挪用、截留、侵占保险费或者保险金;

(八)利用业务便利为其他机构或者个人牟取不正当利益;

(九)串通投保人、被保险人或者受益人,骗取保险金;

(十)泄露在业务活动中知悉的保险人、投保人、被保险人的商业秘密。

第一百三十二条 本法第八十六条第一款、第一百一十三条的规定,适用于保险代理机构和保险经纪人。

第六章 保险业监督管理

第一百三十三条 保险监督管理机构依照本法和国务院规定的职责,遵循依法、公开、公正的原则,对保险业实施监督管理,维护保险市场秩序,保护投保人、被保险人和受益人的合法权益。

第一百三十四条 国务院保险监督管理机构依照法律、行政法规制定并发布有关保险业监督管理的规章。

第一百三十五条　关系社会公众利益的保险险种、依法实行强制保险的险种和新开发的人寿保险险种等的保险条款和保险费率，应当报国务院保险监督管理机构批准。国务院保险监督管理机构审批时，应当遵循保护社会公众利益和防止不正当竞争的原则。其他保险险种的保险条款和保险费率，应当报保险监督管理机构备案。

保险条款和保险费率审批、备案的具体办法，由国务院保险监督管理机构依照前款规定制定。

第一百三十六条　保险公司使用的保险条款和保险费率违反法律、行政法规或者国务院保险监督管理机构的有关规定的，由保险监督管理机构责令停止使用，限期修改；情节严重的，可以在一定期限内禁止申报新的保险条款和保险费率。

第一百三十七条　国务院保险监督管理机构应当建立健全保险公司偿付能力监管体系，对保险公司的偿付能力实施监控。

第一百三十八条　对偿付能力不足的保险公司，国务院保险监督管理机构应当将其列为重点监管对象，并可以根据具体情况采取下列措施：

（一）责令增加资本金、办理再保险；

（二）限制业务范围；

（三）限制向股东分红；

（四）限制固定资产购置或者经营费用规模；

（五）限制资金运用的形式、比例；

（六）限制增设分支机构；

（七）责令拍卖不良资产、转让保险业务；

（八）限制董事、监事、高级管理人员的薪酬水平；

（九）限制商业性广告；

（十）责令停止接受新业务。

第一百三十九条　保险公司未依照本法规定提取或者结转各项责任准备金，或者未依照本法规定办理再保险，或者严重违反本法关于资金运用的规定的，由保险监督管理机构责令限期改正，并可以责令调整负责人及有关管理人员。

第一百四十条　保险监督管理机构依照本法第一百三十九条的规定作出限期改正的决定后，保险公司逾期未改正的，国务院保险监督管理机构可以决定选派保险专业人员和指定该保险公司的有关人员组成整顿组，对公司进行整顿。

整顿决定应当载明被整顿公司的名称、整顿理由、整顿组成员和整顿期限，并予以公告。

第一百四十一条　整顿组有权监督被整顿保险公司的日常业务。被整顿公司的负责人及有关管理人员应当在整顿组的监督下行使职权。

第一百四十二条　整顿过程中，被整顿保险公司的原有业务继续进行。但是，国务院保险监督管理机构可以责令被整顿公司停止部分原有业务、停止接受新业务，调整资金运用。

第一百四十三条　被整顿保险公司经整顿已纠正其违反本法规定的行为，恢复正常经营状况的，由整顿组提出报告，经国务院保险监督管理机构批准，结束整顿，并由国务院保险监督管理机构予以公告。

第一百四十四条 保险公司有下列情形之一的,国务院保险监督管理机构可以对其实行接管:

(一)公司的偿付能力严重不足的;

(二)违反本法规定,损害社会公共利益,可能严重危及或者已经严重危及公司的偿付能力的。

被接管的保险公司的债权债务关系不因接管而变化。

第一百四十五条 接管组的组成和接管的实施办法,由国务院保险监督管理机构决定,并予以公告。

第一百四十六条 接管期限届满,国务院保险监督管理机构可以决定延长接管期限,但接管期限最长不得超过二年。

第一百四十七条 接管期限届满,被接管的保险公司已恢复正常经营能力的,由国务院保险监督管理机构决定终止接管,并予以公告。

第一百四十八条 被整顿、被接管的保险公司有《中华人民共和国企业破产法》第二条规定情形的,国务院保险监督管理机构可以依法向人民法院申请对该保险公司进行重整或者破产清算。

第一百四十九条 保险公司因违法经营被依法吊销经营保险业务许可证的,或者偿付能力低于国务院保险监督管理机构规定标准,不予撤销将严重危害保险市场秩序、损害公共利益的,由国务院保险监督管理机构予以撤销并公告,依法及时组织清算组进行清算。

第一百五十条 国务院保险监督管理机构有权要求保险公司股东、实际控制人在指定的期限内提供有关信息和资料。

第一百五十一条 保险公司的股东利用关联交易严重损害公司利益,危及公司偿付能力的,由国务院保险监督管理机构责令改正。在按照要求改正前,国务院保险监督管理机构可以限制其股东权利;拒不改正的,可以责令其转让所持的保险公司股权。

第一百五十二条 保险监督管理机构根据履行监督管理职责的需要,可以与保险公司董事、监事和高级管理人员进行监督管理谈话,要求其就公司的业务活动和风险管理的重大事项作出说明。

第一百五十三条 保险公司在整顿、接管、撤销清算期间,或者出现重大风险时,国务院保险监督管理机构可以对该公司直接负责的董事、监事、高级管理人员和其他直接责任人员采取以下措施:

(一)通知出境管理机关依法阻止其出境;

(二)申请司法机关禁止其转移、转让或者以其他方式处分财产,或者在财产上设定其他权利。

第一百五十四条 保险监督管理机构依法履行职责,可以采取下列措施:

(一)对保险公司、保险代理人、保险经纪人、保险资产管理公司、外国保险机构的代表机构进行现场检查;

(二)进入涉嫌违法行为发生场所调查取证;

（三）询问当事人及与被调查事件有关的单位和个人，要求其对与被调查事件有关的事项作出说明；

（四）查阅、复制与被调查事件有关的财产权登记等资料；

（五）查阅、复制保险公司、保险代理人、保险经纪人、保险资产管理公司、外国保险机构的代表机构以及与被调查事件有关的单位和个人的财务会计资料及其他相关文件和资料；对可能被转移、隐匿或者毁损的文件和资料予以封存；

（六）查询涉嫌违法经营的保险公司、保险代理人、保险经纪人、保险资产管理公司、外国保险机构的代表机构以及与涉嫌违法事项有关的单位和个人的银行账户；

（七）对有证据证明已经或者可能转移、隐匿违法资金等涉案财产或者隐匿、伪造、毁损重要证据的，经保险监督管理机构主要负责人批准，申请人民法院予以冻结或者查封。

保险监督管理机构采取前款第（一）项、第（二）项、第（五）项措施的，应当经保险监督管理机构负责人批准；采取第（六）项措施的，应当经国务院保险监督管理机构负责人批准。

保险监督管理机构依法进行监督检查或者调查，其监督检查、调查的人员不得少于二人，并应当出示合法证件和监督检查、调查通知书；监督检查、调查的人员少于二人或者未出示合法证件和监督检查、调查通知书的，被检查、调查的单位和个人有权拒绝。

第一百五十五条　保险监督管理机构依法履行职责，被检查、调查的单位和个人应当配合。

第一百五十六条　保险监督管理机构工作人员应当忠于职守，依法办事，公正廉洁，不得利用职务便利牟取不正当利益，不得泄露所知悉的有关单位和个人的商业秘密。

第一百五十七条　国务院保险监督管理机构应当与中国人民银行、国务院其他金融监督管理机构建立监督管理信息共享机制。

保险监督管理机构依法履行职责，进行监督检查、调查时，有关部门应当予以配合。

第七章　法律责任

第一百五十八条　违反本法规定，擅自设立保险公司、保险资产管理公司或者非法经营商业保险业务的，由保险监督管理机构予以取缔，没收违法所得，并处违法所得一倍以上五倍以下的罚款；没有违法所得或者违法所得不足二十万元的，处二十万元以上一百万元以下的罚款。

第一百五十九条　违反本法规定，擅自设立保险专业代理机构、保险经纪人，或者未取得经营保险代理业务许可证、保险经纪业务许可证从事保险代理业务、保险经纪业务的，由保险监督管理机构予以取缔，没收违法所得，并处违法所得一倍以上五倍以下的罚款；没有违法所得或者违法所得不足五万元的，处五万元以上三十万元以下的罚款。

第一百六十条　保险公司违反本法规定，超出批准的业务范围经营的，由保险监督管理机构责令限期改正，没收违法所得，并处违法所得一倍以上五倍以下的罚款；没有违法所得或者违法所得不足十万元的，处十万元以上五十万元以下的罚款。逾期不改正或者造成严重后果的，责令停业整顿或者吊销业务许可证。

第一百六十一条 保险公司有本法第一百一十六条规定行为之一的,由保险监督管理机构责令改正,处五万元以上三十万元以下的罚款;情节严重的,限制其业务范围、责令停止接受新业务或者吊销业务许可证。

第一百六十二条 保险公司违反本法第八十四条规定的,由保险监督管理机构责令改正,处一万元以上十万元以下的罚款。

第一百六十三条 保险公司违反本法规定,有下列行为之一的,由保险监督管理机构责令改正,处五万元以上三十万元以下的罚款:

(一)超额承保,情节严重的;

(二)为无民事行为能力人承保以死亡为给付保险金条件的保险的。

第一百六十四条 违反本法规定,有下列行为之一的,由保险监督管理机构责令改正,处五万元以上三十万元以下的罚款;情节严重的,可以限制其业务范围、责令停止接受新业务或者吊销业务许可证:

(一)未按照规定提存保证金或者违反规定动用保证金的;

(二)未按照规定提取或者结转各项责任准备金的;

(三)未按照规定缴纳保险保障基金或者提取公积金的;

(四)未按照规定办理再保险的;

(五)未按照规定运用保险公司资金的;

(六)未经批准设立分支机构的;

(七)未按照规定申请批准保险条款、保险费率的。

第一百六十五条 保险代理机构、保险经纪人有本法第一百二十一条规定行为之一的,由保险监督管理机构责令改正,处五万元以上三十万元以下的罚款;情节严重的,吊销业务许可证。

第一百六十六条 保险代理机构、保险经纪人违反本法规定,有下列行为之一的,由保险监督管理机构责令改正,处二万元以上十万元以下的罚款;情节严重的,责令停业整顿或者吊销业务许可证:

(一)未按照规定缴存保证金或者投保职业责任保险的;

(二)未按照规定设立专门账簿记载业务收支情况的。

第一百六十七条 违反本法规定,聘任不具有任职资格的人员的,由保险监督管理机构责令改正,处二万元以上十万元以下的罚款。

第一百六十八条 违反本法规定,转让、出租、出借业务许可证的,由保险监督管理机构处一万元以上十万元以下的罚款;情节严重的,责令停业整顿或者吊销业务许可证。

第一百六十九条 违反本法规定,有下列行为之一的,由保险监督管理机构责令限期改正;逾期不改正的,处一万元以上十万元以下的罚款:

(一)未按照规定报送或者保管报告、报表、文件、资料的,或者未按照规定提供有关信息、资料的;

(二)未按照规定报送保险条款、保险费率备案的;

(三)未按照规定披露信息的。

第一百七十条 违反本法规定,有下列行为之一的,由保险监督管理机构责令改正,处十万元以上五十万元以下的罚款；情节严重的，可以限制其业务范围、责令停止接受新业务或者吊销业务许可证：

（一）编制或者提供虚假的报告、报表、文件、资料的；

（二）拒绝或者妨碍依法监督检查的；

（三）未按照规定使用经批准或者备案的保险条款、保险费率的。

第一百七十一条　保险公司、保险资产管理公司、保险专业代理机构、保险经纪人违反本法规定的，保险监督管理机构除分别依照本法第一百六十条至第一百七十条的规定对该单位给予处罚外，对其直接负责的主管人员和其他直接责任人员给予警告，并处一万元以上十万元以下的罚款；情节严重的，撤销任职资格。

第一百七十二条　个人保险代理人违反本法规定的，由保险监督管理机构给予警告，可以并处二万元以下的罚款；情节严重的，处二万元以上十万元以下的罚款。

第一百七十三条　外国保险机构未经国务院保险监督管理机构批准，擅自在中华人民共和国境内设立代表机构的，由国务院保险监督管理机构予以取缔，处五万元以上三十万元以下的罚款。

外国保险机构在中华人民共和国境内设立的代表机构从事保险经营活动的，由保险监督管理机构责令改正，没收违法所得，并处违法所得一倍以上五倍以下的罚款；没有违法所得或者违法所得不足二十万元的，处二十万元以上一百万元以下的罚款；对其首席代表可以责令撤换；情节严重的，撤销其代表机构。

第一百七十四条　投保人、被保险人或者受益人有下列行为之一，进行保险诈骗活动，尚不构成犯罪的，依法给予行政处罚：

（一）投保人故意虚构保险标的，骗取保险金的；

（二）编造未曾发生的保险事故，或者编造虚假的事故原因或者夸大损失程度，骗取保险金的；

（三）故意造成保险事故，骗取保险金的。

保险事故的鉴定人、评估人、证明人故意提供虚假的证明文件，为投保人、被保险人或者受益人进行保险诈骗提供条件的，依照前款规定给予处罚。

第一百七十五条　违反本法规定，给他人造成损害的，依法承担民事责任。

第一百七十六条　拒绝、阻碍保险监督管理机构及其工作人员依法行使监督检查、调查职权，未使用暴力、威胁方法的，依法给予治安管理处罚。

第一百七十七条　违反法律、行政法规的规定，情节严重的，国务院保险监督管理机构可以禁止有关责任人员一定期限直至终身进入保险业。

第一百七十八条　保险监督管理机构从事监督管理工作的人员有下列情形之一的，依法给予处分：

（一）违反规定批准机构的设立的；

（二）违反规定进行保险条款、保险费率审批的；

（三）违反规定进行现场检查的；

（四）违反规定查询账户或者冻结资金的；

（五）泄露其知悉的有关单位和个人的商业秘密的；

(六)违反规定实施行政处罚的;

(七)滥用职权、玩忽职守的其他行为。

第一百七十九条 违反本法规定,构成犯罪的,依法追究刑事责任。

第八章 附则

第一百八十条 保险公司应当加入保险行业协会。保险代理人、保险经纪人、保险公估机构可以加入保险行业协会。

保险行业协会是保险业的自律性组织,是社会团体法人。

第一百八十一条 保险公司以外的其他依法设立的保险组织经营的商业保险业务,适用本法。

第一百八十二条 海上保险适用《中华人民共和国海商法》的有关规定;《中华人民共和国海商法》未规定的,适用本法的有关规定。

第一百八十三条 中外合资保险公司、外资独资保险公司、外国保险公司分公司适用本法规定;法律、行政法规另有规定的,适用其规定。

第一百八十四条 国家支持发展为农业生产服务的保险事业。农业保险由法律、行政法规另行规定。

强制保险,法律、行政法规另有规定的,适用其规定。

第一百八十五条 本法自 2009 年 10 月 1 日起施行。

中华人民共和国商业银行法

1995年5月10日第八届全国人民代表大会常务委员会第十三次会议通过。

根据2003年12月27日第十届全国人民代表大会常务委员会第六次会议《关于修改〈中华人民共和国商业银行法〉的决定》第一次修正。

根据2015年8月29日第十二届全国人民代表大会常务委员会第十六次会议《关于修改〈中华人民共和国商业银行法〉的决定》第二次修正。

第一章　总　则

第一条　为了保护商业银行、存款人和其他客户的合法权益，规范商业银行的行为，提高信贷资产质量，加强监督管理，保障商业银行的稳健运行，维护金融秩序，促进社会主义市场经济的发展，制定本法。

第二条　本法所称的商业银行是指依照本法和《中华人民共和国公司法》设立的吸收公众存款、发放贷款、办理结算等业务的企业法人。

第三条　商业银行可以经营下列部分或者全部业务：

(一)吸收公众存款；

(二)发放短期、中期和长期贷款；

(三)办理国内外结算；

(四)办理票据承兑与贴现；

(五)发行金融债券；

(六)代理发行、代理兑付、承销政府债券；

(七)买卖政府债券、金融债券；

(八)从事同业拆借；

(九)买卖、代理买卖外汇；

(十)从事银行卡业务；

(十一)提供信用证服务及担保；

(十二)代理收付款项及代理保险业务；

(十三)提供保管箱服务；

(十四)经国务院银行业监督管理机构批准的其他业务。

经营范围由商业银行章程规定,报国务院银行业监督管理机构批准。

商业银行经中国人民银行批准,可以经营结汇、售汇业务。

第四条 商业银行以安全性、流动性、效益性为经营原则,实行自主经营,自担风险,自负盈亏,自我约束。

商业银行依法开展业务,不受任何单位和个人的干涉。

商业银行以其全部法人财产独立承担民事责任。

第五条 商业银行与客户的业务往来,应当遵循平等、自愿、公平和诚实信用的原则。

第六条 商业银行应当保障存款人的合法权益不受任何单位和个人的侵犯。

第七条 商业银行开展信贷业务,应当严格审查借款人的资信,实行担保,保障按期收回贷款。

商业银行依法向借款人收回到期贷款的本金和利息,受法律保护。

第八条 商业银行开展业务,应当遵守法律、行政法规的有关规定,不得损害国家利益、社会公共利益。

第九条 商业银行开展业务,应当遵守公平竞争的原则,不得从事不正当竞争。

第十条 商业银行依法接受国务院银行业监督管理机构的监督管理,但法律规定其有关业务接受其他监督管理部门或者机构监督管理的,依照其规定。

第二章 商业银行的设立和组织机构

第十一条 设立商业银行,应当经国务院银行业监督管理机构审查批准。

未经国务院银行业监督管理机构批准,任何单位和个人不得从事吸收公众存款等商业银行业务,任何单位不得在名称中使用“银行”字样。

第十二条 设立商业银行,应当具备下列条件:

(一)有符合本法和《中华人民共和国公司法》规定的章程;

(二)有符合本法规定的注册资本最低限额;

(三)有具备任职专业知识和业务工作经验的董事、高级管理人员;

(四)有健全的组织机构和管理制度;

(五)有符合要求的营业场所、安全防范措施和与业务有关的其他设施。

设立商业银行,还应当符合其他审慎性条件。

第十三条 设立全国性商业银行的注册资本最低限额为十亿元人民币。设立城市商业银行的注册资本最低限额为一亿元人民币,设立农村商业银行的注册资本最低限额为五千万元人民币。注册资本应当是实缴资本。

国务院银行业监督管理机构根据审慎监管的要求可以调整注册资本最低限额,但不得少于前款规定的限额。

第十四条 设立商业银行,申请人应当向国务院银行业监督管理机构提交下列文件、资料:

(一)申请书,申请书应当载明拟设立的商业银行的名称、所在地、注册资本、业务范围等;

（二）可行性研究报告；

（三）国务院银行业监督管理机构规定提交的其他文件、资料。

第十五条 设立商业银行的申请经审查符合本法第十四条规定的，申请人应当填写正式申请表，并提交下列文件、资料：

（一）章程草案；

（二）拟任职的董事、高级管理人员的资格证明；

（三）法定验资机构出具的验资证明；

（四）股东名册及其出资额、股份；

（五）持有注册资本百分之五以上的股东的资信证明和有关资料；

（六）经营方针和计划；

（七）营业场所、安全防范措施和与业务有关的其他设施的资料；

（八）国务院银行业监督管理机构规定的其他文件、资料。

第十六条 经批准设立的商业银行，由国务院银行业监督管理机构颁发经营许可证，并凭该许可证向工商行政管理部门办理登记，领取营业执照。

第十七条 商业银行的组织形式、组织机构适用《中华人民共和国公司法》的规定。

本法施行前设立的商业银行，其组织形式、组织机构不完全符合《中华人民共和国公司法》规定的，可以继续沿用原有的规定，适用前款规定的日期由国务院规定。

第十八条 国有独资商业银行设立监事会。监事会的产生办法由国务院规定。

监事会对国有独资商业银行的信贷资产质量、资产负债比例、国有资产保值增值等情况以及高级管理人员违反法律、行政法规或者章程的行为和损害银行利益的行为进行监督。

第十九条 商业银行根据业务需要可以在中华人民共和国境内外设立分支机构。设立分支机构必须经国务院银行业监督管理机构审查批准。在中华人民共和国境内的分支机构，不按行政区划设立。

商业银行在中华人民共和国境内设立分支机构，应当按照规定拨付与其经营规模相适应的营运资金额。拨付各分支机构营运资金额的总和，不得超过总行资本金总额的百分之六十。

第二十条 设立商业银行分支机构，申请人应当向国务院银行业监督管理机构提交下列文件、资料：

（一）申请书，申请书应当载明拟设立的分支机构的名称、营运资金额、业务范围、总行及分支机构所在地等；

（二）申请人最近两年的财务会计报告；

（三）拟任职的高级管理人员的资格证明；

（四）经营方针和计划；

（五）营业场所、安全防范措施和与业务有关的其他设施的资料；

（六）国务院银行业监督管理机构规定的其他文件、资料。

第二十一条 经批准设立的商业银行分支机构，由国务院银行业监督管理机构颁发经营许可证，并凭该许可证向工商行政管理部门办理登记，领取营业执照。

第二十二条 商业银行对其分支机构实行全行统一核算,统一调度资金,分级管理的财务制度。

商业银行分支机构不具有法人资格,在总行授权范围内依法开展业务,其民事责任由总行承担。

第二十三条 经批准设立的商业银行及其分支机构,由国务院银行业监督管理机构予以公告。

商业银行及其分支机构自取得营业执照之日起无正当理由超过六个月未开业的,或者开业后自行停业连续六个月以上的,由国务院银行业监督管理机构吊销其经营许可证,并予以公告。

第二十四条 商业银行有下列变更事项之一的,应当经国务院银行业监督管理机构批准:

(一)变更名称;

(二)变更注册资本;

(三)变更总行或者分支行所在地;

(四)调整业务范围;

(五)变更持有资本总额或者股份总额百分之五以上的股东;

(六)修改章程;

(七)国务院银行业监督管理机构规定的其他变更事项。

更换董事、高级管理人员时,应当报经国务院银行业监督管理机构审查其任职资格。

第二十五条 商业银行的分立、合并,适用《中华人民共和国公司法》的规定。

商业银行的分立、合并,应当经国务院银行业监督管理机构审查批准。

第二十六条 商业银行应当依照法律、行政法规的规定使用经营许可证。禁止伪造、变造、转让、出租、出借经营许可证。

第二十七条 有下列情形之一的,不得担任商业银行的董事、高级管理人员:

(一)因犯有贪污、贿赂、侵占财产、挪用财产罪或者破坏社会经济秩序罪,被判处刑罚,或者因犯罪被剥夺政治权利的;

(二)担任因经营不善而破产清算的公司、企业的董事或者厂长、经理,并对该公司、企业的破产负有个人责任的;

(三)担任因违法被吊销营业执照的公司、企业的法定代表人,并负有个人责任的;

(四)个人所负数额较大的债务到期未清偿的。

第二十八条 任何单位和个人购买商业银行股份总额百分之五以上的,应当事先经国务院银行业监督管理机构批准。

第三章 对存款人的保护

第二十九条 商业银行办理个人储蓄存款业务,应当遵循存款自愿、取款自由、存款有息、为存款人保密的原则。

对个人储蓄存款,商业银行有权拒绝任何单位或者个人查询、冻结、扣划,但法律另有规定的除外。

第三十条 对单位存款，商业银行有权拒绝任何单位或者个人查询，但法律、行政法规另有规定的除外；有权拒绝任何单位或者个人冻结、扣划，但法律另有规定的除外。

第三十一条 商业银行应当按照中国人民银行规定的存款利率的上下限，确定存款利率，并予以公告。

第三十二条 商业银行应当按照中国人民银行的规定，向中国人民银行交存存款准备金，留足备付金。

第三十三条 商业银行应当保证存款本金和利息的支付，不得拖延、拒绝支付存款本金和利息。

第四章 贷款和其他业务的基本规则

第三十四条 商业银行根据国民经济和社会发展的需要，在国家产业政策指导下开展贷款业务。

第三十五条 商业银行贷款，应当对借款人的借款用途、偿还能力、还款方式等情况进行严格审查。

商业银行贷款，应当实行审贷分离、分级审批的制度。

第三十六条 商业银行贷款，借款人应当提供担保。商业银行应当对保证人的偿还能力，抵押物、质物的权属和价值以及实现抵押权、质权的可行性进行严格审查。

经商业银行审查、评估，确认借款人资信良好，确能偿还贷款的，可以不提供担保。

第三十七条 商业银行贷款，应当与借款人订立书面合同。合同应当约定贷款种类、借款用途、金额、利率、还款期限、还款方式、违约责任和双方认为需要约定的其他事项。

第三十八条 商业银行应当按照中国人民银行规定的贷款利率的上下限，确定贷款利率。

第三十九条 商业银行贷款，应当遵守下列资产负债比例管理的规定：

（一）资本充足率不得低于百分之八；

（二）流动性资产余额与流动性负债余额的比例不得低于百分之二十五；

（三）对同一借款人的贷款余额与商业银行资本余额的比例不得超过百分之十；

（四）国务院银行业监督管理机构对资产负债比例管理的其他规定。

本法施行前设立的商业银行，在本法施行后，其资产负债比例不符合前款规定的，应当在一定的期限内符合前款规定。具体办法由国务院规定。

第四十条 商业银行不得向关系人发放信用贷款；向关系人发放担保贷款的条件不得优于其他借款人同类贷款的条件。

前款所称关系人是指：

（一）商业银行的董事、监事、管理人员、信贷业务人员及其近亲属；

（二）前项所列人员投资或者担任高级管理职务的公司、企业和其他经济组织。

第四十一条 任何单位和个人不得强令商业银行发放贷款或者提供担保。商业银行有权拒绝任何单位和个人强令要求其发放贷款或者提供担保。

第四十二条 借款人应当按期归还贷款的本金和利息。

借款人到期不归还担保贷款的，商业银行依法享有要求保证人归还贷款本金和利息或者就该担保物优先受偿的权利。商业银行因行使抵押权、质权而取得的不动产或者股权，应当自取得之日起二年内予以处分。

借款人到期不归还信用贷款的，应当按照合同约定承担责任。

第四十三条 商业银行在中华人民共和国境内不得从事信托投资和证券经营业务，不得向非自用不动产投资或者向非银行金融机构和企业投资，但国家另有规定的除外。

第四十四条 商业银行办理票据承兑、汇兑、委托收款等结算业务，应当按照规定的期限兑现，收付入账，不得压单、压票或者违反规定退票。有关兑现、收付入账期限的规定应当公布。

第四十五条 商业银行发行金融债券或者到境外借款，应当依照法律、行政法规的规定报经批准。

第四十六条 同业拆借，应当遵守中国人民银行的规定，禁止利用拆入资金发放固定资产贷款或者用于投资。

拆出资金限于交足存款准备金、留足备付金和归还中国人民银行到期贷款之后的闲置资金。拆入资金用于弥补票据结算、联行汇差头寸的不足和解决临时性周转资金的需要。

第四十七条 商业银行不得违反规定提高或者降低利率以及采用其他不正当手段，吸收存款，发放贷款。

第四十八条 企业事业单位可以自主选择一家商业银行的营业场所开立一个办理日常转账结算和现金收付的基本账户，不得开立两个以上基本账户。

任何单位和个人不得将单位的资金以个人名义开立账户存储。

第四十九条 商业银行的营业时间应当方便客户，并予以公告。商业银行应当在公告的营业时间内营业，不得擅自停止营业或者缩短营业时间。

第五十条 商业银行办理业务，提供服务，按照规定收取手续费。收费项目和标准由国务院银行业监督管理机构、中国人民银行根据职责分工，分别会同国务院价格主管部门制定。

第五十一条 商业银行应当按照国家有关规定保存财务会计报表、业务合同以及其他资料。

第五十二条 商业银行的工作人员应当遵守法律、行政法规和其他各项业务管理的规定，不得有下列行为：

(一)利用职务上的便利，索取、收受贿赂或者违反国家规定收受各种名义的回扣、手续费；

(二)利用职务上的便利，贪污、挪用、侵占本行或者客户的资金；

(三)违反规定徇私向亲属、朋友发放贷款或者提供担保；

(四)在其他经济组织兼职；

(五)违反法律、行政法规和业务管理规定的其他行为。

第五十三条 商业银行的工作人员不得泄露其在任职期间知悉的国家秘密、商业秘密。

第五章 财务会计

第五十四条 商业银行应当依照法律和国家统一的会计制度以及国务院银行业监督管理机构的有关规定，建立、健全本行的财务、会计制度。

第五十五条 商业银行应当按照国家有关规定，真实记录并全面反映其业务活动和财务状况，编制年度财务会计报告，及时向国务院银行业监督管理机构、中国人民银行和国务院财政部门报送。商业银行不得在法定的会计账册外另立会计账册。

第五十六条 商业银行应当于每一会计年度终了三个月内，按照国务院银行业监督管理机构的规定，公布其上一年度的经营业绩和审计报告。

第五十七条 商业银行应当按照国家有关规定，提取呆账准备金，冲销呆账。

第五十八条 商业银行的会计年度自公历1月1日起至12月31日止。

第六章 监督管理

第五十九条 商业银行应当按照有关规定，制定本行的业务规则，建立、健全本行的风险管理和内部控制制度。

第六十条 商业银行应当建立、健全本行对存款、贷款、结算、呆账等各项情况的稽核、检查制度。

商业银行对分支机构应当进行经常性的稽核和检查监督。

第六十一条 商业银行应当按照规定向国务院银行业监督管理机构、中国人民银行报送资产负债表、利润表以及其他财务会计、统计报表和资料。

第六十二条 国务院银行业监督管理机构有权依照本法第三章、第四章、第五章的规定，随时对商业银行的存款、贷款、结算、呆账等情况进行检查监督。检查监督时，检查监督人员应当出示合法的证件。商业银行应当按照国务院银行业监督管理机构的要求，提供财务会计资料、业务合同和有关经营管理方面的其他信息。

中国人民银行有权依照《中华人民共和国中国人民银行法》第三十二条、第三十四条的规定对商业银行进行检查监督。

第六十三条 商业银行应当依法接受审计机关的审计监督。

第七章 接管和终止

第六十四条 商业银行已经或者可能发生信用危机，严重影响存款人的利益时，国务院银行业监督管理机构可以对该银行实行接管。

接管的目的是对被接管的商业银行采取必要措施，以保护存款人的利益，恢复商业银行的正常经营能力。被接管的商业银行的债权债务关系不因接管而变化。

第六十五条 接管由国务院银行业监督管理机构决定，并组织实施。国务院银行业监督管理机构的接管决定应当载明下列内容：

(一)被接管的商业银行名称；

(二)接管理由；

(三)接管组织；

(四)接管期限。

接管决定由国务院银行业监督管理机构予以公告。

第六十六条 接管自接管决定实施之日起开始。

自接管开始之日起,由接管组织行使商业银行的经营管理权力。

第六十七条 接管期限届满,国务院银行业监督管理机构可以决定延期,但接管期限最长不得超过二年。

第六十八条 有下列情形之一的,接管终止:

(一)接管决定规定的期限届满或者国务院银行业监督管理机构决定的接管延期届满；

(二)接管期限届满前,该商业银行已恢复正常经营能力；

(三)接管期限届满前,该商业银行被合并或者被依法宣告破产。

第六十九条 商业银行因分立、合并或者出现公司章程规定的解散事由需要解散的,应当向国务院银行业监督管理机构提出申请,并附解散的理由和支付存款的本金和利息等债务清偿计划。经国务院银行业监督管理机构批准后解散。

商业银行解散的,应当依法成立清算组,进行清算,按照清偿计划及时偿还存款本金和利息等债务。国务院银行业监督管理机构监督清算过程。

第七十条 商业银行因吊销经营许可证被撤销的,国务院银行业监督管理机构应当依法及时组织成立清算组,进行清算,按照清偿计划及时偿还存款本金和利息等债务。

第七十一条 商业银行不能支付到期债务,经国务院银行业监督管理机构同意,由人民法院依法宣告其破产。商业银行被宣告破产的,由人民法院组织国务院银行业监督管理机构等有关部门和有关人员成立清算组,进行清算。

商业银行破产清算时,在支付清算费用、所欠职工工资和劳动保险费用后,应当优先支付个人储蓄存款的本金和利息。

第七十二条 商业银行因解散、被撤销和被宣告破产而终止。

第八章 法律责任

第七十三条 商业银行有下列情形之一,对存款人或者其他客户造成财产损害的,应当承担支付迟延履行的利息以及其他民事责任:

(一)无故拖延、拒绝支付存款本金和利息的；

(二)违反票据承兑等结算业务规定,不予兑现,不予收付入账,压单、压票或者违反规定退票的；

(三)非法查询、冻结、扣划个人储蓄存款或者单位存款的；

(四)违反本法规定对存款人或者其他客户造成损害的其他行为。

有前款规定情形的,由国务院银行业监督管理机构责令改正,有违法所得的,没收违法所得，违法所得五万元以上的，并处违法所得一倍以上五倍以下罚款；没有违法所得或者违法所得不足五万元的，处五万元以上五十万元以下罚款。

第七十四条　商业银行有下列情形之一，由国务院银行业监督管理机构责令改正，有违法所得的，没收违法所得，违法所得五十万元以上的，并处违法所得一倍以上五倍以下罚款；没有违法所得或者违法所得不足五十万元的，处五十万元以上二百万元以下罚款；情节特别严重或者逾期不改正的，可以责令停业整顿或者吊销其经营许可证；构成犯罪的，依法追究刑事责任：

（一）未经批准设立分支机构的；

（二）未经批准分立、合并或者违反规定对变更事项不报批的；

（三）违反规定提高或者降低利率以及采用其他不正当手段，吸收存款，发放贷款的；

（四）出租、出借经营许可证的；

（五）未经批准买卖、代理买卖外汇的；

（六）未经批准买卖政府债券或者发行、买卖金融债券的；

（七）违反国家规定从事信托投资和证券经营业务、向非自用不动产投资或者向非银行金融机构和企业投资的；

（八）向关系人发放信用贷款或者发放担保贷款的条件优于其他借款人同类贷款的条件的。

第七十五条　商业银行有下列情形之一，由国务院银行业监督管理机构责令改正，并处二十万元以上五十万元以下罚款；情节特别严重或者逾期不改正的，可以责令停业整顿或者吊销其经营许可证；构成犯罪的，依法追究刑事责任：

（一）拒绝或者阻碍国务院银行业监督管理机构检查监督的；

（二）提供虚假的或者隐瞒重要事实的财务会计报告、报表和统计报表的；

（三）未遵守资本充足率、资产流动性比例、同一借款人贷款比例和国务院银行业监督管理机构有关资产负债比例管理的其他规定的。

第七十六条　商业银行有下列情形之一，由中国人民银行责令改正，有违法所得的，没收违法所得，违法所得五十万元以上的，并处违法所得一倍以上五倍以下罚款；没有违法所得或者违法所得不足五十万元的，处五十万元以上二百万元以下罚款；情节特别严重或者逾期不改正的，中国人民银行可以建议国务院银行业监督管理机构责令停业整顿或者吊销其经营许可证；构成犯罪的，依法追究刑事责任：

（一）未经批准办理结汇、售汇的；

（二）未经批准在银行间债券市场发行、买卖金融债券或者到境外借款的；

（三）违反规定同业拆借的。

第七十七条　商业银行有下列情形之一，由中国人民银行责令改正，并处二十万元以上五十万元以下罚款；情节特别严重或者逾期不改正的，中国人民银行可以建议国务院银行业监督管理机构责令停业整顿或者吊销其经营许可证；构成犯罪的，依法追究刑事责任：

（一）拒绝或者阻碍中国人民银行检查监督的；

（二）提供虚假的或者隐瞒重要事实的财务会计报告、报表和统计报表的；

(三)未按照中国人民银行规定的比例交存存款准备金的。

第七十八条 商业银行有本法第七十三条至第七十七条规定情形的,对直接负责的董事、高级管理人员和其他直接责任人员,应当给予纪律处分;构成犯罪的,依法追究刑事责任。

第七十九条 有下列情形之一,由国务院银行业监督管理机构责令改正,有违法所得的,没收违法所得,违法所得五万元以上的,并处违法所得一倍以上五倍以下罚款;没有违法所得或者违法所得不足五万元的,处五万元以上五十万元以下罚款:

(一)未经批准在名称中使用"银行"字样的;

(二)未经批准购买商业银行股份总额百分之五以上的;

(三)将单位的资金以个人名义开立账户存储的。

第八十条 商业银行不按照规定向国务院银行业监督管理机构报送有关文件、资料的,由国务院银行业监督管理机构责令改正,逾期不改正的,处十万元以上三十万元以下罚款。

商业银行不按照规定向中国人民银行报送有关文件、资料的,由中国人民银行责令改正,逾期不改正的,处十万元以上三十万元以下罚款。

第八十一条 未经国务院银行业监督管理机构批准,擅自设立商业银行,或者非法吸收公众存款、变相吸收公众存款,构成犯罪的,依法追究刑事责任;并由国务院银行业监督管理机构予以取缔。

伪造、变造、转让商业银行经营许可证,构成犯罪的,依法追究刑事责任。

第八十二条 借款人采取欺诈手段骗取贷款,构成犯罪的,依法追究刑事责任。

第八十三条 有本法第八十一条、第八十二条规定的行为,尚不构成犯罪的,由国务院银行业监督管理机构没收违法所得,违法所得五十万元以上的,并处违法所得一倍以上五倍以下罚款;没有违法所得或者违法所得不足五十万元的,处五十万元以上二百万元以下罚款。

第八十四条 商业银行工作人员利用职务上的便利,索取、收受贿赂或者违反国家规定收受各种名义的回扣、手续费,构成犯罪的,依法追究刑事责任;尚不构成犯罪的,应当给予纪律处分。

有前款行为,发放贷款或者提供担保造成损失的,应当承担全部或者部分赔偿责任。

第八十五条 商业银行工作人员利用职务上的便利,贪污、挪用、侵占本行或者客户资金,构成犯罪的,依法追究刑事责任;尚不构成犯罪的,应当给予纪律处分。

第八十六条 商业银行工作人员违反本法规定玩忽职守造成损失的,应当给予纪律处分;构成犯罪的,依法追究刑事责任。

违反规定徇私向亲属、朋友发放贷款或者提供担保造成损失的,应当承担全部或者部分赔偿责任。

第八十七条 商业银行工作人员泄露在任职期间知悉的国家秘密、商业秘密的,应当给予纪律处分;构成犯罪的,依法追究刑事责任。

第八十八条 单位或者个人强令商业银行发放贷款或者提供担保的,应当对直接负责的主管人员和其他直接责任人员或者个人给予纪律处分;造成损失的,应当承担全部或者部分赔偿责任。

商业银行的工作人员对单位或者个人强令其发放贷款或者提供担保未予拒绝的，应当给予纪律处分；造成损失的，应当承担相应的赔偿责任。

第八十九条 商业银行违反本法规定的，国务院银行业监督管理机构可以区别不同情形，取消其直接负责的董事、高级管理人员一定期限直至终身的任职资格，禁止直接负责的董事、高级管理人员和其他直接责任人员一定期限直至终身从事银行业工作。

商业银行的行为尚不构成犯罪的，对直接负责的董事、高级管理人员和其他直接责任人员，给予警告，处五万元以上五十万元以下罚款。

第九十条 商业银行及其工作人员对国务院银行业监督管理机构、中国人民银行的处罚决定不服的，可以依照《中华人民共和国行政诉讼法》的规定向人民法院提起诉讼。

第九章 附则

第九十一条 本法施行前，按照国务院的规定经批准设立的商业银行不再办理审批手续。

第九十二条 外资商业银行、中外合资商业银行、外国商业银行分行适用本法规定，法律、行政法规另有规定的，依照其规定。

第九十三条 城市信用合作社、农村信用合作社办理存款、贷款和结算等业务，适用本法有关规定。

第九十四条 邮政企业办理商业银行的有关业务，适用本法有关规定。

第九十五条 本法自 2015 年 10 月 1 日起施行。

中华人民共和国证券投资基金法

2003年10月28日第十届全国人民代表大会常务委员会第五次会议通过。

2012年12月28日第十一届全国人民代表大会常务委员会第三十次会议修订。

根据2015年4月24日第十二届全国人民代表大会常务委员会第十四次会议《关于修改〈中华人民共和国港口法〉等七部法律的决定》修正。

第一章　总　则

第一条　为了规范证券投资基金活动，保护投资人及相关当事人的合法权益，促进证券投资基金和资本市场的健康发展，制定本法。

第二条　在中华人民共和国境内，公开或者非公开募集资金设立证券投资基金（以下简称“基金”），由基金管理人管理，基金托管人托管，为基金份额持有人的利益，进行证券投资活动，适用本法；本法未规定的，适用《中华人民共和国信托法》《中华人民共和国证券法》和其他有关法律、行政法规的规定。

第三条　基金管理人、基金托管人和基金份额持有人的权利、义务，依照本法在基金合同中约定。

基金管理人、基金托管人依照本法和基金合同的约定，履行受托职责。

通过公开募集方式设立的基金（以下简称“公开募集基金”）的基金份额持有人按其所持基金份额享受收益和承担风险，通过非公开募集方式设立的基金（以下简称“非公开募集基金”）的收益分配和风险承担由基金合同约定。

第四条　从事证券投资基金活动，应当遵循自愿、公平、诚实信用的原则，不得损害国家利益和社会公共利益。

第五条　基金财产的债务由基金财产本身承担，基金份额持有人以其出资为限对基金财产的债务承担责任。但基金合同依照本法另有约定的，从其约定。

基金财产独立于基金管理人、基金托管人的固有财产。基金管理人、基金托管人不得将基金财产归入其固有财产。

基金管理人、基金托管人因基金财产的管理、运用或者其他情形而取得的财产和收益,归入基金财产。

基金管理人、基金托管人因依法解散、被依法撤销或者被依法宣告破产等原因进行清算的,基金财产不属于其清算财产。

第六条 基金财产的债权,不得与基金管理人、基金托管人固有财产的债务相抵销;不同基金财产的债权债务,不得相互抵销。

第七条 非因基金财产本身承担的债务,不得对基金财产强制执行。

第八条 基金财产投资的相关税收,由基金份额持有人承担,基金管理人或者其他扣缴义务人按照国家有关税收征收的规定代扣代缴。

第九条 基金管理人、基金托管人管理、运用基金财产,基金服务机构从事基金服务活动,应当恪尽职守,履行诚实信用、谨慎勤勉的义务。

基金管理人运用基金财产进行证券投资,应当遵守审慎经营规则,制定科学合理的投资策略和风险管理制度,有效防范和控制风险。

基金从业人员应当具备基金从业资格,遵守法律、行政法规,恪守职业道德和行为规范。

第十条 基金管理人、基金托管人和基金服务机构,应当依照本法成立证券投资基金行业协会(以下简称"基金行业协会"),进行行业自律,协调行业关系,提供行业服务,促进行业发展。

第十一条 国务院证券监督管理机构依法对证券投资基金活动实施监督管理;其派出机构依照授权履行职责。

第二章 基金管理人

第十二条 基金管理人由依法设立的公司或者合伙企业担任。

公开募集基金的基金管理人,由基金管理公司或者经国务院证券监督管理机构按照规定核准的其他机构担任。

第十三条 设立管理公开募集基金的基金管理公司,应当具备下列条件,并经国务院证券监督管理机构批准:

(一)有符合本法和《中华人民共和国公司法》规定的章程;

(二)注册资本不低于一亿元人民币,且必须为实缴货币资本;

(三)主要股东应当具有经营金融业务或者管理金融机构的良好业绩、良好的财务状况和社会信誉,资产规模达到国务院规定的标准,最近三年没有违法记录;

(四)取得基金从业资格的人员达到法定人数;

(五)董事、监事、高级管理人员具备相应的任职条件;

(六)有符合要求的营业场所、安全防范设施和与基金管理业务有关的其他设施;

(七)有良好的内部治理结构、完善的内部稽核监控制度、风险控制制度;

(八)法律、行政法规规定的和经国务院批准的国务院证券监督管理机构规定的其他条件。

第十四条 国务院证券监督管理机构应当自受理基金管理公司设立申请之日起六个月内依照本法第十三条规定的条件和审慎监管原则进行审查,作出批准或者不予批准的决定，并通知申请人；不予批准的，应当说明理由。

基金管理公司变更持有百分之五以上股权的股东，变更公司的实际控制人，或者变更其他重大事项，应当报经国务院证券监督管理机构批准。国务院证券监督管理机构应当自受理申请之日起六十日内作出批准或者不予批准的决定，并通知申请人；不予批准的，应当说明理由。

第十五条 有下列情形之一的，不得担任公开募集基金的基金管理人的董事、监事、高级管理人员和其他从业人员：

（一）因犯有贪污贿赂、渎职、侵犯财产罪或者破坏社会主义市场经济秩序罪，被判处刑罚的；

（二）对所任职的公司、企业因经营不善破产清算或者因违法被吊销营业执照负有个人责任的董事、监事、厂长、高级管理人员，自该公司、企业破产清算终结或者被吊销营业执照之日起未逾五年的；

（三）个人所负债务数额较大，到期未清偿的；

（四）因违法行为被开除的基金管理人、基金托管人、证券交易所、证券公司、证券登记结算机构、期货交易所、期货公司及其他机构的从业人员和国家机关工作人员；

（五）因违法行为被吊销执业证书或者被取消资格的律师、注册会计师和资产评估机构、验证机构的从业人员、投资咨询从业人员；

（六）法律、行政法规规定不得从事基金业务的其他人员。

第十六条 公开募集基金的基金管理人的董事、监事和高级管理人员，应当熟悉证券投资方面的法律、行政法规，具有三年以上与其所任职务相关的工作经历；高级管理人员还应当具备基金从业资格。

第十七条 公开募集基金的基金管理人的董事、监事、高级管理人员和其他从业人员，其本人、配偶、利害关系人进行证券投资，应当事先向基金管理人申报，并不得与基金份额持有人发生利益冲突。

公开募集基金的基金管理人应当建立前款规定人员进行证券投资的申报、登记、审查、处置等管理制度，并报国务院证券监督管理机构备案。

第十八条 公开募集基金的基金管理人的董事、监事、高级管理人员和其他从业人员，不得担任基金托管人或者其他基金管理人的任何职务，不得从事损害基金财产和基金份额持有人利益的证券交易及其他活动。

第十九条 公开募集基金的基金管理人应当履行下列职责：

（一）依法募集资金，办理基金份额的发售和登记事宜；

（二）办理基金备案手续；

（三）对所管理的不同基金财产分别管理、分别记账，进行证券投资；

（四）按照基金合同的约定确定基金收益分配方案，及时向基金份额持有人分配收益；

（五）进行基金会计核算并编制基金财务会计报告；

（六）编制中期和年度基金报告；

（七）计算并公告基金资产净值，确定基金份额申购、赎回价格；

（八）办理与基金财产管理业务活动有关的信息披露事项；

（九）按照规定召集基金份额持有人大会；

（十）保存基金财产管理业务活动的记录、账册、报表和其他相关资料；

（十一）以基金管理人名义，代表基金份额持有人利益行使诉讼权利或者实施其他法律行为；

（十二）国务院证券监督管理机构规定的其他职责。

第二十条　公开募集基金的基金管理人及其董事、监事、高级管理人员和其他从业人员不得有下列行为：

（一）将其固有财产或者他人财产混同于基金财产从事证券投资；

（二）不公平地对待其管理的不同基金财产；

（三）利用基金财产或者职务之便为基金份额持有人以外的人牟取利益；

（四）向基金份额持有人违规承诺收益或者承担损失；

（五）侵占、挪用基金财产；

（六）泄露因职务便利未公开信息获取并利用该信息从事或者明示、暗示他人从事相关的交易活动；

（七）玩忽职守，不按照规定履行职责；

（八）法律、行政法规和国务院证券监督管理机构规定禁止的其他行为。

第二十一条　公开募集基金的基金管理人应当建立良好的内部治理结构，明确股东会、董事会、监事会和高级管理人员的职责权限，确保基金管理人独立运作。

公开募集基金的基金管理人可以实行专业人士持股计划，建立长效激励约束机制。

公开募集基金的基金管理人的股东、董事、监事和高级管理人员在行使权利或者履行职责时，应当遵循基金份额持有人利益优先的原则。

第二十二条　公开募集基金的基金管理人应当从管理基金的报酬中计提风险准备金。

公开募集基金的基金管理人因违法违规、违反基金合同等原因给基金财产或者基金份额持有人合法权益造成损失，应当承担赔偿责任的，可以优先使用风险准备金予以赔偿。

第二十三条　公开募集基金的基金管理人的股东、实际控制人应当按照国务院证券监督管理机构的规定及时履行重大事项报告义务，并不得有下列行为：

（一）虚假出资或者抽逃出资；

（二）未依法经股东会或者董事会决议擅自干预基金管理人的基金经营活动；

（三）要求基金管理人利用基金财产为自己或者他人牟取利益，损害基金份额持有人利益；

（四）国务院证券监督管理机构规定禁止的其他行为。

公开募集基金的基金管理人的股东、实际控制人有前款行为或者股东不再符合法定条件的，国务院证券监督管理机构应当责令其限期改正，并可视情节责令其转让所持有或者控制的基金管理人的股权。

在前款规定的股东、实际控制人按照要求改正违法行为、转让所持有或者控制的基金管理人的股权前，国务院证券监督管理机构可以限制有关股东行使股东权利。

第二十四条 公开募集基金的基金管理人违法违规，或者其内部治理结构、稽核监控和风险控制管理不符合规定的，国务院证券监督管理机构应当责令其限期改正；逾期未改正，或者其行为严重危及该基金管理人的稳健运行、损害基金份额持有人合法权益的，国务院证券监督管理机构可以区别情形，对其采取下列措施：

（一）限制业务活动，责令暂停部分或者全部业务；

（二）限制分配红利，限制向董事、监事、高级管理人员支付报酬、提供福利；

（三）限制转让固有财产或者在固有财产上设定其他权利；

（四）责令更换董事、监事、高级管理人员或者限制其权利；

（五）责令有关股东转让股权或者限制有关股东行使股东权利。

公开募集基金的基金管理人整改后，应当向国务院证券监督管理机构提交报告。国务院证券监督管理机构经验收，符合有关要求的，应当自验收完毕之日起三日内解除对其采取的有关措施。

第二十五条 公开募集基金的基金管理人的董事、监事、高级管理人员未能勤勉尽责，致使基金管理人存在重大违法违规行为或者重大风险的，国务院证券监督管理机构可以责令更换。

第二十六条 公开募集基金的基金管理人违法经营或者出现重大风险，严重危害证券市场秩序、损害基金份额持有人利益的，国务院证券监督管理机构可以对该基金管理人采取责令停业整顿以及指定其他机构托管、接管、取消基金管理资格或者撤销等监管措施。

第二十七条 在公开募集基金的基金管理人被责令停业整顿、被依法指定托管、接管或者清算期间，或者出现重大风险时，经国务院证券监督管理机构批准，可以对该基金管理人直接负责的董事、监事、高级管理人员和其他直接责任人员采取下列措施：

（一）通知出境管理机关依法阻止其出境；

（二）申请司法机关禁止其转移、转让或者以其他方式处分财产，或者在财产上设定其他权利。

第二十八条 有下列情形之一的，公开募集基金的基金管理人职责终止：

（一）被依法取消基金管理资格；

（二）被基金份额持有人大会解任；

（三）依法解散、被依法撤销或者被依法宣告破产；

（四）基金合同约定的其他情形。

第二十九条 公开募集基金的基金管理人职责终止的，基金份额持有人大会应当在六个月内选任新基金管理人；新基金管理人产生前，由国务院证券监督管理机构指定临时基金管理人。

公开募集基金的基金管理人职责终止的，应当妥善保管基金管理业务资料，及时办理基金管理业务的移交手续，新基金管理人或者临时基金管理人应当及时接收。

第三十条 公开募集基金的基金管理人职责终止的，应当按照规定聘请会计师事务所对基金财产进行审计，并将审计结果予以公告，同时报国务院证券监督管理机构备案。

第三十一条 对非公开募集基金的基金管理人进行规范的具体办法，由国务院金融监督管理机构依照本章的原则制定。

第三章　基金托管人

第三十二条　基金托管人由依法设立的商业银行或者其他金融机构担任。

商业银行担任基金托管人的，由国务院证券监督管理机构会同国务院银行业监督管理机构核准；其他金融机构担任基金托管人的，由国务院证券监督管理机构核准。

第三十三条　担任基金托管人，应当具备下列条件：

（一）净资产和风险控制指标符合有关规定；

（二）设有专门的基金托管部门；

（三）取得基金从业资格的专职人员达到法定人数；

（四）有安全保管基金财产的条件；

（五）有安全高效的清算、交割系统；

（六）有符合要求的营业场所、安全防范设施和与基金托管业务有关的其他设施；

（七）有完善的内部稽核监控制度和风险控制制度；

（八）法律、行政法规规定的和经国务院批准的国务院证券监督管理机构、国务院银行业监督管理机构规定的其他条件。

第三十四条　本法第十五条、第十七条、第十八条的规定，适用于基金托管人的专门基金托管部门的高级管理人员和其他从业人员。

本法第十六条的规定，适用于基金托管人的专门基金托管部门的高级管理人员。

第三十五条　基金托管人与基金管理人不得为同一机构，不得相互出资或者持有股份。

第三十六条　基金托管人应当履行下列职责：

（一）安全保管基金财产；

（二）按照规定开设基金财产的资金账户和证券账户；

（三）对所托管的不同基金财产分别设置账户，确保基金财产的完整与独立；

（四）保存基金托管业务活动的记录、账册、报表和其他相关资料；

（五）按照基金合同的约定，根据基金管理人的投资指令，及时办理清算、交割事宜；

（六）办理与基金托管业务活动有关的信息披露事项；

（七）对基金财务会计报告、中期和年度基金报告出具意见；

（八）复核、审查基金管理人计算的基金资产净值和基金份额申购、赎回价格；

（九）按照规定召集基金份额持有人大会；

（十）按照规定监督基金管理人的投资运作；

（十一）国务院证券监督管理机构规定的其他职责。

第三十七条　基金托管人发现基金管理人的投资指令违反法律、行政法规和其他有关规定，或者违反基金合同约定的，应当拒绝执行，立即通知基金管理人，并及时向国务院证券监督管理机构报告。

基金托管人发现基金管理人依据交易程序已经生效的投资指令违反法律、行政法规和其他有关规定，或者违反基金合同约定的，应当立即通知基金管理人，并及时向国务院证券监督管理机构报告。

第三十八条 本法第二十条、第二十二条的规定,适用于基金托管人。

第三十九条 基金托管人不再具备本法规定的条件,或者未能勤勉尽责,在履行本法规定的职责时存在重大失误的,国务院证券监督管理机构、国务院银行业监督管理机构应当责令其改正;逾期未改正,或者其行为严重影响所托管基金的稳健运行、损害基金份额持有人利益的,国务院证券监督管理机构、国务院银行业监督管理机构可以区别情形,对其采取下列措施:

(一)限制业务活动,责令暂停办理新的基金托管业务;

(二)责令更换负有责任的专门基金托管部门的高级管理人员。

基金托管人整改后,应当向国务院证券监督管理机构、国务院银行业监督管理机构提交报告;经验收,符合有关要求的,应当自验收完毕之日起三日内解除对其采取的有关措施。

第四十条 国务院证券监督管理机构、国务院银行业监督管理机构对有下列情形之一的基金托管人,可以取消其基金托管资格:

(一)连续三年没有开展基金托管业务的;

(二)违反本法规定,情节严重的;

(三)法律、行政法规规定的其他情形。

第四十一条 有下列情形之一的,基金托管人职责终止:

(一)被依法取消基金托管资格;

(二)被基金份额持有人大会解任;

(三)依法解散、被依法撤销或者被依法宣告破产;

(四)基金合同约定的其他情形。

第四十二条 基金托管人职责终止的,基金份额持有人大会应当在六个月内选任新基金托管人;新基金托管人产生前,由国务院证券监督管理机构指定临时基金托管人。

基金托管人职责终止的,应当妥善保管基金财产和基金托管业务资料,及时办理基金财产和基金托管业务的移交手续,新基金托管人或者临时基金托管人应当及时接收。

第四十三条 基金托管人职责终止的,应当按照规定聘请会计师事务所对基金财产进行审计,并将审计结果予以公告,同时报国务院证券监督管理机构备案。

第四章 基金的运作方式和组织

第四十四条 基金合同应当约定基金的运作方式。

第四十五条 基金的运作方式可以采用封闭式、开放式或者其他方式。

采用封闭式运作方式的基金(以下简称封闭式基金),是指基金份额总额在基金合同期限内固定不变,基金份额持有人不得申请赎回的基金;采用开放式运作方式的基金(以下简称开放式基金),是指基金份额总额不固定,基金份额可以在基金合同约定的时间和场所申购或者赎回的基金。

采用其他运作方式的基金的基金份额发售、交易、申购、赎回的办法,由国务院证券监督管理机构另行规定。

第四十六条　基金份额持有人享有下列权利：

（一）分享基金财产收益；

（二）参与分配清算后的剩余基金财产；

（三）依法转让或者申请赎回其持有的基金份额；

（四）按照规定要求召开基金份额持有人大会或者召集基金份额持有人大会；

（五）对基金份额持有人大会审议事项行使表决权；

（六）对基金管理人、基金托管人、基金服务机构损害其合法权益的行为依法提起诉讼；

（七）基金合同约定的其他权利。

公开募集基金的基金份额持有人有权查阅或者复制公开披露的基金信息资料；非公开募集基金的基金份额持有人对涉及自身利益的情况，有权查阅基金的财务会计账簿等财务资料。

第四十七条　基金份额持有人大会由全体基金份额持有人组成，行使下列职权：

（一）决定基金扩募或者延长基金合同期限；

（二）决定修改基金合同的重要内容或者提前终止基金合同；

（三）决定更换基金管理人、基金托管人；

（四）决定调整基金管理人、基金托管人的报酬标准；

（五）基金合同约定的其他职权。

第四十八条　按照基金合同约定，基金份额持有人大会可以设立日常机构，行使下列职权：

（一）召集基金份额持有人大会；

（二）提请更换基金管理人、基金托管人；

（三）监督基金管理人的投资运作、基金托管人的托管活动；

（四）提请调整基金管理人、基金托管人的报酬标准；

（五）基金合同约定的其他职权。

前款规定的日常机构，由基金份额持有人大会选举产生的人员组成；其议事规则，由基金合同约定。

第四十九条　基金份额持有人大会及其日常机构不得直接参与或者干涉基金的投资管理活动。

第五章　基金的公开募集

第五十条　公开募集基金，应当经国务院证券监督管理机构注册。未经注册，不得公开或者变相公开募集基金。

前款所称公开募集基金，包括向不特定对象募集资金、向特定对象募集资金累计超过二百人，以及法律、行政法规规定的其他情形。

公开募集基金应当由基金管理人管理，基金托管人托管。

第五十一条 注册公开募集基金,由拟任基金管理人向国务院证券监督管理机构提交下列文件:

(一)申请报告;

(二)基金合同草案;

(三)基金托管协议草案;

(四)招募说明书草案;

(五)律师事务所出具的法律意见书;

(六)国务院证券监督管理机构规定提交的其他文件。

第五十二条 公开募集基金的基金合同应当包括下列内容:

(一)募集基金的目的和基金名称;

(二)基金管理人、基金托管人的名称和住所;

(三)基金的运作方式;

(四)封闭式基金的基金份额总额和基金合同期限,或者开放式基金的最低募集份额总额;

(五)确定基金份额发售日期、价格和费用的原则;

(六)基金份额持有人、基金管理人和基金托管人的权利、义务;

(七)基金份额持有人大会召集、议事及表决的程序和规则;

(八)基金份额发售、交易、申购、赎回的程序、时间、地点、费用计算方式,以及给付赎回款项的时间和方式;

(九)基金收益分配原则、执行方式;

(十)基金管理人、基金托管人报酬的提取、支付方式与比例;

(十一)与基金财产管理、运用有关的其他费用的提取、支付方式;

(十二)基金财产的投资方向和投资限制;

(十三)基金资产净值的计算方法和公告方式;

(十四)基金募集未达到法定要求的处理方式;

(十五)基金合同解除和终止的事由、程序以及基金财产清算方式;

(十六)争议解决方式;

(十七)当事人约定的其他事项。

第五十三条 公开募集基金的基金招募说明书应当包括下列内容:

(一)基金募集申请的准予注册文件名称和注册日期;

(二)基金管理人、基金托管人的基本情况;

(三)基金合同和基金托管协议的内容摘要;

(四)基金份额的发售日期、价格、费用和期限;

(五)基金份额的发售方式、发售机构及登记机构名称;

(六)出具法律意见书的律师事务所和审计基金财产的会计师事务所的名称和住所;

(七)基金管理人、基金托管人报酬及其他有关费用的提取、支付方式与比例;

(八)风险警示内容;

(九)国务院证券监督管理机构规定的其他内容。

第五十四条　国务院证券监督管理机构应当自受理公开募集基金的募集注册申请之日起六个月内依照法律、行政法规及国务院证券监督管理机构的规定进行审查，作出注册或者不予注册的决定，并通知申请人；不予注册的，应当说明理由。

第五十五条　基金募集申请经注册后，方可发售基金份额。

基金份额的发售，由基金管理人或者其委托的基金销售机构办理。

第五十六条　基金管理人应当在基金份额发售的三日前公布招募说明书、基金合同及其他有关文件。

前款规定的文件应当真实、准确、完整。

对基金募集所进行的宣传推介活动，应当符合有关法律、行政法规的规定，不得有本法第七十七条所列行为。

第五十七条　基金管理人应当自收到准予注册文件之日起六个月内进行基金募集。超过六个月开始募集，原注册的事项未发生实质性变化的，应当报国务院证券监督管理机构备案；发生实质性变化的，应当向国务院证券监督管理机构重新提交注册申请。

基金募集不得超过国务院证券监督管理机构准予注册的基金募集期限。基金募集期限自基金份额发售之日起计算。

第五十八条　基金募集期限届满，封闭式基金募集的基金份额总额达到准予注册规模的百分之八十以上，开放式基金募集的基金份额总额超过准予注册的最低募集份额总额，并且基金份额持有人人数符合国务院证券监督管理机构规定的，基金管理人应当自募集期限届满之日起十日内聘请法定验资机构验资，自收到验资报告之日起十日内，向国务院证券监督管理机构提交验资报告，办理基金备案手续，并予以公告。

第五十九条　基金募集期间募集的资金应当存入专门账户，在基金募集行为结束前，任何人不得动用。

第六十条　投资人缴纳认购的基金份额的款项时，基金合同成立；基金管理人依照本法第五十八条的规定向国务院证券监督管理机构办理基金备案手续，基金合同生效。

基金募集期限届满，不能满足本法第五十八条规定的条件的，基金管理人应当承担下列责任：

（一）以其固有财产承担因募集行为而产生的债务和费用；

（二）在基金募集期限届满后三十日内返还投资人已缴纳的款项，并加计银行同期存款利息。

第六章　公开募集基金的基金份额的交易、申购与赎回

第六十一条　申请基金份额上市交易，基金管理人应当向证券交易所提出申请，证券交易所依法审核同意的，双方应当签订上市协议。

第六十二条　基金份额上市交易，应当符合下列条件：

（一）基金的募集符合本法规定；

（二）基金合同期限为五年以上；

（三）基金募集金额不低于二亿元人民币；

(四)基金份额持有人不少于一千人;

(五)基金份额上市交易规则规定的其他条件。

第六十三条 基金份额上市交易规则由证券交易所制定,报国务院证券监督管理机构批准。

第六十四条 基金份额上市交易后,有下列情形之一的,由证券交易所终止其上市交易,并报国务院证券监督管理机构备案:

(一)不再具备本法第六十二条规定的上市交易条件;

(二)基金合同期限届满;

(三)基金份额持有人大会决定提前终止上市交易;

(四)基金合同约定的或者基金份额上市交易规则规定的终止上市交易的其他情形。

第六十五条 开放式基金的基金份额的申购、赎回、登记,由基金管理人或者其委托的基金服务机构办理。

第六十六条 基金管理人应当在每个工作日办理基金份额的申购、赎回业务;基金合同另有约定的,从其约定。

投资人交付申购款项,申购成立;基金份额登记机构确认基金份额时,申购生效。

基金份额持有人递交赎回申请,赎回成立;基金份额登记机构确认赎回时,赎回生效。

第六十七条 基金管理人应当按时支付赎回款项,但是下列情形除外:

(一)因不可抗力导致基金管理人不能支付赎回款项;

(二)证券交易场所依法决定临时停市,导致基金管理人无法计算当日基金资产净值;

(三)基金合同约定的其他特殊情形。

发生上述情形之一的,基金管理人应当在当日报国务院证券监督管理机构备案。

本条第一款规定的情形消失后,基金管理人应当及时支付赎回款项。

第六十八条 开放式基金应当保持足够的现金或者政府债券,以备支付基金份额持有人的赎回款项。基金财产中应当保持的现金或者政府债券的具体比例,由国务院证券监督管理机构规定。

第六十九条 基金份额的申购、赎回价格,依据申购、赎回日基金份额净值加、减有关费用计算。

第七十条 基金份额净值计价出现错误时,基金管理人应当立即纠正,并采取合理的措施防止损失进一步扩大。计价错误达到基金份额净值百分之零点五时,基金管理人应当公告,并报国务院证券监督管理机构备案。

因基金份额净值计价错误造成基金份额持有人损失的,基金份额持有人有权要求基金管理人、基金托管人予以赔偿。

第七章 公开募集基金的投资与信息披露

第七十一条 基金管理人运用基金财产进行证券投资,除国务院证券监督管理机构另有规定外,应当采用资产组合的方式。

资产组合的具体方式和投资比例,依照本法和国务院证券监督管理机构的规定在基金合同中约定。

第七十二条　基金财产应当用于下列投资：

（一）上市交易的股票、债券；

（二）国务院证券监督管理机构规定的其他证券及其衍生品种。

第七十三条　基金财产不得用于下列投资或者活动：

（一）承销证券；

（二）违反规定向他人贷款或者提供担保；

（三）从事承担无限责任的投资；

（四）买卖其他基金份额，但是国务院证券监督管理机构另有规定的除外；

（五）向基金管理人、基金托管人出资；

（六）从事内幕交易、操纵证券交易价格及其他不正当的证券交易活动；

（七）法律、行政法规和国务院证券监督管理机构规定禁止的其他活动。

运用基金财产买卖基金管理人、基金托管人及其控股股东、实际控制人或者与其有其他重大利害关系的公司发行的证券或承销期内承销的证券，或者从事其他重大关联交易的，应当遵循基金份额持有人利益优先的原则，防范利益冲突，符合国务院证券监督管理机构的规定，并履行信息披露义务。

第七十四条　基金管理人、基金托管人和其他基金信息披露义务人应当依法披露基金信息，并保证所披露信息的真实性、准确性和完整性。

第七十五条　基金信息披露义务人应当确保应予披露的基金信息在国务院证券监督管理机构规定时间内披露，并保证投资人能够按照基金合同约定的时间和方式查阅或者复制公开披露的信息资料。

第七十六条　公开披露的基金信息包括：

（一）基金招募说明书、基金合同、基金托管协议；

（二）基金募集情况；

（三）基金份额上市交易公告书；

（四）基金资产净值、基金份额净值；

（五）基金份额申购、赎回价格；

（六）基金财产的资产组合季度报告、财务会计报告及中期和年度基金报告；

（七）临时报告；

（八）基金份额持有人大会决议；

（九）基金管理人、基金托管人的专门基金托管部门的重大人事变动；

（十）涉及基金财产、基金管理业务、基金托管业务的诉讼或者仲裁；

（十一）国务院证券监督管理机构规定应予披露的其他信息。

第七十七条　公开披露基金信息，不得有下列行为：

（一）虚假记载、误导性陈述或者重大遗漏；

（二）对证券投资业绩进行预测；

（三）违规承诺收益或者承担损失；

（四）诋毁其他基金管理人、基金托管人或者基金销售机构；

(五)法律、行政法规和国务院证券监督管理机构规定禁止的其他行为。

第八章 公开募集基金的基金合同的变更、终止与基金财产清算

第七十八条 按照基金合同的约定或者基金份额持有人大会的决议,基金可以转换运作方式或者与其他基金合并。

第七十九条 封闭式基金扩募或者延长基金合同期限,应当符合下列条件,并报国务院证券监督管理机构备案:

(一)基金运营业绩良好;

(二)基金管理人最近两年内没有因违法违规行为受到行政处罚或者刑事处罚;

(三)基金份额持有人大会决议通过;

(四)本法规定的其他条件。

第八十条 有下列情形之一的,基金合同终止:

(一)基金合同期限届满而未延期;

(二)基金份额持有人大会决定终止;

(三)基金管理人、基金托管人职责终止,在六个月内没有新基金管理人、新基金托管人承接;

(四)基金合同约定的其他情形。

第八十一条 基金合同终止时,基金管理人应当组织清算组对基金财产进行清算。

清算组由基金管理人、基金托管人以及相关的中介服务机构组成。

清算组作出的清算报告经会计师事务所审计,律师事务所出具法律意见书后,报国务院证券监督管理机构备案并公告。

第八十二条 清算后的剩余基金财产,应当按照基金份额持有人所持份额比例进行分配。

第九章 公开募集基金的基金份额持有人权利行使

第八十三条 基金份额持有人大会由基金管理人召集。基金份额持有人大会设立日常机构的,由该日常机构召集;该日常机构未召集的,由基金管理人召集。基金管理人未按规定召集或者不能召集的,由基金托管人召集。

代表基金份额百分之十以上的基金份额持有人就同一事项要求召开基金份额持有人大会,而基金份额持有人大会的日常机构、基金管理人、基金托管人都不召集的,代表基金份额百分之十以上的基金份额持有人有权自行召集,并报国务院证券监督管理机构备案。

第八十四条 召开基金份额持有人大会,召集人应当至少提前三十日公告基金份额持有人大会的召开时间、会议形式、审议事项、议事程序和表决方式等事项。

基金份额持有人大会不得就未经公告的事项进行表决。

第八十五条 基金份额持有人大会可以采取现场方式召开,也可以采取通信等方式召开。

每一基金份额具有一票表决权，基金份额持有人可以委托代理人出席基金份额持有人大会并行使表决权。

第八十六条　基金份额持有人大会应当有代表二分之一以上基金份额的持有人参加，方可召开。

参加基金份额持有人大会的持有人的基金份额低于前款规定比例的，召集人可以在原公告的基金份额持有人大会召开时间的三个月以后、六个月以内，就原定审议事项重新召集基金份额持有人大会。重新召集的基金份额持有人大会应当有代表三分之一以上基金份额的持有人参加，方可召开。

基金份额持有人大会就审议事项作出决定，应当经参加大会的基金份额持有人所持表决权的二分之一以上通过；但是，转换基金的运作方式、更换基金管理人或者基金托管人、提前终止基金合同以及与其他基金合并等事项，应当经参加大会的基金份额持有人所持表决权的三分之二以上通过。

基金份额持有人大会决定的事项，应当依法报国务院证券监督管理机构备案，并予以公告。

第十章　非公开募集基金

第八十七条　非公开募集基金应当向合格投资者募集，合格投资者累计不得超过二百人。

前款所称合格投资者，是指达到规定资产规模或者收入水平，具备相应的风险识别能力和风险承担能力并且其基金份额认购金额不低于规定限额的单位和个人。

合格投资者的具体标准由国务院证券监督管理机构规定。

第八十八条　除基金合同另有约定外，非公开募集基金应当由基金托管人托管。

第八十九条　担任非公开募集基金的基金管理人，应当按照规定向基金行业协会履行登记手续，报送基本情况。

第九十条　未经登记，任何单位或者个人不得使用“基金”或者“基金管理”字样或者近似名称进行证券投资活动；但是，法律、行政法规另有规定的除外。

第九十一条　非公开募集基金，不得向合格投资者之外的单位和个人募集资金，不得通过报刊、电台、电视台、互联网等公众传播媒体或者讲座、报告会、分析会等方式向不特定对象宣传推介。

第九十二条　非公开募集基金，应当制定并签订基金合同。基金合同应当包括下列内容：

（一）基金份额持有人、基金管理人、基金托管人的权利和义务；

（二）基金的运作方式；

（三）基金的出资方式、数额和认缴期限；

（四）基金的投资范围、投资策略和投资限制；

（五）基金收益分配原则、执行方式；

（六）基金承担的有关费用；

(七)基金信息提供的内容、方式;

(八)基金份额的认购、赎回或者转让的程序和方式;

(九)基金合同变更、解除和终止的事由、程序;

(十)基金财产清算方式;

(十一)当事人约定的其他事项。

基金份额持有人转让基金份额的,应当符合本法第八十七条、第九十一条的规定。

第九十三条 按照基金合同约定,非公开募集基金可以由部分基金份额持有人作为基金管理人负责基金的投资管理活动,并在基金财产不足以清偿其债务时对基金财产的债务承担无限连带责任。

前款规定的非公开募集基金,其基金合同还应载明:

(一)承担无限连带责任的基金份额持有人和其他基金份额持有人的姓名或者名称、住所;

(二)承担无限连带责任的基金份额持有人的除名条件和更换程序;

(三)基金份额持有人增加、退出的条件、程序以及相关责任;

(四)承担无限连带责任的基金份额持有人和其他基金份额持有人的转换程序。

第九十四条 非公开募集基金募集完毕,基金管理人应当向基金行业协会备案。对募集的资金总额或者基金份额持有人的人数达到规定标准的基金,基金行业协会应当向国务院证券监督管理机构报告。

非公开募集基金财产的证券投资,包括买卖公开发行的股份有限公司股票、债券、基金份额,以及国务院证券监督管理机构规定的其他证券及其衍生品种。

第九十五条 基金管理人、基金托管人应当按照基金合同的约定,向基金份额持有人提供基金信息。

第九十六条 专门从事非公开募集基金管理业务的基金管理人,其股东、高级管理人员、经营期限、管理的基金资产规模等符合规定条件的,经国务院证券监督管理机构核准,可以从事公开募集基金管理业务。

第十一章 基金服务机构

第九十七条 从事公开募集基金的销售、销售支付、份额登记、估值、投资顾问、评价、信息技术系统服务等基金服务业务的机构,应当按照国务院证券监督管理机构的规定进行注册或者备案。

第九十八条 基金销售机构应当向投资人充分揭示投资风险,并根据投资人的风险承担能力销售不同风险等级的基金产品。

第九十九条 基金销售支付机构应当按照规定办理基金销售结算资金的划付,确保基金销售结算资金安全、及时划付。

第一百条 基金销售结算资金、基金份额独立于基金销售机构、基金销售支付机构或者基金份额登记机构的自有财产。基金销售机构、基金销售支付机构或者基金份额登记机构破产或者清算时,基金销售结算资金、基金份额不属于其破产财产或者清算财产。非因投资人本身的债务或者法律规定的其他情形，不得查封、冻结、扣划或者强制执行基金销售结算资金、基金份额。

基金销售机构、基金销售支付机构、基金份额登记机构应当确保基金销售结算资金、基金份额的安全和独立，禁止任何单位或者个人以任何形式挪用基金销售结算资金、基金份额。

第一百零一条　基金管理人可以委托基金服务机构代为办理基金的份额登记、核算、估值、投资顾问等事项，基金托管人可以委托基金服务机构代为办理基金的核算、估值、复核等事项，但基金管理人、基金托管人依法应当承担的责任不因委托而免除。

第一百零二条　基金份额登记机构以电子介质登记的数据，是基金份额持有人权利归属的根据。基金份额持有人以基金份额出质的，质权自基金份额登记机构办理出质登记时设立。

基金份额登记机构应当妥善保存登记数据，并将基金份额持有人名称、身份信息及基金份额明细等数据备份至国务院证券监督管理机构认定的机构。其保存期限自基金账户销户之日起不得少于二十年。

基金份额登记机构应当保证登记数据的真实、准确、完整，不得隐匿、伪造、篡改或者毁损。

第一百零三条　基金投资顾问机构及其从业人员提供基金投资顾问服务，应当具有合理的依据，对其服务能力和经营业绩进行如实陈述，不得以任何方式承诺或者保证投资收益，不得损害服务对象的合法权益。

第一百零四条　基金评价机构及其从业人员应当客观公正，按照依法制定的业务规则开展基金评价业务，禁止误导投资人，防范可能发生的利益冲突。

第一百零五条　基金管理人、基金托管人、基金服务机构的信息技术系统，应当符合规定的要求。国务院证券监督管理机构可以要求信息技术系统服务机构提供该信息技术系统的相关资料。

第一百零六条　律师事务所、会计师事务所接受基金管理人、基金托管人的委托，为有关基金业务活动出具法律意见书、审计报告、内部控制评价报告等文件，应当勤勉尽责，对所依据的文件资料内容的真实性、准确性、完整性进行核查和验证。其制作、出具的文件有虚假记载、误导性陈述或者重大遗漏，给他人财产造成损失的，应当与委托人承担连带赔偿责任。

第一百零七条　基金服务机构应当勤勉尽责、恪尽职守，建立应急等风险管理制度和灾难备份系统，不得泄露与基金份额持有人、基金投资运作相关的非公开信息。

第十二章　基金行业协会

第一百零八条　基金行业协会是证券投资基金行业的自律性组织，是社会团体法人。

基金管理人、基金托管人应当加入基金行业协会，基金服务机构可以加入基金行业协会。

第一百零九条　基金行业协会的权力机构为全体会员组成的会员大会。

基金行业协会设理事会。理事会成员依章程的规定由选举产生。

第一百一十条 基金行业协会章程由会员大会制定,并报国务院证券监督管理机构备案。

第一百一十一条 基金行业协会履行下列职责:

(一)教育和组织会员遵守有关证券投资的法律、行政法规,维护投资人合法权益;

(二)依法维护会员的合法权益,反映会员的建议和要求;

(三)制定和实施行业自律规则,监督、检查会员及其从业人员的执业行为,对违反自律规则和协会章程的,按照规定给予纪律处分;

(四)制定行业执业标准和业务规范,组织基金从业人员的从业考试、资质管理和业务培训;

(五)提供会员服务,组织行业交流,推动行业创新,开展行业宣传和投资人教育活动;

(六)对会员之间、会员与客户之间发生的基金业务纠纷进行调解;

(七)依法办理非公开募集基金的登记、备案;

(八)协会章程规定的其他职责。

第十三章　监督管理

第一百一十二条 国务院证券监督管理机构依法履行下列职责:

(一)制定有关证券投资基金活动监督管理的规章、规则,并行使审批、核准或者注册权;

(二)办理基金备案;

(三)对基金管理人、基金托管人及其他机构从事证券投资基金活动进行监督管理,对违法行为进行查处,并予以公告;

(四)制定基金从业人员的资格标准和行为准则,并监督实施;

(五)监督检查基金信息的披露情况;

(六)指导和监督基金行业协会的活动;

(七)法律、行政法规规定的其他职责。

第一百一十三条 国务院证券监督管理机构依法履行职责,有权采取下列措施:

(一)对基金管理人、基金托管人、基金服务机构进行现场检查,并要求其报送有关的业务资料;

(二)进入涉嫌违法行为发生场所调查取证;

(三)询问当事人和与被调查事件有关的单位和个人,要求其对与被调查事件有关的事项作出说明;

(四)查阅、复制与被调查事件有关的财产权登记、通信记录等资料;

(五)查阅、复制当事人和与被调查事件有关的单位和个人的证券交易记录、登记过户记录、财务会计资料及其他相关文件和资料;对可能被转移、隐匿或者毁损的文件和资料,可以予以封存;

(六)查询当事人和与被调查事件有关的单位和个人的资金账户、证券账户和银行账户；对有证据证明已经或者可能转移或者隐匿违法资金、证券等涉案财产或者隐匿、伪造、毁损重要证据的，经国务院证券监督管理机构主要负责人批准，可以冻结或者查封；

（七）在调查操纵证券市场、内幕交易等重大证券违法行为时，经国务院证券监督管理机构主要负责人批准，可以限制被调查事件当事人的证券买卖，但限制的期限不得超过十五个交易日；案情复杂的，可以延长十五个交易日。

第一百一十四条　国务院证券监督管理机构工作人员依法履行职责，进行调查或者检查时，不得少于二人，而且应当出示合法证件；对调查或者检查中知悉的商业秘密负有保密的义务。

第一百一十五条　国务院证券监督管理机构工作人员应当忠于职守，依法办事，公正廉洁，接受监督，不得利用职务牟取私利。

第一百一十六条　国务院证券监督管理机构依法履行职责时，被调查、检查的单位和个人应当配合，如实提供有关文件和资料，不得拒绝、阻碍和隐瞒。

第一百一十七条　国务院证券监督管理机构依法履行职责，发现违法行为涉嫌犯罪的，应当将案件移送司法机关处理。

第一百一十八条　国务院证券监督管理机构工作人员在任职期间，或者离职后在《中华人民共和国公务员法》规定的期限内，不得在被监管的机构中担任职务。

第十四章　法律责任

第一百一十九条　违反本法规定，未经批准擅自设立基金管理公司或者未经核准从事公开募集基金管理业务的，由证券监督管理机构予以取缔或者责令改正，没收违法所得，并处违法所得一倍以上五倍以下罚款；没有违法所得或者违法所得不足一百万元的，并处十万元以上一百万元以下罚款。对直接负责的主管人员和其他直接责任人员给予警告，并处三万元以上三十万元以下罚款。

基金管理公司违反本法规定，擅自变更持有百分之五以上股权的股东、实际控制人或者其他重大事项的，责令改正，没收违法所得，并处违法所得一倍以上五倍以下罚款；没有违法所得或者违法所得不足五十万元的，并处五万元以上五十万元以下罚款。对直接负责的主管人员给予警告，并处三万元以上十万元以下罚款。

第一百二十条　基金管理人的董事、监事、高级管理人员和其他从业人员，基金托管人的专门基金托管部门的高级管理人员和其他从业人员，未按照本法第十七条第一款规定申报的，责令改正，处三万元以上十万元以下罚款。

基金管理人、基金托管人违反本法第十七条第二款规定的，责令改正，处十万元以上一百万元以下罚款；对直接负责的主管人员和其他直接责任人员给予警告，暂停或者撤销基金从业资格，并处三万元以上三十万元以下罚款。

第一百二十一条　基金管理人的董事、监事、高级管理人员和其他从业人员，基金托管人的专门基金托管部门的高级管理人员和其他从业人员违反本法第十八条规定的，责令改正，没收违法所得，并处违法所得一倍以上五倍以下罚款；没有违法所得或者违法所得不足一百万元的，并处十万元以上一百万元以下罚款；情节严重的，撤销基金从业资格。

第一百二十二条 基金管理人、基金托管人违反本法规定,未对基金财产实行分别管理或者分账保管,责令改正,处五万元以上五十万元以下罚款;对直接负责的主管人员和其他直接责任人员给予警告,暂停或者撤销基金从业资格,并处三万元以上三十万元以下罚款。

第一百二十三条 基金管理人、基金托管人及其董事、监事、高级管理人员和其他从业人员有本法第二十条所列行为之一的,责令改正,没收违法所得,并处违法所得一倍以上五倍以下罚款;没有违法所得或者违法所得不足一百万元的,并处十万元以上一百万元以下罚款;基金管理人、基金托管人有上述行为的,还应当对其直接负责的主管人员和其他直接责任人员给予警告,暂停或者撤销基金从业资格,并处三万元以上三十万元以下罚款。

基金管理人、基金托管人及其董事、监事、高级管理人员和其他从业人员侵占、挪用基金财产而取得的财产和收益,归入基金财产。但是,法律、行政法规另有规定的,依照其规定。

第一百二十四条 基金管理人的股东、实际控制人违反本法第二十三条规定的,责令改正,没收违法所得,并处违法所得一倍以上五倍以下罚款;没有违法所得或者违法所得不足一百万元的,并处十万元以上一百万元以下罚款;对直接负责的主管人员和其他直接责任人员给予警告,暂停或者撤销基金或证券从业资格,并处三万元以上三十万元以下罚款。

第一百二十五条 未经核准,擅自从事基金托管业务的,责令停止,没收违法所得,并处违法所得一倍以上五倍以下罚款;没有违法所得或者违法所得不足一百万元的,并处十万元以上一百万元以下罚款;对直接负责的主管人员和其他直接责任人员给予警告,并处三万元以上三十万元以下罚款。

第一百二十六条 基金管理人、基金托管人违反本法规定,相互出资或者持有股份的,责令改正,可以处十万元以下罚款。

第一百二十七条 违反本法规定,擅自公开或者变相公开募集基金的,责令停止,返还所募资金和加计的银行同期存款利息,没收违法所得,并处所募资金金额百分之一以上百分之五以下罚款。对直接负责的主管人员和其他直接责任人员给予警告,并处五万元以上五十万元以下罚款。

第一百二十八条 违反本法第五十九条规定,动用募集的资金的,责令返还,没收违法所得,并处违法所得一倍以上五倍以下罚款;没有违法所得或者违法所得不足五十万元的,并处五万元以上五十万元以下罚款;对直接负责的主管人员和其他直接责任人员给予警告,并处三万元以上三十万元以下罚款。

第一百二十九条 基金管理人、基金托管人有本法第七十三条第一款第一项至第五项和第七项所列行为之一,或者违反本法第七十三条第二款规定的,责令改正,处十万元以上一百万元以下罚款;对直接负责的主管人员和其他直接责任人员给予警告,暂停或者撤销基金从业资格,并处三万元以上三十万元以下罚款。

基金管理人、基金托管人有前款行为,运用基金财产而取得的财产和收益,归入基金财产。但是,法律、行政法规另有规定的,依照其规定。

第一百三十条 基金管理人、基金托管人有本法第七十三条第一款第六项规定行为的，除依照《中华人民共和国证券法》的有关规定处罚外，对直接负责的主管人员和其他直接责任人员暂停或者撤销基金从业资格。

第一百三十一条 基金信息披露义务人不依法披露基金信息或者披露的信息有虚假记载、误导性陈述或者重大遗漏的，责令改正，没收违法所得，并处十万元以上一百万元以下罚款；对直接负责的主管人员和其他直接责任人员给予警告，暂停或者撤销基金从业资格，并处三万元以上三十万元以下罚款。

第一百三十二条 基金管理人或者基金托管人不按照规定召集基金份额持有人大会的，责令改正，可以处五万元以下罚款；对直接负责的主管人员和其他直接责任人员给予警告，暂停或者撤销基金从业资格。

第一百三十三条 违反本法规定，未经登记，使用“基金”或者“基金管理”字样或者近似名称进行证券投资活动的，没收违法所得，并处违法所得一倍以上五倍以下罚款；没有违法所得或者违法所得不足一百万元的，并处十万元以上一百万元以下罚款。对直接负责的主管人员和其他直接责任人员给予警告，并处三万元以上三十万元以下罚款。

第一百三十四条 违反本法规定，非公开募集基金募集完毕，基金管理人未备案的，处十万元以上三十万元以下罚款。对直接负责的主管人员和其他直接责任人员给予警告，并处三万元以上十万元以下罚款。

第一百三十五条 违反本法规定，向合格投资者之外的单位或者个人非公开募集资金或者转让基金份额的，没收违法所得，并处违法所得一倍以上五倍以下罚款；没有违法所得或者违法所得不足一百万元的，并处十万元以上一百万元以下罚款。对直接负责的主管人员和其他直接责任人员给予警告，并处三万元以上三十万元以下罚款。

第一百三十六条 违反本法规定，擅自从事公开募集基金的基金服务业务的，责令改正，没收违法所得，并处违法所得一倍以上五倍以下罚款；没有违法所得或者违法所得不足三十万元的，并处十万元以上三十万元以下罚款。对直接负责的主管人员和其他直接责任人员给予警告，并处三万元以上十万元以下罚款。

第一百三十七条 基金销售机构未向投资人充分揭示投资风险并误导其购买与其风险承担能力不相当的基金产品的，处十万元以上三十万元以下罚款；情节严重的，责令其停止基金服务业务。对直接负责的主管人员和其他直接责任人员给予警告，撤销基金从业资格，并处三万元以上十万元以下罚款。

第一百三十八条 基金销售支付机构未按照规定划付基金销售结算资金的，处十万元以上三十万元以下罚款；情节严重的，责令其停止基金服务业务。对直接负责的主管人员和其他直接责任人员给予警告，撤销基金从业资格，并处三万元以上十万元以下罚款。

第一百三十九条 挪用基金销售结算资金或者基金份额的，责令改正，没收违法所得，并处违法所得一倍以上五倍以下罚款；没有违法所得或者违法所得不足一百万元的，并处十万元以上一百万元以下罚款。对直接负责的主管人员和其他直接责任人员给予警告，并处三万元以上三十万元以下罚款。

第一百四十条 基金份额登记机构未妥善保存或者备份基金份额登记数据的，责令改正，给予警告，并处十万元以上三十万元以下罚款；情节严重的，责令其停止基金服务业务。对直接负责的主管人员和其他直接责任人员给予警告，撤销基金从业资格，并处三万元以上十万元以下罚款。

基金份额登记机构隐匿、伪造、篡改、毁损基金份额登记数据的，责令改正，处十万元以上一百万元以下罚款，并责令其停止基金服务业务。对直接负责的主管人员和其他直接责任人员给予警告，撤销基金从业资格，并处三万元以上三十万元以下罚款。

第一百四十一条 基金投资顾问机构、基金评价机构及其从业人员违反本法规定开展投资顾问、基金评价服务的，处十万元以上三十万元以下罚款；情节严重的，责令其停止基金服务业务。对直接负责的主管人员和其他直接责任人员给予警告，撤销基金从业资格，并处三万元以上十万元以下罚款。

第一百四十二条 信息技术系统服务机构未按照规定向国务院证券监督管理机构提供相关信息技术系统资料，或者提供的信息技术系统资料虚假、有重大遗漏的，责令改正，处三万元以上十万元以下罚款。对直接负责的主管人员和其他直接责任人员给予警告，并处一万元以上三万元以下罚款。

第一百四十三条 会计师事务所、律师事务所未勤勉尽责，所出具的文件有虚假记载、误导性陈述或者重大遗漏的，责令改正，没收业务收入，暂停或者撤销相关业务许可，并处业务收入一倍以上五倍以下罚款。对直接负责的主管人员和其他直接责任人员给予警告，并处三万元以上十万元以下罚款。

第一百四十四条 基金服务机构未建立应急等风险管理制度和灾难备份系统，或者泄露与基金份额持有人、基金投资运作相关的非公开信息的，处十万元以上三十万元以下罚款；情节严重的，责令其停止基金服务业务。对直接负责的主管人员和其他直接责任人员给予警告，撤销基金从业资格，并处三万元以上十万元以下罚款。

第一百四十五条 违反本法规定，给基金财产、基金份额持有人或者投资人造成损害的，依法承担赔偿责任。

基金管理人、基金托管人在履行各自职责的过程中，违反本法规定或者基金合同约定，给基金财产或者基金份额持有人造成损害的，应当分别对各自的行为依法承担赔偿责任；因共同行为给基金财产或者基金份额持有人造成损害的，应当承担连带赔偿责任。

第一百四十六条 证券监督管理机构工作人员玩忽职守、滥用职权、徇私舞弊或者利用职务上的便利索取或者收受他人财物的，依法给予行政处分。

第一百四十七条 拒绝、阻碍证券监督管理机构及其工作人员依法行使监督检查、调查职权未使用暴力、威胁方法的，依法给予治安管理处罚。

第一百四十八条 违反法律、行政法规或者国务院证券监督管理机构的有关规定，情节严重的，国务院证券监督管理机构可以对有关责任人员采取证券市场禁入的措施。

第一百四十九条 违反本法规定，构成犯罪的，依法追究刑事责任。

第一百五十条 违反本法规定，应当承担民事赔偿责任和缴纳罚款、罚金，其财产不足以同时支付时，先承担民事赔偿责任。

第一百五十一条 依照本法规定，基金管理人、基金托管人、基金服务机构应当承担的民事赔偿责任和缴纳的罚款、罚金，由基金管理人、基金托管人、基金服务机构以其固有财产承担。

依法收缴的罚款、罚金和没收的违法所得，应当全部上缴国库。

第十五章　附　则

第一百五十二条　在中华人民共和国境内募集投资境外证券的基金，以及合格境外投资者在境内进行证券投资，应当经国务院证券监督管理机构批准，具体办法由国务院证券监督管理机构会同国务院有关部门规定，报国务院批准。

第一百五十三条　公开或者非公开募集资金，以进行证券投资活动为目的设立的公司或者合伙企业，资产由基金管理人或者普通合伙人管理的，其证券投资活动适用本法。

第一百五十四条　本法自2013年6月1日起施行。

最高人民法院关于认真学习贯彻适用《关于适用〈中华人民共和国民事诉讼法〉的解释》的通知

2015年2月4日　法释[2015]31号

各省、自治区、直辖市高级人民法院，解放军军事法院，新疆维吾尔自治区高级人民法院生产建设兵团分院：

2015年2月4日，最高人民法院公布实施了《关于适用〈中华人民共和国民事诉讼法〉的解释》（以下简称《民诉法解释》）。为保证统一正确适用《民诉法解释》，特通知如下：

一、深刻认识学习贯彻适用《民诉法解释》的重大意义

《中华人民共和国民事诉讼法》（以下简称《民事诉讼法》）是中国特色社会主义法律体系中的基本法律之一，是人民法院审判和执行民事案件在程序方面的基本法律依据。2013年1月1日起实施的《全国人民代表大会常务委员会关于修改〈中华人民共和国民事诉讼法〉的决定》（以下简称《民诉法修改决定》）对民事诉讼法作出了重大修改完善，有力地支持了人民法院民事审判和执行工作，极大地加强了对民事主体民事权利的保护，是我国民主法治建设的重大立法成果。最高人民法院高度重视修改后《民事诉讼法》的贯彻实施工作，《民诉法修改决定》通过后，第一时间成立了修改后《民事诉讼法》贯彻实施工作领导小组，正式启动了《民诉法解释》起草工作。自2013年1月至2014年年底，领导小组认真学习贯彻党的十八大和十八届三中、四中全会精神，紧紧围绕"让人民群众在每一个司法案件中都感受到公平正义"这个目标，在深入调查研究、广泛征求意见、充分论证的基础上，完成了起草工作。2014年12月28日，最高人民法院审判委员会审议通过了《民诉法解释》。

《民诉法解释》共分23章、552条。《民诉法解释》对人民法院适用《民事诉讼法》的相关问题作了全面系统、明确具体的规定，是最高人民法院有史以来条文最多、篇幅最长的司法解释，是最高人民法院有史以来参加起草部门最多、参加起草人员最多的司法解释，是人民法院审判和执行工作中适用最为广泛的司法解释，是最高人民法院贯彻落实党的十八届四中全会精神的重大举措。《民诉法解释》的制定实施，对确保修改后《民事诉讼法》的正确、统一、严格、有效实施，更加有效地保障当事人的诉讼权利，更加积极地维护司法公正、促进经济社会发展、维护社会和谐稳定，更加有力地为建设中国特色社会主义法治体系、建设社会主义法治国家提供司法保障，树立司法公信，提高司法权威，具有十分重要的意义。全国法院要高度重视《民诉法解释》的学习和贯彻适用，要以这次《民诉法解释》贯彻适用工作为契机，进一步提升人民法院民事审判和执行工作的质量、效率和水平。

二、认真学习好、领会好、适用好民事诉讼法解释

全国法院要从以下几个方面重点学习掌握《民诉法解释》的相关规定：

(一)学习领会《民诉法解释》关于保障民事诉讼程序公正的相关规定，进一步强化程序意识

党的十八届四中全会通过的《中共中央关于全面推进依法治国若干重大问题的决定》(以下简称“党的十八届四中全会《决定》”)指出，公正是法治的生命线。公正的诉讼程序是实现实体公正的保障，是司法公正的重要内容。任何一项实体法律制度都必须通过程序法律的具体配合，才能得到有效实施。程序公正与实体公正相辅相成，不可分割。《民诉法解释》根据修改后《民事诉讼法》相关规定，对专属管辖、地域管辖、管辖转移等作出细化规定，对审判人员应当自行回避、当事人有权申请审判人员回避的适用情形及处理程序作出修改完善，增加规定了缺席判决适用条件、庭前会议内容、争议焦点归纳、法庭审理范围以及简易程序转为普通程序、小额诉讼程序转为普通程序等内容，明确了“严重违反法定程序”的判断标准，对确保诉讼程序依法公正有序进行具有重要意义。全国法院要认真学习领会、正确适用上述规定，要认真落实程序公正的理念，始终坚持当事人诉讼权利的平等保护和诉讼义务的平衡负担，努力实现程序公正和实体公正的有机统一，赢得当事人和社会公众的信赖、认同和尊重，不断提升司法公信，维护司法权威。

(二)学习领会《民诉法解释》关于保障当事人诉讼权利的相关规定，进一步强化诉权意识

党的十八届四中全会《决定》指出，要加强人权司法保障，强化诉讼过程中当事人和其他诉讼参与人的知情权、陈述权、辩护辩论权、申请权、申诉权的制度保障。诉权是当事人启动和推动民事诉讼程序的基本权利，也是我国宪法规定的人民群众的基本权利。尊重和保障当事人的诉权，是《民事诉讼法》的立法宗旨和基本功能，也是对人民法院民事审判和执行工作的本质要求。《民诉法解释》根据修改后《民事诉讼法》相关规定，细化规定公益诉讼制度、第三人撤销诉讼的规定、执行异议之诉制度，建立完善立案登记制，规范申请撤诉行为，明确反诉、重复起诉的判断标准，修改完善第三人参加诉讼的规定，明确规定剥夺辩论权利的情形，进一步完善证据制度、送达程序、审前程序、审理程序、再审程序、执行程序等，充分体现了对当事人民事诉讼主体地位的尊重。全国法院要认真学习领会、正确适用上述规定，进一步加强对当事人诉权的司法保障，切实将法律中规定的各项程序制度和诉权保护真正落到民事诉讼的每一个阶段和环节，依法规范审判和执行活动，促进诉讼和谐，防止因程序上的疏漏造成对当事人不公正，影响其诉讼权利的行使，造成其实体权利的损害。

(三)学习领会《民诉法解释》关于规范证据的审查与运用的相关规定，进一步强化证据意识

证据制度是现代民事诉讼制度的基石。党的十八届四中全会《决定》指出，要全面贯彻证据裁判规则的要求，严格依法收集、固定、保存、审查、运用证据，完善证人、鉴定人出

庭制度,保证庭审在查明事实、认定证据、保护诉权、公正裁判中发挥决定性作用。《民诉法解释》根据修改后《民事诉讼法》相关规定,认真总结民事审判实践经验,结合审判工作实际,增加规定举证责任分配原则、证据举证时限和逾期举证责任、法官组织质证和进行认证规则以及法官审查判断证据原则,并对专家辅助人以及鉴定、勘验制度等问题作出了细化规定,对切实保障当事人举证权利、查明案件事实具有重要意义。全国法院要认真学习领会、正确适用上述规定,不断强化证据意识,充分考虑当事人的举证能力,合理分配举证责任,认真审核认定证据,努力提高办案的质量和效率。

(四)学习领会《民诉法解释》关于提高民事审判工作效率的相关规定,进一步强化效率意识

诉讼效率与诉讼公正是人民法院审判和执行工作的灵魂和生命,是人民群众对民事审判和执行工作的期待,也是人民法院审判和执行工作的基本要求。当前,人民法院特别是基层人民法院和中级人民法院,案多人少的问题十分突出,疑难复杂案件和新类型案件明显增加;同时,人民群众对民事审判和执行工作规范化建设提出了新的更高的要求。广大法官普遍感受到审判和执行工作的压力越来越大。上述问题的解决需要进一步提高诉讼效率。《民诉法解释》根据修改后《民事诉讼法》相关规定,细化规定适用小额诉讼程序、简易程序以及普通诉讼程序审理案件的有关期间和送达方式,完善简易程序案件和小额诉讼案件的适用范围、程序转换以及裁判文书简化等规定,增加规定审理前准备和庭前会议制度以实现立案阶段的繁简分流,细化规定实现担保物权特别程序案件的申请人资格、提交材料及审查范围、审理方式等内容,对提高审判效率、减低当事人诉讼成本、合理配置和利用司法资源具有重要作用。全国法院要认真学习领会、正确适用上述规定,创新司法为民、便民、利民的方式,积极探索民事案件分流措施,切实落实简易程序和小额诉讼程序规定,依法及早采取执行措施,加强审判流程管理,有效整合司法资源,科学安排人民法院审判工作,努力提高审判和执行效率,降低当事人诉累。

(五)学习领会《民诉法解释》关于贯彻诚实信用原则的相关规定,进一步强化诚信意识

党的十八大报告对诚信建设提出了具体要求,指出要加强政务诚信、商务诚信、社会诚信和司法公信建设。党的十八届四中全会《决定》提出,要加强社会诚信建设,健全公民和组织守法信用记录,完善守法诚信褒奖机制和违法失信行为惩戒机制。落实这一要求,有必要从民事诉讼层面进行深化落实。《民诉法解释》根据修改后《民事诉讼法》相关规定,增加对虚假诉讼行为予以制裁的规定,增加关于当事人签署据实陈述保证书、证人签署如实作证保证书的规定,增加关于将不履行法律文书确定的义务的被执行人纳入失信被执行人名单制度的规定,对制裁民事诉讼中的虚假陈述、伪证、虚假调解、恶意串通损害他人利益、规避执行等行为意义重大。全国法院要认真学习领会、正确适用上述规定,切实将诚实信用原则这一民事诉讼的基本原则贯穿于民事诉讼程序的始终。要将诚实信用原则的贯彻与社会管理创新和建设社会诚信体系、提升司法公信力相结合,研究、探索依靠诚实信用原则规范审判和执行工作的方法和措施,进一步规范诉讼秩序,提高诉讼效率,促进诉讼公平。

(六)学习领会《民诉法解释》关于抗诉、再审检察建议的相关规定,进一步强化监督意识

党的十八届四中全会《决定》指出,必须完善司法管理体制和司法权力运行机制,规范司法行为,加强对司法活动的监督,努力让人民群众在每一个司法案件中感受到公平正义。法律监督是重要宪法原则,是正确实施法律的重要保障。人民法院审判和执行权行使也要接受法律监督。《民诉法解释》根据修改后《民事诉讼法》相关规定,增加规定了对人民检察院抗诉案件裁定再审的条件,增加规定了对人民检察院再审检察建议予以受理的条件,修改完善了人民检察院对裁定、调解书提出抗诉或者再审检察建议的适用范围、裁定再审或者受理条件、审理或者审查组织形式,有利于指导全国法院依法审理各类抗诉案件,依法及时处理检察机关依照法律规定提出的检察建议。全国法院要认真学习领会、正确适用上述规定,切实树立、进一步强化自觉接受监督意识,自觉接受检察机关法律监督,把新民事诉讼法强化和体现法律监督的各项规定落到实处,共同维护司法公正。

三、做好《民诉法解释》的学习培训工作

《民诉法解释》自 2015 年 2 月 4 日发布之日起施行,对于人民法院加强和改进民事审判工作,既是机遇,也是挑战。全国法院要把学习《民诉法解释》作为当前和今后一段时期人民法院特别是广大民事法官的一项重点工作。最高人民法院将举办全国法院学习贯彻适用《民诉法解释》培训班,对各高、中级法院及基层法院的主管民事审判工作的院领导、庭领导进行集中培训。同时,考虑到《民诉法解释》条文较多,内容丰富,需要培训的民事审判和执行人员众多,各高级人民法院和中级人民法院应当承担起主要的培训任务,要利用多种形式进行培训,尽快对全体民事审判和执行人员进行轮训;各基层人民法院要组织法官和相关工作人员认真学习。在培训和学习中,要逐条领会新规定,准确把握每个条文的制定原意、具体含义、适用条件,学深学透,融会贯通。

四、做好《民诉法解释》的宣传工作

全国法院在学习贯彻适用《民诉法解释》的过程中,要通过规范审判和执行活动,以案讲法,并注意通过新闻媒体等形式,大力宣传《民诉法解释》的制定原意、具体含义和适用条件等,引导社会各方和人民群众正确理解《民诉法解释》的各项规定,树立正确的诉讼观念,依法维护自身诉讼权利。

对于贯彻适用《民诉法解释》过程中遇到的问题和情况,请及时呈报最高人民法院。

《民事诉讼法》司法解释的制定背景、过程、遵循原则以及主要内容

杜万华

最高人民法院《关于适用〈中华人民共和国民事诉讼法〉的解释》(法释[2015]5号)(以下简称《民诉法解释》)已于2014年12月18日由最高人民法院审判委员会第1636次会议通过,自2015年2月4日起施行。为便于读者系统理解、准确把握、正确适用《民诉法解释》,现就《民诉法解释》的制定背景、过程、遵循原则以及主要内容作如下介绍:

一、制定《民诉法解释》的背景、过程

党的十八大以来,党中央高度重视法治建设,习近平总书记就加强法治建设发表系列重要论述,对建设社会主义法治国家提出明确要求。党的十八届三中、四中全会对深化司法体制改革、全面推进依法治国作出全面部署,体现了我们党对于依法治国、依法执政规律的深刻认识和把握,标志着我国法治建设进入新的历史时期。

随着我国改革开放和经济社会的快速发展,当前民事审判和执行工作呈现涉及范围广、案件数量大、增长速度快、新型案件多、审理难度大等新特点,对我国民事审判和执行的立法和司法工作都提出了新的要求。

2012年8月31日,第十一届全国人大常委会第二十八次会议审议通过了《关于修改〈中华人民共和国民事诉讼法〉的决定》(以下简称《民诉法修改决定》),自2013年1月1日起施行。《民诉法修改决定》是自1992年民事诉讼法实施以来,对《民事诉讼法》作出的第一次全面修改,共有60条,修改条文近100处,新增加了诚实信用原则,新规定了公益诉讼、第三人撤销之诉、举证期限、行为保全、小额案件诉讼、确认调解协议、实现担保物权等多项重大诉讼制度,对民事诉讼原则、管辖制度、调解制度、证据制度、立案制度、简易程序、特别程序、审判监督程序、执行程序和涉外程序等均有重大修改完善。这次修改,有力地支持了人民法院民事审判和执行工作,极大地方便了对民事主体民事权利的保护,是我国民主法制建设的重大立法成果,在保障当事人的诉讼权利、维护司法公正、促进经济社会发展、维护社会和谐稳定方面具有十分重要的意义。

最高人民法院高度重视修改后《民事诉讼法》的贯彻落实工作,《民诉法修改决定》通过后,第一时间成立了修改后《民事诉讼法》实施领导小组,领导小组设办公室,最高人民法院相关庭、局、室、办共计17个部门参加,正式启动了修改后《民事诉讼法》司法解释的

起草工作。自 2013 年 1 月至 2014 年年底，起.草小组认真学习贯彻党的十八大和十八届三中、四中全会精神，紧紧围绕“让人民群众在每一个司法案件中都感受到公平正义”这个目标，历时两年，先后经过全面论证、专题论证，征求专家学者意见和建议，征求全国人大常委会法工委、国务院法制办、最高人民检察院、司法部等国家机关和中国律师协会的意见，下发全国各高级人民法院征求意见。在起草过程中，召开专题论证会、座谈会共计 150 余次，在深入调查研究、广泛征求意见、充分论证的基础上，完成了起草工作。2014 年 12 月，周强院长主持最高法院审判委员会，经过五次认真细致讨论，通过了《民诉法解释》。

《民诉法解释》共 23 章、552 条，对人民法院适用《民事诉讼法》的相关问题作了全面系统、明确具体的规定，是最高人民法院有史以来条文最多、篇幅最长的司法解释，是内容最为丰富、十分重要的司法解释，也是最高人民法院有史以来参加起草部门最多、参加起草人员最多的司法解释，是人民法院审判和执行工作中适用最为广泛的司法解释，是最高人民法院贯彻落实党的十八届四中全会精神的重大举措。《民诉法解释》的制定和实施，对确保修改后《民事诉讼法》的正确、统一、严格、有效实施，更加有效地保障当事人的诉讼权利，更加积极地维护司法公正、促进经济社会发展、维护社会和谐稳定，更加有力地为建设中国特色社会主义法治体系、建设社会主义法治国家，树立司法公信，提高司法权威，具有十分重要的意义。

二、制定《民诉法解释》遵循的原则

第一，坚持依法原则。确保《民诉法解释》符合《民事诉讼法》修改的立法精神，严格按照新《民事诉讼法》的条文规定，在法律赋予人民法院的司法解释权限范围内作出解释。

第二，坚持统一性与灵活性相结合的原则。经过广泛征求意见，起草小组妥善处理了统一制定和单独制定的关系：一是确立了新《民诉法解释》的起草应当坚持“搞批发，不搞零售”的工作思路，即对 1992 年发布实施的最高人民法院《关于适用〈中华人民共和国民事诉讼法〉若干问题的意见》（以下简称《92 年民诉意见》）进行全面修订，对此前有关民事诉讼的司法解释和规范性文件进行了梳理、整合，对经过实践检验证明存在问题的部分条文在本解释中作了进一步修改完善，以制定统一的司法解释，便于法官、律师和当事人查阅、理解与适用；二是将《民事诉讼法》主要内容以及涉及当事人重大权利义务的内容写入统一的司法解释之中；三是对于统一司法解释难以涵盖、确实需要单个司法解释予以明确的内容，可以另行制定更为细化的单个司法解释，如立案、证据、执行等方面的问题，可以再单独制定司法解释予以明确。

第三，坚持问题导向、突出重点的原则。一是突出对 2012 年《民事诉讼法》新增加和修改的重要制度的落实，明确适用标准，细化具体程序；二是突出对法律适用问题的解释，对于一些内部操作规范和诉讼文书样式的内容，原则上不规定在解释中，另行通过诉讼文书样式的修改和制定规范性文件加以解决；三是突出法律适用标准的统一，只针对民事审判执行中争议大、适用标准不一的内容进行解释，严格控制解释的条文数量，避免大而全，对于无害条款不作规定。

第四，坚持注重听取意见、汇集多方智慧的原则。起草过程中，起草小组高度重视听

取地方法院,尤其是中级、基层法院一线办案法官的意见,通过下发征求书面意见、邀请地方法院代表参加座谈会的方式,认真汲取全国法院的审判经验和司法智慧。同时,起草小组高度重视广泛征求社会各界意见,认真听取中国律师协会、专家学者的意见,送请征求全国人大常委会法工委、国务院法制办、最高人民检察院、司法部等国家机关的意见,还邀请语言文字专家对解释内容乃至文字标点进行研究推敲。对各方提出的意见,我们根据修改后《民事诉讼法》,并结合贯彻落实党的十八届四中全会精神,认真研究、充分吸收、反复修改。因此,也可以说,《民诉法解释》凝聚了全社会的法治智慧。

三、《民诉法解释》的主要内容

(一)确保民事诉讼程序公正性是《民诉法解释》的主线

党的十八届四中全会作出的《中共中央关于全面推进依法治国若干重大问题的决定》(以下简称《决定》)指出,公正是法治的生命线。司法公正对社会公正具有重要引领作用,司法不公对社会公正具有致命破坏作用。为落实党的十八届四中全会精神和习总书记关于"努力让人民群众在每一个司法案件中都感受到公平正义"的要求,这次《民诉法解释》起草工作,将确保民事诉讼程序的公正性作为贯穿始终的主线,全文 552 条规定都是直接或间接地体现程序公平正义的具体措施。此外,最高人民法院在制定《民诉法解释》时,强调了当事人诉讼权利平等、兼顾公正与效率、重视程序的公开透明、落实"两便原则"等原则,使民事诉讼制度更加科学和更具有操作性。

(二)关于切实保障当事人诉讼权利的规定

起诉是当事人参与民事诉讼,实现和维护其民事权利的重要途径和方式。诉权是当事人启动和推动民事诉讼程序的基本权利,也是我国宪法规定的人民群众的基本权利,尊重和保障当事人的诉权,是《民事诉讼法》的立法宗旨和基本功能,也是对人民法院民事审判执行工作的本质要求。党的十八届四中全会《决定》指出,要加强人权司法保障;强化诉讼过程中当事人和其他诉讼参与人的知情权、陈述权、辩护辩论权、申请权、申诉权的制度保障。2012 年《民事诉讼法》修改把加强对当事人诉权的保护作为重点修改内容,新增加规定了公益诉讼制度、第三人撤销诉讼两项重大诉讼制度以外,还通过完善起诉制度、证据制度、送达程序、审前程序、审理程序、再审程序、执行程序等,进一步加强了对当事人诉权的司法保障和程序要求,充分体现了对当事人民事诉讼主体地位的尊重。为贯彻落实民事诉讼法新规定,《民诉法解释》主要从以下几个方面作了进一步完善:一是贯彻落实党的十八届四中全会《决定》关于改革人民法院案件受理制度的要求,依法保护起诉权,建立立案登记制。《民诉法解释》规定,人民法院接到当事人提交的民事起诉状时,对符合《民事诉讼法》第 119 条规定的起诉条件,且不属于《民事诉讼法》第 124 条规定情形的,应当登记立案;对当场不能判定是否符合起诉条件的,应当接收起诉材料,并出具注明收到日期的书面凭证。需要补充必要相关材料的,人民法院应当及时告知当事人。在补齐相关材料后,应当在 7 日内决定是否立案;二是依法保护和规范当事人一审、二审、再审各个阶段的申请撤诉行为;三是增加规定反诉构成的要件;四是明确规定因重复起诉不予受理的判断标准;五是对当事人在诉讼中变更或者增加诉讼请求作出细化规定;六是细化规定第三人撤销之诉、案外人申请再审之诉、执行异议之诉案件、当事人申请再审案件的适用条件、审理程序、审理方式以及救济途径等，以防止有关救济程序制度之间重复交叉，为当事人实现诉讼救济提供明确的途径指引，切实维护当事人、案外人、第三人的合法权益，切实维护人民法院裁判文书的既判力、严肃性和稳定性

（三）关于保障司法公开的规定

审判公开是实现审判公正的重要保障。党的十八届四中全会《决定》指出，要构建开放、动态、透明、便民的阳光司法机制，推进审判公开。近年来，最高人民法院出台了进一步加强审判公开的规范性文件，在全国法院大力推进司法公开工作，已经取得了很大成效。但应当看到，审判公开工作与人民群众的期待和要求还有一定差距。修改后的《民事诉讼法》增加了判决书应当写明裁判结果和裁判理由，公众有权查阅发生法律效力裁判文书的规定，对于保障和落实诉讼当事人和社会公众的知情权具有重要意义。为落实民事诉讼法的上述规定，《民诉法解释》主要从以下几个方面作出了规定：一是严格执行开庭审理规定，对二审、再审程序可以不开庭审理的情形予以限制。二是进一步规范裁判文书制作；同时，作为与《民诉法解释》配套的成果，最高人民法院正在制定人民法院民事诉讼文书样式，全面梳理、规范民事诉讼涉及的法律文书，制定可操作性规则，以切实提高裁判文书制作水平和质量。三是规定申请查阅裁判文书的范围和方式。

（四）关于规范证据的审查与运用的规定

证据制度是现代民事诉讼制度的基石。党的十八届四中全会《决定》指出，要全面贯彻证据裁判规则的要求，严格依法收集、固定、保存、审查、运用证据，完善证人、鉴定人出庭制度，保证庭审在查明事实、认定证据、保护诉权、公正裁判中发挥决定性作用。近年来，最高人民法院认真总结民事审判实践经验，结合审判工作实际，先后出台了一些民事诉讼证据方面的司法解释、规范性文件，细化和明确了证据方面的相关问题，为完善证据制度作了大量有益的探索和实践，取得了很好的实践效果。这次《民事诉讼法》修改，立足于完善举证责任规则，提高当事人举证能力，充分吸收了审判实践经验，从增加证据种类、专家辅助人制度、证据时限制度，到细化证人出庭义务、证据保全制度、鉴定制度等方面都作了重要修改完善。《民诉法解释》主要对以下问题作出了新规定：一是增加举证证明责任分配原则的规定，合理分配举证证明责任；二是对逾期举证及其后果作出了分层次、分情形予以处罚的规定；三是增加关于法官组织质证、进行认证的规定，指引和规范法官组织质证、进行认证活动；四是增加关于法官审查判断证据的原则的规定，要求法官公开对证据审查判断的理由和结果；此外，《民诉法解释》还对专家辅助人以及鉴定、勘验制度等问题作出了规定。

（五）关于切实提高民事审判工作效率的规定

诉讼效率与程序公正是人民群众对民事审判执行工作的期待，也是人民法院审判执行工作的基本要求。当前人民法院特别是基层人民法院和中级人民法院案多人少的问题十分突出，疑难复杂案件和新类型案件明显增加，对进一步提高效率提出了更高要求。这次民事诉讼法修改重点之一就是研究诉讼效率问题，并对相应的制度作了重大的修改完善。修改后的《民事诉讼法》完善了简易程序，规定实行一审终审的小额诉讼制度，规定立案阶段繁简分流，完善了送达制度，修改了执行程序。这些制度的完善对于提高审判效率、减低当事人诉讼成本、合理配置和利用司法资源，具有重要作用。《民诉法解释》主要

从以下几个方面进行了细化:一是规定各个诉讼程序有关期间和送达问题,促使当事人依法及时行使诉讼权利,保障诉讼程序顺畅有序进行;二是完善简易程序案件和小额诉讼案件的适用范围、程序转换、裁判文书简化等内容,积极落实修改后《民事诉讼法》关于简易程序和小额诉讼程序的最新规定;三是根据修改后《民事诉讼法》关于在立案阶段实行繁简分流的规定,增加规定审理前准备和庭前会议制度,以提前梳理当事人相关诉讼请求和意见、组织交换证据、归纳争议焦点,为提高庭审效率奠定基础;四是规定实现担保物权特别程序案件的申请人资格、提交材料及审查范围、审理方式等内容,缩短权利人实现担保物权的周期,降低维权成本,提高司法效率。

(六)关于贯彻诚实信用原则的规定

党的十八大报告对诚信建设提出了具体要求,指出要加强政务诚信、商务诚信、社会诚信和司法公信建设。党的十八届四中全会《决定》提出,要落实加强社会诚信建设、健全公民和组织守法信用记录、完善守法诚信褒奖机制和违法失信行为惩戒机制这一要求,有必要从民事诉讼层面进行深化。修改后《民事诉讼法》在总则部分增加了民事诉讼应当遵循诚实信用原则的规定,在分则部分增加了禁止虚假诉讼、规避执行的规定,并修改提高了对妨害民事诉讼行为的罚款土限,加大了制裁力度。近年来,民事诉讼中的虚假陈述、伪证、虚假调解、恶意串通损害他人利益、规避执行等现象时有发生,必须予以严厉制裁。为促进诉讼诚信,《民诉法解释》主要从以下几个方面作出了规定:一是增加关于制裁违反诚信原则行为的规定,明确对诉讼参与人或者其他人冒充他人提起诉讼或者参加诉讼,证人签署保证书后作虚假证言等违反诚信原则的行为进行处罚。二是增加对虚假诉讼行为予以制裁的规定,打击当事人之间恶意串通,企图通过诉讼、调解等方式损害他人合法权益的行为。三是对当事人签署据实陈述保证书、证人签署如实作证保证书的程序及后果作出规定,《民诉法解释》规定了当事人拒不签署保证书的法律后果,是待证事实欠缺其他证据证明的,人民法院对其主张的事实不予认定。《民诉法解释》规定,证人拒绝签署保证书的,不得作证,并自行承担相关费用。四是增加规定失信被执行人名单制度,对被执行人不履行法律文书确定的义务的,人民法院除对被执行人予以处罚外,还可以根据情节将其纳入失信被执行人名单,将被执行人不履行或者不完全履行义务的信息向其所在单位、征信机构以及其他相关机构通报。

(七)关于完善公益诉讼制度的规定

修改后的《民事诉讼法》增加了公益诉讼制度,但是仅有一个条文规定。该法第55条规定:"对污染环境、侵害众多消费者合法权益等损害社会公共利益的行为,有关机关、社会团体可以向人民法院提起诉讼。"为使公益诉讼制度能有序进行,《民诉法解释》按照立法原意,结合有关审判实践,作出了以下规定:一是细化规定提起公益诉讼的受理条件。《民诉法解释》规定,有关机关和组织提起公益诉讼的,除了符合《民事诉讼法》第55条规定外,还应当同时符合下列条件:(1)有明确的被告;(2)有具体的诉讼请求;(3)有社会公共利益受到损害的初步证据;(4)属于人民法院受理民事诉讼的范围和受诉人民法院管辖。二是明确了公益诉讼案件的管辖法院。《民诉法解释》规定,公益诉讼案件由侵权行为地或者被告住所地中级人民法院管辖,但法律、司法解释另有规定的除外。因污染海洋环境提起的公益诉讼,由污染发生地、损害结果地或者采取预防污染措施地海事法院管辖。对同一侵权行为分别向两个以上人民法院提起公益诉讼的，由最先立案的人民法院管辖，必要时由它们的共同上级人民法院指定管辖。三是规定了告知程序。《民诉法解释》规定，人民法院受理公益诉讼案件后，应当在10日内书面告知相关行政主管部门。四是对其他有权提起公益诉讼的机关和有关组织参加诉讼作出规定《民诉法解释》规定，人民法院受理公益诉讼案件后，依法可以提起诉讼的其他机关和有关组织，可以在开庭前向人民法院申请参加诉讼。人民法院准许参加诉讼的，列为共同原告。五是协调公益诉讼与私益诉讼的关系。《民诉法解释》规定，人民法院受理公益诉讼案件，不影响同一侵权行为的受害人根据《民事诉讼法》第119条规定提起诉讼。六是规定了公益诉讼案件可以和解、调解，但当事人达成和解或者调解协议后，人民法院应当将和解或者调解协议进行公告。公告期间不得少于30日。公告期满后，人民法院经审查，和解或者调解协议不违反社会公共利益的，应当出具调解书；和解或者调解协议违反社会公共利益的，不予出具调解书，继续对案件进行审理并依法作出裁判。七是对公益诉讼原告申请撤诉作出了限制性规定，即公益诉讼案件的原告在法庭辩论终结后申请撤诉的，人民法院不予准许。八是对公益诉讼案件裁判效力作出规定。公益诉讼案件的裁判发生法律效力后，其他依法具有原告资格的机关和有关组织就同一侵权行为另行提起公益诉讼的，人民法院裁定不予受理，但法律、司法解释另有规定的除外。

(八)关于进一步完善法庭纪律的规定

党的十八届四中全会《决定》指出，要完善惩戒妨碍司法机关依法行使职权、拒不执行生效裁判和决定、藐视法庭权威等违法犯罪行为的法律规定。法庭是人民法院代表国家审判案件的专门场所，诉讼参与人、社会公众进入法庭，参与或者旁听案件审理，应当遵守法庭纪律，这是尊重法治权威、保障审判活动正常开展的当然要求，也是维护当事人参与诉讼权利的当然要求。长期以来，人民法院的审判工作一直为社会各界大力支持和尊重，绝大部分诉讼参与人、旁听人员能自觉遵守法庭纪律，维护法庭秩序。但近年来，随着现代科技和信息网络的快速发展，案件审理过程中，出现了个别诉讼参与人未经准许录音、录像、摄影和利用邮件、博客、微博客、微信等方式报道庭审活动现象；出现了个别诉讼参与人、旁听人员冲击、哄闹法庭，在法庭上公然殴打对方当事人、辱骂法官的现象，这些问题引发了舆论关注。面对新情况、新问题，根据修改后《民事诉讼法》关于妨害民事诉讼的强制措施的相关规定。《民诉法解释》在《92年民诉意见》和《中华人民共和国人民法院法庭规则》基础上，对有关法庭纪律的相关规定作了修改完善，主要体现在以下方面：一是《民诉法解释》规定，人民法院对诉讼参与人或者其他人有下列行为之一的，可以适用《民事诉讼法》第110条规定处理：(1)未经准许进行录音、录像、摄影的；(2)未经准许以移动通信等方式现场传播审判活动的；(3)其他扰乱法庭秩序、妨害审判活动进行的。有前款规定情形的，人民法院可以暂扣诉讼参与人或者其他人进行录音、录像、摄影、传播审判活动的器材，并责令其删除有关内容；拒不删除的，人民法院可以采取必要手段强制删除。二是《民诉法解释》规定，训诫、责令退出法庭由合议庭或者独任审判员决定。训诫的内容、被责令退出法庭者的违法事实应当记入庭审笔录。

《民事诉讼法》司法解释重点问题解析

杜万华

2012年修改《民事诉讼法》后，为正确贯彻实施《民事诉讼法》的新制度、新条文，总结司法实践经验，贯彻落实党的十八届四中全会精神，最高人民法院决定制定《最高人民法院关于适用〈中华人民共和国民事诉讼法〉的解释》（以下简称《民诉法解释》）。历经两年的起草工作，《民诉法解释》于2015年2月4日公布实施，对人民法院适用《民事诉讼法》相关问题作了全面、系统、具体的规定，成为最高人民法院有史以来参与制定的部门最多、条文最多、篇幅最长的司法解释，也是人民法院适用最广泛的司法解释。《民诉法解释》中的新制度和新条文多，重点和难点问题也多。为便于人民法院正确实施《民诉法解释》，本文就《民诉法解释》的重点、难点问题，以及在起草过程中对相关问题的研究论证情况作了全面的解析、说明。

一、《民诉法解释》的结构和制定原则

起草《民诉法解释》首先要解决的问题是确定司法解释采用什么结构。经研究论证，最高人民法院决定以《最高人民法院关于适用〈中华人民共和国民事诉讼法〉若干问题的意见》（以下简称《92年民诉意见》）为蓝本，进行修改和完善。1992年以来，《92年民诉意见》是关于民事诉讼程序最全的司法解释。之后最高人民法院又制定了很多单行司法解释。这次起草《民诉法解释》会将这些解释的相关规定一并整合进来，但是要以《92年民诉意见》的逻辑构架来确定《民诉法解释》的结构。

在起草《民诉法解释》的过程中，收集到的问题很多，各庭室所草拟的条文总计超过1000条。在制定《民诉法解释》时，我们坚持了两个原则：一是坚持问题导向，而不是逻辑导向的原则。《民诉法解释》就是要解决民事审判中遇到的问题。它与立法不一样，立法要坚持逻辑导向，有些法律规定制定出来之后，虽然较长时间不用，但具有规范指引作用。而制定司法解释，尤其是《民事诉讼法》司法解释的目的是就让各级法院在审判实践中使用，所以要坚持问题导向。二是坚持合法性原则。制定《民诉法解释》必须在《民事诉讼法》的框架之内进行，不能突破法律规定。在2012年修改《民事诉讼法》时，曾产生过很多争论。修改后的《民事诉讼法》公布施行后，在制定《民诉法解释》时，就应当放下这些争论，严格执行《民事诉讼法》的规定，而不能将《民事诉讼法》的规定抛在一边，完全按照自己的想法来制定司法解释。因此，《民诉法解释》是严格根据法律的规定来制定的。

二、民事诉讼管辖制度

管辖问题是民事诉讼中比较重要的问题。在制定民事诉讼管辖制度时，我们注重贯彻维护我国司法主权原则、"两便原则"等管辖的一般性原则。人民法院首先要维护中华人民共和国的司法主权，《民诉法解释》涉外程序部分对长臂管辖制度、不方便管辖原则等规则作了规定，目的是要保护我国国家利益和我国公民的利益，并方便人民法院审理涉外案件，尽可能增加连接点，方便当事人诉讼，不把管辖规定得太死。管辖制度中涉及很多问题，下面只重点说明以下几个问题。

(一)关于合同履行地的问题

《民诉法解释》第 18 条对合同履行地作了一般性规定。之前，民事诉讼相关法规关于合同履行地的规定较为混乱。《92 年民诉意见》用了多个条文来规定合同履行地问题。后来，最高人民法院又出台了多部解释来解释合同履行地问题。《民诉法解释》对合同履行地的规定作了简化，虽可能不尽如人意，但能解决司法实践所面临的大多数问题。《民诉法解释》第 18 条借鉴了《合同法》第 61、62 条的规定来设置管辖的一般原则。该条规定："合同约定履行地点的，以约定的履行地点为合同履行地。合同对履行地点没有约定或者约定不明确，争议标的为给付货币的，接收货币一方所在地为合同履行地；交付不动产的，不动产所在地为合同履行地；其他标的，履行义务一方所在地为合同履行地。即时结清的合同，交易行为地为合同履行地。合同没有实际履行，当事人双方住所地都不在合同约定的履行地的，由被告住所地人民法院管辖。"

(二)关于电子合同履行地的问题

《民诉法解释》第 20 条对以网络方式签订的买卖合同的履行地作了规定。根据该条规定，以信息网络方式订立的买卖合同，通过信息网络交付标的的，以买受人住所地为合同履行地。需要注意的是，这种情况下是以买受人住所地为合同履行地，而不是以经营者所在地为合同履行地。以其他方式交付标的的，收货地为合同履行地。合同对履行地有约定的，从其约定。虽然一些电子商务公司对这条规定还有疑虑，但这样规定便于当事人诉讼，是司法为民原则的体现。

(三)关于信息网络侵行为地的问题

《民诉法解释》第 25 条对信息网络侵权行为地作了规定。最高人民法院已于 2014 年就网络侵权的实体法规则制订了专门的司法解释。《民诉法解释》关于信息网络侵权行为地的规定与网络侵权司法解释相一致。侵权行为实施地包括实施侵权行为的计算机等信息设备所在地，侵权结果发生地包括被侵权人住所地。本条规定在起草过程争论很大。根据本条规定，管辖连接点很多，实施侵权行为的计算机等信息设备所在地和被侵权人住所地都是连接点。这样规定的目的是要防止当实施侵权行为的计算机等信息设备在国外时我国法院却不能行使管辖权的情形出现，这也是维护我国司法主权的要求。此外，有一些网络谣言侵犯了公民的隐私权，管理起来难度较大。增加连接点后，更方便受害人起诉，有利于保护其合法权利。

(四)关于不动产纠纷案件的管辖问题

《民诉法解释》第 28 条对不动产纠纷案件的管辖法院作了规定。本条规定在起草过程争论最大,提出了很多不同意见。经过反复研究论证,《民诉法解释》第 28 条作了 3 款规定。其中,第 1 款规定,《民事诉讼法》第 33 条规定的不动产纠纷是指因不动产的权利确认、分割、相邻关系等引起的物权纠纷。第 2 款的争议最大,争论的时间最长,最后确定以下几类纠纷可以作为不动产纠纷。第一类是农村土地承包经营合同纠纷。我国在改革农村经济体制时,农村承包地出现了两次权利分离:一是所有权与土地承包经营权的分离;二是现在要实现的承包权与经营权的分离。《民诉法解释》采纳了"农村土地承包经营合同纠纷"这一传统表述。因为农村土地承包经营权涉及土地,故将其列入了不动产的范围。第二类是房屋租赁合同纠纷。租赁合同虽然产生的是债的关系,但房屋租赁合同纠纷毕竟是基于不动产产生的合同纠纷,所以也将其列入不动产纠纷的范围,以便于案件审理。第三类是建设工程施工合同纠纷。建设工程施工合同具有承揽合同的性质,而合同目的是要建设不动产,所以也将其列为不动产纠纷。但是,这项规定争议很大。如果建筑已经建好,将其列为不动产纠纷没有问题。如果建设工程合同还没有履行,建筑还没有建起来,还能作为不动产纠纷吗?最后权衡利弊还是将其作为不动产纠纷处理。第四类是政策性房屋买卖合同纠纷。普通商品房买卖合同纠纷按一般合同纠纷管辖规则确定管辖法院即可,但每个省、直辖市、自治区关于政策性房屋买卖的规定并不一致,由政策房所在地法院审理更为方便。第 3 款规定,不动产已登记的,以不动产登记簿记载的所在地为不动产所在地;不动产未登记的,以不动产实际所在地为不动产所在地。

(五)关于指定管辖的问题

《民诉法解释》第 41 条第 1 款规定,人民法院依照《民事诉讼法》第 37 条第 2 款规定指定管辖的,应当作出裁定。第 2 款规定,对报请上级人民法院指定管辖的案件,下级人民法院应当中止审理。指定管辖裁定作出前,下级人民法院对案件作出判决、裁定的,上级人民法院应当在裁定指定管辖的同时,一并撤销下级人民法院的判决、裁定。第 2 款规定是这一条的重点。出现了管辖争议后,在报请上级法院指定管辖期间,下级法院都要中止案件审理。最后由上级法院指定的管辖法院继续审理,其他法院应当将相关材料移送到指定管辖法院。但是在司法实践中,上级法院的指定裁定还没有作出,有的下级法院就抢先进行裁判。关于如何处理抢先作出的判决、裁定的问题争议很大。有人认为,应当由上级人民法院发函要求抢先作出判决、裁定的法院通过审判监督程序进行自我纠错。如果下级法院不愿意自我纠错,有人主张在这种情况下还是应当由上级法院发函要求其纠错,有人认为应当由上级法院直接裁定撤销抢先作出的判决、裁定。后经最高人民法院审委会经讨论一致决定,在上级法院作出指定管辖的裁定前,如果下级法院抢先作了判决、裁定,就由上级法院在指定管辖的裁定中一并撤销该判决、裁定。从征求意见的情况看,其他部门也赞同这一观点。

(六)关于上级法院将应由其管辖的案件交下级法院审理的问题

《民诉法解释》第 42 条对哪些案件上级法院可以交下级法院审理作了规定。根据《民事诉讼法》第 38 条规定,上级人民法院可以将自己管辖的案件交由下级法院审理,即通常所说的"上交下"问题。经研究,《解释》规定三类案件可以交由下级人民法院审理:第一类案件是破产程序中有关债务人的诉讼案件。人民法院在审理破产案件时,会涉及大量催讨债务的案件。此类案件数量多,标的额可能不大,如果全部交由受理破产案件的法院审理，会严重影响诉讼效率，所以这类案件可以交由下级法院审理。第二类案件是人数众多，上级法院不方便审理的案件。第三类案件是最高人民法院确定的其他类型的案件。这是兜底条款，但其他类型案件必须经最高人民法院经研究决定后，才可以“上交下”。本条规定这三类案件可以交由下级法院审理，但是上级人民法院在决定将具体个案交下级法院审理之前，必须履行报批手续。

三、民事诉讼证据制度

《民事诉讼法》第 7 条规定，人民法院审理民事案件，必须以事实为根据，以法律为准绳。以事实为根据的前提是，必须查明事实。民事诉讼证据制度就是解决以事实为根据问题的关键所在。在理解民事诉讼证据制度时，需要重点把握以下几个问题：

（一）关于民事诉讼中事实和证据的关系问题

人民法院必须要明确民事诉讼中事实和证据的关系，重点要注意三点。第一，当事人主张或者反驳诉讼请求，必须有事实根据，而事实根据要有证据证明，要将诉讼请求、案件事实、证据三者之间的关系理顺。当然证据本身也是事实，但是证据事实是用来证明案件事实的，二者不是一回事。第二，当事人要证明的事实，应当是案件的基本事实。《民诉法解释》第 91 条对此作了规定。在审理民事案件时，法官要分清主次，首先要查明的是案件基本事实。第三，需要当事人证明的案件基本事实，主要体现为两个方面：一是法律事实，即导致法律关系产生、变更、消灭的事实，包括法律行为和法律事件，不把法律事实查清楚，法律关系生不生效、合不合法就审不清楚；二是法律关系是什么这一事实，包括法律关系的主体和客体、权利和义务等内容。

（二）关于民事诉讼中的举证证明责任问题

《民诉法解释》将传统的“举证责任”这一表述修改为了“举证证明责任”。这两个概念含义一致，都包含三层含义：第一层含义是，当事人应负担提供证据的责任，即双方当事人中谁有义务提供证据。第二层含义是，当事人所举的证据对待证事实所应达到的证明程度，即当事人所举的证据能否证明待证事实存在。举证证明责任的核心是要“证明”待证事实是否存在。第三层含义是，承担举证证明责任的当事人，如果举不出证据，或者其所举的证据不能达到证明待证事实存在或不存在的效果，就应当承担于己不利的法律后果。简言之，举证证明责任的三层含义是，提供证据、证明待证事实是否存在、承担相应的法律后果。新中国成立以来，特别是改革开放以来，人民群众的证据意识经历了一个发展变化的过程。在很长一段时间内，人民群众证据意识比较低，有一部叫《秋菊打官司》的电影反映了这种现状。当事人通常向人民法院提交了一纸诉状就要向人民法院讨一个说法，不知道自己所要承担的举证责任。到 20 世纪 90 年代《民事诉讼法》施行之后，特别是在人民法院开展民事审判方式改革以后，“举证责任”这一概念和“谁主张权利谁举证”的观念逐渐深入了人心。但从“举证责任”的字面含义看，当事人只要举证就行了，但举证举到什么程度，能不能达到证明待证事实是否存在的标准，体现不出来。普通群众也没有认识到这个问题。另有一部电影《老张法官审牛记》反映了这一现状。原告所在村的村干部让 30 多个人到法庭为原告作证，认为证人越多越好，没有认识到原告提交证据是要达到证明待证事实存在的程度才行。目前很多涉诉上访案件中，当事人认为其已经向法院提交了证据，完成了举证责任，对于证据的真实性、合法性和关联性以及证据与待证事实之间的关系不理解，导致涉诉信访产生。将“举证责任”修改为“举证证明责任”，是希望通过《民诉法解释》向全社会提出更加明确的要求，即举证证明责任不仅仅是指当事人提交证据的责任，更重要的是当事人所提交的证据要能证明待证事实是否存在。这有利于人民群众树立正确的举证证明意识，以便其更好地维护自己的民事权益，也便于法官向当事人做释明工作。

(三)关于逾期举证的问题

《最高人民法院关于民事诉讼证据的若干规定》实行的是举证关门制度，在司法实践中发现了一些问题。2012 年修改《民事诉讼法》时，对证据关门制度作了较大修改。《民诉法解释》第 101 条和第 102 条在《民事诉讼法》相关修改的基础之上，按照《民事诉讼法》第 65 条规定，对逾期举证问题作了细化规定，主要涉及以下几方面的内容：第一，当事人因客观原因未能在举证期限内提供证据的，视为未逾期举证。第二，当事人因故意或重大过失未在举证期限内提供证据的，对该证据原则上不采纳。但是，在司法实践中，这类证据中有些能够证明案件的基本事实。《民诉法解释》规定，这类证据也应当采纳，但是要对当事人处以训诫或罚款。第三，如果当事人非因为故意或重大过失逾期提供证据，人民法院应当采纳，但应当对当事人处以训诫。第四，在再审阶段，如果当事人逾期提供证据的理由成立，人民法院可以采纳该证据。关于哪些理由成立的问题，《民诉法解释》在再审部分的条文中作了规定。

在再审阶段，容易混淆当事人提交的新证据和当事人所主张的新事实。如果当事人提供了足以推翻原审裁判的新证据，就可能撤销原审裁判，并进行改判。如果当事人没有提供新的证据，而是提出新的事实，就不能据此对原审裁判进行改判，而应当向当事人释明根据新的事实另行起诉。因为新的事实在原审时并没有出现，原审法院按当时已经发生的事进行裁判并没有错。

(四)关于证据质证的问题

在理解和适用《民诉法解释》关于质证的规定时，要注意以下三个问题：第一，任何证据要作为认定案件事实的根据，一定要在法庭上出示，并经当事人质证。未经质证的证据，不能作为认定案件事实的根据。第二，在一审程序中，如果双方当事人在庭前交换证据时对证据都没有争议，在开庭时应予说明。如果当事人在庭前交换证据时对证据有争议，就需要在法庭上进行质证。第三，质证要围绕证据的真实性、关联性和合法性以及证据证明力的大小来进行。

(五)关于证据的审核和认定问题

第一，正确理解和适用“自由心证”原则。关于证据的审核、认定问题，特别值得注意的是《民诉法解释》第 105 条的规定。该条规定，人民法院应当按照法定程序全面、客观地审核证据，依照法律规定，运用逻辑推理和日常生活经验法则，对证据有无证明力和证明力大小进行判断，并公开判断的理由和结果。这就是大家常说的“自由心证”原则。有的法官在民事审判中有一个误区，认为“自由心证”就是只要法官自己相信就行。“自由心证”不是随心所欲，必须要遵守《解释》第 105 条规定的规则。首先，审核证据要全面、客观。其次，“自由心证”要按法定程序进行。再次，审核认定证据一定要依法进行。法官审核和认定证据一定要和法律规定相吻合，不能违背证据规则的规定。最后，审核、认定证据的过程要符合逻辑推理的一般原则，不能自相矛盾，不能违背日常生活经验法则。法官在用“自由心证”原则审核证据时，除了要判断证据是否具有“三性”外，还要对证据证明力大小进行判断。自由心证不是说法官自己相信就行了，也不是仅公布判断的结果，还要公布判断的理由。

第二，要排除非法证据。法官在审核认定证据时，还要依照《民诉法解释》第 106 条规定排除非法证据。该条规定，对严重侵害他人合法权益，违反法律禁止性规定，或者严重违背公序良俗的方法形成或者获取的证据，不得作为认定案件事实的根据。违背公序良俗必须达到严重的程度，才属于违法证据。

第三，正确把握举证证明的标准。《民诉法解释》第 108 条对举证证明标准作了规定，对负有举证责任的当事人提供的证据，人民法院经审查并结合相关事实，确信待证事实存在具有高度可能性的，应当认定该事实存在。本条规定的举证证明标准就是通常所说的优势证据原则，学理上称为“高度盖然性原则”，是审核、认定民事证据的一般的标准。如果当事人所举证据达到了优势证据原则的要求，就达到了证明待证事实的程度，完成了举证责任。如果对方当事人反驳该证据，也可以提供证据来否定其“三性”，或者否定待证事实存在的可能性，法官要根据双方当事人的攻防情况来对当事人是否提供了优势证据作出判断。

优势证据原则是一般的证明标准，《民诉法解释》第 109 条规定的排除合理怀疑原则属于特殊的证明标准。通常在审理刑事案件时运用的是排除合理怀疑原则，而审理民事案件一般运用优势证据原则。但是，在审理几类特殊民事案件时，需要坚持排除合理怀疑原则。《民诉法解释》第 109 条规定，当事人对欺诈、胁迫、恶意串通事实的证明以及对口头遗嘱或者赠与事实的证明，人民法院确认其待证事实的可能性能够排除合理怀疑的，应当认定该事实存在。对于前述事实，承担举证证明责任的当事人提供证据证明后，对方当事人虽未提供反驳证据，但提出合理怀疑的，承担举证证明责任一方当事人就需要举证排除该合理怀疑。民事诉讼中，排除合理怀疑原则是优势证据原则的例外，适用的情形比较少。

(六)关于签署保证书的问题

《民诉法解释》新增了关于签署保证书的规定，包括两部分：一是当事人签署承诺据实陈述的保证书，二是证人签署承诺据实作证的保证书。这是针对审判实践中存在的虚假陈述和虚假作证现象而采取的新办法。《民诉法解释》第 110 条规定当事人应当签署据实陈述保证书，主要基于以下理由：当事人陈述属于民事诉讼证据之一，据实陈述是当事人所应承担的诉讼义务。此外，根据《民事诉讼法》第 13 条规定，当事人参加诉讼应当遵守诚实信用原则。关于保证书的内容，下一步会在文书样式里进行规范。证人作证时也要签署据实作证保证书。《民诉法解释》只规定了当事人陈述和证人作证要签署保证书，在下一步修订民事诉讼证据规则时，可以规定当事人陈述或者证人作证时要当庭宣读其所签署的保证书，这有利于防止虚假诉讼。

四、一审程序制度

(一)一审民事诉讼程序的职能

一审民事诉讼程序是民事诉讼的基础程序。绝大多数民事案件通过第一审民事诉讼程序就解决了。人民法院应当将民事审判工作的重心放在第一审案件的审理上,力争大幅提高一审民事案件的审理质量,这对涉诉信访可以起到釜底抽薪的作用。之前,人民法院把过多精力放在了审判监督程序上,但抓好一审案件质量才是解决涉诉上访的最根本途径。人民法院要通过落实《民诉法解释》这一契机,把一审案件质量抓起来。抓好一审案件的审判质的前提是明确一审程序的职能。一审程序的基本职能是要查清案件事实,正确适用法律。

(二)依法落实民事案件登记立案制度

党的十八届四中全会提出了一项重大改革任务,建立登记立案制度。制定《民诉法解释》就是要落实四中全会精神,所以《民诉法解释》第 208 条对民事案件登记立案制度作了规定。在落实登记立案制度时要注意以下几个问题:

第一,登记立案的民事案件必须符合《民事诉讼法》第 119 条规定的条件。登记立案的一定是案件,要有原告和被告双方当事人,有明确的诉讼请求,有诉讼请求所根据的基本事实和证据材料,还应当属于受诉人民法院管辖。登记立案的案件还应当不属于《民事诉讼法》第 124 条所规定的 7 种情形。

第二,人民法院对当事人提供的起诉材料应当作初步的形式审查,要审查原告有没有诉讼请求、相应的证据材料、原告和被告的住址是否明确、有没有有效的联系方式等,还要审查是否存在《民事诉讼法》第 124 条规定的 7 种情形。立案审查的期限为 7 天。《民诉法解释》第 208 条还规定,如果原告提交的材料不齐备,就应告知原告在指定期限内补齐;原告在指定期限内补齐材料的,就可以立案。建立登记立案制度并不等于废除《民事诉讼法》关于立案的规定,仍应当按照《民事诉讼法》的相关规定进行。

第三,在落实登记立案制度的同时,也要建立负面清单制度。实行登记立案并不意味着所有纠纷都要立案。有些纠纷以民事纠纷的形式出现,但是实质上并不是民事纠纷,而是主张不同的政治观点;以行政主导方式处理的一些历史遗留问题,不属于人民法院主管,这些纠纷都不能立案,需要列入负面清单。哪些案件需要列入负面清单,需要进一步加强研究和探索。

(三)正确把握重复起诉的标准

《民诉法解释》第 247 条对重复起诉的条件作了规定,当事人就已经提起诉讼的事项在诉讼过程中或者裁判生效后再次起诉,同时符合以下条件的,构成重复起诉:一是后诉与前诉的当事人相同;二是后诉与前诉的诉讼标的相同;三是后诉与前诉的诉讼请求相同,或者后诉的诉讼请求实际上否定前诉的裁判结果。当事人重复起诉的,人民法院应当不予受理。只有当原告的起诉同时具备这三项条件时,才构成重复起诉。需要注意的是,有些案件不属于重复起诉。例如,涉及赡养费、扶养费、抚养费的案件,由于出现了新的事实,需要另行给付“三费”的,权利人就可以另行起诉。

(四)发回重审案件当事人可以申请变更、增加诉讼请求或者提出反诉

司法实践中,出现下列两种情况会将案件发回重审:一是案件上诉到二审法院后,二审法院经审查撤销一审判决,发回重审。这时案件又回到普通的一审程序,当事人可以申请变更、增加诉讼请求或者提出反诉。二是再审案件经审理后,再审法院撤销原一二审判决,发回重审。这种情况下,发回的案件属于普通的一审案件还是属于再审案件这一问题在实践中存在争议。后经反复研究认为,再审法院提审以后撤销一、二审判决,发回一审法院重审的,实际上案件已经回到了普通的一审程序,当事人申请变更、增加诉讼请求或者提出反诉符合《民诉法解释》第 252 条规定的,就应予以准许。这与二审中当事人提起反诉不一样。

(五)依法落实裁判文书查阅制度

《民诉法解释》第 255 条对查阅裁判文书作了规定,这是落实司法公开、审判公开的一项具体措施。本条对查阅判决书、裁定书作了 5 项规定:"(一)判决书、裁定书已经通过信息网络向社会公开的,应当引导申请人自行查阅;(二)判决书、裁定书未通过信息网络向社会公开,且申请符合要求的,应当及时提供便捷的查阅服务;(三)判决书、裁定书尚未发生法律效力,或者已失去法律效力的,不提供查阅并告知申请人;(四)发生法律效力的判决书、裁定书不是本院作出的,应当告知申请人向作出生效裁判的人民法院申请查阅;(五)申请查阅的内容涉及国家秘密、商业秘密、个人隐私的,不予准许并告知申请人。"需要注意的是,裁判文书上网的制度已经建立,各级法院,特别是一审法院要积极推进裁判文书改革,加强裁判文书说理,并通过裁判文书上网,引导人民群众学法、守法。

五、小额诉讼制度

小额诉讼程序是 2012 年修改《民事诉讼法》新增加的制度。《民事诉讼法》第 162 条规定了小额诉讼程序制度,但未规定如何实施这项制度。《民诉法解释》用了 14 个条文来规范小额诉讼程序制度,其中在"简易程序中的小额诉讼"一章中有 13 个条文,"审判监督程序"一章中还有 1 条。《民诉法解释》的规定还比较原则。今后,最高人民法院将在总结各地法院审判经验的基础上,不断细化相关规定。理解和适用小额诉讼程序要注意以下几个问题:

(一)小额诉讼案件标的金额的标准

《民事诉讼法》第 162 条规定,小额诉讼案件标的金额为各省、自治区、直辖市上年度就业人员平均工资 30%以下。《民诉法解释》草稿中曾有 1 条规定:诉讼标的额超过这一上限的案件,如果双方当事人均同意适用小额诉讼程序的,应予准许。但全国人大常委会法工委不同意这一意见。最后,《民诉法解释》删除了这条规定,因为人民法院必须严格依照《民事诉讼法》第 162 条规定的标准来确定小额诉讼案件的范围,不能突破法定标的额限制。司法实践中,有法院反映这一上限过低,导致小额诉讼案件过少。但随着国民收入的提高,小额诉讼案件标的额上限也会随之提高。实际上,根据《民诉法解释》第 274 条规定,小额诉讼案件有相当大的适用空间。影响小额诉讼程序适用的重要原因是基层法院法官担心,小额诉讼案件实行一审终审,自身面临较大的信访压力。根据我们在上海、江苏、福建调研的情况看,如果严格依照《民事诉讼法》第 162 条规定适用小额诉讼程序,小

额诉讼案件占一审案件的25%左右。其中申请再审的比例非常低,再审案件审结后申请人基本都息诉了,几乎没有人上访。小额诉讼案件标的额小,人民法院应当坚持繁简分流原则,尽快审结这类案件,实行一审终审。这对于及时维护当事人的合法权益,让他们快速从小额民事纠纷中解脱出来,节约司法资源具有积极作用。各级人民法院要以《民诉法解释》的实施为契机,加大适用小额诉讼程序的力度。

(二)适用小额诉讼程序的案件类型

《民诉法解释》第 274 条对适用小额诉讼程序的案件类型作了规定,一共包括 8 类案件,包括供用水、电、气、热力合同纠纷,银行卡纠纷,身份关系清楚的赡养费、抚育费、抚养费纠纷,责任明确的交通事故损害赔偿纠纷,等等。还有一个兜底条款。概而言之,适用小额诉讼程序的案件就是金钱给付案件,其他类型案件不适用小额诉讼程序。为了明确哪些案件不适用小额诉讼程序,《民诉法解释》第 275 条作了排除性规定,即人身关系、财产权确权纠纷,涉外民事纠纷,知识产权纠纷,需要评估、鉴定或者对诉前评估、鉴定结果有异议的纠纷等 5 类案件都不适用小额诉讼程序。

(三)小额诉讼案件管辖异议的审理

《民诉法解释》第 278 条规定,当事人对小额诉讼提出管辖异议的,人民法院应当受理。人民法院经审理作出裁定后,裁定立即生效。可见,小额诉讼案件的管辖异议实行一审终审。小额诉讼案件实体审理实行一审终审,其程序价值就是为了快捷地解决简单的民事纠纷,如果允许在小额诉讼案件中对管辖异议裁定提起上诉,便与小额诉讼程序设置的目的相冲突。从当事人维权的角度看,当事人诉讼金额小,如果允许当事人对管辖异议裁定提起上诉,会导致当事人维权成本增高。

(四)小额诉讼案件程序的简化

《民诉法解释》对小额诉讼程序作了适当简化,各地法院在实践中还可以对这些程序规则作进一步细化,以便让这一程序尽快发挥及时维护当事人合法权益、让当事人之间的关系尽快修复的功能。在简化程序时,最主要的是简化小额诉讼案件裁判文书。对民事关系复杂的案件,要增强裁判文书的说理性,做到以理服人。但是,对于小额诉讼程序这样的简易程序,不能将简单程序复杂化。随着法院信息化建设的推进,法官可以在庭审中辨法析理,并对庭审录音、录像以存档备查。庭审结束后,人民法院可以采用表格式、令状式文书格式,及时制作简易文书,当庭送达当事人,即审即结。只有这样,小额诉讼程序才能有旺盛的生命力。在统一的诉讼文书样式出台之前,各级法院应积极探索简化的文书样式。

六、公益诉讼制度

公益诉讼制度是 2012 年修改《民事诉讼法》新增加的制度,《民事诉讼法》第 55 条对公益诉讼制度作了规定。该条规定放在了"诉讼参加人"一章中的"当事人"这一节里,对提起公益诉讼的主体作了规定,但未对公益诉讼程序作出规定。《民诉法解释》起草工作的重要任务之一就要落实《民事诉讼法》规定的公益诉讼制度。在起草司法解释时,最高人民法院决定要将环境公益诉讼和消费者权益保护公益诉讼分开规定。因为我国缺乏公益诉讼经验,不宜一次性在司法解释中作过细规定。最高人民法院环资庭负责起草环境公益诉讼的司法解释,这一解释已经出台;最高人民法院民一庭负责起草消费者权益保护公益诉讼的司法解释,目前正在起草中。《民诉法解释》用8个条文对公益诉讼作了原则性规定。在理解公益诉讼制度时要注意以下几个问题:

(一)公益诉讼原告的资格

根据《民事诉讼法》第55条规定,公益诉讼的原告是法律规定的机关和有关组织。《民事诉讼法》未对哪些机关和组织享有公益诉讼原告资格作出规定,只能等待在将来制定的法律中进一步明确。《民诉法解释》要为以后法律进行规定留出空间,不宜规定得太细。党的十八届四中全会决定,人民检察院可以提公益诉讼,最高人民法院《四五改革纲要》中也对此作了规定。人民检察院如何提起公益还需要由法律作出明确规定,或者由司法改革措施来明确。关于"有关组织"的范围,原来准备在《民诉法解释》中作出规定,可后来仍未规定,因为《环境保护法》和《消费者权益保护法》已经分别对"有关组织"作了规定。如果在审判实践中,还需要对"有关组织"作出细化规定,可在以后的相关司法解释中规定。

(二)公益诉讼的起诉条件

《民诉法解释》第284条在《民事诉讼法》第119条规定的基础上,对公益诉讼的起诉条件作了规定。公益诉讼案件的起诉条件包括:一是有明确的被告,二是有具体的诉讼请求,三是有社会公共利益受损害的初步证据,四是属于人民法院受理民事诉讼范围和受诉人民法院管辖。其中,需要特别引起重视的是第三个条件。原告在提起公益诉讼时,要提交社会公共利益受损害的初步证据。社会公共利益是否受到损害是公益诉讼与私益诉讼的本质区别。如果社会公共利益未受损害就不能提起公益诉讼。关于社会公共利益受损害的举证责任问题,社会公共利益受到损害的初步证据应当由原告负责提供,具体包括以下两个方面:第一,要举证证明被告实施了侵权行为;第二,要举证证明有损害结果。至于侵权行为与损害结果之间的因果关系,由原告举证难度较大,应当由被告承担举证证明责任。消费者权益保护公益诉讼的举证责任的进一步细化问题正在调研,但《民诉法解释》的原则应当落实。

(三)公益诉讼的管辖法院

《民诉法解释》第285条规定,公益诉讼案件由中级人民法院管辖。公益诉讼案件数量不会太多,但通常社会影响大,审理难度也大,由中级人民法院作为一审法院比较合适。但《民诉法解释》并没有将公益诉讼级别管辖绝对化,如果上级法院认为将某一具体的公益诉讼案件交给基层法院审理更便于当事人诉讼,便于矛盾化解的,可根据《民事诉讼法》第38条和《民诉法解释》第42条规定交由下级人民法院审理。但对这一规定要慎重使用。现在很多地方的基层法院都设立了环保法庭,可以受理环保私益诉讼案件。关于公益诉讼的地域管辖问题。《民诉法解释》规定,公益诉讼案件由侵权行为地或者被告所在地法院管辖。侵权行为地非常广泛,包括侵权行为发生地和侵权结果发生地。因此,公益诉讼案件管辖的连接点很多。为避免管辖争议,《民诉法解释》第285条确定了先立案原则和指定管辖原则。通过指定管辖可以将一定数量的案件统一交由最适合审理的法院管辖,以便统一司法尺度。

(四)公益诉讼与私益诉讼的关系

同一个侵权行为可能既侵害了公共利益,又侵害了私人利益,不可避免地会出现同时提起公益诉讼和私益诉讼的问题。在《民诉法解释》起草过程中,对如何处理公益诉讼和私益诉讼关系的问题达成了几点共识:首先,公益诉讼和私益诉讼在诉讼主体和客体方面均不相同,不宜合并审理。公益诉讼的原告有代理诉讼的意味,不一定是被侵权人,而私益诉讼的原告肯定是被侵权人。而且二者的法律关系和司法原则均不同。其次,如果侵权行为已经能够确定,公益诉讼和私益诉讼可以分开起诉,分别审理,分别判决。最后,在侵权行为不能确定的情况下,二者可以分别立案,私益诉讼立案后可以中止审理,在公益诉讼对是否存在侵权行为作出判决后,再恢复私益诉讼案件的审理。这种情况下,公益诉讼的一个重要任务是要确定侵权主体是否实施了侵权行为,是否引起了损害结果。

(五)公益诉讼中调解、和解和撤诉的处理方式

《民诉法解释》第 289 条规定,对于公益诉讼,当事人可以和解,人民法院也可以调解。当事人达成和解或者调解协议以后,人民法院应当将和解或者调解协议进行公告,公告期间不少于 30 日。公告期满后,人民法院经审查,和解或者调解协议不违反社会公共利益的,应当出具调解书;和解或者调解协议违反社会公共利益的,不予出具调解书,继续对案件进行审理并依法作出裁判。公益诉讼的和解与调解与私益诉讼完全不同。私益诉讼中,只要各方当事人就实体权利、义务达成一致意见,就可以出具调解书。但公益诉讼的原告并非侵权行为受害人,如果其以损害公共利益为目的与被告达成和解或调解协议,就不能允许。因此,公益诉讼中的和解或者调解协议一定要向社会公告,让全社会来监督和解或者调解协议的内容是否会损害社会公共利益。

《民诉法解释》第 290 条规定,公益诉讼案件的原告在法庭辩论终结后申请撤诉的,人民法院不予准许。公益诉讼的原告在法庭辩论终结前撤诉的,法院可以准许。为什么这样规定呢?如果原告在法庭辩论终结前就申请撤诉,法院可根据具体情况判断,是否准许其撤诉。但是,在法庭辩论终结后,是否侵害社会公共利益的事实已经查清,人民法院应当依法作出判决。此时如果允许原告撤诉,就可能损害社会公共利益。

七、第三人撤销之诉制度

第三人撤销之诉是 2012 年修改《民事诉讼法》时新设立的制度。《民事诉讼法》第 56 条第 3 款对第三人撤销之诉作了规定,第三人因不能归责于本人的事由未参加诉讼,但生效判决、裁定、调解书部分或全部损害其民事权益的,可以向人民法院提起诉讼。具体怎样提起第三人撤销之诉的问题,以及第三人撤销之诉与《民事诉讼法》第 227 条规定的案外人申请再审之诉以及案外人执行异议之诉如何协调的问题,《民事诉讼法》均未作出规定,需要在《解释》中作出规定。在理解第三人撤销之诉相关规定时,应当注意以下几个问题。

(一)第三人提起撤销之诉的条件

由于第三人撤销之诉涉及生效判决、裁定、调解书的效力,如果完全放任,对生效判决、裁定、调解书的权威和法律关系的稳定冲击很大。根据《解释》第 292 条规定,第三人提起撤销之诉必须要符合以下条件:一是原告必须是原审中的第三人。二是第三人未参

加原审系因不能归责于其本人的事由。《民事诉讼法》第 56 条第 3 款规定的不能归责于本人的事由是指，没有被列为生效判决、裁定、调解书当事人，其无过错或者无明显过错的情形：首先不知道诉讼而未参加，即第三人不知道原审诉讼存在；其次申请参加未获准许，即第三人虽然知道原审诉讼存在，申请参加诉讼但法院不允许；再次知道诉讼但因客观原因无法参加，即第三人虽知道原审诉讼存在，但第三人根本参加不了，也不可能委托他人参加；最后其他不能归责于本人的事由未参加诉讼。总之，第三人不能参加原审诉讼责任完全不在他自己。三是发生法律效力的判决、裁定、调解书存在错误。第三人认为发生效力的判决、裁定、调解书存在错误即可，是否存在错误需经人民法院审理后才能作出判断。四是发生法律效力的判决、裁定、调解书的错误损害第三人的权利。这里所说的损害第三人权利是指判决、裁定、调解书的主文存在错误，损害了第三人的利益。如果判决、裁定、调解书在说理部分或者事实认定部分错误，虽然可能损害第三人的利益，但这一部分没有既判力，第三人不能提起撤销之诉。第三人在另诉时，由于这部分事实已经为人民法院的生效裁判文书所确认，第三人如果认为生效裁判文书认定事实错误，可以举证推翻该认定。可见，这一问题根据现有法律规定可以解决，没有必要用第三人撤销之诉来解决。为了证明起诉符合上述条件，第三人在起诉时应当提供相应的证据材料。另外，第三人应当自知道或应当知道其民事权益受到损害之日起 6 个月内提起第三人撤销之诉。这 6 个月的期间不是诉讼时效期间，而是不变期间，不适用关于诉讼时效中止、中断和延长的规定。

（二）第三人撤销之诉的立案审查

《民诉法解释》第 293 条规定，第三人提交起诉状以后，人民法院应当进行审查。与普通案件的立案审查不同，人民法院对第三人撤销之诉的审查虽然总体来讲属于形式审查，但更为严格一些。人民法院在必要时可以通知原被告双方到法院进行询问。第三人是否属于原审第三人，是否参加过原审诉讼等问题都可以通过询问当事人查明。由于人民法院对第三人撤销之诉的立案审查比其他案件的立案审查更加严格，所以《民诉法解释》规定了 30 天的立案审查期限。人民法院自收到起诉状之日起 30 天内，经审查，符合起诉条件的，应当进行审理；不符合条件的，应当裁定不予受理。根据《民事诉讼法》第 297 条规定，在 4 种情形下，当事人不能提起第三人撤销之诉：一是依照非讼程序审理的案件，包括特别程序、督促程序、公示催告程序、破产程序等；二是涉及身份关系的案件。这类案件非常特殊，不能提起第三人撤销之诉。例如，涉及婚姻关系、收养关系这样的身份关系的案件，判决生效后，可能已经发生了新的事实，形成了新的身份关系，不可能再推倒重来；三是代表人诉讼，因为代表人诉讼的结果对被代表人直接产生法律效力，所以也不能提起第三人撤销之诉；四是公益诉讼，公益诉讼审结后也不能再提起第三人撤销之诉。

（三）第三人撤销之诉的审理和裁判

在第三人撤销之诉中，第三人可能提出两种诉讼请求：一是请求全部或者部分撤销发生效力的判决、裁定、调解书；二是请求确认第三人所享有的民事权益。《民诉法解释》第 300 条规定："对第三人撤销或者部分撤销发生法律效力的判决、裁定、调解书内容的请求，人民法院经审理，按以下情形分别处理：（一）请求成立且确认其民事权利的主张全部或部分成立的，改变原判决、裁定、调解书内容的错误部分；（二）请求成立，但确认其全部或部分民事权利的主张不成立，或者未提出确认其民事权利请求的，撤销原判决、裁定、调解书内容的错误部分;(三)请求不成立,驳回诉讼请求。对前款规定裁判不服的,当事人可以上诉。原判决、裁定、调解书的内容未改变或者未撤销的部分继续有效。”之所以允许第三人提出确认其民事权利的主张,是因为有独立请求权的第三人在原审中有权以原审原被告为共同被告主张自己的实体权利,其在原审中是完全无辜的。如果规定第三人只能起诉请求撤销或者部分撤销发生法律效力的判决、裁定、调解书,其民事权利主张只能通过另诉进行,就等于剥夺了第三人通过第三人撤销之诉主张实体权利的诉权,会增加其诉累,对第三人不公平。此外,根据《民事诉讼法》第 56 条第 3 款规定,法院经审理,第三人理由成立的应当改变或撤销原判决、裁定、调解书,“改变”放在了“撤销”之前,故允许当事人提出权利主张是有法律根据的。因此,人民法院审理清楚当事人之间的权利义务关系,通过改变判决直接确定第三人的权利,符合《民事诉讼法》的立法本意,同时免除了另诉给当事人带来的诉累。这是两全其美的好事。

(四)第三人撤销之诉与申请再审之诉的衔接

司法实践中,第三人有可能以第三人身份提起撤销之诉,也可能以案外人身份提起申请再审之诉。《民诉法解释》对如何处理好这两类诉讼的关系作了规定。首先,《民诉法解释》第 301 条规定:“第三人撤销之诉案件审理期间,人民法院对生效判决、裁定、调解书裁定再审的,受理第二人撤销之诉的人民法院应当裁定将第三人的诉讼请求并入再审程序。但有证据证明原审当事人之间恶意串通损害第三人合法权益的,人民法院应当先行审理第三人撤销之诉案件,裁定中止再审诉讼。”根据该条规定,如果人民法院已经决定再审的,应将第三人撤销之诉并入到再审之诉中。再审可能出现两种情况:一是再审案件按照一审程序审理,则两案合并以后就相当于普通的一审程序,作出裁判后当事人可以上诉。二是再审案件按照二审程序审理,两案合并以后,该案就相当于遗漏了当事人的二审程序。对于这类案件,可以先进行调解。如果调解成功,可以调解结案。如果双方当事人达不成调解协议,就撤销原一审、二审判决,将此案发回一审法院重审,让案件回到一审普通程序。

根据《民事诉讼法》第 227 条规定,案外人对执行标的提出书面异议被驳回后,可以提起案外人申请再审之诉。但是,如果第三人(案外人)已经提起第三人撤销之诉,又在执行异议被驳回后提起案外人申请再审之诉的,人民法院不应受理。因为第三人已经提起了撤销之诉,不能进行双重保护。

司法实践中还有一种情况,如果案外人对驳回其执行异议裁定不服,根据《民事诉讼法》第 227 条规定提起了案外人申请再审之诉,而人民法院在审查其再审申请期间,该第三人又提起了第三人撤销之诉的,人民法院对第三人撤销之诉不应受理。第三人在案外人申请再审之诉和第三人撤销之诉两个救济渠道中只能选择一个,而不能要求双重保护。这有利于避免第三人撤销之诉和案件外人申请再审之诉之间的矛盾和冲突。

八、执行异议之诉制度

2007 年修改《民事诉讼法》时就已经对执行异议之诉作了规定。当时此类案件数量不多,问题并不突出。近年来执行异议之诉案件的数量开始大幅度上升。如何规范执行异议之诉,已经成为人民法院面临的一个十分迫切的任务。《民事诉讼法》第 227 条对执行异议之诉作了规定,但未对如何审理这类案件作出规定。《民诉法解释》在总结国内外执行异议之诉审判经验的基础上,作了 14 条规定,确切地说是 13 条半规定,因为在执行一章中还有半条规定涉及执行异议之诉。在审理执行异议之诉案件时,应当注意以下几个问题:

(一)执行异议之诉的管辖法院

2007 年修改后的《民事诉讼法》颁布后,最高人民法院出台了《关于适用〈中华人民共和国民事诉讼法〉执行程序若干问题的解释》,规定执行异议之诉的管辖法院是执行法院。在起草《民诉法解释》的过程中,对执行异议之诉的管辖法院争议很大。不少同志提出一个问题,执行异议之诉中涉及房屋、土地等不动产。根据《民事诉讼法》第 33 条第 1 项规定,因不动产纠纷提起的诉讼,由不动产所在地人民法院专属管辖。但是,执行法院与不动产所在地法院可能不是同一法院。对此,《民诉法解释》的草稿曾有一条规定,执行异议之诉原则上由执行法院管辖,但专属管辖除外。但执行部门的同志提出,将全部执行异议之诉案件交由执行法院管辖更合适。后经最高人民法院审委会研究决定,执行异议之诉均由执行法院管辖。执行异议之诉和不动产纠纷的专属管辖一样都属于专属管辖,是一种特殊的专属管辖。

(二)执行异议之诉的起诉条件

根据《民事诉讼法》第 227 条和《民诉法解释》第 305、306 条规定,提起执行异议之诉应当符合以下条件:一是在执行过程中提起,如果执行尚未开始或者执行已经结束,则不能提起执行异议之诉,但可依法对争议标的提起确权之诉或者给付之诉;二是案外人针对执行标的提出了执行异议;三是针对案外人执行异议的裁定已经作出;四是案外人或者申请执行人提出了停止执行或者继续执行的诉讼请求,并根据诉讼请求提出了相应的事实和理由;五是当事人应当在执行异议裁定送达之日起 15 日内提起执行异议之诉。根据《民诉法解释》第 465 条规定,在当事人收到执行异议裁定 15 日以后,人民法院就可以强制执行,如果已经执行完毕,执行异议之诉就失去了基础。

(三)执行异议之诉的举证证明责任

案外人对驳回执行异议裁定不服提起执行异议之诉的,由案外人承担举证责任。申请执行人对人民法院许可执行异议而作出的中止执行裁定不服提起执行异议之诉的,实行举证责任倒置,仍然由案外人承担举证责任。因为申请执行人执行异议之诉也是由案外人申请执行异议而引起的。执行异议之诉实际上是执行异议的延伸。因此,案外人应当就阻却执行的事实和理由承担举证证明责任。如果由申请执行人承担举证证明责任,则生效裁判所确定的权利人的维权成本太高,不利于其维权。同时,这也可以防止案外人滥用执行异议诉权,阻挠生效裁判文书的执行。

(四)执行异议之诉的审理

在执行异议之诉中,在审理案外人主张的事实和理由能否阻却执行的同时,是否应当审理执行标的权属呢?这一问题存在争议。经过讨论,大家逐渐形成两点共识:一是在审理执行异议之诉时,人民法院如果不审理民事实体权利的性质和归属,不对执行标的进行确权,就无法判断案外人所主张的事实和理由能否阻却执行;二是如果不审理民事实体权利的性质和归属,在受理执行异议之诉以后就无法作出处理。

根据《民诉法解释》第 312 条和第 313 条规定，执行异议之诉应按以下要求进行审理：第一，无论当事人的诉讼请求是否包括确权的请求，人民法院在审理执行异议之诉时均要查清实体权利的性质和归属，并在此基础之上作出该权利能否阻却执行的判断。第二，案外人提出对执行标的确权的诉讼请求的，人民法院要在判决主文中对此作出认定；当事人未提出对执行标的进行确权的诉讼请求的，人民法院应当在判决的事实认定和说理部分对执行标的权属问题作出说明。第三，对案外人“享有足以排除强制执行的民事权益”应当全面理解。《民诉法解释》第 312 条规定，要审查案外人是否“享有足以排除强制执行的民事权益”，人民法院不仅要认定案外人是否享有足以排除强制执行的物权、债权优先权等法定优先权、普通债权，而且还要认定被执行人对争议标的是否享有足以确保继续执行的物权、债权优先权、普通债权。一般而言，物权、优先权具有排他性，某一民事主体享有物权和优先权，就意味着其他民事主体不再享有。普通债权一般不具有优先效力，但是也需要对债权关系的合法性等问题作出判断。案外人“享有足以排除强制执行的民事权益”包括哪些权益的问题，严格讲是实体法研究的问题。目前，执行异议之诉的难点在于判断什么情况下可以认定案外人“享有足以排除强制执行的民事权益”。最高人民法院已对这一问题专门立项，进行实体法上的专门研究。

（五）案外人执行异议之诉审理期间原则上不能处分执行标的

根据《民诉法解释》第 315 条规定，在执行异议之诉审理期间人民法院不得对执行标的进行处分，但申请执行人申请人民法院继续执行并提供适当担保的除外。本条规定的是“可以”，这里需要注意以下两点：第一，如果执行标的物为特定物，原则上应停止执行；如果执行的标的为种类物，在申请执行人申请继续执行并提供适当担保，又不损害案外人权益的情况下，可以准许执行。第二，如果被执行人与案外人串通，通过执行异议之诉阻碍执行，防止执行债权人实现其权利，当依法予以处罚，给申请执行人造成损失的，申请执行人还可以另案提起损害赔偿之诉。

九、二审程序制度

二审程序的职能重在解决案件事实争议和法律争议，实现两审终审。人民法院应当根据上诉人的上诉请求，围绕案件争议焦点，进一步审核一审裁判在事实认定和法律适用方面是否存在问题，并在此基础上作出终审裁判。关于第二审程序，要注意以下几个问题：

（一）对二审中原告增加诉讼请求或被告提出反诉的处理

根据《民诉法解释》第 328 条规定，二审中原告增加诉讼请求或被告提出反诉的，人民法院应当进行调解，调解不成的，应告知当事人另行起诉。如果双方当事人均同意二审人民法院一并审理新增的请求或者反诉，二审人民法院可以一并审理。因为当事人有权自愿放弃审级利益，这是自愿处分原则的体现。本条规定的是“可以”而非“应当”，主要是基于保护社会公共利益和第三人合法权益的考虑。如果出现可能损害社会公共利益和第三人合法权益的情形，即使双方当事人自愿放弃审级利益，对于新增的请求或者反诉，人民法院应当告知其另案起诉，而不能在同案中一并审理。

(二)二审案件原则上应当公开审理

《民事诉讼法》第169条规定,二审案件原则上应当公开审理,但对不公开审理作了原则性规定。《民诉法解释》第333条对不公开开庭审理的情形作了具体规定。除该条规定情形和法律规定不能公开审理的案件外,所有二审案件都应当公开审理。审判公开不仅仅是为了便于法官查清案件事实、正确适用法律,更是为了让双方当事人通过诉讼感受到诉讼程序的公平正义。这是程序的独立价值,也是二审原则上要公开开庭的重要原因。

(三)对二审程序中原审原告申请撤回起诉的处理

原审原告在二审程序中可否申请撤回起诉的问题在《民诉法解释》起草过程中存在争议,这是从审判实践中总结出来的问题。如果允许原告在二审中撤回起诉,有些法律问题不好解决。如果原告在一审败诉,其上诉后又请求撤回起诉,一审裁判怎么处理呢?原告在二审中撤回起诉后,一审裁判就失去了存在的基础。同时,如果被告积极应诉,希望通过诉讼明确法律关系,但因原告撤回起诉,其目的就落空了。被告的利益怎么保护呢?根据《民诉法解释》第338条第1款规定,原审原告在二审中撤回起诉,应当符合两个条件:一是经其他当事人同意,二是不损害国家利益、社会公共利益、他人合法权益。同时该款规定,准许撤诉的,应当一并裁定撤销一审裁判。该条第2款规定,原审原告在第二审程序中撤回起诉后重复起诉的,人民法院不予受理。原审原告在二审程序中撤回起诉应当十分谨慎。

十、审判监督程序制度

(一)正确理解审判监督程序的职能定位

审判监督程序的职能是依法纠正原审判决、裁定、调解书的错误,维护生效裁判的权威,其本质上是一种纠错机制。原生效裁判的结果只要于法有据,言之有理,就不能认为是错误的,不能用一种审判观念取代另一种审判观念,或者用一种自由裁量权取代另一种自由裁量权。以前司法工作中有一种错误认识,认为只要当事人上访闹访,就说明当事人对案件处理结果不满意,当事人不满意就是人民不满意,人民不满意就说明这个案件处理的社会效果不好。因此,评价案件质量好坏的标准不是是否严格依法办案,而是当事人是否满意。在这一背景下,有时处理案件不是依法,而是奉行"搞定就是能力,摆平就是水平"的原则。在审判监督程序中,为了追求当事人满意的"社会效果",有些案件尽管在事实认定、法律适用和遵守法定程序上没有问题,但为了"搞定""摆平",就出现了用一种自由裁量权否定另一种自由裁量权,用一种对案件的认识否定另一种认识的情况。这样做的结果是,司法裁判的权威越来越低。这必然导致"信访不信法"的现象越来越严重,导致社会主义法治的作用越来越小。因此,人民法院要正确理解审判监督程序的职能定位。

(二)正确把握审判监督程序的适用范围

根据《民诉法解释》第380条规定,不能适用审判监督程序的案件包括适用特别程序、督促程序、公示催告程序、破产程序等非讼程序审理的案件。审判监督程序主要适用于诉讼案件,而前述案件都是非讼案件。适用特别程序的案件,如果利害关系人认为生效裁判损害了其合法权益,可以向作出判决、裁定的人民法院提出异议,人民法院经审查认为异议成立的,可以改变原判决、裁定,但不能依据审判监督程序进行纠错。此外,除了不予受理和驳回起诉的裁定外,诉讼程序中的其他民事裁定都不能申请再审。

(三)严格执行民事诉讼法规定的“三加一”模式

关于同一民事案件的审理次数,《民事诉讼法》规定了“三加一”模式,即同一案件的实体审理一般只有三次:一审和二审一共是两次;当事人向人民法院申请再审,人民法院决定再审的,这是第三次;人民法院作出再审裁判后,当事人还不服的,可申请再审检察建议或者抗诉,可以再进行一次实体审理,这是“三加一”中的“加一”。如果人民检察院驳回了当事人的再审检察建议申请或抗诉申请,或者人民法院根据检察院的再审检察建议或者抗诉进行了再审,作出了再审裁判,该案的所有诉讼程序就终结了。根据这一原则,《民诉法解释》第 383 条对不可提出再审申请的情形作了规定。

(四)严格把握启动再审程序的标准

人民法院对于再审申请必须严格根据《民事诉讼法》第 200 条规定和《民诉法解释》第 386～394 条规定进行审查,要严格把握启动再审程序的标准,不可以用一种自由裁量权否定另一种自由裁量权。

(五)审理再审案件应当围绕再审请求进行

人民法院审理再审案件时应当处理好两个关系:一是再审申请和再审请求的关系。再审申请是申请人向人民法院提出的希望启动再审程序对案件再次进行审理的请求。再审请求是指进入到再审程序以后,申请人提出的保护其实体权益的诉讼请求。审查再审申请的法律根据是《民事诉讼法》第 200 条规定。审查再审请求则要根据实体利益判断的方式进行。再审审理阶段应当围绕再审请求而不是再审申请进行。二是要明确再审请求和原审诉讼请求的关系。再审请求不能超过原审诉讼请求,超出原审诉讼请求的部分不予审理。

(六)依法落实检察监督制度

检察监督是审判监督程序的重要组成部分。各级人民法院要认真贯彻落实民事诉讼法关于检察监督的规定。在理解和适用检察监督程序时,应注意以下问题:

第一,检察监督的一般性原则。检察监督应当贯彻一个原则,即案件在一审、二审中或者一审、二审程序结束后,当事人还可以申请再审。在这些程序没有结束之前,人民检察院原则上不能提出再审检察建议和抗诉。当事人对生效判决、裁定、调解书不服,不能绕开法定程序直接向检察院申请抗诉或再审检察建议。

第二,《民诉法解释》第 413 条和第 414 条对人民法院应当受理的再审检察建议和抗诉的范围作了规定。根据这两条规定,人民法院应当受理的再审检察建议和抗诉包括。一是检察机关根据《民事诉讼法》第 208 条规定,对涉及国家利益、社会公共利益的判决、裁定、调解书提出的再审检察建议或者抗诉;二是检察机关根据当事人对生效判决或者不予受理、驳回起诉裁定进行抗诉的申请,提起的再审检察建议或者抗诉。对适用特别程序、督促程序、公示催告程序、破产程序作出的判决、裁定以及解除婚姻关系的判决,检察院不能提起抗诉和再审检察建议,但可以提起一般检察建议;三是检察机关根据《民事诉讼法》第 209 条第 1 款第 3 项规定提起的抗诉或者再审检察建议。《民事诉讼法》第 209 条第 1 款第 3 项规定,再审判决、裁定有明显错误的,当事人可以向人民检察院申请检察建议或者抗诉。但什么是明显错误,《民诉法解释》没有作出规定,还需要继续探索。

第三,《民诉法解释》第 416 条规定了 5 项再审检察建议的受理条件。检察机关提出的再审检察建议符合这些条件的,人民法院就应当受理,否则应当函告不予受理。需要注意的是,《民诉法解释》规定的是函告不予受理,而不是裁定不予受理。人民法院受理再审检察建议后,应当组成合议庭进行审查,如果该检察建议否符合《民事诉讼法》第 200 条规定的 13 项再审事由就,应当裁定再审,如果不符合就函告不予再审。

第四,《民诉法解释》第 417 条规定了 4 项人民检察院抗诉的受理条件。人民检察院抗诉符合这些条件的,人民法院就应当受理,不符合这些条件的,应当裁定不予受理。人民法院对抗诉的审查标准不同于对再审检察建议的审查标准。人民法院只对抗诉进行形式审查,不以《民事诉讼法》第 200 条规定的 13 项再审事由为审查标准。抗诉只要符合《民诉法解释》第 417 条规定的条件,人民法院原则上应当在 30 天内决定再审。

最高人民法院关于审理民间借贷案件适用法律若干问题的规定

2015年6月23日最高人民法院审判委员会第1655次会议通过
2015年8月6日最高人民法院公告公布自2015年9月1日施行
法释[2015]18号

为正确审理民间借贷纠纷案件，根据《中华人民共和国民法通则》《中华人民共和国物权法》《中华人民共和国担保法》《中华人民共和国合同法》《中华人民共和国民事诉讼法》《中华人民共和国刑事诉讼法》等相关法律之规定，结合审判实践，制定本规定。

第一条 本规定所称的民间借贷，是指自然人、法人、其他组织之间及其相互之间进行资金融通的行为。

经金融监管部门批准设立的从事贷款业务的金融机构及其分支机构，因发放贷款等相关金融业务引发的纠纷，不适用本规定。

第二条 出借人向人民法院起诉时，应当提供借据、收据、欠条等债权凭证以及其他能够证明借贷法律关系存在的证据。

当事人持有的借据、收据、欠条等债权凭证没有载明债权人，持有债权凭证的当事人提起民间借贷诉讼的，人民法院应予受理。被告对原告的债权人资格提出有事实依据的抗辩，人民法院经审理认为原告不具有债权人资格的，裁定驳回起诉。

第三条 借贷双方就合同履行地未约定或者约定不明确，事后未达成补充协议，按照合同有关条款或者交易习惯仍不能确定的，以接受货币一方所在地为合同履行地。

第四条 保证人为借款人提供连带责任保证，出借人仅起诉借款人的，人民法院可以不追加保证人为共同被告；出借人仅起诉保证人的，人民法院可以追加借款人为共同被告。

保证人为借款人提供一般保证，出借人仅起诉保证人的，人民法院应当追加借款人为共同被告；出借人仅起诉借款人的，人民法院可以不追加保证人为共同被告。

第五条 人民法院立案后，发现民间借贷行为本身涉嫌非法集资犯罪的，应当裁定驳回起诉，并将涉嫌非法集资犯罪的线索、材料移送公安或者检察机关。

公安或者检察机关不予立案，或者立案侦查后撤销案件，或者检察机关作出不起诉决定，或者经人民法院生效判决认定不构成非法集资犯罪，当事人又以同一事实向人民法院提起诉讼的，人民法院应予受理。

第六条 人民法院立案后，发现与民间借贷纠纷案件虽有关联但不是同一事实的涉嫌非法集资等犯罪的线索、材料的，人民法院应当继续审理民间借贷纠纷案件，并将涉嫌非法集资等犯罪的线索、材料移送公安或者检察机关。

第七条 民间借贷的基本案件事实必须以刑事案件审理结果为依据，而该刑事案件尚未审结的，人民法院应当裁定中止诉讼。

第八条 借款人涉嫌犯罪或者生效判决认定其有罪，出借人起诉请求担保人承担民事责任的，人民法院应予受理。

第九条 具有下列情形之一，可以视为具备《合同法》第二百一十条关于自然人之间借款合同的生效要件：

（一）以现金支付的，自借款人收到借款时；

（二）以银行转账、网上电子汇款或者通过网络贷款平台等形式支付的，自资金到达借款人账户时；

（三）以票据交付的，自借款人依法取得票据权利时；

（四）出借人将特定资金账户支配权授权给借款人的，自借款人取得对该账户实际支配权时；

（五）出借人以与借款人约定的其他方式提供借款并实际履行完成时。

第十条 除自然人之间的借款合同外，当事人主张民间借贷合同自合同成立时生效的，人民法院应予支持，但当事人另有约定或者法律、行政法规另有规定的除外。

第十一条 法人之间、其他组织之间以及它们相互之间为生产、经营需要订立的民间借贷合同，除存在合同法第五十二条、本规定第十四条规定的情形外，当事人主张民间借贷合同有效的，人民法院应予支持。

第十二条 法人或者其他组织在本单位内部通过借款形式向职工筹集资金，用于本单位生产、经营，且不存在合同法第五十二条、本规定第十四条规定的情形，当事人主张民间借贷合同有效的，人民法院应予支持。

第十三条 借款人或者出借人的借贷行为涉嫌犯罪，或者已经生效的判决认定构成犯罪，当事人提起民事诉讼的，民间借贷合同并不当然无效。人民法院应当根据合同法第五十二条、本规定第十四条之规定，认定民间借贷合同的效力。

担保人以借款人或者出借人的借贷行为涉嫌犯罪或者已经生效的判决认定构成犯罪为由，主张不承担民事责任的，人民法院应当依据民间借贷合同与担保合同的效力、当事人的过错程度，依法确定担保人的民事责任。

第十四条 具有下列情形之一，人民法院应当认定民间借贷合同无效：

（一）套取金融机构信贷资金又高利转贷给借款人，且借款人事先知道或者应当知道的；

（二）以向其他企业借贷或者向本单位职工集资取得的资金又转贷给借款人牟利，且借款人事先知道或者应当知道的；

（三）出借人事先知道或者应当知道借款人借款用于违法犯罪活动仍然提供借款的；

（四）违背社会公序良俗的；

（五）其他违反法律、行政法规效力性强制性规定的。

第十五条　原告以借据、收据、欠条等债权凭证为依据提起民间借贷诉讼，被告依据基础法律关系提出抗辩或者反诉，并提供证据证明债权纠纷非民间借贷行为引起的，人民法院应当依据查明的案件事实，按照基础法律关系审理。

当事人通过调解、和解或者清算达成的债权债务协议，不适用前款规定。

第十六条　原告仅依据借据、收据、欠条等债权凭证提起民间借贷诉讼，被告抗辩已经偿还借款，被告应当对其主张提供证据证明。被告提供相应证据证明其主张后，原告仍应就借贷关系的成立承担举证证明责任。

被告抗辩借贷行为尚未实际发生并能作出合理说明，人民法院应当结合借贷金额、款项交付、当事人的经济能力、当地或者当事人之间的交易方式、交易习惯、当事人财产变动情况以及证人证言等事实和因素，综合判断查证借贷事实是否发生。

第十七条　原告仅依据金融机构的转账凭证提起民间借贷诉讼，被告抗辩转账系偿还双方之前借款或其他债务，被告应当对其主张提供证据证明。被告提供相应证据证明其主张后，原告仍应就借贷关系的成立承担举证证明责任。

第十八条　根据《关于适用〈中华人民共和国民事诉讼法〉的解释》第一百七十四条第二款之规定，负有举证证明责任的原告无正当理由拒不到庭，经审查现有证据无法确认借贷行为、借贷金额、支付方式等案件主要事实，人民法院对其主张的事实不予认定。

第十九条　人民法院审理民间借贷纠纷案件时发现有下列情形，应当严格审查借贷发生的原因、时间、地点、款项来源、交付方式、款项流向以及借贷双方的关系、经济状况等事实，综合判断是否属于虚假民事诉讼：

(一)出借人明显不具备出借能力；

(二)出借人起诉所依据的事实和理由明显不符合常理；

(三)出借人不能提交债权凭证或者提交的债权凭证存在伪造的可能；

(四)当事人双方在一定期间内多次参加民间借贷诉讼；

(五)当事人一方或者双方无正当理由拒不到庭参加诉讼，委托代理人对借贷事实陈述不清或者陈述前后矛盾；

(六)当事人双方对借贷事实的发生没有任何争议或者诉辩明显不符合常理；

(七)借款人的配偶或合伙人、案外人的其他债权人提出有事实依据的异议；

(八)当事人在其他纠纷中存在低价转让财产的情形；

(九)当事人不正当放弃权利；

(十)其他可能存在虚假民间借贷诉讼的情形。

第二十条　经查明属于虚假民间借贷诉讼，原告申请撤诉的，人民法院不予准许，并应当根据《民事诉讼法》第一百一十二条之规定，判决驳回其请求。

诉讼参与人或者其他人恶意制造、参与虚假诉讼，人民法院应当依照民事诉讼法第一百一十一条、第一百一十二条和第一百一十三条之规定，依法予以罚款、拘留；构成犯罪的，应当移送有管辖权的司法机关追究刑事责任。

单位恶意制造、参与虚假诉讼的，人民法院应当对该单位进行罚款，并可以对其主要负责人或者直接责任人员予以罚款、拘留；构成犯罪的，应当移送有管辖权的司法机关追究刑事责任。

第二十一条　他人在借据、收据、欠条等债权凭证或者借款合同上签字或者盖章，但未表明其保证人身份或者承担保证责任，或者通过其他事实不能推定其为保证人，出借人请求其承担保证责任的，人民法院不予支持。

第二十二条　借贷双方通过网络贷款平台形成借贷关系，网络贷款平台的提供者仅提供媒介服务，当事人请求其承担担保责任的，人民法院不予支持。

网络贷款平台的提供者通过网页、广告或者其他媒介明示或者有其他证据证明其为借贷提供担保，出借人请求网络贷款平台的提供者承担担保责任的，人民法院应予支持。

第二十三条　企业法定代表人或负责人以企业名义与出借人签订民间借贷合同，出借人、企业或者其股东能够证明所借款项用于企业法定代表人或负责人个人使用，出借人请求将企业法定代表人或负责人列为共同被告或者第三人的，人民法院应予准许。

企业法定代表人或负责人以个人名义与出借人签订民间借贷合同，所借款项用于企业生产经营，出借人请求企业与个人共同承担责任的，人民法院应予支持。

第二十四条　当事人以签订买卖合同作为民间借贷合同的担保，借款到期后借款人不能还款，出借人请求履行买卖合同的，人民法院应当按照民间借贷法律关系审理，并向当事人释明变更诉讼请求。当事人拒绝变更的，人民法院裁定驳回起诉。

按照民间借贷法律关系审理作出的判决生效后，借款人不履行生效判决确定的金钱债务，出借人可以申请拍卖买卖合同标的物，以偿还债务。就拍卖所得的价款与应偿还借款本息之间的差额，借款人或者出借人有权主张返还或补偿。

第二十五条　借贷双方没有约定利息，出借人主张支付借期内利息的，人民法院不予支持。

自然人之间借贷对利息约定不明，出借人主张支付利息的，人民法院不予支持。除自然人之间借贷的外，借贷双方对借贷利息约定不明，出借人主张利息的，人民法院应当结合民间借贷合同的内容，并根据当地或者当事人的交易方式、交易习惯、市场利率等因素确定利息

第二十六条　借贷双方约定的利率未超过年利率24%，出借人请求借款人按照约定的利率支付利息的，人民法院应予支持。

借贷双方约定的利率超过年利率36%，超过部分的利息约定无效。借款人请求出借人返还已支付的超过年利率36%部分的利息的，人民法院应予支持。

第二十七条　借据、收据、欠条等债权凭证载明的借款金额，一般认定为本金。预先在本金中扣除利息的，人民法院应当将实际出借的金额认定为本金。

第二十八条　借贷双方对前期借款本息结算后将利息计入后期借款本金并重新出具债权凭证，如果前期利率没有超过年利率24%，重新出具的债权凭证载明的金额可认定为后期借款本金；超过部分的利息不能计入后期借款本金。约定的利率超过年利率24%，当事人主张超过部分的利息不能计入后期借款本金的，人民法院应予支持。

按前款计算，借款人在借款期间届满后应当支付的本息之和，不能超过最初借款本金与以最初借款本金为基数，以年利率24%计算的整个借款期间的利息之和。出借人请求借款人支付超过部分的，人民法院不予支持。

第二十九条 借贷双方对逾期利率有约定的,从其约定,但以不超过年利率24%为限。

未约定逾期利率或者约定不明的,人民法院可以区分不同情况处理:

(一)既未约定借期内的利率,也未约定逾期利率,出借人主张借款人自逾期还款之日起按照年利率6%支付资金占用期间利息的,人民法院应予支持;

(二)约定了借期内的利率但未约定逾期利率,出借人主张借款人自逾期还款之日起按照借期内的利率支付资金占用期间利息的,人民法院应予支持。

第三十条 出借人与借款人既约定了逾期利率,又约定了违约金或者其他费用,出借人可以选择主张逾期利息、违约金或者其他费用,也可以一并主张,但总计超过年利率24%的部分,人民法院不予支持。

第三十一条 没有约定利息但借款人自愿支付,或者超过约定的利率自愿支付利息或违约金,且没有损害国家、集体和第三人利益,借款人又以不当得利为由要求出借人返还的,人民法院不予支持,但借款人要求返还超过年利率36%部分的利息除外。

第三十二条 借款人可以提前偿还借款,但当事人另有约定的除外。

借款人提前偿还借款并主张按照实际借款期间计算利息的,人民法院应予支持。

第三十三条 本规定公布施行后,最高人民法院于1991年8月13日发布的《关于人民法院审理借贷案件的若干意见》同时废止;最高人民法院以前发布的司法解释与本规定不一致的,不再适用。

最高人民法院关于认真学习贯彻适用《最高人民法院关于审理民间借贷案件适用法律若干问题的规定》的通知

各省、自治区、直辖市高级人民法院，解放军军事法院，新疆维吾尔自治区高级人民法院生产建设兵团分院：

《最高人民法院关于审理民间借贷案件适用法律若干问题的规定》(以下简称《规定》)已于2015年6月23日经最高人民法院审判委员会第1655次会议通过并于8月6日予以公布，将于2015年9月1日起施行。为便于进一步学习领会和正确适用司法解释，特作如下通知：

一、充分认识《规定》出台的意义

《规定》是在党的十八大提出依法治国、深化金融体制改革、支持实体经济特别是中小微企业的发展等各项重大战略决策的背景下，最高人民法院依据我国现行相关法律规定，总结长期以来审判实践经验制定的一部重要司法解释。《规定》为全国各级人民法院正确及时审理民间借贷纠纷案件提供了具有可操作性的司法裁判依据，将为维护经济社会和谐稳定发展发挥极其重要的作用。各级人民法院要从为实现依法治国方略、维护和促进经济社会发展的大局出发，正确把握和理解适用《规定》的精神实质和基本内容。

二、及时组织学习培训

《规定》从2015年8月6日公布到2015年9月1日起施行，相隔时间短，任务急，为使各级人民法院的审判人员尽快准确理解掌握司法解释的内涵，在案件审理中正确适用司法解释，各级人民法院要在妥善处理好工学关系的前提下，优先保障、尽快及时地通过多种形式组织学习培训，做好宣传工作。

三、适用《规定》过程中应当注意的问题

鉴于我国当前民间借贷尚未有专门的法律和法规，《规定》也不是针对现行某个专门法律、法规所作的解释，而是在民间借贷相关法律、法规的基础上，就审理民间借贷案件如何适用法律制定的专门性规定，在《规定》正式实施时，要注意把握以下几点：

第一，人民法院确认民间借贷合同效力时，应当按照《最高人民法院关于适用〈中华人

民共和国合同法〉若干问题的解释(一)》第3条规定的精神,对本《规定》施行以前成立的民间借贷合同,适用当时的司法解释;民间借贷合同无效而适用本《规定》有效的,适用本《规定》。

第二,本《规定》施行后新受理的一审案件,适用本《规定》。

第三,本《规定》施行后,尚未审结的一审、二审、再审案件,适用《规定》施行前的司法解释进行审理,不适用本《规定》。

第四,本《规定》施行前已经审结的案件,不得适用本《规定》进行再审。

最高人民法院

2015年8月25日

《最高人民法院关于审理民间借贷案件适用法律若干问题的规定》的理解与适用

杨临萍　姚　辉　韩延斌　王林清[①]

为贯彻党的十八届四中全会提出的全面推进依法治国的重大战略部署，切实加强社会主义法治建设，充分保护人民群众和广大民事主体在民间借贷中的合法权益，维护正常的资金融通秩序，最高人民法院发布了《关于审理民间借贷案件适用法律若干问题的规定》(以下简称《规定》)，自 2015 年 9 月 1 日起施行。为便于司法实践中正确理解和适用该规定，现就其制定背景、主要内容等介绍如下：

一、关于《规定》的制定背景

随着我国经济社会的高速发展和金融制度的改革以及企业创新的需求，民间借贷作为正规金融的合理补充，已成为扩大闲散资金的融通渠道、解决中小微企业融资难问题的有力手段。但由于我国对民间借贷的监管缺失，民间借贷存在盲目、无序、风险大等问题，由此引发了大量的纠纷，甚至造成大量因讨债、逃债导致人身伤亡的恶性案件出现，严重影响了社会关系的和谐稳定。民间借贷案件井喷式的发展，给当前的民事审判工作带来了前所未有的压力。而目前审理民间借贷案件主要适用的还是 1991 年最高人民法院颁布的《关于人民法院审理借贷案件的若干意见》。经过 20 多年的发展，该解释已远远不能适应新的形势发展要求，远远不能满足司法实践的新需求。与此相适应，民间借贷也发生了巨大的变化，其在内容上出现了生产经营性的借贷大幅度上扬，生活性民间借贷大幅度下降；借贷主体上也逐渐地从自然人之间的借贷、自然人与企业之间的借贷发展到企业与企业之间的借贷，对大量出现的企业之间的借贷如何进行规制，缺乏有力的措施。此外，由于监管的缺乏，由民间借贷引发的非法集资犯罪情况频繁出现，相互交织；在利率完全市场化的背景之下，央行不再公布同期贷款基准利率，以至于大量的涉及民间借贷利率的案件裁判没有依据。鉴于上述情况的发生，尽快制定新的民间借贷司法解释，统一民间借贷案件审理的裁判标准，成为最高人民法院指导监督人民法院工作的当务之急。

---

① 杨临萍，最高人民法院审判委员会委员；姚辉，中国人民大学教授；韩延斌，最高人民法院民事审判第一庭审判长；王林清，最高人民法院民事审判第一庭法官。

二、《规定》的主要内容

(一)民间借贷行为的主体、适用范围

民间借贷是相对于国家正规金融行业自发形成的一种民间融资信用形式，在我国有着深厚的经济基础和广泛的社会基础，在一定程度上，为弥补正规金融机构存在的服务机制短缺发挥着重要的作用。长期以来，由于相关监管政策、法律措施的严重缺失，大量的游离于正规金融机构之外的非金融机构法人、其他组织和自然人相互间的资金融通行为难以予以规范监督，民间借贷的自发性和无序性必然会引发大量的纠纷。为规范民间借贷存在的各类问题，正确引导，减少纠纷，就必须采取司法干预的措施予以规范。如何规制，首先要明确界定民间借贷行为的内涵、特征、主体范围等，通过对民间借贷行为的界定，才能明确掌握民间借贷行为的主体，有效地适用法律对此类资金融通行为进行规制。民间借贷并非一个法律概念，如何对这种民间资金融通行为予以界定？首先，我们根据《合同法》第196条有关借款合同的规定和《关于人民法院审理借贷案件的若干意见》相关规定，结合民间借贷行为自身所具有还本付息的特征，在广泛调研和征求各方意见的基础上，参照最高人民法院《民事案件案由规定》中民间借贷纠纷的案由规定。《规定》第1条第1款采用了民间借贷的称谓对此类行为予以定义，即民间借贷是指自然人、法人、其他组织之间及其相互之间进行资金融通的行为。由此，通过对民间借贷的界定，就明确了《规定》的适用主体为自然人、法人、其他组织。其次，为便于进一步明确《规定》的适用主体范围，我们根据《中华人民共和国银行业监督管理法》《中华人民共和国商业银行法》等相关法律规定，在《规定》的第1条第2款中把经由金融监管部门批准设立并监管的金融机构(包括银行业金融机构和非银行业金融机构等)排除在民间借贷的主体范围之外，明确这些金融机构及其分支机构因发放贷款等相关金融业务引发的纠纷，适用其专门的法律、行政法规，不适用《规定》。

从《规定》第1条对民间借贷行为的界定看，不仅从称谓的形式上明晰了民间借贷行为与国家金融监管机构的金融业务之间存在的民间性和非正规金融的本质区别，而且还从借贷行为主体的适用范围上与金融机构进行了划分。明确将经由国家金融监管部门设立并实施监管的金融机构排除在《规定》适用范围之外，而将金融机构之外的自然人、法人、其他组织相互之间发生的资金借贷行为纳入了《规定》的规范范畴。

(二)民间借贷案件的起诉与受理

民间借贷行为作为一种民事法律行为，人民法院在受理此类纠纷时首先要依据《民事诉讼法》第119条的规定进行审查，当事人提起诉讼时也必须符合法定的起诉条件：原告是与本案有直接的利害关系的公民、法人和其他组织，有明确的被告，有具体的诉讼请求和事实理由，属于人民法院受理民事诉讼的范围和受诉人民法院管辖。从民间借贷的产生和发展的历史过程看，此类借贷通常发生在存有血缘、地缘关系的亲朋好友之间，以少额的自有的闲散的资金解决基于生活和简单的生产需要，简单随意性就是这种熟人社会中借贷行为的外在特征，当事人之间往往不签订任何的书面借款合同或只写简单的字条。这反映到司法实践中，就产生了在双方发生借贷纠纷向人民法院起诉时，出借人难以举证证明其为适格原告，借款人难以进行抗辩等问题，容易导致案件客观事实与法律事实上的严重不一致。为规范当事人之间的借贷行为，加强当事人的权利保障意识，明确双方当事人的权利和义务关系，结合民间借贷行为通常体现出的外在形式，根据《民事诉讼法》关于起诉和举证责任的相关规定，《规定》在第2条明确规定了出借人向人民法院起诉时，应当提供借据、收据、欠条等债权凭证。这也是当事人通常为证明存在借贷关系所提交的债权证据。同时考虑到社会生活的多样化，为保障当事人的诉讼权利，充分举证，出借人在起诉时提交的债权凭证还不仅仅限于《规定》已列明的借据、收据、欠条等形式，还包括能够证明借贷关系存在的其他证据，如短信、微信、博客、网上聊天记录等电子数据和录音、录像等视听资料以及当事人的陈述等。这也是《民事诉讼法》的基本要求，根据法院案件受理制度由立案审查制改为立案登记制的要求，只要符合《民事诉讼法》第119条规定的起诉条件的，人民法院都要受理。但对于不符合法定起诉条件的，即使已经进行了立案登记，也不能进入实体程序，人民法院应当通知当事人补交相关证据材料。这一规定也有利于防止当事人滥用诉权，为立案登记制背景下更好地发挥司法对民间借贷纠纷的起诉和受理提供了法律依据。

（三）民间借贷中的民刑交叉

刑民交叉是当前司法实践中最为常见的一种由同一民间借贷行为引发的民事法律关系和刑事法律关系相互交织的现象，也是长期困扰司法机关的社会问题。由于民间借贷的自发无序和监管的严重缺失，人类的趋利本性往往导致民间借贷从一般的生活消费、生产经营性借贷向非法吸收公众存款、集资诈骗、非法经营等刑事犯罪的方向发展，这就出现了大量的由同一行为引发的相互交叉的民事和刑事两个关系的民刑交叉案件。既然同一民间借贷行为同时涉及接受民事法律和刑事法律的规范，就必然要考虑民事诉讼程序和刑事诉讼程序、民事责任和刑事责任的适用和确定问题。两个诉讼程序的如何协调即在对民间借贷纠纷的处理上选择何种诉讼模式，是司法实践中解决刑民交叉的关键问题。在法律层面，除了《民事诉讼法》第150条第1款第(5)项规定的中止诉讼外，并无其他关于刑民交叉案件程序处理的法律规定。从以往的司法实践看，对于民事行为本身涉嫌犯罪的程序处理，主要依据是最高人民法院发布的关于经济纠纷与经济犯罪处理问题的相关司法解释，处理刑民交叉问题长期适用的是“先刑后民”的司法原则。2014年3月25日，最高人民法院、最高人民检察院和公安部又联合颁布了《关于办理非法集资刑事案件适用法律若干问题的意见》。其中第7条“关于涉及民事案件的处理问题”规定：“对于公安机关、人民检察院、人民法院正在侦查、起诉、审理的非法集资刑事案件，有关单位或者个人就同一事实向人民法院提起民事诉讼或者申请执行涉案财物的，人民法院应当不予受理，并将有关材料移送公安机关或者检察机关。人民法院在审理民事案件或者执行过程中，发现有非法集资犯罪嫌疑的，应当裁定驳回起诉或者中止执行，并及时将有关材料移送公安机关或者检察机关。”由此可见，作为“两高一部”发布的最新处理非法集资刑事案件的规范性文件，仍旧秉承了“先刑后民”的原则。根据上述，为彰显公权优先的价值理念，《规定》继续沿袭了该项原则，在第5条明确规定：“人民法院立案后，发现民间借贷行为本身涉嫌非法集资犯罪的，应当裁定驳回起诉，并将涉嫌非法集资犯罪的线索、材料移送公安或者检察机关。”第7条规定：“民间借贷的基本案件事实必须以刑事案件审理结果为依据，而该刑事案件尚未审结的，人民法院应当裁定中止诉讼。”这也是“先刑后民”在民间借贷司法解释中的重申和延续。同时,为充分保护当事人的诉讼权利,《规定》又作出了后续性补充规定,即公安或者检察机关不予立案,或者立案侦查后撤销案件,或者检察机关作出不起诉决定,或者经人民法院生效判决认定不构成非法集资犯罪,当事人又以同一事实向人民法院提起诉讼的,人民法院应予受理。人民法院不能以"一事不再理"为由不予受理。

在坚持"先刑后民"原则的同时,为保障私权与公权享受平等的保护,防止公权过度干预私权、以刑止民、弱化民事诉讼的功能,《规定》确立了"刑民并行"的司法原则,第 6 条规定:"人民法院立案后,发现与民间借贷纠纷案件虽有关联但不是同一事实的涉嫌非法集资等犯罪的线索、材料的,人民法院应当继续审理民间借贷纠纷案件,并将涉嫌非法集资等犯罪的线索、材料移送公安或者检察机关。"当然适用"刑民并行"的原则应当是在涉嫌非法集资等犯罪虽与民间借贷纠纷案件有关联,但不是由同一事实引发的前提下才可适用。

(四)企业、其他组织之间借贷合同的效力

企业和其他组织间借贷合同的效力问题是《规定》的亮点之一。它指企业、其他组织相互之间订立的,由一方向另一方提供货币,另一方在约定期限内归还相应货币,并支付相应利息的合同。而在 1991 年最高人民法院颁布的《关于人民法院审理借贷案件的若干意见》中,民间借贷合同仅是指自然人之间、自然人与企业之间,以及自然人与其他组织之间的借贷,不包括企业和其他组织相互之间的借贷。而且在长期的审判实践中,对企业之间、其他组织之间及其相互之间的借贷合同效力始终坚持按无效处理的认定原则,认定无效的依据是中国人民银行发布的《贷款通则》,即企业之间不得违反国家规定办理借贷或者变相借贷融资业务。1996 年《最高人民法院关于对企业借贷合同借款方逾期不归还借款的应如何处理的批复》规定,企业借贷合同违反有关金融法规,属无效合同。随着 1999 年《合同法》的颁布实施,认定合同无效有了明确的法定条件和法律依据,对现实生活中存在的大量企业、其他组织之间的借贷合同效力的认定问题,开始有了新的认识和不同做法,作为部门规章的《贷款通则》也不能再成为认定合同的法律依据。鉴于当前在我国的法律和行政法规层面,并无对企业、其他组织之间借贷合同效力的禁止性规定,对企业、其他组织之间的借贷合同效力不能一概认定无效。经过充分调研论证,《规定》在第 1 条对民间借贷的定义中首次将法人(企业)、其他组织之间的资金融通行为纳入民间借贷的规范之中,与第 1 条相呼应;《规定》第 11 条、第 12 条对企业、其他组织之间及其相互之间的借贷合同效力在一定条件下给予了认可。法人之间、其他组织之间以及它们相互之间为生产、经营需要订立的民间借贷合同,法人或者其他组织在本单位内部通过借款形式向职工筹集资金,用于本单位生产、经营,且不存在《合同法》第 52 条、《规定》第 14 条规定的 5 种情形外,当事人主张民间借贷合同有效的,人民法院应予支持。从上述规定看,企业、其他组织之间及相互之间的借贷必须是基于生产、经营需要的目的,如果以借贷为常业、套取金融机构信贷资金高利转贷,将企业、组织内部集资资金转贷牟利的等等,要依法认定无效。

(五)借贷关系的举证证明责任

民间借贷案件的事实审查,是民间借贷案件的审理难点和重点。民间借贷案件的基本事实，包括借贷合意是否形成、款项是否交付、本金数额、利息约定等多个方面，其中借贷事实是否真实发生是民间借贷案件的首要基本事实，也是全案展开的基本依据。

民间借贷案件的事实认定，大多是由法官根据经验法则，通过对证据材料的审查和其证明力的认定、判断、取舍，并对比各方当事人不同证据的证明力，推断当事人之间既往发生的法律关系的事实过程。这一过程中所涵盖的经验法则的选择与运用、证据证明力的判断等，都很难通过明确的法律规则来实现，更多的是依靠法官的自由心证。为此，司法实践中对于借贷关系是否发生的基本事实作出判断和认定的标准，存在一定程度的差异。虽然完全统一法官心证结果在客观上不可能实现，但通过更精细化的指引，规范事实认定的方向和进路，却是十分必要和可行的。

随着民间借贷市场的不断发展壮大，其游离于正规金融体系之外，容易伴生非法集资、非法吸收公众存款、金融欺诈等违法犯罪行为，危害借款人利益，冲击金融市场秩序。另外，民间借贷主体的法律意识淡薄，交易法律手续不完备，借贷行为隐秘性强，也容易引起法律纠纷。审判实践中，存在着大量的原告在提起诉讼时往往仅依据单一的借据、收据、欠条等债权凭证或者仅依据金融机构转账凭证作为证明借贷关系已经发生证据的情况，如果被告抗辩已经偿还借款，或者被告抗辩转账系偿还双方之前借款或其他债务，在此情况下，如何判定案件事实，就存在着证明责任的分配承担问题。此类问题也是长期困扰人民法院审理民间借贷案件的难点，各地各级法院的裁判标准不一，影响了司法的权威。在此情况下，认定案件事实就不能仅仅依据借据、收据、欠条等简单地认定借贷关系已经发生以及已经发生的借贷关系的内容。为此，《规定》第 16 条、第 17 条提出了有关举证责任分配的要求，即首先应由原告就借贷关系的存在进行初步举证，被告提出抗辩时应当对其抗辩的主张提出相应的证据加以证明；如果被告提不出相应的证据，或者提供的证据不以证明其主张的，则一般要认定借贷关系已经发生。如果被告提供了证据可以证明其主张的，此时的举证证明责任就应当由原告承担。在当事人主张系现金交付的民间借贷案件中，还应当结合借贷金额、款项交付、当事人的经济能力、当地或者当事人之间的交易方式、交易习惯、当事人财产变动情况以及证人证言等事实和因素，综合判断查证借贷事实是否发生。这一规定也是近年来司法实践的经验总结，对于证据和事实认定起到了很好的指引作用，对广大法官甄别真实借贷关系，具有较强的针对性和可操作性，有利于实现维护借款人合法权益、遏制违法犯罪活动的法律效果。我们将这一经验进行修改与整合，吸收到司法解释中，作为民间借贷案件中事实审查的规定，从而明确了此类案件的举证责任、审查内容和审查标准。

(六)互联网借贷平台的责任认定

互联网金融是伴随着互联网及其相关技术的发展，在我国迅速发展起来的一种现代资金融通模式。特别是以 P2P 为代表的网络借贷模式的出现，将民间借贷和互联网技术紧密连接起来。近年来，随着民间借贷规模的扩大，P2P 网络借贷也呈现出井喷式发展的态势。P2P 网贷平台既然成为一种新型的民间借贷模式，在引发纠纷时，就面临着如何确定相应的权利义务和民事责任的问题。根据我国现有的 P2P 网贷平台所采取的不同模式，对其相应的民事责任也有不同的认定。

第一，从 P2P 网贷平台进入我国伊始，基本上采取的是国际通常的居间模式。在此模式下,P2P 网贷平台与出借人和借款人形成的是居间合同关系。根据我国《合同法》的规定,作为居间人的 P2P 网贷平台应承担的义务是提供媒介服务,就订立合同的有关事项向委托人如实报告,就已经知晓的相关信息如实披露,按照平台的既定规则促成合同的成立;否则应承担相应的赔偿责任,出借人或借款人有权请求平台返还已经支付的报酬。《规定》第 22 条第 1 款,明确借贷双方通过网贷平台形成借贷关系,网络贷款平台的提供者仅提供媒介服务,则不承担担保责任。

第二,居间加保证的模式。有的 P2P 网贷平台提供者在通过网页、广告或者其他媒介为当事人提供借贷信息的同时,又明示或者有其他证据证明其将以自有资金向出借人提供本金或本金和利息的保证,或者引人融资性担保公司或小额贷款公司对借款人进行担保;在借款人不能按期付款时,由 P2P 网贷平台或担保公司替代借款人偿付本金或本息,并自替代偿付之日起,取得借款人的债权。此时 P2P 网贷平台就不仅仅是提供了借贷的中介服务,同时也与出借人和借款人形成了担保法律关系,要为借款人的借贷行为进行担保,在借款人逾期偿还借款时,出借人有权请求 P2P 网贷平台提供者承担担保责任。《规定》第 22 条第 2 款就此予以明确规定:“网络贷款平台的提供者通过网页、广告或者其他媒介明示或者有其他证据证明其为借贷提供担保,出借人请求网络贷款平台的提供者承担担保责任的,人民法院应予支持。”通过上述两款规定,不仅明晰了网络贷款平台提供者的权利、义务关系,而且还有利于及时解决此类新型民间借贷,更对网络贷款平台的发展起到积极的规范作用。

(七)民间借贷的利率规制

民间借贷是资金融通的重要方式,而利率作为资金的价格自然成为民间借贷的核心,是民间借贷纠纷案件的主要根源。合理的利率对发挥社会信用、规范民间借贷行为有着极为重要的作用,利率问题自然也成为司法解释的最为重要的内容之一。在以往长期的审判实践中,人民法院审理民间借贷案件中关于利率的纠纷主要依据的是银行同类贷款的利率标准。随着我国金融利率市场化改革,中国人民银行将不再公布贷款基准利率,司法审判没有了参照的依据,亟待予以明确。利率市场化并不意味着利率无限化,为及时解决司法审判难题,统一民间借贷案件的裁判尺度,避免民间借贷利率的无序化,综合各类因素反复论证,《规定》采取了固定利率的模式,对民间借贷的利率予以明确规制。从民间借贷的特性分析,民间借贷的固定利率应当高于金融市场的平均利率,激励民间借贷行为,促进民间借贷市场的发展,但金融是为实体经济服务的,从保护实体经济的角度出发,固定利率又不能过度高于实体经济的利润率,否则会阻碍实体经济的扩大再生产和生产力的发展。从央行货币政策司的统计数据显示,自 2002 年 2 月以来,尽管贷款基准利率存在一定的波动,但总体维持在 5%~7.5%的水平内,基本保持在 6%左右;按照以往司法实践遵循的不超过 4 倍的计算原则,民间利率的固定利率限制为 24%为宜,也符合长期以来形成的司法实践惯例。另外,从国外关于民间借贷利率合法上限的立法模式看,总体而言,24%的利率是略高于生活消费性民间借贷的利率,却低于生产经营性民间借贷的利率。而我国当前民间借贷的实际情况也基本是维持在 24%。综合上述各种因素,经过反复论证,《规定》采取了以 6%的贷款基准利率为基础,以 4 倍算法为限,即 24%为民间借贷利率固定利率。《规定》第 26 条第 1 款规定:“借贷双方约定的利率未超过年利率

24％，出借人请求借款人按照约定的利率支付利息的，人民法院应予支持。”

此外，考虑到民间借贷市场所具有的盲目性、自发性、滞后性的弊端，如果完全实行利率自由化，将会导致放贷者为获得自身最大利益不断提高民间借贷之利率，从而不利于资金在金融市场内的优化配置和民间借贷市场的长远发展。因而，有必要以司法干预的形式对民间借贷利率上限进行必要的限制。借鉴国外和其他地区的立法经验，司法干预的主要方式就是确定一个上限，将高于上限的利率约定认定为无效，超过上限给付的利息应当作为不当得利返还债务人。根据调研，了解到我国近几年民间融资平均年利率达到36.2％。按照经济学理论的研究测算，民间借贷利率如果超过36％时，企业均将处于亏损状态。据此，为充分保护实体经济的正常发展，根据我国当前金融市场的现状，《规定》以6％基准利率为基础，以6倍计算作为民间借贷利率的最高上限，即民间借贷利率超过36％的，应当认定为无效。《规定》第26条第2款规定：“借贷双方约定的利率超过年利率36％，超过部分的利息约定无效。借款人请求出借人返还已支付的超过年利率36％部分的利息的，人民法院应予支持。”对于在《规定》设定的固定利率24％的司法保护线与最高年利率上限36％的无效线之间的民间借贷利率所产生的利息认定，应视为具有保持力的自然债务。也就是说，24％～36％之间的债权并无请求力，但约定也并非无效，但当债权人请求给付时，债务人可以拒绝给付，债权人并不得通过诉讼强制债务人履行而已；如果债务人已经给付，债权人受领时，法院亦不得认定为不当得利。

最高人民法院《关于适用〈中华人民共和国保险法〉若干问题的解释(三)》

2015年9月21日最高人民法院审判委员会第1661次会议通过

法释[2015]21号

为正确审理保险合同纠纷案件,切实维护当事人的合法权益,根据《中华人民共和国保险法》《中华人民共和国合同法》《中华人民共和国民事诉讼法》等法律规定,结合审判实践,就《保险法》中关于保险合同章人身保险部分有关法律适用问题解释如下:

第一条 当事人订立以死亡为给付保险金条件的合同,根据《保险法》第三十四条的规定,"被保险人同意并认可保险金额"可以采取书面形式、口头形式或者其他形式;可以在合同订立时作出,也可以在合同订立后追认。

有下列情形之一的,应认定为被保险人同意投保人为其订立保险合同并认可保险金额:

(一)被保险人明知他人代其签名同意而未表示异议的;

(二)被保险人同意投保人指定的受益人的;

(三)有证据足以认定被保险人同意投保人为其投保的其他情形。

第二条 被保险人以书面形式通知保险人和投保人撤销其依据《保险法》第三十四条第一款规定所作出的同意意思表示的,可认定为保险合同解除。

第三条 人民法院审理人身保险合同纠纷案件时,应主动审查投保人订立保险合同时是否具有保险利益,以及以死亡为给付保险金条件的合同是否经过被保险人同意并认可保险金额。

第四条 保险合同订立后,因投保人丧失对被保险人的保险利益,当事人主张保险合同无效的,人民法院不予支持。

第五条 保险合同订立时,被保险人根据保险人的要求在指定医疗服务机构进行体检,当事人主张投保人如实告知义务免除的,人民法院不予支持。

保险人知道被保险人的体检结果,仍以投保人未就相关情况履行如实告知义务为由要求解除合同的,人民法院不予支持。

第六条 未成年人父母之外的其他履行监护职责的人为未成年人订立以死亡为给付保险金条件的合同,当事人主张参照保险法第三十三条第二款、第三十四条第三款的规定认定该合同有效的,人民法院不予支持,但经未成年人父母同意的除外。

第七条　当事人以被保险人、受益人或者他人已经代为支付保险费为由，主张投保人对应的交费义务已经履行的，人民法院应予支持。

第八条　保险合同效力依照《保险法》第三十六条规定中止，投保人提出恢复效力申请并同意补交保险费的，除被保险人的危险程度在中止期间显著增加外，保险人拒绝恢复效力的，人民法院不予支持。

保险人在收到恢复效力申请后，三十日内未明确拒绝的，应认定为同意恢复效力。

保险合同自投保人补交保险费之日恢复效力。保险人要求投保人补交相应利息的，人民法院应予支持。

第九条　投保人指定受益人未经被保险人同意的，人民法院应认定指定行为无效。

当事人对保险合同约定的受益人存在争议，除投保人、被保险人在保险合同之外另有约定外，按以下情形分别处理：

(一)受益人约定为“法定”或者“法定继承人”的，以继承法规定的法定继承人为受益人；

(二)受益人仅约定为身份关系，投保人与被保险人为同一主体的，根据保险事故发生时与被保险人的身份关系确定受益人；投保人与被保险人为不同主体的，根据保险合同成立时与被保险人的身份关系确定受益人；

(三)受益人的约定包括姓名和身份关系，保险事故发生时身份关系发生变化的，认定为未指定受益人。

第十条　投保人或者被保险人变更受益人，当事人主张变更行为自变更意思表示发出时生效的，人民法院应予支持。

投保人或者被保险人变更受益人未通知保险人，保险人主张变更对其不发生效力的，人民法院应予支持。

投保人变更受益人未经被保险人同意，人民法院应认定变更行为无效。

第十一条　投保人或者被保险人在保险事故发生后变更受益人，变更后的受益人请求保险人给付保险金的，人民法院不予支持。

第十二条　投保人或者被保险人指定数人为受益人，部分受益人在保险事故发生前死亡、放弃受益权或者依法丧失受益权的，该受益人应得的受益份额按照保险合同的约定处理；保险合同没有约定或者约定不明的，该受益人应得的受益份额按照以下情形分别处理：

(一)未约定受益顺序及受益份额的，由其他受益人平均享有；

(二)未约定受益顺序但约定受益份额的，由其他受益人按照相应比例享有；

(三)约定受益顺序但未约定受益份额的，由同顺序的其他受益人平均享有；同一顺序没有其他受益人的，由后一顺序的受益人平均享有；

(四)约定受益顺序和受益份额的，由同顺序的其他受益人按照相应比例享有；同一顺序没有其他受益人的，由后一顺序的受益人按照相应比例享有。

第十三条　保险事故发生后，受益人将与本次保险事故相对应的全部或者部分保险金请求权转让给第三人，当事人主张该转让行为有效的，人民法院应予支持，但根据合同性质、当事人约定或者法律规定不得转让的除外。

第十四条 保险金根据《保险法》第四十二条规定作为被保险人遗产,被保险人的继承人要求保险人给付保险金,保险人以其已向持有保险单的被保险人的其他继承人给付保险金为由抗辩的,人民法院应予支持。

第十五条 受益人与被保险人存在继承关系,在同一事件中死亡且不能确定死亡先后顺序的,人民法院应依据《保险法》第四十二条第二款的规定推定受益人死亡在先,并按照《保险法》及本解释的相关规定确定保险金归属。

第十六条 保险合同解除时,投保人与被保险人、受益人为不同主体,被保险人或者受益人要求退还保险单的现金价值的,人民法院不予支持,但保险合同另有约定的除外。

投保人故意造成被保险人死亡、伤残或者疾病,保险人依照《保险法》第四十三条规定退还保险单的现金价值的,其他权利人按照被保险人、被保险人的继承人的顺序确定。

第十七条 投保人解除保险合同,当事人以其解除合同未经被保险人或者受益人同意为由主张解除行为无效的,人民法院不予支持,但被保险人或者受益人已向投保人支付相当于保险单现金价值的款项并通知保险人的除外。

第十八条 保险人给付费用补偿型的医疗费用保险金时,主张扣减被保险人从公费医疗或者社会医疗保险取得的赔偿金额的,应当证明该保险产品在厘定医疗费用保险费率时已经将公费医疗或者社会医疗保险部分相应扣除,并按照扣减后的标准收取保险费。

第十九条 保险合同约定按照基本医疗保险的标准核定医疗费用,保险人以被保险人的医疗支出超出基本医疗保险范围为由拒绝给付保险金的,人民法院不予支持;保险人有证据证明被保险人支出的费用超过基本医疗保险同类医疗费用标准,要求对超出部分拒绝给付保险金的,人民法院应予支持。

第二十条 保险人以被保险人未在保险合同约定的医疗服务机构接受治疗为由拒绝给付保险金的,人民法院应予支持,但被保险人因情况紧急必须立即就医的除外。

第二十一条 保险人以被保险人自杀为由拒绝给付保险金的,由保险人承担举证责任。

受益人或者被保险人的继承人以被保险人自杀时无民事行为能力为由抗辩的,由其承担举证责任。

第二十二条 《保险法》第四十五条规定的"被保险人故意犯罪"的认定,应当以刑事侦查机关、检察机关和审判机关的生效法律文书或者其他结论性意见为依据。

第二十三条 保险人主张根据《保险法》第四十五条的规定不承担给付保险金责任的,应当证明被保险人的死亡、伤残结果与其实施的故意犯罪或者抗拒依法采取的刑事强制措施的行为之间存在因果关系。

被保险人在羁押、服刑期间因意外或者疾病造成伤残或者死亡,保险人主张根据保险法第四十五条的规定不承担给付保险金责任的,人民法院不予支持。

第二十四条 投保人为被保险人订立以死亡为给付保险金条件的保险合同,被保险人被宣告死亡后,当事人要求保险人按照保险合同约定给付保险金的,人民法院应予支持。

被保险人被宣告死亡之日在保险责任期间之外,但有证据证明下落不明之日在保险责任期间之内,当事人要求保险人按照保险合同约定给付保险金的,人民法院应予支持。

第二十五条 被保险人的损失系由承保事故或者非承保事故、免责事由造成难以确定，当事人请求保险人给付保险金的，人民法院可以按照相应比例予以支持。

第二十六条 本解释自2015年12月1日起施行。本解释施行后尚未终审的保险合同纠纷案件，适用本解释；本解释施行前已经终审，当事人申请再审或者按照审判监督程序决定再审的案件，不适用本解释。

《关于适用保险法若干问题的解释(三)》的理解与适用

杨临萍　刘竹梅　林海权

最高人民法院《关于适用〈中华人民共和国保险法〉若干问题的解释(三)》(以下简称《解释三》)已于2015年11月26日公布,并于2015年12月1日起施行。《解释三》是对《中华人民共和国保险法》保险合同章人身保险部分有关法律适用问题的解释,共26条。为正确理解和适用该司法解释,现对其制定背景和主要内容予以说明。

一、起草背景和经过

保险是现代经济的重要产业和风险管理的基本手段。改革开放以来,我国保险业快速发展,服务领域不断拓宽。2014年,我国保险业保费收入突破2万亿元,保费规模跃居全球第三位,保险业总资产突破10万亿元,为全社会提供风险保障1114万亿元,保险业赔款与给付7216.2亿元,为促进经济社会发展和保障人民群众生产生活做出了重要贡献。2014年8月,国务院出台了《关于加快发展现代保险服务业的若干意见》,要求加快发展现代保险服务业,保险行业发展迎来良好机遇。

社会主义市场经济是法治经济,实现保险行业又好又快发展,离不开良好的法治环境。1995年,我国第一部《保险法》实施,采用《保险合同法》与《保险业法》统一规范的立法模式,确立了《保险合同法》和《保险监管法》的基本框架,为保险市场健康发展起到重要作用。2002年以后,《保险法》经历多次修订,其中2009年对《保险法》保险合同章作了较大改动,推动了保险合同法律制度的完善。受制于各方面原因,《保险法》保险合同章所占的比重轻,条文少,相关规定较为原则,未能满足保险市场发展的需要,保险合同纠纷不断发生,人民法院受理的保险合同纠纷案件逐年上升。据统计,2009年全国保险合同纠纷一审案41752件,2010年59767件,2011年73206件,2013年76430件,2014年94957件,2015年前10个月为91555件。

为更好地指导各级人民法院审理保险合同纠纷案件,最高人民法院民二庭积极开展保险审判调研,抓紧司法解释的起草制定工作。2009年10月,为了解决修订前后的保险法适用衔接的问题,最高人民法院适时出台了《关于适用若干问题的解释(一)》,与修订后的《保险法》同步施行,取得了较好的效果。2013年6月,为解决《保险法》保险合同章一般规定部分适用中存在的问题,最高人民法院出台了《关于适用〈中华人民共和国保险法〉

若干问题的解释(二)》(以下简称《解释二》),为各级人民法院正确审理保险合同纠纷案件起到积极作用。《解释二》出台实施后,最高人民法院又及时启动了《解释三》的起草工作,以解决《保险法》保险合同章人身保险部分在适用中存在的争议。

为确保司法解释更符合保险审判实践的需要,更好地服务保险市场发展,最高人民法院民二庭进行了深入调研和充分论证。在起草过程中,我们广泛征求了各级人民法院、全国人大法工委、国务院法制办、保监会以及保险行业协会的意见,听取了保险以及保险法专家、学者的意见。为了更好地听取社会各界的意见,我们还通过最高人民法院网站向社会公开征求意见。毫无疑问,这些意见使得这部司法解释更加具有针对性、科学性和合理性。2015 年 9 月 21 日,最高人民法院审判委员会第 1661 此会议讨论通过了《解释三》。《解释三》全文 26 条,适用于人身保险合同纠纷案件的审理。

二、制定解释的指导思想

人身保险合同的投保人通常是个人,存在保险合同存续期间较长、法律关系较为复杂等特征,保险市场创新活跃,道德风险防范、保险消费者保护、鼓励保险创新、明晰法律关系等需求更为突出。因此,我们在司法解释起草中,坚持以下指导原则:

一是注重防范道德风险。人身保险以人的寿命和身体为保险标的,道德风险的发生意味着被保险人的生命健康受到侵害。人身保险不适用损害填补原则,保险金额不受限制,相关利益主体更可能存在实施道德风险骗取保险金的意图。因此,防范道德风险在人身保险合同中的责任更加重大。

二是注重保护保险消费者。保险合同的一方主体为专门经营风险的保险公司,另一方是普通投保人,双方的经济实力和专业知识存在明显不对等,所以加强保险消费者保护是各国保险合同立法的基本原则,我国《保险法》也不例外。保险消费者保护一直是历次保险法修订的基本理念,也是近年来保险监管部门监管工作的重要内容。《解释三》也延续这一原则。

三是支持保险创新。随着保险市场的发展,人身保险产品不再局限于传统的人寿保险、医疗保险、意外伤害保险,而是发展出具有投资功能的万能险、分红险、投资连接险等保险产品。这些保险产品兼具保障与投资功能,且投资性内容所占比例逐步增大,市场上围绕这些保险产品发展出了新的交易模式。对于这些新类型保险产品及其交易模式,因相关法律规则不明确,实践中存在不少争议,亟须规范。《解释三》,一方面确立规则,为新型保险产品的发展创造条件;另一方面适当留白,为新型保险产品的不断创新留下空间。

四是厘清保险合同法律关系。人身保险合同的主体,除保险人与投保人外,还有被保险人和受益人,理论界与实务界对被保险人与受益人的法律地位存在不同认识。尽管保险法明确投保人是保险合同当事人,但仍有观点认为,被保险人也是保险合同当事人。《解释三》遵循合同相对性基本原理,以投保人作为保险合同当事人来构建保险合同法律关系,同时注重维护被保险人的合法权益。

三、对解释主要内容的说明

(一)关于本解释的适用范围

保险合同根据保障对象的不同可分为人身保险合同与财产保险合同,不同的保险合同基于各自的特点适用不同的法律规则。我国《保险法》保险合同章分为一般规定、人身保险合同、财产保险合同三个部分,一般规定部分的内容同时适用于人身保险合同与财产保险合同,人身保险合同部分与财产保险合同部分的内容则分别适用于人身保险合同与财产保险合同。《解释三》是对人身保险合同部分的解释,相关条文仅适用于人身保险合同,不能简单将《解释三》的条文直接适用于财产保险合同中。例如,医保标准条款不仅存在于人身保险的医疗保险合同中,而且还可能存在于财产保险的第三者责任险。《解释三》第 19 条关于医保标准条款的规则仅适用于人身保险的医疗保险,能否适用于财产保险的第三者责任险还有待研究。

(二)关于以死亡为给付保险金条件的保险合同

以死亡为给付保险金条件的保险合同,关系被保险人的生命安全,防范道德风险的责任重大。为防止他人为谋取保险金杀害被保险人,《保险法》第 34 条规定,以死亡为给付保险金条件的合同,未经被保险人同意并认可保险金额的,合同无效。该规定要求投保人为他人订立死亡险时,必须经过被保险人同意并认可保险金额,这是对投保人和保险人的共同要求。实践中,该要求并没有得到很好落实,很多附带死亡险的保险产品并没有得到被保险人的同意并认可保险金额,保险合同效力认定存在隐患,给投保人和保险人的逆向选择留下空间,投保人以及保险人均可根据保险事故是否发生作出对自己有利的选择。尤其是有些保险人为展业需要,在订立死亡险合同时不主动审查死亡险是否经过被保险人同意并认可保险金额,甚至明知死亡险合同未经被保险人同意并认可保险金额仍然承保,收取保险费,但在保险事故发生后,却以死亡险合同未经被保险人同意为由主张合同无效,拒绝给付保险金。针对该问题,《解释三》第 1 条规定:“当事人订立以死亡为给付保险金条件的合同,根据《保险法》第三十四条的规定,‘被保险人同意并认可保险金额’可以采取书面形式、口头形式或者其他形式;可以在合同订立时作出,也可以在合同订立后追认。有下列情形之一的,应认定为被保险人同意投保人为其订立保险合同并认可保险金额:(一)被保险人明知他人代其签名同意而未表示异议的;(二)被保险人同意投保人指定的受益人的;(三)有证据足以认定被保险人同意投保人为其投保的其他情形。”

对该规定的适用,应注意以下几个问题:第一,以死亡为给付保险金条件的合同,需要经过被保险人同意并认可保险金额,适用于投保人与被保险人为不同主体的情形。投保人为自己订立死亡险,不需要通过被保险人同意并认可保险金额来判断合同效力。第二,以死亡为给付保险金条件的合同,被保险人的同意包括两个层次:一是同意投保人以其为被保险人订立死亡险;二是同意保险合同约定的保险金额。第三,被保险人的同意可以采取书面形式、口头形式和其他形式。被保险人的同意在实践中主要以书面形式作出,最为常见的是被保险人在投保单上对死亡险保险合同的订立签名同意。当然,这种签名如果是他人代签的,则不能认为被保险人已经表示同意,除非有证据证明被保险人明知他人代其签名同意而未表示异议的。口头形式证据难以保存,但如确有证据证明被保险人以口头方式表示同意的，也应予认可。例如，保险人对被保险人本人进行电话回访，被保险人在电话回访中对保险合同表示同意。其他形式主要是指网销中，被保险人通过网络平台同意的情形。第四，被保险人同意可以在保险合同订立时作出，也可以在保险合同订立后追认。此处的保险合同订立后，包括保险事故发生后。有观点认为，允许被保险人在保险事故发生后进行追认，会给保险人的逆向选择留下空间，被保险人可以根据保险事故是否发生决定追认与否。我们认为，死亡险以被保险人死亡为保险事故，保险事故的发生意味着被保险人死亡，故实际上不存在保险事故发生后追认的问题。当然，死亡险可能同时附带其他险种，如医疗险，医疗险保险事故发生的，被保险人如仍然生存，允许其进行追认不存在道德风险的问题，没有必要进行限制。同时，允许被保险人事后追认其实也是对保险人的一种督促，可以促使保险人在核保死亡险时，切实按照保险法的要求，征求被保险人的意见。

以死亡为给付保险金条件的合同，需要经过被保险人同意并认可保险金额，立法目的在于防范道德风险，同时也体现对被保险人自主决定权的尊重。人身保险合同存续期间长，被保险人虽在订立保险合同时同意投保人为其订立死亡险，但合同存续期间，二者之间的关系可能发生变化甚至恶化，被保险人不愿意投保人继续为其投保死亡险的，此时应允许被保险人撤销之前作出同意的意思表示，尊重被保险人的意愿，故《解释三》规定："被保险人以书面形式通知保险人和投保人撤销其依据《保险法》第三十四条第一款规定所作出的同意意思表示的，可认定为保险合同解除。"对于该规定的适用，应注意以下几个方面：第一，被保险人撤销同意仅适用于以死亡为给付保险条件中的被保险人同意，不适用于人身保险利益中的被保险人同意。第二，被保险人撤销同意，应采用书面形式作出，并且需要同时通知保险人和投保人。第三，被保险人撤销同意的法律后果，视为投保人解除保险合同，保险人应向投保人返回保险单现金价值。第四，被保险人同意的撤销属于被保险人的自主决定权，被保险人可以选择放弃该权利，故应允许投保人、保险人与被保险人通过约定的方式对被保险人撤销的权利进行限制，只是这种限制不能违反公序良俗。

无民事行为能力人自我保护能力低，容易受到伤害，故应对以无民事行为能力人为被保险人订立死亡险给予限制。《保险法》第 31 条规定，投保人不得为无民事行为能力人投保以死亡为给付保险金条件的人身保险，保险人也不得承保；父母为其未成年子女投保的人身保险，不受前款规定限制。这种仅允许未成年人父母为未成年人投保死亡险的做法，虽能很好地保护未成年人免于被他人作为骗保的对象，但也带来新的问题。实践中，未成年人父母之外的其他人也可能为未成年人子女投保死亡险，一律不承认这类保险合同的效力并不尽合理。例如，有些未成年人所在的幼儿园、学校可能为未成年人投保附带死亡险的保险；有些未成年人外出旅游期间，负责看护未成年人的人员也可能为未成年人投保附带死亡险的意外险；还有的未成年人并不与父母一起生活，而是与祖父母、外祖父母等亲属生活在一起，这些人也可能为未成年人投保死亡险。对于以上这些保险合同，保险人通常都同意承保，收取保费并签发保险单，但当保险事故发生后可能以父母之外的其他人不得为未成年人投保死亡险为由主张合同无效，并拒绝给付保险金，引起纠纷。诉讼中，如果一律认定这类保险合同无效，纵容了保险人的不诚信行为，不利于保护未成年人家属的合理期待。

鉴于此,《解释三》第 6 条规定:“未成年人父母之外的其他履行监护职责的人为未成年人订立以死亡为给付保险金条件的合同,当事人主张参照《保险法》第三十三条第二款、第三十四条第三款的规定认定该合同有效的,人民法院不予支持,但经未成年人父母同意的除外。”该规定的适用,应注意以下几个方面:第一,原则上父母之外的任何人不得为未成年人订立死亡险,经父母同意的其他履行监护职责的人除外。此处的父母应是有监护能力的父母,其他经父母同意可以为未成年人订立死亡险的人也仅限于其他履行监护职责的人。第二,未成年人父母的同意可以在保险合同订立时作出,也可以在保险合同订立后追认。是否允许父母在保险事故发生后追认,还应根据审判实践进行探索。父母的同意可以是明示的方式,也可能是通过可推断的行为进行判断,实践中应结合具体案件进行判断,一方面防止增加未成年人可能遭受的风险,另一方面防止保险人不诚信拒赔。第三,未成年人父母死亡的,父母之外的其他法定监护人或者其他履行监护职责的人不得为未成年人订立死亡险。

(三)关于人身保险的保险利益

根据《保险法》第 31 条,保险合同订立时,投保人需对被保险人具有保险利益,否则保险合同无效。人身保险合同期限较长,投保人与被保险人的关系可能在合同存续期间发生变化,从而使在保险合同订立时对被保险人有保险利益的投保人丧失了保险利益,此时保险合同效力是否受到影响,存在不同认识。例如,夫妻一方在婚姻存续期间为另一方投保人身险,后双方离婚,此时保险合同效力是否受到影响,存在有效与无效两种观点。鉴于此,《解释三》依据立法原意,明确保险合同的效力不因投保人在合同存续期间丧失保险利益受到影响。实践中,投保人丧失被保险人的保险利益,可能是基于投保人与被保险人之间的身份关系发生变化,也可能是因保单转让或者继承导致投保人与被保险人身份关系发生变化。不管何种原因导致投保人丧失对被保险人的保险利益,保险合同效力均不应受到影响。

人身保险利益以及死亡险中被保险人同意并认可保险金额,目的在于防止被保险人因他人为其投保而遭受伤害,关系社会公共利益,故直接影响合同效力。根据民事诉讼的基本原理,此类影响合同效力、关系社会公共利益的事项,法院在审理案件时应主动审查,但这在实践中并没有得到贯彻执行。有的法院囿于可能增加的负担不愿主动审查,导致一些通过伤害被保险人骗取保险金的行为得逞。鉴于此,《解释三》明确规定,人民法院审理人身保险合同纠纷案件时,应主动审查投保人订立保险合同时是否具有保险利益,以及以死亡为给付保险金条件的合同是否经过被保险人同意并认可保险金额。

具体的审查方式可以采取这样几个步骤:第一,确定人身保险合同是否属于以死亡为给付保险金条件的合同。不属于上述情形的人身保险,法院仅需要审查保险利益有无即可。反之,法院则需要就保险利益有无和被保险人是否同意进行双重审查。第二,就投保人有无保险利益,区分投保人与被保险人有无特定身份关系。对符合《保险法》第 31 条第 1 款所列情形的,查明投保时相关的身份证明资料;对不具有上述身份关系的,调查被保险人于投保时是否作出了同意。第三,在被保险人也是案件当事人的情形下,询问其是否于投保时同意他人投保,签名是否属实,对以死亡为给付条件的保险是否同意并认可其金额。第四,在被保险人不是案件当事人或已死亡时,应当要求案件当事人提交被保险人同意的相关证据。主张合同无效的当事人也可以提交证据证明签名虚假、形成时间虚假。法院对上述证据进行审查,如发现疑点的,可以依据职权启动笔迹鉴定、走访调查被保险人等方式进行查证。第五,被保险人可以作为证人对上述事实问题进行证明,也可以作为无独立请求权的第三人介入诉讼。第六,在综合各方证据和调查取证后,法院审查认为证据可以证明保险利益、被保险人的同意具有高度可能性的,法院可以认定合同有效。

(四)关于体检与如实告知义务的关系

保险合同是最大诚信合同。为协助保险人准确评估风险,《保险法》第 16 条规定,投保人在订立保险合同时应根据保险人的询问承担如实告知义务;投保人故意或者因重大过失未履行如实告知义务,足以影响保险人决定是否同意承保或者提高保险费率的,保险人有权解除合同。实践中,人身保险公司在承保特定险种时会安排被保险人进行体检,以更好地控制风险。被保险人根据保险公司的安排进行体检后,投保人是否仍需要如实告知,审判实践中存在不同观点。针对该问题,《解释三》第 5 条明确规定,被保险人在保险合同订立时根据保险人要求到指定医疗服务机构进行体检,投保人如实告知义务不能免除,鼓励最大诚信;保险人知道被保险人的体检结果仍同意订立保险合同,构成弃权,不得再以投保人未就相关情况履行如实告知义务为由要求解除合同。

对该规定的理解,应注意以下两个方面:第一,保险人知道被保险人的体检结果,应当包括保险人自身知道被保险人的体检结果以及医疗机构知道被保险人的体检结果这两种情形。医疗机构接受保险人的委托对被保险人进行体检,从而在医疗机构与保险人之间形成委托代理关系。医疗机构作为保险人的代理人,在保险人的授权范围内(即对被保险人进行体检),对外与投保人、被保险人发生法律关系,医疗机构所实施法律行为的后果由被代理人保险人承受。因此,医疗机构知道体检结果的,即视为保险人知道体检结果。因医疗机构的过错而产生的不利后果不应归属于投保人,保险人不能以其客观上确实不知体检结果为由行使保险合同解除权。第二,弃权的适用条件并不限于保险人明知投保人未如实告知的情形,还应包括其应当知道投保人未如实告知的情形。对于“应当知道”标准的把握,应以理性保险人因重大过失应知而不知作为判断标准。理性保险人标准是指,若一个理性的保险人在同等事实状态下能够知道投保人未如实告知的,即应认为应当知道。

(五)关于第三人代缴保险费

保险合同的缴费义务主体是投保人。人身保险合同中,投保人与被保险人、受益人经常为不同主体,作为缴费义务主体的投保人可能因交费能力不足或者与被保险人、受益人关系恶化而没有继续缴纳保险费,此时被保险人、受益人可能基于自身的利益代为缴付保险费。这种行为从合同法角度来看属于第三人代为履行,应予准许。实践中,有些保险公司收取了他人代缴的保险费,但却在保险事故发生时以投保人未交付保险费为由主张保险合同效力中止,甚至要求解除保险合同,并拒绝承担给付保险金的责任。针对这种不诚信行为,《解释三》第 7 条规定,当事人以被保险人、受益人或者他人已经代为支付保险费为由,主张投保人对应的交费义务已经履行的,人民法院应予支持。

对于第三人代为支付保险费的理解,应注意以下几个方面:第一,保险人不得随意拒绝第三人代为支付保险费。被保险人、受益人代为支付保险费的,投保人与保险人原则上不得拒绝。无利害关系人以自己名义代缴保险费，且投保人拒绝代缴的，保险人可以拒绝收取。第二，保险人收取第三人代为支付的保险费后，投保人缴费义务因清偿而消灭，保险人不能再以投保人缴费义务未履行主张保险合同效力中止或者解除保险合同。第三，第三人代为支付保险费后，可否向投保人进行追偿，要区分不同情况区别对待。在没有保险单现金价值的保险产品中，被保险人、受益人缴付的保险费是保险人承保风险的对价，而保险事故发生时取得保险金的是受益人或者被保险人的继承人，投保人并未因被保险人、受益人缴付保险费获得利益，故不应允许被保险人或者受益人向投保人进行追偿，防止强制投保人投保。存在保险单现金价值的保险产品中，被保险人、受益人缴付的保险费如转化为投保人的保险单现金价值的，投保人因被保险人、受益人缴付保险费的行为获得利益，应该允许被保险人、受益人向投保人进行追偿。保险事故发生前，投保人解除保险合同的，被保险人、受益人可向投保人进行追偿。投保人未解除保险合同的，被保险人、受益人如何追偿有待进一步研究。保险事故发生后，保险单现金价值转化为保险金，而受益人是保险金的真正受益人，此时不得再向投保人进行追偿。

(六)关于保险合同的复效

人身保险合同存续期间较长，为防止保险人仅因投保人未及时支付某期保险费解除保险合同，《保险法》确立了复效制度，允许投保人在逾期支付保险费之后的一定期限内补缴保险费，恢复合同效力。《保险法》第 37 条规定，保险合同效力中止的，经保险人与投保人协商并达成协议，在投保人补缴保险费后，合同效力恢复。该规定中的“保险人与投保人协商并达成协议”，实际上剥夺了投保人申请复效的权利，使保险合同复效制度丧失了应有的功能。鉴于此，《解释三》第 8 条第 1 款规定，投保人提出恢复效力申请并同意补缴保险费的，除被保险人的危险程度在中止期间显著增加外，保险人应予恢复效力。

对于该规定，应正确认识“危险程度在中止期间显著增加”。第一，危险程度显著增加，应以危险变化达到影响保险人决定是否同意承保或提高保险费率为标准。第二，危险程度显著增加的客观判断因素大致有两大类：一类是被保险人自身危险增加的情形，如被保险人的职业变更为危险职业、健康状况恶化、到国外旅行等；另一类是可能产生道德危险的情形，如财务状况欠佳却投保巨额保险者。第三，危险程度显著增加的判断，应采取理性保险人标准，即在同一事实状态下，处于同一地位的一般保险人对投保人提出可保证明的判断。如果一般保险人认为投保人提交的可保证明符合复效的标准，则保险合同可以复效，反之则不能复效。第四，判断被保险人的危险程度是否显著增加，应当限定在效力中止期间。如果被保险人的危险程度在合同效力中止之前即已显著增加，则其申请复效不会增加逆选择的风险，保险人拒绝恢复效力缺乏正当性。

关于保险合同复效的时点，《解释三》第 8 条第 3 款规定，保险合同自投保人补缴保险费之日恢复效力。据此，投保人补缴保险费后保险合同应即时生效，而不是次日生效。这也就意味着，保险人同意投保人的复效申请且投保人已经补缴了保险费后，合同随即生效，不存在空档期，发生保险事故的，保险人应承担保险责任。

(七)关于受益人的指定与变更

受益人是人身保险合同中特有的一类主体，是基于投保人或者被保险人的指定享有保险金请求权的人。实践中，受益人的指定一般都是由保险格式条款提前拟定，由投保人或者被保险人进行选择。由于保险格式条款不够明确以及被保险人身份关系的变化，受益人如何确定在实务中存在争议。针对实践中存在争议突出的情形，《解释三》第9条规定，当事人对保险合同约定的受益人存在争议，除投保人、被保险人在保险合同之外另有约定外，按照以下情形分别处理：一是受益人约定为法定或者法定继承人的，以继承法规定的法定继承人为受益人。二是受益人仅约定为身份关系，投保人与被保险人为同一主体的，根据保险事故发生时与被保险人的身份关系确定受益人；投保人与被保险人为不同主体的，根据保险合同成立时与被保险人的身份关系确定受益人。三是受益人的约定包括姓名和身份关系，保险事故发生时身份关系发生变化的，认定为未指定受益人。

对于该规定的适用，应注意以下几个方面的问题：第一，以继承法规定的法定继承人为受益人，不仅要考虑继承法规定的法定继承人范围，而且还应考虑继承法规定的法定继承人顺序，按照继承法规定的法定继承人顺序和范围确定受益人。有第一顺序继承人的，由第一顺序继承人作为受益人；没有第一顺序继承人的，才可由后顺序的继承人作为受益人。第二，受益人约定为身份关系的，应以被保险人的身份关系为依据来确定受益人，而不是以投保人的身份关系为依据确定受益人。第三，保险合同所约定受益人虽存在争议，但投保人或者被保险人在保险合同之外存在其他约定，而根据其他约定能够消除争议、准确确定受益人的，则不适用本规定。例如，投保人与被保险人在离婚协议中对受益人明确约定的，则应根据离婚协议的约定确定受益人。

《保险法》第41条规定，被保险人或者投保人变更受益人要书面通知保险人，保险人收到变更受益人的书面通知后，应当在保险单或者其他保险凭证上批注或者附贴批单。有观点认为，根据该规定，投保人或者被保险人变更受益人应当征得保险人同意，并且在保险人办理批注后才产生效力。这种观点不符合变更是单方法律行为的特征，不利于投保人或被保险人变更受益人，甚至将导致投保人和被保险人无法通过遗嘱变更受益人。鉴于此，《解释三》第10条规定："投保人或者被保险人变更受益人，当事人主张变更行为自变更意思表示发出时生效的，人民法院应予支持。投保人或者被保险人变更受益人未通知保险人，保险人主张变更对其不发生效力的，人民法院应予支持。投保人变更受益人未经被保险人同意的，人民法院应认定变更行为无效。"

对于该规定的适用，应注意以下几个方面：第一，变更受益人的意思表示无需保险人与原受益人同意，为无需受领的意思表示，故只要被保险人或投保人完成变更受益人的表示行为，变更行为即产生效力，无需到达保险人。第二，受益人的变更，原则上应以明示的方式，被保险人或投保人可以口头方式发出变更的意思表示，也可以书面形式发出变更的意思表示。以书面形式变更受益人的，因有书面证据材料，实践中争议较少。以口头形式变更受益人的，实践中容易产生争议，诉讼中认定口头方式变更受益人的，应有充分的证据予以支撑。变更受益人原则上应以明示方式，但并不排除特殊情况，可以从被保险人或投保人的行为中间接推知其有变更受益人的意思表示。对于默示方式进行的变更，实践中的认定应更为慎重，需要全面审查证据材料，结合相关案件事实综合进行判断。第三，投保人或被保险人可以遗嘱方式变更受益人。受益人指定和变更属于投保人和被保险人单方自主行为，投保人、被保险人可以选择指定或者变更的方式，可以在订立保险合同时，也可以在保险合同订立后变更；可以在生前进行指定或者变更并通知保险人，也可以通过遗嘱的方式进行指定或者变更,待遗嘱生效后由遗嘱继承人通知保险人。当然,以遗嘱方式变更受益人,需要遵循遗嘱生效规则,只有在遗嘱产生效力时受益人的指定和变更才发生效力。根据《保险法》第 41 条规定,投保人指定和变更受益人,需要经过被保险人同意。投保人遗嘱指定、变更如未得到被保险人同意,则指定和变更行为不产生效力。第四,投保人或被保险人变更受益人,虽然不需要保险人的同意,但需要通知保险人才能对抗保险人。对于通知的主体,只有有权变更受益人的主体作出的通知才是有效的。投保人变更受益人需要经过被保险人的同意,故投保人与被保险人作出的变更受益人的通知均有效,受益人的通知无效。投保人单方通知保险人变更受益人,保险人应当审查该变更是否取得被保险人同意。第五,受益人享有的受益权根据保险事故是否发生具有不同性质。保险事故发生前,受益权是从属于保险合同的期待利益,投保人或被保险人可以变更受益人;保险事故发生后,受益权则从期待权变为确定性的权利,投保人与被保险人均不得变更受益人。需要注意的是,保险事故发生后,不得变更的是该次业已发生的保险事故所生保险金请求权对应之受益权。如果存在数份保险合同,投保人或被保险人仍可以变更尚未发生保险事故的保险合同受益人。如果保险合同约定的保险事故发生后,保险合同并不终止的,保险人则仍可以就将来发生的事故变更受益人,只是此次事故对应的保险金仍归原受益人。

受益人与被保险人在同一事件中死亡且不能确定死亡先后顺序的,《保险法》第 42 条第 2 款规定,应推定受益人先死亡。相互有继承关系的几个人在同一事件中死亡且不能确定死亡先后时间的,《关于贯彻执行〈中华人民共和国继承法〉若干问题的意见》(以下简称《意见》)第 2 条规定,应推定没有继承人的人先死亡;死亡人各自都有继承人的,如几个死亡人辈分不同,推定长辈先死亡。人身保险中的受益人与被保险人通常都是近亲属,存在继承关系,如二人在同一事件中死亡,且不能确定死亡先后顺序的,根据《保险法》的规定与《意见》可能出现不同的结论。鉴于此,《解释三》明确,《保险法》第 42 条是为了解决被保险人与受益人均死亡时保险金归属的问题,《意见》第 2 条则是为了解决继承人与被继承人均死亡的情况下被继承人的遗产如何分配的问题,两者各有适用范围和不同的立法宗旨。在确定保险金归属时应根据《保险法》第 42 条第 2 款推定受益人先死亡,并根据《解释三》第 12 条来确定其受益份额归谁所有;如果没有其他受益人的,则保险金作为被保险人的遗产;在保险金作为被保险人遗产进行分配时,则需根据《意见》第 2 条进行推定。

(八)关于保险单的现金价值

关于保险单现金价值的归属,理论界有观点认为,人身保险合同的被保险人虽不是保险合同的当事人,但却是保险合同的保障对象,是保险事故的承载主体,故投保人与被保险人、受益人为不同主体时,保单现金价值应属于被保险人,而不属于投保人。这种观点在实务界也有一些支持者。我们认为,这种观点不符合保险精算原理与实务,也不符合保险合同的基本原理,应予纠正。故《解释三》第 16 条第 1 款规定,保险合同解除时,投保人与被保险人、受益人为不同主体,被保险人或者受益人要求退还保险单的现金价值的,人民法院不予支持,但保险合同另有约定的除外。

该条规定的理由如下:第一,根据保险原理,保险单的现金价值来源于保险人在保险期间前期超收的保险费，具有储蓄性质，是投保人的财产，保险合同提前终止的，应当返还给投保人。第二，根据合同法原理，投保人是保险合同当事人，享有基于保险合同的现金价值请求权。保险合同的设立，依投保人与保险人的意志、意愿而定，投保人与保险人是合同的当事人，具有保险合同设立与否的决定权。保险合同解除时，无论退还的是保险费还是由保险费所形成的现金价值，均应归属于作为合同当事人的投保人。第三，投保人承担缴纳保险费的义务，享有基于保险费产生的保险单现金价值。人身保险合同中，投保人是交费义务的主体。被保险人、受益人不是缴纳保险费的义务主体，即使在某些情况下，保险费因故转由被保险人或受益人实际缴纳，但此时的被保险人或受益人只是以投保人的名义履行缴纳保险费义务。依据权利与义务对等的民法原则，理应由承担给付保险费义务的投保人享有对保险单现金价值的所有权。第四，域外相关立法和实践，均是将保险单现金价值支付给投保人。德国、日本、韩国以及我国台湾地区的保险合同立法，均明确规定保险单的现金价值归属于投保人，而不是被保险人和受益人。至于英美法系，一般认为保险单现金价值归属于保单持有人，但该保单持有人并不是被保险人，而更多是指投保人，除非被保险人实际持有保单。第五，从审判实践看，大部分法院在实践中判决保险单现金价值归属于投保人。

审判实践中，应当注意区分保险单现金价值与保险费。保险单现金价值虽然来源于保险费，但并不等同于保险费。根据保险精算原理，保险单的现金价值是投保人所交保险费，在扣除保险人各种经营费用后所剩余额，按照预定利率计算出的现值。保险单现金价值的计算，除了要考虑投保人缴了多少保险费外，还应考虑得到的保障成本、保险公司建立和处理保单中发生的费用等因素。从合同法角度来看，保险合同无效时，保险人返回的保险费，不是保险单现金价值；保险合同解除或者保险人依法不承担给付保险金责任时，保险人返回的是保险单现金价值，而不是退还保险费。保险合同纠纷案件审理中，一定要注意区分保险合同无效与保险合同解除，准确认定保险人应当返还的是保险费还是保险单现金价值。

审判实践中，还应注意区分保险单现金价值与保险金。现金价值是保险期间内保险合同提前终止或者保险人依法不承担给付保险责任时需要向投保人返回的责任准备金。保险金是保险事故发生时保险人根据保险合同应当向受益人支付的金额。现金价值与保险金均是保险人根据保险合同应当支付的款项，但其产生基础、给付条件、给付对象以及计算方法均不一致：现金价值源于投保人在保险期间早期多交付的保险费的积累，保险金是保险人基于保险合同产生的主给付义务，是其收取保险费的对价；现金价值以保险合同提前终止或者保险人依法不承担给付保险责任为给付条件，保险金则以保险事故发生为给付条件；现金价值归属于投保人，保险金则应支付给投保人或者被保险人指定的受益人；现金价值是为了保障保险人未来支付保险金的准备金，保险金的数额通常高于现金价值。一般而言，保险事故发生前，投保人有权解除保险合同取得现金价值，受益人无权取得保险金，但在保险事故发生后，投保人不得再解除合同取得现金价值，而受益人可以基于保险合同约定要求保险人给付保险金。实践中，有投保人与受益人的利益不完全一致，在明知保险事故发生的情况下，未向保险人告知保险事故发生的事实，仍要求保险人解除保险合同并返回现金价值。此时如保险人可能因未审查到保险事故已经发生的事实，为投保人办理退保手续并返回现金价值,受益人如依据保险合同要求保险人给付保险金的,保险人仍需给付保险金,不能以保险合同已经解除为由作为抗辩。保险人因不当解除保险合同支出的现金价值,只能通过不当得利向投保人主张返还。在这类案件审理中,投保人解除保险合同的时点判断尤为重要。如解除保险合同是在保险事故发生前,投保人可取得现金价值,保险人不承担给付保险金责任;如解除保险合同是在保险事故发生后,保险合同因保险事故发生已经终止,投保人解除保险合同行为无效,不能取得现金价值,保险人承担给付保险金责任。

《保险法》第43条规定,投保人故意造成被保险人死亡、伤残或者疾病的,保险人不承担给付保险金的责任,应当按照合同约定向其他权利人(而不是投保人)退还保险单的现金价值。此处的"其他权利人"如何确定,存在被保险人与受益人两种观点。我们认为,在投保人指定受益人的情况下,受益人的指定体现了投保人的意志,如认为保险单现金价值仍由受益人享有,不能体现对投保人的惩罚,故由被保险人或者其继承人享有更为妥当。鉴于此,《解释三》第16条第2款规定,投保人故意造成被保险人死亡、伤残或者疾病,保险人依照《保险法》第43条规定退还保险单的现金价值的,其他权利人按照被保险人、被保险人继承人的顺序确定。

(九)关于投保人的任意解除权

人身保险合同除了作为当事人的保险人与投保人外,还有作为保障对象的被保险人、享有保险金请求权的受益人。投保人与被保险人、受益人为不同主体时,投保人解除保险合同是否需要经过被保险人和受益人同意,理论界与实务界存在截然相反的观点。鉴于此,《解释三》第17条规定:"投保人解除保险合同,当事人以其解除合同未经被保险人或者受益人同意为由主张解除行为无效的,人民法院不予支持,但被保险人或者受益人已向投保人支付相当于保险单现金价值的款项并通知保险人的除外。"理由在于:一是从保险立法来看,《保险法》第15条确立了投保人的任意解除权,并没有对其行使进行限制,如要求投保人解除合同需征得被保险人或受益人同意,不符合立法精神。二是从合同原理来看,保险合同的当事人是投保人与保险人,被保险人与受益人是保险合同的保障对象和保险金请求权的主体,不承担缴费义务,从合同法角度来看属于受益第三人,其权利依附于投保人与保险人之间的合同,不享有影响保险合同存续的权利。三是从保险行业发展来看,保险单转让与质押是人身保险未来发展的方向之一,这些业务的开展是以投保人能够随时解除保险合同并取得保险单现金价值为条件的,如要求投保人解除合同需要经过被保险人和受益人同意,可能限制保险单转让与质押业务的开展。四是虽然投保人解除保险合同无需经过被保险人与受益人的同意,但是保险合同的存续确实对被保险人与受益人的利益有较大影响,故如果被保险人、受益人同意向投保人支付相当于保单现金价值的款项,可以承受投保人的合同地位,保险合同无需解除。这样做,一方面保护投保人对保险单现金价值的权利,另一方面也照顾被保险人、受益人的合理期待。

需要注意的是,投保人的任意解除权无需征得被保险人、受益人的同意,但不能因此认为,投保人行使解除权后一概无需对被保险人或者受益人进行补偿或赔偿。实务中,如被保险人、受益人以解除导致损失为由提起诉讼的,法院应当予以受理,并根据投保人与被保险人、受益人之间的基础关系确定案由和请求权基础,审查投保人解除有无违反约定或法律规定，判决投保人是否应当承担赔偿责任。比如，单位为企业高管投保人身保险，将保险费支付作为高管的福利待遇，而后又擅自退保的，就应当依据他们之间的劳动合同关系加以审查处理。

（十）关于医疗费用保险的相关条款

医疗保险是人身保险的重要类型。实践中，对医疗保险格式条款中关于商业医疗保险与社会医疗保险关系条款、按医保标准核定医疗费用条款、定点医院条款等内容的效力认定存在较大争议。鉴于此，《解释三》根据保险人承保风险与投保人支付保险费应当保持平衡的基本原理进行规定。

为协调商业医疗保险与公费医疗、社会医疗保险的关系，保监会《健康保险管理办法》要求，保险公司开发医疗保险应区分费用补偿型医疗保险与定额给付型医疗保险，前者不能在公费医疗、社会医疗保险之外重复给付，后者可以在公费医疗、社会医疗保险之外重复给付。保监会还要求，保险公司开发医疗费用补偿性医疗保险时，应区分被保险人是否存在公费医疗、社会医疗保险，有公费医疗或者社会医疗保险的被保险人因仅在公费医疗、社会医疗保险范围之外赔偿，保险费较低；没有公费医疗或者社会医疗保险的被保险人可以获得全部赔偿，保险费较高。保险公司如严格依据保监会的规则开发并销售医疗保险产品，不会产生争议，但有一些保险公司出于收取高额保险费的目的，明知被保险人有公费医疗或者社会医疗保险，仍然将其作为没有公费医疗和社会医疗保险的被保险人，并收取高额保费，但在保险事故发生时，却要求仅在公费医疗或者社会医疗保险范围之外给付保险金。为纠正这种不诚信行为，《解释三》第 18 条规定："保险人给付费用补偿型的医疗费用保险金时，主张扣减被保险人从公费医疗或者社会医疗保险取得的赔偿金额的，应当证明该保险产品在厘定医疗费用保险费率时已经将公费医疗或者社会医疗保险部分相应扣除，并按照扣减后的标准收取保险费。"保险人如能证明其厘定医疗费用保险费率时已将公费医疗或者社会医疗保险部分相应扣除，并按照扣减后的标准收取保险费，给付保险金时可以扣减被保险人从公费医疗或者社会医疗保险取得的赔偿金额；未能举证证明的，其要求扣减被保险人从公费医疗或者社会医疗保险取得的赔偿金额的主张不能得到支持。

为了控制经营风险，保险人开发的商业医疗保险产品往往会引入医保标准条款，即保险公司对被保险人支出的医疗费用，按照当地基本医疗保险的标准核定医疗费用。对于该类条款的效力，实践中曾存在两种截然相反的观点：一种认为，医保标准条款是保险公司厘定费率、控制风险的基础，应认可其效力，故同意保险公司拒赔；另一种则认为，保险公司拒赔不符合被保险人的合理期待，不应认可该条款的效力，保险公司应按照实际支出的费用进行赔付。经过多次论证，《解释三》第 19 条规定："保险合同约定按照基本医疗保险的标准核定医疗费用，保险人以被保险人的医疗支出超出基本医疗保险范围为由拒绝给付保险金的，人民法院不予支持；保险人有证据证明被保险人支出的费用超过基本医疗保险同类医疗费用标准，要求对超出部分拒绝给付保险金的，人民法院应予支持。"

对于该规定的理解，应注意以下两个方面：第一，保险人需对医保标准条款进行提示和明确说明。医保标准条款虽非无效条款，但符合免责条款的特征。医保标准条款虽设置于保险合同的"理赔处理"章节，并没有放置于"除外或免责条款"章节中，但从其文义及作用来看,对保险公司在赔偿限额内的责任又进行了限定,即保险公司对国家基本医疗保险标准以外的医疗费用不予赔付,该条款应当属于限制保险公司赔偿责任的责任免除条款。既然属于责任免除条款,则根据《保险法》第17条第2款的规定,保险人未对医保标准条款履行提示和明确说明义务的,该条款不产生法律效力。第二,正确理解超过基本医疗保险同类医疗费用标准。司法解释条文使用的表述是"医疗费用标准",而非"医疗费用范围",所以不能将超过基本医疗保险同类医疗费用标准理解为超过基本医疗保险用药范围。对于基本医疗保险范围外的医疗项目支出,保险人应当按照基本医疗保险范围内的同类医疗费用标准赔付。比如,使用了医保范围外的药品,而医保范围中有同种类或者同功能可使用的药品,则应按医保范围内同种类或者同功能药品的标准予以赔付。第三,正确理解保险人有证据证明。本规定将举证责任分配给了保险人,诉讼中,保险人主张被保险人支出的费用超过基本医疗保险同类医疗费用标准,但不能提供相关证据证明的,由保险人承担不利的法律后果。

医疗保险中,保险公司为控制风险,通常在格式条款中约定,被保险人必须到定点医院就医,否则不予赔付。对于该条款是否应予认可,实践中存在肯定说与否定说两种相反观点。《解释三》采折中观点,其第20条规定:"保险人以被保险人未在保险合同约定的医疗服务机构接受治疗为由拒绝给付保险金的,人民法院应予支持,但被保险人因情况紧急必须立即就医的除外。"理由在于:一是防范保险欺诈。被保险人与医院工作人员串通骗取保险金的情况在实践中时有发生,定点医院条款有助于保险公司控制风险,减少保险欺诈行为。二是保护被保险人的医疗需求。保险公司指定的定点医院涵盖大部分三级以上医院,基本上能够满足被保险人就医的需要,但考虑到被保险人在一些紧急情况下可能无法到指定医院就医,故增加例外条款,如被保险人因情况紧急必须立即就医的,则即使在定点医院之外就医,保险公司仍需赔付。

(作者单位:最高人民法院民二庭)

最高人民法院关于调整高级人民法院和中级人民法院管辖第一审民商事案件标准的通知

法发[2015]7号

各省、自治区、直辖市高级人民法院，解放军军事法院，新疆维吾尔自治区高级人民法院生产建设兵团分院：

为适应经济社会发展和民事诉讼需要，准确适用修改后的《民事诉讼法》关于级别管辖的相关规定，合理定位四级法院民商事审判职能，现就调整高级人民法院和中级人民法院管辖第一审民商事案件标准问题，通知如下：

(一)当事人住所地均在受理法院所处省级行政辖区的第一审民商事案件。

北京、上海、江苏、浙江、广东高级人民法院，管辖诉讼标的额5亿元以上一审民商事案件，所辖中级人民法院管辖诉讼标的额1亿元以上一审民商事案件。

天津、河北、山西、内蒙古、辽宁、安徽、福建、山东、河南、湖北、湖南、广西、海南、四川、重庆高级人民法院，管辖诉讼标的额3亿元以上一审民商事案件，所辖中级人民法院管辖诉讼标的额3000万元以上一审民商事案件。

吉林、黑龙江、江西、云南、陕西、新疆高级人民法院和新疆生产建设兵团分院，管辖诉讼标的额2亿元以上一审民商事案件，所辖中级人民法院管辖诉讼标的额1000万元以上一审民商事案件。

贵州、西藏、甘肃、青海、宁夏高级人民法院，管辖诉讼标的额1亿元以上一审民商事案件，所辖中级人民法院管辖诉讼标的额500万元以上一审民商事案件。

(二)当事人一方住所地不在受理法院所处省级行政辖区的第一审民商事案件。

北京、上海、江苏、浙江、广东高级人民法院，管辖诉讼标的额3亿元以上一审民商事案件，所辖中级人民法院管辖诉讼标的额5000万元以上一审民商事案件。

天津、河北、山西、内蒙古、辽宁、安徽、福建、山东、河南、湖北、湖南、广西、海南、四川、重庆高级人民法院，管辖诉讼标的额1亿元以上一审民商事案件，所辖中级人民法院管辖诉讼标的额2000万元以上一审民商事案件。

吉林、黑龙江、江西、云南、陕西、新疆高级人民法院和新疆生产建设兵团分院，管辖诉讼标的额5000万元以上一审民商事案件，所辖中级人民法院管辖诉讼标的额1000万元以上一审民商事案件。

贵州、西藏、甘肃、青海、宁夏高级人民法院，管辖诉讼标的额2000万元以上一审民商事案件，所辖中级人民法院管辖诉讼标的额500万元以上一审民商事案件。

(三)解放军军事法院管辖诉讼标的额1亿元以上一审民商事案件，大单位军事法院管辖诉讼标的额2000万元以上一审民商事案件。

(四)婚姻、继承、家庭、物业服务、人身损害赔偿、名誉权、交通事故、劳动争议等案件，以及群体性纠纷案件，一般由基层人民法院管辖。

(五)对重大疑难、新类型和在适用法律上有普遍意义的案件，可以依照《民事诉讼法》第38条的规定，由上级人民法院自行决定由其审理，或者根据下级人民法院报请决定由其审理。

(六)本通知调整的级别管辖标准不涉及知识产权案件、海事海商案件和涉外涉港澳台民商事案件。

(七)本通知规定的第一审民商事案件标准，包含本数。

本通知自2015年5月1日起实施，执行过程中遇到的问题，请及时报告我院。

最高人民法院关于民事审判监督程序严格依法适用指令再审和发回重审若干问题的规定

2015 年 2 月 2 日最高人民法院审判委员会第 1643 次会议通过

法释[2015]7 号

为了及时有效维护各方当事人的合法权益，维护司法公正，进一步规范民事案件指令再审和再审发回重审，提高审判监督质量和效率，根据《中华人民共和国民事诉讼法》，结合审判实际，制定本规定。

第一条 上级人民法院应当严格依照《民事诉讼法》第二百条等规定审查当事人的再审申请，符合法定条件的，裁定再审。不得因指令再审而降低再审启动标准，也不得因当事人反复申诉将依法不应当再审的案件指令下级人民法院再审。

第二条 因当事人申请裁定再审的案件一般应当由裁定再审的人民法院审理。有下列情形之一的，最高人民法院、高级人民法院可以指令原审人民法院再审：

(一)依据《民事诉讼法》第二百条第(四)项、第(五)项或者第(九)项裁定再审的；

(二)发生法律效力的判决、裁定、调解书是由第一审法院作出的；

(三)当事人一方人数众多或者当事人双方为公民的；

(四)经审判委员会讨论决定的其他情形。

人民检察院提出抗诉的案件，由接受抗诉的人民法院审理，具有民事诉讼法第二百条第(一)至第(五)项规定情形之一的，可以指令原审人民法院再审。

人民法院依据《民事诉讼法》第一百九十八条第二款裁定再审的，应当提审。

第三条 虽然符合本规定第二条可以指令再审的条件，但有下列情形之一的，应当提审：

(一)原判决、裁定系经原审人民法院再审审理后作出的；

(二)原判决、裁定系经原审人民法院审判委员会讨论作出的；

(三)原审审判人员在审理该案件时有贪污受贿，徇私舞弊，枉法裁判行为的；

(四)原审人民法院对该案无再审管辖权的；

(五)需要统一法律适用或裁量权行使标准的；

(六)其他不宜指令原审人民法院再审的情形。

第四条 人民法院按照第二审程序审理再审案件，发现原判决认定基本事实不清的，一般应当通过庭审认定事实后依法作出判决。但原审人民法院未对基本事实进行过审理的，可以裁定撤销原判决，发回重审。原判决认定事实错误的，上级人民法院不得以基本事实不清为由裁定发回重审。

第五条 人民法院按照第二审程序审理再审案件，发现第一审人民法院有下列严重违反法定程序情形之一的，可以依照《民事诉讼法》第一百七十条第一款第（四）项的规定，裁定撤销原判决，发回第一审人民法院重审：

（一）原判决遗漏必须参加诉讼的当事人的；

（二）无诉讼行为能力人未经法定代理人代为诉讼，或者应当参加诉讼的当事人，因不能归责于本人或者其诉讼代理人的事由，未参加诉讼的；

（三）未经合法传唤缺席判决，或者违反法律规定剥夺当事人辩论权利的；

（四）审判组织的组成不合法或者依法应当回避的审判人员没有回避的；

（五）原判决、裁定遗漏诉讼请求的。

第六条 上级人民法院裁定指令再审、发回重审的，应当在裁定书中阐明指令再审或者发回重审的具体理由。

第七条 再审案件应当围绕申请人的再审请求进行审理和裁判。对方当事人在再审庭审辩论终结前也提出再审请求的，应一并审理和裁判。当事人的再审请求超出原审诉讼请求的不予审理，构成另案诉讼的应告知当事人可以提起新的诉讼。

第八条 再审发回重审的案件，应当围绕当事人原诉讼请求进行审理。当事人申请变更、增加诉讼请求和提出反诉的，按照《最高人民法院关于适用〈中华人民共和国民事诉讼法〉的解释》第二百五十二条的规定审查决定是否准许。当事人变更其在原审中的诉讼主张、质证及辩论意见的，应说明理由并提交相应的证据，理由不成立或证据不充分的，人民法院不予支持。

第九条 各级人民法院对民事案件指令再审和再审发回重审的审判行为，应当严格遵守本规定。违反本规定的，应当依照相关规定追究有关人员的责任。

第十条 最高人民法院以前发布的司法解释与本规定不一致的，不再适用。

最高人民法院关于人民法院登记立案若干问题的规定

2015 年 4 月 13 日最高人民法院审判委员会第 1647 次会议通过

法释[2015]8 号

为保护公民、法人和其他组织依法行使诉权，实现人民法院依法、及时受理案件，根据《中华人民共和国民事诉讼法》《中华人民共和国行政诉讼法》《中华人民共和国刑事诉讼法》等法律规定，制定本规定。

第一条　人民法院对依法应该受理的一审民事起诉、行政起诉和刑事自诉，实行立案登记制。

第二条　对起诉、自诉，人民法院应当一律接收诉状，出具书面凭证并注明收到日期。

对符合法律规定的起诉、自诉，人民法院应当当场予以登记立案。

对不符合法律规定的起诉、自诉，人民法院应当予以释明。

第三条　人民法院应当提供诉状样本，为当事人书写诉状提供示范和指引。

当事人书写诉状确有困难的，可以口头提出，由人民法院记入笔录。符合法律规定的，予以登记立案。

第四条　民事起诉状应当记明以下事项：

（一）原告的姓名、性别、年龄、民族、职业、工作单位、住所、联系方式，法人或者其他组织的名称、住所和法定代表人或者主要负责人的姓名、职务、联系方式；

（二）被告的姓名、性别、工作单位、住所等信息，法人或者其他组织的名称、住所等信息；

（三）诉讼请求和所根据的事实与理由；

（四）证据和证据来源；

（五）有证人的，载明证人姓名和住所。

行政起诉状参照民事起诉状书写。

第五条　刑事自诉状应当记明以下事项：

（一）自诉人或者代为告诉人、被告人的姓名、性别、年龄、民族、文化程度、职业、工作单位、住址、联系方式；

（二）被告人实施犯罪的时间、地点、手段、情节和危害后果等；

（三）具体的诉讼请求；

(四)致送的人民法院和具状时间;

(五)证据的名称、来源等;

(六)有证人的,载明证人的姓名、住所、联系方式等。

第六条 当事人提出起诉、自诉的,应当提交以下材料:

(一)起诉人、自诉人是自然人的,提交身份证明复印件;起诉人、自诉人是法人或者其他组织的,提交营业执照或者组织机构代码证复印件、法定代表人或者主要负责人身份证明书;法人或者其他组织不能提供组织机构代码的,应当提供组织机构被注销的情况说明;

(二)委托起诉或者代为告诉的,应当提交授权委托书、代理人身份证明、代为告诉人身份证明等相关材料;

(三)具体明确的足以使被告或者被告人与他人相区别的姓名或者名称、住所等信息;

(四)起诉状原本和与被告或者被告人及其他当事人人数相符的副本;

(五)与诉请相关的证据或者证明材料。

第七条 当事人提交的诉状和材料不符合要求的,人民法院应当一次性书面告知在指定期限内补正。

当事人在指定期限内补正的,人民法院决定是否立案的期间,自收到补正材料之日起计算。

当事人在指定期限内没有补正的,退回诉状并记录在册;坚持起诉、自诉的,裁定或者决定不予受理、不予立案。

经补正仍不符合要求的,裁定或者决定不予受理、不予立案。

第八条 对当事人提出的起诉、自诉,人民法院当场不能判定是否符合法律规定的,应当作出以下处理:

(一)对民事、行政起诉,应当在收到起诉状之日起七日内决定是否立案;

(二)对刑事自诉,应当在收到自诉状次日起十五日内决定是否立案;

(三)对第三人撤销之诉,应当在收到起诉状之日起三十日内决定是否立案;

(四)对执行异议之诉,应当在收到起诉状之日起十五日内决定是否立案。

人民法院在法定期间内不能判定起诉、自诉是否符合法律规定的,应当先行立案。

第九条 人民法院对起诉、自诉不予受理或者不予立案的,应当出具书面裁定或者决定,并载明理由。

第十条 人民法院对下列起诉、自诉不予登记立案:

(一)违法起诉或者不符合法律规定的;

(二)涉及危害国家主权和领土完整的;

(三)危害国家安全的;

(四)破坏国家统一和民族团结的;

(五)破坏国家宗教政策的;

(六)所诉事项不属于人民法院主管的。

第十一条 登记立案后,当事人未在法定期限内缴纳诉讼费的,按撤诉处理,但符合法律规定的缓、减、免交诉讼费条件的除外。

第十二条　登记立案后，人民法院立案庭应当及时将案件移送审判庭审理。

第十三条　对立案工作中存在的不接收诉状、接收诉状后不出具书面凭证，不一次性告知当事人补正诉状内容，以及有案不立、拖延立案、干扰立案、既不立案又不作出裁定或者决定等违法违纪情形，当事人可以向受诉人民法院或者上级人民法院投诉。

人民法院应当在受理投诉之日起十五日内，查明事实，并将情况反馈当事人。发现违法违纪行为的，依法依纪追究相关人员责任；构成犯罪的，依法追究刑事责任。

第十四条　为方便当事人行使诉权，人民法院提供网上立案、预约立案、巡回立案等诉讼服务。

第十五条　人民法院推动多元化纠纷解决机制建设，尊重当事人选择人民调解、行政调解、行业调解、仲裁等多种方式维护权益，化解纠纷。

第十六条　人民法院依法维护登记立案秩序，推进诉讼诚信建设。对干扰立案秩序、虚假诉讼的，根据民事诉讼法、行政诉讼法有关规定予以罚款、拘留；构成犯罪的，依法追究刑事责任。

第十七条　本规定的“起诉”，是指当事人提起民事、行政诉讼；“自诉”，是指当事人提起刑事自诉。

第十八条　强制执行和国家赔偿申请登记立案工作，按照本规定执行。

上诉、申请再审、刑事申诉、执行复议和国家赔偿申诉案件立案工作，不适用本规定。

第十九条　人民法庭登记立案工作，按照本规定执行。

第二十条　本规定自 2015 年 5 月 1 日起施行。以前有关立案的规定与本规定不一致的，按照本规定执行。

最高人民法院关于审理环境民事公益诉讼案件适用法律若干问题的解释

2014年12月8日最高人民法院审判委员会第1631次会议通过
自2015年1月7日起施行 法释[2015]1号

为正确审理环境民事公益诉讼案件，根据《中华人民共和国民事诉讼法》《中华人民共和国侵权责任法》《中华人民共和国环境保护法》等法律的规定，结合审判实践，制定本解释。

第一条 法律规定的机关和有关组织依据《民事诉讼法》第五十五条、《环境保护法》第五十八条等法律的规定，对已经损害社会公共利益或者具有损害社会公共利益重大风险的污染环境、破坏生态的行为提起诉讼，符合《民事诉讼法》第一百一十九条第二项、第三项、第四项规定的，人民法院应予受理。

第二条 依照法律、法规的规定，在设区的市级以上人民政府民政部门登记的社会团体、民办非企业单位以及基金会等，可以认定为《环境保护法》第五十八条规定的社会组织。

第三条 设区的市，自治州、盟、地区，不设区的地级市，直辖市的区以上人民政府民政部门，可以认定为《环境保护法》第五十八条规定的"设区的市级以上人民政府民政部门"。

第四条 社会组织章程确定的宗旨和主要业务范围是维护社会公共利益，且从事环境保护公益活动的，可以认定为《环境保护法》第五十八条规定的"专门从事环境保护公益活动"。

社会组织提起的诉讼所涉及的社会公共利益，应与其宗旨和业务范围具有关联性。

第五条 社会组织在提起诉讼前五年内未因从事业务活动违反法律、法规的规定受过行政、刑事处罚的，可以认定为《环境保护法》第五十八条规定的"无违法记录"。

第六条 第一审环境民事公益诉讼案件由污染环境、破坏生态行为发生地、损害结果地或者被告住所地的中级以上人民法院管辖。

中级人民法院认为确有必要的，可以在报请高级人民法院批准后，裁定将本院管辖的第一审环境民事公益诉讼案件交由基层人民法院审理。

同一原告或者不同原告对同一污染环境、破坏生态行为分别向两个以上有管辖权的人民法院提起环境民事公益诉讼的，由最先立案的人民法院管辖，必要时由共同上级人民法院指定管辖。

第七条　经最高人民法院批准，高级人民法院可以根据本辖区环境和生态保护的实际情况，在辖区内确定部分中级人民法院受理第一审环境民事公益诉讼案件。

中级人民法院管辖环境民事公益诉讼案件的区域由高级人民法院确定。

第八条　提起环境民事公益诉讼应当提交下列材料：

(一)符合《民事诉讼法》第一百二十一条规定的起诉状，并按照被告人数提出副本；

(二)被告的行为已经损害社会公共利益或者具有损害社会公共利益重大风险的初步证明材料；

(三)社会组织提起诉讼的，应当提交社会组织登记证书、章程、起诉前连续五年的年度工作报告书或者年检报告书，以及由其法定代表人或者负责人签字并加盖公章的无违法记录的声明。

第九条　人民法院认为原告提出的诉讼请求不足以保护社会公共利益的，可以向其释明变更或者增加停止侵害、恢复原状等诉讼请求。

第十条　人民法院受理环境民事公益诉讼后，应当在立案之日起五日内将起诉状副本发送被告，并公告案件受理情况。

有权提起诉讼的其他机关和社会组织在公告之日起三十日内申请参加诉讼，经审查符合法定条件的，人民法院应当将其列为共同原告；逾期申请的，不予准许。

公民、法人和其他组织以人身、财产受到损害为由申请参加诉讼的，告知其另行起诉。

第十一条　检察机关、负有环境保护监督管理职责的部门及其他机关、社会组织、企业事业单位依据《民事诉讼法》第十五条的规定，可以通过提供法律咨询、提交书面意见、协助调查取证等方式支持社会组织依法提起环境民事公益诉讼。

第十二条　人民法院受理环境民事公益诉讼后，应当在十日内告知对被告行为负有环境保护监督管理职责的部门。

第十三条　原告请求被告提供其排放的主要污染物名称、排放方式、排放浓度和总量、超标排放情况以及防治污染设施的建设和运行情况等环境信息，法律、法规、规章规定被告应当持有或者有证据证明被告持有而拒不提供，如果原告主张相关事实不利于被告的，人民法院可以推定该主张成立。

第十四条　对于审理环境民事公益诉讼案件需要的证据，人民法院认为必要的，应当调查收集。

对于应当由原告承担举证责任且为维护社会公共利益所必要的专门性问题，人民法院可以委托具备资格的鉴定人进行鉴定。

第十五条　当事人申请通知有专门知识的人出庭，就鉴定人作出的鉴定意见或者就因果关系、生态环境修复方式、生态环境修复费用以及生态环境受到损害至恢复原状期间服务功能的损失等专门性问题提出意见的，人民法院可以准许。

前款规定的专家意见经质证，可以作为认定事实的根据。

第十六条　原告在诉讼过程中承认的对己方不利的事实和认可的证据，人民法院认为损害社会公共利益的，应当不予确认。

第十七条　环境民事公益诉讼案件审理过程中，被告以反诉方式提出诉讼请求的，人民法院不予受理。

第十八条 对污染环境、破坏生态，已经损害社会公共利益或者具有损害社会公共利益重大风险的行为，原告可以请求被告承担停止侵害、排除妨碍、消除危险、恢复原状、赔偿损失、赔礼道歉等民事责任。

第十九条 原告为防止生态环境损害的发生和扩大，请求被告停止侵害、排除妨碍、消除危险的，人民法院可以依法予以支持。

原告为停止侵害、排除妨碍、消除危险采取合理预防、处置措施而发生的费用，请求被告承担的，人民法院可以依法予以支持。

第二十条 原告请求恢复原状的，人民法院可以依法判决被告将生态环境修复到损害发生之前的状态和功能。无法完全修复的，可以准许采用替代性修复方式。

人民法院可以在判决被告修复生态环境的同时，确定被告不履行修复义务时应承担的生态环境修复费用；也可以直接判决被告承担生态环境修复费用。

生态环境修复费用包括制定、实施修复方案的费用和监测、监管等费用。

第二十一条 原告请求被告赔偿生态环境受到损害至恢复原状期间服务功能损失的，人民法院可以依法予以支持。

第二十二条 原告请求被告承担检验、鉴定费用，合理的律师费以及为诉讼支出的其他合理费用的，人民法院可以依法予以支持。

第二十三条 生态环境修复费用难以确定或者确定具体数额所需鉴定费用明显过高的，人民法院可以结合污染环境、破坏生态的范围和程度、生态环境的稀缺性、生态环境恢复的难易程度、防治污染设备的运行成本、被告因侵害行为所获得的利益以及过错程度等因素，并可以参考负有环境保护监督管理职责的部门的意见、专家意见等，予以合理确定。

第二十四条 人民法院判决被告承担的生态环境修复费用、生态环境受到损害至恢复原状期间服务功能损失等款项，应当用于修复被损害的生态环境。

其他环境民事公益诉讼中败诉原告所需承担的调查取证、专家咨询、检验、鉴定等必要费用，可以酌情从上述款项中支付。

第二十五条 环境民事公益诉讼当事人达成调解协议或者自行达成和解协议后，人民法院应当将协议内容公告，公告期间不少于三十日。

公告期满后，人民法院审查认为调解协议或者和解协议的内容不损害社会公共利益的，应当出具调解书。当事人以达成和解协议为由申请撤诉的，不予准许。

调解书应当写明诉讼请求、案件的基本事实和协议内容，并应当公开。

第二十六条 负有环境保护监督管理职责的部门依法履行监管职责而使原告诉讼请求全部实现，原告申请撤诉的，人民法院应予准许。

第二十七条 法庭辩论终结后，原告申请撤诉的，人民法院不予准许，但本解释第二十六条规定的情形除外。

第二十八条 环境民事公益诉讼案件的裁判生效后，有权提起诉讼的其他机关和社会组织就同一污染环境、破坏生态行为另行起诉，有下列情形之一的，人民法院应予受理：

(一)前案原告的起诉被裁定驳回的；

(二)前案原告申请撤诉被裁定准许的，但本解释第二十六条规定的情形除外。

环境民事公益诉讼案件的裁判生效后，有证据证明存在前案审理时未发现的损害，有权提起诉讼的机关和社会组织另行起诉的，人民法院应予受理。

第二十九条 法律规定的机关和社会组织提起环境民事公益诉讼的，不影响因同一污染环境、破坏生态行为受到人身、财产损害的公民、法人和其他组织依据《民事诉讼法》第一百一十九条的规定提起诉讼。

第三十条 已为环境民事公益诉讼生效裁判认定的事实，因同一污染环境、破坏生态行为依据《民事诉讼法》第一百一十九条规定提起诉讼的原告、被告均无需举证证明，但原告对该事实有异议并有相反证据足以推翻的除外。

对于环境民事公益诉讼生效裁判就被告是否存在法律规定的不承担责任或者减轻责任的情形、行为与损害之间是否存在因果关系、被告承担责任的大小等所作的认定，因同一污染环境、破坏生态行为依据《民事诉讼法》第一百一十九条规定提起诉讼的原告主张适用的，人民法院应予支持，但被告有相反证据足以推翻的除外。被告主张直接适用对其有利的认定的，人民法院不予支持，被告仍应举证证明。

第三十一条 被告因污染环境、破坏生态在环境民事公益诉讼和其他民事诉讼中均承担责任，其财产不足以履行全部义务的，应当先履行其他民事诉讼生效裁判所确定的义务，但法律另有规定的除外。

第三十二条 发生法律效力的环境民事公益诉讼案件的裁判，需要采取强制执行措施的，应当移送执行。

第三十三条 原告缴纳诉讼费用确有困难，依法申请缓交的，人民法院应予准许。

败诉或者部分败诉的原告申请减交或者免交诉讼费用的，人民法院应当依照《诉讼费用缴纳办法》的规定，视原告的经济状况和案件的审理情况决定是否准许。

第三十四条 社会组织有通过诉讼违法收受财物等牟取经济利益行为的，人民法院可以根据情节轻重依法收缴其非法所得，予以罚款；涉嫌犯罪的，依法移送有关机关处理。

社会组织通过诉讼牟取经济利益的，人民法院应当向登记管理机关或者有关机关发送司法建议，由其依法处理。

第三十五条 本解释施行前最高人民法院发布的司法解释和规范性文件，与本解释不一致的，以本解释为准。

最高人民法院关于认可和执行台湾地区法院民事判决的规定

2015年6月2日最高人民法院审判委员会第1653次会议通过

法释[2015]13号

为保障海峡两岸当事人的合法权益,更好地适应海峡两岸关系和平发展的新形势,根据《民事诉讼法》等有关法律,总结人民法院涉台审判工作经验,就认可和执行台湾地区法院民事判决,制定本规定。

第一条 台湾地区法院民事判决的当事人可以根据本规定,作为申请人向人民法院申请认可和执行台湾地区有关法院民事判决。

第二条 本规定所称台湾地区法院民事判决,包括台湾地区法院作出的生效民事判决、裁定、和解笔录、调解笔录、支付命令等。

申请认可台湾地区法院在刑事案件中作出的有关民事损害赔偿的生效判决、裁定、和解笔录的,适用本规定。

申请认可由台湾地区乡镇市调解委员会等出具并经台湾地区法院核定,与台湾地区法院生效民事判决具有同等效力的调解文书的,参照适用本规定。

第三条 申请人同时提出认可和执行台湾地区法院民事判决申请的,人民法院先按照认可程序进行审查,裁定认可后,由人民法院执行机构执行。

申请人直接申请执行的,人民法院应当告知其一并提交认可申请;坚持不申请认可的,裁定驳回其申请。

第四条 申请认可台湾地区法院民事判决的案件,由申请人住所地、经常居住地或者被申请人住所地、经常居住地、财产所在地中级人民法院或者专门人民法院受理。

申请人向两个以上有管辖权的人民法院申请认可的,由最先立案的人民法院管辖。

申请人向被申请人财产所在地人民法院申请认可的,应当提供财产存在的相关证据。

第五条 对申请认可台湾地区法院民事判决的案件,人民法院应当组成合议庭进行审查。

第六条 申请人委托他人代理申请认可台湾地区法院民事判决的,应当向人民法院提交由委托人签名或者盖章的授权委托书。

台湾地区、香港特别行政区、澳门特别行政区或者外国当事人签名或者盖章的授权委托书应当履行相关的公证、认证或者其他证明手续,但授权委托书在人民法院法官的见证下签署或者经中国大陆公证机关公证证明是在中国大陆签署的除外。

第七条　申请人申请认可台湾地区法院民事判决，应当提交申请书，并附有台湾地区有关法院民事判决文书和民事判决确定证明书的正本或者经证明无误的副本。台湾地区法院民事判决为缺席判决的，申请人应当同时提交台湾地区法院已经合法传唤当事人的证明文件，但判决已经对此予以明确说明的除外。

申请书应当记明以下事项：

（一）申请人和被申请人姓名、性别、年龄、职业、身份证件号码、住址（申请人或者被申请人为法人或者其他组织的，应当记明法人或者其他组织的名称、地址、法定代表人或者主要负责人姓名、职务）和通信方式；

（二）请求和理由；

（三）申请认可的判决的执行情况；

（四）其他需要说明的情况。

第八条　对于符合本规定第四条和第七条规定条件的申请，人民法院应当在收到申请后七日内立案，并通知申请人和被申请人，同时将申请书送达被申请人；不符合本规定第四条和第七条规定条件的，应当在七日内裁定不予受理，同时说明不予受理的理由；申请人对裁定不服的，可以提起上诉。

第九条　申请人申请认可台湾地区法院民事判决，应当提供相关证明文件，以证明该判决真实并且已经生效。

申请人可以申请人民法院通过海峡两岸调查取证司法互助途径查明台湾地区法院民事判决的真实性和是否生效以及当事人得到合法传唤的证明文件；人民法院认为必要时，也可以就有关事项依职权通过海峡两岸司法互助途径向台湾地区请求调查取证。

第十条　人民法院受理认可台湾地区法院民事判决的申请之前或者之后，可以按照《民事诉讼法》及相关司法解释的规定，根据申请人的申请，裁定采取保全措施。

第十一条　人民法院受理认可台湾地区法院民事判决的申请后，当事人就同一争议起诉的，不予受理。

一方当事人向人民法院起诉后，另一方当事人向人民法院申请认可的，对于认可的申请不予受理。

第十二条　案件虽经台湾地区有关法院判决，但当事人未申请认可，而是就同一争议向人民法院起诉的，应予受理。

第十三条　人民法院受理认可台湾地区法院民事判决的申请后，作出裁定前，申请人请求撤回申请的，可以裁定准许。

第十四条　人民法院受理认可台湾地区法院民事判决的申请后，应当在立案之日起六个月内审结。有特殊情况需要延长的，报请上一级人民法院批准。

通过海峡两岸司法互助途径送达文书和调查取证的期间，不计入审查期限。

第十五条　台湾地区法院民事判决具有下列情形之一的，裁定不予认可：

（一）申请认可的民事判决，是在被申请人缺席又未经合法传唤或者在被申请人无诉讼行为能力又未得到适当代理的情况下作出的；

（二）案件系人民法院专属管辖的；

(三)案件双方当事人订有有效仲裁协议,且无放弃仲裁管辖情形的;

(四)案件系人民法院已作出判决或者中国大陆的仲裁庭已作出仲裁裁决的;

(五)香港特别行政区、澳门特别行政区或者外国的法院已就同一争议作出判决且已为人民法院所认可或者承认的;

(六)台湾地区、香港特别行政区、澳门特别行政区或者外国的仲裁庭已就同一争议作出仲裁裁决且已为人民法院所认可或者承认的。

认可该民事判决将违反一个中国原则等国家法律的基本原则或者损害社会公共利益的,人民法院应当裁定不予认可。

第十六条 人民法院经审查能够确认台湾地区法院民事判决真实并且已经生效,而且不具有本规定第十五条所列情形的,裁定认可其效力;不能确认该民事判决的真实性或者已经生效的,裁定驳回申请人的申请。

裁定驳回申请的案件,申请人再次申请并符合受理条件的,人民法院应予受理。

第十七条 经人民法院裁定认可的台湾地区法院民事判决,与人民法院作出的生效判决具有同等效力。

第十八条 人民法院依据本规定第十五条和第十六条作出的裁定,一经送达即发生法律效力。

当事人对上述裁定不服的,可以自裁定送达之日起十日内向上一级人民法院申请复议。

第十九条 对人民法院裁定不予认可的台湾地区法院民事判决,申请人再次提出申请的,人民法院不予受理,但申请人可以就同一争议向人民法院起诉。

第二十条 申请人申请认可和执行台湾地区法院民事判决的期间,适用《民事诉讼法》第二百三十九条的规定,但申请认可台湾地区法院有关身份关系的判决除外。

申请人仅申请认可而未同时申请执行的,申请执行的期间自人民法院对认可申请作出的裁定生效之日起重新计算。

第二十一条 人民法院在办理申请认可和执行台湾地区法院民事判决案件中作出的法律文书,应当依法送达案件当事人。

第二十二条 申请认可和执行台湾地区法院民事判决,应当参照《诉讼费用缴纳办法》的规定,缴纳相关费用。

第二十三条 本规定自2015年7月1日起施行。《最高人民法院关于人民法院认可台湾地区有关法院民事判决的规定》(法释[1998]11号)、《最高人民法院关于当事人持台湾地区有关法院民事调解书或者有关机构出具或确认的调解协议书向人民法院申请认可人民法院应否受理的批复》(法释[1999]10号)、《最高人民法院关于当事人持台湾地区有关法院支付命令向人民法院申请认可人民法院应否受理的批复》(法释[2001]13号)和《最高人民法院关于人民法院认可台湾地区有关法院民事判决的补充规定》(法释[2009]4号)同时废止。

最高人民法院关于认可和执行台湾地区仲裁裁决的规定

2015 年 6 月 2 日最高人民法院审判委员会第 1653 次会议通过

法释[2015]14 号

为保障海峡两岸当事人的合法权益,更好地适应海峡两岸关系和平发展的新形势,根据《民事诉讼法》《仲裁法》等有关法律,总结人民法院涉台审判工作经验,就认可和执行台湾地区仲裁裁决,制定本规定。

第一条 台湾地区仲裁裁决的当事人可以根据本规定,作为申请人向人民法院申请认可和执行台湾地区仲裁裁决。

第二条 本规定所称台湾地区仲裁裁决是指,有关常设仲裁机构及临时仲裁庭在台湾地区按照台湾地区仲裁规定就有关民商事争议作出的仲裁裁决,包括仲裁判断、仲裁和解和仲裁调解。

第三条 申请人同时提出认可和执行台湾地区仲裁裁决申请的,人民法院先按照认可程序进行审查,裁定认可后,由人民法院执行机构执行。

申请人直接申请执行的,人民法院应当告知其一并提交认可申请;坚持不申请认可的,裁定驳回其申请。

第四条 申请认可台湾地区仲裁裁决的案件,由申请人住所地、经常居住地或者被申请人住所地、经常居住地、财产所在地中级人民法院或者专门人民法院受理。

申请人向两个以上有管辖权的人民法院申请认可的,由最先立案的人民法院管辖。

申请人向被申请人财产所在地人民法院申请认可的,应当提供财产存在的相关证据。

第五条 对申请认可台湾地区仲裁裁决的案件,人民法院应当组成合议庭进行审查。

第六条 申请人委托他人代理申请认可台湾地区仲裁裁决的,应当向人民法院提交由委托人签名或者盖章的授权委托书。

台湾地区、香港特别行政区、澳门特别行政区或者外国当事人签名或者盖章的授权委托书应当履行相关的公证、认证或者其他证明手续,但授权委托书在人民法院法官的见证下签署或者经中国大陆公证机关公证证明是在中国大陆签署的除外。

第七条 申请人申请认可台湾地区仲裁裁决,应当提交以下文件或者经证明无误的副本:

(一)申请书;

(二)仲裁协议;

(三)仲裁判断书、仲裁和解书或者仲裁调解书。

申请书应当记明以下事项:

(一)申请人和被申请人姓名、性别、年龄、职业、身份证件号码、住址(申请人或者被申请人为法人或者其他组织的,应当记明法人或者其他组织的名称、地址、法定代表人或者主要负责人姓名、职务)和通信方式;

(二)申请认可的仲裁判断书、仲裁和解书或者仲裁调解书的案号或者识别资料和生效日期;

(三)请求和理由;

(四)被申请人财产所在地、财产状况及申请认可的仲裁裁决的执行情况;

(五)其他需要说明的情况。

第八条 对于符合本规定第四条和第七条规定条件的申请,人民法院应当在收到申请后七日内立案,并通知申请人和被申请人,同时将申请书送达被申请人;不符合本规定第四条和第七条规定条件的,应当在七日内裁定不予受理,同时说明不予受理的理由;申请人对裁定不服的,可以提起上诉。

第九条 申请人申请认可台湾地区仲裁裁决,应当提供相关证明文件,以证明该仲裁裁决的真实性。

申请人可以申请人民法院通过海峡两岸调查取证司法互助途径查明台湾地区仲裁裁决的真实性;人民法院认为必要时,也可以就有关事项依职权通过海峡两岸司法互助途径向台湾地区请求调查取证。

第十条 人民法院受理认可台湾地区仲裁裁决的申请之前或者之后,可以按照《民事诉讼法》及相关司法解释的规定,根据申请人的申请,裁定采取保全措施。

第十一条 人民法院受理认可台湾地区仲裁裁决的申请后,当事人就同一争议起诉的,不予受理。

当事人未申请认可,而是就同一争议向人民法院起诉的,亦不予受理,但仲裁协议无效的除外。

第十二条 人民法院受理认可台湾地区仲裁裁决的申请后,作出裁定前,申请人请求撤回申请的,可以裁定准许。

第十三条 人民法院应当尽快审查认可台湾地区仲裁裁决的申请,决定予以认可的,应当在立案之日起两个月内作出裁定;决定不予认可或者驳回申请的,应当在作出决定前按有关规定自立案之日起两个月内上报最高人民法院。

通过海峡两岸司法互助途径送达文书和调查取证的期间,不计入审查期限。

第十四条 对申请认可和执行的仲裁裁决,被申请人提出证据证明有下列情形之一的,经审查核实,人民法院裁定不予认可:

(一)仲裁协议一方当事人依对其适用的法律在订立仲裁协议时属于无行为能力的;或者依当事人约定的准据法,或当事人没有约定适用的准据法而依台湾地区仲裁规定,该仲裁协议无效的;或者当事人之间没有达成书面仲裁协议的,但申请认可台湾地区仲裁调解的除外；

（二）被申请人未接到选任仲裁员或进行仲裁程序的适当通知，或者由于其他不可归责于被申请人的原因而未能陈述意见的；

（三）裁决所处理的争议不是提交仲裁的争议，或者不在仲裁协议范围之内；或者裁决载有超出当事人提交仲裁范围的事项的决定，但裁决中超出提交仲裁范围的事项的决定与提交仲裁事项的决定可以分开的，裁决中关于提交仲裁事项的决定部分可以予以认可；

（四）仲裁庭的组成或者仲裁程序违反当事人的约定，或者在当事人没有约定时与台湾地区仲裁规定不符的；

（五）裁决对当事人尚无约束力，或者业经台湾地区法院撤销或者驳回执行申请的。

依据国家法律，该争议事项不能以仲裁解决的，或者认可该仲裁裁决将违反一个中国原则等国家法律的基本原则或损害社会公共利益的，人民法院应当裁定不予认可。

第十五条　人民法院经审查能够确认台湾地区仲裁裁决真实，而且不具有本规定第十四条所列情形的，裁定认可其效力；不能确认该仲裁裁决真实性的，裁定驳回申请。

裁定驳回申请的案件，申请人再次申请并符合受理条件的，人民法院应予受理。

第十六条　人民法院依据本规定第十四条和第十五条作出的裁定，一经送达即发生法律效力。

第十七条　一方当事人向人民法院申请认可或者执行台湾地区仲裁裁决，另一方当事人向台湾地区法院起诉撤销该仲裁裁决，被申请人申请中止认可或者执行并且提供充分担保的，人民法院应当中止认可或者执行程序。

申请中止认可或者执行的，应当向人民法院提供台湾地区法院已经受理撤销仲裁裁决案件的法律文书。

台湾地区法院撤销该仲裁裁决的，人民法院应当裁定不予认可或者裁定终结执行；台湾地区法院驳回撤销仲裁裁决请求的，人民法院应当恢复认可或者执行程序。

第十八条　对人民法院裁定不予认可的台湾地区仲裁裁决，申请人再次提出申请的，人民法院不予受理。但当事人可以根据双方重新达成的仲裁协议申请仲裁，也可以就同一争议向人民法院起诉。

第十九条　申请人申请认可和执行台湾地区仲裁裁决的期间，适用民事诉讼法第二百三十九条的规定。

申请人仅申请认可而未同时申请执行的，申请执行的期间自人民法院对认可申请作出的裁定生效之日起重新计算。

第二十条　人民法院在办理申请认可和执行台湾地区仲裁裁决案件中所作出的法律文书，应当依法送达案件当事人。

第二十一条　申请认可和执行台湾地区仲裁裁决，应当参照《诉讼费用缴纳办法》的规定，缴纳相关费用。

第二十二条　本规定自 2015 年 7 月 1 日起施行。

本规定施行前，根据《最高人民法院关于人民法院认可台湾地区有关法院民事判决的规定》（法释[1998]11 号），人民法院已经受理但尚未审结的申请认可和执行台湾地区仲裁裁决的案件，适用本规定。

最高人民法院印发《〈关于案例指导工作的规定〉实施细则》的通知

法[2015]130号

各省、自治区、直辖市高级人民法院，解放军军事法院，新疆维吾尔自治区高级人民法院生产建设兵团分院：

《〈最高人民法院关于案例指导工作的规定〉实施细则》已于2015年4月27日由最高人民法院审判委员会第1649次会议讨论通过，现印发给你们，请认真遵照执行。执行中遇到问题，请及时报告我院。

最高人民法院

2015年5月13日

附　录

《最高人民法院关于案例指导工作的规定》实施细则

第一条　为了具体实施《最高人民法院关于案例指导工作的规定》，加强、规范和促进案例指导工作，充分发挥指导性案例对审判工作的指导作用，统一法律适用标准，维护司法公正，制定本实施细则。

第二条　指导性案例应当是裁判已经发生法律效力，认定事实清楚，适用法律正确，裁判说理充分，法律效果和社会效果良好，对审理类似案件具有普遍指导意义的案例。

第三条　指导性案例由标题、关键词、裁判要点、相关法条、基本案情、裁判结果、裁判理由以及包括生效裁判审判人员姓名的附注等组成。指导性案例体例的具体要求另行规定。

第四条　最高人民法院案例指导工作办公室(以下简称案例指导办公室)负责指导性案例的征集、遴选、审查、发布、研究和编纂，以及对全国法院案例指导工作的协调和指导等工作。

最高人民法院各审判业务单位负责指导性案例的推荐、审查等工作，并指定专人负责联络工作。

各高级人民法院负责辖区内指导性案例的推荐、调研、监督等工作。各高级人民法院向最高人民法院推荐的备选指导性案例，应当经审判委员会讨论决定或经审判委员会过半数委员审核同意。

中级人民法院、基层人民法院应当通过高级人民法院推荐备选指导性案例，并指定专人负责案例指导工作。

第五条　人大代表、政协委员、人民陪审员、专家学者、律师，以及其他关心人民法院审判、执行工作的社会各界人士，对于符合指导性案例条件的案例，可以向作出生效裁判的原审人民法院推荐，也可以向案例指导办公室提出推荐建议。

案例指导工作专家委员会委员对于符合指导性案例条件的案例，可以向案例指导办公室提出推荐建议。

第六条　最高人民法院各审判业务单位、高级人民法院向案例指导办公室推荐备选指导性案例，应当提交下列材料：

（一）《指导性案例推荐表》；

（二）按照规定体例编写的案例文本及其编选说明；

（三）相关裁判文书。

以上材料需要纸质版一式三份，并附电子版。

推荐法院可以提交案件审理报告、相关新闻报道及研究资料等。

第七条　案例指导办公室认为有必要进一步研究的备选指导性案例，可以征求相关国家机关、部门、社会组织以及案例指导工作专家委员会委员、专家学者的意见。

第八条　备选指导性案例由案例指导办公室按照程序报送审核。经最高人民法院审判委员会讨论通过的指导性案例，印发各高级人民法院，并在《最高人民法院公报》《人民法院报》和最高人民法院网站上公布。

第九条　各级人民法院正在审理的案件，在基本案情和法律适用方面，与最高人民法院发布的指导性案例相类似的，应当参照相关指导性案例的裁判要点作出裁判。

第十条　各级人民法院审理类似案件参照指导性案例的，应当将指导性案例作为裁判理由引述，但不作为裁判依据引用。

第十一条　在办理案件过程中，案件承办人员应当查询相关指导性案例。在裁判文书中引述相关指导性案例的，应在裁判理由部分引述指导性案例的编号和裁判要点。

公诉机关、案件当事人及其辩护人、诉讼代理人引述指导性案例作为控（诉）辩理由的，案件承办人员应当在裁判理由中回应是否参照了该指导性案例并说明理由。

第十二条　指导性案例有下列情形之一的，不再具有指导作用：

（一）与新的法律、行政法规或者司法解释相冲突的；

（二）为新的指导性案例所取代的；

第十三条　最高人民法院建立指导性案例纸质档案与电子信息库，为指导性案例的参照适用、查询、检索和编纂提供保障。

第十四条　各级人民法院对于案例指导工作中做出突出成绩的单位和个人，应当依照《中华人民共和国法官法》等规定给予奖励。

第十五条　本实施细则自印发之日起施行。

最高人民法院关于执行案件立案、结案若干问题的意见

为统一执行案件立案、结案标准，规范执行行为，根据《中华人民共和国民事诉讼法》等法律、司法解释的规定，结合人民法院执行工作实际，制定本意见。

第一条 本意见所称执行案件包括执行实施类案件和执行审查类案件。

执行实施类案件是指人民法院因申请执行人申请、审判机构移送、受托、提级、指定和依职权，对已发生法律效力且具有可强制执行内容的法律文书所确定的事项予以执行的案件。

执行审查类案件是指在执行过程中，人民法院审查和处理执行异议、复议、申诉、请示、协调以及决定执行管辖权的移转等事项的案件。

第二条 执行案件统一由人民法院立案机构进行审查立案，人民法庭经授权执行自审案件的，可以自行审查立案，法律、司法解释规定可以移送执行的，相关审判机构可以移送立案机构办理立案登记手续。

立案机构立案后，应当依照法律、司法解释的规定向申请人发出执行案件受理通知书。

第三条 人民法院对符合法律、司法解释规定的立案标准的执行案件，应当予以立案，并纳入审判和执行案件统一管理体系。

人民法院不得有审判和执行案件统一管理体系之外的执行案件。

任何案件不得以任何理由未经立案即进入执行程序。

第四条 立案机构在审查立案时，应当按照本意见确定执行案件的类型代字和案件编号，不得违反本意见创设案件类型代字。

第五条 执行实施类案件类型代字为“执字”，按照立案时间的先后顺序确定案件编号，单独进行排序；但执行财产保全裁定的，案件类型代字为“执保字”，按照立案时间的先后顺序确定案件编号，单独进行排序；恢复执行的，案件类型代字为“执恢字”，按照立案时间的先后顺序确定案件编号，单独进行排序。

第六条 下列案件，人民法院应当按照恢复执行案件予以立案：

（一）申请执行人因受欺诈、胁迫与被执行人达成和解协议，申请恢复执行原生效法律文书的；

（二）一方当事人不履行或不完全履行执行和解协议，对方当事人申请恢复执行原生

效法律文书的；

（三）执行实施案件以裁定终结本次执行程序方式报结后，如发现被执行人有财产可供执行，申请执行人申请或者人民法院依职权恢复执行的；

（四）执行实施案件因委托执行结案后，确因委托不当被已立案的受托法院退回委托的；

（五）依照民事诉讼法第二百五十七条的规定而终结执行的案件，申请执行的条件具备时，申请执行人申请恢复执行的。

第七条 除下列情形外，人民法院不得人为拆分执行实施案件：

（一）生效法律文书确定的给付内容为分期履行的，各期债务履行期间届满，被执行人未自动履行，申请执行人可分期申请执行，也可以对几期或全部到期债权一并申请执行；

（二）生效法律文书确定有多个债务人各自单独承担明确的债务的，申请执行人可以对每个债务人分别申请执行，也可以对几个或全部债务人一并申请执行；

（三）生效法律文书确定有多个债权人各自享有明确的债权的（包括按份共有），每个债权人可以分别申请执行；

（四）申请执行赡养费、扶养费、抚养费的案件，涉及金钱给付内容的，人民法院应当根据申请执行时已发生的债权数额进行审查立案，执行过程中新发生的债权应当另行申请执行；涉及人身权内容的，人民法院应当根据申请执行时义务人未履行义务的事实进行审查立案，执行过程中义务人延续消极行为的，应当依据申请执行人的申请一并执行。

第八条 执行审查类案件按下列规则确定类型代字和案件编号：

（一）执行异议案件类型代字为“执异字”，按照立案时间的先后顺序确定案件编号，单独进行排序；

（二）执行复议案件类型代字为“执复字”，按照立案时间的先后顺序确定案件编号，单独进行排序；

（三）执行监督案件类型代字为“执监字”，按照立案时间的先后顺序确定案件编号，单独进行排序；

（四）执行请示案件类型代字为“执请字”，按照立案时间的先后顺序确定案件编号，单独进行排序；

（五）执行协调案件类型代字为“执协字”，按照立案时间的先后顺序确定案件编号，单独进行排序。

第九条 下列案件，人民法院应当按照执行异议案件予以立案：

（一）当事人、利害关系人认为人民法院的执行行为违反法律规定，提出书面异议的；

（二）执行过程中，案外人对执行标的提出书面异议的；

（三）人民法院受理执行申请后，当事人对管辖权提出异议的；

（四）申请执行人申请追加、变更被执行人的；

（五）被执行人以债权消灭、超过申请执行期间或者其他阻止执行的实体事由提出阻止执行的；

（六）被执行人对仲裁裁决或者公证机关赋予强制执行效力的公证债权文书申请不予执行的；

(七)其他依法可以申请执行异议的。

第十条 下列案件,人民法院应当按照执行复议案件予以立案:

(一)当事人、利害关系人不服人民法院针对本意见第九条第(一)项、第(三)项、第(五)项作出的裁定,向上一级人民法院申请复议的;

(二)除因夫妻共同债务、出资人未依法出资、股权转让引起的追加和对一人公司股东的追加外,当事人、利害关系人不服人民法院针对本意见第九条第(四)项作出的裁定,向上一级人民法院申请复议的;

(三)当事人不服人民法院针对本意见第九条第(六)项作出的不予执行公证债权文书、驳回不予执行公证债权文书申请、不予执行仲裁裁决、驳回不予执行仲裁裁决申请的裁定,向上一级人民法院申请复议的;

(四)其他依法可以申请复议的。

第十一条 上级人民法院对下级人民法院,最高人民法院对地方各级人民法院依法进行监督的案件,应当按照执行监督案件予以立案。

第十二条 下列案件,人民法院应当按照执行请示案件予以立案:

(一)当事人向人民法院申请执行内地仲裁机构作出的涉港澳仲裁裁决或者香港特别行政区、澳门特别行政区仲裁机构作出的仲裁裁决或者临时仲裁庭在香港特别行政区、澳门特别行政区作出的仲裁裁决,人民法院经审查认为裁决存在依法不予执行的情形,在作出裁定前,报请所属高级人民法院进行审查的,以及高级人民法院同意不予执行,报请最高人民法院的;

(二)下级人民法院依法向上级人民法院请示的。

第十三条 下列案件,人民法院应当按照执行协调案件予以立案:

(一)不同法院因执行程序、执行与破产、强制清算、审判等程序之间对执行标的产生争议,经自行协调无法达成一致意见,向共同上级人民法院报请协调处理的;

(二)对跨高级人民法院辖区的法院与公安、检察等机关之间的执行争议案件,执行法院报请所属高级人民法院与有关公安、检察等机关所在地的高级人民法院商有关机关协调解决或者报请最高人民法院协调处理的;

(三)当事人对内地仲裁机构作出的涉港澳仲裁裁决分别向不同人民法院申请撤销及执行,受理执行申请的人民法院对受理撤销申请的人民法院作出的决定撤销或者不予撤销的裁定存在异议,亦不能直接作出与该裁定相矛盾的执行或者不予执行的裁定,报请共同上级人民法院解决的;

(四)当事人对内地仲裁机构作出的涉港澳仲裁裁决向人民法院申请执行且人民法院已经作出应予执行的裁定后,一方当事人向人民法院申请撤销该裁决,受理撤销申请的人民法院认为裁决应予撤销且该人民法院与受理执行申请的人民法院非同一人民法院时,报请共同上级人民法院解决的;

(五)跨省、自治区、直辖市的执行争议案件报请最高人民法院协调处理的;

(六)其他依法报请协调的。

第十四条 除执行财产保全裁定、恢复执行的案件外,其他执行实施类案件的结案方式包括:

(一)执行完毕;

(二)终结本次执行程序;

(三)终结执行;

(四)销案;

(五)不予执行;

(六)驳回申请。

第十五条　生效法律文书确定的执行内容,经被执行人自动履行、人民法院强制执行,已全部执行完毕,或者是当事人达成执行和解协议,且执行和解协议履行完毕,可以以"执行完毕"方式结案。

执行完毕应当制作结案通知书并发送当事人。双方当事人书面认可执行完毕或口头认可执行完毕并记入笔录的,无需制作结案通知书。

执行和解协议应当附卷,没有签订书面执行和解协议的,应当将口头和解协议的内容作成笔录,经当事人签字后附卷。

第十六条　有下列情形之一的,可以以"终结本次执行程序"方式结案:

(一)被执行人确无财产可供执行,申请执行人书面同意人民法院终结本次执行程序的;

(二)因被执行人无财产而中止执行满两年,经查证被执行人确无财产可供执行的;

(三)申请执行人明确表示提供不出被执行人的财产或财产线索,并在人民法院穷尽财产调查措施之后,对人民法院认定被执行人无财产可供执行书面表示认可的;

(四)被执行人的财产无法拍卖变卖,或者动产经两次拍卖、不动产或其他财产权经三次拍卖仍然流拍,申请执行人拒绝接受或者依法不能交付其抵债,经人民法院穷尽财产调查措施,被执行人确无其他财产可供执行的;

(五)经人民法院穷尽财产调查措施,被执行人确无财产可供执行或虽有财产但不宜强制执行,当事人达成分期履行和解协议,且未履行完毕的;

(六)被执行人确无财产可供执行,申请执行人属于特困群体,执行法院已经给予其适当救助的。

人民法院应当依法组成合议庭,就案件是否终结本次执行程序进行合议。

终结本次执行程序应当制作裁定书,送达申请执行人。裁定应当载明案件的执行情况、申请执行人债权已受偿和未受偿的情况、终结本次执行程序的理由,以及发现被执行人有可供执行财产,可以申请恢复执行等内容。

依据本条第一款第(二)(四)(五)(六)项规定的情形裁定终结本次执行程序前,应当告知申请执行人可以在指定的期限内提出异议。申请执行人提出异议的,应当另行组成合议庭组织当事人就被执行人是否有财产可供执行进行听证;申请执行人提供被执行人财产线索的,人民法院应当就其提供的线索重新调查核实,发现被执行人有财产可供执行的,应当继续执行;经听证认定被执行人确无财产可供执行,申请执行人亦不能提供被执行人有可供执行财产的,可以裁定终结本次执行程序。

本条第一款第(三)(四)(五)项中规定的"人民法院穷尽财产调查措施",是指至少完成下列调查事项:

(一)被执行人是法人或其他组织的,应当向银行业金融机构查询银行存款,向有关房地产管理部门查询房地产登记,向法人登记机关查询股权,向有关车管部门查询车辆等情况;

(二)被执行人是自然人的,应当向被执行人所在单位及居住地周边群众调查了解被执行人的财产状况或财产线索,包括被执行人的经济收入来源、被执行人到期债权等,如果根据财产线索判断被执行人有较高收入,应当按照对法人或其他组织的调查途径进行调查;

(三)通过最高人民法院的全国法院网络执行查控系统和执行法院所属高级人民法院的"点对点"网络执行查控系统能够完成的调查事项;

(四)法律、司法解释规定必须完成的调查事项。

人民法院裁定终结本次执行程序后,发现被执行人有财产的,可以依申请执行人的申请或依职权恢复执行。申请执行人申请恢复执行的,不受申请执行期限的限制。

第十七条 有下列情形之一的,可以以"终结执行"方式结案:

(一)申请人撤销申请或者是当事人双方达成执行和解协议,申请执行人撤回执行申请的;

(二)据以执行的法律文书被撤销的;

(三)作为被执行人的公民死亡,无遗产可供执行,又无义务承担人的;

(四)追索赡养费、扶养费、抚育费案件的权利人死亡的;

(五)作为被执行人的公民因生活困难无力偿还借款,无收入来源,又丧失劳动能力的;

(六)作为被执行人的企业法人或其他组织被撤销、注销、吊销营业执照或者歇业、终止后既无财产可供执行,又无义务承受人,也没有能够依法追加变更执行主体的;

(七)依照刑法第五十三条规定免除罚金的;

(八)被执行人被人民法院裁定宣告破产的;

(九)行政执行标的灭失的;

(十)案件被上级人民法院裁定提级执行的;

(十一)案件被上级人民法院裁定指定由其他法院执行的;

(十二)按照《最高人民法院关于委托执行若干问题的规定》,办理了委托执行手续,且收到受托法院立案通知书的;

(十三)人民法院认为应当终结执行的其他情形。

前款除第(十)项、第(十一)项、第(十二)项规定的情形外,终结执行的,应当制作裁定书,送达当事人。

第十八条 执行实施案件立案后,有下列情形之一的,可以以"销案"方式结案:

(一)被执行人提出管辖异议,经审查异议成立,将案件移送有管辖权的法院或申请执行人撤回申请的;

(二)发现其他有管辖权的人民法院已经立案在先的;

(三)受托法院报经高级人民法院同意退回委托的。

第十九条 执行实施案件立案后,被执行人对仲裁裁决或公证债权文书提出不予执行申请,经人民法院审查,裁定不予执行的,以“不予执行”方式结案。

第二十条 执行实施案件立案后,经审查发现不符合《最高人民法院关于人民法院执行工作若干问题的规定(试行)》第18条规定的受理条件,裁定驳回申请的,以“驳回申请”方式结案。

第二十一条 执行财产保全裁定案件的结案方式包括:

(一)保全完毕,即保全事项全部实施完毕;

(二)部分保全,即因未查询到足额财产,致使保全事项未能全部实施完毕;

(三)无标的物可实施保全,即未查到财产可供保全。

第二十二条 恢复执行案件的结案方式包括:

(一)执行完毕;

(二)终结本次执行程序;

(三)终结执行。

第二十三条 下列案件不得作结案处理:

(一)人民法院裁定中止执行的;

(二)人民法院决定暂缓执行的;

(三)执行和解协议未全部履行完毕,且不符合本意见第十六条、第十七条规定终结本次执行程序、终结执行条件的。

第二十四条 执行异议案件的结案方式包括:

(一)准予撤回异议或申请,即异议人撤回异议或申请的;

(二)驳回异议或申请,即异议不成立或者案外人虽然对执行标的享有实体权利但不能阻止执行的;

(三)撤销相关执行行为、中止对执行标的的执行、不予执行、追加变更当事人,即异议成立的;

(四)部分撤销并变更执行行为、部分不予执行、部分追加变更当事人,即异议部分成立的;

(五)不能撤销、变更执行行为,即异议成立或部分成立,但不能撤销、变更执行行为的;

(六)移送其他人民法院管辖,即管辖权异议成立的。

执行异议案件应当制作裁定书,并送达当事人。法律、司法解释规定对执行异议案件可以口头裁定的,应当记入笔录。

第二十五条 执行复议案件的结案方式包括:

(一)准许撤回申请,即申请复议人撤回复议申请的;

(二)驳回复议申请,维持异议裁定,即异议裁定认定事实清楚,适用法律正确,复议理由不成立的;

(三)撤销或变更异议裁定,即异议裁定认定事实错误或者适用法律错误,复议理由成立的;

(四)查清事实后作出裁定,即异议裁定认定事实不清,证据不足的;

(五)撤销异议裁定,发回重新审查,即异议裁定遗漏异议请求或者异议裁定错误对案外人异议适用执行行为异议审查程序的。

人民法院对重新审查的案件作出裁定后,当事人申请复议的,上级人民法院不得再次发回重新审查。

执行复议案件应当制作裁定书,并送达当事人。法律、司法解释规定对执行复议案件可以口头裁定的,应当记入笔录。

第二十六条 执行监督案件的结案方式包括:

(一)准许撤回申请,即当事人撤回监督申请的;

(二)驳回申请,即监督申请不成立的;

(三)限期改正,即监督申请成立,指定执行法院在一定期限内改正的;

(四)撤销并改正,即监督申请成立,撤销执行法院的裁定直接改正的;

(五)提级执行,即监督申请成立,上级人民法院决定提级自行执行的;

(六)指定执行,即监督申请成立,上级人民法院决定指定其他法院执行的;

(七)其他,即其他可以报结的情形。

第二十七条 执行请示案件的结案方式包括:

(一)答复,即符合请示条件的;

(二)销案,即不符合请示条件的。

第二十八条 执行协调案件的结案方式包括:

(一)撤回协调请求,即执行争议法院自行协商一致,撤回协调请求的;

(二)协调解决,即经过协调,执行争议法院达成一致协调意见,将协调意见记入笔录或者向执行争议法院发出协调意见函的。

第二十九条 执行案件的立案、执行和结案情况应当及时、完整、真实、准确地录入全国法院执行案件信息管理系统。

第三十条 地方各级人民法院不能制定与法律、司法解释和本意见规定相抵触的执行案件立案、结案标准和结案方式。

违反法律、司法解释和本意见的规定立案、结案,或者在全国法院执行案件信息管理系统录入立案、结案情况时弄虚作假的,通报批评;造成严重后果或恶劣影响的,根据《人民法院工作人员纪律处分条例》追究相关领导和工作人员的责任。

第三十一条 各高级人民法院应当积极推进执行信息化建设,通过建立、健全辖区三级法院统一使用、切合实际、功能完备、科学有效的案件管理系统,加强对执行案件立、结案的管理。实现立、审、执案件信息三位一体的综合管理,实现对终结本次执行程序案件的单独管理,实现对恢复执行案件的动态管理,实现辖区的案件管理系统与全国法院执行案件信息管理系统的数据对接。

第三十二条 本意见自 2015 年 1 月 1 日起施行。

关于是否允许当事人变更法律关系性质进而变更诉讼请求以及变更的时间节点问题的答复

山东省高级人民法院：

你院《关于是否允许当事人在不同法律关系之间变更诉讼请求以及变更诉讼请求的时间节点问题的请示》（鲁高法[2013]159号）收悉。经研究，答复如下：

当事人一审中请求变更法律关系的性质，进而请求变更诉讼请求，人民法院是否允许以及允许变更的时间节点问题，《中华人民共和国民事诉讼法》和《最高人民法院关于适用〈中华人民共和国民事诉讼法〉的解释》均没有明确规定。你院在审理相关案件时，可以参照《最高人民法院关于民事诉讼证据的若干规定》第35条的规定精神予以处理。

此复。

最高人民法院

2015年6月29日

第四部分

商事审判指导案例

第三人撤销之诉中原告主体是否适格的裁判标准

康　靖　董立强

[裁判摘要]根据《中华人民共和国民事诉讼法》(以下简称《民事诉讼法》)第56条之规定,由人民法院通知第三人参加诉讼,只适用于无独立请求权的第三人,不适用于有独立请求权的第三人参加诉讼的情形。且即使对于无独立请求权的第三人,如果该第三人对诉讼非常清楚,对诉讼结果与其利害关系能够作出判断,其未参加诉讼的也应当视为有明显过错,不属于《最高人民法院关于适用〈中华人民共和国民事诉讼法〉的解释》以下简称《民事诉讼法解释》第295条"因不能归责于本人的事由未参加诉讼"的情形。此种情况下,第三人以法院未通知其参加诉讼为由提起的第三人撤销之诉不具备起诉条件。

原告:星誉化工(漳州)有限公司(以下简称"星誉公司")

法定代表人:陈怡如,董事长

被告:金猴国际控股有限公司(以下简称"金猴公司")

法定代表人:柳富林,董事长

被告:山东天宏新能源化工有限公司(以下简称"天宏公司")

诉讼代表人:山东天宏新能源化工有限公司管理人

第三人:山东高速物流集团有限公司(以下简称"高速物流公司")

法定代表人:孟祥罡,执行董事

星誉公司一审诉称:首先,根据《民事诉讼法》第56条第3款的规定,原告星誉公司有权提起诉讼,请求撤销鲁商初字[2014]第74号民事判决。

(1)原告星誉公司是存储于龙口滨港液体化工码头有限公司(以下简称"龙口滨港公司")的4.5万吨海航者号燃料油(7522.499吨V104,7528.269吨V303,27695.846吨V201)的真正所有权人。(2)鲁商初字[2014]第74号民事判决针对案涉货物的处理结果同原告星誉公司存在法律上的利害关系。《燃料油销售合同》签订后,原告星誉公司依据合同约定支付了货款,被告天宏公司尚有44214.555吨货物拒不配合完成装船。原告星誉公司依法申请仲裁,2014年10月8日,北京贸仲作出中国贸仲京裁字[2014]第865号《裁决书》,裁决被告天宏公司应向原告星誉公司交付44214.555吨燃料油至漳州古雷港等。在仲裁期间,由龙口市人民法院于2014年7月25日对案涉货物采取了保全查封措施。2014年11月8日,星誉公司向山东省烟台市中级人民法院申请强制执行,受理案号为烟执字[2014]第604号。2014年11月11日，烟台中院作出执行裁定，将案涉货物中的44214.555吨燃油交付星誉公司。因案外人即本案被告金猴公司、第三人高速物流公司就本执行案件向烟台中院提出执行异议而中止了执行程序。因此，案涉货物的所有权归属，关系到原告星誉公司能否通过法院强制执行取得该批货物所有权。(3)本案因有不能归责于原告星誉公司的事由未参加诉讼。金猴公司在2014年10月23日提起的确认所有权之诉，并未将星誉公司列为当事人或者第三人，法院也未通知星誉公司参加诉讼。(4)原告星誉公司提出第三人撤销之诉未超出法定期限。原告星誉公司无从参与鲁商初字[2014]第74号判决作出前的法院审理程序，直到2015年3月被告天宏公司告知此消息，并提供判决书，且告知未对此提起上诉。因此，原告星誉公司从知道自己权益受到侵害之日至今未超出法定的6个月期限。

其次，鲁商初字[2014]第74号民事判决认定事实错误。(1)2014年5月23日，被告天宏公司向被告金猴公司、被告金猴公司向高速物流公司分别出具两份《货物置换申请函》，称根据《石油产品购销合同》，买方应购买“双子座太阳”轮燃料油中的80645.16吨，现因买方提货需要，拟用2014年5月21日到达龙口港的“海航者”燃料油中的40000吨和2014年4月27日到达龙口港的“诺德湾”燃料油中的40645.16吨的货权替换原“双子座太阳”轮中的等量燃料油。(2)2014年5月26日，被告天宏公司向被告金猴公司、被告金猴公司向高速物流公司分别出具一份《货物置换申请函》，称根据《石油产品购销合同》，买方应购买“双子座太阳”轮燃料油中的40000吨和“诺德湾”燃料油中的40645.16吨，现因买方提货需要，拟用2014年5月21日到达龙口港的“海航者”燃料油中40645.16吨替换原“诺德湾”轮中的等量燃料油。该事实认定错误。(3)2014年5月23日～6月6日，被告天宏公司、被告金猴公司和高速物流公司分别向龙口滨港公司发送《货权转移证明》和《放货指令》，将“海航者”燃料油和“双子座太阳”燃料油进行等量置换，置换数量为80645.16吨。该事实认定错误。(4)被告金猴公司因代理进口“海航者”中的41791.4吨燃料油，为被告天宏公司垫付货款29976177.18美元，按照被告金猴公司提起本案诉讼之时2014年10月23日中国外汇交易中心公布的人民币汇率中间价6.1459计算，折合人民币184230587.33元。(5)“海航者”轮燃料油中的80645.16吨经货物置换变为高速物流公司所有并成为2014年1月27日高速物流公司与被告金猴公司、被告金猴公司与被告天宏公司之间《石油产品购销合同》项下买卖标的物后，被告天宏公司还应向被告金猴公司支付货款5.087亿元，以上两项合计应付692930587.33元。(6)被告天宏公司尚欠被告金猴公司200080587.33元。上述六项鲁商初字[2014]第74号民事判决均认定错误。

再次，鲁商初字[2014]第74号民事判决对被告天宏公司、被告金猴公司和第三人高速物流公司之间关于案涉燃料油的置换过程进行详解，得出案涉30000吨燃油货权属于被告金猴公司的结论也是错误的。

最后，鲁商初字[2014]第74号民事判决适用法律错误。(1)高速物流公司、被告金猴公司与被告天宏公司三方签订合同的真实目的是为了企业间的借贷融资。(2)2014年1月27日各方所签订的《石油产品购销合同》以及2014年5月20日签订的《代理进口合同》，从纯粹商业看存在诸多不合理之处，却符合名为循环贸易实为企业间融资的特征，参照最高人民法院2010年12月6日民提字[2010]第110号民事判决、2011年12月17日民提字[2011]第227号民事判决和2013年9月26日民再申字[2013]第15号民事判决，应为无效。(3)鲁商初字[2014]第74号民事判决认为"根据其交易习惯，货物所有权人向龙口滨港公司发送有将货权转让给他人意思表示的《货权转移证明》或者《放货指令》，即起到动产物权转移的法律后果"，适用法律有明显错误。

综上所述，鲁商初字[2014]第74号民事判决认定事实错误，适用法律错误，判决结果损害了原告星誉公司的合法利益，根据《民事诉讼法》第56条的规定应予以撤销。请求：(1)撤销山东省高级人民法院鲁商初字[2014]第74号民事判决书第一项关于"确认现储存于龙口滨港公司的"海航者"轮(2014年5月21日到港)45000吨燃料油中30000吨燃料油的货物所有权人为金猴公司"的内容；(2)确认现储存于龙口滨港公司的"海航者"轮(2014年5月21日到港)45000吨燃料油的所有权属于原告星誉公司；(3)由两被告金猴公司和天宏公司承担本案的全部诉讼费用。

金猴公司辩称：本案中，原告星誉公司诉请撤销鲁商初字[2014]第74号民事判决，不符合法定要件，依法应驳回其诉讼请求。

首先原告星誉公司明知被告金猴公司与被告天宏公司之间买卖合同纠纷(即2014鲁商初字[2014]第74号案件的诉争事项和开庭时间)，不存在因客观原因无法参加诉讼的情形，依法应驳回原告星誉公司的起诉。2014年12月5日，在烟台中院组织并由原告星誉公司、被告金猴公司、第三人高速物流公司参加的执行异议听证程序中，被告金猴公司提交了鲁商初字[2014]第74号案件的起诉状、案件受理通知书和开庭传票等相关资料。随后原告星誉公司向山东省高级人民法院提出书面异议，但未申请参加鲁商初字[2014]第74号案件的诉讼。2014年12月16日，山东省高级人民法院对金猴公司与天宏公司买卖合同纠纷公开开庭审理，并通过互联网对外直播，原告星誉公司派人旁听了庭审过程。因此，星誉公司诉请撤销已生效的民商初字[2014]第74号民事判决，不符合《民事诉讼法》第56条和《民事诉讼法》解释第295条"因不能归责于本人的事由未参加诉讼"的规定，依法应驳回起诉。

其次，民商初字[2014]第74号民事判决认定事实清楚，适用法律正确，判决结果公平合理，依法应驳回原告星誉公司的诉讼请求。

最后，本案之前原告星誉公司始终主张本案所涉30000吨燃料油为被告天宏公司所有，本次开庭又改称货物所有权归星誉公司所有，上述观点均不成立，依法不应支持。原告星誉公司虽与被告天宏公司签订了买卖合同并支付了货款，但因被告天宏公司未取得本案所涉"海航者"30000吨燃料油的所有权，当然也不可能交付给原告星誉公司。因被告天宏公司未按约交货，原告星誉公司向中国国际经济贸易仲裁委员会申请仲裁，请求裁决原告星誉公司享有被告天宏公司储存于龙口滨港公司的4.5万吨燃料油的所有权，并裁决被告天宏公司向其交付该4.5万吨燃料油，同时原告星誉公司又以涉案燃料油为被告天宏公司所有为由，通过申请龙口市人民法院查封该批燃料油。后，仲裁裁决被告天宏公司向原告星誉公司交付4.5万吨燃料油，驳回原告星誉公司要求确认涉案"海航者"燃料油为其所有的仲裁请求。原告星誉公司向烟台中院申请执行，要求执行涉案燃料油，被告金猴公司提出异议，烟台中院经组织听证撤销对涉案燃料油的执行裁定。原告星誉公司不服,向烟台中院提起执行异议之诉,要求确认涉案燃料油归被告天宏公司所有并许可继续执行,该案尚未作出判决。现原告星誉公司又以其为涉案货物所有权人为由,要求撤销法院对被告金猴公司与被告天宏公司之间因买卖合同纠纷作出的民商初字[2014]第74号民事判决,并再次要求法院确认其为涉案货物所有权人,违反“一事不再理”的基本原则,依法不应支持。

天宏公司未予答辩。

高速物流公司述称:原告星誉公司提起的撤销之诉,不符合第三人撤销之诉的法定起诉条件,应依法裁定驳回起诉。原告星誉公司因其本人的过错未参加鲁商初字[2014]第74号案件诉讼,依法不能对该案提起撤销之诉。同时,原告星誉公司主张的为普通债权,不适用第三人撤销之诉。该普通债权也没有因鲁商初字[2014]第74号民事判决而受到损害。

鲁商初字[2014]第74号民事判决内容完全正确。该案涉及的燃料油(“海航者”轮入库V104,7522.499吨;V303,7528.269吨;V201,29949.232吨)中,有15000吨货物为第三人高速物流公司所有,并非被告天宏公司的货物,更不属于原告星誉公司。原告星誉公司对涉案燃料油提出的主张,没有事实依据和法律依据,其诉讼请求不能成立。

山东省高级人民法院经审理查明:2014年7月22日,星誉公司向中国国际贸易仲裁委员会提出仲裁请求,请求裁决星誉公司享有天宏公司储存于龙口滨港公司中V104、V303、V201、V401油罐中44214.555吨燃料油的所有权,并请求裁决天宏公司向其交付等。2014年10月8日,中国国际贸易仲裁委员会作出中国贸仲京裁字[2014]第865号裁决,认为:星誉公司已经足额支付了全部燃料油的货款,先履行义务已经完成,天宏公司应该按照合同约定按时交付货物,所以星誉公司请求天宏公司交付44214.555吨燃料油,具有合同依据,应予支持。对于星誉公司请求确认天宏公司储存于龙口滨港公司4个油罐内的44214.555吨燃料油货物的所有权,因本案系买卖合同,在合同中双方并未对未交货物的所有权归属于星誉公司作出明确约定,双方也未对买卖标的物储存位置特定化及与同类货物区分标准特定化做出明确的约定,因此认定该批燃料油所有权归属并非双方履行买卖合同的前提,也不影响天宏公司履行买卖合同的交货义务,故对该项请求不予支持。最终裁决天宏公司向星誉公司交付44214.555吨燃料油,驳回星誉公司要求确认涉案燃料油为其所有的仲裁请求。

2014年10月23日,本院立案受理原告金猴公司与被告天宏公司、第三人高速物流公司买卖合同与所有权确认纠纷一案,案号为鲁商初字[2014]第74号。该案中,原告金猴公司请求:(1)确认储存于龙口滨港公司(以下简称“龙口滨港公司”)的4.5万吨海航者号燃料油(V104,7522.499吨;V303,7528.269吨;V201,29949.232吨)中的30000吨属于金猴公司所有;(2)解除金猴公司与天宏公司于2014年1月27日签订的《石油产品购销合同》中未履行部分的合同关系;(3)天宏公司赔偿金猴公司损失1.05亿元。本院于2014年12月16日公开开庭进行了审理,并于2014年12月26日判决:(1)确认现储存于龙口滨港公司的“海航者”轮(2014年5月21日到港)45000吨燃料油中30000吨燃料油的货物所有权人为原告金猴公司;(2)解除原告金猴公司与被告天宏公司于2014年1月27日签订的《石油产品购销合同》(合同编号:JH-HT-20140127)项下30000吨的燃料油买卖合同;(3)驳回原告金猴公司的其他诉讼请求。

2014 年 11 月 25 日,本院在审理鲁商初字[2014]第 74 号案件过程中,星誉公司向本院提交了《关于金猴公司确权之诉的异议书》,请求撤销确权之诉或驳回金猴公司的起诉,但并未请求参与鲁商初字[2014]第 74 号案件诉讼。

另查明:2015 年 8 月 10 日,山东省博兴县人民法院裁定受理天宏公司破产重整。

上述事实有《中国国际贸易仲裁委员会裁决书》《关于金猴公司确权之诉的异议书》《博兴县法院民事裁定书》予以证实与本案庭审笔录一并在卷佐证。

山东省高级人民法院认为:根据《民事诉讼法》第 56 条"对当事人双方的诉讼标的,第三人认为有独立请求权的,有权提起诉讼。对当事人双方的诉讼标的,第三人虽然没有独立请求权,但案件处理结果同他有法律上的利害关系的,可以申请参加诉讼,或者由人民法院通知他参加诉讼。人民法院判决承担民事责任的第三人,有当事人的诉讼权利义务。前两款规定的第三人,因不能归责于本人的事由未参加诉讼,但有证据证明发生法律效力的判决、裁定、调解书的部分或者全部内容错误,损害其民事权益的,可以自知道或者应当知道其民事权益受到损害之日起六个月内,向作出该判决、裁定、调解书的人民法院提起诉讼。人民法院经审理,诉讼请求成立的,应当改变或者撤销原判决、裁定、调解书;诉讼请求不成立的,驳回诉讼请求"和《民事诉讼法解释》第 292 条"第三人对已经发生法律效力的判决、裁定、调解书提起撤销之诉的,应当自知道或者应当知道其民事权益受到损害之日起六个月内,向作出生效判决、裁定、调解书的人民法院提出,并应当提供存在下列情形的证据材料:(一)因不能归责于本人的事由未参加诉讼;(二)发生法律效力的判决、裁定、调解书的全部或者部分内容错误;(三)发生法律效力的判决、裁定、调解书内容错误损害其民事权益"之规定,因不能归责于第三人本人的事由而未参加诉讼是第三人提起撤销权之诉的前提条件。

《民事诉讼法解释》第 295 条进一步规定:"《民事诉讼法》第 56 条第 3 款规定的因不能归责于本人的事由未参加诉讼,是指没有被列为生效判决、裁定、调解书当事人,且无过错或者无明显过错的情形。包括:(一)不知道诉讼而未参加的;(二)申请参加未获准许的;(三)知道诉讼,但因客观原因无法参加的;(四)因其他不能归责于本人的事由未参加诉讼的。"

本案中,原告星誉公司以在本院鲁商初字[2014]第 74 号案件中金猴公司并未将星誉公司列为当事人或者第三人,本院也未通知星誉公司参加诉讼为由,主张本案归责原告星誉公司未参加诉讼不能成立。因为根据《民事诉讼法》第 56 条之规定,由人民法院通知第三人参加诉讼,只适用于无独立请求权的第三人,不适用于有独立请求权的第三人参加诉讼的情形。且即使对于无独立请求权的第三人,如果该第三人对诉讼非常清楚,对诉讼结果与其利害关系能够作出判断,其未参加诉讼的也应当视为有明显过错。该第三人以法院未通知其参加诉讼为由主张没有过错,不能成立。在 2015 年 12 月 16 日鲁商初字[2014]第 74 号案件庭审之前,星誉公司即向本院提交了《关于金猴公司确权之诉的异议书》,请求撤销确权之诉或驳回起诉,但并未请求参与该案诉讼。因此,原告星誉公司知悉鲁商初字[2014]第 74 号案件进程而未申请参加诉讼,有明显过错,不属于"因不能归责于本人的事由未参加诉讼"的情形。

综上,原告星誉公司提起的第三人撤销之诉不具备起诉条件,依照《民事诉讼法》第56条、第119条、第154条第1款第3项及《民事诉讼法解释》第292条、第295条之规定,裁定如下:驳回原告星誉化工(漳州)有限公司的起诉。如不服本裁定,可在裁定书送达之日起10日内,向本院递交上诉状,并按对方当事人的人数提出副本,上诉于最高人民法院。

上诉人星誉公司不服原审裁定,上诉称:首先,一审法院认定事实错误。一审法院认为星誉公司知悉鲁商初字[2014]第74号案件进程而未申请参加诉讼有过错,不属于“因不能归责于本人的事由未参加诉讼”的情形,一审法院对该事实认定错误。其次,一审法院适用法律错误。星誉公司未参加鲁商初字[2014]第74号案件的诉讼程序中,有不能归责于本人的事由未能参加诉讼,应当适用《最高人民法院关于适用〈中华人民共和国民诉讼法〉的解释》第295条第4项关于“因其他不能归责于本人的事由未参加诉讼的”的情形。

被上诉人金猴公司答辩称:星誉公司的上诉理由均不能成立,依法应驳回其上诉请求,维持原审裁定。理由如下:(1)星誉公司明知金猴公司与天宏公司之间买卖合同纠纷暨鲁商初字[2014]第74号案件的诉争事项和开庭时间,不存在因客观原因或其他不能归责于本人的事由未参加诉讼的情形,不具备提起本案撤销之诉的前提条件,一审裁定驳回星誉公司的起诉是正确的。(2)星誉公司以有独立请求权的第三人身份提起本案诉讼,违背“一事不再理”的民事诉讼基本原则,原审裁定驳回起诉也是正确的。综上,请求依法应驳回星誉公司上诉请求,维持原审裁定。

一审第三人高速物流公司答辩称:(1)星誉公司向一审法院提起的第三人撤销之诉,不符合第三人撤销之诉的法定起诉条件。一审法院裁定驳回星誉公司的起诉,认定事实清楚,适用法律正确,结果完全正确。星誉公司的上诉理由不能成立。(2)鲁商初字[2014]第74号民事判决内容完全正确。该案涉及的燃料油(“海航者”轮入库V104,7522.499吨;V303,7528.269吨;V201,29949.232吨)中,有15000吨货物为高速物流公司所有,并非天宏公司的货物,更不属于星誉公司。星誉公司对涉案燃料油提出的主张,没有事实和法律依据,不能成立。请二审法院驳回上诉,维持原裁定。

最高人民法院认为:本案是第三人撤销之诉纠纷,本案的争议焦点是星誉公司提起第三人撤销之诉能否得到支持的问题。

星誉公司是提起第三人撤销之诉的主体。在确定提起第三人撤销之诉的主体资格时,除了要按照《民事诉讼法》第56条第1款、第2款规定判断第三人外,还要结合《民事诉讼法》第56条第3款规定的实体要件来判断,即生效判决、裁定、调解书的内容是否也损害到其他民事权益。如果没有损害其合法权益,则当然不能提起第三人撤销之诉。如果损害民事权益,再判断其是否《符合民事诉讼法》第56条规定的第三人条件,符合的则属于第三人撤销之诉的合格原告。结合上述条件,可以判断星誉公司是提起本案第三人撤销之诉的主体。

星誉公司因其自己过错而未参加鲁商初字[2014]第74号案的诉讼,视为星誉公司行使处分权的结果,依法不能提起撤销之诉。提起诉讼或者参加诉讼的第三人,在诉讼中依法享有诉讼权利承担诉讼义务。进入诉讼后,第三人就成为案件的当事人,即使其在诉讼中放弃自己的诉讼权利，未实际参与诉讼过程，也不能认为其未参加诉讼。第三人未参加诉讼是指没有成为前一诉讼的第三人，而不是指第三人未实际参与诉讼的过程。本案星誉公司是未参加鲁商初字[2014]第74号案件的诉讼，而不是参加诉讼的第三人。本院《关于适用〈中华人民共和国民事诉讼法〉的解释》第292条、第295条对《民事诉讼法》第56条第3款规定的因不能归责于本人的事由而未参加诉讼的解释，即第三人未参加诉讼没有明显的过错。本案中，星誉公司提出其未参加诉讼是因为法院未通知星誉公司作为第三人参加诉讼，其自身并无过错。但由法院通知第三人参加诉讼，只适用无独立请求权第三人，并不适用有独立请求权第三人参加诉讼情形。故有独立请求权第三人以此为由证明其无过错，不能成立。无独立请求权的第三人参加诉讼，可以由法院通知其参加诉讼，也可以申请参加诉讼，仅以法院未通知其参加诉讼为由即认定其无过错不妥当。换言之，星誉公司作为无独立请求权的第三人在法院未通知其参加诉讼时，可以作为其无过错的初步标准，同时还要看星誉公司对诉讼的了解情况及其参加诉讼的必要性。星誉公司在法院审理鲁商初字[2014]第74号案件过程中，提出书面异议，可以证明星誉公司不仅对鲁商初字[2014]第74号案件的诉讼非常清楚，而且星誉公司能够判断该诉讼结果与其有利害关系，但是星誉公司仍未参加诉讼，应当视为星誉公司有明显过错。一审法院认定星誉公司提起的第三人撤销之诉不具备起诉条件，并无不当。

综上，上诉人星誉公司的上诉理由不能成立。依照《民事诉讼法》第170条第1款第1项、第171条、第175条之规定，裁定如下：驳回上诉，维持原裁定。本裁定为终审裁定。

（作者单位：山东省高级人民法院民二庭）

转让票据权利的行为是否因票据被公示催告而无效

郑元文

[裁判摘要]根据《民事诉讼法》第 220 条第 2 款“公示催告期间，转让票据权利的行为无效”的规定，当事人依法转让票据权利的行为不应因事后的公示催告而被确认无效，票据除权判决的不利后果亦不应由票据权利转让人承担。

原告：山东钢铁股份有限公司莱芜分公司（以下简称“山钢莱芜分公司”）

代表人：罗登武，总经理

被告：山东省莱芜市钢城汶源经贸有限公司（以下简称“汶源经贸公司”）

法定代表人：李加振，经理

山钢莱芜分公司一审诉称：2011 年 9 月 6 日，山钢莱芜分公司因销售钢材从汶源经贸公司背书受让一张 300 万元的银行承兑汇票（出票人寿光市中兴塑料有限公司，收款人寿光市恒信化工有限公司，付款行山东寿光农村商业银行，票号 4020005220082186，出票日期 2011 年 8 月 19 日，到期日 2012 年 2 月 19 日），并于 9 月 8 日将该汇票背书转让给新汶矿业集团有限责任公司，该汇票最后持票人为北京中纺锐利机电有限公司。北京中纺锐利机电有限公司在汇票到期委托银行托收时，付款行以“该汇票已于 2012 年 2 月 13 日被寿光市人民法院作出寿商催字[2011]第 42 号民事判决书判决该汇票无效”为由拒付。北京中纺锐利机电有限公司以买卖合同纠纷起诉徐州中矿美机采掘设备新技术有限公司，徐州中矿美机采掘设备新技术有限公司败诉并支付货款后起诉新汶矿业集团物资供销有限责任公司，而新汶矿业集团物资供销有限责任公司又向新汶矿业集团有限责任公司进行追偿。2013 年 9 月 26 日，新汶矿业集团有限责任公司支付货款后又按照基础关系向泰安仲裁委员会申请仲裁，仲裁委裁决莱芜钢铁股份有限公司支付货款 300 万元，并按中国人民银行同期贷款利率支付利息。2014 年 6 月 16 日，莱芜市中级人民法院执行莱芜钢铁股份有限公司银行存款 3227500.35 元用于支付货款。2012 年 2 月 27 日，莱芜钢铁股份有限公司被济南钢铁股份有限公司吸收合并，并更名为山东钢铁股份有限公司，同时成立山钢莱芜分公司，原莱芜钢铁股份有限公司的债权和债务由山钢莱芜分公司承继，故该票据权利由山钢莱芜分公司依法享有。山钢莱芜分公司按照基础关系提起诉讼，请求判令：(1)汶源经贸公司支付 3227500.35 元及逾期利息（利息自 2014 年 6 月 16

日至判决之日）；(2)本案诉讼费由汶源经贸公司承担。

汶源经贸公司一审辩称：山钢莱芜分公司的起诉缺乏事实和法律依据，依法应当予以驳回。首先对于山钢莱芜分公司所起诉的票据流转过程以及双方之间订立合同的事实无异议。(1)山钢莱芜分公司的诉讼请求不明确。法院确认本案案由是买卖合同纠纷，但山钢莱芜分公司诉讼请求第一项没有明确其要求支付款项是货款还是合同损失。(2)双方所订立的《钢材买卖合同》合法有效。汶源经贸公司依约履行合同义务，支付了钢材款项，不存在违约或未付款项的事实。(3)山钢莱芜分公司不是涉案票据的实际持票人。根据《民事诉讼法》及《票据法》的相关规定，涉案票据的实际持票人是北京中纺锐利机电有限公司，山钢莱芜分公司现以实际持票人的身份提起诉讼没有法律依据。(4)涉案票据被除权的原因是利害关系人在公示催告期间没有向人民法院申报票据权利，其责任在于实际持票人而不是汶源经贸公司，对于涉案票据被除权后所带来的各当事人的损失，不应当由汶源经贸公司来承担。

莱芜市中级人民法院经审理查明：

第一，票据流转及除权判决的相关事实。

2010年12月12日，山钢莱芜分公司与汶源经贸公司签订《产品销售合同》，由汶源经贸公司购买山钢莱芜分公司热轧带肋钢筋52000吨。2011年9月6日，汶源经贸公司背书转让给山钢莱芜分公司银行承兑汇票一张，用于支付钢筋款。该汇票出票人为寿光市中兴塑料有限公司，收款人为寿光市恒信化工有限公司，付款行为山东寿光农村商业银行，票号为4020005220082186，票面金额为300万元，出票日期为2011年8月19日，到期日为2012年2月19日。

该承兑汇票流转情况：寿光市中兴塑料有限公司—寿光市恒信化工有限公司—山东济原钢铁贸易有限公司—潍坊特钢集团有限公司—冀中能源峰峰集团邯郸物流有限公司—山东省莱芜市钢城汶源经贸有限公司—2011年9月6日背书转让给山钢莱芜分公司—2011年9月8日背书转让给新汶矿业集团有限责任公司—新汶矿业集团物资供销有限责任公司—徐州中矿美机采掘设备新技术有限公司—2011年9月28日背书转让给北京中纺锐利机电有限公司。

2011年12月10日，寿光市人民法院受理邯郸市盛隆洗选有限责任公司对票号4020005220082186的承兑汇票公示催告申请。2012年2月13日，寿光市人民法院作出寿商催字[2011]第42号民事判决书，判决：(1)申请人邯郸市盛隆洗选有限责任公司遗失的山东寿光农村商业银行出具的汇票号码为4020005220082186，票面金额为300万元，出票人为寿光中兴公司，收款人为寿光恒信公司的银行承兑汇票无效；(2)自判决公告之日起，邯郸市盛隆洗选有限责任公司对上述款项有权请求支付。2012年2月20日，寿光农村商业银行将本案涉案银行承兑汇票项下的300万元支付给邯郸市盛隆洗选有限责任公司。

2011年9月28日前，北京中纺锐利机电有限公司与徐州中矿美机采掘设备新技术有限公司签订多份工业品买卖合同。2011年9月28日，徐州中矿美机采掘设备新技术有限公司为履行合同付款义务，将4020005220082186号承兑汇票背书转让给北京中纺锐利机电有限公司。

北京中纺锐利机电有限公司通过银行托收该票款时，付款行拒付，拒付理由如下："该银行承兑汇票已依据寿光市人民法院作出的寿商催字[2011]第42号《民事判决书》于2012年2月20日解付。该票于2011年11月25日办理挂失，当日法院通知我行止付。2011年12月10日法院作出公示催告，2012年2月13日出具除权判决并于2月15日送达我行。我行于2月15日出具退票理由书。按规定该票据不能流通故原件存放于我行。"

第二，票据基础关系诉讼的相关事实。

北京中纺锐利机电有限公司以买卖合同纠纷为由向寿光市人民法院起诉徐州中矿美机采掘设备新技术有限公司。寿光市人民法院作出寿光商初[2012]字第520号民事判决书，判决徐州中矿美机采掘设备新技术有限公司于判决生效之日起10日内支付货款300万元，并按中国人民银行规定的同期企业流动贷款利率支付自2012年2月21日至判决确定的给付之日止的利息。徐州中矿美机采掘设备新技术有限公司不服该一审判决，向潍坊市中级人民法院提出上诉。潍坊市中级人民法院以潍商终字[2012]第813号民事判决驳回上诉，维持原判。

徐州中矿美机采掘设备新技术有限公司败诉并支付北京中纺锐利机电有限公司相关款项后，又以买卖合同纠纷为由，向泰安市中级人民法院起诉新汶矿业集团物资供销有限责任公司。经法院主持，双方达成调解协议，泰安市中级人民法院作出泰商初字[2013]第36号民事调解书，由新汶矿业集团物资供销有限责任公司偿还徐州中矿美机采掘设备新技术有限公司300万元。

调解书生效后，新汶矿业集团物资供销有限责任公司向新汶矿业集团有限责任公司追偿汇票300万元，新汶矿业集团有限责任公司支付300万元票款。

2013年9月26日，新汶矿业集团有限责任公司支付货款后又以买卖合同纠纷为由，以山钢莱芜分公司为被申请人，向泰安仲裁委员会申请仲裁。2014年1月20日，泰安仲裁委裁决山钢莱芜分公司支付货款300万元，并按中国人民银行同期贷款利率支付利息。2014年6月16日，莱芜市中级人民法院执行山钢莱芜分公司银行存款3227500.35元用于支付新汶矿业集团有限责任公司货款及相关损失。

2013年7月24日，双方签订股权质押合同，汶源经贸公司自愿以其在莱商银行的325万股票质押给山钢莱芜分公司，对山钢莱芜分公司因支付货款涉及的300万元承兑汇票被除权导致的经济损失进行担保。

第三，山钢莱芜分公司设立的相关事实。

根据中国证券监督管理委员会及山东省国有资产管理委员会批复，济南钢铁股份有限公司换股吸收合并莱芜钢铁股份有限公司，暨发行股份购买资产的重组事项于2012年2月27日经山东省工商行政管理局登记核准，济南钢铁股份有限公司同时更名为山东钢铁股份有限公司。同日，莱芜钢铁股份有限公司在山东省工商行政管理局办理了注销登记手续。经山东钢铁股份有限公司决定，经莱芜市工商行政管理局核准于2012年2月27日设立山钢莱芜分公司，莱芜钢铁股份有限公司的权利义务由山钢莱芜分公司承继。

莱芜市中级人民法院认为：本案争议的焦点，一是山钢莱芜分公司是否有权因票据基础关系对汶源经贸公司提起诉讼；二是山钢莱芜分公司主张汶源经贸公司支付款项的性质，汶源经贸公司是否应承担付款义务；三是山钢莱芜分公司主张利息的法律依据及计算方式。

关于第一个问题，即山钢莱芜分公司是否有权因票据基础关系对汶源经贸公司提起诉讼。

莱芜市中级人民法院认为，山钢莱芜分公司在签订买卖合同时，合同约定可以以票据进行结算，由此发生两种法律行为：一是缔约行为，二是票据行为。这两种行为分别产生了两种法律关系。前者是因双方缔约行为而产生的合同关系；后者是因票据行为而产生的票据关系，其中合同关系是票据关系的基础法律关系。当后手的付款请求权无法实现时，其既可以依票据关系向背书人主张票据追索权，也可以依票据基础关系，以合同当事人的身份要求对方当事人承担违约责任。

涉案承兑汇票于2012年2月13日被寿光市人民法院作出除权判决后，自除权判决公告之日起即丧失效力，持票人北京中纺锐利机电有限公司即丧失票据权利，使原来结合于票据中的权利人从票据中分离出来，公示催告申请人即有权依据除权判决请求票据付款人付款。但是，持票人丧失票据权利，并不意味基础权利丧失，其有权依据基础合同主张民事权利。

自北京中纺锐利机电有限公司提起诉讼，徐州中矿美机采掘设备新技术有限公司、新汶矿业集团物资供销有限责任公司、新汶矿业集团有限责任公司、山钢莱芜分公司先后因票据基础关系纠纷参与诉讼或仲裁，并全部承担民事责任。山钢莱芜分公司于2014年6月16日因法院扣划承担支付货款的责任。以上案件当事人并非主张的是票据权利，在基础关系之诉中不以被背书人将票据交还背书人为要件，所以山钢莱芜分公司有权提起买卖合同之诉。

关于第二个问题，即山钢莱芜分公司主张汶源经贸公司支付款项的性质，汶源经贸公司是否应承担付款义务。

莱芜市中级人民法院认为，根据山钢莱芜分公司提供的证据，可以证实其向汶源经贸公司主张的买卖合同欠款，即以基础关系主张的货款。双方签订的买卖合同是双方当事人的真实意思表示，内容不违背法律规定，合同合法有效。双方应按合同履行义务，合同约定的结算方式为现汇或承兑结算，双方以承兑汇票结算符合法律及合同的约定。但因涉案票据被寿光市人民法院作出除权判决，持票人北京中纺锐利机电有限公司丧失票据权利，其选择以票据基础关系主张其合法权利依法有据。涉案票据中的当事人根据票据背书顺序由被背书人向前手依次以基础关系纠纷提起诉讼或仲裁，合同相对人依次承担民事责任并无不当。山钢莱芜分公司因仲裁委裁决向新汶矿业集团有限责任公司承担支付货款的责任，涉案票据被判决除权导致山钢莱芜分公司未能实现其与汶源经贸公司之间买卖合同的货款，汶源经贸公司以票据结算行为无效，山钢莱芜分公司要求汶源经贸公司支付钢筋款3227500.35元的诉讼请求，合法有据，予以支持。

关于第三个问题，即山钢莱芜分公司主张利息的法律依据及计算方式。

莱芜市中级人民法院认为，双方签订的买卖合同对于利息无约定，但山钢莱芜分公司于2014年6月16日因法院执行承担3227500.35元货款，其主张自执行之日起要求汶源经贸公司承担利息并无不当，但应以中国人民银行同期贷款利率计付利息。

综上,根据《合同法》第 60 条、第 107 条之规定,判决如下:汶源经贸公司于判决生效之日起 10 日内向山钢莱芜分公司支付货款 3227500.35 元及利息(自 2014 年 6 月 16 日起,按照中国人民银行规定的企业同期流动资金贷款利率计息,计算至判决生效之日止)。如逾期不履行,应当依照《民事诉讼法》第 253 条之规定,加倍支付迟延履行期间的债务利息。案件受理费 32620 元,由汶源经贸公司负担。

上诉人汶源经贸公司不服原审判决,上诉称:第一,原审法院判决的核心观点是山钢莱芜分公司有权依票据基础关系要求支付货款,汶源经贸公司已经支付的票据无效。原审法院的判决理由没有法律依据。

第二,依据现有的票据被除权后的救济法律规定,山钢莱芜分公司无权向汶源经贸公司主张民事权利。(1)涉案票据公示催告程序中的利害关系人为北京中纺锐利机电有限公司,北京中纺锐利机电有限公司可以根据《民事诉讼法》第 223 条的规定向作出除权判决的法院提起票据纠纷诉讼,但北京中纺锐利机电有限公司放弃了上述权利。(2)汶源经贸公司取得争议票据不是在公示催告期间,也支付了合理对价,票据背书连续,汶源经贸公司与山钢莱芜分公司之间的票据转让亦合法有效,应当受到法律保护。(3)导致票据除权的原因在于持票人北京中纺锐利机电有限公司未及时申报权利,其自身存在过错,应当视同前手已经完成付款义务,所以应驳回持票人重新付款的请求。

第三,原审法院对货款数额的判决没有法律依据。合同中货款的数额为 300 万元,原审法院判决货款 3227500.35 元没有依据,其中的 227500.35 元损失与汶源经贸公司无关,汶源经贸公司没有义务承担。

为此,请求如下:撤销原审判决,驳回山钢莱芜分公司的诉讼请求。

被上诉人山钢莱芜分公司二审答辩称:第一,我国票据的流转并非绝对的无因性,而是相对的。票据作为支付工具时,合同关系中的债务不因票据转让而绝对消灭,合同之债和票据债务同时存在,只有当最后持票人北京中纺锐利机电有限公司实现票据权利后,所有前手之间的合同之债才彻底消灭。现实情况是北京中纺锐利机电有限公司的票据权利因除权而没有实现,才发生了以基础关系逐步向前手追偿的系列合同纠纷,包括山钢莱芜分公司以基础关系向汶源经贸公司追偿。汶源经贸公司重新支付货款,于法于理都是正确的。

第二,山钢莱芜分公司因涉案票据造成的损失应当由汶源经贸公司承担。山钢莱芜分公司与新汶矿业集团有限责任公司因涉案票据引发仲裁纠纷时,立即通知了汶源经贸公司,并与汶源经贸公司达成质押协议,汶源经贸公司自愿承担因涉案票据造成的一切损失。仲裁败诉后,山钢莱芜分公司被法院执行划走银行存款 3227500.35 元,其中包括 300 万元货款、仲裁费 26102 元、执行费用及利息 201398.35 元。山钢莱芜分公司因处理汶源经贸公司交付的票据而产生的损失应当由汶源经贸公司承担。

二审审理查明的事实与原审一致。

山东省高级人民法院认为:本案二审争议焦点问题是汶源经贸公司是否应当支付给山钢莱芜分公司货款 3227500.35 元。

第一,涉案汇票被公示催告和被判决除权的不利后果,不应由汶源经贸公司承担。根据《民事诉讼法》第 221 条、第 223 条的规定,对案外人邯郸市盛隆洗选有限责任公司申请的公示催告和寿光市人民法院作出的除权判决，利害关系人应当在公示催告期间向人民法院申报权利，因正当理由不能在判决前向人民法院申报的，自知道或应当知道判决公告之日起一年内，可以向作出判决的寿光市人民法院起诉，从而确定利害关系人是否享有票据权利。但是，山钢莱芜分公司及其之后的利害关系人均没有申报权利，亦没有提起相应的诉讼。山钢莱芜分公司没有提供证据证明汶源经贸公司转让涉案汇票存在瑕疵的情况下，在涉案汇票被公示催告和除权判决后，没有按法律规定对自己合法权益进行救济的不利后果，不应由汶源经贸公司承担。山钢莱芜分公司是否将涉案票款退还后手及其本身有无过错，均不影响对汶源经贸公司在本案中是否承担责任的法律判断。

第二，汶源经贸公司和山钢莱芜分公司之间转让涉案银行承兑汇票的行为，不因该张汇票被判决除权而无效。《民事诉讼法》第 220 条第 2 款规定："公示催告期间，转让票据权利的行为无效。"据此判断，转让票据权利的时间是否发生在公示催告期之内直接影响到票据转让行为有效与否。本案中，汶源经贸公司以银行承兑汇票方式向山钢莱芜分公司支付 300 万元货款的时间是 2011 年 9 月 6 日，而该张银行承兑汇票因案外人邯郸市盛隆洗选有限责任公司申请而被公示催告的时间是 2011 年 12 月 10 日，并于 2012 年 2 月 13 日被判决除权。由此可见，汶源经贸公司向山钢莱芜分公司转让涉案汇票的行为发生在公示催告之前，双方当事人亦未提供证据证明存在影响转让票据权利效力的情形，所以，该转让票据权利的行为合法有效。虽然此后该张汇票因案外人申请公示催告而被宣告无效，但是除权判决仅仅导致持票人丧失票据权利，并不能据此否定公示催告以前的所有票据转让行为的效力。因此，汶源经贸公司以银行承兑汇票方式向山钢莱芜分公司支付 300 万元货款的行为，不存在其他影响转让票据权利效力的情形之下，山钢莱芜分公司仅以该张汇票被判决除权而认为汶源经贸公司支付货款的行为无效的主张，不能成立。

综上，原审法院认定事实清楚，但以涉案汇票被判决除权导致山钢莱芜分公司未能实现货款利益而认定汶源经贸公司以票据方式结算货款无效，属于适用法律错误，予以纠正。依照《民事诉讼法》第 170 条第 1 款第 2 项之规定，判决：(1)撤销山东省莱芜市中级人民法院莱中商初字[2014]第 108 号民事判决；(2)驳回山东钢铁股份有限公司莱芜分公司的诉讼请求。一审案件受理费 32620 元，二审案件受理费 32620 元，均由山东钢铁股份有限公司莱芜分公司负担。

（作者单位：山东省高级人民法院民二庭）

非金融机构受让生效法律文书确定的金融不良债权能否在执行程序中向国有企业债务人主张受让日之后发生的迟延履行利息

王爱华

[裁判摘要]2009 年 1 月 1 日起实施的《最高人民法院关于适用〈中华人民共和国民事诉讼法〉执行程序若干问题的解释》第 26 条对执行分配方案异议之诉进行了规定，对该类案件的审理范围应包括分配方案中确定的被执行人的财产是否不足清偿全部债务、各债权人的债权是否存在、数额多少、受偿顺序问题。对非金融机构受让已经生效法律文书确定的金融不良债权，能否在执行程序中向国有企业债务人主张受让日之后发生的迟延履行利息，根据平等保护原则，可参照最高人民法院执他字[2013]第 4 号《答复》处理，即：2009 年 3 月 30 日《关于审理涉及金融不良债权转让案件工作座谈会纪要》（以下简称《纪要》）发布前，非金融资产管理公司的机构或个人受让经生效法律文书确定的金融不良债权，或受让的金融不良债权经生效法律文书确定的，发布日之前的利息按相关法律规定计算；发布日之后不再计付利息。《纪要》发布后，非金融资产管理公司的机构或个人受让经生效法律文书确定的金融不良债权的，受让日之前的利息按相关法律规定计算；受让日之后不再计付利息。

原告：济南世纪凯悦房产经纪有限公司（以下简称"凯悦公司"）

被告：济南纺织发展总公司（以下简称"纺织公司"）

被告：山东弘大投资有限公司（以下简称"弘大公司"）

被告：济南八方锦纶集团有限公司（以下简称"八方公司"）

原告凯悦公司因与被告纺织公司、弘大公司、八方公司执行分配方案异议之诉一案，向济南市中级人民法院提起诉讼。

原告凯悦公司一审诉称：青岛泓海投资有限公司（以下简称"泓海公司"）与八方公司借款合同纠纷一案执行中，凯悦公司于 2012 年 12 月 1 日取得对八方公司债权，依照凯悦公司申请，变更凯悦公司为济中法执字[2003]第 209-1 号申请执行人。执行法院于 2013 年 10 月 10 日下达了执行分配方案，凯悦公司提出书面异议，执行法院送达纺织公司、弘大公司、八方公司后，三方均提出反对意见，依照法律规定，提起本案诉讼，请求依法撤销执行分配方案。

被告纺织公司一审辩称：(1)凯悦公司的起诉不符合《民事诉讼法》第119条规定的起诉条件，即其诉讼请求不具体、明确。凯悦公司没有明确法院撤销执行分配方案后如何处理。《最高人民法院关于适用民事诉讼法执行程序若干问题的解释》第26条第3款规定，异议人提出诉讼后，还可以进行分配，执行法院应当将争议债权数额相应的款项予以提存。因此，凯悦公司的诉讼请求应当具体到其认为法院应当分配给其多少钱，而不能仅仅是撤销执行分配方案。撤销执行分配方案后，各方的纠纷还未得到解决。(2)凯悦公司缴纳的诉讼费不符合规定。其应当按照争议的数额来缴纳诉讼费。

被告弘大公司一审辩称：(1)同意纺织公司的答辩意见。(2)即使凯悦公司的起诉符合起诉条件，其诉讼请求也无事实和法律依据，请求驳回凯悦公司的诉讼请求。

被告八方公司一审辩称：(1)同意纺织公司和弘大公司的答辩意见。(2)执行分配方案适用法律正确，证据充分，应予维持。

济南市中级人民法院审理查明：第一，参与分配的债权情况。

2003年6月30日，该院作出济民四初字[2003]第65号民事判决，判决八方公司于该判决生效后10日内清偿中国东方资产管理公司青岛办事处(以下简称“东方资产青岛办”)借款本金532870.13美元，利息344636.6美元(利息计至2002年3月21日，此后至判决生效之日的利息按中国人民银行外汇贷款有关规定另行计付)。案件受理费人民币45987元，财产保全费人民币18020元，合计人民币64007元，由八方公司承担。此后，东方资产青岛办依据该判决申请执行，执行案号为济中法执字[2003]第209号。2004年12月23日，根据东方资产青岛办申请，该院对济民四初字[2003]第65号民事判决中止执行。2009年9月16日，根据青岛泓海投资有限公司(以下简称“泓海公司”)的申请，该院裁定变更其为该案的申请执行人。此前，东方资产青岛办于2005年11月4日将该案债权转让给青岛创丰实业有限公司(以下简称“创丰公司”)并于2005年12月27日在《大众日报》发布了《转让债权公告》。2006年1月30日，创丰公司将该案债权转让给泓海公司，在2006年3月15日以催收函形式告知八方公司。2012年12月1日，泓海公司将该案债权转让给凯悦公司。2012年12月31日，根据凯悦公司申请及其提供的其与泓海公司的债权转让合同、债权转让通知书，该院依法裁定变更凯悦公司为该案的申请执行人。2012年3月27日，该院在该执行案件中查封了位于济南市化纤厂路2、4号的土地。2012年4月11日，该院解除对八方公司位于济南市化纤厂路2、4号面积分别为7816.5平方米、10509平方米的土地使用权并同时冻结了八方公司位于济南市化纤厂路4号院三宗土地及位于济南市化纤厂路2号面积为7816.5平方米土地收储收益款。

2012年3月16日，济南仲裁委员会作出了济仲裁字[2012]第87号调解书，调解协议内容为：(1)经财务核实，八方公司对所欠纺织公司垫付的资金人民币9826011.42元予以确认，没有异议；(2)八方公司于2012年3月19日之前，以资产变现一次性偿还所欠纺织公司上述全部垫付款项；(3)本案仲裁费用45059元，由八方公司承担；(4)双方同意对本案争议的有关事实及理由在调解书中不作表述。后纺织公司申请执行，案号为济中法执字[2012]第85号。该案进入执行程序后，以和解形式结案。2012年4月9日，根据申请执行人纺织公司的申请，该院轮候查封八方公司位于济南市化纤厂路2号面积为7816.5平方米的土地使用权。2012年11月29日，根据纺织公司的申请，该院解除对上述土地使用权的查封，同时冻结该宗土地使用权 1200 万元的土地收储收益款。

2012 年 11 月 12 日，济南仲裁委作出济仲裁字[2012]第 802 号调解书，调解协议内容为：(1)经财务核实，八方公司对所欠纺织公司垫付的资金人民币 35516986.22 元予以确认，没有异议；(2)八方公司于 2012 年 11 月 13 日之前，以资产变现一次性偿还所欠纺织公司上述全部垫付款项；(3)本案仲裁费用 106980 元，由八方公司承担；(4)双方同意对本案争议的有关事实及理由在调解书中不作表述。后纺织公司申请执行，执行案号为济中法执字[2012]第 387 号。2012 年 11 月 26 日，根据纺织公司的申请，冻结八方公司位于济南市化纤厂路 2 号面积 7816.5 平方米土地 3700 万元的土地收储收益款。

济南仲裁委员会作出济仲裁字[2011]第 458 号调解书，调解协议内容为：(1)八方公司对上述借款分三期向弘大公司清偿，具体还款期限及金额为：八方公司分别于 2011 年 10 月 20 日、12 月 31 日向弘大公司各偿还借款人民币 1000 万元；八方公司于 2012 年 3 月 31 日将余款 1600 万元一次性向申请人付清。(2)本协议履行过程中，八方公司应依照约定的偿还期限及数额履行还款义务。如八方公司未能如约履行前述第一期还款义务的，即构成对本协议约定的实质性违反，弘大公司即有权向济南市中级人民法院申请对本案的全部款项予以强制执行。(3)本案仲裁费用 139284 元，由弘大公司承担 69642 元，八方公司承担 69642 元。后弘大公司申请执行，执行案号为济中法执字[2011]第 300 号。2012 年 7 月 26 日，根据弘大公司等的申请，该院轮候查封八方公司位于济南市化纤厂路 2 号面积为 7816.5 平方米的土地使用权。2012 年 11 月 29 日，根据弘大公司等的申请，该院解除对上述土地使用权的查封，同时冻结该宗土地使用权 1100 万元的土地收储收益款。该案执行过程中，已经将部分其他财产的执行款项优先给付弘大公司，具体给付时间和数额为：2012 年 6 月 29 日 705110.67 元，2012 年 9 月 28 日 15455269.3 元，2012 年 10 月 24 日 6627955.74 元，2012 年 11 月 12 日 4544730.7 元，共计过付 27333066.41 元。

第二，执行局的执行分配情况。

2013 年 2 月 19 日、2 月 25 日，弘大公司、纺织公司以被执行人八方公司停止生产经营，处于歇业状态，除冻结位于济南市化纤厂路 2 号面积为 7816.5 平方米的土地收储收益款外，别无其他财产可供执行为由，申请对八方公司位于济南市化纤厂路 2 号面积为 7816.5 平方米的土地收储收益款参与分配。

该院执行局经调查认定：八方公司于 2006 年 3 月 21 日停止生产经营，处于歇业状态。其位于化纤厂路 2 号的 7816.5 平方米土地为八方公司唯一经营性资产。该土地被政府收储后土地收益补偿款为 33501017 元，现尚在济南市国土资源局土地收储中心审批支付过程中。

该院执行局于 2013 年 10 月 10 日作出执行分配方案，该执行分配方案认为：(1)关于是否符合参与分配条件。被执行人八方公司于 2006 年 3 月 21 日停止经营，处于歇业状态，其可供执行的财产不足清偿全部债务。在被执行人的财产被执行完毕前，对该被执行人已经取得金钱债权执行依据的其他债权人可以申请对该被执行人的财产参与分配。纺织公司、弘大公司参与分配的申请符合《最高人民法院关于人民法院执行工作若干问题的规定(试行)》第 90 条、96 条规定，应予支持。

(2)关于参与分配债权数额的确定。①因被执行人八方公司是国有企业，凯悦公司的债权也是经多次转让而取得。因此，凯悦公司向八方公司主张利息基数应以原借款合同本金为准，其向八方公司主张不良债权受让日之后发生的利息，不予支持。凯悦公司的债权执行标的应当计算至金融资产管理公司向非金融资产管理公司转让债权的时间，即2005年12月27日。依据济民四初字[2003]第65号民事判决书，凯悦公司债权确定的借款本金532870.13美元、利息344636.6美元(截至2002年3月21日)。此后至本判决生效之日的利息12772.82美元(截至2003年8月6日)、迟延履行期间的债务利息121393.42美元(截至2005年12月27日，以借款本金532870.13美元+利息344636.6美元+此后至本判决生效之日的利息12772.82美元为基数，按美元贷款利率的双倍计算)，共计1011672.97美元。2013年9月30日，美元外汇中间价为6.148元，凯悦公司债权折算成人民币为6219765.4元以及案件受理费人民币45987元，财产保全费人民币18020元，共计6283772.40元。②依据济南仲裁委员会济仲裁字[2012]第87号调解书，纺织公司债权本金9826011.42元。迟延履行期间的债务利息1758936.81元(截至2013年9月30日，以本金9826011.42元为基数，按人民币贷款利率的双倍计算)，仲裁费45059元，共计11630007.23元。③依据济南仲裁委员会济仲裁字[2012]第802号调解书，纺织公司债权本金35516986.22元。迟延履行期间的债务利息3549752.49元(截至2013年9月30日，以本金35516986.22元为基数，按人民币贷款利率的双倍计算)，仲裁费106980元，共计39173718.71元。④依据济南仲裁委员会济仲裁字[2011]第458号调解书，弘大公司债权本金8666935元。迟延履行期间的债务利息5294259.76元(截至2013年9月30日，以本金8666935元为基数，按人民币贷款利率的双倍计算)，仲裁费69642元，共计14030836.76元(扣除优先受偿27333066.41元后的剩余债权)。其中，第1项外汇中间价，第2、3、4项迟延履行期间的债务利息应计至土地收储收益款支付到法院账户，视为被执行人履行法律文书确定义务的日期。此分配方案以该款项于2013年9月30日到账为例。

(3)关于参与分配的计算方式。根据《最高人民法院关于人民法院执行工作若干问题的规定(试行)》第94条规定，参与分配案件被执行人财产不足以清偿全部债务的，按各个案件债权额的比例进行分配。八方公司位于济南市化纤厂路2号7816.5平方米的33501017元土地收储收益款应由上述四案的申请执行人凯悦公司、纺织公司、弘大公司按各自债权比例分配。具体计算方式为：各案债权受偿额=可供受偿分配的财产总额×(各案债权额÷各案债权额总额)。以土地收储收益款于2013年9月30日支付到法院为例，各债权分配额如下：①济中法执字[2003]第209号案件，凯悦公司债权受偿额2960149.87元=可供受偿分配的财产总额33501017元×(各案债权额6283772.40÷各案债权额总额71118335.10元)。②济中法执字[2012]第387号案件，纺织公司债权受偿额18453030.18元=可供受偿分配的财产总额33501017元×(各案债权额39173718.71÷各案债权额总额71118335.10元)。③济中法执字[2012]第85号案件，纺织公司债权受偿额5478421.31元=可供受偿分配的财产总额33501017元×(各案债权额11630007.23÷各案债权额总额71118335.10元)。④济中法执字[2011]第300号案件，弘大公司债权受偿额6609415.64元=可供受偿分配的财产总额33501017元×[各案债权额14030836.76(扣除优先受偿27333066.41元后的剩余债权)÷各案债权额总额

71118335.10元]。

第三,提出执行分配方案异议的情况。

2013年10月20日,凯悦公司对于该院执行局作出的执行分配方案提出异议。其主要理由如下:(1)本案不适用参与分配的方式。凯悦公司依据济中法执字[2003]第209-1号执行裁定对八方公司主张债权,在此之前的执行过程中,泓海公司数次提出要求参与分配的申请,但执行局均以八方公司尚有财产可供执行为由拒绝其申请。在此基础上,弘大公司于2012年11月12日前,分4次领取执行款27333066.41元。具体到本次执行分配,被执行标的系八方公司位于济南市化纤厂路2号面积为7816.5平方米的土地收储收益款,执行局以八方公司可供执行的财产不足清偿全部债务为由,允许其他债权人参与分配。但是实际情况是八方公司除了上述土地收储款外,仍有可供执行的财产。在泓海公司主张债权期间,曾通过执行局查封了八方公司名下另两块土地,面积达6万多平方米。此外,执行法官在承办其他案件时,也查封了八方公司的大量财产。因此,本次执行适用参与分配不符合客观事实,也不符合法律规定。凯悦公司作为济南化纤厂路2号面积为7816.5平方米土地的首轮查封权利人,享有此次分配的绝对优先受偿权。(2)本次执行分配不符合参与分配条件。八方公司是否处于被撤销、注销或歇业状态,应当以工商部门的登记为准,目前八方公司尚未被撤销、注销或者歇业。因此,不符合最高人民法院《关于人民法院执行工作若干问题的规定(试行)》第96条的规定。(3)在具体的执行分配方案中,确定分配债权的数额标准不统一,依据错误,明显损害凯悦公司的权益。①凯悦公司的执行标的应当计算至八方公司实际清偿之日,但执行局仅计算至2005年12月27日,对此后利息不予支持。②执行局采用2013年9月30日外汇中间价的标准计算执行标的错误。如果执行标的计算至2005年12月27日,应当按照2005年12月27日的标准计算。

2013年10月31日、2013年11月1日,纺织公司,弘大公司、八方公司对于凯悦公司参与分配异议分别提出反对意见,主要理由如下:(1)《企业法人登记管理条例》规定,企业法人停止经营满一年的,视同歇业。八方公司系国有企业,于2006年3月21日停止经营,处于歇业状态。(2)八方公司除了本案财产外,没有其他财产。(3)凯悦公司是否在其他案件中提出参与分配申请,与本案无关。(4)凯悦公司的债权是间接从资产管理公司受让的,所以执行局计算的凯悦公司利息符合法律规定。(5)凯悦公司债权数额确定的时间与采用美元外汇中间价的时间没有任何关系。

2013年11月5日,执行局将纺织公司、弘大公司、八方公司反对意见送达给凯悦公司。凯悦公司以提出反对意见的债权人纺织公司及弘大公司、被执行人八方公司为被告提起了本案诉讼,请求撤销该院执行局制作的执行分配方案。

济南市中级人民法院认为:《中华人民共和国企业法人登记管理条例》第22条规定,企业法人领取《企业法人营业执照》后,满6个月尚未开展经营活动或者停止经营活动满一年的,视同歇业。八方公司与济南聚利化纤有限公司于2006年3月21日签订的协议书及八方公司与济南聚利化纤有限公司达成的执行和解协议足以证实济南聚利化纤有限公司已经接收了八方公司的全部人员,八方公司停止营业,故应当视为八方公司已经歇业。关于八方公司的财产情况,该院执行局在制作执行分配方案时所掌握的可供执行的财产仅系本次分配的财产。凯悦公司未提交充分证据证实八方公司尚存在其他可供执行的财产，故执行局在当时的情况下，依据当时的有关司法解释对涉案财产进行执行分配并无不当。

关于凯悦公司债权中迟延履行期间债务利息的截止时间问题，参照最高人民法院执他字[2013]第4号有关答复精神，凯悦公司债权中迟延履行期间的债务利息应当计算至2009年3月30日，执行局制作的执行分配方案计算至2005年12月27日不当。关于凯悦公司债权中汇率及利率的确定问题，2014年8月1日起实施的最高人民法院《关于执行程序中计算迟延履行期间的债务利息适用法律若干问题的解释》第5条规定："生效法律文书确定给付外币的，执行时以该种外币按日万分之一点七五计算加倍部分债务利息，但申请执行人主张以人民币计算的，人民法院应予准许。以人民币计算加倍部分债务利息的，应当先将生效法律文书确定的外币折算或者套算为人民币后再进行计算。外币折算或者套算为人民币的，按照加倍部分债务利息起算之日的中国外汇交易中心或者中国人民银行授权机构公布的人民币对该外币的中间价折合成人民币计算。"第7条规定："本解释施行时尚未执行完毕部分的金钱债务，本解释施行前的迟延履行期间的债务利息按照之前规定计算，施行后的迟延履行期间的债务利息按照本解释计算。"虽然上述司法解释规定施行前的迟延履行期间的债务利息按照之前的规定计算，但是由于我国一直以来没有关于外币迟延履行期间的债务利息计算方式和标准，在这种情况下，参照上述司法解释第5条的规定确定汇率及利率更为妥当。

综上所述，执行局制作的执行分配方案对凯悦公司债权数额认定错误，应予撤销。本案审查的是执行局制作的执行分配方案是否应当撤销，对执行局执行分配方案中未涉及的弘大公司已经受偿的27333066.41元，与本案诉讼无关，不应在本案诉讼中处理。本案经济南市中级人民法院审判委员会讨论，依照《民事诉讼法》第119条、最高人民法院《关于适用〈中华人民共和国民事诉讼法〉执行程序若干问题的解释》第26条之规定，判决如下：撤销该院执行局于2013年10月10日作出的《执行分配方案》(申请执行人为济南世纪凯悦房产经纪有限公司、济南纺织发展总公司、山东弘大投资有限公司，被申请执行人为济南八方锦纶集团有限公司，被分配财产为位于济南市化纤厂路2号7816.5平方米土地的土地收益补偿款33501017元)。案件受理费100元，由济南八方锦纶集团有限公司负担。

纺织公司不服一审判决，向山东省高级人民法院提起上诉称：(1)执行异议之诉是申请执行人依据《民事诉讼法》第227条规定提起的诉讼，由法院对执行的合法性进行审查，而与原判决有关的事项(比如利息的计算等)应通过复议程序救济。(2)一审法院以利息计算错误为由撤销分配方案，违反了《民事诉讼法》第225条、第227条的规定，应予纠正。凯悦公司提起分配方案异议之诉的理由，既包括实体权利异议，也包括对执行行为的异议。其中债务利息的计算方式、利息计算的截止时间以及美元债务汇率的确定，与凯悦公司的原判决有关，属于执行行为，不能通过提起新的诉讼予以救济，应告知凯悦公司向上级法院复议。(3)凯悦公司的债权所依据的生效法律文书，是以美元计算，生效法律文书的既判力决定了一审法院不能用新判决改变原判决的偿还币种。执行分配方案是对业已确定的金钱债权的受偿顺序和比例作出规定，当事人在执行分配方案异议之诉中不能对执行依据确定的权利义务关系提出异议。另外，本案不应适用《最高人民法院关于执行程序中计算迟延履行期间的债务利息适用法律若干问题的解释》。综上，一审法院执行局作出的分配方案符合法律规定，应予支持。

弘大公司不服一审判决，向山东省高级人民法院提起上诉称：(1)一审判决适用法律错误。八方公司是国有企业，最高人民法院执他字[2013]第4号《非金融机构受让金融不良债权后能否向非国有企业债务人主张利息的请示与答复》(以下简称《答复》)不适用本案。《最高人民法院关于执行程序中计算迟延履行期间的债务利息适用法律若干问题的解释》自2014年8月1日起实施，本案美元迟延利息的计算方式应当按照以前的规定，一审法院以我国没有外汇利息计算方式的规定为由，认为本案应当参照该司法解释来确定利息和汇率的观点，不能成立。(2)一审法院错误的用新判决改变原判决，用审判权代替执行权。本案应当按照凯悦公司原生效判决偿还美元，并由执行部门依照生效判决根据法律规定计算利息。综上，请求撤销一审判决，依法维持《执行分配方案》或发回重审。

八方公司不服一审判决，向山东省高级人民法院提起上诉称：(1)一审判决认定凯悦公司债权迟延履行期间的债务利息计算至2009年3月30日，适用法律错误。八方公司是国有企业，本案不适用《答复》。凯悦公司债权迟延履行期间的债务利息根据《最高人民法院关于审理涉及金融不良债权转让案件工作座谈会纪要》(以下简称《纪要》)，应计算至2005年12月27日。(2)一审判决认为凯悦公司债权汇率、利率参照《最高人民法院关于执行程序中计算迟延履行期间的债务利息适用法律若干问题的解释》确实不妥，该司法解释对本案没有溯及力。凯悦公司债权是以美元作为判决清偿、转让的币种，履行判决支付时以美元作为还款币种，符合法律和原判规定。综上，请求撤销一审判决，维持《执行分配方案》的执行效力。

针对纺织公司、弘大公司、八方公司的上诉，凯悦公司共同答辩称：(1)《民事诉讼法》第225条、第227条不适用本案执行分配方案异议之诉的处理。关于能否以人民币来计算凯悦公司的债务数额，凯悦公司申请执行过程中包括执行分配方案将凯悦公司债权换算成人民币，符合法律规定。(2)一审判决适用法律正确。①本案凯悦公司对八方公司依法享有的债权，早在《纪要》形成和发布之前的2003年就已通过诉讼形式予以确认并申请执行。根据《纪要》第12条规定，《纪要》不具有溯及力，不适用于本案的执行。而《答复》并未区分金融不良债权受让后受让人主张权利的对象是国有企业或非国有企业，应当对国有企业和非国有企业债务人均适用。而且《答复》并非仅为个案答复，而是具有法律效力的司法解释，完全适用于本案。一审法院依据《答复》精神，计算凯悦公司债权中迟延履行期间债务利息的截止时间，适用法律正确。②在我国一直以来没有关于外币迟延履行期间的债务利息计算方式和标准的情况下，一审法院参照《最高人民法院关于执行程序中计算迟延履行期间的债务利息适用法律若干问题的解释》第5条的规定，确定凯悦公司债权的汇率及利率，既保护了凯悦公司的合法权益，又体现了对八方公司迟延履行行为的惩罚。(3)一审判决没有改变原判决，更没有用审判权代替执行权。一审法院对执行分配方案是否侵害凯悦公司利益及是否应当撤销作出判决，符合法律规定。一审判决没有改变确认凯悦公司债权的原法律文书内容，更没有在审理过程中涉及具体执行事项。(4)一审法院不存在超期审理问题。综上，请二审法院依法驳回上诉人纺织公司、弘大公司、八方公司的上诉请求。

山东省高级人民法院二审查明的事实与济南市中级人民法院查明的一致。

山东省高级人民法院二审认为：本案二审双方当事人的争议焦点为：一是凯悦公司债权的迟延履行期间利息的截止时间、汇率及利率的确定问题，是否属于本案审查范围；二是凯悦公司债权的迟延履行期间利息应计算至何时；三是凯悦公司的债权的汇率和利率如何确定。

焦点一，凯悦公司债权的迟延履行期间利息的截止时间、汇率及利率的确定问题，是否属于本案审查范围。

2009 年 1 月 1 日起实施的《最高人民法院关于适用〈中华人民共和国民事诉讼法〉执行程序若干问题的解释》第 26 条规定："债权人或者被执行人对分配方案提出书面异议的，执行法院应当通知未提出异议的债权人或被执行人。未提出异议的债权人、被执行人收到通知之日起十五日内未提出反对意见的，执行法院依异议人的意见对分配方案审查修正后进行分配；提出反对意见的，应当通知异议人。异议人可以自收到通知之日起十五日内，以提出反对意见的债权人、被执行人为被告，向执行法院提起诉讼；异议人逾期未提起诉讼的，执行法院依原分配方案进行分配。"执行分配方案异议之诉，是在多个债权人对同一被执行人申请执行或者对被执行财产申请参与分配的情况下，执行法院作出分配方案后，债权人或者被执行人对分配方案中确定的债权是否存在、数额多少、受偿顺序有异议而产生的诉讼。因此，人民法院对该类案件的审理范围应包括分配方案中确定的被执行人的财产是否不足清偿全部债务、各债权人的债权是否存在、数额多少、受偿顺序问题。

本案凯悦公司依据上述解释第 26 条规定提起本案诉讼，一审法院根据凯悦公司的异议理由，包括凯悦公司对债权的迟延履行期间利息的截止时间、汇率及利率所提出的异议进行审理，并无不当。本案确定凯悦公司债权的生效法律文书虽然判决的是美元债务，但债权人凯悦公司明确要求其债权以人民币受偿，且执行分配方案也是以人民币确定凯悦公司债权数额，所以一审法院对生效判决未涉及的迟延履行期间利息以及美元换算成人民币的确定时间界点进行审理，并未改变原生效法律文书。《民事诉讼法》第 225 条是关于申请异议和申请复议的规定，第 227 条是关于案外人执行异议的相关规定。本案系执行分配方案异议之诉，不适用该两条规定。纺织公司以本案违反该两条规定为由，主张不应对凯悦公司债权的迟延履行期间利息的截止时间、汇率及利率问题进行审理的观点，不能成立，对此不予支持。

焦点二，凯悦公司债权的迟延履行期间利息应计算至何时。

《纪要》第 12 条规定："《纪要》的内容和精神仅适用于在《纪要》发布之后尚在一审或者二审阶段的涉及最初转让方为国有银行、金融资产管理公司通过债权转让方式处置不良资产形成的相关案件。人民法院依照审判监督程序决定再审的案件，不适用《纪要》。"对非金融机构受让已经生效法律文书确定的金融不良债权，能否在执行程序中向债务人主张受让日之后发生的迟延履行利息，《纪要》没有规定。而最高人民法院执他字[2013]第 4 号《答复》对该问题作出了规定，即："一、非金融机构受让经生效法律文书确定的金融不良债权能否在执行程序中向非国有企业债务人主张受让日后利息的问题，应当参照我院 2009 年 3 月 30 日《关于审理涉及金融不良债权转让案件工作座谈会纪要》(法发

[2009]19号)的精神处理。二、根据《纪要》第十二条的规定，纪要不具有溯及力。《纪要》发布前，非金融资产管理公司的机构或个人受让经生效法律文书确定的金融不良债权，或受让的金融不良债权经生效法律文书确定的，发布日之前的利息按相关法律规定计算；发布日之后不再计付利息。《纪要》发布后，非金融资产管理公司的机构或个人受让经生效法律文书确定的金融不良债权的，受让日之前的利息按相关法律规定计算；受让日之后不再计付利息。"根据上述规定，本案中的利息(包括《中华人民共和国民事诉讼法》第二百五十三条第一款规定的迟延履行利息)应按照法律规定计算至《纪要》发布之日。该《答复》虽然是针对非金融机构受让不良债权后能否向非国有企业债务人主张债权的请示作出的答复，但根据民二他字[2009]第21号答复精神和平等保护原则，非金融机构受让不良债权后向国有企业债务人主张债权的，也应参照该《答复》精神处理。本案在2009年3月30日《纪要》发布前，凯悦公司已受让经生效法律文书确定的金融不良债权，一审法院参照该《答复》精神，认为本案凯悦公司债权的迟延履行期间利息应计算至2009年3月30日正确，予以维持。

焦点三，凯悦公司的债权的汇率和利率如何确定。

法释[2014]8号《最高人民法院关于执行程序中计算迟延履行期间的债务利息适用法律若干问题的解释》规定："生效法律文书确定给付外币的，但申请执行人主张以人民币计算加倍部分债务利息的，应当先将生效法律文书折算或者套算为人民币后再进行计算，外币折算或者套算为人民币的，按照加倍部分债务利息起算之日的中国外汇交易中心或者中国人民银行授权机构公布的人民币对该外币的中间折价折合成人民币计算。"该解释虽然自2014年8月1日起实施，但根据迟延履行利息起算之日的汇率，确定本案凯悦公司债权的汇率更具合理性。本案凯悦公司明确要求其债权按人民币计算，而《执行分配方案》根据2013年9月30日确定凯悦公司债权的汇率，不能体现对八方公司怠于履行生效法律文书行为的惩罚性，对凯悦公司明显不公。因此，凯悦公司债权的汇率应以迟延履行利息起算之日确定。

对于利率，也即迟延履行期间债务利息的计算标准，如前所述，凯悦公司债权的汇率应以迟延履行利息起算之日确定，凯悦公司的债权已按人民币计算，所以迟延履行期间债务利息的计算标准相应地也应以人民币并参照法释[2014]8号《最高人民法院关于执行程序中计算迟延履行期间的债务利息适用法律若干问题的解释》第7条规定来确定。

综上，上诉人纺织公司、弘大公司、八方公司的上诉理由均不能成立，本院不予支持。据此，山东省高级人民法院依照《民事诉讼法》第170条第1款第1项之规定，判决如下："驳回上诉，维持原判。二审案件受理费100元，由上诉人济南纺织发展总公司、山东弘大投资有限公司、济南八方锦纶集团有限公司共同负担。

(作者单位：山东省高级人民法院民二庭)

股东会决议通过修改公司章程是否可以取消股东资格

王树强

[**裁判摘要**]公司章程被认为是公司活动的依据和公司活动的准则。根据《公司法》第11条的规定:设立公司必须依法制定公司章程。公司章程对公司、股东、董事、监事、高级管理人员具有约束力。合法制定和修改的公司章程应被严格执行,股东应受到公司章程的约束。在不违反法律强制性规定的情形下,公司章程的相关规定应当得到尊重和执行,这也是公司自治原则的充分体现。本案中,山东金麒麟股份有限公司通过股东会决议修改公司章程,决议股东和持股人辞职,被辞退,除名清退其在本公司持有的股权。在股权转让并变更以及已经丧失名义股东身份的前提下,通过股东会决议,王德勇按照公司股东会修改后的公司章程,办理了相关退股手续,交还了原始股股金券及公司增量股股金券,已不具有该公司的股东资格。

原告:山东金麒麟股份有限公司(以下简称"金麒麟公司")

法定代表人:孙鹏,该公司总裁

被告:王德勇

原告山东金麒麟公司诉称:1999年8月,原告公司前身乐陵金麒麟汽车零部件有限责任公司由自愿出资入股的原山东机械厂员工81人共同出资154.30万元设立。1999年2月27日被告王德勇作为金麒麟公司的职工,实际出资12000元,同时王德勇也是工商登记信息中的名义股东,受股东大会委托登记于王德勇名下的名义出资额为25000元。2000年10月13日,金麒麟公司将注册资本增加至500万元。根据出资凭证显示,王德勇实际出资额增加至40000元。根据工商登记资料显示,委托王德勇持有的名义出资额增加至70000元。2002年1月30日,金麒麟公司将公司注册资本增加至5699.2万元。根据工商登记资料显示委托王德勇持有的名义出资额为13.28万元,王德勇本次并无增加实际出资金额。2004年8月12日,金麒麟公司经股东会审议通过,同意将公司注册资本增至115140 227.17元,同时审议通过对部分股东受委托持有的股权进行股权变更登记,其中王德勇受委托持有的132790.62元变更登记至田义爽名下。2004年9月28日,被告王德勇被原告公司辞退,根据当时有效的公司章程关于职工持股及退股规定及2004

年度股东大会决议,2005 年 4 月 5 日办理了相关退股手续,王德勇于当日交还了金额为 40000 元的原始股股金券及金额为 14400 元的公司增量股股金券,原告向其开具支票退还了出资款 40000 元。2015 年 2 月,被告王德勇向中国证券监督管理委员会四川监管局电话投诉,主张其持有原告公司股权。原告方认为,王德勇被公司辞退后,其收取了退回的投资款 40000 元,并交还了原始股股金券,其退股过程符合公司章程和股东大会决议的规定,被告王德勇不具有原告山东金麒麟公司股东资格。故请求:(1)确认被告王德勇在原告公司的退股合法、合规、真实、有效;(2)确认被告王德勇不具有原告山东金麒麟公司股东资格;(3)判令被告支付原告支出的律师费 30 万元。为支持其主张,原告向本院提供了以下证据予以证实:(1)1999 年 2 月 27 日原告公司收取王德勇入股金 12000 元的收款凭证;(2)2001 年 2 月 2 日股东大会通过的《乐陵金麒麟汽车零部件有限责任公司企业股金券发行分配管理条例》;(3)2000 年 8 月 26 日原告公司收取王德勇入股金 40000 元的收款凭证;(4)2004 年 8 月《山东金麒麟集团有限公司章程》;(5)2004 年 9 月 28 日原告公司关于辞退王德勇的决定;(6)2005 年 1 月 29 日原告公司股东会决议;(7)2005 年 4 月 5 日原告公司转账记账凭证及支票存根;(8)王德勇签字并交给原告公司的金额分别为 40000 元和 14400 元的原告公司原始股股金券及公司增量股股金券;(9)1999 年原告公司设立时工商登记的股东名单及出资明细;(10)2000 年原告公司增资后工商登记的股东名单及出资明细;(11)2002 年原告公司增资后工商登记的股东名单及出资明细;(12)2002 年 11 月《山东金麒麟集团有限公司章程》;(13)2004 年 8 月 12 日股东会决议;(14)乐陵金麒麟汽车零部件有限公司变更为山东金麒麟集团有限公司材料及山东金麒麟集团有限公司变更为山东金麒麟集团股份有限公司材料一宗。

被告王德勇辩称:其具有原告公司股东资格,其根本没有退股,原告所说的退股规定,根据的是退股规定和股东决议,根本没有法律依据。为支持其主张,被告向本院提供了 2004 年 8 月 12 日股权转让协议一份。

山东省乐陵市人民法院经审理查明:原告山东金麒麟公司是由 1999 年 8 月 10 日成立的乐陵金麒麟汽车零部件有限责任公司经过多次增资、变更工商登记而来。1999 年 2 月27 日被告王德勇作为原告公司职工,在公司成立前实际出资 12000 元,原告公司在工商登记备案的“乐陵金麒麟汽车零部件有限责任公司股东名单及出资额”显示其出资额为 25000 元;2000 年 8 月 26 日,被告王德勇实际出资增加至 40000 元,原告公司在工商登记备案的“股东代表名单”显示其出资额为 70000 元;2002 年 1 月 30 日,原告公司将注册资本增加至 56991680.43 元,本次被告王德勇并无增加实际出资,原告公司在工商登记备案的“股东出资额一览表”显示其出资额为 132790.62 元。2004 年 9 月 28 日,被告被原告公司辞退。2005 年 4 月 5 日被告王德勇将金额为 40000 元的原始股金券及金额为 14400 元的公司增量股股金券交给了原告公司,原告向其开具了用途为工资,金额为 48709.37 元的现金支票,该款项被告王德勇已于 2005 年 4 月 5 日当日从银行支取。原告公司 2005 年 4 月 5 日的转账记账凭证上记明总计支取给王德勇 48709.37 元,其中股本金原始股 40000 元、王德勇 1916.43 元、信用金王德勇 6792.94 元。同日,被告王德勇从原告公司处收到股息存折一本,并给原告公司书写了“今收到股息存折壹本(1612050101009808081)王德勇 2005 年 4 月 5 号”。2015 年 3 月 26 日,原告山东金麒麟公司以2015年2月被告王德勇向中国证券监督管理委员会四川监管局电话投诉主张其持有原告公司股权为由,要求确认被告王德勇不具有原告公司股东资格。另查明,被告王德勇在向中国证券监督管理委员会四川监管局电话投诉主张其持有原告公司股权前,未提供证据证明其曾向原告公司或其他相关单位主张过其享有原告公司股东权利的相关事实。

山东省乐陵市人民法院认为:股东资格确认纠纷,是指股东与股东之间或者股东与公司之间就股东资格是否存在,或者具体的股权持有数额、比例等发生争议而引起的纠纷。本案股东资格确认纠纷争议的焦点为:一是被告王德勇持有原告山东金麒麟公司股权数额;二是被告王德勇是否具有原告山东金麒麟公司股东资格。

针对第一个焦点问题,原告公司向本院出具了被告王德勇于2000年8月26日向公司出资40000元的原始收款凭证存根联、2005年4月5日被告王德勇交给公司的金额为40000元的原始股金券,以及2001年2月2日股东大会通过的《乐陵金麒麟汽车零部件有限责任公司企业股金券发行分配管理条例》和2002年11月《山东金麒麟集团有限公司章程》,用于证明根据该条例和章程规定,股东以持股会形式参股,出资额多者为股东代表,股东代表下的股权数额不是他实际的出资额,股东出资以原始股金券的金额为准,所以2002年1月30日原告公司在工商登记备案的"股东出资额一览表"虽然显示被告王德勇出资额为132790.62元,但其被告王德勇真实出资额为40000元,其余92790.62元为其代持股权数额,而非王德勇出资数额。被告方认可40000元出资额的真实性,但提出其余的92790.62元出资额的来源是被告的增值部分,是原告公司把分红利润作为被告方的实际出资额,而非代他人持股数额。对该焦点问题,本院认为,根据我国《公司法》规定,公司增资即可采取货币出资方式,也可以实物、工业产权、非专利技术、土地使用权作价出资的方式,以及公司法定公积金转增为注册资本的方式,而被告王德勇未能举证证明其具备以上条件从而使其出资额40000元增值为132790.62元,故本院对被告王德勇提出的其持有原告公司股权出资额为132790.62元的主张不予采信。

针对第二个焦点问题,即被告王德勇是否具有原告山东金麒麟公司股东资格问题。根据我国《公司法》的相关规定,关于股东资格的确认标准主要有以下几种:一是股东是否签署公司章程并记载为股东;二是股东是否实际出资;三是股东名册是否有记载;四是是否经工商登记为股东;五是是否有公司出具的出资证明书。但实践中确实会因种种原因使部分条件不具备,从而导致股东资格确认纠纷。司法实践中确认股东资格的一般原则是其具备股东资格的形式要件或实质要件。形式要件为公司章程、股东名册以及工商登记的记载;实质要件为签署公司出资协议书、出资、取得出资证明书、实际享有股东权利。本案被告王德勇是否具备原告公司股东的形式要件,从原告公司的工商登记信息资料看,原告公司1999年成立至2005年期间,被告王德勇在原告公司股东名单中有出资及股东身份的记载,但自2005年后至今再无被告出资情况及被告系原告公司股东的记载,所以被告现并不具备原告公司股东的形式要件。本案被告王德勇是否具备原告公司股东的实质要件,从原告公司提交的相关证据材料可以看出,被告王德勇于1999年2月27日向原告公司出资12000元,2000年8月26日被告向原告公司的出资增加至40000元。2005年1月29日,经原告公司股东大会修改公司章程中关于股东和持股人被辞退后清退公司股权的议案,被告王德勇于 2005 年 4 月 5 日从原告公司领取了用途为工资、金额为 48709.37 元的现金支票,并于当日从银行支取了现金。虽然被告王德勇不认可该款项为出资股金,但其未提供相应证据予以证实,故本院对其主张不予采信。而原告公司针对该事实向本院提供了 2005 年 4 月 5 日其公司的转账记账凭证(该凭证上明确记明支取给王德勇 48709.37 元,其中股本金原始股 40000 元、王德勇 1916.43 元、信用金王德勇 6792.94 元)、被告王德勇从原告公司处收到股息存折一本的收到条、被告王德勇签字并交给原告公司的金额为 40000 元的原始股金券及金额为 14400 元的公司增量股股金券,故本院对原告公司主张的被告股金已退还原告的事实予以认可。通过上述分析认定,被告也不具备原告公司的实质要件。因为本案被告不具备原告公司的形式要件和实质要件,故本院认为被告不具备原告公司的股东资格。对于原告山东金麒麟公司要求被告王德勇支付其律师费 30 万元的诉讼请求,缺乏法律依据,本院不予支持。

原审法院依照《公司法》第 31 条、第 32 条,《民事诉讼法》第 64 条第 1 款的规定,判决:(1)被告王德勇在原告山东金麒麟公司的退股合法、合规、真实、有效,其不具有原告山东金麒麟公司股东资格;(2)驳回原告山东金麒麟公司要求被告王德勇支付其律师费 30 万元的诉讼请求。案件受理费 6100 元,被告王德勇承担 100 元,原告山东金麒麟公司自行承担 6000 元。

上诉人王德勇不服原审判决上诉称:第一,原审判决认定上诉人王德勇不具备股东资格属认定事实错误。(1)根据工商登记、股东名册及出资证据证明,2004 年 8 月 12 日之前上诉人具备股东资格,出资额为 132790.62 元。上诉人对 2004 年 8 月 12 日之后与田义爽的股权转让协议不知情,而且没有签订过该协议,而田义爽提供一份假的协议,在上诉人不知情的情况下获取上诉人的股权。(2)原审判决依据被上诉人出具的转账记账凭证中,上诉人支取股本金原始股 40000 元的记录,认定上诉人退股属认定事实错误。①按照被上诉人的证据,上诉人的股权已于 2004 年 8 月 12 日转让给田义爽,上诉人已经无股可退,被上诉人的证据自相矛盾。②根据被上诉人提交的现金支票存根,其证明的用途为工资,而在被上诉人记账时自行记载为退股金,根本没有上诉人的签字和手印。即使按照被上诉人的说法,40000 元是退股款,该行为不符合公司减资的相关法律规定,属无效行为。

第二,原审判决对上诉人的出资额认定事实不清。根据工商登记,2004 年 8 月 12 日之前上诉人出资额为 132790.62 元,而原审法院认定上诉人出资 40000 元与事实不符。

第三,原审法院分配举证责任错误。原审法院认为上诉人"未能举证证明其具备以上条件从而使其出资额 40000 元增值为 132790.62 元",所以对工商登记和股东名册记载的事实不予确认。事实上,工商登记、股东名册均由被上诉人一手经办,每年是否分红和配股的材料由被上诉人保管,被上诉人应当提供证据。原审判决明显将属于被上诉人的举证责任强加给上诉人。

综上所述,上诉人具备股东资格,请求撤销原审判决,改判驳回被上诉人的诉讼请求,确认上诉人具备被上诉人的股东资格。

被上诉人山东金麒麟公司辩称:第一,一审判决认定事实清楚,被答辩人在上诉状中主张一审判决认定事实错误没有依据,贵院不应采信。(1)被答辩人所述转让协议是答辩人公司工商登记变更过程中形成的文件，由于登记于王德勇名下的股权是职工集体合资方式筹集资本金方式下委托部分员工持股的情形，并不对应其个人的实际出资，其持有或转让受委托持有的股份，都是依据公司章程、条例及股东会决议进行的，而不是作为真实出资的股东处分权利的行为，变更依据不是受托持股的名义股东的意思表示。而王德勇丧失股东资格的原因是其实际出资 40000 元的取回，工商登记的变更过程以及变更中形成的文件等均不影响王德勇因取回全部实际出资而丧失股东资格。(2)被答辩人抓住支票存根上将“股本金”误写作“工资”这一情况，主张一审判决认定王德勇退股事实错误，故意回避了多项证据相互印证的事实。支票存根上的记载为工资，不足以影响对该款项包含 40000 元出资款的判断，因为记账凭证记载的 40000 元股本金、被答辩人缴款凭证记载的实际出资额为 40000 元、被答辩人交还的原始股股金券金额也是 40000 元，这一系列证据相互印证，完全可以证明款项性质就退还的出资款。(3)至于被答辩人所谓“不符合减资的规定，属于无效行为”等主张，毫无法律依据。答辩人在王德勇退股后，是采取减资还是由其他股东认缴，是答辩人自主经营行为。

第二，一审判决认定被答辩人王德勇的出资额为人民币 40000 元事实清楚，证据充分，被答辩人对出资额的多项不同主张均与事实不符，不应采信。根据答辩人提交的缴款凭证，王德勇于 1999 年 2 月 27 日实际出资 12000 元；2000 年 8 月 26 日，王德勇实际出资增至 40000 元。对于上述实际出资的事实，王德勇一审的代理人当庭明确表示确认。登记出资与实际出资不一致的情况，当然应当认定实际缴付的 40000 元为王德勇的出资额。

第三，原审法院分配举证责任合法、适当。被答辩人的关于“出资额增值”主张违反公司法关于股东出资的基本法律和常识，股东出资额不会因为其对应的股权价值上涨而增加。被答辩人主张其出资额增值为 132790.62 元，当然应当举证证明。一审法院因被答辩人没有证据证明而驳回其所谓“增值”主张，适用法律正确。

德州市中级人民法院经审理查明：1999 年 2 月，原山东省乐陵机械厂筹备改制，拟由原山东省乐陵市机械厂员工出资注册成立公司。1999 年 2 月 27 日，上诉人王德勇作为原山东省乐陵市机械厂员工实际出资 12000 元。1999 年 8 月，原山东省乐陵市机械厂正式进行改制，由原山东省乐陵市机械厂员工 81 人共同出资 154.30 万元(含王德勇出资 12 000 元)，申请设立“乐陵金麒麟汽车零部件有限责任公司”。因受有限责任公司股东不能超过 50 人的限制，在办理工商注册登记手续过程中，由上诉人王德勇等 47 人作为公司发起人成为公司的名义股东，其他 34 名出资人没有作为公司发起人。没有作为公司发起人的出资登记在王德勇等 47 名公司发起人的名下，其中登记于王德勇名下的出资额为 25000 元。1999 年 8 月 10 日，乐陵金麒麟汽车零部件有限责任公司正式注册成立。2000 年 8 月 26 日，乐陵金麒麟汽车零部件有限责任公司拟增加注册资本，81 名共同出资人分别增加出资，并为各出资人开具股金收据。王德勇实际出资增加至 40000 元，其股金收据载明的金额也是 40000 元。2000 年 10 月 13 日，乐陵金麒麟汽车零部件有限责任公司将注册资本增加至 500 万元，变更登记后作为名义股东的王德勇，登记于王德勇名下的出资额为 70000 元。

2001 年 2 月 2 日，乐陵金麒麟汽车零部件有限责任公司召开 2001 年度第一次股东大会并形成股东大会决议，其中表决通过《企业股金券发行、分配管理条例》和《关于奖励

2000 年度为企业做出重大贡献的人员增量股股金的决定》等。按照上述股东大会决议和《企业股金券发行、分配管理条例》的规定,公司为王德勇发放原始股股金券 40000 元、增量股股金券 14000 元。

2002 年 1 月 30 日,乐陵金麒麟汽车零部件有限责任公司注册资本增加至 5699.2 万元,变更登记后作为股东代表的王德勇,登记于王德勇名下的出资额为 13.28 万元,王德勇本次并无增加实际出资金额。2002 年 11 月 1 日,乐陵金麒麟汽车零部件有限责任公司向山东省工商局申请变更名称,企业名称变更为"山东金麒麟集团有限公司"。

2004 年 8 月,山东金麒麟集团有限公司通过《山东金麒麟集团有限公司公司章程》。该章程第 7 章第 10 条第 11 项关于股东会的职权中规定,对股东因调离、退休等其他原因离开本企业时,能否退出股金作出决议。

2004 年 8 月 12 日,山东金麒麟集团有限公司召开股东大会并形成股东大会决议,主要内容为:经股东会研究,股东会 2/3 以上股东通过,同意原山东金麒麟集团有限公司股东王德勇等 7 人,自愿将其在山东金麒麟集团有限公司的股权转让予田义爽等 7 人。对部分股东受委托持有的股权进行股权变更登记,其中王德勇受委托持有的 132790.62 元变更登记至田义爽名下。同日,签订股权转让协议,田义爽作为公司的股东代表,王德勇不再是公司的股东代表。

2004 年 9 月 28 日,上诉人王德勇被辞退。

2005 年 1 月 29 日,山东金麒麟集团有限公司召开 2004 年度股东大会,通过公司董事长的《2004 年度股东大会工作报告》及财务总监的《2004 年度财务报告》,同时通过 2004 年度股东大会议案。该议案为:修改《公司股东大会合同章程》,股东和持股人辞职、被辞退、除名时清退其在本公司持有的股权。清退原则:(1)原始股按原值退还给辞退、被辞退、除名的本人;(2)奖励股、配股、送股等增量股由公司收回;(3)辞职、被辞退和除名的股东从辞职、被辞退和除名之日起所持有的股份不参加公司当年的股息和股份分红。

2005 年 4 月 5 日,王德勇办理了相关退股手续,王德勇于当日交还了金额为 40000 元的原始股股金券及金额为 14400 元的公司增量股股金券,山东金麒麟集团有限公司退还了王德勇出资款 40000 元。

2012 年 11 月,山东金麒麟集团有限公司申请变更名称,将山东金麒麟集团股份有限公司变更为"山东金麒麟股份有限公司"。

2015 年 2 月,王德勇向中国证券监督管理委员会四川监管局电话投诉,主张其持有原告公司股权。山东金麒麟集团有限公司认为王德勇的行为影响公司的发展规划,向原审法院提起诉讼,请求确认王德勇退股合法、合规、真实、有效,同时确认王德勇不具有山东金麒麟股份有限公司股东资格。

德州市中级人民法院查明的其他事实与一审查明的事实一致。

德州市中级人民法院认为:根据上诉人的上诉理由和被上诉人的答辩,归纳本案双方争议的焦点为:上诉人王德勇是否具有被上诉人山东金麒麟公司股东资格。本院认为,上诉人王德勇不具有被上诉人山东金麒麟公司股东资格。理由如下:(1)自 1999 年 8 月 10 日乐陵金麒麟汽车零部件有限责任公司正式注册成立至 2004 年 8 月 12 日,上诉人王德勇系被上诉人公司的股东并且以股东的名义记载于股东名册事实清楚。但是,2004 年 8

月 12 日，山东金麒麟集团有限公司召开股东大会并形成股东大会决议，同意原山东金麒麟集团有限公司股东王德勇等 7 人，自愿将其在山东金麒麟集团有限公司的股权转让于田义爽等 7 人。因为公司在设立时是职工集体出资和委托持股，名义股东名下登记的股份并不对应其个人的实际出资，各名义股东均代持了一部分其他职工的出资，但是并未形成一一对应的股份代持关系。名义股东持有或转让受委托持有的股份，都是依据公司章程、条例及股东会决议进行，而不是作为真实出资的股东处分权利的行为，变更依据也不是受托持股的名义股东的意思表示。上诉人王德勇是否在股权转让协议签字，并不影响股权转让的效力。因此，在山东金麒麟集团有限公司召开股东大会形成股东大会决议并办理了股权转让的工商登记手续后，上诉人王德勇已经不是被上诉人山东金麒麟集团有限公司的名义股东。(2)2005 年 4 月 5 日按照公司股东大会修改的章程，王德勇办理了相关退股手续，王德勇于当日交还了金额为 40000 元的原始股股金券及金额为 14400 元的公司增量股股金券，山东金麒麟集团有限公司退还了王德勇出资款 40000 元，王德勇也实际收到出资款 40000 元。至此，上诉人王德勇已经不再持有山东金麒麟集团有限公司的股份，不是山东金麒麟集团有限公司出资的股东。

综上所述，股东会是公司的权力机构，股东大会的决议对全体股东具有约束力，在上诉人王德勇被辞退前，按照公司股东大会的决议，王德勇已经不是被上诉人山东金麒麟集团有限公司登记的股东代表；在上诉人王德勇被辞退后，按照公司股东大会修改的公司章程，办理的相关退股手续合法有效，上诉人王德勇已经不是山东金麒麟集团有限公司出资的股东。根据公司的自治原则，其行为受到法律保护。原审判决上诉人王德勇的退股合法、合规、真实、有效，上诉人王德勇不具有山东金麒麟公司股东资格是正确的。上诉人的上诉理由不能成立，本院不予支持。原审判决认定事实清楚，证据充分，应予维持。依照《民事诉讼法》第 170 条第 1 款第 1 项的规定，判决如下：驳回上诉，维持原判。二审案件受理费 100 元，由上诉人王德勇负担。

（作者单位：山东省德州市中级人民法院民四庭）

小股东如何解除大股东资格

王 群

[裁判摘要]本案是一起解除控股股东资格的案件。不同于最高人民法院认可的上海二中院创设的“关联股东表决回避”这一案例。本案依据《公司法》中的“资本充实原则”“无出资无权利”等基本原则解除了控股股东的股东资格。

原告:豪迈尔(北京)能源科技开发有限公司(以下简称“豪迈尔公司”)

法定代表人:杨凯,董事长

被告:中石油昆仑天然气利用有限公司(以下简称“昆仑公司”)

法定代表人:赵永起,总经理

被告:菏泽中石油昆鹏天然气利用有限公司(以下简称“昆鹏公司”)

法定代表人:张玉良,董事长

豪迈尔公司一审诉称:2010年2月4日,豪迈尔公司与中石油昆仑公司签订了《关于菏泽市天然气利用项目之合资经营协议》,约定了双方的权利义务,并共同成立了菏泽昆鹏公司。原告在协议签订后即按约定完全履行了出资等合同义务,但是中石油昆仑公司未履行出资等相关合同义务,后经原告多次催促,被告中石油昆仑公司依旧未履行合资经营协议所约定的合同义务。为维护原告的合法权益,请求法院依法确认中石油昆仑公司在菏泽昆鹏公司未出资,判令两被告配合在工商行政管理部门办理被告菏泽昆鹏公司减资及股东名册变更等相关手续(将菏泽昆鹏公司的注册资本变更为1960万元,股东为豪迈尔公司),涉案诉讼费用由被告负担。

中石油昆仑公司一审辩称:(1)解除股东资格要形成股东会决议,原告无权解除中石油昆仑公司在菏泽昆鹏公司的股东资格;(2)原告将菏泽昆鹏公司列为被告,不符合法律规定的股东将公司列为被告的情形;(3)原告无权要求中石油昆仑公司变更股东名册;(4)增减注册资本应由董事会制订方案,股东会作出决议,不属于民事诉讼的范围;(5)中石油昆仑公司对菏泽昆鹏公司享有的股权是国有股权,对国有股权的处置要按照国有资产处置的相关法律、法规来进行。综上,原告的起诉没有法律依据,诉讼请求不成立,请求依法驳回原告的起诉。

昆鹏公司一审辩称:原告所诉属实,同意原告的诉讼请求。

菏泽市开发区人民法院经审理查明：2010 年 2 月 4 日，中石油昆仑公司（甲方）与豪迈尔公司（乙方）签订了《关于菏泽市天然气利用项目之合资经营协议》，协议主要约定：甲、乙双方在山东菏泽市境内建立合资有限公司，公司注册地址为山东菏泽市；合资公司的组织形式为有限责任公司；注册资本为 4000 万元，甲方出资额为 2040 万元，占 51%，乙方出资额为 1960 万元，占 49%；双方均以现金方式出资；注册资本金分两期支付，前期由乙方出资总注册资本的 20%（即 800 万元）注册合资公司，甲方在获得上级批复后一次性注资 2040 万元，乙方在甲方注册资本金到位的当月将剩余注册资金补齐；合资经营期限为 30 年。协议还对合资公司的组织机构、经营管理、财务、审计、税务、违约责任等内容进行了约定。2010 年 6 月，双方共同制订了《菏泽中石油昆鹏天然气利用有限公司章程》，章程规定公司名称为"菏泽中石油昆鹏天然气利用有限公司"，经营期限为 30 年，公司股东为中石油昆仑公司和豪迈尔公司，公司经营范围为城市管道天然气、压缩天然气、液化天然气的投资利用、生产、销售、运输、仓储及汽车用气零售等，公司注册资本为 4000 万元，其中中石油昆仑公司以货币资金出资 2040 万元，占 51%，豪迈尔公司以货币资金出资 1960 万元，占 49%。公司章程还对股东的权利与义务、股东会、董事会、监事及职权等其他内容进行了规定。2010 年 8 月 9 日，菏泽昆鹏公司在菏泽市工商行政管理局登记成立，注册资本为 4000 万元，其中中石油昆仑公司认缴出资额 2040 万元，占 51%，豪迈尔公司认缴出资额 1960 万元，占 49%，当时实缴出资 800 万元。2012 年 8 月 20 日，豪迈尔公司将认缴的出资额 1960 万元全部出资到位，但中石油昆仑公司一直未能出资。2014 年 10 月 18 日，豪迈尔公司致函中石油昆仑公司，要求解除双方签订的合资经营协议，并变更菏泽昆鹏公司的有关工商登记手续。2014 年 11 月 6 日，中石油昆仑公司回函答复："鉴于我方持有菏泽中石油昆鹏天然气利用有限公司 51%股权属于国有产权，应按照国有资产管理的有关规定处置。"

菏泽市开发区人民法院认为：《公司法》第 28 条第 1 款规定："股东应当按期足额缴纳公司章程中规定的各自所认缴的出资额。股东以货币出资的，应当将货币出资足额存入有限责任公司在银行开设的账户；以非货币财产出资的，应当依法办理其财产权的转移手续。"作为菏泽昆鹏公司股东之一的中石油昆仑公司，在菏泽昆鹏公司注册成立后，其一直未能按照合资经营协议的约定和公司章程的规定缴纳出资，事实清楚，应依法予以确认。中石油昆仑公司在长达近五年的时间未履行出资义务，并且目前中石油昆仑公司对是否准备出资仍未作出明确表示，实际上其以自己的行为已表明不再履行出资义务。中石油昆仑公司不履行出资义务的行为，对菏泽昆鹏公司的经营管理造成了严重影响，也损害了另一股东豪迈尔公司的利益。被告中石油昆仑公司辩称，解除股东资格和增减公司资本要形成股东会决议，原告起诉不符合法律规定，并且其持有的股权属于国有产权，应按照国有资产管理的有关规定处置。本案中，菏泽昆鹏公司仅有中石油昆仑公司和豪迈尔公司两个股东，且中石油昆仑公司占注册资本 51%的股权，属于控股股东；在中石油昆仑公司未出资且其不同意退出公司的情况下，通过召开股东会决定解除股东资格和增减公司资本难以实现。这样势必造成菏泽昆鹏公司长期处于僵局状态，势必对已履行出资义务的股东豪迈尔公司的利益造成损害。股东对于公司最为根本的义务在于出资，只有履行了出资义务，才能享有股东权利。中石油昆仑公司认可其一直未向菏泽昆鹏公司出资，虽然公司章程和工商登记记载将中石油昆仑公司列为菏泽昆鹏公司的股东，但其对菏泽昆鹏公司的资产并不实际享有股权，因此也不涉及国有资产的处置问题。故原告提起诉讼并不违背法律规定，亦符合权利义务相一致原则和公平原则，对其诉讼请求依法予以支持。被告中石油昆仑公司的抗辩意见没有事实根据和法律依据，原审法院不予采信。

综上，依照《公司法》第28条第1款之规定，判决如下：(1)确认被告中石油昆仑天然气利用有限公司在菏泽中石油昆鹏天然气利用有限公司未出资；(2)被告中石油昆仑天然气利用有限公司和被告菏泽中石油昆鹏天然气利用有限公司于本判决生效之日起10日内到菏泽市工商行政管理局办理菏泽中石油昆鹏天然气利用有限公司减资及股东名册变更等相关手续[将菏泽中石油昆鹏天然气利用有限公司的注册资本变更为1960万元，股东为豪迈尔(北京)能源科技开发有限公司]。案件受理费100元，由被告中石油昆仑天然气利用有限公司负担。

上诉人中石油昆仑公司不服原审判决上诉称：(1)一审法院认为本案"不涉及国有资产的处置问题"是错误的。上诉人是国有企业，上诉人公司资产是国有资产，上诉人对"菏泽昆鹏公司"享有的股权是国有股权，因此变更"菏泽昆鹏公司"股东名册，解除上诉人在"菏泽昆鹏公司"股东资格，减少"菏泽昆鹏公司"注册资本，涉及对国有股权的处置问题。"菏泽昆鹏公司"的气源和开口是国有资产。"菏泽昆鹏公司"是燃气公司，而燃气公司最重要的是气源和开口。气源和开口是上诉人的，同时也是国有资产。被上诉人通过与上诉人合作设立"菏泽昆鹏公司"，才通过上诉人取得了国有气源和开口。现被上诉人的诉讼行为意欲以剥夺上诉人在"菏泽昆鹏公司"股东资格为由，巧取上诉人享有的国有气源和开口。因此，本案涉及国有资产处置问题。(2)一审法院的判决违反了《公司法》及《公司法司法解释》关于解除股东的股东资格及减少注册资本之规定，是以公权力干预私权利，是错误的。一审法院判决上诉人和一审被告"菏泽昆鹏公司"于本判决生效之日起10日内到菏泽市工商行政管理局办理"菏泽昆鹏公司"减资及股东名册变更等相关手续。这违反了《公司法》及《公司法司法解释》关于解除股东的股东资格及减少注册资本之规定。最高人民法院关于适用《最高人民法院关于适用〈中华人民共和国公司法〉若干问题的规定(三)》第17条规定："有限责任公司的股东未履行出资义务或者抽逃全部出资，经公司催告缴纳或者返还，其在合理期间内仍未缴纳或者返还出资，公司以股东会决议解除该股东的股东资格。"《公司法》第37条规定，减少注册资本由股东会作出决议。由此可见，无论是减少注册资本，还是解除股东的股东资格，《公司法》及最高人民法院关于适用《最高人民法院关于适用〈中华人民共和国公司法〉若干问题的规定(三)》都明确规定了由公司股东会决定。这是我国法律赋予民事主体的私权利，是由民事主体自主决定的。然而一审法院却以判决的方式以公权力干预私权利，强制取消上诉人股东资格，强制上诉人退出公司，强制减少公司注册资本。一审法院的判决违反了《公司法》及《公司法司法解释》关于解除股东的股东资格及减少注册资本之规定。

因此，一审法院的判决适用法律错误，认定事实错误，被上诉人的起诉不符合法律规定，诉讼请求不成立，请二审法院依法撤销一审法院的判决，依法改判，驳回被上诉人的诉讼请求。

被上诉人豪迈尔公司答辩称：一审认定事实证据充分，适用法律正确无误，审判程序得当，请求二审法院依法维持原判。

原审被告菏泽昆鹏公司述称：一审认定事实证据充分，适用法律正确无误，审判程序得当，请求二审法院依法维持原判。

菏泽市中级人民法院二审查明：二审查明的事实与一审查明一致。

菏泽市中级人民法院认为：作为菏泽昆鹏公司股东之一的中石油昆仑公司，在菏泽昆鹏公司注册成立后，其一直未能按照合资经营协议的约定和公司章程的规定缴纳出资，事实清楚。结合企业产权登记表等现有证据及庭审中上诉人的陈述，中石油昆仑公司在长达近五年的时间未履行出资义务，并且目前中石油昆仑公司对是否准备出资仍不能作出明确表示，实际上其以自己的行为已表明不再履行出资义务。为此，依法认定上诉人中石油昆仑公司并未实际出资。

结合上诉人的上诉和被上诉人的答辩，本案争议的焦点为：一是处置上诉人中石油昆仑公司在菏泽昆鹏公司中的股权是否属于处置国有产权；二是是否应当应豪迈尔公司之诉请，在确认前述事实后进一步判令中石油昆仑公司和菏泽昆鹏公司到菏泽市工商行政管理局办理减资和股东名册变更等手续。

针对焦点一，菏泽市中级人民法院认为，根据企业产权登记表，上诉人中石油昆仑公司的实缴资本为零，所以其不具有构成国有资产的根基，也就不存在国有资产的处置问题。另外，针对上诉人在上诉状中所主张的气源与开口等涉及国有资产问题，上诉人提交的证据并不能证明其上诉主张。因此，处置上诉人中石油昆仑公司在菏泽昆鹏公司中的股权并不涉及国有资产的处置问题。

针对焦点二，菏泽市中级人民法院认为，《公司法》第 28 条第 1 款规定："股东应当按期足额缴纳公司章程中规定的各自所认缴的出资额。股东以货币出资的，应当将货币出资足额存入有限责任公司在银行开设的账户；以非货币财产出资的，应当依法办理其财产权的转移手续。"第 2 款规定："股东不按照前款规定缴纳出资的，除应当向公司足额缴纳外，还应当向已按期足额缴纳出资的股东承担违约责任。"本案中，一方面，中石油昆仑公司未能按照合资经营协议的约定缴纳出资，构成对协议相对方豪迈尔公司的违约。对其违约责任，因豪迈尔公司在本案中未作主张，不予处理。另一方面，公司一经设立，股东依章程足额缴纳出资系其公司法意义上之义务。如其拒绝履行出资义务、经其他股东催告仍不履行甚或本案中经工商行政主管部门处罚仍不履行，系违反《公司法》强制性规定之行为。基于资本充实原则，《公司法》立法层面更多地强调股东补足出资。对于类似本案中股东已通过自己的行为表明不再履行出资义务的情况下，其他按期足额缴纳出资的股东应当如何行使权利，《公司法》并未作详尽细致的规定。

企业工商登记公示制度一方面具有创设效力，另一方面在于发挥对抗效力和公信效力。所谓公信效力，在于保护社会公众利益，使公众在与企业交易时有所取舍和注意，以保护交易安全。所谓对抗效力，在于一经公示，外界即可信赖该公示的内容，即使公示内容与事实不符，对信赖该公示的善意第三人也将加以保护。因此，企业工商登记信息务求真实、准确。如与客观情况不符，即便从保护社会公众利益的角度出发，公司及股东均有义务及时到工商行政主管部门办理变更登记手续。

本案中，菏泽昆鹏公司事实上的出资股东为豪迈尔公司，实际到位出资为 1960 万元。

目前工商登记信息与此事实状态存在巨大差异，且此状态已持续近五年之久。结合本案审理过程中中石油昆仑公司在承认其未出资的情况下仍坚称其对菏泽昆鹏公司享有股权的诉讼态度来看，中石油昆仑公司显然对于解决此问题是消极甚至抵触的。结合《公司法》第 37 条第 7 款、第 43 条及《最高人民法院关于适用〈中华人民共和国公司法〉若干问题的规定(三)》第 17 条第 1 款的规定以及目前工商登记机关办理变更登记的相关要求综合来看，鉴于中石油昆仑公司 51%的控股股东地位，菏泽昆鹏公司的减资及对工商登记股东中石油昆仑公司进行除名的变更登记必须取得有中石油昆仑公司签字盖章的股东会决议方能得到工商行政主管部门认可。工商登记机关既无权力亦无义务对中石油昆仑公司并未实际出资、不应行使股东权利的法律事实进行判断和甄别并进而得出只需豪迈尔公司签章的股东会决议即可完成的变更登记的结论。因此，作为权利受侵害方，豪迈尔公司解决此僵局的唯一选择即为寻求司法救济，请求人民法院判令中石油昆仑公司配合办理变更手续以期最终得以解决。故豪迈尔公司此项诉请既不违背法律规定，也符合公司法资本充实原则、股东权利义务相一致原则，同时更体现企业工商公示登记制度对抗效力和公信效力的客观要求，对其诉讼请求依法应予支持。

解除股东资格问题。鉴于本案中豪迈尔公司只占 49%股权，而作为控股股东的中石油昆仑公司占 51%股权，作为小股东的豪迈尔公司因中石油昆仑公司五年未出资且其行为及现有证据已表明其没有出资的意思表示的前提下，为维护公司及自身权益，诉请解除股东资格并变更股东名册之请求，是否应得到支持是本案须解决的问题。虽《最高人民法院关于适用〈中华人民共和国公司法〉若干问题的规定(三)》第 17 条规定股东会可以通过股东会决议解除股东资格，但《公司法》第 43 条规定，“股东会的议事方式和表决程序，除本法有规定的外，由公司章程规定”。《菏泽中石油昆鹏天然气利用有限公司章程》第 28 条规定“除增减资、分立、合并、解散、变更公司形式、修改公司章程等重大事项外，一律是普通决议方式”，也就是资本多数决。而本案中，豪迈尔只占 49%股权，根本无法通过股东会表决方式解除上诉人的股东资格。实际上本案陷入了僵局，《公司法》及其司法解释未对该僵局问题作出条文规定。

当一个案件中法律上存在漏洞，在没有法律规则情况下，可以适用法律原则作为裁判依据，以弥补法律空缺。但适用法律原则处理具体案件时，应严格遵循法理学的适用规则，以避免法官盲目动用自由裁量权。即：第一，穷尽法律规则，方得适用法律原则。这就要求在适用法律原则处理案件时，必须是穷尽法律规则，以保证法律确定性和可预测性。第二，除非为了实现个案正义，否则不能使用法律原则。这一条件的前提是有上边第一条件存在，且在认识、界定“个案正义”时应是“没有产生极端的人们不可容忍的不正义的裁判结果”，此为“个案正义”。第三，没有更强的理由，不能径行适用法律原则。本案中，关于如何解除控股股东资格问题时没有法律规则进行规定，故适用法律原则裁判本案既不违反法律规定，也有法理学根基，同时符合个案正义。原审法院适用“权利义务相一致原则”和“公平原则”裁判本案处理得当，应予维持。

应予指出：一方面，法律的生命在于实施；另一方面，法律也无法完备所有的可操作细节，因成文法立法永远滞后于社会生活的变化。对于立法未涉及的特殊情形，只要权利受侵害的主体之诉请符合立法精神和法律原则，司法机关均应予以救济，而不应以法无明确规定为由对其加以苛责。原审法院对此问题处理是正确的。另外，作为市场主体，诚信、善意的处理纠纷，既有利于降低交易成本，也便于节省司法行政资源。本案当事各方妥善对待和解决问题，自行配合办理相关手续优于司法机关或行政机关通过强制力解决。

综上所述，依现有在案证据，原审判决认定事实清楚，适用法律正确。依照《民事诉讼法》第 170 条第 1 款第 1 项之规定，判决：驳回上诉，维持原判。

（作者单位：菏泽市中级人民法院商二庭）

监管人过错导致监管物损毁灭失时的责任承担

郭芳芳

[**裁判摘要**]监管人接受质权人的委托对债务人提供的质物进行监管的，监管人应负妥善监管义务。因监管人过错导致被监管的财产损毁灭失的，应对质权人承担违约责任。质权人主张质物在监管期间因品质发生变化而产生经济损失的，质权人应对交付时质物品质承担举证责任。

原告：中国工商银行股份有限公司东营西城支行（以下简称“工行西城支行”）

负责人：王敏，行长

被告：元利瑞德资产监管有限公司（以下简称“元利瑞德监管公司”）

法定代表人：徐元斌，董事长

原告工行西城支行诉称：原告与东营市双安化工有限责任公司（以下简称“双安化工公司”）签订两份《商品融资合同》，约定原告先后向双安化工公司提供借款800万元、500万元，双安化工公司以其自有燃料油为上述贷款提供质押担保。原、被告签订了《商品融资质押监管协议》，约定由被告履行对质物的监管职责，保证质物的安全及价值。协议签订后，被告接收了质物并向原告签发了《质物清单》。因双安化工公司未及时归还借款，原告对双安化工公司提起诉讼。东营市中级人民法院作出东商初字[2012]第103号民事判决，判决双安化工公司偿还原告借款本金1300万元及利息203290元，并支付2012年11月14日至实际清偿日的利息，原告对被告监管的4242.5吨燃料油享有优先受偿权。判决生效后，双安化工公司未履行生效判决确定的义务。原告依法申请人民法院强制执行。2013年11月13日，经东营德信资产评估有限责任公司评估，燃料油数量410.1吨，价值147.431万元。同年12月31日，经拍卖成交价为147.5万元，不能移出的库底油变卖10万元，质物处理总价款157.5万元。扣除执行费8.04万元、诉讼费垫款10.102万元、评估费2万元、污水处理费3.8万元、移库运费及人工费4.2万元后，剩余账款129.358万元归还了贷款本金。至此，因被告监管不力，致使质物短少，导致原告借款本息共计14975350.69元无法得到清偿，遭受巨大经济损失。请求判令：被告赔偿原告经济损失14975350.69元。

被告元利瑞德监管公司答辩称：(1)被告已经充分履行了监管职责，不存在违反监管协议的情形。(2)原告的贷款未能全额受偿是双安化工公司造成的,并非被告造成。(3)涉案油品在处置之前的数量略低于监管协议约定的最低控制量,是因2012年11月、12月期间双安化工公司的债权人哄抢所致,被告在第一时间通知了原告并报警。原告到现场后,仍然无法阻止哄抢,导致油品短少,被告作为监管人已经适当、全面地履行了协议义务,原告不应对被告过于苛刻,将其自身也无法控制的损失转嫁给被告。请求驳回原告的诉讼请求。

东营市中级人民法院经审理查明:2011年10月27日、2012年4月1日,工行西城支行与双安化工公司分别签订西办字[2011]第81号和西办字[2012]第27号两份《商品融资合同》。双安化工公司先后向工行西城支行借款800万元、500万元,借款期限1年。双安化工公司提供质押担保。双方约定了担保的范围并约定质物交由元利瑞德监管公司进行监管并由其出具相关保管凭证。2011年10月28日、2012年4月1日,工行西城支行先后向双安化工公司发放贷款800万元、500万元。

2011年10月27日,工行西城支行(甲方)、双安化工公司(乙方)、元利瑞德监管公司(丙方),三方签订编号为DZDY20110004号(DZDY20110002号)的《商品融资质押监管协议》。协议约定:鉴于甲方与乙方签订了编号为西办字[2011]0081号《商品融资合同》。为保障融资合同的履行,乙方同意将其享用所有权的货物质押给甲方,甲方和乙方均同意将质物交由丙方监管,丙方同意接受甲方的委托并按照甲方的指示监管质物。第一条法律关系:在监管期间,甲方为质权人,乙方为出质人,丙方为甲方的代理人,代理甲方监管质物。监管是指丙方代理甲方占有质物并根据协议约定履行监管质物的责任。第二条质物:第2.1条,质物的品名、规格型号、生产厂家、数量、重量、储存地点等以丙方签发的《质物清单》的记载为准。第2.2条,乙方保证质物的品名、规格型号、生产厂家、数量、质量、包装、件数和标记等与和甲方的约定以及向丙方申报和交付的一致,并对上述事实的真实性承担法律责任。第2.5条,甲、丙两方中任何一方在质物转移占有之前可以要求有资质的检验机构对质物进行检验,检验费用由乙方承担。第2.6条,在质物的转移占有过程中,甲、乙双方根据融资合同的约定,向丙方出具《质物种类、价格、最低要求通知书(代出质通知书)》(以下简称《代出质通知书》),丙方按照通知书列明的内容核查乙方交付的货物及现有库存,如经核实,乙方交予的货物及实际库存与《代出质通知书》记载相符,丙方接受乙方交付货物,并向甲方签发《质物清单》,质物完成转移占有。实际转移交付占有的质物以《质物清单》列明的为准,如融资合同对质物的约定不明,或约定的质物与实际移交额度质物不一致的,以实际交付占有的质物为准。若三方无其他书面约定,丙方查核乙方交付货物主要依据表面审查、外观检查和单据审查的方法。第2.8条,在监管期间,无论乙方提货或换货,库存质物都应符合《代出质通知书》列明的要求,库存最低价值等于单价乘以质物数量(或重量),质物单价以甲方书面通知为准。第三条监管期间:丙方签发《质物清单》,完成转移占有,监管期开始。丙方收到甲方出具的《提货通知书》后,监管责任解除。第四条质物监管:第4.1条,监管期间,丙方应按照《合同法》及相关法律法规妥善、谨慎处理监管的质物。第4.3条,因各种原因质物发生短少、损毁、变质、灭失等可能影响甲方权益的情形,丙方应在24小时内通知甲方,并采取适当的应急措施。第4.6条,丙方应当建立质物登记统计制度,定期对质物进行查验、核对种类、清点数目、检查包装和标识,对质物的出入库的时间、数量、去向以及质物的现状进行记录。第 4.13 条,丙方保证,其对存放监管质物的场地拥有完全的、排他的所有权或使用权,不存在任何法律上的瑕疵。若由于存放监管质物的场地权属影响丙方监管责任的履行,丙方应承担相应的赔偿责任。第五条提取质物:第 5.1 条,质物的实际价值超过甲方要求额度最低价值的,乙方就超出部分提货或者换货时,无需追加保证金,可直接向丙方申请办理提货或换货,丙方应严格按照合同的约定办理,并保证提货或换货后处于丙方占有、监管下的质物价值始终不得低于《代出质通知书》要求的质物的最低价值。第 5.5 条,质物的实际价值等于甲方要求的最低价值时,甲方签发的《提货申请书》为乙方办理提货的唯一有效凭证。没有甲方签发的《提货通知书》,丙方不得为乙方办理提货。第六条质物价格:第 6.1 条,质物价格按照甲方、乙方送达给丙方的《代出质通知书》和《质物价格调整通知书》列明的价格确定。第八条费用及支付方式:第 8.1 条,三方一致同意协议项下对质物的监管费、仓储费等因质物监管产生的费用由乙方承担。第 8.5 条,乙方如未按约定支付相应费用或支付的费用低于实际发生的监管费等费用的,丙方应立即通知甲方或乙方。乙方未能按照丙方通知按期补足费用的,丙方有权对质押货物行使留置权,并拒绝办理质物的提货手续。第十二条违约责任:第 12.1 条,丙方因以下情形给甲乙双方造成损失的,承担实际损失的赔偿责任,但甲方就其实际损失的赔偿款享用优先受偿权:(1)在监管期间,除不可抗力的事件,乙方未告知丙方质物的特殊保管要求的情况外,质物毁损灭失或由于丙方未尽到保管责任致使质物变质、短少、受污染的;……(4)因丙方违反第 4.3 条的规定,未及时通知甲方、乙方或未采取适当的应急措施的;(5)因丙方违反协议给甲乙双方造成的损失的其他情况。

同日,工行西城支行向元利瑞德监管公司发出编号为 20111027 号《代出质通知书》。《代出质通知书》记载:出质人将 4477.61 元/吨的燃料油 2680 吨质押给质权人。权属控制由出质人一次性出具《承诺书》或按月出具《权属、品质汇总表》;质量为出质人自检,如需外检由质权人提前 3 日通知。将出质事实及质物情况通知监管人,请监管人按协议要求对质物进行监管。质物质押期间应始终符合以下要求,质物种类要求燃料油,质物最低价值余额 1143 万元。该协议中货物的规格型号、生产厂家、质物结构比例要求等处均没有填写内容。《代出质通知书》落款处,三方均盖章确认。

同日,元利瑞德监管公司向工行西城支行出具了编号为 20111027 号《质物清单》。《质物清单》记载:元利瑞德监管公司已按照相关协议于 2011 年 10 月 27 日接收 4477.61 元/吨的燃料油 2680 吨,并开始履行监管责任。出质人将上述货物质押给原告,并对质物的真实性、合法性负责。元利瑞德监管公司确认上述质物已存放于元利瑞德监管公司拥有使用权的场地,上述质物确已在被告的占有、保管、监管下。监管期间,质物的最低价值、最低数量等于质权人要求的质物最低价值、最低数量时,元利瑞德监管公司保证按照《商品融资质押监管协议》的约定给出质人办理提货手续。

2012 年 4 月 5 日,工行西城支行向元利瑞德监管公司发出《质物价格调整通知书》,DZDY20110004 号(DZDY20110002 号)《商品融资质押监管协议》质物价格调整为 4800 元/吨。同日,元利瑞德监管公司向工行西城支行出具《质物清单》载明,在监管期限,质物的最低价值×最低数量始终不得低于 1206 万元或者 2512.5 吨。

2012 年 4 月 1 日,工行西城支行(甲方)、双安化工公司(乙方)、元利瑞德监管公司

(丙方)三方签订编号为 DZDY201203005 的《商品融资质押监管协议》。该《商品融资质押监管协议》对应前述甲、乙双方签订的编号为西办字[2012]27 的《商品融资合同》。DZDY201203005 号《商品融资质押监管协议》和前述 DZDY20110004 的《商品融资质押监管协议》均是标准文本，内容完全一致。同日，原告向被告发出编号为 DZDY20120300501 的《代出质通知书》，质物为 1562.5 吨燃料油，单价为 4800 元每吨。质物最低价值余额为 750 万元。被告向原告出具了编号为 DZDY20120300502 的《质物清单》，被告收到上述质物，并保证监管期间，质物的最低价值/最低数量始终不得低于 750 万元或者 1562.5 吨。

元利瑞德监管公司对上述质物的监管期限分别自 2011 年 10 月 27 日、2012 年 4 月 1 日至 2013 年 12 月 31 日。质物储存于双安化工公司 106、108、110、111 号储罐中，在监管期间双安化工公司未提取过质物。2012 年 4 月 22 日～2012 年 10 月 28 日，元利瑞德监管公司每周向工行西城支行出具 1 份《监管工作报告》，共出具 28 份。《监管工作报告》均记载"质物价格无异常变动，押品库存长期未变动，建议贵行对押品品质做进一步鉴定"，"对押品品质做进一步鉴定，对质物油品进行倒灌"。2012 年 7 月 2 日，工行西城支行收到元利瑞德监管公司出具的元利瑞德监管公司 2012 年第 13 号《风险预警提示函》，该函记载：2012 年 4 月，因出质人涉及诉讼，企业账户被法院冻结。为避免影响工行西城支行权益，元利瑞德监管公司采取加强现场监管(监管员增加至两名)。建议工行西城支行采取相关措施对质物进行处置，以确保信贷资产安全。

2012 年 11 月 10 日，东营市公安局东营分局牛庄派出所接警称，在双安化工公司有人堵门不让报警人离开。《接处警登记表》记载现场情况为，百川公司代表与市工行代表因双安化工公司的物品归属发生争执。该派出所告知双方到法院依法解决，不能因此事发生违法行为。

2012 年 11 月 16 日，工行西城支行以双安化工公司等为被告向本院提起诉讼。本院于 2013 年 3 月 30 日，作出东商初字[2012]第 103 号民事判决，裁决内容包括：(1)双安化工公司于判决生效之日起 10 日内偿还工行西城支行借款本金 1300 万元及利息 203290 元，并支付 2012 年 11 月 14 日起至实际清偿日止的利息(利息计算方式：本金 1300 万元，利率按中国人民银行同期限档次贷款利率的 2.25 倍计算)；(2)工行西城支行对双安化工公司提供并由元利瑞德监管公司监管的 4242.5 吨燃料油享有优先受偿权。

东商初字[2012]第 103 号民事判决生效后，工行西城支行向本院申请强制执行，本院于 2013 年 6 月 19 日立案执行，执行案号为东执字[2013]第 87 号。

2013 年 10 月 15 日，工行西城支行与元利瑞德监管公司协商确定《双安化工公司质押物移库实施方案》。方案内容为：2013 年 9 月 12 日，由东营市中级人民法院组织各方当事人到双安化工公司储油现场进行勘验，鉴于原有仓储设备无法加温，导致油品质量、数量无法评估。为实现顺利、快速依法处置，形成以下移库方案：质物由双安化工公司移库到山东大地石化集团有限公司的罐区内封存。根据油品移库实际情况需 2000 吨容量储罐 2 个。对移库后油品进行脱水。经当事人确认油品已脱水完毕后，在法院的监督下进行封存。

2013 年 10 月 17 日，工行西城支行与元利瑞德监管公司对质物进行测量。《现场测量情况表》记载:106 号储罐,底面直径 10 米,油面高 11 米,容量 863.94 立方米,油品重量 803.46 吨;108 号储罐,底面直径 13 米,油面高 10.9 米,容量 1446.78 立方米,油品重量 1345.51 吨;110 号储罐,底面直径 11 米,油面高 4.9 米,容量 465.66 立方米,油品重量 428.41 吨;111 号储罐,底面直径 11 米,油面高 11.4 米,容量 1083.38 立方米,油品重量 996.71 吨;共计 3574.09 吨。

2013 年 11 月 15 日,对上述燃料油进行了移库。工行西城支行支付隋新增移库污水处理费 1.3 万元,支付东营市广北沥青有限责任公司原油运输费、机械使用费 4.2 万元,支付隋新广移库费用 2.5 万元。移库脱水后,燃料油重 410.1 吨。

2013 年 11 月 20 日,东营德信资产评估有限责任公司对上述燃料油进行了评估。燃料油的主要指标:水分为 26.83%、硫含量为 0.49%、盐含量为 1233mg/L、汽油为 2.25%、柴油为 8.95%、蜡油为 37.75%。在评估基准日 2013 年 11 月 13 日,410.1 吨燃料油不含增值税的评估价值为 147.431 万元。2013 年 12 月 2 日,工行西城支行支付东营德信资产评估有限责任公司评估费 2 万元。

2013 年 12 月 31 日,经东营阳光拍卖有限责任公司拍卖,东营市广北沥青有限责任公司以最高价 147.5 万元的价格竞得燃料油。

2014 年 3 月 4 日,本院将扣除执行费 8.04 万元后的案款过付给工行西城支行。工行西城支行陈述不能移出的库底油变卖 10 万元。

截至 2014 年 6 月 20 日,双安化工公司应归还本金 1300 万元及利息 3268930.69 元。

东营市中级人民法院认为:原告、被告及双安化工公司签订的两份《商品融资质押监管协议》,均系当事人的真实意思表示,内容不违反法律法规的强制性规定,均为有效合同。各方当事人应按合同约定行使权利、履行义务。被告对双安化工公司向原告提供的质物进行有偿监管,承诺在未尽保管责任导致质物短少给原告造成损失时承担赔偿责任。被告依据《商品融资质押监管协议》出具了《质物清单》,注明已收到质物 4242.5 吨(2680 吨+1562.5 吨)并开始履行监管职责,确认质物在其占有、监管下。但 2013 年 10 月 17 日,经原、被告确认储油罐内的质物为 3574.09 吨,进行脱水后仅存燃料油 410.1 吨。被告应否对质物的减少承担赔偿责任是本案的焦点问题。具体而言本案焦点有四个方面:一是被告元利瑞德监管公司应向原告工行西城支行承担监管责任的质物数量;二是对减少的质物被告元利瑞德监管公司应否承担赔偿责任;三是对脱水后减少的质物被告元利瑞德监管公司应否承担赔偿责任;四是如被告元利瑞德监管公司应承担赔偿责任,赔偿数额的确定问题。

关于焦点一,被告元利瑞德监管公司应向原告工行西城支行承担监管责任的质物数量问题。根据被告出具的《质物清单》,被告收到双安化工公司燃料油 4242.5 吨。原告主张被告应对 4242.5 吨燃料油向其承担监管责任。被告主张仅对最低控制数量 4075 吨燃料油向原告承担监管责任。本院认为,原告向被告出具的《代出质通知书》要求质物最低价值余额 1893 万元(1143 万元+750 万元)。2012 年 4 月 5 日,原告通知被告质物价格由 4477.61 元/吨变更为 4800 元/吨,并通知被告质物最低价值余额变更为 1956 万元(1206 万元+750 万元)。根据变更后的价格,被告监管的最低数额为 4075 吨(2512.5 吨+1562.5 吨)。虽然被告接收了双安化工公司提供的燃料油 4242.5 吨,但原告向其出具的《代出质通知书》明确要求质物最低价值余额为 1956 万元。《商品融资质押监管协议》约定质物的数量以被告出具的《质物清单》为准。被告根据原告出具的《代出质通知书》载明的质物最低价值余额及质物单价，向原告出具了《质物清单》，该清单记载质物最低价值为 1956 万元或最低数量为 4075 吨。因此，被告仅需对其监管的 4075 吨质物向原告负责。对被告接收的剩余 167.5 吨(4242.5 吨－4075 吨)燃料油，原告无权向被告主张权利。

关于焦点二，对于丢失的 500.91 吨质物，被告元利瑞德监管公司应否承担赔偿责任的问题。本院认为，2013 年 10 月 17 日，原告、被告确认储存罐内的质物为 3574.09 吨，与被告负有监管责任的 4075 吨相比，被告应对减少的 500.91 吨质物承担赔偿责任。理由如下：《商品融资质押监管协议》约定如质物发生短少、损毁等情形，被告应在 24 小时内通知原告，并采取适当的应急措施。亦约定由于被告未尽到保管责任致使质物变质、短少，给原告造成损失的，被告应承担实际损失的赔偿责任。被告主张因双安化工公司的其他债权人哄抢燃料油，致使燃料油减少。被告及时通知了原告并报警，尽到了监管义务，不应承担赔偿责任。为证明该主张，被告提交了《现场监管工作日记》并申请本院调取了公安机关的出警记录。但《现场监管工作日记》为被告单方记载，原告不予认可其真实性，该证据不予采信。《接处警登记表》仅记载百川公司与原告出现争议，两份证据均不能证明被告依据监管协议的约定履行了在 24 小时内通知原告并采取适当应急措施的合同义务。因此，被告提供的证据不能证明其上述主张，对于减少的质物，被告应承担赔偿责任。关于被告辩称的因质物未实际转移占有，原告对质物不享有优先受偿权，原告无权要求被告承担赔偿责任的问题。本院认为，东商初字[2012]第 103 号民事判决已确认质押合同有效，原告对上述质物享有优先受偿权，对该项抗辩，依法不予支持。关于被告辩称的因原告未足额支付被告监管费用，原告违约在先，被告不应向原告承担违约责任。本院认为，监管协议约定，监管费用由双安化工公司承担，如双安化工公司未支付相应费用，被告有权对质押货物行使留置权。因此，支付监管费用的义务人为双安化工公司，并非原告。监管协议合法有效，被告应按协议约定全面履行监管义务。因此，对该项抗辩，依法不予支持。关于原告主张的 3574.09 吨燃料油是通过体积计算出的重量，不能以此认定 2013 年 10 月 17 日燃料油重量的问题。本院认为，此次测量是双方在燃料油脱水前对燃料油重量进行的唯一一次测定。测量方法是双方自愿确定的，也有科学依据，双方均签字认可测量结果。并且在双方签订《商品融资质押监管协议》时，亦是根据体积计算的质物重量。因此，对该项主张本院依法不予支持。综上，对减少的 500.91 吨质物，被告应向原告承担赔偿责任。

关于焦点三，对于脱水后减少的 3163.99 吨(3574.09 吨－410.1 吨)质物，被告元利瑞德监管公司应否承担赔偿责任的问题。本院认为，对脱水后减少的质物，被告不应承担赔偿责任。理由如下：第一，质物转移占有前的质量未确定。原告未提供证据证明其与双安化工公司签订《商品融资合同》时，对质物进行过检验。在质物转移占有之前，原告、被告双方亦未委托有资质的检验机构对质物进行检验，原告没有证据证明质物转移占有前质物的质量指标，如含水量等。第二，《商品融资质押监管协议》约定，双安化工公司保证质物的品名、数量、质量等与和原告的约定以及向被告申报和交付的一致，并对上述事实的真实性承担法律责任(第2.2条);在质物的转移占有过程中,被告审核双安公司交付货物主要依据表面审查,外观检查和单据审查的方法(第2.6条)。原告向被告出具的《代出质通知书》亦记载质量为出质人自检,如需外检由原告提前3日通知。根据上述约定,质物质量为出质人负责,被告主要依据表面审查的方式审核出质人交付的质物,对接受质物时质物的质量无审核义务。第三,《质物清单》中记载的燃料油价值4800元/吨,并不是被告对质物质量的认可,其目的仅是为了便于被告依据该价格及监管最低价值,对质物的出入库进行控制。在原告、被告双方认可被告接收质物时,未检验质物质量的情况下,不能仅依据该清单证明质物的质量及价值。第四,原告作为质权人,理应对出质人双安化工公司提供的质物—燃料油的质量负有更多的注意义务。关于双安化工公司提供的质物是水还是油、油的质量如何、含有多少水分,质权人在质物转移占有前,理应与出质人、监管人共同检验确认,但原告从未履行此种检测程序。特别是在被告向原告发出的工作报告中数次建议对质物进行检验的情况下,原告依然未进行检验,属于怠于履行职责。综上,燃料油中出现的大量水分不能证明是何时、何种原因出现的,关键是不能证明是监管期间因被告的原因导致的。因此,对脱水后减少的3163.99吨质物,被告不应承担赔偿责任。

关于焦点四,被告元利瑞德监管公司应承担赔偿责任的数额问题。如前所述,被告应对减少的500.91吨质物向原告承担赔偿责任。原告主张被告应按《质物清单》中记载的每吨4800元承担赔偿责任。本院认为,《质物清单》记载的单价仅是控制监管最低数量,并不能证明燃料油的实际价值。《中华人民共和国担保法》以下简称《担保法》第71条对质权实现的原则和一般方法作了规定:"……债务履行期届满质权人未受清偿的,可以与出质人协议以质物折价,也可以依法拍卖、变卖质物。质物折价或者拍卖、变卖后,其价款超过债权数额的部分归出质人所有,不足部分由债务人清偿。"被告在监管期间导致质物500.91吨油品灭失,既不可能折价,也无法拍卖、变卖,但可以参照时间较近的同种油品的拍卖成交价确定损失额。2013年10月17日,双方确认的3574.09吨质物,经脱水后拍卖成交价为147.5万元,相应地被告对减少的500.91吨质物,应承担206721元的赔偿责任(500.91吨×147.5万元÷3574.09吨=206721元)。

综上,依照《合同法》第8条、第107条、第113条第1款,《担保法》第71条,《民事诉讼法》第64条第1款之规定,判决如下:(1)被告元利瑞德资产监管有限公司于判决生效之日起10日内赔偿原告中国工商银行股份有限公司东营西城支行经济损失206721元;(2)驳回原告中国工商银行股份有限公司东营西城支行的其他诉讼请求。如果未按判决指定的期间履行给付金钱义务,应当依照《民事诉讼法》第253条之规定,加倍支付迟延履行期间的债务利息。案件受理费111652元,由原告中国工商银行股份有限公司东营西城支行负担110111元,由被告元利瑞德资产监管有限公司负担1541元。

宣判后,中国工商银行股份有限公司东营西城支行不服上述判决,向山东省高级人民法院提起上诉。山东省高级人民法院经审理,于2015年9月23日作出鲁商终字[2015]第325号民事判决,驳回上诉,维持原判。

(作者单位:东营市中级人民法院)

公司内部形成变更法定代表人(负责人)决议但尚未在工商部门变更登记的不能对抗善意第三人

葛宝玉

[裁判摘要]公司负责人变更应当办理变更登记,从而向社会公众公示代表权变更的状态,提高交易效率,维护交易安全及交易秩序。如果公司负责人的变更未及时进行工商变更登记的,对外不具有公示力,不能产生对抗善意第三人的效力。

原告:莱芜市鹏泰物资有限公司(以下简称"鹏泰公司")

法定代表人:卢化春,经理

被告:山东京庄建设有限公司(以下简称"京庄公司")

法定代表人:王沂伟,董事长

被告:魏丕文

被告:魏延培

被告:魏纪友

鹏泰公司一审诉称:2013年11月27日,鹏泰公司与京庄公司莱芜分公司负责人谢金良签订《钢材购销合同》,给该公司在莱城区口镇港里村的工地供应钢筋,截至2013年12月10日,欠货款328001.2元,京庄公司莱芜分公司负责人谢金良出具欠条,魏纪友、魏丕文、魏延培提供担保。该款经鹏泰公司多次催要,债务人并不履行。2014年3月27日,谢金良等人给鹏泰公司出具保证书,保证在2014年4月1日之前偿还全部货款,逾期不付承担由此产生的一切费用。京庄公司莱芜分公司系京庄公司的分公司。根据法律规定,京庄公司应对分公司的行为承担责任。请求判令:京庄公司、魏丕文、魏延培、魏纪友连带偿还欠款328001.20元及支付违约金(自2013年11月28日起至实际付款日,每天按428.20元支付)和实现债权的费用10000元,诉讼费、保全费由京庄公司、魏丕文、魏延培、魏纪友承担。

京庄公司一审辩称:京庄公司从未与鹏泰公司签订《钢材购销合同》,也从未授权任何人与鹏泰公司签订《钢材购销合同》,双方之间没有对价的合同关系,京庄公司不是合同的一方,因此不承担任何责任。鹏泰公司诉状中已经载明是由谢金良为其出具的欠条并由魏纪友、魏丕文、魏延培出具保证书,该债务关系非常明确。因此,该购销合同产生的义务,应由谢金良承担,与京庄公司没有任何法律关系。

魏纪友、魏丕文、魏延培一审共同辩称:债务人欠鹏泰公司的债务是2013年12月1日,期满最后的还款期限是2014年4月1日,连带责任保证的保证人与债权人未约定保证期间的债权人有权自主债务履行期间届满之日起6个月内要求保证人承担保证责任,在合同约定的保证期间和前款规定的保证期间,债权人未要求保证人承担保证责任的,保证人免除保证责任。魏纪友、魏丕文、魏延培的保证方式为连带责任的保证,保证期间为2014年4月1日~2014年10月1日之前的6个月,鹏泰公司起诉的时间为2015年1月25日,已超出6个月的保证期间,魏纪友、魏丕文、魏延培已免除了保证责任。

莱芜市莱城区人民法院一审查明:京庄公司是山东曹县工商行政管理局于2003年3月31日注册成立的有限责任公司,法定代表人为王沂伟,注册资金5000万元人民币。京庄公司莱芜分公司于2013年10月9日在莱芜市莱城区工商行政管理局注册登记,隶属山东京庄建设有限公司,经营期限为长期,负责人谢金良。谢金良以京庄公司代表人的身份与莱芜市莱城区港里村签订《港里村安置楼建设施工合同书》。合同约定:京庄公司以招投标价格每平方米1860元垫资承建莱芜市港里村的规划住宅楼;合同双方对承建工程概况、合作原则方式方法、双方权利义务、合同变更转让、违约责任以及合同效力均作出了约定,该合同盖有(甲方)莱芜市莱城区口镇港里村村民委员会单位章,盖有(乙方)京庄公司单位章,代表人栏由谢金良签字。2013年11月20日,京庄公司在莱芜日报上发出公告,公告内容:“为确保公司稳定健康发展,经公司研究决定,自2013年11月20日起停止京庄公司及莱芜分公司在莱芜市的一切开发建设工程项目。此前与我公司及分公司有业务联系往来的单位和个人,限2013年11月27日前与原联系人协商解决,也可与我公司总部联系协商处理,逾期我公司不承担任何责任。”2013年11月20日,谢金良给京庄公司出具承诺书一份,承诺书表明谢金良因合作条款的原因,与京庄公司不再合作,之前在莱芜以京庄公司名义发生的一切业务,由其个人负责一切责任,与京庄公司无关。2013年11月27日,鹏泰公司(甲方、供方)与京庄公司莱芜分公司莱芜港里项目部(乙方、需方)签订《钢材购销合同》一份,该合同对供应产品的名称、规格、单价、质量标准及接收验收方式、货款结算方式、违约责任进行了约定,合同落款甲方为鹏泰公司且盖有鹏泰公司公司章,乙方为谢金良签字。该合同约定货款每300吨结清一次,在3个月内该批货物达不到300吨也必须结清这批货款。若到付款日期后,乙方不能按时付款的,甲方有权停止乙方施工,并且把所欠货款从发货之日起每天每吨加收5元支付给甲方作为违约金。2013年11月28日,鹏泰公司的货物销售单由谢金良签字,该销售单位表明:销货单位为鹏泰公司,购买单位为口镇港里村生活区,数量为85.64吨,货款328001.20元。2013年12月10日,谢金良出具欠条一张,该欠条记载:钢筋款(85.64吨,规格见送货单明细),共计货款328001.20元,欠款人谢金良,保证人魏纪友、魏延培、魏丕文。2014年3月27日,谢金良出具保证书一份,该保证书记载:在2014年4月2日之前一次性付清欠鹏泰公司钢筋款328001.2元,此货款如在2014年4月2日之前付不清,由港里社区工地所存同等价值钢筋如数补还,或由担保人魏纪友、魏丕文、魏延培等3人无条件偿还,此间所产生一切费用由欠款人与担保人全部承担,欠款人谢金良,保证人魏纪友、魏延培、魏丕文。鹏泰公司于2014年9月25日请求法院判令谢金良、魏纪友、魏丕文、魏延培支付钢材款,后由于鹏泰公司没有在法院指定的期限内提供谢金良确切地址，被裁定驳回起诉。2015 年 5 月 15 日，莱芜莱城浩正法律服务所给原告出具发票一张，该发票表明鹏泰公司代理费 10000 元。2015 年 1 月 26 日，鹏泰公司又起诉京庄公司、魏纪友、魏丕文、魏延培至法院，请求判令京庄公司、魏丕文、魏延培、魏纪友连带偿还欠款 328001.20 元及支付违约金(自 2013 年 11 月 28 日起至实际付款日，每天按 428.20 元支付)和实现债权的费用 10000 元。

莱芜市莱城区人民法院认为：公司对其法定代表人及其工作人员从事其职务经营活动，产生的民事责任由其公司承担。分公司可以自己名义从事其与法律地位相当的民事活动的分支机构，分公司不具有法人资格，其在参与民事活动中产生的民事责任由公司承担。京庄公司与莱芜市莱城区港里村签订《港里村安置楼建设施工合同书》系双方当事人的真实意思表示，且未违反法律禁止性规定，应当认定合法有效。京庄公司与京庄公司莱芜分公司的负责人谢金良签订承诺书，该行为系公司内部行为，且京庄公司未到京庄公司莱芜分公司的登记机构进行负责人变更，法律上并没有终止谢金良的京庄公司莱芜分公司的负责人职务，其对抗谢金良非职务行为系个人行为签订《钢材购销合同》的理由，不能成立。京庄公司在《莱芜日报》上发表公告的行为，是单方意思表示，对其没有约定用该方式设立与变更相对方的权利义务缺乏约束力。京庄公司莱芜分公司在组织实施港里村安置楼建设中，可以在核准的范围内，依法与他人签订合同。因此，京庄公司莱芜分公司谢金良与鹏泰公司签订的《钢材购销合同》，系合同双方真实意思表示，内容未违反法律强制性规定，该合同合法有效。鹏泰公司依《钢材购销合同》约定，将钢材送到港里村安置房施工工地，并由莱芜分公司负责人谢金良在销货单上签字验收，完成了交付货物的义务，而京庄公司莱芜分公司未能如约支付货款属于违约，应当承担违约责任。京庄公司莱芜分公司作为京庄公司的分支机构，其对外经营活动中产生的权利义务均应由京庄公司承担，因此，鹏泰公司要求京庄公司偿还欠款 328001.20 元及支付违约金的诉讼请求，予以支持。谢金良在出具的欠条保证书中，对未按期还款所产生的费用进行了约定。为此，鹏泰公司要求京庄公司支付实现债权 10000 元费用的请求，予以支持。魏纪友、魏丕文、魏延培为债务人提供保证担保，并未约定保证方式和保证期限，应当认定为连带责任担保。鹏泰公司曾于 2014 年 9 月 25 日以买卖合同纠纷为由向法院提起诉讼，要求保证人承担保证责任。因此，担保人的担保期间应从要求保证人承担责任的日期起计算保证诉讼时效，鹏泰公司要求魏纪友、魏丕文、魏延培承担连带偿还货款的请求符合法律规定，予以支持。依据《公司法》第 14 条，《中华人民共和国民法通则》第 43 条，《合同法》第 3 条、第 8 条、第 107 条、第 114 条，《担保法》第 19 条、第 26 条，《最高人民法院关于适用担保法若干问题的解释》第 34 条，《民事诉讼法》第 253 条之规定，判决：(1)京庄公司向鹏泰公司支付货款 328001.20 元和违约金(自 2013 年 11 月 28 日起至判决生效之日，每天按 428.20 元支付)以及实现债权的费用 10000 元；(2)魏纪友、魏丕文、魏延培对上述款项承担连带清偿责任。案件受理费 6220 元，保全费 2220 元，由京庄公司负担。

上诉人京庄公司不服原审判决，上诉称：一审法院认定事实错误，第一，认定谢金良的个人行为属于职务行为错误。谢金良与京庄公司终止合作关系后，以个人名义与鹏泰公司签订钢材购销合同，以个人名义向鹏泰公司出具欠条，与京庄公司无任何关系。第二，认定2013年11月20日后谢金良仍是上诉人职工错误,京庄公司已于2013年12月10日刊登公告,表明谢金良终止与京庄公司的合作关系,不再是上诉人职工。第三,认定京庄公司与莱芜市莱城区港里村存在建设施工合同关系错误。《港里村安置楼建设施工合同书》是复印件,没有合同原件,一审判决适用法律错误。一审法院适用法律的前提是谢金良是京庄公司的员工,而事实情况是谢金良不是京庄公司职工;一审审理程序违法,京庄公司追加谢金良为被告,一审法院置之不理,造成程序严重违法;一审法院确定的违约金过高,请求予以调整;请求撤销原判、改判京庄公司不承担付款责任。

被上诉人鹏泰公司二审辩称:第一,京庄公司的上诉是围绕着2013年12月10日在《莱芜日报》上刊登的公告及京庄公司莱芜分公司负责人谢金良同日出具的承诺书来进行的,并以此主张谢金良的行为是个人行为,与京庄公司无关,该观点不能成立。理由如下:(1)谢金良出具的承诺书不具有真实性。(2)京庄公司在《莱芜日报》刊登公告的行为既不是法定行为也不是约定行为,该公告对鹏泰公司没有约束力。(3)京庄公司莱芜分公司是2013年10月9日在莱芜市工商局登记设立的,负责人是谢金良,该登记状态一直持续到2015年6月8日。京庄公司在2015年6月8日首先变更了京庄公司莱芜分公司的负责人,由谢金良变更为黄国华,然后于当日注销了京庄公司莱芜分公司。也就是说,谢金良与鹏泰公司签订购销合同、出具欠条时仍然是京庄公司莱芜分公司的负责人。其行为仍然是职务行为。(4)京庄公司刊登公告的内容与工商登记事实不一致,应以工商登记为准。第二,一审法院适用法律正确。一审法院正确认定了谢金良的职务行为,适用法律正确。第三,一审法院程序合法。鹏泰公司在一审中并未追加谢金良为被告。综上,一审法院认定事实清楚,适用法律正确,程序合法,请求驳回上诉,维持一审判决。

原审被告魏丕文、魏延培述称:京庄公司称谢金良的行为不是职务行为,与事实不符。魏丕文、魏延培在知道谢金良是分公司负责人的前提下才提供担保,两人不是为谢金良个人担保,而是为公司担保。保证期间不因任何的事由发生中断、中止和延长的后果,鹏泰公司起诉京庄公司时已超过6个月的担保期限,故魏丕文、魏延培已解除了担保责任。

莱芜市中级人民法院二审审理查明:2013年11月27日,鹏泰公司与谢金良签订的《钢材购销合同》中,需方名称为"京庄公司莱芜分公司港里项目部",送货地点为"港里项目部工地",购货用途为"根据工程建设所需",购货数额为"根据工程进度需要,分期分批购买钢材"。2015年6月8日,京庄公司莱芜分公司的负责人由谢金良变更为黄国华。同日,京庄公司莱芜分公司注销,注销原因:"决议解散。"

其余事实,与一审法院查明的事实一致。

莱芜市中级人民法院认为:本案争议的焦点问题主要有以下三点:(1)一审程序是否违法。(2)谢金良与鹏泰公司签订购销合同产生的法律效力是否及于京庄公司,京庄公司是否应当承担民事责任。(3)鹏泰公司请求的违约金应如何计算。

第一,关于一审程序是否违法。本案案由为买卖合同纠纷,解决的是合同双方基于买卖关系产生的纠纷,而谢金良作为京庄公司莱芜分公司的负责人签订合同,不是本案必须进行共同诉讼的当事人。京庄公司在一审中请求追加谢金良为被告参加诉讼,无法律依据,其诉称一审程序违法的上诉意见,本院不予采信。

第二,关于谢金良与鹏泰公司签订购销合同产生的法律效力是否及于京庄公司,京庄公司是否应当承担民事责任。《中华人民共和国公司法》第 3 条规定:“设立公司,应当依法向公司登记机关申请设立登记。”《中华人民共和国公司登记管理条例》第 46 条规定:“分公司的登记事项包括:名称、营业场所、负责人、经营范围。”第 48 条规定:“分公司变更登记事项的,应当向公司登记机关申请变更登记……变更负责人的,应当提交公司的任免文件以及其身份证明。”由此可见,分公司负责人变更应当办理变更登记,从而向社会公众公示代表权变更的状态,提高交易效率,维护交易安全及交易秩序。如果分公司负责人的变更未及时进行工商变更登记的,对外不具有公示力,不能产生对抗善意第三人的效力。本案中,谢金良与鹏泰公司签订购销合同时间为 2013 年 11 月 27 日。京庄公司莱芜分公司变更负责人的日期是 2015 年 6 月 8 日。签订合同时谢金良仍然是京庄公司莱芜分公司注册登记的负责人。鹏泰公司作为善意第三人基于谢金良担任京庄公司莱芜分公司负责人的身份与其签订钢材购销合同,而合同约定的产品名称、需方名称、送货地点、购货用途、购货数额等均与京庄公司莱芜分公司港里工地施工项目存在关联性,所以购销合同的相对方是谢金良担任负责人的京庄公司莱芜分公司,而不是谢金良个人。分公司不具有法人资格,其民事责任由公司承担。一审法院认定由京庄公司承担支付货款的民事责任是合法的。

京庄公司称谢金良的行为是个人行为不是职务行为,故京庄公司不应承担民事责任。该意见与工商登记的信息不符,即使京庄公司在其内部正确履行了关于分公司负责人变更的手续,而其法律效力仅仅在于公司内部,故在工商变更登记之前,不能对抗善意第三人。京庄公司在《莱芜日报》刊登公告以及谢金良出具承诺书的行为,不符合《中华人民共和国公司登记管理条例》关于分公司负责人变更的法定程序,不能对抗鹏泰公司的诉求。对京庄公司的此项上诉意见,本院不予采信。

第三,关于鹏泰公司请求的违约金应如何计算。购销合同约定的违约责任为“每吨每天加收 5 元”,一审法院认定每天违约金为 428.20 元,以此计算每年的违约金约为货款本金的 47%。京庄公司认为违约金过高,请求本院予以调整。参照《最高人民法院关于审理民间借贷案件适用法律若干问题的规定》第 26 条关于法律保护的最高年利率 24%的规定,综合本案案情,本院酌定违约金为每年按欠付货款的 24%收取,违约金应自双方约定的最后还款期限 2014 年 4 月 2 日开始起算。

综上,京庄公司提出请求减少违约金的意见,本院对违约金依法予以酌减。京庄公司的其余上诉理由不成立,本院不予支持。一审判决对违约金的计算过高,应予纠正。依照《中华人民共和国民事诉讼法》第 170 条第 1 款第 2 项、第 175 条之规定,判决:(1)维持莱芜市莱城区人民法院莱城商初字[2015]第 211 号民事判决第二项,即“魏纪友、魏丕文、魏延培对上述款项承担连带清偿责任”。(2)变更莱芜市莱城区人民法院莱城商初字[2015]第 211 号民事判决第 1 项,即“山东京庄建设有限公司于该判决生效后十日内支付莱芜市鹏泰物资有限公司货款 328001.20 元和违约金(自 2013 年 11 月 28 日起至该判决生效之日,每天按 428.20 元支付),实现债权的费用 10000 元”变更为“山东京庄建设有限公司于该判决生效后十日内支付莱芜市鹏泰物资有限公司货款 328001.20 元和违约金(自 2014 年 4 月 2 日起至该判决生效之日,以欠付货款为基数,按年利率 24%计收取违约金),以及实现债权的费用 10000 元”。如果未按本判决指定的期间履行给付金钱义务的,应当依照《中华人民共和国民事诉讼法》第 253 条的规定加倍支付迟延履行期间的债务利息。一审案件受理费 6220 元,保全费 2220 元,由山东京庄建设有限公司负担;二审案件受理费 6220 元,由山东京庄建设有限公司负担。

(作者单位:莱芜市中级人民法院民二庭)

“猝死”经补充证据后能证明属意外伤害导致死亡的，保险公司应进行赔付

王　鹏

［裁判摘要］

对于“猝死”本身是否属于意外伤害保险范围目前并无明确规定，且在审判实践中存在较大争议。为此，可对引发“猝死”的原因进行进一步调查。如果有证据证明死者死亡前存在意外伤害事故且可能引发“猝死”情况的，可推定系因意外伤害导致死亡，并判决保险公司赔付保险金。

原告：桓台县农村信用合作联社

法定代表人：宋文，理事长

被告：新华人寿保险股份有限公司淄博中心支公司

法定代表人：李涛，经理

被告：王树红

被告：韩之国

被告：徐学洋

被告：郭乐开

桓台县农村信用合作联社一审诉称：2013 年 1 月 16 日，借款人徐学潇与原告签订借款合同，借款 200000 元；同日，由被告韩之国、被告徐学洋、被告郭乐开签订最高额保证合同，被告王树红为共同还款责任人。2013 年 1 月 16 日，借款人徐学潇与被告新华人寿保险股份有限公司淄博中心支公司签订借贷安心意外伤害保险合同一份，保险金额为 200000 元，保险期间为 2013 年 1 月 17 日零时至 2014 年 1 月 15 日 24 时止，第一受益人为桓台县农村信用合作联社。2013 年 12 月 19 日，借款人徐学潇死亡。原告对被告王树红、被告韩之国、被告徐学洋、被告郭乐开进行了多次催收，四被告均未履行担保义务。原告对新华人寿保险股份有限公司淄博中心支公司提出保险索赔，保险公司未履行保险责任，为保证原告信贷资金不受损失，维护原告合法权益，现请求判令被告新华人寿保险股份有限公司淄博中心支公司赔偿借款本金 200000 元，被告王树红支付原告按照借款合同约定的利息（自 2014 年 1 月 15 日～2014 年 9 月 20 日）共计 27394.62 元及至实际还清借

款之日的利息及复利，被告韩之国、被告徐学洋、被告郭乐开对上述第二项互负连带清偿责任，诉讼费及其他费用由被告全部承担。

新华人寿保险股份有限公司淄博中心支公司一审答辩称：被告认可徐学潇与新华人寿保险股份有限公司淄博中心支公司签订保险合同的事实。但本案原告没有证据证实保险合同约定的保险事实发生，受益人没有提交合法有效的证据证实被保险人的死亡属于意外伤害而导致的死亡。投保人徐学潇在答辩人处投保的是借贷安心意外伤害险。众所周知，意外是指外来的、突发的、非本意的、非疾病的使身体受到伤害的客观事件。本案被保险人徐学潇虽然死亡，但属猝死，并非是意外伤害导致的死亡，死亡推断证明亦没有任何医学资料作为证明，且死亡推断证明的真实性和合法性无法得到证实，亦没有证据证实徐学潇的死亡符合保险合同意外伤害死亡的理赔条件。因此，原告诉求没有证据支持，应当驳回其诉讼请求。

被告王树红、被告韩之国、被告徐学洋、被告郭乐开一审答辩称：原告所述的事实没有异议，但徐学潇在原告桓台县农村信用合作联社要求下向被告新华人寿保险股份有限公司淄博中心支公司投保了意外伤害保险，保单中明确载明了原告桓台县农村信用合作联社是第一受益人。徐学潇死亡，其所欠原告桓台县农村信用合作联社的债务应由被告新华人寿保险股份有限公司淄博中心支公司承担，四被告不应承担还款的义务。

桓台县人民法院经审理查明：2012 年 2 月 14 日，桓台县农村信用合作联社与徐学潇签订个人借款合同一份。合同约定，徐学潇向桓台县农村信用合作联社借款 200000.00 元，借款种类为中期贷款，借款用途为购买铝材等，借款期限自 2012 年 2 月 14 日～2014 年 2 月 13 日，借款浮动利率即月利率为借款发放日所对应的中国人民银行同期同档次人民币贷款基准利率基础上上浮 95%。在本合同约定的期限和借款金额内，借款人可申请循环使用上述信贷资金，每笔借款的金额、用途、期限、利率、还款方式以借款凭证记载为准；借款人不按本合同约定的期限归还贷款本金的，贷款人有权对逾期贷款根据逾期天数按借款凭证载明的利率加收 50%的逾期利息；对借款人不按本合同约定用途使用贷款，贷款人有权对贷款违约使用部分在违约使用期间按借款凭证载明的利率加收 100%的罚息。同日，桓台县农村信用合作联社与韩之国、徐学洋、郭乐开签订最高额保证合同一份。合同约定，韩之国、徐学洋、郭乐开对上述借款 200000.00 元所形成的债务本金、利息、逾期利息、复利、罚息、违约金、损害赔偿金以及诉讼费、律师费等债权人实现债权的一切费用承担保证责任，保证方式为连带责任保证。2012 年 2 月 14 日，王树红为桓台县农村信用合作联社出具共同还款责任承诺书一份，王树红承诺其为徐学潇的借款 200000.00 元的共同还款成员，对借款本息及相关费用承担连带清偿责任。

合同签订后，桓台县农村信用合作联社于 2013 年 1 月 16 日将借款 200000.00 元付给徐学潇，约定借款月利率为 9.75‰，还款日期为 2014 年 1 月 15 日。同日，徐学潇对该借款 200 000.00 元向新华人寿保险股份有限公司淄博中心支公司投保借款安心意外伤害保险一份，保险期间为 2013 年 1 月 17 日零时至 2014 年 1 月 15 日 24 时止，第一受益人为贷款发放金融机构，即桓台县农村信用合作联社。2013 年 12 月 19 日，徐学潇猝死。

借款到期后，王树红、韩之国、徐学洋、郭乐开均未清偿桓台县农村信用合作联社借款本金 200000.00 元，尚欠桓台县农村信用合作联社借款本金 200000.00 元及逾期利息 27394.62 元(按合同约定的利率，自 2014 年 1 月 15 日计算至 2014 年 9 月 20 日)。新华人寿保险股份有限公司淄博中心支公司亦拒绝向桓台县农村信用合作联社支付保险金。

经王树红申请，起凤镇夏五村卫生所医生田登承出庭作证，证人证实二份死亡推断书皆是由其出具，第一份死亡推断书系因没有看到死者，依据职业习惯开具死亡原因为猝死的推断证明，第二份死亡推断书是在对死者死亡原因了解后开具的。

桓台县人民法院认为：桓台县农村信用合作联社与徐学潇签订的个人借款合同，桓台县农村信用合作联社与韩之国、徐学洋、郭乐开签订的保证合同，王树红出具共同还款责任承诺书，以及徐学潇与新华人寿保险股份有限公司淄博中心支公司之间的保证保险合同，均不违反法律的强制性规定，合法有效。

本案争议的焦点问题是新华人寿保险股份有限公司淄博中心支公司是否承担保险责任。本案中，徐学潇与新华人寿保险股份有限公司淄博中心支公司签订借贷安心意外伤害保险单一份，双方形成保证保险合同关系。徐学潇在投保借贷安心意外伤害保险时，新华人寿保险股份有限公司淄博中心支公司有义务对意外伤害的概念、构成和免除事由等向投保人进行明确说明或提示。《中华人民共和国保险法》第 30 条规定，采用保险人提供的格式条款订立的保险合同，保险人与投保人、被保险人或者受益人对合同条款有争议的，应当按照通常理解予以解释。对合同条款有两种以上解释的，人民法院或者仲裁机构应当作出有利于被保险人和受益人的解释。一般人对意外伤害的理解为意料之外的、不可预见的、非本意的伤害，一般认为猝死属于意外死亡。

因新华人寿保险股份有限公司淄博中心支公司未向投保人徐学潇明示意外伤害的概念、构成等，借款人徐学潇猝死符合一般人对意外伤害的理解，且徐学潇猝死也不属于新华人寿保险股份有限公司淄博中心支公司免除责任的情形，故新华人寿保险股份有限公司淄博中心支公司应根据保险单的约定对借款人徐学潇死亡在保险范围内予以理赔，即新华人寿保险股份有限公司淄博中心支公司应以给付保险金的方式支付给第一顺序受益人桓台县农村信用合作联社 200000.00 元。

对桓台县农村信用合作联社所诉借款截至 2014 年 9 月 20 日的利息 27394.62 元及自 2014 年 9 月 20 日至借款清偿之日的利息和复利，经审查，上述利息均不在新华人寿保险股份有限公司淄博中心支公司的保险范围内，新华人寿保险股份有限公司淄博中心支公司对上述利息不承担保险责任，应由徐学潇的共同还款责任人即王树红向桓台县农村信用合作联社清偿，韩之国、徐学洋、郭乐开根据保证合同对该利息及复利承担连带清偿责任。

对王树红、韩之国、徐学洋、郭乐开所提出的要求新华人寿保险股份有限公司淄博中心支公司赔付保险金 200000.00 元的辩称意见，经审查，符合法律规定，予以采信。对王树红、韩之国、徐学洋、郭乐开所提要求新华人寿保险股份有限公司淄博中心支公司承担借款利息的辩称意见，证据不足，不予采纳。

对新华人寿保险股份有限公司淄博中心支公司所提辩称意见，经审查，《中华人民共和国保险法》第 17 条规定："订立保险合同，采用保险人提供的格式条款的，保险人向投保人提供的投保单应当附格式条款，保险人应当向投保人说明合同的内容。对保险合同中免除保险人责任的条款，保险人在订立合同时应当在投保单、保险单或者其他保险凭证上作出足以引起投保人注意的提示，并对该条款的内容以书面或者口头形式向投保人作出明确说明；未作提示或者明确说明的，该条款不产生效力。”本案中，新华人寿保险股份有限公司淄博中心支公司在徐学潇投保借贷安心意外伤害保险时未明确说明相关保险条款，故新华人寿保险股份有限公司淄博中心支公司的辩称意见不予采信。

综上，依照《中华人民共和国民法通则》第 89 条第 1 项、第 108 条，《中华人民共和国合同法》第 196 条、第 205 条、第 206 条，《中华人民共和国担保法》第 21 条、第 31 条，《中华人民共和国保险法》第 14 条、第 17 条、第 30 条之规定，判决：(1)新华人寿保险股份有限公司淄博中心支公司以给付保险金的方式支付桓台县农村信用合作联社借款本金 200000.00 元，于本判决生效后 10 日内付清。(2)王树红偿还桓台县农村信用合作联社借款逾期利息 27394.62 元，于本判决生效后 10 日内付清；(3)王树红按合同约定的利率支付所欠桓台县农村信用合作联社自 2014 年 9 月 20 日至借款本息付清之日的逾期利息及复利。(4)韩之国、徐学洋、郭乐开对上述第二、三项所判定的债务承担连带清偿责任。(5)韩之国、徐学洋、郭乐开承担保证责任后，有权向王树红追偿。如未按本判决指定的期间履行给付金钱义务，应当依照《中华人民共和国民事诉讼法》第 253 条之规定，加倍支付迟延履行期间的债务利息。案件受理费 4711.00 元，由王树红负担，韩之国、徐学洋、郭乐开承担连带责任。

上诉人新华人寿保险股份有限公司淄博中心支公司不服原审判决，上诉称：桓台县农村信用合作联社提供证据不足以证明徐学潇系因意外伤害导致死亡。涉案保险系意外伤害保险，而非意外死亡保险，在不能认定徐学潇因意外伤害导致死亡情况下，其死亡本身不属于涉案保险的保险事故，也不存在免责问题。原审判决混淆上述两个概念，导致适用法律错误。因此，请求二审撤销原审判决，改判驳回桓台县农村信用合作联社的诉讼请求。

被上诉人桓台县农村信用合作联社答辩称：原审判决认定事实清楚，适用法律正确，请求维持。

原审被告王树红、韩之国、徐学洋、郭乐开述称：原审判决认定事实清楚，适用法律正确，请求驳回新华寿保险股份有限公司淄博中心支公司的上诉。

淄博市中级人民法院二审查明：一审期间，桓台县农村信用合作联社提供桓台县起凤镇中心卫生室出具居民死亡推断书及桓台县公安局起凤派出所出具注销证明各一份，以证明徐学潇因绊倒碰伤头部昏迷意外冻亡。新华人寿保险股份有限公司淄博中心支公司认为上述证明没有医学资料作为佐证，且与理赔时提供注明为“猝死”的死亡推断书及注销证明内容不一致，对上述证据的真实性不予认可。王树红、韩之国、徐学洋、郭乐开对上述证据无异议，同时认为“猝死”只是死亡的一种表现形式而非原因，通过后续证明明确死亡原因与原证明中记载的“猝死”并不冲突。王树红、韩之国、徐学洋、郭乐开另提供起凤镇夏五村委出具证明一份，以证明徐学潇死亡原因。新华人寿保险股份有限公司淄博中心支公司认为，证人应当出庭作证，夏五村委不具备作证能力。桓台县农村信用合作联社对该证明无异议。上述证明记载夏五村村民徐学潇于 2013 年 12 月 19 日在自身经营的暖气片厂被绊倒，头部碰到在办公室外空调机外壳上后倒地窒息，发生事故。另外，新华人寿保险股份有限公司淄博中心支公司在庭审中认可如果能进一步证实徐学潇“猝死”是因意外伤害导致,可以进行理赔。其他事实与一审查明一致,予以确认。

淄博市中级人民法院二审认为:本案的争议焦点为:徐学潇死亡是否属于意外伤害保险范围,新华人寿保险股份有限公司淄博中心支公司应否承担保险责任。

第一,从本案一审提供的证据看,夏五村委出具证明属于书证范畴,而非证人证言性质,且村委作为死者徐学潇住所地的群众基层组织,对本村情况较为了解,出具证明中也详细描述了徐学潇死亡时的现场情况。对该证明的真实性及证明效力,本院予以确认。

第二,桓台县起凤镇中心卫生室出具居民死亡推断书及桓台县公安局起凤派出所出具注销证明虽然与之前出具的徐学潇“猝死”的内容不同,但考虑到“猝死”仅为死亡状态,而非死亡原因,通过出具补充证明方式确定死亡原因与之前证明内容并不冲突。在出具死亡推断书的卫生所医生田登承出庭进行说明,以及其内容也与村委出具证明相互印证情况下,上述证明可作为有效证据予以使用。因此,对上述证明的真实性及证明效力,本院予以确认。

第三,上述证据相互印证,足以初步证明徐学潇死亡前曾发生摔伤头部的意外情况。而新华人寿保险股份有限公司淄博中心支公司作为具备保险事故调查能力的保险人,至今未提供徐学潇系因其他原因死亡的证据或足以推翻上述证据的反证。在此情况下,应依据上述证据推定徐学潇系因意外摔伤头部死亡,其死亡符合涉案意外伤害保险合同的约定,属于保险事故,新华人寿保险股份有限公司淄博中心支公司应当承担保险责任。

第四,各方当事人对于原审判决其他内容未提出上诉,本院不再予以审查。

综上,原审判决认定新华人寿保险股份有限公司淄博中心支公司应承担本案保险责任,结果正确,应予以维持。据此,依据《中华人民共和国民事诉讼法》第 169 条、第 170 条第 1 款第 1 项、第 175 条之规定,判决:驳回上诉,维持原判。二审案件受理费 4300.00 元,由上诉人新华人寿保险股份有限公司淄博中心支公司负担。

(作者单位:淄博市中级人民法院民四庭)

第五部分

商事审判优秀调研成果

关于进一步提高民商事审判质效的调研报告

山东省高级人民法院民二庭

2014 年 8 月 17～20 日，副厅级审判员刘元成带领我院民一庭庭长孟祥刚、民二庭庭长孙英到济南中院、槐荫区法院、济宁中院和嘉祥县法院对民商事审判工作进行调研，就中院一审案件改发情况进行交流，了解中基层法院民商事审判的基本情况、存在的问题，听取了提高民商事审判质效的意见和建议。各法院分管副院长、各对口民庭庭长、立案庭庭长、研究室及审管办负责人，济宁中院审监庭、少审庭庭长及各民庭不开庭的全部法官，嘉祥法院院长、2 个法庭（共设 2 处法庭）庭长参加了调研座谈。

2014 年济南中院一审民商事结案数量较多（1739 件），上诉案件较多，民商事案件发改率总体低于各中院平均水平，审判质量较高，但与省会城市的地位不完全匹配；济宁中院一审民商事结案数量在全省中院居第 5 位（844 件），上诉案件较多，发改案件较多，申请再审、信访率均高于全省中院平均水平，商事审判质量在全省中院中等偏下，民事审判质量处于末位层次。这两个中院具有一定的典型性、代表性，同时各选择一个基层法院进行调研，希望以一管窥全豹，准确把脉全省法院民商审判存在的问题，切实提高全省法院民商事审判工作能力和水平。

一、民商事审判工作新特点

一是收、结、未结案件均呈上升态势。受立案登记制和民商事案件标的额调整等因素影响，新收案件持续大幅增加，加上旧存案件，结案数量虽大幅增长，但速度小于收案，未结案件数量呈上升趋势。立案登记制的实行使大量不符合受理条件的纠纷得以立案，今年裁定驳回起诉案件明显增多。

二是案件法律关系更趋复杂。民间借贷、物业纠纷、公司诉讼、保险纠纷、强制清算、执转破等新类型案件增多，原有的借款担保案件担保人多、互保及循环担保普遍、担保与反担保并存，交通事故损害赔偿与车辆挂靠、保险等纠纷交织，建筑工程层层转包，纠正违法调整和收回土地往往造成连锁反应，一些案件刑民交叉，法律关系复杂，法律适用新问题、疑难问题增多。

三是群体性纠纷增多。农村土地承包经营权流转、拖欠农民工工资、劳动争议、商品房预售、破产和强制清算等涉及群体利益的领域，群体性纠纷大量增加，案件涉及人数多，影响面广，往往伴随上访，维稳任务重，案件审理难度越来越大。

二、制约民商事审判质效的问题

(一)案件审判方面

1. 法律适用难点问题多。一方面,民商事法律、司法解释更新较快、出台较多,新制度、新规定培训不充分,法官不能迅速准确掌握;另一方面,审判实践中遇到的许多问题,法律、司法解释没有规定或者规定不明确,裁判尺度难以把握。审判效率低、案件被改发与法官法律适用能力急需提高直接相关,业务水平不高将成为法官员额制和司法责任制改革的制约因素。

法律适用难点集中体现于:(1)新《民事诉讼法》中的相关制度,如执行异议之诉、第三人撤销之诉、裁定简易程序转普通程序等,有关程序、裁判文书格式、判条书写等问题难以把握;(2)劳动争议、工伤认定、劳动关系与劳务关系的区分、养老保险损失赔偿等;(3)建设工程层层转包责任认定;(4)民间借贷纠纷;(5)夫妻共同财产与共同债务认定;(6)刑事案件受害人单独提起民事诉讼,裁判应否参照适用刑事附带民事诉讼的相关规定;(7)退还彩礼案件中,如何认定因给付彩礼造成家庭生活绝对困难;(8)侵权案件中雇主责任的认定;(9)违法调整、收回土地案件依法处理与村民习俗的矛盾,确保法律效果则导致社会效果差;(10)股东资格确认、股权转让、股东知情权、利润分配请求权、公司解散、强制清算等公司诉讼案件;(11)保险合同纠纷;(12)最高额担保约定五花八门、阶段性"担保"、夫妻一方签订担保合同而另一方承诺以夫妻共同财产承担保证责任等担保新问题;(13)借款、保证、抵押、质押、监管、保险关系并存案件应否合并审理;(14)票据纠纷中票据无因性与票据基础关系冲突的认定与处理;(15)法律、行政法规中效力性强制性规范的识别与合同效力的认定;(16)执转破、债权人申请破产、无职工安置预案破产案件的审理、破产管理人的管理;(17)刑民交叉案件的处理等。

2. 对鉴定机构缺乏规范管理。民商事案件一旦需要鉴定,案件的处理结果和处理周期基本由鉴定机构决定。目前的委托鉴定模式是由司法技术部门委托鉴定,业务庭与鉴定机构对鉴定检材及相关证据材料是否质证认识不一致,鉴定时间较长;业务庭对鉴定质量和鉴定效率难以监督和掌控,影响案件及时审结,比如建设工程纠纷、买卖合同质量纠纷等案件,对工程量、工程造价、标的物质量委托鉴定多,也是造成长期未结案件增多的主要原因之一。

3. 案件发改交流沟通不畅。济南中院今年实行发回重审事前沟通制度,案件发回重审前必须与基层法院沟通,效果较好。民一庭另外就重大群体性案件、影响较大案件改判前也与基层法院沟通,今年1～7月份改发率下降40%左右。但高院改发中级法院案件缺乏事前及事后的沟通机制,改发后有些案件上下级法院认识仍然不一致,后续案件仍然可能出现类似情况,没有起到有效的个案指导作用。

4. 业务指导与个案监督脱节。高院民一、民二庭负责相关业务的对下指导,但审监庭对中级法院生效案件实行个案监督,民一、民二庭与审监庭在相关问题上裁判尺度不统一,业务指导与个案监督脱节,导致下级法院无所适从。

5. 送达、保全等问题严重制约审判效率。交通事故、借款及民间借贷担保等案件,被告多,商事案件被告"跑路"多,农村人口流动性大或者故意逃避诉讼等,致使直接送达、邮寄送达率较低，公告送达方式越来越普遍。商事案件中几乎每案都提诉讼保全，管辖权异议也成为拖延诉讼的手段，从诉状、答辩状、保全和管辖权裁定、开庭传票、结案裁判文书送达，大量时间耗费在送达环节上。许多商事案件送达、保全、管辖权异议处理完毕后再转交业务庭时，已经超审限或者形成长期未结诉讼案件。

6. 客观因素制约简易程序适用和多元纠纷解决机制效果。有些纠纷虽然符合法律规定的适用简易程序的案件特点，但由于送达难、当事人提出管辖权异议或者申请诉讼保全等问题，以及基层法院及法庭案多人少、审判力量不足，短期内结案压力大等原因，简易程序难以适用。已经建立起来的设在医院、乡镇的法官工作室及交警队的行业调解机构等，由于审判任务加重，法官没有更多的精力完成相关调解或者对行业调解进行业务指导，多元纠纷解决机制难以有效发挥作用。

（二）调研指导方面

1. 指导方式机械单一。受审级独立的改革方向和严格规范请示答复的影响，20 世纪 90 年代直至 2006 年前后上下级法院畅通灵活的咨询交流机制不复存在，除非严格遵循请示答复的有关规定，下级法院遇到法律适用问题和难以处理的案件，无法及时取得甚至无法取得上级法院咨询性质的指导或者指点。

2. 指导的时效性较低。受最高法院关于高院不得制定规范性指导文件规定的限制，现行具体指导意见多采用会议纪要或者领导讲话的形式，会议纪要通常三至五年才出一个，民商审判会议也不是每年召开，具有指导意义的典型案件发布不及时，困惑下级法院的疑难问题得不到及时解决。

3. 调研针对性不强。受自身审判压力大的影响，高院往往布置和完成最高法院下达的调研任务，结合全省法院审判难点问题自主确定、主动完成的调研课题较少，不能很好地以理论指导审判实践。

（三）业务培训方面

1. 培训内容与审判实践不甚贴切。目前法官学院培训力度不断加大，授课的理论性增强，但解决审判实践问题、难题的效果仍不明显。以往各业务口自主举办的业务培训多由一线业务骨干授课，密切结合难点、热点问题，结合案例进行讲解，更具针对性、实效性。

2. 培训方式有待创新。受培训时间、培训场所、培训经费等方面的影响，每年仅有部分人员可以参加培训，参加培训人员事后往往不做传达，或者传达不能做到原汁原味，无法使全体办案法官的业务水平得到整体提升。

（四）人力资源配置方面

1. 一线法官少。收案不断增加，一线法官没有相应增加，导致案件严重积压，如济宁中院只有 12 名法官（含 1 名返岗法官）承担 1000 多件商事一审和二审案件审判任务。济南、济宁中院为了缓解办案压力，同时也为即将进行的司法改革提前作准备，院领导、综合部门的有关人员参与办案，如济宁中院商事案件一审结案 284 件，其中承担一审商事案件审判职能的民二庭结案 243 件，院领导、综合部门结案 41 件。

2. 法官需要承担较多的非审判性事务。案件移送到业务庭之后，送达、保全工作需要由业务庭完成。由于送达、保全需要持有工作证和执行公务证，而聘任制、事业编人员没有执行公务证，所以法官除审判案件外，还必须担负送达、保全等辅助性工作。为解除法官的辅助性事务负担，嘉祥法院整合现有资源，集中人员，集中车辆，集中时间，专门成立5个小组从事送达、保全工作。

3. 审判队伍不稳定。娴熟处理民商事案件，需要一支较长时间从事民商事审判的稳定法官队伍。但由于轮岗交流、提拔、调离、退休等多种因素，从事民商事审判工作的新手较多，对法律规定和审判业务不熟悉，也是影响审判质效的重要因素。

（五）职业保障方面

当事人当面或者通过网络、新媒体等方式对法官指名道姓地侮辱、谩骂的情形屡见不鲜；法庭警力不足，有些村民对法庭进行攻击。法官缺乏职业尊荣感，人格尊严和人身安全得不到有效保障。

三、中基层法院的呼声

（一）改发案件事前进行沟通

案件可改可不改的不改，尤其涉及自由裁量权行使的场合；能改判的不发回重审；对于一审法院经审委会研究的案件、新类型案件、改判后导致与此前裁判尺度不一的以及发回重审的案件，最好事前进行沟通，上级法院可多听听下级法院的理由，再作最后决定。

（二）统一不同业务庭的裁判尺度

上级法院不同业务庭之间就同一问题、同类案件应尽量统一裁判标准，有时改判一件案件涉及此前一批或者一类案件的处理，加之裁判文书上网公布的影响，当事人极易援引其他案件的裁判尺度进行质疑，不仅引发更多的上诉、申请再审或者申诉案件，而且损害司法公正和司法权威。

（三）增强指导的及时性、实效性

多开展一些法律适用问题、疑难案件处理研讨会、座谈会，对于普遍性、共性问题及时调研，尽快统一裁判标准，或者采取在内网公布新型疑难典型案例等简便快捷的方式进行示范性指导。对于法律、司法解释规定的相关损害赔偿标准，如丧葬费按受诉法院所在地上一年度职工月平均工资标准，以6个月总额计算，但自2013年以来，山东省统计局统计数据再没有出现这个统计口径，而公布城镇非私营单位在岗职工平均工资、城镇非私营单位从业人员平均工资、国有经济单位在岗职工平均工资；又如残疾赔偿金根据受害人丧失劳动能力程度或者伤残等级，按照受诉法院所在地上一年度城镇居民人均可支配收入或者农村居民人均纯收入标准，自定残之日起按20年计算，但自2014年开始，没有了农村居民人均收入数据，而变成了农村居民可支配收入；对没有固定收入的城镇居民、农村居民的误工费，也没有统一标准。希望省法院于每年统计部门公报出台后，确定一个标准，从内网公布以作参考。

（四）强化培训的针对性和灵活性

业务培训既可放在法官学院，也可由有条件的中级法院承办。在培训内容上，除加大新法培训力度，在全面培训新法内容的基础上，可就疑难制度等进行查漏补缺式的重点培训；结合疑难案件的处理强化案例教学和改发案件分析讲评。在培训人员范围上，各民庭的业务培训不应仅限于对口民庭，还应通知立案庭、再审立案庭及审监庭人员参加。在培训方式上，可采取现场教学与视频培训相结合，并可探索采取将录音录像资料上传到内网方式，为法官不受白天开庭等时间限制自学提供便利。

（五）注重法官人格尊严和人身安全的保护

当事人可以依法按诉讼程序维护自身合法权益，但对于侮辱、谩骂法官，冲撞、攻击法庭，干扰法院办公秩序的行为，必须依法惩治，维护法官尊严，维护司法秩序，维护司法公正。否则，司法责任制改革后，审理者裁判，裁判者负责制度将使司法生态环境和法官职业风险进一步恶化。

四、进一步提升民商事审判能力的建议

对调研发现的制约民商事审判工作的问题和中基层法院的迫切需求，建议给予充分重视，并采取相应措施加以解决。

（一）规范案件改发的标准

案件能改判的，不发回重审；涉及自由裁量权行使问题，原则上不进行改判。可通过通报、座谈、培训等方式对改发案件进行逐案或者类型化分析讲评，统一上下级法院的认识。

（二）建立灵活的咨询指导机制

除严格规范请示答复外，业务庭可区分纠纷类型指定专人负责，对下级法院审判实践中遇到的法律适用和疑难案件处理问题进行咨询性质的沟通交流，有关意见仅供参考。如遇普遍性、共性问题，业务庭可组织审判长联席会议进行研究，通过在内网发布典型案例、参考性意见等灵活方式加强业务指导。

（三）统一不同业务庭的裁判标准

各相关业务庭之间加强沟通，强化监督指导的统一性，统一相关问题和类案的裁判尺度。司法改革试点推行后，审判权的分散行使，将使裁判标准统一问题更加突出和紧迫。裁判标准统一不仅仅是对法官自由裁量权的规范，同时也是对法官的一种保护。

（四）采取有效措施规范管理鉴定机构

业务庭、司法技术部门之间要加强协调配合，必要时可联合召开会议，统一思想认识和工作步骤。在规范措施方面，可借鉴聊城中院的经验做法，组织由鉴定专家、业务庭法官、司法技术部门人员组成的评查组，定期对鉴定机构的鉴定质量、鉴定效率进行评查，根据评查结果实行淘汰制，对纳入鉴定范围的鉴定机构进行调整。

（五）科学规划业务培训

各业务庭根据审判实践急需解决的问题与法官学院搞好对接，在提高理论水平的基础上，以解决审判实践问题为重点，合理确定培训内容，更多开展最高法院指导性案例、各业务庭疑难案件和审委会研究案件的案例教学培训。在培训人员的范围上，可通知授课内容涉及的各相关业务庭法官参加。在培训内容的利用方面，可探索在尊重授课人知识产权的基础上，将音频、视频培训材料上传法官学院网站或者我院内网，扩大培训效果。

（六）统筹安排司法人力资源

有效整合现有司法人力资源，以司法改革精神为方向，以将熟悉民商事审判业务的优秀法官充实到审判一线为重点，辅之以吸收综合部门擅长民商审判工作的法官参与办案模式，深入挖潜充实民商事审判力量。从制度上设法解决目前法官助理、书记员的执行公务身份

问题，建立法律业务含量较高的复杂辅助事务由一名法官带领法官助理或者书记员完成，简单辅助事务由法官助理、书记员承担的工作模式。

（七）强化法官人格尊严和人身安全保护

借浙江高院齐奇院长被以“举报”方式诬陷、诽谤事件，对全省法院法官的人格尊严、人身保护问题进行全面调研，向省委政法委专题汇报，提请省委政法委协调公安等有关部门对违法行为进行严肃查处，保护和支持法官依法履行职责，维护司法秩序和司法权威，也为将要进行的司法改革奠定了良好基础。

全省法院破产审判态势分析及对策建议

山东省高级人民法院民二庭

《企业破产法》自 2007 年 6 月实施至今已有八年多的时间，审理企业破产案件是人民法院商事审判工作的重要任务。当前国际金融危机影响仍在持续，在国内金融案件爆发、金融形势严峻，大量企业出现经营困难、陷入债务危机的情况下，更需要重视破产法的作用，通过加强破产制度的适用，使困境企业有序退出市场或者通过重整获得挽救，促进经济转型升级，化解经济下行的系统风险。为此，省法院民二庭对 2007～2015 年 10 月全省法院破产案件发展态势和存在问题进行了梳理和分析，并就如何妥善应对新形势、完善破产审判机制与其他配套措施方面提出对策建议。

一、全省法院破产审判工作发展态势及主要特点

2007 年至 2015 年 10 月，山东法院共受理破产案件 1683 件，审结 2174 件，涉及企业资产 503.6 亿元，依法化解破产企业债务 806.8 亿元，妥善安置破产企业职工 490.5 万人。我们依法审理了全国第一例民营学校（南洋学校）财务清算案、天同证券公司破产清算案、重汽集团破产清算案、齐鲁宾馆破产和解案以及山东九发食用菌股份有限公司和山东海龙股份有限公司两个上市公司破产重整案等一大批在全国具有重大影响的案件，为促进产业结构调整、维护社会和谐稳定发挥了重要的作用。

（一）全省法院破产收案数量先降后升，近三年收案数量明显上升

2007 年《企业破产法》实施以来，全省法院破产收案整体呈现先降后升的趋势，2012 年达到收案最低值 63 件，但近三年收案数量明显上升（见图 1）。2013 年比 2012 年增幅近 40%，2014 年和 2015 年 1～10 月收案数量继续保持稳步回升的态势，2015 年全年收案数量较之 2012 年有望翻番。近三年收案总数居前三位的法院依次为威海、淄博、临沂，分别为 62 件、43 件和 34 件，占全省破产案件收案总数的一半左右（47%）。

随着经济下行压力的增加和经济结构深度调整的影响，全省部分企业出现经营困难，符合破产条件的企业不在少数，而且由于企业之间“抱团取暖”的互保模式严重，一旦资金链上的某一企业进入破产程序，就会引发“多米诺骨牌效应”，牵连多家企业临界破产，甚至对地区经济生态环境造成一定冲击。如 2014 年滨州市长星集团及其关联企业在内的五家企业先后进入破产重整程序。借鉴南方一些地市（如温州）在金融案件高发期过后，出现企业破产潮的现象，预计今后几年我省将有大量企业进入破产程序，需要未雨绸缪、提前应对。

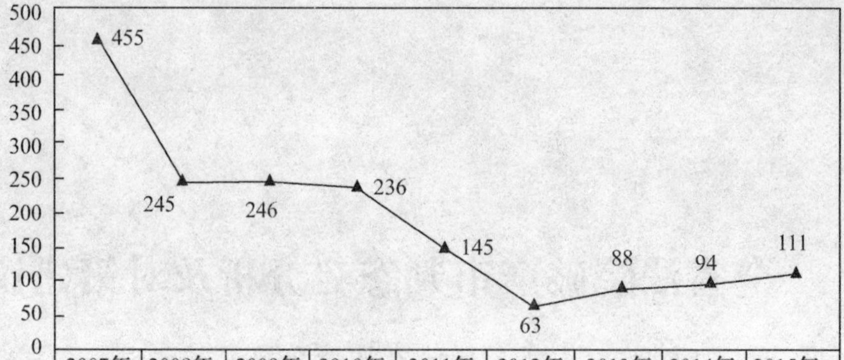

	2007年	2008年	2009年	2010年	2011年	2012年	2013年	2014年	2015年(1～10月)
—▲—收案数量	455	245	246	236	145	63	88	94	111

图 1　2007～2015 年 10 月全省法院受理破产案件走势情况

(二)破产案件主体逐步呈现多元化,破产企业类型主要为有限责任公司

2007～2010 年,国有、集体企业破产案件数量虽然每年均占到收案总数的一半以上,但在绝对数量上和所占比例上已呈现逐年下降趋势(见图 2)。近三年来,民营企业、外资企业、上市公司等作为破产主体的案件日益增多(见图 3)。以有限责任公司为主的破产案件已经大幅超过国有集体企业破产案件数量。比如 2014 年,国有、集体企业破产案件数量仅 12 件,有限责任公司破产案件达 55 件,是前者数量的 4.6 倍。有的地区(如菏泽)还出现了一人有限责任公司破产的案件。鉴于政策性破产的热潮在我省已经基本接近尾声,除个别地区(如青岛)仍有少量国有企业退出仍在继续外,可以预见,今后以有限责任公司为主的民营企业破产将成为破产案件企业的主流。但值得注意的是,申请破产的有限责任公司中有很大一部分是由原国有、集体企业改制而来,这些公司破产仍然具有国有集体企业破产的问题,即职工人数众多,欠缴各项社会保险费情况严重,历史遗留问题复杂,使案件的审理难度增加,需要依靠当地党委政府的支持配合。

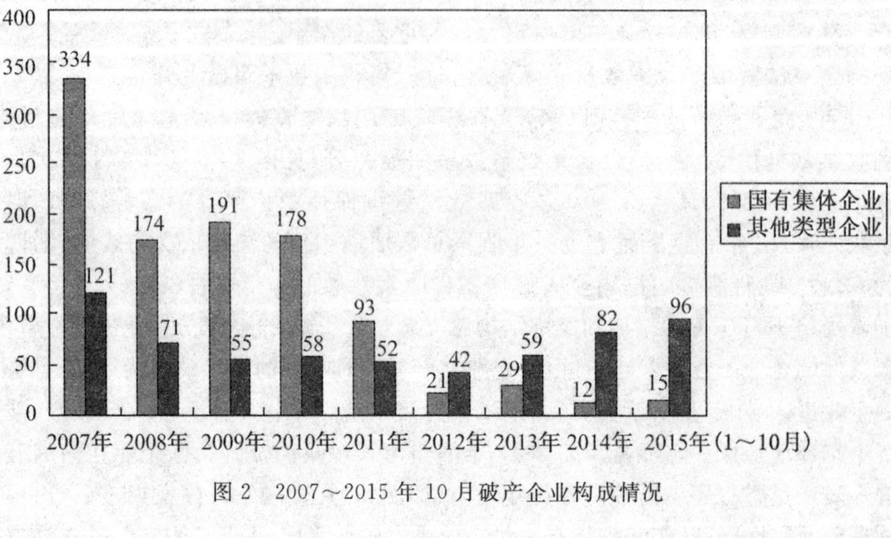

图 2　2007～2015 年 10 月破产企业构成情况

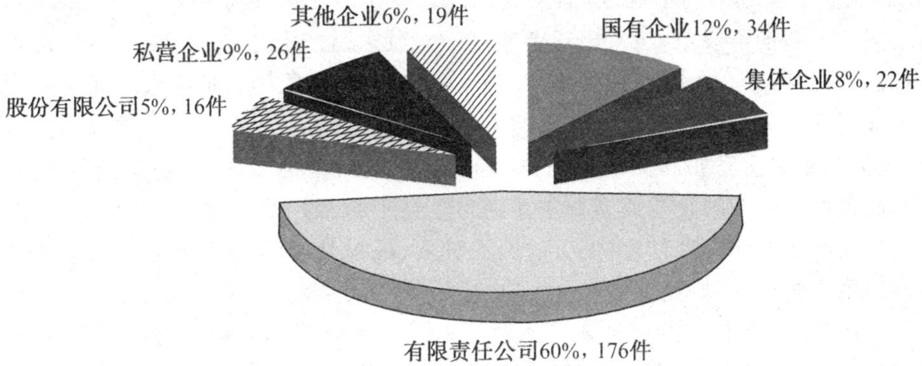

图 3 2013～2015 年 10 月破产企业构成情况

（三）破产案件涉及的新问题新情况不断涌现

1. 关联企业实体合并破产“无法可依”。关联企业的发展给社会带来经济利益的同时，也引发了一系列问题，主要表现在关联企业机构、财产、人员等方面高度混同，特别是关联企业之间利用关联关系转移资产，利用破产手段逃避债务、损害债权人利益。近年来，全省关联企业破产的案件日益增多。截至目前，全省涉及关联企业破产案件共有 87 件，分布在大部分地市法院，其中济宁中院受理的山东拖拉机厂及其关联企业在内的七家企业同时破产，是目前关联企业最多的一宗。对关联企业实体合并破产，可以打击债务人转移财产、逃避债务的不诚信行为，又可以实现资产变现最大化，对全体债权人和职工利益以最大公平的保护，也是法律在维护社会主义市场经济秩序方面积极作用的重要体现。2010 年泰安市泰山区法院受理并审结的华泰铝轮毂公司与华泰铝制品公司合并破产清算案件就实现了法律效果和社会效果等方面的多赢。但由于实质合并规则的适用是对公司人格独立的全面否认，目前法律对此没有规定，法院“依法”破产无所适从，亟须司法解释弥合立法与实践之间的裂缝。

2. 破产重整成功率有待进一步提升。我国《企业破产法》借鉴国外立法经验设置了重整制度。重整目前被各国公认为是防范破产、挽救企业最为有效的法律制度。破产重整与破产清算相比，不仅可以使债权人得到更高比例的清偿，而且还可以缓解债务人清偿债务的压力，使破产企业再获新生。截至目前全省破产重整案件共有 57 件，其中 2011 年之后受理 47 件，占全部重整案件的 82%；2014 年收案 17 件，占全部重整案件的 30%，上升态势十分明显。目前的审理状态是：第一，重整成功已结案的共有 18 件，包括潍坊、烟台中院分别审理的两起上市公司重整案件。2014 年，淄博两级法院又积极探索新的重整模式，淄博钜创纺织品有限公司重整案成为目前全国“出售式重整第一案”。第二，重整失败转为清算程序的有 8 件，失败原因涉及重整多个环节，包括引入投资人失败、重整草案未被通过、重整计划执行失败等。第三，仍有 36 件案件尚在审理之中。在破产重整的司法实践中，我们发现，有的法院（如德州地区的多个基层法院）连续受理了 10 余起重整案件，但重整成功的案件仅有一两起。因此，探索确立预重整制度，注重在重整之前做好各方面的协调准备工作，避免进入盲目重整程序等一些新的理论与实务问题迫切需要研究解决。

3. 民营企业治理结构不规范，刑民交织问题突出。民营企业破产，由于多为家族式经营，公司治理结构不规范，经常出现企业财产与股东财产混同、企业债务与个人债务不分的情况。而且因为企业财产账目不清，难以确定债权，可能引发债权人之间是否受理破产申请、如何进行破产财产分配等方面的矛盾。同时，民营企业中一些不规范的民间借贷行为与集资类犯罪活动相互交织。相当部分发生资金链、担保链危机的民营企业，存在"企业构成破产原因"和"企业或企业主涉嫌集资类犯罪"的"两个并存"情形，这类企业破产、刑民交织问题如何合理处理，刑事追回的赃款、赃物是否纳入破产财产一并分配等问题，法律适用不明确，协调处理的难度大，也成为破产案件审理的新问题。

4. 房地产公司破产成为企业破产案件的难点。虽然房地产企业也有个别破产重整成功的案例，如临沂市罗湖房地产开发有限公司重整案，罗庄区法院通过拍卖股权的方式使新投资人入股该企业。但鉴于房地产企业的特殊性，法院一旦受理这类企业破产，将面对企业职工、债权人、拆迁户和购房者的多重社会压力，困难重重。如乳山市法院受理的涉及"台湾城"项目的两家房地产企业破产重整案，性质上为涉台企业，社会关注度高，同时涉及大量购房业主、企业职工和债权人尤其是农民工的利益，极易引发群体性事件。目前，两起案件均因为引入战略投资人失败而转入破产清算程序，我们将予以密切关注。

(四)随着立案登记制、执行转破产等新制度的实施，破产案件数量将会继续上升，破产审判面临新挑战

1. 破产案件是否适用立案登记制没有明确规定。2015 年 4 月 1 日，中央全面深化改革领导小组第十一次会议审议通过了《关于人民法院推行立案登记制改革的意见》。2015 年 4 月 13 日，最高人民法院通过并公布了《关于人民法院登记立案若干问题的规定》。上述两个文件均自 2015 年 5 月 1 日起施行，但都没有明确规定破产案件是否也实行立案登记制。立案登记制与破产法确立的立案审查制是否存在冲突，实践中有不同的观点，各地法院做法也不一致，如深圳中院明确表示破产案件不适用立案登记制。即使如此，立案登记制实行后，我省部分法院破产案件明显上升，如济宁两级法院新收案件 12 件，占全年收案数量的 75%。截至目前，虽然全省法院破产案件数量没有出现大幅上升的态势，但大部分中院均反映，大量债权人或债务人欲以立案登记制为由启动破产程序。如果法院不进行实质审查就一概立案登记，则有的案件可能并不符合破产条件；如果法院不予受理，当事人则会连续上访给法院施加压力，法院将陷入两难境地。2015 年 8 月以来，省法院就连续接待了山东华鑫机械设备股份有限公司债权人关于该企业重整立案的数次上访。破产案件受理难一直是司法实践中亟待解决的问题，破产案件是否适用或者如何适用立案登记制更需要及时解决。

2."执转破"案件未来将成为破产案件新的增长点。2015 年 2 月 4 日，最高人民法院通过并公布了《关于适用〈中华人民共和国民事诉讼法〉的解释》。该解释第 513 条至 516 条建立了执行程序与破产程序之间的链接，规定被执行企业符合破产条件的，经申请执行人或被执行人的同意，执行法院应当将案件材料移交被执行人住所地法院，由被执行人住所地法院裁定是否受理破产申请，简称"执转破"。目前，全省法院通过执转破程序共受理了 12 件破产案件。其中，东营 5 件、临沂 3 件、青岛 2 件、日照 1 件、枣庄 1 件。"执转破"制度出台的初衷是为了逐步破解执行难题，规范企业退出市场机制，但由于最高人民法院

关于执转破的具体实施细则尚未出台，部分法院对此有畏难情绪，尚未受理执转破案件。与之相反的是，大量执行案件中受偿顺序在后的债权人根据“执转破”司法解释的规定，希望通过破产程序使债权得到部分清偿，执行部门亦想通过案件移送破产解决“执行难”问题，破产程序由此成为解决“执行难”问题的一个重要“出口”。由于目前法院执行不能的案件很多，如果全部转入破产程序，破产审判庭将面临巨大压力，破产审判庭会成为执行庭的“救火队”。破产审判也会成为解决执行不能的程序延续，变成后执行程序，执行不能的难题会继续转为破产难题。

二、破产程序中面临的困境和存在的问题

(一)破产制度的功能作用没有充分发挥

2007年《企业破产法》实施之后，立法预期是与公司法中的清算制度一起，共同组成市场主体退出的正常机制，提供保障债务关系公平实现的法律途径，从根本上改变被市场竞争淘汰的企业人去楼空、债权人索债无门、债权清偿秩序混乱的现象。实践中也存在大量符合破产条件的债务人企业，破产需求具有很大潜力，主要表现在：部分执行不能的债权人申请债务人企业破产；银行债权不良率的不断走高使得银行寻求破产保护的实践增加；部分省属国有企业已经停产多年，需要清理退出市场；特别是在经济下行压力增加、企业融资困难等环境下，很多因无力清偿到期债务而陷入经营困境的企业面临退出市场的局面。据山东省工商局统计，山东每年均有几万户“僵尸企业”被吊销营业执照。但与之相比，进入破产程序的企业数量较少，每年仅有百余件，《企业破产法》的实际执行状况与立法者的预期尚有较大差距，多数企业没有清理债权债务就直接退出市场，并未遵循企业破产、清算之路，而是仍处于自生自灭的无序状态。这些“僵尸企业”占用了大量资金、土地等宝贵市场资源，却不产生任何经济效益。长此以往，将导致“劣者不汰、优者难胜”的局面。

2007～2011年破产案件受理数量与企业吊销数量对比表

年　份	2007	2008	2009	2010	2011
破产案件受理数量	455件	245件	246件	236件	145件
企业吊销数量	52506户	50069户	31971户	35991户	41788户

(二)法院受理破产案件积极性不高

1. 破产审判力量不足。法院案多人少的矛盾对破产案件的受理形成严重制约。破产审判的特征之一就是“工作很多，时间很长，效果不显”。目前全省大部分法院的破产案件仍由商事审判庭负责审理，专门的破产审判庭和专业的法官队伍相对缺乏，个别法院甚至无法组成完整的合议庭。审判人员在审理破产案件的同时，还肩负着繁重的商事审判任务。特别是随着立案登记制、执行转破产等新制度的实施，破产案件数量将会继续上升，为数不多的破产法官更显得捉襟见肘。

2. 缺乏科学的考核机制。对破产审判工作及审判人员的业绩评定和考核机制不科学，缺乏有效激励机制，主要表现在两个方面：第一，办案数量折抵计算不合理。破产案件

比一般民商事案件复杂难办，要花费更多时间、精力，相当于多件民商事案件的工作量。但在绩效考核时，目前全省部分法院仍是与一般民商事案件同样计算，破产法官工作业绩得不到合理评价，只有少数法院提出按照破产标的折算工作量的做法。第二，审限和结案率的考核规定不合理。全省仅有少数法院对破产案件单独管理，大多数法院仍将破产案件的审限和结案纳入一般民商事案件中一并进行审判管理，那些到了年底仍不能结案的破产案件也计入未结案的范围，必然影响破产法官甚至整个审判庭的工作业绩，从而损害受理破产案件的积极性。

3. 外部协调问题多。企业破产是一个系统工程，牵涉的利益关系复杂，企业体制的深层次矛盾和企业内部的利益冲突都在案件审理过程中凸显出来，化解矛盾需要政府各部门的协调配合。在一些政府部门尤其是企业主管部门、劳动人事、审计、税务等职能部门不予配合的情况下，单靠法院自身予以协调存在困难，增加了法院不愿受理破产案件的客观因素。

(三)法院审理破产案件中存在的困难

1. 管理人的执业能力尚不能完全满足破产工作的需要。《企业破产法》创设了管理人制度，但实践中管理人履职仍存在一些问题。一是管理人实践经验少。目前管理人名册中的机构和个人尚有很多尚未担任过破产管理人，对如何履行管理人的职责缺乏经验。二是管理人能力不全面。不论是会计师事务所还是律师事务所担任管理人，都存在专业能力不全面、统筹协调能力不高的问题。有时管理人还需要法院“手把手”的指导以开展工作。对于管理人应当从事的一些日常工作，也往往需要法官“代劳”，造成法官工作量增多。三是管理人指定方式不科学。目前法院技术部门多采用随机的方式指定管理人，而随机选任的管理人在部分专业性较强的复杂破产案件中难以发挥应有作用。四是社会公众对管理人的认识不到位，包括政府部门在内的社会各界对管理人履职的配合、协作不够，阻碍了管理人履职。此外，一些案件中管理人报酬无法得到保障也导致管理人参与破产工作积极性不高。

2. 政府对破产关注程度与配合力度降低，民营企业破产过程中难以获得政府支持。企业破产过程中除了法律层面的问题外，还有很多诸如职工安置、社会稳定等社会层面的问题。在原有破产法架构下的清算组模式里，是由人民法院商同人民政府，从政府相关职能部门中指定清算组成员，这些成员按照他们所在政府部门的职责分工去解决破产程序中遇到的社会层面的问题，是其职责所在，也在很大程度上保障了破产程序法律层面问题的解决。2007 年新的《企业破产法》在破产管理人架构之外，并没有确定解决社会层面问题的机构，政府由于没有参与破产程序的法定形式，所以也就淡化了处理破产程序中社会层面问题的主动性和积极性。特别是民营企业破产，法院在破产案件审理中往往处于孤立无援的境地，难以进行协调工作。

3. 企业自身对破产存在一定的消极抵触情绪。企业破产本应是市场经济优胜劣汰作用下极为正常的现象，但很多企业对破产程序存在认识误区，普遍把破产等同于死亡，诸多国有、集体企业，特别是民营企业对破产制度的功能认识不足，对破产清算、重整、和解程序了解甚少。破产保护的理念尚未植入商业文化中，整个社会也没有形成宽容失败的共识，以至于很多不能清偿到期债务或明显缺乏清偿能力的企业宁可被工商机关吊销执照而"自生自灭",或被法院强制执行所有资产而"事实消亡",也不愿寻求破产保护。也有很多民营企业由于经营不规范,股东债务和企业债务不分,一旦发生企业资金链担保链风险时,企业主宁愿选择跳楼、跑路,也不申请进入破产程序。

4. 破产企业职工安置等问题维稳压力大。妥善安置破产企业职工,确保社会稳定,是破产案件审理过程中不可回避的现实问题。由于我国目前社会保障制度尚不完善,法院在破产案件审理中面临较大维稳压力,职工安置问题一旦处理不当,极易引发群体性事件,影响社会稳定。因此,法院与政府的博弈,即通过司法权的不作为迫使行政权作为;通过抬高立案门槛,使政府出具安置措施与维稳预案,解决案件审理环节可能面临的困难和障碍。

5. 破产费用不足,破产启动难。实践中大部分破产企业缺乏破产专项资金,破产费用完全依靠处置自身资产。一些破产企业往往已经经营十几年甚至几十年,厂房、设备陈旧老化,有效资产少,导致破产费用严重不足,财产的清理、评估、债权债务的调查确认等工作难以开展。大量没有经营活动的"植物人"公司也因缺乏清算资金的保障不能有序退出市场,闲置了可观的经营资源,扭曲了市场信号。

6. 法律适用问题繁多,案件审理难度较大。一是职工权益计算标准不明确。职工、管理人与债权人,对于职工债权认识上的矛盾冲突较大,很多劳动关系不规范的职工往往趁企业破产之际要求与企业确认劳动关系。不同地区关于安置费用的标准不同,导致不同企业职工进行比较而提出异议,造成职工安置困难。二是"房地分离"现象导致破产财产无法变现。"房地分离"是指破产企业地上建筑物所有权与土地使用权分离。受政策影响,很多企业没有办理土地使用手续即开始投资建厂,导致地上建筑物也无法办理房产登记。该类企业破产后,没有合法的土地使用权和房产登记手续,导致了破产程序中对土地使用权和房产处置的障碍。根据法律规定,政府可以无偿收回土地使用权,而法院对土地使用权无权处置,如果仅对房产进行拍卖,将有违物权法房地一致的原则,而且购买人买后也会面临无法办理产权过户的尴尬。三是破产案件中应保护的优先权范围及顺序规定不明。我国相关法律规定了十余种优先权,而《企业破产法》仅规定了担保权人的优先权。破产案件中应否保护依其他法律规定享有的优先权问题,实践中做法不一。四是破产企业缴纳税金的处理难度较大。一些有挽救希望的中小企业进入破产程序后仍然要承担高额税费负担,制度层面上缺乏对于危困企业的差异化措施,导致破产进程举步维艰。

三、对策建议

党的十八届三中全会通过的《中共中央关于全面深化改革若干重大问题的决定》明确提出,要健全优胜劣汰市场化退出机制,完善企业破产制度。其中,一个重要方面就是要建立健全市场化、简易化、法治化的企业破产审判制度,以促进混合制经济发展,推动经济转型升级。李克强总理也在日前的国务院常务会议指出"加快推进'僵尸企业'重组整合或退出市场"。因此,在经济发展进入新常态的情况下,破产审判不仅可以有所作为,而且大有可为。针对目前全省破产案件明显上升且呈现继续大幅上升的态势和在破产审判中发现的问题,我们提出如下对策建议:

(一)从法院内部看

1. 明确破产审判的指导思想和基本原则。(1)破产审判的指导思想:贯彻落实党的十八届三中全会精神,增强政治意识、大局意识、责任意识,正确适用法律,将国家宏观政策精神和要求切实贯彻落实到企业破产案件审理中,依法妥善处理,提高审判效率,维护债权人、债务人企业职工及其他利害关系人的合法权益,规范企业合法有序退出市场,保护有效生产力,维护经济健康有序发展和社会和谐稳定。(2)破产审判的基本原则:一是"市场化导向,差异化处置"原则。充分利用破产重整、和解制度,积极帮扶有市场有前景的企业维持生产,让企业起死回生、焕发生机;有序引导高污染、高能耗的可淘汰企业走破产清算的道路,倒逼经济转型升级、消除泡沫,尽可能实现有效资产的再分配。二是民生为先原则。保障生存权和生命健康权,依法实行工资债权优于普通债权受偿。三是注重维稳原则。在党委领导下,强化与政府部门协作,努力做好维稳工作,充分发挥风险预警等协调机制的作用,做到早预防、早沟通、早化解。四是债权受偿最大化原则。采取灵活多样的方式处置企业资产,着力追求最佳处置收益和最高处置效率,努力降低企业资产的处置成本和非必要支出,实现债权受偿最大化。

2. 建立健全破产专业化审判机制。一是推动建立专业破产审判机构。目前我省一些法院注重加强破产案件审判机构建设,如枣庄中院、沂水县法院、滨城区法院等 12 个中基层法院设立了专门的破产案件审判庭。有些短期内难以设立专门审判庭的法院也设立了专门的合议庭来审理破产案件。如济南中院的破产合议庭按照最高人民法院《关于全面深化人民法院改革的意见》进行组建,设立主审法官 1 人、法官 6 人、法官助理 2 人、书记员 2 人,为即将面临的司法改革奠定了基础。这些做法在保障破产案件审判质量、提高审理效率等方面取得了良好效果,应当在此基础上对专业破产审判机构的建立进行推广和完善。二是培育破产案件专业化人才。妥善审理好破产案件,客观上需要审判人员有扎实的专业理论功底、较高的事务协调水平以及相应的纠纷化解能力,因此在一定程度上需要法院将优质商事审判资源配置到破产案件审判岗位,减少破产法官的轮岗和交流,维持审判队伍的稳定性和专业性。同时,采取各种形式加强对审理破产案件法官的培训,解决中基层法官不敢办或不会办破产案件的畏难情绪。淄博中院注重优化破产合议庭人员结构。破产合议庭 7 名成员中,5 人为法学硕士;1 人曾在研究室工作,利于加强破产审判的综合调研能力;1 人具有注册会计师资格,利于加强对账目、资产的审核。三是完善破产案件绩效考核机制。破产案件的绩效考评和审判管理应不同于普通民商事案件,有必要尽快建立合理的破产审判绩效考评机制,制定独立的评价标准和体系,使其能够全面客观反映审理破产案件工作量的科学考评标准,准确体现破产审判部门和法官的工作绩效,从而充分调动法官审理破产案件的积极性。

3. 依法规范破产申请审查机制。人民法院作为企业退市过程中的"清道夫",应当切实肩负起规范企业退出机制的历史使命。最高人民法院虽然接连推出《破产法司法解释一》[①]、立案登记制和执转破的相关规定,但目前全省多数法院对企业破产案件仍然保持

① 《最高人民法院关于适用〈中华人民共和国企业破产法〉若干问题的规定(一)》第 9 条:"申请人向人民法院提出破产申请,人民法院未接收其申请,或者未按本规定第七条执行的,申请人可以向上一级人民法院提出破产申请。"

谨慎态度，不愿受理破产案件，这既有过去“审慎受理”司法传统的影响，也与企业破产案件工作量大、风险大、压力大有很大关系。有的法院连续几年没有新收案件，许多符合破产条件没有进入司法程序。受案渠道不畅，已经成为制约全省破产审判发展的重要因素。各级法院应当及时更新司法理念，实现从“审慎受理”向“依法受理”的转变。一是要认真执行《企业破产法》及其司法解释的规定。准确把握企业破产案件受理标准，对达到破产条件的及时适用破产程序，不得在法律之外另设门槛，不得无故拒绝、推诿或拖延审判。特别是要纠正“不裁不立”的消极做法，依法接收当事人的申请，及时作出是否受理的裁定，切实保障当事人的程序性权利。二是要理顺审判庭与立案庭在破产案件受理上的分工。在最高法院尚未明确破产案件是否适用立案登记制的情况下，可首先由立案部门接收材料，经破产案件审判庭初步审查后认为符合形式要件的，由立案部门向当事人送达“破（预）字”立案登记通知书。破产审判庭按照《企业破产法》的规定进行实质审查后，符合立案条件的，及时裁定受理；发现不符合立案条件的，应当书面告知当事人补充提交材料或裁定不予受理。

4. 切实加强破产管理人队伍建设。管理人作用能否得到充分发挥，直接影响着破产程序能否顺利运行，培养高素质、充分市场化、成熟中立的管理人队伍是实现破产制度功能目标的重要保障。一是明确管理人与法院关系。厘清人民法院与管理人各自的职责，法院既要保障管理人依法履行职责，又要不断丰富和改进对管理人的指导和监督手段，避免法院从程序的督导推动者变为破产事务的具体操作者。二是推动建立管理人分级管理、动态管理制度。依据管理人的业绩划分资质等级，按照破产案件实际情况在不同等级的管理人中进行选择。同时设立管理人资格准入、考评和淘汰体系，建立起有进有出、有升有降、各级管理人之间健康流动的动态管理体系，以调动管理人的工作积极性，提高审判质量和效率。三是进一步完善管理人指定机制。根据案件的具体情况，确定适用管理人的类型和管理人的产生方式。在管理人的指定上应以中介机构担任为原则，以清算组担任为例外，将清算组担任管理人的情形限定在法定范围内。对于重大疑难案件，不宜直接以随机方式产生管理人，可以采取竞争与随机相结合的方式指定管理人，并增加债权人对管理人选任的话语权。还可以考虑在一定范围内允许跨区域指定管理人，促进管理人区域之间的流动，带动管理人执业水平的整体提升。

5. 不断完善创新破产审判模式。一是探索破产案件简易审理程序。破产程序的特殊性决定了破产案件工作繁复、周期较长。破产案件的平均审理周期为二至三年，有的长达十几年，而破产程序每延长一天，破产财产的有形损耗、无形损耗甚至流失的风险就会增加一分。为提升破产案件审理效率，可以试行破产案件的简易审机制，即从多个环节入手，对事实清楚、债权债务关系明确、争议不大的破产案件，简化审理程序，一般在受理后6个月内审结，既缩短办案周期，又减轻当事人的经济负担、降低司法成本。二是探索制定执行转破产的具体实施细则。根据《〈民事诉讼法〉司法解释》关于“执转破”的规定，在此基础上积极探索制定执行转破产的具体实施细则（如审查释明程序、案件预审程序等），为“执转破”扫清程序障碍，强化执破衔接。济南中院已经制定了《关于执行程序移送破产程序的实施细则（送审稿）》，优先探索在本地区实现执行程序与破产程序的有效衔接。三是搭建破产信息发布平台。联合政府相关职能部门，搭建企业破产信息发布平台，及时向社会公布破产企业相关信息和法院破产案件审理情况,帮助破产重整企业引进战略投资者、选择新的经营模式等,有效保障困难企业优质资产重组和经济转型升级。

(二)从外部环境看

1. 加大对破产制度功能的宣传,树立破产保护的理念。虽然《企业破产法》在我国早已制定实施,但社会公众包括政府官员和企业家等对破产制度的功能仍认识不足,没有真正理解破产法在市场经济中的重要社会调整作用,尤其是对破产保护理念的认识不够,不了解现代破产法由破产清算制度与企业挽救制度两部分组成,不懂得积极利用破产挽救机制解决债务危机。这种认知障碍既影响了债务人主动申请破产的动力,也给法院受理、审理破产案件造成了外部环境的困扰。因此,我们建议:一是加大宣传力度。通过重点案例的定期发布,与宣传部门和媒体组织开展有关破产专题的宣讲,联合地方工商部门和行业组织向企业宣讲破产保护理念等手段,消除社会各界对破产制度功能的认知障碍,培育企业家的诚信意识和担当精神,在全社会形成宽容失败的社会共识,推动建立真正的企业市场化退出机制,逐步普及并建立破产文化。二是搭建互动平台。除各级法院外,邀请政府部门、银行业协会机构、工商联企业、中小企业协会企业等参加“山东破产法论坛”“智库专家大讲堂”等交流平台活动,并组成问诊队伍,采取实地走访、召开座谈会、开设私董会“问诊”等方式建立联合引导机制,引导企业树立正确破产理念,搭建帮扶渠道。

2. 运用好司法权、行政权“双拳组合”的力量,破除破产审理的掣肘。破产是在法院主导之下进行的法律程序。但实践中,仍然存在行政机关不当介入的现象,认为企业破产是政绩不好的表现,进而阻碍法院受理破产案件,或是习惯于以行政手段解决问题,给法院审理破产案件施加压力。同时,企业破产需要协调的事情较多,一些地方政府尽管成立了临时性的领导小组,负责本地区企业风险的处置工作,但法定职责不明晰、信息沟通不畅、协调事项不连贯等,也影响了其职能的发挥。合理界定司法权和行政权在破产审理上的分工,是解决企业破产过程中社会层面问题的治本之策。为此,我们建议:一是明确司法权与行政权在破产程序中的界限。地方政府的配合与支持是保障破产案件顺利进行的重要因素。目前在我国的很多破产案件中,由于需要政府解决相关社会问题,完全回避行政干预几无可能,顺势引导和合理规范是更适宜的选择,应将行政权力的介入控制在合理的范围之内,发挥地方政府对《企业破产法》实施的促进作用,打好组合拳。二是建立企业风险处置的常态化工作机制。由政府有关部门建立破产行政管理机构或联系人机制,专门负责协调化解破产企业风险,承担企业破产过程中的行政管理职责,协调解决破产企业税务减免及核销、工商注销登记等问题,建立与企业破产司法程序协调和对接的常态性企业风险监测、预警和处置机制。

3. 倡导银企合作,做好金融风险应对。破产案件中最主要的债权人大多是银行,破产审判工作中能处理好金融机构的正当权益等于成功了一半。但《企业破产法》又是在司法框架下的利益博弈,没有妥协与让步,破产工作很难取得效率与效果。因此,应当加强银企合作,少“杀鸡取卵”,多“放水养鱼”,以和为贵,以和促赢,共同化解企业资金链担保链风险、银行不良资产的风险。为此,我们建议:一是尝试信任共赢。银行与债务企业虽是债权债务关系,但不完全是零和游戏。尤其在重整救治程序里,与其“杀马分肉不如治马干活”,通过让企业“生”来保障银行权益应达成共识。二是尝试转机管理。一方面银行加强贷后管理，及时发现风险信号，做好早期预防；另一方面建立企业突发信贷风险的会商帮扶工作机制。在企业出现突发信贷风险苗头时，银行间能充分沟通信息，客观判断企业真实情况，统一意见，统一行动，从银企合作、共渡难关角度，加强对困难企业的帮扶工作，共同维护金融债权。三是尝试庭外和解。在第三方见证下，共同就企业清盘、债务清偿迅速达成一些合意，相互妥协固化谈判成果，在司法程序外建立银企新型合作关系。

4. 设立破产费用援助基金。解决无产可破案件中破产程序启动经管理人报酬的来源问题，包括垫付企业维稳资金和破产费用，以提高债务人和债权人申请破产以及管理人工作的积极性，并加快破产案件审理进程。对此问题，有的法院已经在积极探索中建立起有效的解决方式，如滨州市滨城区法院为解决管理人报酬不足的管理人建立报酬基金制度等，为建立无财产可破案件的财政援助制度积累了经验。对此，我们建议：政府财政部门应当建立政府援助《企业破产法》实施的常规机制，对于“无产可破”案件中企业职工基本安置费用和破产费用予以援助，建立危困特殊企业挽救的财政援助机制。通过确立政府在企业破产过程中的社会责任，建立起规范、科学的破产程序援助制度，为破产制度社会功能的发挥、《企业破产法》的顺利实施提供有力支持。

关于对仓储合同纠纷审理情况的调研报告

山东省高级人民法院民二庭

一、总体审判情况

（一）案件总体数量不多，各地不均衡

自2012年至2015年6月底，全省法院共计受理仓储合同纠纷452件，总体数量不多，在商事纠纷案件中所占比例较小。例如，临沂下辖县区法院共计收案23件，仅占商事纠纷案件总量的3‰。各地收案数量不均衡，其中青岛收案数量最多，两级法院共计收案100件，东营收案数量最少，近三年来未曾受理过仓储合同纠纷案件（见表1）。

表1　　2012年至2015年6月底全省法院受理仓储合同纠纷案件情况　　单位：件

济南	青岛	淄博	枣庄	东营	烟台	潍坊	济宁	泰安	威海	日照	滨州	德州	聊城	临沂	菏泽	莱芜	铁路
10	100	20	8	0	54	39	103	5	17	4	11	22	5	37	11	5	1

（二）地域特色明显

仓储合同纠纷涉及的仓储物具有明显的地域经济特色。例如，滨州市下辖的惠民县、沾化县以存储水果为主，而博兴县则以存储彩钢板为主。由于青岛保税区位于青岛市黄岛区，辖区内经营仓储业务的企业数量较多，黄岛法院受理的仓储合同纠纷案件数量明显多于青岛辖区其他法院，近三年收案43件，占青岛全市收案总数的43%。济宁市金乡县盛产大蒜、圆葱，从事仓储经营的企业比较多，恒温库1200多座，储藏能力达120万吨，农副产品价格持续下跌时，仓储合同纠纷案件就会大幅增长。金乡县法院近三年收案61件，占济宁全市收案总数的59%。

（三）双方矛盾激烈，案件反诉率高

由于仓储的农作物受市场因素影响较大，遇到市场不景气等情况，存货人往往不积极提货，并拒付仓储费用，而存货人为腾出仓储空间，及时收回仓储费用，常常自行出售仓储的农作物，甚至将仓储物强行出库丢弃。双方当事人因此争议较大，矛盾冲突激烈，案件难以调解，审理过程中反诉率高。保管人要求支付仓储费用的，另一方往往就仓储物变质、短损造成的损失提起反诉；存货人要求交付仓储物或赔偿损失的，另一方往往就仓储费用提出反诉。仓储物毁损原因及损失程度往往依靠鉴定，导致案件审理期限较长，进一步激化了双方的矛盾。

(四)合同不规范,事实认定困难

涉及大蒜、圆葱、土豆等生鲜物品的仓储往往发生在乡镇等基层。当事人对合同内容口头约定较多,即使订立书面合同,合同内容也较为简单,对于货物的入库、出库、储存条件及责任承担等内容表述不明确,或只是简单列明存储清单,以至于案件审理中人证较多,书证较少,事实难以查证。仓储数量、仓储时间、仓储费的支付及违约方的认定,往往成为此类案件审理的重点和难点。

(五)仓储物毁损的原因及价值认定困难

该类案件审理中的疑难法律问题主要是如何确认仓储物毁损的原因及损失程度。仓储物毁损的原因可能存在多方面因素,通常需要通过司法鉴定程序予以认定。但诉讼发生时仓储物往往已经灭失,检材欠缺,致使鉴定程序难以顺利进行。有时鉴定结论也不明确,存在含糊之处,法院无法直接采纳,当事人争议也比较大,要求鉴定人员出庭接受询问。仓储物的价值一般按市场价值确定,但是确定仓储物市场价值的基准日如何选择存在分歧:是以保管人出售时的价格为准,还是以仓储期限届满时的价格为准,抑或以仓储期间的最高价格为准。

二、完善仓储合同法律规范的建议

(一)关于保管人的通知、催告义务

《合同法》第 389 条规定:"保管人对入库仓储物发现有变质或者其他损坏的,应当及时通知存货人或者仓单持有人。"该条规定了保管人的通知义务,但是对于通知的方式并没有明确的规定。《合同法》第 390、393 条分别规定了保管人的催告义务,即"对入库仓储物发现有变质或者其他损坏,危及其他仓储物的安全和正常保管的,应当催告存货人或者仓单持有人作出必要的处置","储存期间届满,存货人或者仓单持有人不提取仓储物的,保管人可以催告其在合同期限内提取",但是对于催告的方式也没有明确的规定。审判实践中,保管人辩称按照存货人预留的联系电话、通信地址,无法与存货人取得联系,或者已经通过电话等形式通知了存货人,但存货人不予回复或拒绝提取仓储物,保管人不得已将仓储物变卖甚至直接丢弃,而存货人则不予认可,声称保管人没有履行通知或者催告的义务,并要求保管人承担赔偿责任,由此引发仓储合同纠纷。保管人履行通知、催告的义务的方式、标准如何确定,需要进一步明确。建议对保管人通知、催告的方式作简要列举,同时作兜底式的规定,促使保管人采取合理地方式履行通知、催告义务。

(二)关于保管人对仓储物的处置权利

《合同法》第 390 条规定:"保管人对入库仓储物发现有变质或者其他损坏,危及其他仓储物的安全和正常保管的,应当催告存货人或者仓单持有人作出必要的处置。因情况紧急,保管人可以作出必要的处置,但事后应当将该情况及时通知存货人或者仓单持有人。"审判实践中,对"情况紧急"的情形及保管人可以实施的"必要的处置"认识不一,容易引发纠纷。例如,在存货人不予回复或拒绝提取仓储物时,保管人将仓储物变卖甚至直接丢弃,嗣后存货人主张保管人无权处置或者不当处置仓储物,要求保管人进行赔偿,从而形成争议。建议对"情况紧急"的情形及保管人的"必要的处置"方式进行明确,并对如何处理因处置方式产生的争议加以规定。

(三)关于保管人的提存权利

《合同法》第393条规定:“储存期间届满,存货人或者仓单持有人不提取仓储物的,保管人可以催告其在合同期限内提取,逾期不提取的,保管人可以提存仓储物。”根据该条的规定,保管人在一定条件下享有提存权利。但是,现实情况是没有提存仓储物的相关法律规定,保管人如何行使提存权利并不明确,提存到哪个部门,提存以什么方式进行,提存权利行使期限有无限制,均需要予以明确。此外,根据该条的规定,保管人对于是否提存仓储物享有选择权,既可以提存,也可以不提存仓储物。如果不提存,保管人是否只能继续保管货物。当仓储费过高时,能否对货物进行拍卖或变卖,或者对于经催告后仍逾期不提取的,保管人能否直接进行其他方式的处理(如拍卖、变卖等)。仓储合同实际履行过程中,存货人或仓单持有人逾期不提取仓储物也不缴纳仓储费的,保管人会采用变卖的方式对仓储物进行处理,由此引发的仓储合同纠纷也很多。对于不适于提存的鲜活物品,经催告后逾期不提取的,应当如何处理?此类情况也需要予以明确。

(四)关于保管费的请求权利

仓储合同纠纷当中,由于保管人存在保管不当而导致仓储物毁损、灭失的情形,存货人要求保管人对仓储物承担损害赔偿责任。此时,保管人往往提出反诉,要求存货人支付仓储费,或者是提出抗辩,要求将保管费与存货人主张的损害赔偿相互抵销。在保管人存在保管不当而导致仓储物毁损、灭失的情形之下,保管人是否还有权利要求存货人支付保管费。

(五)关于仓储物毁损的责任负担

《合同法》第394条规定:“储存期间,因保管人保管不善造成仓储物毁损、灭失的,保管人应当承担损害赔偿责任。因仓储物的性质、包装不符合约定或者超过有效储存期造成仓储物变质、损坏的,保管人不承担损害赔偿责任。”该条规定了保管人承担违约责任的基本原则,即保管人对因保管不善而造成的仓储物毁损、灭失承担违约责任,对因仓储物的性质、包装等自身原因而造成的仓储物毁损、灭失不承担违约责任。审判实践中,对仓储物毁损、灭失的原因及价值认定往往成为案件处理的重点和难点。

首先,对于仓储物毁损或变质的原因,应当如何分配举证责任。审判实践中,作为生鲜物品存货人的农户,其证据保留和举证能力不足,而仓储合同的保管人作为专业的仓储公司,其举证能力明显高于存货人。建议由保管人承担仓储物的毁损、灭失系由不可归责于保管人的原因造成的举证责任,仓储物的性质、包装不符合约定或者超过有效储存期限等均由保管人承担举证责任。如果保管人不能举证,则推定其对货物的毁损、灭失负有保管不善的违约责任。

其次,保管人承担违约责任的方式并未明确。审判实践中,存货人或仓单持有人有时要求保管人以给付金钱的方式承担损害赔偿责任,有时要求保管人以返还同类仓储物的方式承担违约责任,但是同类仓储物之间在质量上亦存在一定的差别,给裁判造成了一定的困扰。建议就承担责任的方式作进一步的规定。

最后,关于仓储物损失的价值认定。市场经济中存在着经营风险,如果按照仓储物存入时的价格确定赔偿价值,可能导致双方当事人利益上的不公平。如果当事人对损失价值的计算方法事前有约定的，可以从其约定。如果事前没有约定且事后亦不能达成协议的，应当按照市场价格予以确定。但是，按合同到期日市场价格，还是依照纠纷发生时的市场价格或者其他时间点来确定赔偿的价值，实践中操作不一，尚需要予以明确。

三、仓储合同纠纷中涉及买卖、质押时的审判思路

仓储合同纠纷中涉及买卖、质押等问题时，应当根据案情和当事人的请求进行区别对待。一般来说，建议合并审理。当收货人持单要求交货，保管人抗辩未实际保管货物或货权未发生转移，拒绝交货时，这说明就该宗仓储物的货权存在争议。为了查明事实，也为了一次性解决纠纷，减少当事人的诉累，建议追加当事人，将买卖合同与仓储合同纠纷合并审理。

但是，对于存货人将仓储的货物出售他人之时，已将仓储费全部交清，也不存在仓储物给保管人造成损失，并且已将出售仓储物通知了保管人的情形之下，买受人持仓单要求保管人交付仓储货物，保管人仅以没有实际保管货物或货物所有权未发生转移为由拒不交付的，可以不必追加存货人为当事人，仅就仓储合同纠纷进行审理即可，无须与买卖合同合并审理。因为收取仓储费无疑是保管人的主要权利，在其仓储费实现以后，无论存货人将仓储货物卖予何人，均未加重其保管义务，此时追加存货人参加诉讼，没有实质意义。反之，如果仓储费没有交清，或者存货人出售货物没有通知保管人，并且亦未在仓单上背书的情形之下，追加存货人为第三人参加诉讼，有利于查清案件事实，厘清责任负担。

四、仓单的相关法律问题

质权人行使质权时，发现仓单上列明的质押物与实际仓储物不一致的情形。这种情况下，质权人接受质押人持有的仓单时，虽与保管人就仓单真实性进行了确认，但并未查验仓单项下货物的真实情况，仅仅在保管人处检查了货物的表面真实性。根据《物权法》第 224 条的规定，质权自权利凭证交付质权人时设立。从形式上看，质押权是成立的，但质物不是仓单中列明的货物本身，而是仓单项下的权利，即提货权。在这种情况下，如果保管人与委托人（质押人）没有约定或约定不验收仓储物的，保管人仅负合理注意义务，验货义务应由质权人负担。在质权人放弃验货的前提下，其无权向保管人主张仓单上记载的货物的交付权。

存货人将所有权属于他人的货物储存于保管人处，并以仓单向质权人出质，质权人接受仓单后行使质权时，货物所有权人提出异议的情形。这种情况下，对于质权人来说，判断仓单项下货物的所有权归属的确不易，仓单质押作为权利质押，质权人判断仓单系真实的质押就尽到了合理的审查义务，不宜将质权人的义务扩大至判断仓单项下货物的权利归属上。只要质权人接受仓单时是善意的，支付了合理的对价，仓单已经合法交付质权人，就应当认定质权人是善意的，其权利就应当得到保护。对于案外人提起的所有权异议，应当一律不予受理，可由其向存货人另行主张权利。

存货人将仓单背书转让，权利义务主体是否因仓单转移而发生变化。比如，存货人将仓单背书转让给他人，现仓单持有人向保管人主张提取仓储物，保管人认为尚欠仓储费用，要求先行支付仓储费用才能提货。对此，有两种处理意见：一种意见认为，仓单具有物

权效力，仓单持有人有权要求保管人提取仓储物，基于合同相对性原则，保管人应向存货人主张仓储费用；另一种意见认为，保管人享有留置权，若存货人或仓单持有人不支付仓储费用，保管人可以行使留置权。如果要求保管人必须先为仓单持有人提取仓储物，再向存货人主张权利，留置权将会形同虚设，不利于保护保管人的合法利益。

五、保兑仓业务中涉及仓储的法律问题

保兑仓业务是指以银行信用为载体，以银行承兑汇票为结算工具，由银行控制货权，卖方受托保管货物并对承兑汇票保证金以外金额部分由卖方以货物回购作为担保措施，由银行向卖方和买方提供的以银行承兑汇票的一种金融服务。保兑仓作为一种新类型融资方式，对卖方而言，保障了收款；对买方而言，降低了融资成本；对银行而言，保障了资金安全。该案的判决，充分体现了人民法院发挥司法能动性，在支持新类型融资方式、规范融资市场发展方面的职能作用。

在我院审理的兴业银行济南分行诉济钢公司、旺隆公司等保兑仓业务合作合同纠纷一案中，我院认为，保兑仓业务至少存在三种法律关系，包括产品经销商与银行间的融资合同关系、供应商与银行间货物监管担保关系及供应商与经销商间买卖合同关系。本案当事人签订的《保兑仓业务三方合作协议》，不仅确立了兴业银行济南分行与济钢公司共同保证资金安全的合同关系，而且还包括旺隆公司和济钢公司间买卖合同关系及兴业银行济南分行与旺隆公司的融资贷款的合同关系。根据《保兑仓业务三方合作协议》约定，济钢公司作为卖方，应当按照兴业银行济南分行出具的《提货通知书》的要求向旺隆公司办理发货事宜，否则，济钢公司须向兴业银行济南分行承担连带还款责任。实际履行过程中，济钢公司在未收到兴业银行济南分行的《提货通知书》的情况下，未按《保兑仓业务三方合作协议》约定将剩余5705万元承兑汇票退回兴业银行济南分行，自行将等值货物交付旺隆公司，构成违约。因此，判决济钢公司在其擅自发货造成的损失范围内，与旺隆公司承担连带清偿责任。

在济南中院审理的平安银行济南分行诉莱钢公司、恒宇公司保兑仓协议纠纷一案中，平安银行济南分行(甲方)、恒宇公司(乙方)与莱钢公司(丙方)签订《合作协议书》，由平安银行济南分行以银行承兑汇票的方式贷款给恒宇公司，用以支付恒宇公司与莱钢公司之间贸易合同项下的应付货款，莱钢公司负责代办货物运输到恒宇公司的收货仓库，由平安银行济南分行指定的监管方汇通公司作为恒宇公司不可撤销的代理人代理收货，莱钢公司应与监管方汇通公司办理货物交接手续，监管方汇通公司对收到的货物进行签章确认后，视为莱钢公司发货责任履行完毕。如果莱钢公司实际发货的价值少于贸易合同的规定，莱钢公司应当将未发货部分等额的款项退回平安银行济南分行。诉讼中，莱钢公司辩称存在争议的993.66吨货物恒宇公司已经收到，但因送货当天监管方汇通公司专用章不在，所以未加盖汇通公司监管专用章，但没有提供相应的证据予以支持。因此，判决莱钢公司退回993.66吨货物的货款及延期退款的滞纳金。

六、青岛“德正系”系列案件审判情况及其法律问题

(一)青岛中院相关情况

1. 案件审判情况

青岛中院共计受理涉及德诚公司、德正公司的案件129件(仓储合同纠纷1件,企业借贷纠纷1件,金融借款合同纠纷127件)。截至2015年7月15日,共计审结109件(判决90件,撤诉19件),尚有19件正在审理之中。在已审结案件当中,原告分别为各金融机构,被告为德诚、德正等关联公司及其法定代表人陈基鸿、陈基隆等自然人,均未涉及“青岛港(集团)有限公司大港分公司”(以下简称“大港分公司”)等仓储公司,案件所涉事实、裁判结果亦与质押合同、质押监管责任没有关联。

2. 案件法律问题

在尚未审结案件当中,建设银行青岛分行四方支行诉德诚公司的4件案件,日照银行青岛分行诉亿达公司、德诚公司、恒通公司8件案件具有一定的代表意义。

(1)建设银行青岛分行四方支行诉德诚公司案件。德诚公司与建行四方支行签订《贸易融资协议》,以其存放在大港分公司的5.8万吨铝锭作为质押。同日,建行四方支行、德诚公司与大港分公司签订三方监管协议,大港分公司出具了5.8万吨铝锭仓单。此后,德诚公司在该授信额度内开展业务。建设银行青岛分行四方支行分别于2013年12月30日、2014年3月28日到大港公司进行核库。大港分公司在核库确认书上盖章确认。后经鉴定,核库确认书上的大港分公司的印章均系伪造。建设银行青岛分行四方支行与德诚公司的贸易融资合同、信贷合同真实发生,在核库确认书上的大港分公司印章系伪造的情况下,案件是否应当全案移送公安机关处理,还是继续进行审理需要研究。

(2)日照银行青岛分行诉亿达公司、德诚公司、恒通公司案件。2014年1月7日,亿达公司与日照银行青岛分行签订《动产质押合同》,约定亿达公司以其存放在大港分公司的3万吨两批铝锭提供质押,用于该公司与日照银行签订银行承兑协议的担保,担保额为3.5亿元人民币。同日,大港分公司出具由张家春(大港分公司原副经理)签字并加盖大港分公司印章的动产质押清单。此后,亿达公司与日照银行开展银行承兑业务,日照银行先后共出具25张银行承兑汇票,票面金额共计人民币1.5亿元。经查,动产质押清单上张家春的签字和大港分公司的印章均系袁妮(陈基鸿秘书,已被羁押)伪造。

德正公司在日照银行青岛分行获得4.8亿元综合授信额度,分配给德诚公司3.2亿元、恒通公司1.6亿元使用。日照银行审批过程中,要求追加授信企业1.5万吨铝锭质押。德诚公司以其存入在大港分公司的1.5万吨铝锭作为质押,与日照银行青岛分行签订动产质押协议,为其2亿元保理业务履行担保。2014年4月,德诚公司为从中信澳大利亚资源贸易有限公司进口5460吨、3920吨两批铝锭(贸易标的物为14份新加坡环球仓储公司出具的仓单,标明货物存放于大港分公司),分别办理了两张信用证,到期后未予偿还。同月,恒通公司为从中信澳大利亚资源贸易有限公司进口4360吨、6550吨、5910吨三批铝锭(贸易标的物为20份新加坡环球仓储公司出具的仓单,标明货物存放于大港分公司),分别办理三张信用证,到期后均未偿还。据犯罪嫌疑人陈旭军(鸿途物流副总经理)、袁妮供述,新加坡环球仓储公司开具仓单时所依据的大港分公司仓单均系陈旭军、袁妮伪造。

日照银行青岛分行与亿达公司、德诚公司、恒通公司签订的银行承兑协议、信用证开证合同等业务真实发生，在动产质押合同上的大港分公司印章系伪造、动产质押清单上张家春签名系伪造以及信用证项下的仓单系伪造的情况下，案件是否应当全案移送公安机关处理，还是对信贷业务进行审理需要研究确定。

（二）泰安中院相关情况

泰安中院受理2件以青岛德诚矿业有限公司、德正资源控股有限公司为被告的“德正系”案件，案由均为进出口代理合同纠纷，涉案金额为4550万元。原告接受德诚公司委托代理进口电解铜，将货物存放于保税区，将仓单等单据交给德诚公司，后形成原告信用证项下垫款，导致纠纷发生。因德诚公司系一人有限责任公司，德正公司作为股东因未能提供证据证实德诚公司财产独立于自己财产，被判决向原告承担连带清偿责任。

（三）威海中院相关情况

威海中院受理3件以青岛德诚矿业有限公司、中信澳洲商品贸易有限公司为被告，以中国工商银行股份有限公司青岛分行、交通银行股份有限公司青岛分行为第三人的“德正系”案件，案由均为信用证欺诈纠纷。原告威海商业银行委托第三人工商银行、交通银行代理开立三份信用证，受益人均为被告澳洲公司。新闻媒体报道了青岛港骗贷事件，涉案德诚公司等企业开具虚假仓单进行诈骗活动。原告威海商业银行认为被告德诚公司构成信用证欺诈，请求判决终止支付信用证项下款项，赔偿经济损失共计1.75亿元，同时申请裁定中止支付信用证项款项。威海中院认为存在信用证欺诈的事实，于2014年7月23日裁定中止支付信用证项下款项2840万美元。目前，案件正在审理当中。

山东省高级人民法院关于依法平等保护非公有制经济相关法律问题的调研报告

山东省高级人民法院民二庭

党的十八届三中全会提出，非公有制经济是社会主义经济的重要组成部分，必须毫不动摇地鼓励、支持、引导非公有制经济发展，激发非公有制经济活力和创造力。2015 年 5 月 18 日中央统战会议上，习近平总书记指出："促进非公有制经济健康发展和非公有制经济人士健康成长，要坚持团结、服务、引导、教育的方针，一手抓鼓励支持，一手抓教育引导。"因此，依法平等保护非公有经济是贯彻党的十八届三中、四中全会以及习近平总书记重要讲话精神的要求。为此，我院就审理涉非公有制经济的民商事案件开展了相关法律问题调研，发现在民商事审判工作中对非公有制经济能够做到平等保护。但是，现有的法律、法规及相关司法解释中对非公有制经济仍然存在一定程度的不平等规定，而且非公有制经济在发展过程中仍然面临许多困难，仍有许多亟须解决的法律问题。因此，完善立法，加强对非公有制经济的法律保护，任务还很艰巨。

一、非公有制经济概述

（一）非公有制经济是社会主义市场经济的重要组成部分

坚持以公有制为主体、多种所有制经济共同发展是我国的基本经济制度，符合我国的社会性质和当前的基本国情。非公有制经济是指我国现阶段除了公有制经济形式以外的所有经济结构形式，是社会主义市场经济的重要组成部分。非公有制经济主要包括个体经济、私营经济、外资经济等。个体经济是由劳动者个人或家庭占有生产资料，从事个体劳动和经营的所有制形式。个体经济以劳动者自己劳动为基础，劳动成果直接归劳动者所有和支配。私营经济以生产资料私有和雇佣劳动为基础，以取得利润为目的的所有制形式。外资经济是我国发展对外经济关系，吸引外资建立起来的所有制形式，包括中外合资经营企业、中外合作经营企业中的境外资本部分以及外商独资企业。

（二）非公有制经济为国民经济发展做出重大贡献

非公有制经济的出现和发展，适应了我国现阶段生产力发展水平，是改革开放政策的产物。我国目前正处于改革的攻坚阶段、发展的关键时期，无论是深化国有企业改革，调整和优化我国的经济结构，促进社会主义市场经济体制的形成，实行"两个根本性转变"，还是建立全方位、多渠道、多领域的就业体系，保持社会稳定，都需要非公有制经济的进一步发展。非公有制经济已经成为我国国民经济最具活力的部分之一,不仅对发展我国社会生产力,满足人民多样化需要,促进国民经济发展发挥着日益重要的作用,而且还吸纳了大量社会闲散人员和国有企业下岗职工,为维护社会稳定做出了贡献。

(三)非公有制经济受法律保护,为政策所扶持

当前我国对非公有制经济的法律保护较为完备。在内资企业方面,通过《中华人民共和国公司法》《中华人民共和国个人独资企业法》《中华人民共和国合伙企业法》《中小企业促进法》《农民专业合作法》等法律、司法解释予以保护规范。在外资企业方面,通过《中华人民共和国中外合资经营企业法》《中华人民共和国中外合作经营企业法》《中华人民共和国外资企业法》等法律、司法解释予以保护规范。这些法律法规、司法解释对非公有制经济的法律地位、主体资格、企业设置、准入门槛、权利义务都作了具体规定,对非公有制经济的发展壮大、规范化运行都提供了重要保障。

不仅法律法规对非公有制经济予以保障,而且国务院、地方各级政府在政策上也对非公有制经济予以支持,如国务院出台的《国务院办公厅关于金融支持小微企业发展的实施意见》,山东省委、省政府印发的《关于加快全省民营经济发展的意见》等。这些国家政策、地方意见的出台,为非公有制经济的发展保驾护航。

二、非公有制经济发展过程中的相关法律问题

在此次调研过程中,我们进入企业生产现场,了解企业经营过程中遇到的问题,调阅近年来所审理的涉非公有制经济案件,查阅了相关法律法规。我们发现,尽管我国在大力发展非公有制经济过程中作出了不懈的努力,也取得了显著的成果,但仍然不能忽略非公有制经济在当前经济发展过程中所处的不利地位,因为非公有制经济的发展仍然面临诸多不公平因素。我们将通过以下两个案例的分析,总结非公有制经济发展过程中所面临的主要问题。

案例一:原告中国信达资产管理股份有限公司诉被告青岛某渔业有限公司金融借款合同纠纷一案。原告诉称:1995 年 8 月,青岛胶州某渔业公司(以下简称"渔业公司")因经营需要,与中国建设银行胶州市支行(以下简称"胶州建行")签订《借款合同》,合同约定:该渔业公司向胶州建行借款 177 万元,借款期限为一年,借款月利率为 12.06‰;如渔业公司不按期归还贷款,则逾期部分加收利息 20%。次日,胶州建行向该渔业公司发放贷款 177 万元。贷款到期后,渔业公司未履行还款义务。1999 年 9 月,胶州建行将涉案债权转让给原告,并就债权转让事宜按照法律规定发布了债权转让暨催收公告,履行了必要的、恰当的通知义务。截至 2013 年 6 月,渔业公司尚欠原告贷款本金 177 万元、应收利息 448970.63 元、催收利息 7319904.6 元。被告辩称"根据最高人民法院《关于审理涉及金融不良债权转让案件工作座谈会纪要》第 9 条的规定,受让人不应收取不良债权受让日之后发生的利息,故原告要求被告支付催收利息 7319904.6 元及罚息无法律依据"。

青岛中级人民法院经审理认为,通过审查原告相关证据表明:胶州建行与该渔业公司签订的《借款合同》合法有效,对各方当事人均具有约束力。借款到期后,渔业公司未向胶州建行偿还借款本息,构成违约。胶州建行将其对渔业公司享有的债权转让给信达公司,信达公司取代胶州建行的债权人地位,故原告有权向被告主张偿还借款本息的诉讼请求。

同时根据最高人民法院《关于审理涉及金融不良债权转让案件工作座谈会纪要》第 9 条规定"受让人向国有企业债务人主张利息的计算基数应以原借款合同本金为准;受让人向国有企业债务人主张不良债权受让日之后发生的利息的,人民法院不予支持"。在本案中,渔业公司系集体所有制企业而非国有企业,其不享有上述规定的债权受让日之后的利息免除,故对被告的主张不予支持。

案例二:原告隋某某诉被告青岛某加油站、被告青岛某产业用布有限公司股权转让一案。原告诉称,青岛某加油站是由青岛某进出口物资有限公司、东营某石油化工联营公司、青岛市纺针织品总公司成立的联营企业。在 1999 年 7 月,青岛市纺针织品总公司成立的联营企业将其持有的被告青岛某加油站的股权转让给被告青岛某产业用布有限公司。2013 年 11 月,原告隋某某与被告青岛某产业用布有限公司签订《投资资产转让和约束》,约定被告青岛某产业用布有限公司以 30 万元的价格将其所持的青岛某加油站的股权转让给原告隋某某。同时,青岛某进出口物资有限公司、东营某石油化工联营公司均同意放弃优先购买权。原告在支付对价 30 万元后,两被告却不配合原告办理工商登记。原告请求法院确认原告隋某某与被告青岛某产业用布有限公司签订《投资资产转让和约束》合法有效,判令两被告协助原告办理青岛某加油站工商股东变更登记。被告辩称青岛某加油站及青岛某产业用布有限公司系国有资本控股企业,在合并、分立、解散、申请破产以及其他重大事项中应当报请本级人民政府及国资委批准。原告与被告青岛某产业用布有限公司签订《投资资产转让和约束》之前,并未报请国资委审批,故该协议应为无效合同。

法院认为,根据《中华人民共和国国有资产法》第 40 条第 2 款中规定国有企业在改制前,应将改制方案报请本级人民政府批准。在国有资产转让过程中,也需要本级政府审批。原告隋某某与被告青岛某产业用布有限公司签订《投资资产转让和约束》中,约定转让的股权系国有资产,转让之前应报本级政府审批。因李沧区政府未批准转让该协议约定的股权,故该协议应为无效协议。

通过分析上述两个案例,我们发现非公有制经济在发展过程中所遇到的问题主要表现在以下几个方面:

(一)法制保障方面不完善

我国目前对非公有制经济的法律规定大多是一般性规定,只是规定了可以设立和经营非公有制企业的权利和义务,而在非公有制经济与公有制经济的平等地位、平等发展、公平竞争的制度建设方面,以及确立扶持弱小的非公有制企业发展方面,有关具体制度还需要进一步完善。通过案例二,结合我国现行的《中华人民共和国国有资产法》《中华人民共和国中外合资企业法》,在扶持和支持非公有制经济发展的具体法律条款中,仍然可以看到影响交易安全或不平等因素的影子。

1. 对公有制经济保护与交易安全的衡平

我国以公有制经济为主体的经济制度决定了在市场经济活动中对国有资产将会采取"特殊的保护制度",然而这种对公有制经济的过度保护也在一定程度上是对非公有制经济的削弱,这种过多的行政干预保护政策正是一种不平等的体现,正如在案例二中对国有资产产权变更的规定。

在 2009 年 5 月 1 日实施的《中华人民共和国国有资产法》中,我们看出,国家仍在利用看得见的手在管理国有资产，并没有将国有资产完全放入到市场经济中去与非公有制经济参与竞争。其中，本法的立法理念便是第一条所述的为了维护国家基本经济制度，巩固和发展国有经济，加强对国有资产的保护。同时在对出资人的职责方面也作出了具体的规定，要求履行出资人职责的部门应向本级政府负责，接受本级政府的监督和考核，并定期向本级政府做关于国有资产总量、收益、变动、结构方面的情况说明。而且该法在对出资人权益的重大事项上面作了详尽的规定：要求国有独资企业、国有独资公司、国有资本控股公司在合并、分立、解散、申请破产以及其他重大事项中报请本级人民政府批准。要求国家出资企业在发行债券、投资等事项方面需报人民政府或相关部门机构批准、核实或备案。在涉及国有企业改制方面，该法律也作了详尽的规定，其中第 40 条第 2 款规定国有企业在改制前，应将改制方案报请本级人民政府批准。在国有资产转让过程中，也需要本级政府审批。如此翔实的立法，可以看出我国在保护国有资产方面的用心良苦，然而在现实的市场经营过程中，我们却发现部分国有企业并不能实际地履行上述义务，很多的审批、备案都流于形式，甚至出现故意不履行报批手续、恶意违约的现象。以至于当国有企业在与私营企业或外资企业开展业务时，如果出现经济纠纷，我们的国有企业往往会以上述保护条款为理由主张合同无效，从而影响交易安全，对包括私营企业或外资企业在内的另一方市场主体产生不利的影响。

2. 自身法律的不平等

在《中华人民共和国中外合资企业法》第 3 条中“合营各方签订的合营协议、合同、章程，应报国家对外经济贸易主管部门(以下称‘审查批准机关’)审查批准。审查批准机关应在三个月内决定批准或不批准。合营企业经批准后，向国家工商行政管理主管部门登记，领取营业执照，开始营业”。我们认为从计划经济时期延续下来的这种行政审批存在很多弊端，这将影响招商引资的开展和私营企业规模发展，甚至为滋生腐败提供温床。

另外在本法第 4 条中“合营企业的形式为有限责任公司。在合营企业的注册资本中，外国合营者的投资比例一般不低于百分之二十五。合营各方按注册资本比例分享利润和分担风险及亏损。合营者的注册资本如果转让必须经合营各方同意”。我们认为对外国合营者的出资比例进行规定是不符合现实情况的。正如之前对成立有限责任公司的认缴资本的规定，这在一定程度上限制了资本的运作和流通，同时也无法实际进行核算。而且在司法审判活动中，如果坚持投资比例不低于 25%，就会造成当事人更多的主张无效合同的出现，更加不利于经济的健康发展。

(二)思想观念上的“歧视”

通过调研，我们了解到非公有制经济的组织形式虽有公司、集团、商行、社团、私募基金等，但大部分都属于中小企业，中小企业往往给我们的印象是弱小、孤立、无保障。这与那些代表着垄断、强势、高保障的国有企业是无法相提并论的。因此，人们在日常的经济活动中，往往更倾向于选择与国有企业开展经济交往，这使得非公有制经济在经济活动的最初阶段就落后于公有制经济的步伐，造成起点的不公平。

(三)司法实践中的不平等

或许是出于对国有资产的保护，也或许是出于对债权人权益的保护，在司法实践中，特别是商事诉讼案件中，存在着对国有资产“特殊保护”的案件。正如案例一中，被告主张

“受让人不应收取不良债权受让日之后发生的利息”，而我们法院则依据最高人民法院《关于审理涉及金融不良债权转让案件工作座谈会纪要》第 9 条规定，以被告并非国有企业，其不享有上述规定的债权受让日之后的利息免除，故对他的辩解理由不予支持。这条规定充分体现了我国在当前司法审判过程中对公有制经济特别是国有企业的“特殊保护”。这种“特殊保护规定”的存在则让具有非公有制经济属性的企业在地位上显得“不平等”，对企业的生产经营产生不利的影响。除此种“特殊保护”之外，办案法官有时也会将举证责任过多的分配给代表非公有制经济的企业。

另外，在当前司法实践中，除了商事诉讼案件之外，还涉及公司破产案件。在公司破产案件的审理上，我们发现当前法院受理的公司破产案件中涉及的破产主体都是具有公有制性质的国有企业，而具有非公有制经济性质的企业则基本不予受理。或许是基于公司破产之后需要面对资产的清算、债务债权的处理以及职工的安置等大量现实问题，我们法院往往会选择受理国有企业的破产申请。因为对于破产企业职工安置等现实问题，只有政府出面才能更好地解决，而具有公有制经济性质的国有企业破产时在职工安置上则会受到政府更多的救济。这在一定程度上让具有非公有制性质的企业处于不平等地位，以至于“不能”破产。

(四)经济政策上的不平等

在我国当前的经济制度及国情现状下，公有制经济仍然把持着国家经济命脉，对国民经济的发展起着至关重要的作用。因此，代表着公有制经济的国有企业，在税务、融资、人才、技术支持、破产风险、行业风险、自然资源等方面都保持着巨大的政策优势，这些优势在某些方面甚至已经化为法律层面的特权，这些特殊的先天优势或许正是阻碍中小企业健康发展的命门所在。

据不完全统计，在经营领域方面，禁止和限制私营企业和个体工商户进入的行业和经营的商品多达 71 项；在金融领域，缺乏一个能够为私营经济服务的便捷资本市场，使得中小企业的融资需求得不到满足，特别是帮助非公有制企业解决融资困难的制度保障不足，尽管有些城市陆续出台了一些支持非公有制经济融资的举措，提供了银行贴息贷款、科技发展基金等优惠政策，但非公有制经济仍然面临融资门槛高、成本高、担保难、中介平台少的问题；在产权划分上，并没有为私营经济建立健全一个适应的产权保护制度框架，缺少可以直接有效界定产权类型与解决产权纠纷的硬性规定。

三、完善法律法规、健全政策制度，促进非公有制经济健康发展

(一)进一步增强保护非公有制经济发展的平等意识

现阶段，非公有制经济和公有制经济都是社会主义市场经济的重要组成部分，非公有制经济更是以其充沛的活力、灵活的运作方式，对发展我国社会生产力、满足人民多样化需要发挥着日益重要的作用。因此，我们不仅在经济活动中要以平等的眼光对待公有制经济与非公有制经济；同时，在司法活动中，也要增强同等保护意识，在宪法和法律的保护上贯彻平等的原则，对不同所有制主体的合法权益都给予“同等保护”。特别情况下，还要对弱势一方的非公有制经济进行适当的“倾斜保护”。大力倡导各职能部门和行业垄断单位彻底跳出计划经济的老框子和主要为公有制经济服务的老圈子，把工作重心迅速转移

到为发展非公有制经济服务的轨道上来。通过正面宣传非公有制经济人士和企业为国家经济发展所做出的重大贡献,为非公有制经济营造良好的舆论环境。通过创造平等发展的法治环境来建立营造良好的竞争秩序,建立公平有序的市场交易机制,打击为保护垄断而设置障碍、使其他市场主体无法进入的违法行为。

(二)进一步完善保护非公有制经济发展的相关制度

1. 完善产权平等保护制

产权是所有制的核心。健全归属清晰、权责明确、保护严格、流转顺畅的现代产权制度对于保护非公有制经济具有重大意义。对非法侵害非公有制经济主体合法权益,构成犯罪的,要依法追究刑事责任;对犯罪分子非法占有、处置非公有制经济主体的财产,要依法予以追缴或者责令退赔;犯罪分子非法毁坏非公有制经济主体财产,非公有制经济主体提起附带民事诉讼的,依法予以支持。因此,只有将产权保护制度落实为具体的制度安排,才能够真正保护非公有制经济合法财产不受侵犯。

2. 完善市场准入制度

可以确立非公有制经济"非禁即入"的原则,清理行业准入中不合理的限制性规定。特别是在石油石化、电力通信、基础设施建设等领域,通过清理、细化相关规定,让非公有制经济可以逐步进入到国有垄断性行业和领域中来。实行行政服务"一条龙"政策,由一个相关部门负责牵头落实非公有制经济申办问题,政府有关职能部门实行合署办公,让投资者可一次性申报,合署机构一次性审批。同时,放宽注册资本设立条件,尽量取消前置审批项目,运行注册资金逐步到位。

3. 在税收、融资等业务中营造宽松的政策环境

可以将目前国家对中小企业的优惠政策集中进行清理、规范,逐步建立起统一明确的以中小企业为受惠对象的税收优惠政策,争取上升到法律层面。取消按所有制性质和经济性质制定的税收政策优惠,坚持税收优惠按照国家产业政策,向基础产业、高科技产业及其他公共利益产业倾斜。规范各类行政事业收费项目,加强治理向中小企业乱收费、乱罚款、乱摊派等问题,避免"门难进,事难办,话难听"的现象。同时,充分利用国内外资本市场,进一步放宽民间投资企业上市融资和债券融资的标准,进一步降低非公有制经济额外的负担。

(三)进一步完善保护非公有制经济发展的司法保障制度

1. 加强立法工作

正确面对我国现行法律法规中对非公有制经济发展的不平等规定,加快立法和法律修订工作,解决法律滞后的问题,解决法律与政策不协调、执行中左右为难的问题;同时,在立法过程中,认真听取非公有制经济主体的意见建议,增强立法的针对性和可操作性。用完备的法律体系,为非公有制经济的发展提供保障。

2. 发挥审判职能

法院要充分发挥审判职能,严惩危害民营企业生产经营的各种犯罪,最重要的是加强民商事审判工作,依法维护公开平等的市场交易秩序。正确认定民商事合同效力,保障非公有制经济的合法交易,要处理好意思自治与行政审批的关系,对法律、行政法规规定应当办理批准、登记等手续生效的合同,应当允许当事人在判决前补办批准、登记手续,尽量

促使合同合法有效。妥善审理权属及劳动争议纠纷案件,保护非公有制经济的合法权利。充分发挥民商事审判职能,理顺产权关系,既要依法保护公有制经济,有效防止国有资产流失,也要防止超越法律规定和合同约定、损害非公有制经济主体的正当权利。妥善审理破产、清算案件,促进生产要素的优化组合和非公有制经济的转型升级。妥善审理各类知识产权案件,保障和推动非公有制经济的自主创新。

只要政府部门牢固树立服务意识,司法部门充分发挥司法裁判的规范、指引作用,全社会树立起法治观念和依法经营意识,不断完善生产经营管理制度,提升行业管理水平,增强国际竞争力和影响力,我们的非公有制经济就一定会健康顺利发展。

威海市中级人民法院关于金融借款、小额贷款公司借贷、民间借贷纠纷案件的调研报告

近年来,我市金融借款、小额贷款公司借贷、民间借贷纠纷案件大幅上升,反映出的问题日益复杂,妥善处置好该三类案件,对于维护金融秩序、保障经济健康发展至关重要。为进一步推动涉"三类案件"审判工作,有效避免化解金融风险,更好地服务全市经济社会发展,威海中院对"三类案件"进行了专项调研,并在此基础上形成如下调研报告:

一、近三年来,全市两级法院审理涉金融借款、小额贷款公司借贷、民间借贷纠纷案件的基本情况

(一)金融借款纠纷案件基本情况

2012年以来,威海市两级法院共受理一审金融借款合同纠纷案件4776件、标的额24.88亿元。其中,2012年受理1504件,标的额6.37亿元;2013年受理1678件;标的额7.78亿元;2014年受理1594件,标的额10.93亿元。从统计数据看,2014年受理案件数虽少于2013年,但标的额仍呈现增长态势。

在受理的4776件案件中,判决2965件,调解、撤诉1769件,调撤率37.04%,其他42件。

(二)小额贷款公司借贷纠纷案件基本情况

2012年以来,威海市两级法院共受理一审小额贷款公司借贷纠纷案件253件,标的额4.3亿元。其中,2012年受理47件,标的额1.02亿元;2013年受理92件,标的额1.58亿元;2014年受理114件,标的额1.7亿元。无论是受理案件数,还是涉案标的额,均呈逐年增长态势。

在受理的253件案件中,判决139件,调解、撤诉94件,调撤率37.15%,其他20件。

(三)民间借贷纠纷案件基本情况

2012年以来,威海市两级法院共受理一审民间借贷纠纷案件3646件,标的额14.13亿元。其中,2012年受理998件,标的额3.32亿元;2013年受理1234件,标的额4.65亿元;2014年受理1414件,标的额6.16亿元。无论是受理案件数,还是涉案标的额,均呈逐年增长态势。

在受理的3646件案件中,判决1883件,调解、撤诉1732件,调、撤率47.5%,其他31件。

二、涉金融借款、小额贷款公司借贷、民间借贷案件的特点

（一）金融借款纠纷案件的主要特点

1. 案件数量及标的额基本呈总体上升态势。从统计数据看，2013 年受理案件数与 2012 年相比，增长 11.57%，标的额同比增长 22.14%；2014 年虽然受理案件数少于 2013 年，但标的额大幅增加了 40.49%。

2. 原告主体以国有银行为主，但呈现日趋多元化趋势。2013 年以前的金融借款案件原告多为工商银行、建设银行等四大国有银行及地方性商业银行，但自 2014 年开始，招商银行、民生银行等全国性商业银行提起诉讼的比例亦在逐渐攀升。

3. 集中性诉讼高发，多起案件指向同一被告。借款企业某一债权人起诉后，其他多家金融机构因该企业经营状况恶化、负责人下落不明或死亡等突发意外事件，亦会纷纷仿效起诉，并在多家法院申请财产保全，部分标的被多轮查封。如仅自 2015 年 8 月份以来，威海中院已受理以瑞恒集团有限公司、瑞恒经典百货有限公司、郑美兴等为被告的共 16 起金融借款、小额借款、民间借贷纠纷案件。

4. 诉讼时间相对集中，第四季度为多发期。临近第四季度，各大银行受年终考核因素的影响，往往会选择在 10 月份之后起诉。如威海中院 2014 年 1～9 月共受理一审金融借款合同纠纷案件 22 件，而 10～12 月仅 3 个月就受理 17 件，占全年该类案件收案数的 43.59%。

5. 被告送达难，严重影响诉讼效率。该类案件除了借款人，还有抵押人、担保人，因被告数量多，住所地分散，地域跨度较大，加之在贷款时所留住址不详或者贷款后迁移住址，甚至外出躲债，致使法律文书难以送达；有些案件在穷尽其他送达方式后只能公告送达，严重影响了诉讼效率。

（二）小额贷款公司借贷纠纷案件的特点

1. 案件数量及标的额均呈逐年增长态势。从统计情况看，全市两级法院 2012 年受理该类案件 47 件，标的额 1.02 亿元；2013 年受理 92 件，标的额 1.58 亿元；2014 年受理 114 件，标的额 1.7 亿元。无论是受理案件数，还是涉案标的额，均呈逐年增长态势。

2. 案件类型较为集中。与小额贷款公司借贷案件相关的案由主要集中于金融借款合同纠纷、小额借款合同纠纷、追偿权纠纷以及保证合同纠纷等，其中主要以金融借款合同纠纷、小额借款合同纠纷居多。

3. 诉讼主体构成较为固定。在诉讼主体方面，小额贷款公司大多作为原告提起诉讼。而被告一方往往人数较多，多在三人及三人以上，系因涉案借款合同大多约定了多名担保人的情形，所以在涉诉时，小额贷款公司往往将债务人、保证人等一并起诉。

4. 担保方式相对单调，以保证担保为主。审判实践发现，此类案件的担保方式较为单调，主要为保证担保方式，且保证人较多，抵押担保的情形较为少见，或者虽然签订了抵押担保合同，但是没有办理抵押登记。

5. 违规追求高额利润。小额借款合同多为格式合同，表现出的主要问题为：约定利息、违约金过高，有大量担保费、律师费、评估费等费用；规避总额不得超过银行同期贷款利率 4 倍的规定，除格式合同中约定逾期罚息外，另行与借款人签订附加条款，就逾期借

款以管理费、咨询费形式收取逾期利息。

(三)民间借贷纠纷案件的特点

1. 案件数量和标的额呈逐年增长态势。从司法统计的情况看,民间借贷行为渗透到城乡各个领域,案件数量逐年增加,个案标的额由以往的千百元或数万元发展至上百万元,甚至动辄上千万元的案件亦不在少数。

2. 涉案主体呈多元化趋势。由传统的自然人主体之间扩展至自然人与个体工商户、公司(法人)等其他经济组织之间,个别担保公司、投资公司等也参与进来,主体由以往的熟人关系发展至纯属牟利的陌生人之间的关系,涉及社会的各个层面。

3. 借款人和贷款人身份复杂。在民间借贷纠纷案件中,当事人在一起案件中以借款人身份出现,同时在另一案件中作为贷款人或担保人出现。很多担保人不仅重复担保,而且本身又从民间融资机构借贷了大量资金,从而形成了连环借贷、连环担保、重复担保的现象。

4. 专业化趋势明显。通过司法实践发现,相当数量的涉案出借人一般能够提供形式较为规范、内容完备的借款协议或借款合同,约定的利息以银行同期同类贷款利率 4 倍为限,并设定了人保或物保;有的还约定了违约责任,甚至连债权人实现债权的费用都有约定;还有的当事人对借款合同进行了公证。

5. 高额利息现象仍然普遍存在。高收益的同时也就意味着高风险,在民间借贷领域也不例外。约定月利率 3 分的不在少数,甚至有的约定了月利率 5 分的高利率。这不仅增加了借款人的借贷成本,出现了大量无力还款的现象,而且还诱发了很多社会问题。

三、涉三类纠纷案件在司法实践中存在的问题

(一)金融借款纠纷案件在司法实践中存在的问题

1. 放贷前对借款人的偿还能力和诚信度考查不够细致。审判实践中发现,在相当部分的该类案件中,金融机构对贷款人的借款背景、诚信度及偿还能力未进行认真考查,草率放贷,导致放贷后贷款难以收回,增加了放贷风险。

2. 贷款手续办理不够规范。部分贷款的审批和办理流于形式,没有严格按照规章制度和工作程序在每一时间节点上筑牢防线,如有的金融机构对抵押物的状况未进行严格细致的审查,导致抵押物出现瑕疵;有的信贷人员对保证人的签名是否是本人所签未加以当面核实,致使保证合同中的签名因非保证人本人所签而使保证人"脱保",等等。

3. 担保制度流于形式。金融机构在发放贷款时,在风险控制方面,过于依赖担保。如在保证担保方面,对保证人是否具有实际代偿能力和担保能力不加以严格审查,只要有人担保,一般都予以许可。当借款人无力还款时,保证人不愿履行、不能履行代偿义务的现象非常普遍。

4. 贷后监管工作不力。对于所发放贷款的用途、贷后的考察及借款人偿还能力等贷后监督工作流于形式。比如,贷款发放后,部分借款人并未将借款用于生产经营,而是用于归还民间借贷本息、炒房、炒地等,这样一旦借款人无法及时收回借款,必然引发金融借款合同纠纷。

5. 企业盲目扩张,过度依赖举债经营,导致无力还款现象。如,前几年,特别是 4 万

亿元投资政策出台，国内经济形势向好，刺激了企业的投资欲望，企业通过银行借款等途径融得的资金大量投入房地产业或其他固定资产领域，而主营业务却因缺乏有效投资而止步不前，这样一旦投资出现风险，银行抽贷，企业立即陷入危机。

6. 担保人法律意识欠缺，风险意识不够。此类案件绝大部分有担保人，相当部分的担保人与借款人是亲戚或朋友关系，为借款人担保一般是碍于情面。其对贷款人借款后是否有能力及时还款，以及当借款人不能及时还款时其作为担保人应承担什么样的法律后果认识和考虑不足，从而拒不履行保证人的义务。

（二）小额贷款公司借贷纠纷案件司法实践中存在的问题

1. 对借款人资信审查不严。多数小额贷款公司在实际运行过程中，对有资金需求的对象没有履行考察评估程序，往往依托人情、关系介绍，或者只看抵押、担保物证书等来决定，没有实地考察贷款人是否有归还能力。

2. 对借款用途审查把关不严。小额贷款公司缺乏必要的预警防范机制，贷款发放后，小额贷款公司和业务员疏于对贷款客户的动态监管，很多业务员甚至只管到期去收取贷款，对客户的贷款用途和经营状况恶化的情况不能及时掌握，导致收贷风险加大。

3. 贷款操作不规范。有的小额贷款公司放贷前未将借贷及担保的性质及法律后果解释清楚或者省略，有的甚至直接拿着空白合同让借款人和担保人签字；有的小额贷款公司在抵押权尚未办理登记手续前即发放贷款，致使抵押形同虚设，无法实现抵押权；有的小额贷款公司在发放贷款时，将贷款发至企业非基本户内，存在风险。

4. 对放贷担保要求不高。调研发现，我市大部分小额贷款公司客户大多缺少有效抵押物，担保方式较为单一，一旦发生违约现象，收回公司投资比较困难；有的小额贷款公司在放贷审核环节中对制度执行不到位，对贷款人提供的贷款材料、质押物品审核不严，以至于借款人以虚假的抵押证明就能轻松贷出款来，增大了放贷风险。

5. 从业人员素质不高。当前我市小额贷款公司从业人员，包括高级管理人员和业务员在内，较之其他存款类和投融资金融机构而言，普遍呈现出专业素质不高的问题，突出表现在法律意识不够强、职业道德修养和业务素质不够高。

6. 征信体系不完善。当前我市小额贷款公司对贷款人和担保人的征信体系资料建设不完善，与银行、工商、公安等相关部门尚没有建立起统一的诚信联网体系，无法准确识别贷款人和担保人的诚信状况。

（三）民间借贷纠纷案件在司法实践中存在的问题

1. 虚假民间借贷案件可能性增多。在以离婚一方当事人、下落不明的自然人、企业主逃匿或者资不抵债的企业、其他组织为被告的民间借贷案件中，涉嫌虚假诉讼的可能性增大。由于双方当事人恶意串通或者被告下落不明，法院要查明案件真实性存在一定困难。

2. 隐性高利贷现象增多。对于借款利息，出借人为规避法律，通过借款时直接从本金扣除利息、在本金上加息以增加借款金额、约定高额违约金等方式进行实质上的高利借贷。这不仅扰乱金融秩序、影响经济安全，而且还给社会秩序带来严重冲击。但是从证据上看，借款手续齐全、形式规范，法院较难查出是高利贷借款，无法对其进行有力的查处和打击。

3. 民间借贷案件增多,审执难度加大,影响司法质量和效率。一是公告送达情形增多,审限延长。由于债务人逃匿或下落不明,相当一部分民间借贷案件只能公告送达,案件的审理和执行期限被延长;二是缺席判决增多,案件调解率降低。由于债务人下落不明,法院无法组织有效的调解,调解率下降;三是执行难度加大。涉关停、倒闭的案件,企业的房地产基本抵押给银行,可供民间借贷债权人分配的财产所剩无几,执行到位率极低。

4. 民间借贷案件多发、频发,会进一步影响经济社会发展。一是容易引发群体性事件,影响社会稳定。负债金额巨大的涉诉企业或企业主一旦资金链断裂,往往伴随着企业停工、倒闭,企业主出走,致使企业欠薪、工人失业,工人、放贷人、供应商聚集讨债,甚至哄抢财产,极易引发群体性事件;二是容易引发非法集资类犯罪。金额巨大的民间借贷特别是高利贷,背后可能隐藏着集资诈骗、非法吸收公众存款等涉众型经济犯罪;三是容易引发社会治安问题。借款人因不能按期还款而引发的非法拘禁、故意伤害等案件时有发生。

四、防范化解金融运行隐患,优化全市金融环境的对策建议

金融安全事关经济发展、社会稳定和民众利益。违法违规的金融行为,损害的不仅是金融秩序,而且还会破坏社会稳定、经济发展。有效防范化解金融运行隐患,维护社会信用环境,有赖于企业、金融部门、政府、法院、公安、工商及社会各方的共同努力。

(一)企业要强化风险意识,做好主营业务,合理控制融资规模,避免盲目扩张

金融纠纷产生的根本原因在于债务企业不还或者还不起贷款,归根结底则是企业出现资金链的问题。前几年,经济向好,房地产价格及其他各类固定资产的价格均大幅上升,大大刺激了企业的投资欲望。受此影响,我市部分企业出现盲目扩张现象,而对主营业务缺乏有效的经营和投资。企业为取得巨额投资,充分发挥资金杠杆效应,还组成一个个的担保圈,使借贷规模远超出自身所能承受的范围。因此,作为企业应当强化风险意识,做好、坐稳自己的主营业务,在没有足够的实力前,避免盲目多元化投资。同时,在对外担保方面要谨慎,对被担保人应当深入其资信状况以及贷款资金的用途,同时做到量力而行,尽量避免因给他人担保代偿而使自己陷入危机等情况的发生。

(二)金融机构、小额贷款公司要强化内部管理,规范信贷活动,加强贷前审核及贷后监督

一是银行、小额贷款公司应当转变观念,从注重担保转变到注重第一还款源上来。始终把借款的第一还款源作为审查是否放贷的重要标准,注重对贷款项目的严格审查,而非仅仅进行形式上的审查,从源头上保证将贷款资金投入到确实需要资金的实业上来,避免进入一些高风险的投机领域;二是银行、小额贷款公司应当加强贷后监督。对贷款的用途和使用情况密切跟踪,防止借款人将资金进行放贷、炒房、炒地或挪作他用,以保证贷款的使用效益,一旦发现借款人经营不善,有可能无法履行还款义务的,或者发现借款人、担保人有转移、抽逃资金等行为的,应及时起诉,并申请财产保全;三是银行、小额贷款公司应加强对信贷员的规范管理。落实信贷员的责任追究制度,促使信贷员在办理借款业务过程中细心审查、严格按制度和程序办事;同时,对信贷员既要考核放贷数量,更要考核还贷结果,以避免信贷员为追求业绩而盲目放贷,减少纠纷发生的风险。

（三）加强民间借贷市场监管，优化市场融资环境

一是制定扶持政策和服务措施。进一步探索扶持小额贷款公司、村镇银行及民间融资企业等非银行金融机构，引导民间资金流入正规渠道，建立多元化民间融资服务体系，拓宽民间融资渠道，进一步挤压高利贷的生存空间，切实制止和减少因民间借贷纠纷而引发的高利贷、治安乃至犯罪等乱象。二是加强信用担保制度建设。规范担保机构市场准入、担保各方的权利义务、外部监管等制度建设，引入会计、审计制度，推行企业信用担保人员资格考试和从业证书制度；根据担保机构的性质，区分政策性担保和商业性担保，分类进行适度有限的风险补偿和资金注入。二是将民间借贷纳入政府监管体系。定期、定向监测，及时掌握民间借贷的资金规模、利率水平及交易群体等情况，对小额贷款公司、担保公司等进行严格监管，对其存在的超业务范围经营以及非法吸收公众存款等行为，依法予以处置。

（四）加强信息平台构建，推动金融生态建设和社会信用体系建设

一是建立多部门参与的金融维稳联席会议制度。进一步探索完善由政府部门召集，金融监管机构、公安、检察、法院、宣传、工商、国资委等多部门参与的金融维稳联席会议制度，定期交流各自收集的金融业运行信息，掌控金融发展动态，对区域经济进行有预见性和准确性的分析，研究制定有效措施，形成工作合力，关键时刻重拳出击，对涉嫌违法犯罪的及时立案处理。二是加强金融监管机构与人民法院的沟通协调机制。将涉诉主体妨碍诉讼、伪造证据、转移财产、逃避执行等失信信息纳入本部门信用信息采集系统，并发挥人民法院发挥失信被执行人名单的威慑效应，及时与银行等金融机构对接，定期向金融机构公开所审理的金融借款纠纷案件，为金融机构提供意向企业诉讼记录，进一步优化我市经济社会发展软环境。三是建立信用信息共享机制。发挥信息化技术在信贷管理中的作用，整合信贷风险管理信息，强化贷前、贷中和贷后各个环节的风险检查与控制，对信贷工作实行联网与全程管理，杜绝关系贷款、人情贷款，避免某些情况的金融风险传导至更多的金融机构以及小额贷款公司等非金融机构。

关于审理菏泽信用社贷款纠纷案件中所发现的问题的调研分析报告

近年来，在菏泽两级法院所审理的民商事纠纷案件中，涉及金融借款合同纠纷的案件日益增多。2015 年菏泽两级法院共受理一审金融借款合同纠纷案件 12246 起，占民商事纠纷案件总数的26.50%，其中信用社系统涉诉的案件占了很大的比例，涉案标的额达13.1 亿多元，案件数量和金额远远高于其他的商业银行，个中原因应该与信用社为了银行化改革而进行清产核资的改制工作密切相关。对于信用社所存这批众多诉讼案件产生的原因，菏泽中院在审理案件的过程中发现，信用社在办理贷款的贷前考察、资金支付、逾期催收等业务的过程中存在着一些问题，必须引起高度的重视。为深入探讨此类纠纷产生的起因和对策，优化我市金融环境，增强司法服务的针对性和有效性，菏泽中院近期组织人员针对信用社贷款纠纷案件开展了专项调研活动。通过对涉信用社借款纠纷案件的审判结果及具体案例进行梳理和剖析、听取基层法院办案法官的意见和建议、到相关金融单位及其监管机构进行走访调查等多种方式，菏泽中院进行了认真的分析和总结，尽量查找信用社在信贷过程中所存问题和纠纷发生的原因，并就如何规范信用社的信贷秩序和维护金融生态环境提出对策和建议。

一、菏泽信用社系统在资金借贷方面所存在的一些问题

(一)私贷公用、顶名贷款所形成的纠纷所占比例较大

当前一些急需用款的企事业单位或个人因存在信誉不高、征信状况不佳或信贷额度受限等方面的问题，不能或者难以取得信用社的信任，信用社也意识到对此类客户进行放贷的风险大，而现实又存在这些单位或个人急需资金、信用社也需要放贷盈利等情况，此时难免就会出现私贷公用、顶名贷款等现象，即信用社不将贷款发放给这些企事业单位或个人，而是向该单位的负责人、工作人员或其他的自然人放贷，由这些个人以自己的名义进行贷款，资金由单位或他人使用。一般来说，企事业单位或他人会向名义上的借款人承诺保证由其负责偿还借款。这种私贷公用、顶名贷款的现象是多年来就已经存在的不正常现象，并且为数不少，大多也是发生在效益不好的企业或亲戚朋友之间。而这种当初转借转贷目的就很明确的贷款一旦逾期未还，当信用社追索债权时，借款人往往主张借款非本人使用，而将还款责任推给实际用款人，实际用款人又不是借款合同的相对方，从而导致诉讼，如菏泽中院在 2015 年审理的曹县农村信用合作联社起诉薛金锋借款合同纠纷一

案:薛金锋以个人名义与曹县农村信用合作联社签订借款合同并取得所贷款项,双方之间的借款合同已经实际履行。该款到期后一直未还,诉讼中薛金锋辩称该笔借款系案外人翟新升操作办理并实际使用,薛金锋只是为翟新升担名贷款,而翟新升实际取走了贷款,也向薛金锋出具了收款条,因此薛金锋认为其只是名义上的借款人,不应承担还款责任。翟新升虽然对此表示认可,但辩称自己无还款能力,不同意还款。菏泽中院认为薛金锋与翟新升对于薛金锋借款的使用情况属于薛金锋与翟新升之间的经济往来,这与曹县农村信用合作联社无关,薛金锋不能以此规避应向曹县农村信用合作联社还款的民事责任。至于薛金锋与翟新升之间的用款纠纷,薛金锋可以另行主张权利。

该案件属于比较简单类型的借款人和实际用款人脱节而产生的借款合同纠纷,审判实践中还存在着多种类型的更为复杂的案件,这些名不符实的借款合同纠纷直接威胁着信用社债权的实现。此类案件存在出借人、借款人、实际用款人三方诉讼主体,涉及被告主体的开列、借款合同的效力、还款责任的承担等问题,如何审理该类案件尚存在一些争议。我们认为,该类案件被告主体的开列应以原告即信用社所起诉的诉讼主体为基础。当信用社只起诉借款人时,人民法院不宜依职权直接追加实际用款人为共同被告,但信用社只起诉实际用款人时,借款人应是本案必要的共同被告。法院可以追加借款人为共同被告,因为借款人是贷款未还的主要责任者,其参加诉讼也有利于查清案件事实。对于还款责任的承担,如果信用社对借款人为企事业单位或他人而贷款的事实并不知情,实际用款人也没有参与订立借款合同,说明实际用款人不是借款合同的相对方,借款人理应承担还款责任;如果信用社明知借款人为企事业单位或他人而贷款,或者信用社在借款合同、其他书面材料或诉讼过程中认可,或者有其他证据可以证明信用社事前知道,那么借款人的行为在法律上应认定为履行职务行为或者委托代理行为,信用社与这些实际用款的单位或个人之间就形成借款合同关系,名义借款人就没有承担还款责任的义务。也有一种观点认为,该类借款合同是借款人以实际用款人需要资金而以个人的名义与信用社订立的,之后借款人将款项直接交付给实际用款人,或者由实际用款人凭借款人的银行卡支取贷款,这种借款合同实质上是为第三人利益而订立的合同。因实际用款人占有和使用了贷款资金,其未还款直接侵害了信用社的债权,并且在现实生活中借款人将贷款交付给单位或他人使用的原因是十分复杂的,如投资、转借、还债等。在此情况下,如果无证据证明信用社事前知道借款人私贷公用或他人实际用款,应该赋予信用社一种诉讼选择权:信用社若表示接受借款人的这种委托代理行为,信用社与这些实际用款人之间就形成了借款合同关系;信用社若拒绝接受借款人的代理行为,信用社与借款人之间则形成借款合同关系。至于借款人与实际用款人之间存在的用款关系,属于另一法律关系,应该另案处理。

(二)信用社的工作人员违法犯罪、参与骗贷而涉诉的案件时有发生

菏泽中院在调研时发现,一些借款纠纷形成的原因是借款人在贷款到期之后不是按照合同约定向信用社履行还款手续,而是将资金直接交付给信用社的工作人员,特别是直接经办该笔贷款的信贷人员。这些信用社的内部人员以单位名义收取款项之后,一般情况下能够及时入账还款,这时不会产生什么纠纷,这也是很多借款人特别是文化程度不高的自然人采取这种还款方式的主要原因。但是,一旦该信贷人员没有将借款人所还资金交给单位入账以清偿债务,而是私自占为己有或者挪作他用,信用社又以借款人未按约还

款为由提起诉讼，势必就会引发纠纷，如 2015 年菏泽中院审理的单县农村信用合作联社起诉刘春艳和成武农村商业银行股份有限公司起诉张静借款合同纠纷的案件：单县农村信用合作联社起诉要求刘春艳偿还所欠借款 7 万元本金及利息，而刘春艳主张其将该款支付给单县农村信用合作联社花园信用社的贷款经办人刘成学，已经还清了全部借款。单县农村信用合作联社原工作人员刘成学因挪用资金罪被判刑，菏泽中院专门前往济宁金桥监狱调查取证，刘成学认可其分两次收取刘春艳的 7 万元，但辩称该款被自己挪用于偿还他人的贷款。刘春艳认为刘成学收取款项的行为属于职务行为，其不应承担还款责任。虽然单县人民法院已生效的刑事判决书认定刘成学的犯罪所得款中并不包括刘春艳所还的款项，但该刑事判决书认定刘成学的犯罪手段之一是挪用客户归还的贷款。本案刘春艳的还款情况与刘成学在刑事案件中的犯罪手段相同，同样涉及刑事犯罪嫌疑。刘春艳的案件属于刑事判决未涉及的民事纠纷，张静支付的款项则属于刑事判决已经涉及的借款合同纠纷案件。张静在成武农村商业银行股份有限公司贷款 15 万元，该款逾期后成武农村商业银行股份有限公司提起诉讼。张静辩称通过成武农村商业银行股份有限公司郜鼎信用社原主任刘国栋已经将该笔贷款偿还完毕，并提交了刘国栋个人出具的收款条，该收款条载明刘国栋收到张静归还郜鼎信用社的贷款 15 万元。成武农村商业银行股份有限公司对于张静的辩解理由不认可，认为张静应该按照借款合同约定将款项支付到固定的账户中，而不应支付给张静丈夫的哥哥刘国栋。成武县人民法院已生效的刑事判决书认为刘国栋向张静出具收款条证明刘国栋收到张静归还的贷款 15 万元，判决刘国栋犯挪用资金罪，对刘国栋挪用包括本案 15 万元借款在内的、尚未归还的 42 万元赃款予以追缴，返还给成武农村商业银行股份有限公司。双方当事人在本案的民事诉讼中对于特殊关系人刘国栋收取张静款项的行为是个人行为还是职务行为产生争议，并且矛盾激化。

近年来信用社的工作人员涉嫌贷款犯罪的案件不仅数量多，而且涉案金额大，内外勾结共同实施犯罪的也不断发生，这严重扰乱了金融管理秩序，造成金融资产大量流失。以上两起案件就是属于信用社的内部人员违规接受借款人的资金后又违法挪用的情形。审判实践中还存在以下多种情形：信用社的工作人员随意向借款人出具收到还款资金的收款条，使借款人是否实际支付资金的事实难以查清；或者信用社的工作人员借用、冒用他人名义贷款，并将贷款占为己有，信用社在贷款到期后以被冒名人为被告而提起诉讼；或者信用社的工作人员以信用社的名义非法吸收公众存款后据为己有，当该工作人员无法偿还存款时，出借人起诉信用社等。这些案件均涉及刑民交叉的问题，信用社工作人员的合谋犯罪或违规操作往往是造成国有资产流失或有关主体的民事权益受损的重要原因。一旦形成民事诉讼，当事人程序、实体两方面民事权益的维护、法律关系的理顺以及法律适用问题往往成为审理该类案件的难点，特别是对于民事案件是否应该中止审理、刑事犯罪对民事借款合同效力的影响、刑事诉讼过程中取得的证据能否在民事案件的审理过程中直接采信以及举证责任的分配、民事责任的承担等问题争议较大。由于最高人民法院对于刑民交叉案件的如何处理尚未出台明确的指导意见，法学界对于该问题的研究也未形成通说，导致各地法院裁判标准和尺度不一，部分案件甚至久拖不决。人民法院如何审理好此类案件、信用社如何防控好此类案件的再次发生是当前法院的审判工作和信用社的经营活动亟须解决的问题之一。

（三）信用社对代办员疏于监督、管理而引发的纠纷仍有遗存

20 世纪 90 年代以来，信用社为了扩大储蓄规模，吸收散小资金，在城郊、乡村聘任了一大批储蓄代办员，初始时效果良好，信用社增加的储蓄资金很大部分来自于农村。由于对代办员的揽储工作疏于监督，管理不力，弊端也逐渐暴露出来，最为常见的是个别代办员没有将储户的存款入账，而是仅以信用社的名义向储户出具白条，自收自放，搞体外循环。储户持代办员的白条取款不能，必然形成诉讼，如菏泽中院在 2015 年审理的何东亮等 90 多户村民起诉定陶县农村信用合作联社储蓄存款合同纠纷一案：何茂才于 2007 年被定陶县农村信用合作联社黄店信用社聘为信贷代办员，履行协助吸收存款、催收贷款等职责。何茂才的习惯做法是收到村民的存款后先写白条，事后再换正式存款单据。虽然何茂才在 2010 年被黄店信用社解聘，但何东亮等当地的很多村民认为何茂才仍是黄店信用社的代办员，继续将现金存放在何茂才处，何茂才仍然在空白的存款凭证上为何东亮等人填写存单。2005 年 6 月至 2011 年 3 月期间，何茂才采取吸收存款不入账等方式，将何东亮等 97 户村民合计 131 万多元的储蓄存款挪作他用。2011 年 8 月案发，何茂才被定陶县人民法院以挪用资金罪等罪名判刑，且何东亮等人的存款被认定为何茂才挪用资金罪的证据，即刑事判决书所认定何茂才挪用的资金包括何东亮等人交付的款项。何东亮等 97 户村民的存款虽经政府工作组协商，定陶县农村信用合作联社按涉案金额的 50% 出资垫付，但不足部分一直没有得到解决。何东亮等人于 2014 年以何茂才的揽储行为系职务行为，定陶县农村信用合作联社应该承担还款责任为由提起诉讼。

本案何茂才向何东亮等人吸收存款的行为是职务行为还是个人行为，抑或表见代理行为，黄店信用社对案争欠款应否承担兑付责任，在审判实践中容易出现不同观点：一种观点认为，谁打条，谁承担责任，何东亮等人起诉所依据的白条或存折上没有加盖黄店信用社的公章，黄店信用社也没有收到案争存款。何茂才打着黄店信用社的旗号私自吸收存款，完全是个人行为，黄店信用社对此不应承担责任。另一种观点认为，处理这类问题要实事求是，不能机械地适用法律，因为何茂才是代表黄店信用社履行代办员的职责，何茂才接受何东亮等人的款项具有代理性质。特别是在普通的、文化水平不高的老百姓的心目中，往往认为经办其贷款的信贷人员就是代表黄店信用社的。何茂才接受了何东亮等人用于还款的资金，就会使何东亮等人深信自己已经偿还了债务。至于何茂才将资金占为己有或者挪作他用，属于黄店信用社的内部管理问题，与储户无关。而且何茂才欺骗的往往是一个村或邻近几个村的农民，他们被欺骗的原因是何茂才多年以来一直代办黄店信用社的揽储业务，当时他们没有产生足够的戒备心理也是正常的，所以黄店信用社应该向何东亮等人承担兑付存款的民事责任。还有一种观点虽然认可黄店信用社应该承担本案的兑付责任，但认为何茂才揽储不入账的行为构不成表见代理行为，因为相对人在表见代理中需无过失，而何茂才个人所打的白条并没有加盖黄店信用社的公章，何东亮等人存储时收取白条而不索要正规存单又是一个明显的过失。若表见代理的观点不能成立，那么黄店信用社疏于管理、监督而给储户造成损失的过错行为如何在民事责任上予以体现和惩处，也是一个存有争议的问题。

就代办员所存问题，菏泽中院曾专门向信用社提出过司法建议。信用社虽然相继解散了代办员队伍，但遗留的部分问题仍是一个不可回避的现实。目前信用社系统因代办

员违法、违规操作而引发的案件仍有部分遗存。这类案件的共性问题是涉及面广,金额巨大,所涉储户往往情绪激动,以上访闹事相要挟,甚至冲击法院和政府部门;一旦处理不当,势将激化矛盾,对社会稳定造成很大的隐患,形成了不稳定因素。因此,对于此类案件,我们主张不能简单地以司法活动来规范,而是首先由信用社严格规范经营活动,严防案件再次发生;其次,由司法与行政部门相结合,稳定储户情绪,做好说服工作;最后,信用社应做好理解和配合工作,尽量妥善地解决问题。

(四)信用社因超过诉讼时效或保证期间而败诉的案件不时出现

2008 年 4 月,罗衍顺向鄄城县农村信用合作联社凤凰信用社借款 10 万元,期限两年,袁保文提供了连带责任保证。该笔贷款逾期后未有偿还,鄄城县农村信用合作联社于 2014 年才提起诉讼。在案件审理期间,罗衍顺和袁保文提出鄄城县农村信用合作联社的起诉已经超过诉讼时效和保证期间的抗辩理由,而鄄城县农村信用合作联社不能提供向二人进行催收的相关证据,菏泽中院由此依法判决驳回鄄城县农村信用合作联社的诉讼请求。该类信用社因超过诉讼时效或保证期间而败诉的案件主要原因有两种情况:一种是信用社没有形成逾期催收的有效证据,如信用社现在催收的主要方式是让借款人签收催收通知书,一旦借款人拒签或借口推诿,催收人员没有固定催收事实的相关证据。这不仅使催收流于形式,而且还给部分借款人诉前转移财产留下了可乘之机。另一种是催收人员因岗位流动等原因催收工作交接不好,导致信用社没有及时地继续进行催收。不过从整体上看,近年来信用社系统已经意识到逾期贷款催收工作的重要性,并采取了多种措施加强催收工作的管理,所以信用社因诉讼时效或保证期间问题而失权的纠纷案件呈下降趋势。

(五)诉讼过程中发现信用社还存在一些偶发性问题

1. 用以贷还贷的方式延期还款。信用社部分网点对一些到期不能偿还的贷款一味地采用以贷还贷的方式延长还贷期限,导致借款人的欠款数额如雪球般越滚越大,最终借款人积重难返而事发。以贷还贷是金融机构曾经使用的一种贷款运作方式,对于以贷还贷的问题,虽然不能否认该行为的有效性,但现在突出存在的问题不是在以贷还贷合同的效力问题上,而是以贷还贷在形式上掩盖了不良资产的规模。随着借款企业或自然人资产的逐年减少,信用社失去了通过及时诉讼而使权利得到最大可能性保护的时机,以贷还贷所涉贷款最后多半形成不良贷款,信用社即使赢了官司也很难执行到位。

2. 对借款手续审查、核实不严。信用社个别工作人员未按规程办理借款手续,如对借款人、保证人是否本人亲自在借款合同、担保合同、存款凭证、取款凭证等借款手续中签字认可,没有进行严格审查,存有他人代签、冒签的可能,或者信用社让借款人、担保人只按手印不签字,造成诉讼时各执一词或字迹鉴定上的困难。

3. 借款没有得到有效担保或过度依赖担保的方式。抵押担保是金融机构实现债权、保证自身利益不受侵害的有力手段,但是信用社的部分网点在放贷时疏于办理抵押担保,或者仅仅采取保证担保的方式,存在保证审查重数量而轻质量、抵押审查重书面而轻实地、质押审查重单证而轻实物等现象。即使采取物保的担保方式,有时对物保事项审查不严,使借款担保流于形式,等到借款人违约后才匆忙申请财产保全,其结果往往是借款人早已无财产可供保全或执行。另一方面,个别信贷人员过分依赖担保而忽视对借款主体的审查，信贷决策越来越取决于担保是否充足，而对借款人的经营状况、借款实际用途及偿债能力反而重视不够，造成本末上的倒置。

二、信用社金融借款纠纷案件出现问题的原因分析

以上所列举的问题从一定程度上反映出信用社在生产经营和办理贷款业务活动中还有需要进一步规范和完善的地方，究其问题产生的原因，应该有以下几个方面：

（一）外部环境方面的原因

1. 我国宏观经济持续下行与产业结构调整、经济增速放缓所带来的影响。近年来，在社会总需求下降、货币环境总体趋紧的大背景下，受国内外市场形势的影响，部分企业生产经营困难，产品积压，企业主营收入和利润大幅下降甚至持续亏损，导致企业销售惨淡，丧失了还贷能力。

2. 民间借贷市场萎缩产生的辐射效应。国家严格金融信贷审批、授信标准提高之后，众多中小企业或者个体经营户向银行、信用社等金融机构贷款越来越难，不得不把融资渠道转向民间借贷，而民间借贷利率畸高，企业和个体户的融资成本增加，容易导致融资风险加大，负担加重。一旦资金链断裂，各种问题纷至沓来。另一方面，由于民间借贷获取高利的时间短、收效快，诱使一些企业或个人将从信用社贷出的资金用于发放高利贷，甚至以经营放贷为主业，导致信用社的贷款资金风险凸显，甚至带来严重后果。

（二）信用社自身方面的原因

1. 贷前审查不严，贷后监督不力。信用社部分网点的信贷人员受利益驱使，一味追求业务量，只重视借款合同、担保合同的形式性审查，而忽视对借款人、担保人的资信状况、还款能力的实质性审查，对借款人的投资项目、财产证明材料及担保物状况等事项缺乏深入考察即盲目放贷，甚至存在关系贷款、人情贷款等违规现象，导致贷款在开始时就危机重重。款项贷出后，对借款人是否按约定用途使用贷款审核不严，对借款人、担保人缺少贷后跟踪监督措施，不能及时跟踪发现他们的资信变化情况，导致错过回收时机，继而形成不良贷款。

2. 经营方式和经营理念方面存在一些问题。经营方式方面如企业或个人之间的互保、联保方式，虽然可以使各个借款人之间形成担保链，但涉及的借款人数量众多、信贷资金巨大，一旦一家企业出现经营危机，资金告急，或者借款的个人故意逃债，下落不明，就会迅速波及担保人与另外一笔贷款的借款人。这些借款人有能力偿还到期贷款，也故意拖欠不还，恶意逃债，形成“多米诺骨牌效应”，导致诉讼案件集中爆发。即使这些借款人履行了担保责任，也会因此背上沉重的债务负担，甚至被拖垮、倒台。经营理念方面如信用社的个别负责人存在重业绩、轻审核，重市场、轻风险，重扩张、轻管理的思想，对信贷安全埋下隐患。

3. 细节上的管理问题也是风险高发的诱因之一。如信用社对负责催收的人员缺乏培训，对催收行为缺乏必要的规范；一些信用社网点的负责人在信用社改制的过程中，为了尽早弥补一时无法收回的陈年老账，使用他人的身份证自行办理贷款以还旧账。漏洞虽然一时得到掩盖，但最终是要事发的；再如个别信贷人员不严格执行放贷的程序规定，责任心不强，对借款人提供的材料不认真审核，对合同把关不严，难免酿成纠纷。

(三)借款人方面的原因

1. 困难企业经营管理水平不高,无发展潜力和风险意识。部分借款企业的负责人不注重提升自身管理能力,风险防控手段缺失,所经营的企业产能落后,如产品不对路,高能耗或即将被淘汰。该类企业普遍缺乏发展后劲,利润低,在优胜劣汰的市场竞争中更容易失去偿债能力。

2. 兴旺企业过度膨胀容易引发信贷违约风险。部分发展前景看好的企业缺乏正确的发展规划,在自身资金储备不足的情况下,大量依靠金融贷款盲目扩张经营,甚至涉足陌生领域。虽然企业资产和规模得到迅速膨胀,但管理和市场需求没有同步跟进,导致企业资金结构脆弱,抗风险能力不足。一旦市场波动或金融政策变化,企业资金链就会断裂,从而出现还债危机。

3. 借款企业或个人的信用缺失,存有金融投机行为。部分借款企业和个人的贷款动机不纯,明知没有履约能力仍然大量借贷,甚至通过虚报资产、注册虚假公司相互担保套取银行贷款;有的以私贷公用、顶名贷款等形式规避贷款的限制条件,转嫁风险,使金融机构和企业职工蒙受损失;有的企业不注重发展实业,而是将贷款投机高风险行业,比如成立担保贷款公司,甚至直接介入民间借贷;更多的是并非无力还款,而是缺乏诚信意识,只顾自身利益,不恪守合同,有偿还能力却拖欠不还,想方设法拖债、逃债,造成“贷款容易还款难”的局面。

三、信用社防控金融风险的对策和建议

信用社资金融通的安全、有序、高效、稳健,对于促进地方经济发展和维护社会稳定具有重要的作用。人民法院妥善处理各类金融借款合同案件,关系到金融秩序的稳定和社会的持续健康发展。针对以上分析的问题和原因,为此对信用社提出以下建议:

(一)在宏观管理和经营决策方面

1. 树立依法放贷的经营理念,对重大的信贷经营决策活动提前做好法律论证工作。信用社要摒弃只重信贷规模、忽视业务质量的思想,从降低自身风险、完善内部风险防控体系入手,加强风险评估、研判、管控工作,严格规范业务活动,时刻分析、警惕潜藏的信贷风险和危机,防患于未然。特别是对于大额贷款项目有必要邀请有关法律专家或代表进行分析论证,以提高贷款的科学性,减少放贷失误和贷款风险,保障信用社的可持续发展。

2. 发挥信息化技术在金融管理中的应用,加强信息互通与交流平台的构建。对信用社的信贷工作实行联网与全程管理,建立一种行之有效的信用评价和控制体系;建立和完善企业征信系统和担保信息服务平台,推进征信管理制度的发展和完善;整合各金融机构的信贷风险管理信息,建立信用信息共享机制,推动金融生态建设和社会信用体系建设;建立与借款企业的良性互动关系和预警机制,掌握借款人和担保人的资产及担保物的变化情况,防止债权风险增大的现象发生。

3. 加强信用社人员的队伍建设和法制教育,筑起拒腐防变的坚固防线。通过举办政治理论学习、业务知识培训、技能达标考核等多种形式,建设高素质的信贷人员队伍,避免因内部工作人员的不规范甚至犯罪行为而引发纠纷,造成损失。同时健全干部交流、岗位轮换等制度,将不合格的信贷人员及时调离信贷岗位,坚决杜绝关系贷款、人情贷款,时刻

警惕自身存在的隐患，彻底查处发现的问题。发现涉及刑事犯罪的，及时移交有关司法机关，以雷厉风行、严惩不贷的高压态势严厉打击贷款犯罪的行为。

（二）在具体信贷业务的管理方面

1. 加强对借款人经济状况的贷前调查和信用管理。贷款调查是借款合同订立前的必经程序，信用社应从借款人的个人素质、经济实力、资金结构、履行情况、经营效益和发展前景等方面，掌握借款人的信用情况；从贷款的安全性、盈利性等方面，评定贷款发放的效益和安全；从核实抵押物、保证人等方面，担保情况测定贷款的风险度。同时，强化贷前、贷中和贷后各个环节的风险检查与控制，从源头治理上实现金融业务的低风险、高质量，减少呆账、坏账的产生，维护企业的自身利益和地区金融安全。

2. 提供担保是借款的必备条件，更应注意对借款人偿贷能力的审核。担保不仅能够确保借款的安全，保障债权的实现，而且还是《贷款通则》所作的要求。对于借款人提供的担保，应注重审核保证人的代偿能力和担保物的状态及价值，同时注意慎用风险较大的担保方式，如联保、动产浮动质押等，应多采取以房产、机器设备等实物抵押，或者以保险单、金融票据等权利凭证质押的担保方式，以减少放贷风险、维护债权安全。同时应该注意的是，担保虽然是一种很好的保证债权安全的方式，但担保不能降低甚至取代信用社对借款人偿贷能力的审核，即信用社的风险防范不能过度依赖第三方的担保，更不能让担保成为信贷决策的主要依据，信贷工作应该以借款人为本。特别是对于企业借款，不仅应注重审核借款企业的财务报表，而且还应审查实际的生产经营状况、纳税记录，尤其是基础交易合同的真实性，同时加强事后监督工作，监管借款的实际用途，杜绝借款人违约、违法使用借款现象的发生。

3. 规范逾期贷款的催收工作，及时行使法律赋予的权力。逾期贷款的催收工作，应改变过去单一的催收方式，多措并举，采取公证、见证等多种方式对借款人和担保人进行催收，并注意完善催收手续，保存相关证据，杜绝催收流于形式的现象，避免因催收不及时而使债权超过诉讼时效和保证期间，或者因无法提供催收证据而败诉的风险。对于借款人低价变卖资产，或者擅自改变借款用途，履约能力出现问题，存有一定潜在风险的，信用社应根据《合同法》赋予的不安抗辩权、代位权、撤销权等权力，及时提起诉讼，以避免损失产生和扩大，实现借款债权，维护国有资产的安全。

烟台市中级人民法院关于虚假诉讼问题的调研报告

烟台市中级人民法院民二庭

权力不应当被滥用，民事诉权也不例外。当下随着国民法律素养的提高，民事诉权已成为人民维护合法权益和解决争议的重要手段之一。但近年来，借助诉讼谋取不正当利益的虚假诉讼也呈多发态势。一些当事人滥用法律赋予的诉讼权力，通过伪造证据、相互串通等手段，虚构事实，隐瞒真相，企图通过法院"合法"裁判获取非法利益的情况日趋严重。这种现象的滋生和蔓延，不仅给法院正常的司法秩序造成严重干扰，而且还极大地损害了司法权威以及司法公信力；同时，虚假诉讼案外第三方的合法权益遭受损害，也极易导致涉诉信访案件的产生，其危害性极大。

2012 年我国修改《民事诉讼法》，并积极回应了司法实践的诉求，使得规制当事人双方恶意串通、损害他人合法权益或者逃避执行的虚假诉讼行为第一次有了法律上的依据。但是，这个"法律依据"依然不尽完美，还有值得探讨和完善的地方，且就虚假诉讼的界定和内涵在司法理论界和实务界仍未有统一意见。故研究在新形势下如何识别并防范虚假诉讼，具有重要的价值和实践意义。

一、虚假诉讼的界定

随着国家法治建设的推行，人们的法律理念逐步增强，以法律武器维护自己的权利成为人们普遍接受的观念。但随着法律思维的发展，有些人甚至开始利用法律漏洞保护其非法利益或非法获利，于是便形成了虚假诉讼。

关于虚假诉讼目前并没有统一的概念，众说纷纭，国内学者给虚假诉讼下的定义主要有以下几种：

1. 虚假诉讼是"行为人以非法占有他人财物为目的，利用虚假的证据，提起民事诉讼，破坏法院的正常审判活动，促使法院作出错误的判决或裁定，而使自己或者他人达到获得财产或财产性利益目的的行为"①。

2. 虚假诉讼，是指"当事人出于不合法的动机和目的，虚构事实、隐瞒真相，利用法律赋予的诉讼权利，采取虚构诉讼主体、事实及证据等方式提起民事诉讼，使法院作出错误

① 杨玉秋：《虚假诉讼行为定性及其相关问题研究》，《哈尔滨市委党校学报》2008 年第 4 期。

判决或裁定的行为”[①]。

3. 虚假诉讼是当事人为了达到非法目的，故意虚构诉讼主体、法律事实或者采取隐瞒证据、伪造证据等手段，提起不具有实质争议的民事诉讼致使法院作出错误的裁判，以达到损害其他民事主体合法权益目的的违法行为。

4. 虚假民事诉讼是行为人出于不合法的动机和目的，恶意串通，虚拟民事法律关系或民事法律事实，通过符合程序的民事诉讼形式，使法院作出错误判决，从而谋取实体上或程序上的非法利益的违法行为。

上述定义均反映出虚假诉讼的动机和目的，其主要表现是双方当事人恶意串通，虚构法律关系，捏造案件事实，骗取法院做出具有法律法律的裁判文书（包括判决书和调解书、裁定书）。虚假诉讼的真实目的是为了逃避债务、减少自己的责任、抵销或稀释债务等。

虚假诉讼是利用法院的审判权及法律的权威性，使不合法的利益穿上合法的外衣，成为看起来合法的利益。如果其目的实现，则法律成为侵犯他人合法利益的武器，而法院则更成为其帮凶。虚假诉讼不仅侵害了其他人的合法利益，而且是对法律的践踏，更是对法官的愚弄和欺骗，使法律的权威性受到挑战。因此，顺利地鉴别虚假诉讼对于人民法院来说是非常重要的。

二、虚假诉讼的产生原因及危害性

（一）虚假诉讼产生原因

1. 整个社会缺乏诚信是产生虚假诉讼的根本原因。《民法通则》《民事诉讼法》及《民事诉讼法解释》中涉及诚信问题的条文很多，党的十八大亦提出重建诚信的道德要求。然而，当今社会拜金主义、金钱至上思想仍然盛行。为了钱，可以抛弃一切，包括道德、正义、诚信等；甚至利用法律的武器，以合法的形式保护其非法利益，或不正当获得利益，或使自己的利益不受损（即减少自己的责任份额）。

2. 审判方式的改革使得法官的主动性降低，客观上纵容了虚假诉讼的蔓延。以往推行的纠问式审判方法历来被人诟病，之后法院系统为了扭转这种状态，推行了诉辩式审判方式，强化当事人的举证责任。这样做的结果是提高了诉讼效率。由于举证责任的强化，法院的主动性大大降低，使得一部分案件只能依据当事人提供的证据作为认定事实的依据。由于当事人举证责任能力的缺陷，部分案件不能还原到真实的案件事实。从程序上看，这是没有任何问题的。这种审判方式的弊端也很明显，极易产生认定事实错误不清的案件。法官主动性的降低，也使得虚假诉讼缺少了司法审查机制，当事人正是利用了这一缺陷。

3. 现有的举证责任中的自认制度是导致虚假诉讼的又一个重要因素。自认制度的原则就是当事人认可的对自己不利的事实，另一方当事人无需举证证明。当事人自认属于当事人陈述这一证据类型，当事人自认制度的产生简化了部分案件的举证质证过程，但也促进了虚假诉讼的发展。

4. 法院追求调解率、结案率也是导致虚假诉讼泛滥的一个因素。面对案件数量的压力以及上访的压力，面对建设社会主义和谐社会的要求，追求调解率自然成为各地法院的

---

① 钟蔚莉等：《关于审判监督程序中发现的虚假诉讼的调研报告》，《法律适用》2008 年第 6 期。

目标。能调就调,实在不能调的才判决;而且调解可以简化庭审程序,不必过分追求查清案件事实,还可以减少起草判决书这项复杂的工作。这种思想使得法官不愿意深入调查案件事实、确定法律关系、作出公正判决,转而追求调解结案。反正当事人愿意,法院就依当事人的自愿作出调解书。这样既合法又合理;既增加了调解率,又痛快了结一个案子,而且减少了申诉上访的可能,何乐而不为?多年来各地法院甚至把调解率作为衡量法官工作能力的一个指标,作为奖励的理由。从长远看,追求调解率对于树立司法权威是不利的。

(二)虚假诉讼危害

1. 虚假诉讼严重损害了第三人的合法利益。通过虚假诉讼,将财产转移给他人,从而使当事人的财产可以不被执行;或编造虚假的债务,以增加夫妻共同债务,用以抵销、稀释另一方在离婚诉讼中可分得的财产,从而使第三人利益遭受严重损害。

2. 虚假诉讼是对法官的愚弄和欺骗,更是对法律的践踏、对司法权威的恶意挑战。一旦其实现虚假诉讼的目的,法官便成了其侵犯他人合法利益的帮凶,法律便成了侵犯他人合法利益的工具。虚假诉讼的主观恶性较大,因此应在司法实践中加大对虚假诉讼的识别,防止虚假诉讼当事人达到其目的。

3. 涉嫌虚假诉讼的几个案例分析。下述三个案例均来自烟台市中级人民法院民二庭近两年审理的案件,经开庭审理后,根据原告的诉讼请求,合议庭要求原告提交履行合同的证据,原告未能提交,后申请撤诉。

案例一:烟商初字[2014]第66号,原告山东蓬建集团市政工程有限公司与被告山东大信重工有限公司、山东美信实业有限公司、青岛迪趣世纪文化城有限公司、烟台恒鹏经贸有限公司企业借贷纠纷案。

原告诉称,2012年10月23日,被告山东大信重工有限公司向原告借款1800万元,约定年利率为8.1%。2013年2月7日归还1000万元,尚欠本金800万元,后经原告多次催要,被告山东大信重工有限公司仍未偿还。2014年2月28日,原告与四被告针对被告山东大信重工有限公司的借款清偿事宜签订一份协议书。约定:被告山东大信重工有限公司于2014年3月1日前归还欠款本金800万元及利息1129950元;如逾期,则被告山东大信重工有限公司应继续按约定利率承担利息,直至还清本息为止。被告山东美信实业有限公司、被告青岛迪趣世纪文化城有限公司和被告烟台恒鹏经贸有限公司对被告山东大信重工有限公司的上述债务承担连带保证责任。后原告多次催促被告履行还款义务,被告拒不履行。为此,原告特诉诸法院,请求法院判令被告一立即偿还欠款本金800万元、利息1183950元,共计人民币9183950元(利息暂计算至2013年3月30日);判令被告二、三、四对被告一的上述债务承担连带清偿责任;本案诉讼费、保全费等一切费用均由被告承担。

原告为支持其诉讼请求,提交如下证据:(1)中国工商银行客户存款对账单一张、2012年10月23日被告一开具的1800万元的收据一张、2012年10月24日原告的收款凭证一张,以上证据证明被告一于2012年10月23日向原告借款1800万元的法律事实。(2)中国工商银行出具的信用卡交易明细一张,原告开具的1000万元收据一张,证明被告一于2013年2月7日偿还1000万元借款的法律事实。(3)2014年2月28日原告与四被告签订协议书一份,证明截至2014年2月28日,被告一尚欠原告借款本金800万元及利息

1129950元，且被告二、三、四对被告一的该笔欠款承担连带保证责任。

本案在2014年5月14日开庭审理过程中，四被告在庭审过程的答辩对原告起诉的事实和理由均予以认可，并对原告方提交的证据的真实性和证明的问题都无异议，而且双方当事人均希望法院尽快调解。

经审理查明：一是四被告的代理人均是同一人，系一企业的工作人员，按《民事诉讼法》的规定，要求其完善诉讼代理手续；二是原告提交的2012年工商银行存款对账单载明的涉案两笔款项是货款而不是借款；三是原被告双方的借款合同是2014年补签订的。故原告提交的证据证明不了与被告系借款关系。对此，原告称是因为当时临近下班，财务人员时间比较紧张，当时不知晓打款的具体原因，于是就标注了货款。

2014年7月25日，合议庭针对原告提交证据中的瑕疵对原告进行开庭调查，原告代理人以自己是法务部人员、非专业的财务人员为由，对证据的瑕疵也解释不清楚。承办法官要求其限期提供书面的落实情况，并补充提交转账两笔款项的转账证据。后原告方以各种理由拖延提交书面落实情况的时间。

2014年9月16日，原告以已与被告庭外和解为由，向本院申请撤诉。本院经审查，准许其撤诉。

案例二：烟商初字[2014]第195号，原告曲斌与被告烟台声远工贸饮食有限公司、曲奇、张庆爱买卖合同纠纷案。

原告曲斌诉称，2013年10月10日，原告与被告烟台声远工贸饮食有限公司（以下简称"声远公司"）签订水产品买卖合同一份，约定由原告提供总价值1960万元的海参给被告声远公司。2013年10月17日，原告与被告声远公司签订水产品买卖合同一份，约定由原告提供总价值470万元的鲍鱼给被告。合同签订后，原告依约履行了合同义务，被告在支付给原告50万元定金和320万元货款后再未履行付款义务。2013年10月17日，原告与被告曲奇签订连带责任保证函一份，约定被告曲奇对被告声远公司购水产品、海参、鲍鱼货款提供连带责任保证。2014年4月3日，原告与被告声远公司、张庆爱签订对账协议一份，共同确认被告声远公司尚欠原告货款和运费共计2178.3万元，被告张庆爱为上述债务提供连带责任保证。为维护原告合法权益，特依法诉至法院，请求判令：(1)被告声远公司向原告偿还货款、运费共计2178.3万元；(2)被告曲奇、张庆爱对上述货款及运费承担连带清偿责任，诉讼费等相关费用由被告负担。

被告声远公司、曲奇、张庆爱辩称，被告声远公司拖欠货款及运费属实，暂无偿还能力，请求予以适当延期。

本案立案后，双方当事人以达成调解协议为由，要求法院尽快出具调解协议书。经过审理后，发现双方的买卖关系具体履行过程证据不足，没有发票等实际履行的证据。对此，双方均称已合作多年，且原告跟被告指定交货地点（即声远酒店）的法定代表人关系十分密切。在案件承办人对双方当事人分开调查时，原告、被告对于本案担保函、对账协议的签订地点回答不一致。为避免虚假诉讼，本院要求原告提交合同实际履行的证据材料，原告一直不能提交，后主动向本院提起撤诉。

案例三：烟商初字[2014]第129号，原告烟台渤隆商贸有限公司与被告张家港保税区鑫东鸣贸易有限公司、宁波市镇海江浩贸易有限公司买卖合同纠纷案。

原告主张其于 2014 年 6 月 9 日与被告签订了煤炭购销合同。合同约定:原告购买被告榆林混煤炭 26500 吨,单价为人民币 525 元/吨,总价款人民币 13912500 元,发货时间为 2014 年 6 月 13 日。合同中双方对其他事项也进行了约定。合同签订后,原告依约实际支付给被告货款人民币 1507 万元,被告取得货款后,没有按期发货。原告多次催促未果,故诉至法院,要求:(1)被告返还货款 1507 万元,支付违约金 139 万元,支付律师费 62 万元,合计 1708 万元;(2)被告承担本案诉讼费用。

本案受理后,原告、被告双方以达成调解协议为由,积极要求法院出具调解书。合议庭审查调解书时,发现双方系多次发生买卖关系,原告以累计欠款的数额起诉,但被告对原告的诉求均无异议。原告主张欠款数额包括合同签订之前的货款,其主张合同签订后付款。合议庭要求本案当事人提交履行合同的证据,后原告未提交,最终申请撤诉。

虚假诉讼的形式多样,当事人的手法隐蔽,承办法官仅仅通过庭审或者庭前调解,很难发现。综观上述三起案例,其共同点体现在:(1)诉讼对抗的弱化性。被告方应诉答辩"配合"默契,对原告主张的债权不提出或提不出任何实质性的异议;案件有当事人亲自书写的欠款凭证,没有款项给付或货物交付的证据。当事人之间对抗性极弱,多会出现双方主动要求调解的情形,以便尽快取得法院的裁判文书。这种对抗机制的"失灵"使得事实"真相"很难被揭示出来。(2)当事人关系的特殊性。在虚假诉讼中,当事人往往要采取虚构法律关系、捏造案件事实、伪造变造证据等方式。这些方法无一例外都具有违法性,当事人需承担一定的法律风险。基于趋利避害的天然动机,如无特殊关系,一般人不会配合参与虚假诉讼。司法实践来看,虚假诉讼的当事人之间一般存在亲属、朋友、同学等特殊关系,其原因就在于:与亲友进行虚假诉讼,成本较低,操作方便,易于得手。上述三起案例,经调查确定,案例一和案例三原告、被告双方均关系较为紧密。(3)案件类型的集中性。涉嫌虚假诉讼的案件主要集中于财产纠纷案件中,上述借款纠纷、买卖合同纠纷就是比较典型的虚假诉讼高危地带。这些案件有一个共同特点,或对涉诉的财产要求进行重新确认或分割,或需要确定某种债权的具体份额。通过虚假诉讼获得法院的判决来改变原先的份额,而这将给其中的虚假诉讼者带来直接的利益。正是基于上述考虑,本院在涉嫌虚假诉讼案件中,加大审查力度,不轻信当事人自认的事实,适度增加原告方的举证责任,尤其是合同履行方面的证据,必要时主动依职权调查认定案件事实,力求做到对虚假诉讼进行"精确打击"。

四、面对虚假诉讼,法官应该怎么做

2015 年 10 月 27 日,最高人民法院民二终字[2015]第 324 号民事判决书认定了首例虚假诉讼,做出罚款 50 万元的处罚决定。这无疑是贯彻新《民事诉讼法》对于虚假诉讼进行处置的标志性事件。审判实务中,面对虚假诉讼案件,法官不应当睁一只眼闭一只眼,应主动出击,增强辨别能力,加大惩罚力度。只有辨别能力高了,惩罚力度强了,才能杜绝虚假诉讼。

(一)完善相关法律制度,不能将《诉事诉讼法》对于虚假诉讼的规定成为一纸空文

人民法院及法院对于虚假诉讼的案件往往是驳回诉讼请求了之,很少有按照规定对当事人追究刑事、民事责任的情况。原因在于:一是法官只热衷于查清事实、审结案件,对于结案一事之外的额外事务不愿意拿出更多的精力。二是虚假诉讼案件相对于其他案件

的数量毕竟是少数，法官对于这类规定并不熟悉，不能熟练操作。三是法官、法院领导不愿意惹麻烦，抱着多一事不如少一事的态度听之任之，总以为查清了案件事实，驳回了原告诉讼请求就够了。法律已经制定出来，有力的武器放在这里，你却弃之不用，其实这样做本身就是不合法的。《民事诉讼法》第 112 条的规定既属于授权性规范，又属于义务性规范，即出现该条文规定的事项时，人民法院有权进行处罚，人民法院也“应当”依该条规定的处罚措施进行处罚、追究，否则便构成不作为，便是失职。2013 年烟台中院民四庭因一起案件当事人提供伪造的证据被罚款，这本来是一件很正常不过的事，当地报纸进行了登载，说明处罚当事人这种事还是比较新鲜少见的。

（二）作为法官，不能只满足于结案，还应具有追求案件事实真相的信念

作为法官不能完全相信“白纸黑字”，要加强业务学习，熟悉常用的法律法规、司法解释，尤其是有关举证责任的法律。对于举证责任的分配问题，不能仅仅满足于《证据规则》，还有很多法律条文中隐含着举证责任的分配问题。有的法官在审理民间借贷纠纷案件时，只要看到欠条，就相信借款事实成立，却忽视了民间借贷合同成立的前提是款项交付。不去审查款项是否交付，很容易造成错案。而《合同法》第 211 条明确规定了民间借贷合同以款项交付作为合同生效的时间。忽视这一法律规定，必然导致举证责任分配不当，必然导致错判。法官发现当事人有串通行为，存在虚假诉讼嫌疑的，应当严格审查当事人之间的基础法律关系是否存在，包括合同的签订过程、履行情况、付款情况，必要时应当依职权进行调查取证。

（三）对于虚假诉讼的当事人，加大惩罚打击力度

对虚假诉讼的主体而言，如果在诉讼中被发现，不仅要对其科以程序法上的制裁，驳回其诉讼请求，而且要处以罚款、拘留；对于已经达到非法目的、取得人民法院裁判文书的虚假诉讼当事人，无论是否给案外人造成损失，均应追究其刑事责任；对于已经给案外人造成实际损失的，案外人可以依据《侵权责任法》的规定要求虚假诉讼当事人予以赔偿。

进而言之，虽然虚假诉讼发生在民事诉讼领域，但其危害性较之刑事诉讼领域的伪证罪等妨害司法的犯罪行为有过之而无不及，亦存在实施刑事制裁的必要性。鉴于现有的刑事法律体系并不足以对虚假诉讼行为作出适当的、全面的评价，目前可以采取《刑法》修正案的方式，明确对虚假诉讼行为的刑事罪名及惩罚方式。从立法技术角度考虑，有两种方法可以解决虚假诉讼的刑法规制问题：第一，扩大《刑法》第 307 条的涵盖范围，在现有规定下增设 1 款作为第 307 条第 3 款，将当事人也纳入该罪处罚的主体范围。第二，在现有刑事法律体系之外，单独设立独立罪名虚假诉讼加以惩处。虚假诉讼侵害的国家正常的司法活动和公民、法人的合法权益复杂客体，危害程度之深较诈骗罪更甚，单独设罪符合罪刑相适应原则。该罪的罪名可确定为虚假诉讼罪，在类罪上应当定性为妨害司法罪。相对而言，对虚假诉讼行为进行整体评价并规定专门的罪名，能够使公众对该行为引起的法律后果有比较强的预见性。司法机关也能明确无误地运用已有的法律规范对该行为进行评判，避免适用法律规范的任意性，做到对虚假诉讼进行“精确打击”。

第六部分

全省各地商事审判

直面问题，探索机制，逐步优化破产案件审理方式

——淄博中院企业破产案件审理方式改革试点情况介绍

2014年11月，最高人民法院下发《关于在部分人民法院开展破产案件审理方式改革试点工作的通知》，确定淄博中院为破产审判试点法院。根据最高法院、省法院的要求，我们淄博中院立足淄博的经济社会发展状况，结合破产案件受理、审理的司法实践，直面问题，探索机制，理顺思路，确定重点，围绕破产案件审理方式进行了一些初步探索。从近6年案件情况看，2010～2012年，全市法院收案8件；2013年至2015年9月，全市法院共收案44件，是前3年收案总和的5.5倍。

一、分析形势，理清思路，探索定位破产审判试点工作与区域经济发展大局的结合点

淄博中院的破产审判，面临如下形势：一是从区域经济结构特点看，淄博是以陶瓷、纺织、冶金、建材等传统产业为主的老工业基地。近年来，随着经济发展进入新常态，“转方式，调结构”步伐日益加快，市场自身对于企业通过破产清算方式有序退出存在旺盛的司法需求；二是从地区经济发展思路看，淄博新一届市委、市政府将“推动转型升级，建设工业强市”作为基本的经济工作思路，为法院充分发挥破产审判职能作用、助力地方经济转型升级拓展了广阔的发展空间，也为破产审判的理念、体制、机制创新提供了良好的外部环境；三是从破产审判历史沿革看，淄博是全国政策性破产的首批试点城市，一方面解决了大量的国有企业破产难题，另一方面也不可避免地存在许多基于政策性破产衍生的破产审判理念、机制等问题，急需以现行《企业破产法》和相关司法解释对原有操作机制进行梳理和规范。

基于以上分析，我院确定破产审判试点工作的三个着力点：

(一)着力挽救危困企业

体现在程序选择、财产处置和职工安置上，即破产重整程序优先适用原则、破产企业生产设备整体性处置原则、破产企业原有科研技术力量优先维护原则、破产企业职工妥善安置保障最大化原则。

(二)着力促进资源配置合理化

体现在破产案件受理和重整方案选择上，即涉落后产能、闲置资产案件优先受理，涉企业转型、新兴产业方案优先考虑，涉区域金融生态环境、企业资金链担保圈风险前置预判。

(三)着力突破阻碍破产案件依法推进的机制性障碍

体现在案件受理标准和审理流程上,即案件受理环节中,克服"以立代审"现象,回归法定标准和条件;案件推进过程中,遵循破产案件自身的审判规律,对原有审理标准和操作规范进行梳理、整合、完善,回归法律规定的应然状态。

二、直面问题,统筹谋划,探索搭建破产审判试点工作的总体框架

2015 年年初,根据最高法院试点的要求,我院坚持问题导向,以破产案件受理以及审理中存在的理念、体制、机制等领域的问题为主线,先后数次组织召开由辖区法院、各相关单位参加的座谈会,在"穷尽式列举"问题的基础上,经过分类汇总和调研论证,确定了包括债权人会议运行机制、法院内部相关职能部门的协作配合机制在内的 6 个"工作机制性问题"作为试点改革工作的内容,并逐步谋划解决思路。

(一)探索构建科学合理的债权人会议运行机制

1. 问题

(1)如何规范债权人会议的组织机制;(2)如何提高债权人会议的表意效率;(3)如何充分发挥债权人委员会的职能作用。

2. 解决思路

一是逐步构建债权人会议规则体系。以近年来审理破产案件中召开债权人会议的司法实践为基础,逐步形成完整的债权人会议规则体系,对确定债权人会议参加人员、债权人会议职权以及债权人会议召集、表决、统计等,进行规范。

二是逐步完善债权人异议处置流程。制定《破产债权异议办法》,对异议主体、异议事项、异议时限、权利保障等作出明确规定,以债权确定的准确、高效促进破产程序的顺利推进。

三是探索创新债权人会议表决模式。对于债权人人数众多、地域分散的破产案件,在充分尊重债权人意愿的前提下,以书面征求意见的方式,破解债权人难以到场表决的问题,采取书面表决和现场表决相结合的方式,提升投票表决效率。

四是着力凸显债权人委员会职能作用。以"能代表,善沟通"为标准,组建债权人委员会,保证每名委员能够代表不同债权类型、不同地域,并具有较强的沟通能力。以"债权额、住所地"为标准,划分债权人小组,并将委员分工情况和小组中各债权人的联系方式打印成册,保障小组成员与委员会委员间的沟通顺畅。以"知情权、参与权"的充分保障为标准,通过设立"债权人委员会"办公室、重大事项通报并征求意见等方式,完善债权人委员会参与路径。

(二)探索理顺破产审判部门和法院内部相关职能部门的协作配合机制

1. 问题

(1)在指定管理人、评估、拍卖方面,司法技术部门的有关内部规定虽能保证程序公正,但往往效率低,甚至阻却实体公正,如何解决此类问题;(2)在《民诉法司法》解释规定的"执转破"程序中,破产审判庭与执行部门如何衔接顺畅;(3)破产衍生诉讼如何与破产案件审理相协调。

2.解决思路

一是以确保破产案件审理程序高效推进为宗旨，合理定位破产案件审理中司法技术部门的职能作用。在管理人指定方面，由审判庭根据破产企业性质、破产案件社会影响、法律关系复杂程度等，建议司法技术部门采用随机方式、竞争方式或推荐方式指定管理人；在资产审计评估方面，突出破产案件相对于一般诉讼执行案件在审计评估中的特殊性，由司法技术部门向审计评估机构提出审计评估的具体要求；在资产处置方面，针对破产财产处置在时间、方式、用途等方面的特殊要求，充分尊重债权人会议决议，积极协调司法技术部门，在拍卖次数、处置方式等方面采取更加灵活便捷的方式，破解破产财产变现难的困境。

二是以保障债权公平有序受偿为目标，探索执行转破产的衔接机制。当执行法院与破产法院为同一法院时，执行部门将案卷相关材料移送本院立案庭和审判庭进行协同审查，决定是否转入破产程序；当执行法院与破产法院非同一法院时，首先在执行法院内部，由执行部门与立案、审判业务庭进行会商，对企业是否进入破产程序形成审查意见，对需要转入破产程序的，通过立案部门移送破产法院。

三是以服务破产案件审理为导向，逐步完善破产衍生诉讼案件的协调机制。破产庭与审判庭之间，立足提高效率、优化效果，探索建立以案件之间关联程度、案件进度合理掌控、案件裁判效果预判为主要内容的协调机制；上下级法院之间，立足意见征询、情况通报，探索建立上级法院破产庭、审判庭与下级法院破产庭、审判庭之间的协调机制；破产法院与审理旧案件(指裁定受理之前已收案件)的其他法院之间，立足法律尺度、效果最佳，探索建立以信息互通、事务商请、上级统筹为主要方式的协调机制。

(三)探索理顺破产程序启动机制

1.问题

(1)案件受理环节，立案庭和破产审判庭的职能分工与流程不清晰；(2)清算与重整在受理标准层面的规范与细化；(3)债权人申请债务人破产，在实际运行中缺乏程序保障。

2.解决思路

一是以保证破产案件在立案庭和审判庭之间快速流转为目标，合理设计立案庭和审判庭的职能分工与流程。在立案登记制改革的背景下，确定立案庭在破产案件立案受理上的形式审查权，对于提出破产申请时须提交的材料清单，由立案庭一次性告知申请人。在申请人材料齐全后，以预立案方式接收申请材料，并向申请人出具预立案通知书。确定审判庭在立案受理上的实质审查权，严格按照《破产法》及司法解释的规定，审查申请人的申请是否符合法定立案条件并裁定是否受理。

二是制定和完善破产清算、破产重整的审查标准和细则，把企业是否存在重生可能且营运价值是否高于清算价值作为界定破产重整与清算的实质性标准。

三是进一步规范和保障债权人申请破产的程序机制，保障债权人申请启动破产程序权利的行使。对于债权人申请的破产案件，由于缺乏明确的审查标准、听证程序审查实施细则，受理法院一般会拟制采用债务人申请破产的审查标准，增加了债权人申请债务人破产的难度。对此，需要从制度上规范和保障债权人申请破产的程序机制，提升债权人申请启动破产程序的积极性。

(四)探索完善管理人考评、激励机制

1.问题

(1)如何强化对管理人工作的监督管理;(2)如何激发管理人的工作积极性;(3)如何解决无产可破案件中管理人“无钱可赚”的问题。

2.解决思路

一是建立《破产管理人行为规范》,作为实施考评的依据,明确管理人工作职责,解决“干什么和怎么干”的问题。从破产企业接管、债权申报、债权人会议组织召开、破产财产变现和分配等各个环节予以细化并明确,确保各项具体工作有章可循。

二是建立《破产管理人工作业绩量化考核办法》,作为实施考评的标准,解决“干好和干坏”的问题。将管理人在履行职务过程中的所有环节和事项予以赋分,以最后得分多少为标准,作为评价管理人工作业绩的基本依据,与管理人报酬挂钩,发挥管理人报酬确定机制的激励作用,确保管理人勤勉尽责。

三是建立《管理人报酬基金办法》,解决无产可破时管理人因“无钱可赚”而消极履职的问题。着重从基金来源、基金规范化管理和使用、基金使用效果等方面制定实施细则,充分发挥基金的保障作用。

(五)探索完善破产案件绩效考评机制

1.问题

(1)面对审判质效指标压力,法官们宁可多承办普通商事案件,致使破产案件容易被有意无意地忽视。(2)破产案件办理中的信访、协调压力,让法官们望而却步;长期以来一件顶一件的工作量考核办法,让法官们没有承办破产案件的积极性。

2.解决思路

一是建立科学有效的破产案件量化考评机制,充分调动破产法官的办案积极性。这里的关键是折算比例。

二是建立破产案件信访维稳压力分担和化解机制,改变法官在破产案件推进上的消极被动状态。这里主要强调合议庭、审判长、庭长要勇于担当,不能让承办法官独立面对和承担那些信访压力。

(六)探索构建司法权与行政权的有序运行机制

1.问题

(1)在部分区域,地方政府成为企业破产主导,渗入破产企业资产处置环节,司法权与行政权严重错位。(2)企业破产所涉及的职工安置、信访维稳应由地方政府予以保障,但现实情况是:一方面,在受理环节,政府为推进案件进入程序,积极协调,甚至在部分破产案件中也出具了信访维稳承诺函;另一方面,进入程序后,基于矛盾尖锐、难以解决等原因,少数地方政府“诺而不践”,导致法院案件无法推进、承受信访压力,从而陷入被动尴尬境地。这不仅导致法院产生大量未结破产案件、承受巨大信访压力,而且还使法院与政府之间的信任度降低、围绕破产案件受理与审理的博弈加剧。(3)地方大型企业的破产清算和破产重整案件,涉及职工安置、信访维稳、战略投资者引入、重整模式选择等诸多问题,需要政府有关职能部门全面介入。

2.解决思路

一是针对干涉操纵资产处置等问题，合理定位企业破产中司法权与行政权的界限，构建“法院主导，政府保障，管理人执行”的企业破产案件审理模式，促进行政权积极作为，保障司法权依法行使。

二是为确保政府在破产案件中的保障作用发挥到位，确立破产工作联系人制度。(1)联系人制度的目的：提高管理人与相关部门沟通效率和效果，有效解决破产中职工安置、社会稳定、战略投资者引入等严重困扰破产案件受理和推进的非法律性问题。(2)联系人制度的人员构成：企业所在地的基层政府、国土局、房管局、劳动局、公安局、工商局、国税局、地税局、审计局、监察局、商务局、银监局、财政局等部门指派的本单位一名业务骨干。(3)联系人制度的协调推进机制：由政府一名主要领导牵头，根据破产案件的各个审理节点以及审理过程中亟待协调的问题，通过“府院联席会议”的方式，统筹各工作联系人与管理人、法院的沟通协调，保证与破产有关的各项工作顺利开展。在高青法院审理的锯创公司重整案件中，由县政府主要领导统筹各联系人，对外多方招商，对内整合县域资源，顺利引入山东如意集团作为战略投资人参与重整，为重整计划的顺利执行奠定了坚实基础。

三、强化力量，优化结构，探索加强破产审判试点工作的组织保障

2015年五一节之后，随着普通商事案件审判级别管辖的调整，一审普通商事案件受案呈大幅下降趋势，探索建立专业破产合议庭制度成为可能。我院的做法是：

(一)强化破产案件审判力量

一是破产合议庭原有3名法官既审理破产案件又审理普通商事案件，自今年5月1日起，3人专业审理破产案件，不再承办普通商事案件。二是破产合议庭组成人员由3人增加为7人，由1名庭长、2名副庭长、4名审判员共同组成专业破产合议庭。

(二)优化破产合议庭人员结构

一是知识层次专业化。合议庭7名成员中5人为法学硕士，研究方向涵盖民商法、诉讼法、经济法多个专业。二是知识结构多元化。除法律专业人才外，新增1名曾在研究室工作的青年干警，加强破产审判的综合调研能力；新增1名具有注册会计师资格的青年干警，加强对破产审判中账目、资产的审计评估工作。三是专兼结合提升破产审判能力。按照“三专四兼”的原则分工，原来的3人专业负责审理破产案件，新增4人既审理破产案件又审理普通民商事案件。“三专”突出深度，强调专注，保障了破产法律知识技能在上下级法院之间的深度沟通以及实务界与理论界的良性互动；“四兼”突出广度，强调融合，保障了破产审判与普通商事审判在知识交流、信息互通方面的开放性。这一“专兼结合”模式，对审判技能的提升和整个破产审判工作的推进作用，正日益显现。

(三)细化全市法院破产审判推进思路

一是调整民二庭的工作重点。民二庭业务布局由原来的“商事一审＋破产审判＋涉外审判”调整为“破产审判＋商事一审＋涉外审判”，破产审判成为民二庭的主体业务。二是组织全市法院破产审判专项调研。系统梳理全市法院破产案件审理动态，准确定位影响破产案件依法受理、有序推进的诸多机制性障碍，认真研判破产案件发展趋势，研究制

定当前和今后一个时期全市法院破产审判的基本思路和推进措施。三是典型引领，以点带面。深度发掘高青法院在“整合地方政府行政资源、规范管理人行为、探索破产案件审理模式”等方面的经验做法，提升全市法院破产审判整体水平。

四、上下联动，多方借力，探索构筑破产审判试点工作的理论支撑

最高法院本次试点，重在探索完善企业破产案件审理配套机制，加快解决制约企业破产法律程序顺利进行的体制机制性障碍。为确保试点工作符合上级法院要求、顺应破产法律制度发展趋势、契合破产案件审判工作规律，我院力求做到：

(一)紧紧依靠上级法院领导，确保试点工作的正确方向

从试点筹备期间的问题汇总、材料准备，到最高法院文件下发后的试点方向、方案确定，山东高院民二庭都给予精心指导和大力支持。根据省院民二庭安排，淄博中院逐月上报工作进度、问题汇总、下月计划，确保了整个试点工作有序推进。最高法院民二庭也从收集问题入手，对淄博中院的试点工作给予了大力度的指导。

(二)多方争取教学科研机构的支持，确保试点工作的理论支持

与中国人民大学破产法研究中心密切合作，邀请王欣新教授、徐阳光副教授到淄博专题调研破产重整案件的审理模式。邀请王欣新教授专程到淄与淄博市政府合作，选择6家危困企业调研，探索运用破产重整程序，挽救危困企业，优化生产要素配置。建立与驻淄高校山东理工大学法学院的合作，将专攻破产法、公司法方向的封延会教授纳入试点工作调研团队。针对“虚假破产”问题，从破产法体系下应对破产欺诈行为的主要对策入手，形成《虚假破产行为的法律规制方案》；针对新《民事诉讼法解释》关于“执转破”的规定，探索建立执行转破产的程序操作规则，形成《执行转破产程序的制度设计方案》。

(三)充分收集破产审判资料数据，确保试点工作的信息支撑

以《商事审判指导》《人民司法》、法律法规数字图书馆等权威资料为信息源，探索建立破产审判信息资料数据库，按照司法政策、各地经验、理论探讨等专项模块，对2007年新《破产法》实施以来的政策、实务、理论进行系统梳理，搭建破产审判工作理论与实务研究的信息共享平台，作为本次试点的数据信息支撑。

以上是我院围绕破产审判试点工作进行的一些初步探索。下一步，我们将以本次交流活动为契机，反思、提升现有的理念、思路，推进现行流程、机制的完善、创新，力争把淄博中院的试点工作做得更好。

东营市中级人民法院
关于办理实现担保物权案件若干问题的解答

东中法[2016]11号

为进一步规范全市法院对实现担保物权案件的办理，切实保护各方当事人的合法权益，依据《中华人民共和国合同法》(以下简称《合同法》)、《中华人民共和国物权法》(以下简称《物权法》)、《中华人民共和国民事诉讼法》(以下简称《民事诉讼法》)、《最高人民法院关于适用〈中华人民共和国民事诉讼法〉的解释》(以下简称《民事诉讼法解释》)等相关规定，就司法实践中出现的关于实现担保物权案件法律适用问题作出以下解答：

1. 实现担保物权案件与诉讼案件有何区别?

当事人实现担保物权既可以向人民法院起诉，通过诉讼程序取得民事判决书或民事调解书后申请强制执行，也可以向人民法院申请通过特别程序取得民事裁定书后申请强制执行。当事人对于是通过诉讼程序还是通过特别程序实现担保物权有选择权。

适用特别程序的实现担保物权案件，与适用诉讼程序的案件相比，具有以下特点：实现担保物权案件应在立案之日起30日内审结，审限较短，可以有效提高效率；实现担保物权案件一审终审，可以减少讼累，节约诉讼成本。

2. 实现担保物权的申请主体都有哪些?

依据《民事诉讼法》第196条的规定，实现担保物权案件的申请人包括“担保物权人”以及“其他有权请求实现担保物权的人”。《物权法》第195条规定的“抵押权人”，《物权法》第220条规定的“出质人”和《物权法》第237条规定的“财产被留置的债务人”属于“其他有权请求实现担保物权的人”。至于抵押人、质权人、留置权人是否可以成为实现担保物权的申请主体，在法律和司法解释没有明确规定之前，原则上应予允许。

另外，根据《民事诉讼法》立法本意，除了《物权法》规定的三类申请主体外，《合同法》第286条规定的建设工程承包人，《海商法》《民用航空器法》等法律中规定的船舶抵押权人、民用航空器抵押权人等，也可以作为实现担保物权案件的申请人。

3. 如何确定实现担保物权案件的管辖法院?

实现担保物权案件的管辖法院为担保财产所在地或者担保物权登记地的基层人民法院。实践中，对于担保物为多个且分散在数个法院辖区内的，应当根据《民事诉讼法》的规定确定管辖法院，即如果各个法院都有管辖权的，申请人可以选择向其中一个有管辖权的法院提出申请。

4. 申请实现担保物权的案件如何收费?

由于实现担保物权案件是《民事诉讼法》修改后新增内容,现行的《诉讼费用缴纳办法》对如何收费并未有明确规定。实现担保物权的案件增设在《民事诉讼法》第15章特别程序中,故应当参照《诉讼费用缴纳办法》的相关规定按件收取申请费,而不应以申请实现抵押物权标的额为依据收取。人民法院作出拍卖、变卖担保物的裁定后,申请人向人民法院申请强制执行的,则应按执行金额收取执行申请费,并由被执行人负担。

5. 如何确定实现担保物权案件的案由?

实现担保物权案件的案由目前在适用特殊程序案件案由中未作规定,但是根据适用特殊程序案件案由的编排体例,可以将该类案件案由定为"申请实现担保物权案件"。最高人民法院增补案由后以最高人民法院的规定为准。

6. 申请人向人民法院提出实现担保物权申请时,应当向立案部门提交哪些证明材料?

申请人向人民法院提出实现担保物权申请时,应当向立案部门提交以下证明材料:

一是担保物权存在的材料,包括主合同、担保合同、抵押登记证明或者他项权利证书、权利质权的权利凭证或者质权出质登记证明等,以证明担保物权的存在。

二是实现担保物权条件成就的材料,以证明存在债务人不履行到期债务或者发生当事人约定的实现担保物权的情形。所谓"到期债务"是指主合同中约定的债权金额确定、债务履行期已经届满、尚未受清偿的债务。所谓"当事人约定的实现担保物权的情形"是指担保合同当事人在担保合同、主合同中约定的实现担保物权的情形,包括担保人被宣告破产、被吊销等严重影响债权实现的情形。

7. 如何确定实现担保物权案件的审查部门?

实现担保物权案件依法由基层人民法院办理。各基层人民法院可以根据本院实际情况确定主管庭室,原则上应由商事审判业务庭承担此项工作。担保财产所在地或者担保物权登记地在人民法庭管辖区域内的,也可以交由人民法庭办理。

市法院民二庭负责对全市法院实现担保物权案件进行业务指导。

8. 人民法院审理申请实现担保物权的案件是独任审理还是组成合议庭审理?

基于实现担保物权案件设在《民事诉讼法》第15章特别程序中,对于第15章中的"一般性的规定"当然适用该程序。《民事诉讼法》第178条规定:"依照本章程序审理的案件,实行一审终审。选民资格案件或者重大、疑难的案件,由审判员组成合议庭审理;其他案件由审判员一人独任审理。"因此,对于人民法院受理的申请实现担保物权的案件,原则上采用独任审理的方式进行审理,但对于重大、疑难案件,则应当由审判员组成合议庭进行审理。

9. 申请实现担保物权的案件的审限如何把握?

申请实现担保物权的案件的审限应当适用《民事诉讼法》第180条关于人民法院适用特别程序审理的案件审限的规定,即应当在立案之日起30日内审结,有特殊情况需要延长的,须经本院院长批准。

10. 实现担保物权案件是否适用公告送达?

实现担保物权案件属于非讼程序,是在当事人没有实质性争议的前提下快速实现担保物权的程序规定。在被申请人下落不明的情况下，人民法院难以判断当事人之间是否存在实质性争议，而且实现担保物权案件不能通过审判监督程序予以救济。由于公告送达系拟制送达，下落不明的当事人即使对裁定不服也难以在公告到期后15日内依照《民事诉讼法解释》第374条的规定提出异议，其权利救济难度较大。因此，实现担保物权案件不应适用公告送达。被申请人下落不明的，人民法院应当裁定驳回申请。

11. 实现担保物权案件是否适用管辖权异议制度？

管辖权异议是《民事诉讼法》一审诉讼程序中规定的制度，实现担保物权程序是非讼程序，不适用管辖权异议制度。实现担保物权案件立案后，人民法院经审查认为不属于本院管辖的，应当裁定驳回实现担保物权的申请，并告知申请人可另行向有管辖权的人民法院提出申请。

12. 人民法院如何对实现担保物权案件进行审查？

人民法院在审查中应注意区分担保合同的订立和担保物权的设立。担保合同系在当事人之间创设担保物权的共同意思表示，为物权变动的原因行为，属于合同法的范畴；担保物权的设立，是合法有效的担保合同所产生的结果，属于物权法的范畴。

审查中，被申请人对于属于合同法范畴的合同成立、合同效力、是否违约等提出异议并提交初步证据的，初步证据的证明力不必达到使法官确信其主张成立的程度，只需让法官确信当事人之间存在实质性争议即可。实现担保物权案件存在实质性争议的，人民法院应当裁定驳回申请，并告知申请人向人民法院提起诉讼。

审查中，被申请人对于属于合同法范畴的合同成立、合同效力等无异议，仅对担保物权的设立，如抵押人对登记事实、质押人对质押物是否移转占有等提出异议的，人民法院应当审查担保物权是否设立，着重审查担保物权登记、质押物占有、留置物占有以及担保物的现状等事实，必要时可以依职权调查相关事实并询问相关当事人或进行听证。人民法院发现担保物权未依法设立、担保物已经毁损灭失的，应当裁定驳回申请。

当担保人与主债务人非同一人时，为查明主债务情况，人民法院可以询问主债务人或通知主债务人参加听证。

申请人、被申请人对主合同、担保合同效力无异议的，人民法院应当依职权主动审查合同效力。经审查合同可能无效或合同效力难以确定的，应当裁定驳回申请。

申请人请求撤回申请的，人民法院应依法予以准许。

13. 在实现担保物权案件中，双方当事人对案件事实均无异议，但人民法院发现有损害他人合法权益情形的，应当如何处理？

人民法院在案件审理过程中要牢固树立防范虚假诉讼的意识。在实现担保物权案件中，双方当事人对案件事实均无异议，但人民法院经审查发现有损害他人合法权益情形的，应当裁定驳回申请。

14. 实现担保物权案件中，当事人对应归还的本息金额均无异议，人民法院对超出法律规定范围的民间借贷利息应当如何处理？

在实现担保物权案件中，当事人对应归还的本息数额均无异议，人民法院经审查认为申请人关于民间借贷本息的请求符合法律规定的，应当裁定准许拍卖、变卖担保财产；人民法院经审查认为申请人关于民间借贷利息的请求超出了法律规定范围的，若以现有证据可以查明相关案件事实的,人民法院可就无争议且符合法律规定的部分裁定准许拍卖、变卖担保财产;对于有争议的、人民法院尚未处理的本息部分,当事人仍然有权利通过诉讼程序解决。

15. 担保合同中约定的担保范围与抵押登记、出质登记中载明的范围不一致的,人民法院应当如何处理?

担保合同约定的担保范围与抵押登记、出质登记中记载的担保范围不一致的,原则上应以登记的担保范围为准。但由于行政行为不规范造成登记的担保范围与约定担保范围不一致的,在合同内容合法有效,合同约定担保范围及于主债权、利息、违约金等,且双方对担保范围均无异议,而登记仅载明了主债权本金的情况下,登记效力应及于符合法律规定及合同约定的利息、违约金等其他费用,申请人可在据以登记的担保合同约定的范围内依法享有优先受偿权。

16. 实现担保物权案件能否以调解方式结案?

根据《关于人民法院民事调解工作若干问题的规定》第 2 条规定,人民法院对适用特别程序的民事案件不予调解。因此,人民法院对实现担保物权案件不能以调解方式结案。实现担保物权案件审查过程中,当事人达成和解协议,申请人申请撤回申请的,人民法院应依法予以准许;申请人自愿放弃部分实体权利的,就其继续主张部分人民法院应按照《民事诉讼法解释》第 372 条的规定进行裁定。

17. 抵押权人申请实现抵押权,是否不必以《物权法》第 195 条第 2 款规定的"抵押权人与抵押人未就抵押权的实现方式达成协议"为前提?

抵押权人申请实现抵押权,不必以《物权法》第 195 条第 2 款规定的"抵押权人与抵押人未就抵押权的实现方式达成协议"为前提。《物权法》规定抵押权人可以与抵押人协议,只是为了赋予抵押权人更多的抵押权实现途径。无论是抵押权人与抵押人协议,还是向法院申请强制执行,均是《物权法》赋予其的权利,而不是施加的义务。抵押权人即使不与抵押人协议,也可以直接向人民法院申请拍卖、变卖抵押财产,以实现抵押权。至于质权与留置权,《物权法》本身就没有规定担保物权人与担保人就担保物权的实现方式进行协商,因此更不必以担保物权人与担保人未就担保物权的实现方式达成协议为申请前提。人民法院不应以此为由裁定驳回申请人的申请。

18. 实现担保物权案件如何与诉讼案件衔接?

实现担保物权案件立案受理前,立案部门应当询问申请人是否就实现担保物权提起了诉讼,如果申请人既申请实现担保物权又就相关权益争议提起诉讼的,则应当向申请人释明由其进行选择。申请人不撤回起诉的,人民法院则应裁定不予受理实现担保物权申请。

在人民法院受理实现担保物权案件后,被申请人就相关权益争议又提起诉讼的,人民法院应当裁定驳回实现担保物权申请。

19. 合同约定有仲裁条款,或者双方签订有仲裁协议的,当事人直接向人民法院申请实现担保物权,人民法院应否受理?

民事案件中,存在诉讼案件和非讼案件两种基本类型的划分。通说认为,非讼案件是指利害关系人或申请人在没有民事权益争议的情况下,请求人民法院确认某种事实和权利是否存在，从而引起一定的民事法律关系发生、变更、消灭的案件。非讼案件讲究职权主义、书面审理主义，诉讼案件讲究当事人主义、直接言辞主义。

实现担保物权属于非讼程序，人民法院受理案件不受当事人约定仲裁的限制。但如果当事人就权利义务产生实质性争议，人民法院应当裁定驳回申请，当事人应按约定依法进行仲裁。

［附录］

××人民法院
民事裁定书
（样式）

（××××）鲁05××民特×号

申请人：××有限责任公司，住所地×××市×××区×××号。（×××，男/女，×族，××××年×月×日出生，职业，住×××市×××区×××街×××号）

法定代表人：×××，该公司董事长（或其他职务）。

委托代理人：×××，×××律师事务所律师。

委托代理人：×××，男/女，×族，××××年×月×日出生，职业，住重庆市×××区×××街×××号。

被申请人：×××有限责任公司，住所地×××市×××区×××号。（×××，男/女，×族，××××年×月×日出生，职业，住×××市×××区×××街×××号）

法定代表人：×××，该公司董事长（或其他职务）。

委托代理人：×××，×××律师事务所律师。

委托代理人：×××，男/女，×族，××××年×月×日出生，职业，住×××市×××区×××街×××号。

××××年×月×日，×××（申请人）向本院申请拍卖、变卖×××位于×××市×××区×路×号×平方米的房地产（或其他财产），所得的价款在×元范围内（其中本金为×元，利息为×元）优先受偿。

本院查明：××××年×月×日，×××（申请人）与×××（被申请人或债务人）签订《主合同》，约定："……"××××年×月×日，×××（申请人）与×××（被申请人）签订《担保合同》，约定："……"××××年×月×日，担保物权办理登记（或×××向×××交付质押物或权利凭证）。债务履行期限届满后，债务人未履行到期债务（或者发生当事人约定的实现担保物权的情形）。

审查中，×××（被申请人）对于《主合同》《担保合同》的成立、效力等提出异议并提交了初步证据；×证据拟证明×问题，×证据拟证明×问题。

本院认为，×××（被申请人）对于《主合同》《担保合同》的成立、效力等提出异议并提交了初步证据，该证据表明双方当事人对民事权益存在实质性争议。依照《中华人民共和

国民事诉讼法》第197条,《最高人民法院关于适用〈中华人民共和国民事诉讼法〉的解释》第372条第3项之规定,裁定如下:

驳回×××的申请,申请人可以就实现担保物权向人民法院起诉。

申请费×元,由申请人×××负担。

×××　(审判员)

××××××××年×月××日

×××　(书记员)

××人民法院
民事裁定书
(样式)

(××××)鲁05××民特×号

申请人:×××市×××有限责任公司,住所地×××市×××区×××号。(×××,男/女,×族,××××年×月×日出生,职业,住×××市×××区×××街×××号)

法定代表人:×××,该公司董事长(或其他职务)。

委托代理人:×××,×××律师事务所律师。

委托代理人:×××,男/女,×族,××××年×月×日出生,职业,住×××市×××区×××街×××号。

被申请人:×××有限责任公司,住所地×××市×××区×××号。(×××,男/女,×族,××××年×月×日出生,职业,住×××市×××区×××街×××号)

法定代表人:×××,该公司董事长(或其他职务)。

委托代理人:×××,×××律师事务所律师。

委托代理人:×××,男/女,×族,××××年×月×日出生,职业,住×××市×××区×××街×××号。

××××年×月×日,×××(申请人)向本院申请拍卖、变卖×××位于×××市××区×路×号×平方米的房地产(或其他财产),所得的价款在×元范围内(其中本金为×元,利息为×元)优先受偿。

本院查明:××××年×月×日,×××(申请人)与×××(被申请人或债务人)签订《主合同》,约定:"……"××××年×月×日,×××(申请人)与×××(被申请人)签订《担保合同》,约定:"……"××××年×月×日,担保物权办理登记(或×××向×××交付质押物或权利凭证)。债务履行期限届满后,债务人未履行到期债务(或者发生当事人约定的实现担保物权的情形)。

审查中,×××(被申请人)对于《主合同》《担保合同》的成立、效力、担保物权的设立等提出异议并提交了初步证据。×证据拟证明×问题，×证据拟证明×问题。（或者被申请人×××对于《主合同》《担保合同》的成立、效力无异议，但是对担保物权的设立提出异议并提交了初步证据。×证据拟证明×问题，×证据拟证明×问题）

本院认为，×××（被申请人）虽然对《主合同》《担保合同》的成立、效力、担保物权的设立提出异议，但是未提交相应证据（或者该证据明显不具备真实性、合法性、关联性）。依照《中华人民共和国物权法》第179条、第187条、第195条，《中华人民共和国民事诉讼法》第197条之规定，裁定如下：

对被申请人的×××××，准予采取拍卖、变卖等方式依法变价，申请人×××对变价后所得价款在×××的范围内优先受偿。

申请费×元，由被申请人×××承担。

×××　（审判员）

××××年××月××日

×××　（书记员）

××人民法院
民事裁定书
（样式）

（××××）鲁05××民特×号

申请人：××有限责任公司，住所地×××市×××区×××号。（×××，男/女，×族，汉族，××××年×月×日出生，职业，住×××市×××区×××街×××号）

法定代表人：×××，该公司董事长（或其他职务）。

委托代理人：×××，×××律师事务所律师。

委托代理人：×××，男/女，×族，××××年×月×日出生，职业，住×××市×××区×××街×××号。

被申请人：×××有限责任公司，住所地×××市×××区×××号。（×××，男/女，×族，××××年×月×日出生，职业，住×××市×××区×××街×××号）

法定代表人：×××，该公司董事长（或其他职务）。

委托代理人：×××，×××律师事务所律师。

委托代理人：×××，男/女，×族，××××年×月×日出生，职业，住×××市××区×××街×××号。

××××年×月×日，×××（申请人）向本院申请拍卖、变卖×××位于×××市×××区×路×号×平方米的房地产（或其他财产），所得的价款在×元范围内（其中本金为×元，利息为×元）优先受偿。

本院查明：××××年×月×日，×××（申请人）与×××（被申请人或债务人）签订《主合同》，约定："……"××××年×月×日，×××（申请人）与×××（被申请人）签订

《担保合同》,约定:“……”××××年×月×日,担保物权办理登记(或×××向×××交付质押物或权利凭证)。债务履行期限届满后,债务人未履行到期债务(或者发生当事人约定的实现担保物权的情形)。

审查中,×××(被申请人)对于《主合同》《担保合同》的成立、效力、担保物权的设立等提出异议并提交了初步证据。×证据拟证明×问题,×证据拟证明×问题。(或者被申请人×××对于《主合同》《担保合同》的成立、效力无异议,但是对担保物权的设立提出异议并提交了初步证据。×证据拟证明×问题,×证据拟证明×问题)

本院认为,×××(被申请人)对担保物权的设立提出异议,并且提交了相应证据,该证据表明担保物权的设立不符合法律规定。依照《中华人民共和国民事诉讼法》第 197 条之规定,裁定如下:

驳回×××的申请。

申请费×元,由申请人×××负担。

×××　(审判员)

××××年××月××日

×××　(书记员)

莱芜市中级人民法院
关于农信社不良贷款清收专项行动工作报告

2015年11月25日

为落实市委、市政府部署，进一步打造“诚信莱芜”，优化我市金融环境，为市农村信用联社（以下简称“农信社”）改制组建农村商业银行提供有力的司法保障，根据《山东省高级人民法院关于开展全省法院对农村信用社不良贷款专项清收工作的通知》和《关于涉政不良贷款清收处置专项行动实施方案》（莱农商筹发[2015]2号）文件精神，结合我市实际，决定自2015年8月份在全市法院开展涉农信社不良贷款专项清收活动，历时近4个月，取得了较大成效。现将有关情况汇报如下：

一、党组重视，加强领导

2015年8月10日，市委、市政府就农信社不良贷款清收工作进行部署后，中院党组高度重视，认真学习贯彻落实会议精神，中院党组立即召开专题会议进行研究，于8月25日制定出台了《关于农村信用联社不良贷款专项清收工作方案》，统一了思想认识，加强了组织领导，提出了总体要求，明确了清收范围，制定了方法步骤和工作措施。

本次清收工作的清收范围包括三个方面：一是全市法院系统干警自借或担保的农信社不良贷款，二是已经立案尚未审结、尚未执结的农信社不良贷款案件，三是集中清收阶段诉至法院的涉及行政事业单位人员、村（社区）书记、主任自借或担保的农信社不良贷款。

中院采取一系列措施对该项工作进行部署、督促和调度。8月11日、9月2日召开两区法院院长和中院有关部门负责人参加的专题会议传达会议精神，学习相关文件和政策，对任务进行分解安排，每周调度工作进展；对两级法院的农信社不良贷款案件进行了梳理，对于未审结案件187件、未执结案件453件，合计640件摸清了底数，分析了存在问题及成因，提出了相应对策和下一步打算；对全市法院干警11人14笔涉农信社自用和担保不良贷款，制定了台账，积极督促有关人员还款；9月8日，对市委常委批示的《关于司法清收的几点想法建议》进行了专题研究，提出了初步意见；9月18日，召开专题会议，与农信社就集中清收阶段拟起诉不良贷款案件的审判执行工作进行座谈对接，对审判、执行工作作出具体部署；10月29日，召开全市法院执法办案调度会，中院党组书记、院长李杰对农信社不良贷款案件清理专门进行了强调再部署，要求强化担当精神和决战思维，全力抓好审判执行工作。

二、审判执行工作取得成效

(一)审判工作

1. 审判基本情况

因级别管辖调整、清理专项行动以来,农信社不良贷款案件主要由两个区法院审理。9月中旬开始,农信社不良贷款案件进入集中清收阶段,两区法院陆续新收涉农信社案件97件,结案99件(含旧存案件)。因限于审判程序(如送达、答辩期、举证期、鉴定、开庭等)诸多法定的、不可突破的时限性规定,新收案件绝大部分尚在审理中。

2. 主要工作措施

一是开通立案"绿色通道",快速立案。对已明确提供财产线索的,第一时间采取保全措施。

二是合理调配审判资源,强化审判力量。莱城区法院将信用社报送的案件根据贷款人居住地划分了管辖,确定由商事审判庭及7个法庭专人审理,钢城区法院由两个法庭专人集中审理。

三是采取有力措施,快审快结。审判人员加班加点,活动期间周末不休息、不休假;符合条件的全部适用简易程序审理,节省诉讼成本和时间,加快办案速度;调判结合,在审理的各个阶段采取灵活多样的调解方式,促使债务人自愿在最短时间内还款,或通过办理还后再贷、借新还旧、落实债务等方式,使涉诉贷款符合农信社正常类贷款认定标准,调解不成的及时作出判决,加快案件推进。

四是加强调度、督促和指导,确保案件质效。中院每周调度审理情况,及时加以指导;10月14日,召开全市法院商事审判工作调度会,通报未结案件清理、二审改发案件和简易程序适用情况,专门对涉农信社案件审理工作提出要求,加大简易程序适用,加快上诉案件的流转,快立、快审、快结。

(二)执行工作

我市法院自2015年8月10日起连续4个月集中开展涉农信社金融案件专项执行活动。活动开展以来,在严格按照执行程序收结案、"四查两报"、列入失信被执行人、适用罚款拘留、依法报送"拒执罪"的过程中,积累了一些专门针对涉农信社金融案件的执行经验。

1. 执行基本情况

自2015年1～8月,共受理涉农信社金融案件709件,执行标的额79722.2万元;执结涉农信社金融案件245件,执行到位金额5751.7万元。

2015年9～11月,共受理涉农信社金融案件204件,执行标的额17926.6万元;执结涉农信社金融案件315件,执行到位金额1832.2万元。

在案件执行过程中,我们针对终结本次执行程序的涉农信社案件的被执行人,依农信社申请或依职权发布在全国法院执行案件信息管理系统中,1～8月共录入失信被执行人801人,其中自然人715人,法人和其他组织107个;9～11月,录入失信被执行人647人,其中自然人519人,法人和其他组织128人。10月26日,通过纸质媒体和电子平台曝光"老赖"89人,敦促他们履行法定义务。加大强制执行措施适用,其中拘留1人,罚款1

人，罚款金额10万元。对有执行能力而拒不履行生效判决裁定的，涉嫌构成犯罪的，移送公安机关进行处理，其中涉农信社的拟以“拒执罪”移送公安机关8人，目前莱城区法院的1起案件正在和公安机关对接，钢城区法院1起案件正在沟通协调中。

2. 工作措施及效果

涉农信社案件具有案件数量多、被执行人人数多、涉案标的大这三个突出的特点，为更好地执行案件，经中院党组研究决定，8月初，中院制定下发了《关于开展涉农信社金融案件专项执行活动实施方案》，成立了涉农信社案件领导小组，全面领导活动开展。10月16日，召开全市法院执行工作调研座谈会，对涉农信社案件进行了分析，明确要求强化各项执行措施和手段，深化反规避执行行动，突出执行工作的强制性，依法支持农信社银行化改革，对涉农信社案件的执结采取了有针对性的措施。

(1)加班加点，加快涉农信社金融案件的执行速度。自活动开展以来，坚持对每一件执行案件做到执行办法穷尽、执行措施穷尽、可供执行财产穷尽，尽快将案件执结；在作息时间上作调整，放弃节假日休息，按照预定摸排方案查堵重点被执行人。拓宽申请人与法院干警的联系渠道，提高对执行过程中发现被执行人财产线索等紧急情况和处理执行突发事件的反应速度来最大限度地做好清收工作。

(2)多措并举，加大涉农信社金融案件的执行力度。坚持思想教育与强制执行相结合，对于重点案件和钉子户依法采取查封、扣押、冻结、扣划等措施，促使当事人自觉履行义务；对于经说服教育仍拒不履行义务的当事人依法予以拍卖、变卖，促使不良贷款清收工作顺利进行。

(3)辨法析理，提高涉农信社金融案件的执行效果。执行干警释明法理，阐明利害，灵活运用多种执行手段，对被执行人确无或暂时无履行能力的案件，尽力促成执行和解，对抗拒执行的被执行人坚决予以打击。发现财产线索第一时间采取控制措施，依法冻结扣划。

(4)及时列入失信名单，限制“老赖”高消费。专案组对受理的涉农信社案件，第一时间录入全国法院执行案件信息管理系统，充分利用全国法院网络查控平台查询被执行人财产，第一时间对涉案法人的法定代表人限制高消费。

(5)多重媒体配合，多渠道曝光“老赖”。通过报纸和电台、官方微博、微信平台曝光“老赖”，压缩“老赖”的生存空间。如被执行人陈立英在被曝光之后已主动和农信社达成了还款协议。

(6)适用“拒执罪”，最严格限制“老赖”。为准确适用法律，中院制定了报送构成“拒执罪”案件要求和材料要求，争取把符合“拒执罪”条件的被执行人移送公安机关处理，对未积极履行义务的被执行人形成威慑。如被执行人桑立贵在得知将被移送公安机关追究拒执罪的刑事责任后，主动与农信社协商，目前已积极还款40万元，且对余款还制定了还款计划。

三、审判执行中存在的问题及原因

涉农信社金融案件是法院审判执行工作的重点，虽然在这次专项行动中法院做了大量工作，取得了一定成效，但因案件数量多、法律规定的审判执行办案时限无法缩短、执行

难度大、3个多月的周期短等原因,结案率、实执率和执行标的到位率与领导期待还有一定差距。以下困难和问题影响了工作实效:

(一)案件的审判和执行有着严格的程序性规定,不可突破,短期内无法实现显著的清理效果

根据《民事诉讼法》的规定,在案件审理阶段,需要向被告送达法律文书,涉及公告送达的,需公告之日60日才能视为送达,被告有15日的答辩期,被告答辩的需5日内送达原告,举证期限不少于15日,判决后有15日的上诉期,当事人上诉的还需送达上诉状、答辩状、缴纳诉讼费、向上级法院报送卷宗等近30日的时间,一件一审案件最短一般要75日才能结案。在执行阶段,对被执行人财产的处理,需要委托评估、拍卖或者变卖,拍卖需要提前7日或15日发布公告;第一次拍卖不成,还需第二次甚至第三次拍卖。案外人对执行标的提出异议的还需等待案外人异议之诉的审理结果等等。上述时间节点均为法律明确规定,不能跨越。由于以上原因,集中清收阶段新起诉的案件,基本尚未审结,这一阶段执行的案件均为之前诉讼的案件。因此,短期内不可能实现显著的清理效果。

(二)因农信社在贷款审核、发放、监督、收贷等方面存在的问题,影响了案件的审判执行

1. 农信社贷前审查不严

(1)有的贷款手续不完善,对借款人、担保人及配偶同意书等签名、印章的真实性审查不严,致使在诉讼过程中当事人对签名申请鉴定,法院只能中止案件审理等待鉴定结论,甚至有多起案件经鉴定非当事人所签,导致农信社败诉,如张秀丽案、丁福昌案、王金涛案、栾尚广案、刘玉恩案;在有的案件(如刘汝林、刘汝进案)中,农信社提供的保证人最高额保证合同中,最高限额、贷款期限等合同主要条款空白,导致合同不成立,影响保证人责任的承担。

(2)有的借款人与贷款的实际使用人不符,甚至违规冒名顶替贷款,构成犯罪,导致纠纷的发生,如李玉祥案、张京水案;有的贷款时间较久,对于贷款发放的证据举证困难,影响案件的审理效率。

(3)部分贷款信贷人员责任心不强,有的对借款人的资信状况、财务状况和经营情况缺乏有效评估,甚至部分担保人经济能力不强但仍签订担保合同,盲目放款;有的案件的担保方式只有保证,没有财产担保,到了执行阶段,已经查找不到保证人的财产;有的对借款人和保证人不加严格审查,在发生风险后连当事人的住所地都找不到,致使诉至法院的案件出现借款人下落不明等现象,影响审判效率;案件进入执行程序后,无财产可供执行,案件执行困难。

(4)很多案件被执行人都是重复的,在这些被执行人未还清上批贷款的情况下,农信社依然发放下批贷款,或在不同信用社多次贷款。涉案被执行人,尤其是执行措施实施在后的案件执行难度就会加大,造成涉农信社案件实际执结率比较低。

(5)缺乏必要的资产、信用核实程序,对贷款用途的真实性无法考察,或者对抵押物调查不全面,对借款人、担保人实际财产与评估不符;到了执行阶段,财产处置起来,周期较长,且存在一系列的纠纷;这种抵押物在拍卖时,社会大众对此心存疑虑,不愿竞买。

2. 农信社放贷后监管不力，风险应对不当

（1）对贷款用途和使用情况监督不力，贷款在贷后跟踪不及时，放任自流，怠于收贷，部分案件错过最佳诉讼、执行时机，致使进入诉讼后涉案企业财产已经被其他单位多次查封扣押，被执行人早在诉讼或执行前就已经丧失履行能力。农信社提供的财产线索，也在诉讼或执行前转移，查证难度大。有的案件对保证人的现状不了解，保证徒有虚名。有的案件起诉之时离放贷时间较长，诉讼时机已经错失，导致有的案件虽然有抵押，但是财产已经被别的案件处理查封；进入执行阶段后，需协调首封案件申请执行人，影响了处置速度。“拒执”线索又难以搜集，无法定性，导致难以对被执行人采取更加严厉的惩戒措施，陷入“执行难”僵局。

（2）对可以证明在保证期间内主张权利或引起诉讼时效中断的催收通知书的送达、签收不规范，有的是提前签字（如高民案），有的非本人签名（如王金涛案），导致当事人对签名和书写时间申请鉴定；有的不按法律规定适用公告催收（如高雨生案、毕京太案、韩荣军案），致使超过保证期间或诉讼时效，造成案件审理周期过长并且败诉的情况时有发生，严重影响了审判效率，达不到预期的效果。

3. 执行依据有瑕疵、不准确

涉农信社金融执行案件的执行依据有部分是公证处出具的公证债权文书。公证机关在出具执行证书时，存在应当核实当事人不核实、应当到场签字的当事人不到场等程序问题，造成被执行人对执行工作产生抵触情绪。甚至于案件送达执行通知书后，有的被执行人以未收到公证证书或未进行公证等事由提出异议，造成案件流程不通畅，阻碍执行工作顺利开展。如被法院曝光的失信被执行人吕翠霞，吕翠霞在被曝光后，给市委、市委政法委、中院等各级领导写信，并多次到莱城区法院去闹，以自己是教师且没有签字、口镇农信社违规发放贷款、凤城公证处未尽核实义务为由，要求公开赔礼道歉，恢复名誉，扰乱了法院的正常工作秩序，也给法院正常工作带来被动和麻烦。

4. 农信社相关线索提供少，增加了审理执行的难度

涉农信案件数量基数大，办案人员数量少，由于农信社对其放出的贷款缺少跟踪监督措施，造成对贷款人借贷使用不清楚，加之人口流动性大，甚至部分贷款人借款后外出下落不明，导致案件在审理执行过程中公告送达的情况较多，加之不能提供有价值的财产线索，法院对标的物查封冻结扣押查控难度加大；甚至进入执行阶段时，担保物不能正常发挥担保作用，且大部分被执行人经查证无相应履行能力。

建议农信社强化内部管理，建立健全和完善信贷制度。发放贷款前要严格审查借款人和保证人资信状况，据实评估质押、抵押财产，完善借款手续，避免法律风险。放贷后要切实履行监督执行，监督其贷款的真实用途，监督其生产经营状况，监管好质押物、抵押物，发现借款人经营不善、出现亏损时要及时跟进分析，发现有逃贷行为时要及时采取法律手段以避免损失。要进一步强化风险管理，信贷人员或法务人员要增强法律意识提高法律水平，保持相对稳定性，增强责任心，完善考核机制，将金融机构的信贷风险降到最低。

四、下一步工作打算

虽然农信社不良贷款集中清收阶段结束了，但农信社不良贷款案件的审判执行工作仍将继续，全市法院将继续加大涉农信社金融债权依法保护力度，集中精力执法办案，多措并举，提高效率，取得实效，争取使涉农信社案件的审判执行工作迈上一个新台阶。

一是依法办案，切实提高审判质效。加大简易程序适用力度，对事实清楚、权利义务关系明确、争议不大、能够送达当事人的，一律适用简易程序，依法快审快结，节省诉讼成本和时间；尽量在审理的各个阶段采取灵活多样的调解方式，促使债务人自愿在最短时间内还款，或通过其他积极方式，使涉诉贷款符合农信社正常类贷款认定标准，最大限度地保护农信社权益。

二是继续加大执行力度。紧紧依靠执行信息化手段，提高执行措施的效率和效果，同时注意和当事人积极沟通，提高执行和解的比例。用足、用活法律赋予的查封、扣押、冻结、搜查、拍卖等强制执行措施，进一步通过媒体集中曝光“老赖”，请公安部门配合协助扣押车辆等措施，穷尽一切执行手段，达到清收一户、震慑一片、教育一方的作用，确保债权人的权利及时实现；对于以暴力、威胁等手段妨碍执行或拒不履行人民法院判决或裁定的依法采取罚款、拘留等措施执行。

三是不断强化刑事制裁措施。快立快审涉金融犯罪案件，依法严惩贷款诈骗、骗取贷款等犯罪，始终保持对金融犯罪的高压态势。涉嫌拒执罪的，依法移送公安机关按“拒执罪”依法追究刑事责任。

四是继续健全与农信社沟通交流工作机制。与金融监管机构、农信社建立定期联系制度、信息资源互享制度、重大事项会商制度，构筑交流平台。

2015年崂山区人民法院商事审判情况的调研报告

当前，我国经济体制、社会结构、利益格局、思想理念正在发生深刻的变革，经济社会生活中深层次矛盾日益显现，国家着力转变经济发展方式，加快产业转型升级，推进城乡统筹协调发展，加大社会管理创新。法院商事审判工作在支持和配合国家宏观调控、保障经济稳定和金融安全等方面的任务更加艰巨；维护社会稳定，改善民生问题，促进社会和谐的责任更加重大；商事纠纷呈现形式更加多样的态势，审判领域将不断拓展。商事审判已经成为解决经济纠纷、推动统筹发展、构建和谐社会的重要力量。近年来，我院牢固树立能动司法理念，紧紧围绕“公正与效率”工作主题，认真履行商事审判职能，推进商事审判方式改革，加强商事审判队伍建设，努力提高审判质量，有效化解矛盾纠纷，为促进我区经济社会发展提供了有力的司法保障。

一、案件审理情况

(一)2015年商事审判基本情况

2015年，我院受理各类商事案件的数量大幅增加，全年我院共受理各类商事案件3558件，比2014年增长35.91%；结案2532件，比2014年上升6.03%；存案1261件，比2014年上升38.72%；调撤率为54%，比2014年下降9个百分点；上诉案件数量113件，比2014年下降25.66%；发改率为4.07%，比2014年上升1.2个百分点。

2015年商事审判总体特点是收案数量涨幅较大，原因主要包括：立案登记制的实行、基层法院收案诉讼标的的提高以及崂山金融聚集区的成立，致使大量银行金融案件涌入崂山区。另外，受经济形势的影响，民间借贷案件数量也居高不下。上述因素使商事审判庭受影响最大，案多人少的矛盾更为突出，导致存案数量进一步剧增。随着崂山金融聚集区的进一步发展，数家银行将位于青岛的分行纷纷迁至崂山区，银行类案件的数量必将迎来暴涨的局面，我院的商事审判压力也将空前加大。

(二)关于强制清算和破产案件

此类案件由我院民二庭安排具有相关审判经验的审判员专职审理，2015年未受理新收的强制清算及破产案件。因强制清算和破产案件涉及的法律关系复杂、利益主体众多，法院在审理时难度大、涉及面广且牵涉社会稳定，我院通常是在严格依法的前提下，紧紧依靠区委领导和政府支持，充分发挥地方政府建立的各项机制的作用，有效做好维护社会稳定的工作。同时，对于审判实践中发现的新情况、新问题，及时逐级上报，同时注重深入调查研究,及时总结审判经验,确保依法妥善审理好此类案件。

1.争取领导,有效化解矛盾。强制清算和破产案件重大决策由院长或审委会决定,实行专人专办,确保案件质量,有效化解社会矛盾。

2.严格审查,务求案件定性准确。严格依照《企业破产法》及《民事诉讼法》的相关规定,从企业的职代会或职工会讨论意见、主管部门及政府的批复文件、企业的破产申请及财务审计报告、资产负债情况、债权债务清册、职工安置预案等方面进行认真把关,审查企业是否达到破产条件。对有可能通过其他途径解决的企业提出司法建议,准备采取分类、分流、暂缓的方式处理,既确保破产企业正当之诉的受理,又防止有些企业假破产真逃债和恶意诉讼,还避免过滥的破产诉讼风险。

3.强化监督,彰显能动司法效果。受理破产案件后及时成立清算组,发出债权申报公告,锁定企业的全部资产和债权债务。由清算组负责企业的各项清算工作,召开债权人会议,听取清算组的工作汇报,对清算过程中出现的各种问题及时审查作出裁定,对矛盾集中的企业职工的社会保险、集资欠款、房改补贴、安置补偿等问题,多次召开职工会讨论,对清算工作出现的疏漏和失误及时要求整改和纠正。特别是在破产财产的评估、处置中全程参与监督,确保公正、公平、公开进行。在依法裁定进入破产还债程序后,及时成立由相关职能部门组成的清算组,由企业部分管理人员组成留守组,及时发布债权申报公告,召开债权人会议,指导和督促清算组对企业经营期间的账务进行清理,依法确认清算组提出的清算报告、资产处置方案及分配报告。对审理破产企业过程中涉及的原企业与其他主体之间,企业内部的各种纠纷,及时指导清算组召开职工会或职代会讨论,广泛征求职工意见。多次向债权人汇报清算工作,确属争议的问题,合议庭及时作出裁定。

4.注重协调,实现破产企业职工零上访。在办理破产中,积极争取有关部门的配合和破产企业广大职工的理解,依法审理案件,确保办案质量。对出现的问题要认真梳理和研究,及时向地方党委和政府请示汇报,积极争取政策支持,尽力为职工利益呼吁,承办法官要多方协调做工作。

5.注重民生,强力打造质量精品。在破产案件审理的各个环节都做到规范、有序、公开、透明,特别是对财产拍卖变现、职工安置等重大敏感事项的处置上,严格依法办事,注重稳定与民生,及时化解群体矛盾,促进和谐稳定。具体表现为:一是妥善处置职工安置问题,二是平衡好不同主体利益,三是提高破产工作透明度。

经济新常态下,法院担负依法调节、引导、规范市场经济的重要职责,更要自觉主动担当,坚持运用法治思维和法治方式,在主动适应和服务保障经济发展新常态上精准发力,切实找准法院主动适应经济发展新常态的结合点和着力点,积极应对经济发展新常态对司法工作的新需求,从而进一步充分发挥审判职能作用,在服务保障稳增长、促改革、调结构、防风险中奋力作为。坚持公正执法,着力以适应经济新常态带动审判工作新常态。严格遵循平等保护和统一适用法律原则,尊重市场交易规则和交易习惯,维护诚实信用的市场规则,制裁违约失信行为,依法维护市场交易安全和交易秩序,保障各种所有制经济产权和合法利益同等受到法律保护,促进市场公平竞争,维护经济发展新常态下的市场秩序。发挥司法“引擎”作用,妥善审理好经济转型、结构调整过程中发生的各类商事纠纷案件,化解各类社会矛盾。突出重点领域,加强金融案件审判,深入把握经济发展新常态下金融领域存在的突出问题和潜在风险，通过审判工作严厉打击金融犯罪活动，制裁金融违法行为，防范化解金融风险，保障市场主体的物质资本不受侵犯。

(三)关于立案登记制带来的影响

立案登记制导致案件受理数量“井喷”式增长、法院案多人少的矛盾更加突出、上诉案件将大量增加。实行立案登记制后，法院裁定不予受理和驳回起诉的案件可能将大幅度增加，当事人不服裁定的上诉量必然也会增加。这样一方面会增加二审法院的工作量，另一方面会增加当事人的诉累，造成一定程度的司法资源浪费，且处理不当将会形成新的涉诉信访案件。出现部分当事人利用案件登记制“缠诉”“滥诉”及虚假诉讼。有的当时人出于拖延时间、抗拒执行等目的，利用立案登记制进行缠诉，影响其他当事人的合法权益。

(四)提高商事审判质效，加大清理积案的工作机制和措施

1. 加强学习，更新观念，提升素质

针对目前存在的法律适用问题，我院采取以下措施：(1)积极组织全院商事审判法官及时进行相关业务学习，就商事案件审判理念、合同效力的认定、违约责任的判罚、法律适用、自由裁量权行使等进行讨论，明确商事审判理念侧重于维护市场公平交易规则，裁判优先适用商法等原则。(2)针对在商事案件审理实践中发现普遍存在的问题以及一些疑难问题召开专项研讨会，定期召开庭务会和联席会研究讨论复杂疑难案件。(3)加强理论调研，以每年的理论研讨会为契机积极撰写调研文章，将审判实践中发现的问题及时总结并提出合理的思路和建议，以更好地指导审判实践。在今年的理论研讨会上，民二庭王鹏同志撰写的《论我国浮动抵押权人利益的保护》、张志升同志撰写的《电子证据在民事诉讼中的运用》、王敏同志撰写的《关于构建我国隐名合伙制度的法律思考》均获得了较为优异的成绩，民二庭也获得了优秀组织奖的荣誉。同时，对较为典型的案件及时总结，形成书面案例分析，王鹏同志撰写的《债权人行使撤销权的法律要件——河北银行青岛分行与傅振瑞、傅振玉债权人撤销权纠纷案》、王敏同志撰写的《未经配偶同意以夫妻共同财产为个人债务进行担保的抵押合同效力——工商银行高科园支行诉官鸿鹏、滕绪风金融借款纠纷案》等案例分析均通过我院研究室向中级法院进行了报送。

2. 建立联席会制度，讨论疑难案件

在法官逐渐走向职业化的进程中，特别是近年来，法院案件受案数不断上升，疑难复杂、新类型案件不断增多，大量的矛盾和纠纷需要用法律手段进行解决，而且这些疑难复杂、新类型案件由于合议庭不好把握尺度都要通过审委会来形成决议，这使审委会工作量日趋加大；而审委会委员又多为兼职，审委会召开时间毕竟有限，严重影响了案件的质量和效率。针对这一现象，我院实行商事审判联席会制度。合议庭意见分歧较大的疑难复杂案件或容易引起信访隐患的案件可以先在联席会进行讨论，联席会成员均为审判经验较为丰富的民商事法官。由他们提出的合理化建议和具有参考帮助的意见来减轻合议庭的压力，使一些案件无需进入审委会议案环节的案件直接由合议庭进行裁判，使审委会议案质量和效率有所提高。联席会制度的建立，使各承办法官在审判实践中得到真正的锻炼，而且使案件质量和效率得到大幅度的提高。由于审判长联席会的作用，必然会减轻审委会压力，使审委会能够集中精力研究重大疑难案件、总结审判经验等涉及全局性的重大问题，能进一步促进审委会作用的全面发挥。

3.努力提高裁判文书质量

裁判文书是审判过程的客观反映,是具有法律效力的司法文书,其质量的高低直接关系着法院的司法公信力。就法官个人而言,裁判文书是法官司法能力的综合反映和集中体现,一定程度上相当于法官的"脸面",必须精益求精。为此,我院注重加强在裁判文书中说明审理的过程,重点突出庭审中的质证过程以及对证据的认证,对质证过程中争议的事实进行充分的分析和认证,根据有效的证据,用严谨的法律语言来表达法律事实。对应当适用的法律和判决结果进行充分说理,使当事人胜得清楚、输得明白。每一名商事审判法官都在努力将自己的每一篇裁判文书向精品靠拢。在中院上半年要求的裁判文书报送中,我院也都及时进行组织文书筛选并进行了报送。同时,还建立了裁判文书的定期或者不定期评查和评比制度,即将裁判文书的检查纳入案件质量评查中,实行专项评查与全面评查相结合、由研究室或者审监庭等具体负责评查和评比的制度。通过分析裁判文书在辨法析理、格式规范、文字质量等方面的情况,发现存在的问题,找出原因,并提出加强和改进工作的措施。

4.多措并举,提高审判效率

为进一步提高审判效率,解决存案压力较大的问题,我院制定了各种措施:(1)贯彻"能调则调,当判则判"的原则,通过庭前准备程序做好证据交换、争点归纳、整理的工作,科学合理地规划工作程序和时间,力争缩短办案周期,均衡结案。(2)总结办案能手的工作经验、技巧、方法,以讲课、庭审观摩、交流经验文章等方式予以推广,指导法官提高结案效率。(3)成立清理积案领导小组,对长期未结案件每周提醒和通报,督促承办人及时办理延长审限报批手续的,对超过18个月的未结案件,如属能够结案而未结的,予以通报批评。

5.提高案件质量,努力降低发改率

首先,健全完善商事审判的学习、培训机制,提高办案人驾驭商事案件的水平和能力,坚持业务学习的制度化和经常化,同时注重加强审判工作中的经验总结,建立和完善审判指导和监督机制。设立疑难案件讨论和典型案例讲评相结合的案例指导机制,建立疑难案件会商制。推行重大、疑难、复杂案件大合议制,承办庭内所有法官均参与案件讨论,集思广益,强化集体把关。其次,坚持发改案件剖析点评制度。利用庭务会、联席会的机会,对发改案件剖析点评,共同研究定性发回改判原因,提出整改意见,督促落实到位,同时加强与二审法院的沟通,以统一在同类型案件处理上的裁判尺度。再次,继续强化调解意识,规范调解活动,提高调解的整体水平。根据审判业务特点,利用一切可以利用的条件,进一步研究和拓展调解工作的新思路,创新调解工作的新机制,促进调解活动的有效开展,切实做到案结事了,以实现上诉、发改率的逐步降低和案件质量的稳步提高。最后,充分发挥判后答疑的作用,实行上诉案件跟踪制度,对于一审即有较大争议和二审超过正常审限的案件,庭长、分管领导要及时与上级法院承办人、承办庭室进行沟通。对于确有发改苗头的上诉或申诉案件,应区分情况分头进行工作:(1)对于瑕疵不大,能够通过裁定补正的案件,应及时予以补正;(2)确实出现新事实、证据可能导致发回、改判的,应大力配合上级法院做好调解、息诉工作,争取通过调解、另案起诉等方式避免发改;(3)对于有信访倾向的上诉案件,应积极协调各方力量,促成矛盾纠纷的化解。

（五）当前商事审判中存在的问题和困难

随着市场经济的发展，社会各种利益纠纷事件呈上升态势，商事的审判工作成为社会广泛关注的焦点、热点问题。目前，我院商事审判工作也存在一些问题和不足。主要是：

1. 案多人少的矛盾十分突出。随着市场经济的不断发展和人民群众的民主法制意识的不断增强，各类商事纠纷不断出现，人民群众的司法诉求不断增加；同时，受立案登记制和基层法院受理案件诉讼标的提升的影响，商事案件的数量势必还会出现大幅增长。由于受任职资格和进入机制的影响，审判力量严重不足，案多人少矛盾特别突出，每名商事法官手里未结的案件都在200件左右，审判法官长期超负荷工作，任务重、压力大。这不仅影响身体健康，而且还严重制约了法官业务水平和综合能力的提高，客观上影响到案件的质量和效率。

2. 审判质量和效率有待进一步提高。有的案件认定事实和适用法律不够准确，自由裁量权的行使不够规范；有的案件合议庭集体决策的功能没有充分发挥，合议庭的程序还存在缺陷，合而不审、审而不议的现象仍然存在；有的案件的裁判文书制作粗糙，用语不规范，说理不透，逻辑性不强，缺乏严谨性、规范性；一些案件的办案周期过长，隐性超审限情况仍一定程度地存在；有些案件过分强调调解，潜藏着违背当事人意愿强制调解的现象，致使有些案件久拖不决等，影响了审判的权威和效果。

二、法官及司法辅助人员情况

我院从事商事审判的法官主要集中在民二庭，民二庭现有6名审判员，除其中1名审判员今年因休产假一定程度上影响了收案和结案外，另外5名审判员全年人均收案320件，人均结案242件。6名审判人员中从事商事审判超过五年的仅有1人，其余5人从事商事审判均不超过五年，最少的仅有一年。同时，民二庭有书记员6人，实现了“一审一书”的配置，但商事案件数量的逐年大幅度增长，一审一书的配置已经完全不能满足日常的审判工作需要。同时，我院仅有1个派出法庭王哥庄巡回法庭，同时负责王哥庄和北宅两地的传统民事和商事案件。法庭现仅有两名办案法官，2015年人均收案185件（含民事及商事案件）。

三、送达、保全情况

我院民商事审判工作中的送达均由业务庭各审判组自行负责，立案时当事人提出的保全申请符合条件的由立案庭负责保全，立案后提出的保全申请由各业务庭自行保全。现在大量的保全案件实际仍由各业务庭自行负责保全。商事审判案件中需要保全的案件数量较大，大约有70%的案件需要保全，特别是标的较大的买卖合同、承揽合同、金融借款及民间借贷案件，当事人基本都会提出财产保全申请。

（一）送达难的主要表现

1. 自然人中外出经商、务工人员增多，人口流动性较大。在他们外出期间，大部分人员中一般都是居无定所；作为外域的法人和其他经济组织，有的单位地址搬迁，营业执照却未变更，无法查找其新的工作场所；有的当事人地址不详等，造成送达困难。

2. 部分诉讼当事人法制观念淡薄。他们恶意规避法律，采取回避、躲藏等方法对抗人民法院的诉讼。即便找到他们,直接送达文书,他们也会拒绝签收人民法院送达的诉讼文书。同时,有的基层组织或单位人员不愿到场见证,留置送达实际难度较大,容易造成法院判决后,当事人却以没有收到裁判文书为借口来对抗生效判决的执行。

3.一方当事人提供了另一方当事人的联系电话,却不知道具体地址。虽经审判人员电话通知,但另一方当事人却明确表示不愿到法院来,也拒绝向法院提供任何居住情况。更有甚者在电话中出言不逊,对法院工作人员进行辱骂和威胁,并公然声称就是不来法院又能怎样,造成无法送到诉讼文书。

4.邮寄送达往往出现反复,效力难以确认。邮寄送达在一定程度上提高了法院有效送达的质量,但在实践中仍然存在诸多问题:法院专递中具体的送达任务主要是由邮递员去完成,而邮局送达的工作人员不具有在诉讼中的法律地位,在遇到当事人拒绝签收法律文书时不适用留置的方式送达,邮政局往往也不愿再次寻找时机去送达,只把他退回给法院了事,造成送达不能。当被送达人不在送达地址时,邮递员交由其他人代收,也不注明代收人究竟与受送达人是何种关系。有的邮递员则是干脆自己在回执上代替受送达人签上名字后随意交给他人。法律文书是否由当事人实际收到,在诉讼当事人不到庭的情况下,因无法查证,也就不能正常开庭审理。在裁判文书的送达中如果出现这种情况,就会影响到当事人举证或上诉以及申请执行等多项重要权利在期限内的行使,由此给法院工作带来被动。

5.电子送达的限制。电子邮件送达发诉文书确实会带来方便,但前提是当事人需要向法院提供电子邮件地址。审判实践中,被告常常无法找到,或者在电话里明确告知不会到法院来,也不提供邮寄地址,这种情况下更遑论提供电子邮件地址了。崂山区处于城乡结合地带,相当一部分地区的居民文化程度尚不算高,许多人也没有电子邮箱,上述情况下均无法适用电子邮件送达。因此,在现阶段电子邮件送达还是受到一定条件的制约。

(二)解决送达难问题的建议和措施

1.送达过程中多采用电话录音以及用相机、摄像机拍照、证人证言等方式佐证予以合理送达。争取法院送达工作始终处于主动地位,尽量缩短送达周期。

2.增设对恶意逃避送达的民事制裁惩戒措施。对当事人恶意逃避送达、撕毁法律文书、拒绝接收法律文书、辱骂送达工作人员的行为,应以妨害民事诉讼论处,予以训诫、罚款直至拘留。

3.在邮寄送达上,应借鉴国外一些好的做法。通过立法确定邮递员在执行送达人民法院诉讼文书中的法律地位,赋予其必要的送达工作权利。同时,规定邮递员的法律责任,承担不送达或延误送达的法律后果。

商事审判中大量的案件需要财产保全,财产保全不仅要消耗大量的人力,而且还不同程度地影响了诉讼效率。同时,保全工作中也遇到了一些制约保全工作的问题,主要有:(1)协助义务人法制观念淡薄,影响财产保全措施的有效实施。有协助执行义务的单位或个人因法律知识欠缺、法制观念的淡薄等,对法院的财产保全产生抵触情绪,采取不配合、回避、甚至刁难的态度,增加了诉讼保全工作难度,影响保全工作的顺利进行。有的协助执行人甚至向被申请人通风报信,使被保全人逃避保全。(2)协助义务人自立内部规定,影响财产保全措施的有效实施。例如,各大金融部门对于法院查询、冻结、划拨账户存款的程序及标准不统一,有的还设置了不必要的要求和环节,给法院保全带来不便。如有的金融部门要求法官在保全时必须出具三证(即身份证、工作证、执行公务证),有的金融部门则要求保全时必须有其单位领导签字同意。这些内部规定,增加了保全的繁琐程度,有可能产生不必要的误会及摩擦,降低了办案效率。(3)在冻结被申请人的银行存款时,银行经常会以账户内的存款是保证金或其他专项基金为由不予冻结,但却无法提交相应的证据,以此阻挠法院的保全工作;特别是异地保全时,此种现象较为突出。

四、小额诉讼程序适用情况

(一)小额程序适用中存在的问题

1.当事人对小额诉讼程序的认识不足。由于《民事诉讼法》新修订时间不长,且小额诉讼程序属于新增法条,公众对该条款还不是很了解,认可程度不高;尤其是该诉讼案件实行一审终审,很多当事人担心没有上诉权,无法保障诉讼权利,因而不愿意选择小额诉讼程序;特别是被告方由于对放弃上诉权有顾虑,愿意适用"小额诉讼程序"的极少。法院在选择适用小额诉讼程序时往往需要尊重当事人的意见,以免造成上访等不必要的后果、当事人的不理解,同时又不敢硬性适用"小额诉讼程序",致使立法目的与司法实践存在差距。

2.审理部门不统一。由于法律并未明确小额诉讼的具体操作程序,对具体案件的程序操作,不同法院存在不同做法。对小额诉讼案件的审理主体,有的法院设立专门的小额诉讼法庭,有的法院是立案庭,有的法院是民庭,审判主体尚且不统一。

3.案件案号难以把握。

(二)针对小额诉讼程序实施过程中遇到的具体问题的相关建议

1.加大宣传力度,让更多的人了解小额诉讼程序。通过各种渠道,加强对小额诉讼的宣传,让公众了解知道小额诉讼的好处,让更多的当事人选择小额诉讼来解决矛盾纠纷。随着小额诉讼程序的日臻成熟,公众对小额诉讼的认识必然也会提高,选择小额诉讼程序的案件也会慢慢增加,其便民的立法初衷自然也会得以实现。

2.明确小额诉讼的适用程序,并设立小额法庭专门审理小额诉讼案件。小额诉讼程序的规定在设置上仅作为"简易程序"一章项下的一个法条,并不具备与简易、普通程序区分的独立性,使得法院在实际操作中缺乏具体的程序和制度细则。建议对此出台详细的适用细则及办法,以便于广大的法律适用者进行操作。同时,设立小额法庭专门负责小额诉讼案件的审理,改变小额诉讼案件审理部门混乱的现状。

3.对小额诉讼案件独立编排案号。对小额诉讼案件进行独立编号,改变小额诉讼案件无法上号的尴尬境地。同时,建议制定下发"小额诉讼程序"裁判文书的格式化样式,以便与其他程序的裁判文书区别开来。

4.将符合小额诉讼程序的案件"一刀切",全部启动小额诉讼程序。法院在选择适用小额诉讼程序时,受当事人意愿影响太大,导致符合小额诉讼程序的案件不少,而以小额诉讼程序审理结案的案件却不多,使小额诉讼程序的规定形同虚设,发挥不了其作用,与立法本意相去甚远。因此,建议凡是符合小额诉讼程序的案件,法院必须适用小额诉讼程序进行审理,而不是可以适用小额诉讼程序,实行"一刀切",让小额诉讼程序发挥其应有的作用。

五、新一年的工作思路及打算

1. 充分认识商事审判工作的重要性，进一步增强大局意识、服务意识和责任意识，牢固树立服务大局、司法为民的理念，紧紧围绕中心工作，充分发挥商事审判职能作用，努力化解矛盾纠纷，维护人民群众合法权益。着力在关注民生促和谐、突出重点保增长上下工夫，依法妥善审理在调结构、促转型过程中发生的各类新型案件，稳妥处理涉农等民生案件，着力破解群众高度关注的难点热点问题，公正高效地做好商事审判工作，最大限度地保护和实现广大人民群众的根本利益，努力追求法律效果与社会效果的有机统一。

2. 加强审判管理，进一步提升审判工作质量与效率。加强对审判活动的考核与监督，有效提高审判质量；注重挖掘内部潜力，通过严格审判期限，完善速裁机制，缩短办案周期，提高办案效率，缓解当前案多人少的突出矛盾；强化创新意识，丰富和发展多元化纠纷解决模式，充分发挥基层民调组织的作用，积极探索建立诉讼前和解、人民调解以及行政调解的联动机制，力争把矛盾解决在法庭外、诉讼前，切实提高纠纷的预防和处理能力，促进社会和谐。注重细节，提升庭审功能，增强庭审驾驭能力。进一步强调庭审细节，规范庭审用语，并全部同步庭审录音录像，将庭审全貌如实反映，同时提高法官的驾驭庭审能力，总结经验和不足，以便促进庭审水平的提高。进一步强化和推行证据给据制度，注重审判细节。加大推行电子送达制度，在方便当事人诉讼的同时，提高工作效率，节约诉讼资源。

3. 注重理论学习及研讨，积极参与理论研讨，提高理论水平，在总结审判经验的同时，查找不足。注重报送典型案例，要在指导性案例的采纳、公布上有所突破。同时进一步加强司法建议工作，从行政监管、行业服务、金融秩序、防范金融风险等多方面向有关部门提出有针对性的司法建议，促进社会管理的规范和稳定。

4. 加强队伍建设，不断提高法官素质。要进一步加强社会主义法治理念教育，牢固树立“公正司法，司法为民”的理念，不断改进工作作风，落实工作责任，高度重视群众观念淡薄、作风简单粗暴、滥用司法职权、损害群众利益等问题。要积极推进法官职业化建设，加大教育培训力度，制定并落实法官培训计划，有针对性地组织新型案件、疑难案件分析研讨，组织开展庭审观摩、优秀裁判文书评选等活动，不断提高商事审判法官适用法律、驾驭庭审和司法调解的能力。要妥善解决好案多人少矛盾，统筹解决商事法官短缺的问题。要优化内部人员配置，善于挖掘潜力，将更多的司法力量充实到审判一线，努力缓解法官办案压力。保障法官独立公正行使审判权，更加关心法官的工作、学习和身心健康，积极创造条件，尽力解决实际困难，激发法官的工作积极性，留住人才，用好人才。自觉接受人大代表和人民群众的监督，积极促进司法公正。要持之以恒地抓好队伍建设，努力造就一支政治坚定、业务精通、作风优良、清正廉洁的商事审判队伍。

庆云县人民法院
关于服务电子商务产业健康发展的若干措施

为大力促进我县电子商务市场健康快速发展，突破有形市场的地域空间限制，以虚拟市场发展带动实体经济转型，积极服务庆云电子商务产业建设，庆云县人民法院立足本县经济转型发展的现实需求，践行司法为民理念，推出以下服务电子商务发展措施：

一、惩防并举，审议兼顾，注重维护企业生产经营秩序

审理过程中坚持惩治与预防并举、审判与建议兼顾，有力保障企业经营秩序的有序安全。

1. 依法惩治犯罪。庆云法院以维护电商企业生产经营秩序、规范电商市场法治环境为己任，依法严惩危害电商企业秩序的犯罪行为。

2. 积极以案讲法。业务庭室要选取涉电商企业典型案件，组织企业员工旁听案件庭审，并将案件的审理过程和结果及时予以通报，辅以生动的释法宣传，增强员工遵纪守法的意识，帮助形成良好的企业文化氛围。

3. 善用司法建议。针对案件审理中发现的新问题，有针对性地就加强内部安保工作、完善生产经营管理、重视员工普法宣传教育等提出司法建议，引导电商企业快速发展。

二、因地制宜，完善机制，注重提升案件审理质效

针对电商企业频发的机动车交通事故责任纠纷、公路货物运输合同纠纷、劳动争议、网络服务合同纠纷等案件，积极探索建立类案专业处理模式，努力促进纠纷的合法、及时、有效化解。

1. 注重调解，引导各方理性诉讼。一是注重发挥纵向调解“四步法”功能，健全类案化解指引机制，切实提高调解成功率；二是注重诉讼调解与行业规则的统一，慎重把握调解尺度，寻找最佳结合点。

2. 便民优先，开通类案立、审、执“绿色通道”。避免相关诉讼牵扯当事人太多时间与精力，降低相关人员诉讼成本，针对案件特点，划定有关案件范围，建立相关案件快立、快审、快结、快执的“绿色通道”，提高办案效率，有效维护当事人权益、维持企业良性发展。

3. 加强沟通，促进适法统一建设。针对电商案件示范效应强、影响范围广的特点，各业务庭在精心、稳妥审理的同时，注重加强与上级法院及同级法院之间的沟通，着力统一裁判依据和法律适用，回应社会“同案同理、同案同判”的需求。

三、内重研判,外善借力,注重应对新类型法律问题

针对电子商务产业发展过程中涌现出来的新类型法律问题,多措并举加强司法应对,努力提升案件审判质效。

1. 精审理。对于专业性强、当事人争议大、法律适用难的新类型案件,从陪审队伍中抽调电商经验丰富的人员担任陪审,组成专家型合议庭精心审理,审理中兼顾市场行为的法律规制与产业整体的发展创新,规范和引导电子商务市场发展。

2. 重研判。各业务庭对电商网站经营者与网络交易主体间法律地位的定位、合同履行地的确认等进行广泛的专题调研,对其他疑难复杂、新型案件及影响相关产业发展的普遍性问题、苗头性问题,结合工作实际进行前瞻性研究,并适时将调研成果应用于审判工作。

3. 广咨询。对外搭建平台,利用院校、园区、企业、行业组织的人才优势,从行业组织、监管部门中聘请专家咨询员组建咨询专家库,选任专家型陪审员参与专业性强的案件审理工作,有效提高我院电商案件专业化审判工作能力。

四、法律先行,服务延伸,注重打造良好的产业发展环境

充分发挥法院在探索推进法治主导型社会管理模式中担负的重要使命,努力打造交易安全、服务完善、管理规范、竞争有序的电商产业发展环境。

1. 严格依法审理,促进交易行为诚信有序。严格依照《合同法》《消费者权益保护法》等法律审理相关案件,平等维护市场交易各方主体的合法权益,对于违反公平诚信交易准则的诉请在依法驳回的同时加强教育、警示,营造诚信和谐的消费环境。

2. 加强法制宣传,促进产业环境健康规范。紧扣“双十一”“双十二”等电商企业大规模促销活动较多的时间节点,深入电商产业园区、购物中心、市民活动中心等场所,通过宣传资料发放、展板展示、典型案例讲解等形式,拓展网络庭审直播、网络官方微博等,开展多形式、多渠道的宣传引导、知识普及和安全教育,提高企业和消费者参与意识、防范风险意识。

3. 倡导行业自律,促进信用服务体系建设。借助庆云镇、常家镇、严务乡、尚堂镇四个派出法庭的地缘优势,搭建服务产业发展的沟通联系新平台。通过座谈、走访、研讨等活动,深入电商企业,及时传递电商案件审判动态,了解电商行业司法需求,引导规模企业率先、主动承担起审查把关的责任,增强电子商务交易的透明度和规范性,发挥示范效应。

让民事诉讼步入“高铁”快车道

——济南铁路运输法院加大简易程序适用努力实现案件审判“多快好省”

济南铁路运输法院现有人员47人，下设立案庭、民庭、刑庭、审监庭、执行局5个业务庭室，其中民庭法官4人，管辖地域包括京沪、京九、荷日三大铁路干线山东段，地跨临沂、日照、菏泽、枣庄等10个城市，铁路营运里程达1400余公里的区域。法院管辖范围涉及铁路运输、铁路安全、铁路财产的民事案件及辖区内铁路企业为一方当事人的各类商事案件。这样一个不足50人的小法院，以其特有的“点多线长”管辖地域宽、管辖范围广的特点，在司法改革中勇于探索司法规律，努力展示新作为，近年来为减轻当事人诉累、节约司法成本、缓解案多人少的矛盾，多措并举，让简易程序“挑大梁”，着力打造民事诉讼“高铁”快车道。近两年来，民商事案件的简易程序适用率均在75%以上。2015年，该院商事简易程序适用率近80%，不仅走在了全国铁路法院的前列，而且在山东省各级法院也是名列前茅。

一、“高铁”快车道之源头管控篇

该院经过多次上级法院授权及管辖权变动，受理的民事案件呈现“繁杂”的特点，近年来仅民庭审理的四级案由就涉及近百个。为提高审判效率，该院早在2010年即制订《关于民商事案件一审直接适用普通程序的规定》，除法律明确规定外，对铁路运输人身损害责任纠纷，疑难、复杂或新类型案件以及立案评估，信访等级评估为三级以上的案件，在立案阶段直接以普通程序立案外，其他案件一律适用简易程序。该《规定》的繁简划分既没有拘泥于法律要求的框框，又兼顾了实际，客观上拓展了适用简易程序的空间，且标准详尽，实现了案件分流的实际可操作性。为杜绝案件繁简区分在立案第一关上难以掌握“简案不简”的现象，该院抽派有多年审判经验的法官把关审查，在立案源头上对案件进行甄别，依据案情分级筛选，初步形成了规范有序的立案分流工作流程，为“简案”快速审理、“繁案”精心打磨奠定了坚实基础，实现了“流水作业”与“精工锻造”的有机结合。

二、“高铁”快车道之环节监控篇

管理创新是做好法院工作的基石。由于传统的审判管理模式不能有效适应社会形势的发展变化，易导致法院的司法能力与司法需求不相适应，公平正义与司法效率相脱节，因此抓好审判管理,提高审判质量、效率和效果,是推进法院工作科学发展的重要课题。

该院从规范审判流程管理入手,对审理各环节进行无"盲点"监控,探索改革现有制度,制定出台、补充修订了一系列规定。一是提高门槛,严格"简转普"报批程序。该院要求只有经庭务会讨论研究,对案件事实认定和法律适用达不成一致意见,并报分管院长批准后,方可转为普通程序。二是实时监控,未结案件建台账。对未结案件建立台账定期报院领导审阅、督导。对临近审限的案件,不仅在内网上予以"曝光",而且还要由审管部门向民庭发送书面督办通知,监督方式更加多元立体。三是防止超期,庭外和解时间不扣除。为杜绝案件久拖不判,避免在审限问题上"耍花枪",该院要求除法律明确规定外,当事人庭外和解期间不得作为扣除审限的理由。

由于审判监管走向精细化,各个细小的环节都得到了及时有效的监管,队伍战斗力大大提升。如在审理曲阜铁路某酒店与韦某某租赁合同纠纷一案中,酒店将管理的林场租赁给韦某某,合同到期后,韦某某拒绝交还,该案诉至法院。立案后法官经了解发现韦某某已转租给另外两人开办印刷厂、养猪场,原告与各方协商未果,矛盾愈演愈烈。该案经信访评估督办后,为避免事态恶化,法院迅速整合审判力量,法官分头行动,逐一化解各方当事人心结,案件立案后仅三天就以调解方式圆满解决。

三、"高铁"快车道之素质提升篇

没有高素质的法官,就不可能有高水平的审判。简易程序的高适用率对办案法官提出了更高的要求,为此该院着力推进"素质工程"。一是强化培训力度。由于民庭受理案件范围广,各类新类型或疑难、复杂案件均有涉及。作为"全科医生",如不及时充电就无法适应审判的需要。该院鼓励法官参加各类业务学习,利用新媒介上传至官方微信平台,实现"一人学习,全庭共享";鼓励法官参加在职教育提高学历,统一购买法律书籍,支持法官自学。"磨刀不误砍柴工",不仅案件效率突飞猛进,而且质量方面也十分过硬。如在审理一起租赁合同纠纷案件中,原被告对欠款数额均无异议,法官经审查,发现原告提交的证据与起诉数额不一致,法官意识到铁路工程施工过程中管理模式较为复杂,可能存在多头管理、重复支付的问题。于是法官组织双方重新核算,最终查出有 12 万余元的付款被漏算,不仅为当事人挽回损失,而且还避免了案件审结后的"次纠纷"的发生。

二是抓好审判经验总结和推广。定期召开庭务会,学习新出台的法律规定,同时对正在审理的复杂疑难案件专题"把脉会诊",促使法官及时更新法律知识,在实践中增长才干。如审理某铁路旅游广告公司与上海某广告公司广告合同纠纷一案中,被告拖欠广告使用费被诉至法院,承办法官拓宽调解思路,援引最高人民法院新出台的相关规定,提出由被告法定代表人为被告方履行调解协议提供担保的方案,该案仅用一周圆满解决。

三是鼓励法官静心思考专题调研。院、庭领导鼓励法官"从实践中来,到实践中去",在业务工作中多思考、多总结、多提炼。该院民庭法官撰写的征文在全国法院第二十七届学术研讨活动中获得省法院优秀奖,并被收录入白泉民主编的《法官与法治》一书中。法官素质的提高为适用简易程序创造了条件,也增强了法官主动适用简易程序审理的信心。

四、"高铁"快车道之司法为民篇

在提高简易程序适用率的同时，该院将执法办案与"四心"服务、调解工作有机融合，真正让人民群众更好、更便捷地享受到公正、优质、高效的司法"红利"。如在审理原告成都某个体工商户与铁路某公司建筑设备租赁合同纠纷一案中，由于被告委托代理人家在异地且身患疾病，希望快速调解结案，不再参加庭审。在法官主持下，双方代理人通过手机在线沟通，最终达成了调解协议。一个原本需要打好几个来回的案子，一杯茶的工夫就案结事了，大大节省了诉讼成本。

该院依托铁路法院优势，紧紧抓住诉讼调解与人民调解的有效衔接点，探索建立了委托调解、协助调解模式，将大量矛盾纠纷化解在诉讼之外。如驻济南车务段湖屯火车站的三个装卸队因委外装卸问题发生纠纷，用汽车将货场出口堵塞，造成到达货物无法运出。该院立刻派员做案外调解工作，时值周日又逢元宵节，审判员会同火车站及装卸队负责人一起了解案情，协商解决方案，耐心向当事人阐明利弊和法律后果，引导当事人搁置纠纷，排除妨碍，当日下午货场运输秩序恢复正常。

简易程序走上"高铁"快车道，当事人都能从中减轻诉累，得到便利。随着形势的发展，案件管辖的变化及审判要求的提高，该院在推进民事诉讼"高铁"快车道上奋力前行。2015 年受理、审结民商事案件均同比增长 48%，调撤率近 80%，平均办案天数由两年前的近 120 天缩短为 63 天，同比下降 25.6%，服判息诉率达到 100%。

第七部分

2015 商事审判大事记

2015年度省法院商事审判大事记

3 月

3 月 18 日，为总结全省商事审判裁判文书写作经验，提升商事审判法官司法能力和水平，强化裁判文书说理，促进司法公开工作，山东省高级人民法院民二庭经研究决定开展全省商事审判优秀裁判文书评选活动。

4 月

4 月 18～19 日，“第一届山东破产法论坛”在济南燕子山庄隆重召开。论坛由山东省法学会主办，山东省高级人民法院民二庭、山东省法学会企业破产与重组研究会承办，山东省工商联、山东省银行业协会、山东金融资产交易中心等共同协办。本次论坛主题为“新常态下的企业重组与破产保护”。

6 月

6 月 24 日，为了解仓储合同纠纷的审判情况，掌握审判中存在的相关法律问题，配合最高人民法院的仓储合同司法解释起草及调研工作，山东省高级人民法院民二庭下发《关于对仓储合同纠纷审理情况进行调研的通知》。

7 月

7 月 16 日，为积极应对全省法院商事审判面临收案持续增多、存案大幅上升的审判形势，提高全省法院商事审判质效，提高商事审判服务大局的能力水平，省法院民二庭经研究，决定对全省法院商事审判工作情况进行调研。

8 月

8 月 9～10 日，最高人民法院民二庭副庭长刘竹梅带领调研组到青岛调研仓储合同纠纷案件审理情况及仓储合同纠纷司法解释草案修改意见。山东省高级人民法院民二庭庭长孙英等陪同调研，山东省部分中级法院商事审判庭庭长参加会议。

8 月 17～20 日，省法院副厅级审判员刘元成带领省法院民一庭庭长孟祥刚、民二庭庭长孙英赴济南中院、槐荫区法院、济宁中院和嘉祥县法院对民商事审判工作进行调研。

9 月

9 月 10 日，为了进一步提高全省商事审判质量和水平，加强全省商事审判业务监督指导的针对性、有效性，山东省高级人民法院民二庭经研究，指定专人负责相关疑难问题的收集、研讨。

9 月 29 日，在最高人民法院和中国保监会联合召开的全国保险纠纷诉讼与调解对接机制建设工作推进会议上，山东法院的工作获最高人民法院肯定。其中，青岛市中级人民法院被授予“全国保险纠纷诉调对接机制建设示范法院”称号，并在会议上进行书面经验交流，是全国九家获此殊荣的中级人民法院之一。

10 月

10 月 26 日，为在全省经济社会转型发展新常态下，进一步推动企业重整和退出市场机制的完善，总结分析全省破产案件发展态势和审判中发现的问题，经研究，省法院民二庭决定对全省近期破产案件审理情况进行调研。

12 月

12 月 31 日，为在“两会”前更好宣传人民法院在平等保护各种所有制经济中的作用，彰显司法公正，省法院民二庭要求各中院于 2016 年 1 月 11 日前向我院报送十八大以来商事审判中体现平等保护各种所有制经济的典型案例。

2015年度各地法院商事审判大事记

青岛

2015年青岛中院发布商事审判白皮书和典型案例。

2015年4月开始，青岛市李沧区人民法院试行类型民商事案件要素审判模式，归纳总结类型案件的事实要素和法律要素，充分利用庭前准备程序，提前确定当事人主要事实法律争议，相关案件庭审效能明显提升，得到当事人好评。该模式得到了青岛市中院、山东省高院及最高法院的积极肯定，并作为典型范本进行介绍和推广。

青岛中院民二庭庭长阎春光编写的《北京百度网讯科技有限公司诉青岛奥商网络技术有限公司等不正当竞争纠纷案》被确定为45号指导性案例。

东营

3月19日，东营中院召开全市法院商事审判疑难问题研讨会。山东省高级人民法院民二庭副庭长肖彬、综合指导组组长康靖应邀到会指导，全市法院分管商事审判工作的副院长，商事审判庭的庭长、人民法庭庭长参加会议。

6月24日，东营中院院长廖伟忠担任审判长公开开庭审理了一起买卖合同纠纷案件，并在东营中院门户网站进行了视频直播。

7月31日，东营中院举办"合同效力纠纷案件的审理思路"专题讲座，国家法官学院副教授胡云红博士应邀授课。

10月24日，东营中院冯俊海副院长受市律师协会邀请，就民商事审判若干问题进行授课。

10月30日，东营中院举办周末法官讲堂，民二庭纪红广庭长通过视频会议方式对全市法院商事审判法官进行业务培训。

11月11日，省法官协会副会长、秘书长刘平一行3人到东营中院调研破产审判情况，并与部分商事法官座谈交流。

12月18日，东营中院民二庭组织部分管理人参加了破产业务培训班。

12月28日，东营中院审判委员会审议通过了民二庭起草的《实现担保物权程序案件有关问题的解答》。

在全省法院第十四届优秀裁判文书评选活动中，胡祥英、郭芳芳撰写的裁判文书分别获得商事类文书一、二等奖；在全省法院第五届典型案例评选活动中，隋美玲撰写的案例获得优秀奖。

东营中院民二庭副庭长隋美玲被山东省高级人民法院授予“全省优秀法官”荣誉称号。

威海

9 月 22 日，全市法院商事审判工作座谈会暨疑难问题研讨会召开。对全市商事审判的基本情况进行了总结和分析，与会人员就商事及破产审判中的疑难问题进行了讨论，统一了执法尺度。

12 月 3 日，威海市中级人民法院通过山东省高级人民法院庭审直播网对一起买卖合同纠纷案件进行庭审直播。

德州

2015 年 1 月 16 日，德州中院民四庭应中国人民财产保险股份有限公司德州分公司邀请召开化解涉保纠纷座谈会。本次座谈会以送法进企业，化解保险公司涉保纠纷，实现涉保案件诉调对接为目的。民四庭庭长高振平、副庭长孔祥波、民四庭审判人员与中国人民财产保险股份有限公司副总经理张宪仁及公司法务组成员参加了此次会议。

2015 年 9 月 29 日，最高人民法院召开全国保险纠纷诉讼与调解对接机制建设工作推进视频会议，德州中院按照省高院要求设分会场。中院商事审判分管领导及商事审判庭庭长、各基层法院商事审判分管领导及商事审判庭庭长出席会议。

第八部分

商事审判队伍建设情况

2015年度全省法院主管商事审判工作负责人及相关审判庭负责人名录

山东省高级人民法院

院分管领导	张爱云　刘元成
民二庭庭长	孙　英
民二庭副庭长	肖　彬
民二庭副庭长	刘成安

济南市中级人民法院

院分管领导	刘延杰
民二庭庭长	李志忠
民二庭副庭长	孙　潇　李耀勇　魏希贵
民六庭庭长	严琳琳

青岛市中级人民法院

院分管领导	牟乃桂　左明强
民二庭庭长	阎春光
正处级调研员	高大海　冯　梅　唐明光
民二庭副庭长	张亚梅　王　琳

淄博市中级人民法院

院分管领导	王新强
民二庭庭长	赵玉忠
民二庭副庭长	孙广学　倪玲玲　宋欣欣

民四庭庭长　　王忠熙
民四庭副庭长　　池卫东　苏坤明

枣庄市中级人民法院

院分管领导　　纪亚铭　吴修国
民二庭庭长　　张广存
民二庭副庭长　　张　硕　孙　梦
民三庭庭长　　关光明
民三庭副庭长　　朱运涛
民四庭庭长　　龚爱梅
民四庭副庭长　　孙　晓
破产清算庭庭长　　闫　冰
破产清算庭副庭长　　李　荣

东营市中级人民法院

院分管领导　　冯俊海　江　帆
民二庭庭长　　纪红广
民二庭副庭长　　乔良艳　隋美玲

烟台市中级人民法院

院分管领导　　梁　明
民二庭庭长　　王建梅
民二庭副庭长　　董玉新　孙　威　张秀波

潍坊市中级人民法院

院分管领导　　宋允厚
民二庭庭长　　马海兰

济宁市中级人民法院

院分管领导　　王永红
民二庭庭长　　李传宝
民二庭副庭长　　胡玉松　崔　英
民四庭庭长　　李延存

民四庭副庭长　　王福勤　孙　红

泰安市中级人民法院

院分管领导　　孙岱峰
民二庭庭长　　高广权
民二庭副庭长　　陈　峰　李兴文　魏　军

威海市中级人民法院

院分管领导　　王树远　王彦章
民二庭庭长　　苏丽杰
民二庭副庭长　　李慧东　宫建军
民四庭庭长　　张英秋
民四庭副庭长　　赵　芳

日照市中级人民法院

院分管领导　　林彦芹　田玉斌
民二庭庭长　　唐玉国
民二庭副庭长　　韩文卓

莱芜市中级人民法院

院分管领导　　王中山
民二庭庭长　　邢攸军
民三庭庭长　　刘念波
民三庭副庭长　　吴　峰

滨州市中级人民法院

院分管领导　　赵永金
民二庭副庭长　　王忠民　吴　琦

德州市中级人民法院

院分管领导　　郭仁军
民二庭副庭长　　邹　勇　杨文杰

民四庭庭长	高振平
民四庭副庭长	孔祥波

聊城市中级人民法院

院分管领导	张晓辉
民二庭庭长	周凤魁
民二庭副庭长	高　原
民四庭庭长	赵曙昉
民四庭副庭长	闫　红　陈家勇

临沂市中级人民法院

院分管领导	董中华　吴清林
民二庭庭长	万法宝
民二庭副庭长	田开玉　马　骏
民四庭庭长	赵凤金
民四庭副庭长	申慧雁

菏泽市中级人民法院

院分管领导	王思华　仵宗立
商一庭庭长	徐　毅
商一庭副庭长	徐　峥　王书鑫
商二庭庭长	田佰旺
商二庭副庭长	楚　军　曾庆生

济南铁路运输中级法院

院分管领导	高　勇
民庭庭长	戚智超
民庭副庭长	李建波

2015 年度全省法院立功受奖商事审判法官名录

山东省高级人民法院

孙　英	被山东省高级人民法院嘉奖
邝　斌	被山东省高级人民法院嘉奖
康　靖	被山东省高级人民法院嘉奖
郑元文	被山东省高级人民法院嘉奖
彭　震	被中共山东省高级人民法院机关委员会授予"优秀共产党员"荣誉称号
张秀梅	被中共山东省高级人民法院机关委员会授予"优秀共产党员"荣誉称号

青岛市

青岛市中级人民法院

温　燕	被青岛市中级人民法院授予个人三等功
卞冬冬	被青岛市中级人民法院授予个人三等功
曲　波	被青岛市中级人民法院授予"全市法院优秀法官"荣誉称号
刘歆鑫	被青岛市中级人民法院授予"全市法院优秀法官"荣誉称号
逄明福	被青岛市中级人民法院授予"全市法院优秀法官"荣誉称号

市北区人民法院

于晓丽	被青岛市中级人民法院授予个人三等功
招　娜	被青岛市中级人民法院授予"人民法院优秀法官"荣誉称号
侯向东	被青岛市中级人民法院授予先进个人
白　洁	被青岛市中级人民法院授予先进个人

崂山法院

民二庭	被青岛市中级人民法院荣记集体二等功

黄岛法院

董家口人民法庭	被青岛市中级人民法院授予“优秀人民法庭”荣誉称号
长江路人民法庭	被青岛市中级人民法院授予“优秀人民法庭”荣誉称号
李宝超	被青岛市中级法院记三等功
李　波　刘　凯	被青岛市中级法院授予“优秀庭长”荣誉称号
李红松　张美灵	被青岛市中级法院授予“优秀法官”荣誉称号
辛建军	被青岛市中级法院授予“2015 年度先进个人”荣誉称号

平度法院

侯京玉	被青岛市中级人民法院授予“先进个人”荣誉称号。

城阳法院

尹晓君	被青岛市中级人民法院记个人三等功
王　萌	被青岛市中级人民法院授予“2015 年度工作先进个人”荣誉称号

淄博市

淄博市中级人民法院

民二庭	被山东省高院记集体三等功
民二庭	被淄博市中级人民法院记集体嘉奖
郑　炬	被淄博市中级人民法院授予“办案能手”荣誉称号
张德忠	被淄博市中级人民法院授予“办案能手”荣誉称号
祝丰田	被淄博市中级人民法院记个人嘉奖
王　艳	被淄博市中级人民法院记个人嘉奖
孙德启	被淄博市中级人民法院授予“办案能手”荣誉称号 被淄博市中级人民法院记个人嘉奖
王　鹏	被淄博市中级人民法院授予“办案能手”荣誉称号 被淄博市中级人民法院授予“共产党员先锋岗”荣誉称号
苏坤明	被淄博市中级人民法院授予“办案能手”荣誉称号
翟雪利	被淄博市中级人民法院记个人嘉奖

博山区人民法院

高苗苗	被淄博市中级人民法院记个人三等功

临淄区人民法院

民二庭	2015 年被淄博市中级人民法院记集体三等功
翟纯良	2015 年被中共淄博市委、淄博市人民政府授予“全市优秀政法干警”荣誉称号

高青县人民法院

民二庭	被淄博市中级人民法院记集体三等功

民二庭	被高青县人民法院评为“法院工作先进集体”和“信息调研先进集体”
于卫东	被中共高青县委、县政府记三等功
李桐光	被中共高青县委、县政府评为“认真专业务实标兵”并获高青县委、县政府嘉奖
苏洪财	被高青县人民法院评为“先进工作者”荣誉称号

桓台县人民法院

杨慧君	被桓台县人民法院授予“优秀共产党员”荣誉称号
陈　强	被桓台县人民法院记个人嘉奖、授予“办案能手”荣誉称号
张　娜	被桓台县人民法院授予“办案能手”荣誉称号

东营市

东营市中级人民法院

民二庭	被东营市中级人民法院评为先进集体
	被东营市中级人民法院记集体嘉奖
纪红广	被山东省高级人民法院记个人二等功
乔良艳	被东营市中级人民法院记个人三等功
隋美玲	被山东省高级人民法院授予“全省优秀法官”荣誉称号
胡祥英	被东营市中级人民法院嘉奖
	被东营市总工会授予“全市女职工建功立业标兵”荣誉称号
郭芳芳	被东营市中级人民法院嘉奖

东营区人民法院

民二庭	被东营市残疾人联合委员会授予“东营市残疾人维权工作先进单位”荣誉称号
辛店法庭	被东营区人民法院记集体嘉奖
杨玉玲	被山东省总工会、妇女联合会等5单位联合授予“第五届全省道德模范提名奖”
张德红	被东营市残疾人联合会授予“东营市残疾人维权工作先进个人”荣誉称号
	被山东省高级人民法院、河南省高级人民法院、济南军区军事法院联合授予“法官送法进军营先进个人”荣誉称号
李秀芹	被东营区人民法院嘉奖
申国锋	被山东省高级人民法院评为“全省优秀法官”荣誉称号

河口区人民法院

薄一才	被中共河口区委组织部授予“区直第十七批干部下派工作先进个人”荣誉称号
孙卫国	被河口区人民法院嘉奖

开发区人民法院

民事审判庭	被东营市中级人民法院记集体三等功
刘君东	被山东省高级人民法院记个人二等功
张　磊	被东营市中级人民法院记个人三等功
董俊俊	被东营开发区人民法院授予“年度办案能手”荣誉称号
康树梅	被东营开发区人民法院嘉奖
孙东平	被东营开发区人民法院嘉奖
张庆莹	被东营开发区人民法院授予“司法公信建设年先进个人”荣誉称号

广饶县人民法院

民二庭	被广饶县人民法院授予“办案优胜单位”荣誉称号
	被广饶县人民法院授予信息调研宣传工作先进集体荣誉称号
民一庭	被广饶县人民法院嘉奖
	被广饶县人民法院评为信息宣传调研工作先进集体
顾建亭	被广饶县人民法院授予“年度办案能手”荣誉称号
高德亮	被广饶县人民法院授予“年度办案能手”荣誉称号
李　成	被广饶县人民法院授予“优秀党员”荣誉称号
叶凌燕	被广饶县人民法院授予“优秀党员”荣誉称号
	被广饶县人民法院授予“信息宣传先进个人”荣誉称号
封万明	被县文明委授予“感动广饶、最美法官”荣誉称号
	被广饶县人民法院授予“‘六比六争’活动季度三零法官”“季度调解能手”荣誉称号
常兴泉	被东营市中级人民法院记个人三等功
	被广饶县人民法院授予“‘六比六争’活动年度办案能手”“年度调解能手”“年度三零法官”荣誉称号
王志海	被广饶县人民法院授予“‘六比六争’活动季度调解能手”“季度三零法官”荣誉称号
范绍军	被广饶县人民法院授予“‘六比六争’活动季度三零法官”“季度宣传能手”“年度宣传能手”荣誉称号
李　伟	被广饶县人民法院授予“‘六比六争’活动季度调解能手”“季度三零法官”荣誉称号
	被广饶县人民法院嘉奖
高　欣	被广饶县人民法院授予“耕耘奖”
	被广饶县人民法院授予“‘三零’竞赛活动优秀个人”荣誉称号
封万明	被广饶县人民法院授予“耕耘奖”
庞小霞	被广饶县人民法院授予“调解能手”荣誉称号

崔艳芳	被广饶县人民法院评为"'三零'竞赛活动优秀个人"荣誉称号
朱启超	被广饶县人民法院嘉奖
	被广饶县人民法院授予"办案明星"荣誉称号
曲英姿	被广饶县人民法院授予2015年度"调解能手"荣誉称号
李秀堂	被东营市中级人民法院嘉奖
张小娟	被中共广饶县委、县政府嘉奖
	被广饶县人民法院授予"信息宣传调研宣传工作先进个人"荣誉称号
	被广饶县人民法院评为"模范共产党员"

垦利县人民法院

民二庭	被中共垦利县委、垦利县人民政府授予"人民满意政法基层单位"荣誉称号
	被垦利县人民法院评为"优秀庭室"
胜坨法庭	被东营市中级人民法院记集体三等功
周卫亭	被东营市中级人民法院记个人三等功
王方顺	被垦利县人民法院党委授予"优秀共产党员"荣誉称号
丁艾花	被垦利县人民法院嘉奖
王会东	被垦利县人民法院授予"优秀法官"荣誉称号
孙 涛	被垦利县人民法院授予"优秀法官荣"誉称号
张秋燕	被垦利县人民法院授予"优秀法官"荣誉称号
郝建蕾	被垦利县人民法院嘉奖

利津县人民法院

陈庄法庭	被东营市中级人民法院记集体三等功
	被利津县人民法院授予"'三严三实'教育活动先进集体"荣誉称号
魏 芬	被中共利津县委、县政府嘉奖
	被利津县人民法院嘉奖
	被利津县人民法院授予"办案标兵"荣誉称号
薛国岳	被中共利津县委、县政府嘉奖
于洪伟	被中共利津县委、县政府嘉奖
	被利津县人民法院嘉奖
	被利津县人民法院授予"调撤标兵"荣誉称号
刘 伟	被利津县人民法院嘉奖
	被利津县人民法院授予"办案标兵"荣誉称号

烟台市

烟台市中级人民法院

王建梅　孙　威　　被烟台市中级人民法院嘉奖

烟台市芝罘区人民法院

民二庭　　被烟台市中级人民法院记集体三等功

被烟台市授予“十佳政法巾帼建功”荣誉称号

烟台市经济技术开发区人民法院

方广志　　被烟台市经济技术开发区工委管委嘉奖

杨悦琪　　被烟台市经济技术开发区工委管委嘉奖

郭淑芝　　被烟台市经济技术开发区人民法院嘉奖

烟台市牟平区人民法院

民二庭　　被烟台市授予政法系统“青年维权先锋岗”荣誉称号

被烟台市中级人民法院记集体三等功。

栖霞市人民法院

赵志祥　　被烟台市中级人民法院记个人三等功

长岛县人民法院

谢爱红　　被烟台市中级人民法院记个人三等功,被长岛县人民政府嘉奖

栖霞市人民法院

赵志祥　　被烟台市中级人民法院记个人三等功

莱阳市人民法院

赵　亮　　被莱阳市人民政府嘉奖

济宁市

济宁市中级人民法院

民二庭　　被山东省妇联授予“巾帼文明岗”荣誉称号

民四庭　　被济宁市中人民法院授予“先进集体”荣誉称号

孙　红　胡玉松　　被济宁市中级人民法院授予“先进共产党员”荣誉称号

胡琳琳　　被济宁市考核委嘉奖

林春艳　盛兆林　　被济宁市中级人民法院嘉奖

董　浩　　被济宁市中级人民法院记个人三等功

崔　英　邢光辉　　被济宁市市直嘉奖

济宁市高新技术产业开发区人民法院

刘　笑　　荣获“济宁市优秀法官”荣誉称号

李毅君　田常明　　荣获“高新区管工委先进个人”荣誉称号

梁山县人民法院

民二庭　　山东省济宁市中级人民法院记集体二等功

邹城市人民法院

许　敏　　被中共邹城市委、市政府嘉奖

吕　洁　齐　勇　　被邹城法院授予“先进个人”荣誉称号。

泰安市

泰安市中级人民法院

民二庭　　被泰安市中级人民法院集体嘉奖

李兴文　　被泰安市中级人民法院授予“办案能手”荣誉称号

高广权　　被泰安市中级人民法院授予“先进个人”荣誉称号

魏　军　　被泰安市中级人民法院授予“先进个人”荣誉称号

刘文华　　被泰安市中级人民法院授予“先进个人”荣誉称号

威海市

威海市中级人民法院

民二庭　　被山东省高级人民法院记集体三等功

被威海市中级人民法院记集体嘉奖

民四庭　　被威海市中级人民法院记集体嘉奖

刘志敏　　被威海市中级人民法院嘉奖

王小平　　被威海市中级人民法院授予“优秀共产党员”荣誉称号

薛淑娴　　被威海市中级人民法院嘉奖

李亚男　　被威海市中级人民法院嘉奖

环翠区人民法院

肖窈窈　　被威海市中级人民法院记个人三等功

文登区人民法院

李婉婉　　被威海市中级人民法院记个人三等功

荣成市人民法院

民二庭　　被威海市中级人民法院记集体三等功

肖辉晓　　被威海中级法院记个人三等功

乳山市人民法院

力阳帆　　被威海市中级人民法院记个人三等功

火炬高技术产业开发区人民法院

胡传佳　　被威海市中级人民法院记个人三等功

经济技术开发区人民法院

民　庭　　被山东省高级人民法院记集体一等功

莱芜市

莱芜市中级人民法院

民三庭	被山东省高级人民法院记集体三等功 被莱芜市中级人民法院授予“先进集体”荣誉称号
刘念波	被莱芜市中级人民法院嘉奖
鞠荣荣	被莱芜市中级人民法院嘉奖

德州市

德州市中级人民法院

民二庭	被授予“德州市中级人民法院机关先进集体”荣誉称号
孔祥龙	被德州市中级人民法院授予“先进个人”荣誉称号
甄　雪	被德州市中级人民法院授予“先进个人”荣誉称号
王树强	被德州市中级人民法院记三等功
马丽华	被德州市中级人民法院授予“先进个人”荣誉称号
宋珊珊	被德州市中级人民法院授予“先进个人”荣誉称号

陵城区人民法院

齐昭森	被陵城区人民法院授予“先进个人”荣誉称号
孟祥军	被陵城区人民法院授予“先进个人”荣誉称号

平原县人民法院

商事审判庭	被平原县人民法院授予“先进集体”荣誉称号
张红军	被平原县人民法院授予“先进个人”荣誉称号
李红艳	被平原县人民法院授予“先进个人”荣誉称号

宁津县人民法院

商事审判一庭	被宁津县委、宁津县人民政府授予“2015 年度全县政法工作先进集体”荣誉称号

武城县人民法院

民二庭	被德州市中级人民法院记集体三等功

庆云县人民法院

民二庭	被庆云县人民法院授予“先进集体”荣誉称号
王春华	被庆云县人民法院授予“先进个人”荣誉称号
王春华	被中共庆云县委授予“优秀共产党员”荣誉称号

聊城市

聊城市中级人民法院

刘晓光	被聊城市中级人民法院记嘉奖
徐红杰	被聊城市中级人民法院记嘉奖
杜 娟	被共青团聊城市委授予“2015 年度聊城市优秀青年卫士”荣誉称号
闫 红	被山东省总工会授予“山东省女职工建功立业标兵”荣誉称号
董 慧	被聊城市中级人民法院记嘉奖

临清市人民法院

民事审判第二庭	被山东省高级人民法院荣记集体二等功

茌平县人民法院

李彦荣	被聊城市中级人民法院记三等功

莘县人民法院

李玉梅	被聊城市中级人民法院记三等功

阳谷县人民法院

李武军	被阳谷县人民法院评为“先进个人”荣誉称号

临沂市

临沂市中级人民法院

民二庭	被山东省高级人民法院记一等功
马 骏	被山东省高级人民法院记二等功
李大军	被临沂市中级人民法院授予荣誉嘉奖
姚玉蕊	被临沂市中级人民法院授予荣誉嘉奖
申慧雁	被临沂市委市政府授予“平安临沂建设先进个人”荣誉称号
翟建光	被临沂市委市政府授予 2015 年度“十佳政法干警”荣誉称号
王希锐	被临沂市中级人民法院授予荣誉嘉奖
赵修娜	被临沂市中级人民法院授予荣誉嘉奖

兰山区人民法院

李新广	被山东省临沂市中级人民法院记个人三等功
韩敬华	被兰山区委区政府授予“公正执法先进个人”荣誉称号
韩庆林	被兰山区委区政府授予“2015 年度先进工作者”荣誉称号
王晓波	被临沂市妇联授予“临沂市三八红旗手”荣誉称号
孙 晓	被兰山区委区政府授予“公正执法先进个人”荣誉称号

罗庄区人民法院

民二庭	被罗庄区政府授予“人民满意政法单位”荣誉称号

张立宇	被临沂市中级人民法院授予“三零政法干警”荣誉称号
郭　敏	被罗庄区妇联授予“三八红旗手”荣誉称号
	被罗庄区政府授予“人民满意政法干警”荣誉称号
	被临沂市中级人民法院记个人三等功
	被临沂市中级人民法院授予三零政法干警荣誉称号
赵泽浩	被中共罗庄区委、区政府授予“平安罗庄建设先进个人”荣誉称号
	被临沂市中级人民法院授予“三零政法干警”荣誉称号
季会会	被临沂市中级人民法院授予“三零政法干警”荣誉称号
宋丹妹	被临沂市中级人民法院授予“三零政法干警”荣誉称号

河东区人民法院

沈　梦	被临沂市河东区人民法院授予“先进个人”荣誉称号

临沭县人民法院

任祥群	被临沭县人民法院授予荣誉嘉奖
王　晓	被临沭县人民法院授予荣誉嘉奖

兰陵县人民法院

民二庭	被临沂市中级人民法院记集体三等功
张建江	被临沂市中级人民法院记个人三等功
季长春	被临沂市中级人民法院记个人三等功

沂水县人民法院

张宝国	被沂水县人民政府授予“政法队伍建设先进个人”荣誉称号
王维钦	被沂水县人民法院授予荣誉嘉奖
郝德行	被沂水县人民法院授予荣誉嘉奖

平邑县人民法院

先丰阳法庭	被山东省高级人民法院记集体一等功
仲村法庭	被山东省高级人民法院授予“全省法院先进集体”荣誉称号
民一庭	被临沂市中级人民法院记集体三等功
仲村法庭	被临沂市中级人民法院记集体三等功
秦德军	被济南军区军事法院授予“法官送法军营先进个人”荣誉称号
英荣泉	被临沂市中级人民法院记个人三等功
廉　峰	被临沂市中级人民法院记个人三等功
王　晓	被临沂市中级人民法院记个人三等功
金明星	被临沂市中级人民法院记个人三等功

菏泽市

菏泽市中级人民法院

商二庭	被菏泽市中级人民法院授予“反腐倡廉先进集体”荣誉称号
唐代明	被菏泽市中级人民法院授予“优秀个人”荣誉称号

姜　健	被菏泽市中级人民法院授予“十大杰出青年”荣誉称号
朱艳婷	被菏泽市中级人民法院授予“优秀共产党员”荣誉称号
朱晨曦	被菏泽市中级人民法院记三等功
史春雷	被菏泽市中级人民法院记三等功
王　群	被菏泽市中级人民法院授予“优秀岗位能手”荣誉称号
武文静	被菏泽市中级人民法院授予个人嘉奖
张　伟	被菏泽市中级人民法院授予个人嘉奖

后　记

商事审判依法肩负着调节经济关系、维护诚信交易体系、保障和促进社会经济健康发展的重要职责，与国家经济发展大局密切相关。当前，我国经济发展已经进入新常态，增速变缓，国内需求下滑，经济下行压力仍然存在，新情况、新问题不断增多，商事案件数量剧增、审判形势严峻。全省商事审判法官勇于探索、积极应对，化解了大量市场经济运行中发生的矛盾纠纷，也形成了丰硕的阶段性成果。山东省高级人民法院民二庭为认真做好成果的搜集和审理工作，自2010年起开始编著整理《山东商事审判》一书。该书采取编年体例，及时、全面、详细地记录、展示了当年度山东商事审判中的重要事件、工作部署、成熟经验、调研成果、典型案例和先进典型，具有一定的年鉴性质。全省各地市法院、商事审判庭法官对本书的编著提供了大力支持。各位信息联通员认真收集资料、仔细把关审核，对成书做了大量工作。在此，山东省高级人民法院民二庭表示由衷的感谢！同时，希望全省各地法院能一如既往地支持本书编著工作，加强商事审判各类经验成果的总结，努力开创商事审判工作新篇章。

编　者

2016年12月20日

图书在版编目(CIP)数据

山东商事审判. 2015/孙英主编.
—济南:山东大学出版社,2016.11
ISBN 978-7-5607-5673-8

Ⅰ. ①山…　Ⅱ. ①孙…　Ⅲ. ①经济纠纷—民事诉讼—审判—山东
Ⅳ. ①D927.520.511.82

中国版本图书馆 CIP 数据核字(2016)第 314836 号

责任策划:滕希功
责任编辑:李孝德
封面设计:牛　钧

出版发行:山东大学出版社
社　址　山东省济南市山大南路 20 号
邮　编　250100
电　话　市场部(0531)88364466
经　　销:山东省新华书店
印　　刷:济南景升印业有限公司
规　　格:787 毫米×1092 毫米　1/16
26 印张　4 插页　605 千字
版　　次:2016 年 11 月第 1 版
印　　次:2016 年 11 月第 1 次印刷
定　　价:65.00 元
